西洋美術史

嘉門安雄 編
呂清夫 譯

大 陸 書 店

代　　序

要把歷史漫長而復雜的歐洲美術史作確實的鳥瞰實爲困難之事，許多國內外的前輩史家早就以他們的豐碩學問一再加過功夫，例如以賴納克的「阿波羅藝術史」爲首的一些早有定評之概論書籍便對我們裨益不少。

如今在這上面我們又另起爐灶似有蛇足之嫌，但今日我國對西洋美術史的注意又見提高，此後美術史學者若想在短期內先知道歐洲美術的發展狀況的話，日文寫的這類書籍未必是够用的。基於這個觀點，若能符合一般好學者的期待之一部份，那麼此書的編集便算有點意義。

全書由與5人執筆，即由野村久康（古代、18世紀）、中山公男（中世、年表）、中森義宗（文藝復興、17世紀）、友部直（20世紀）、嘉門安雄（原始、19世紀）所分擔，且由時代、民族的藝術性格及執筆者的思想方法而故意避去統一性，概從執筆者的思路。惟既是編爲1册，某種程度的統一當然是必要的，同時又以此後的學子爲對象，因此特別是各執筆者的原文亦有相當變更之處，若是反覺不統一，乃至有違執筆者本意之處當全爲編者之責。

本來未盡之處諒必甚多，若蒙先達及好學諸士的匡正與指導將爲無上之榮幸

1958 年 10 月

嘉 門 安 雄

例　　言

1. 本書敍述大致以建築、彫刻、繪畫、工藝的順序執筆，然因時代或地域關係亦有例外。
2. 本文的記述以美術史的演變爲主軸，人名及其他美術史用語等的解說則作成註脚。
3. 人名後面的數字爲生存年代；作品後面的數字則爲製作年代，數字附有C.者表示年代尚未確定。
4. 20世紀美術的註脚中人名後面的國籍表示如次：

   美＝美國　英＝英國　義＝義大利　奧＝奧國　荷＝荷蘭

   瑞＝瑞士　西＝西班牙　德＝德國　匈＝匈牙利　法＝法國

   比＝比利時　俄＝俄國　芬＝芬蘭
5. 年表作成顯而易見者，年代雖有前後重復，但爲把握美術史的動向實非得已，再如年代前附有C.者表示概略或不確實的年代。
6. 參考文獻只選最基本者，即以一般能找到的或在圖書館能看到的爲準，專題論文幾全略去。
7. 索引因篇幅關係，未必網羅淨盡，重要事項殆可無所遺漏地檢索到。

譯　者　的　話

一、本書人名、地名概從約定俗成者，特別是藝術家的名字常依早年的一些雜誌，如文藝月報、文藝春秋、筆滙等所見的譯名。

二、未習見的名稱則根據原著音譯，惟有些譯音異乎英語發音，如德、法音等屬之。

三、年表由譯者改譯自玉川百科大辭典，取其簡明易懂，且有我國年表相對照。

四、索引部份改依國字筆劃索引。

五、本書卷帙浩繁，譯者又才學有限，難免掛一漏萬，尙祈不吝先達多加匡正。

目　　　錄

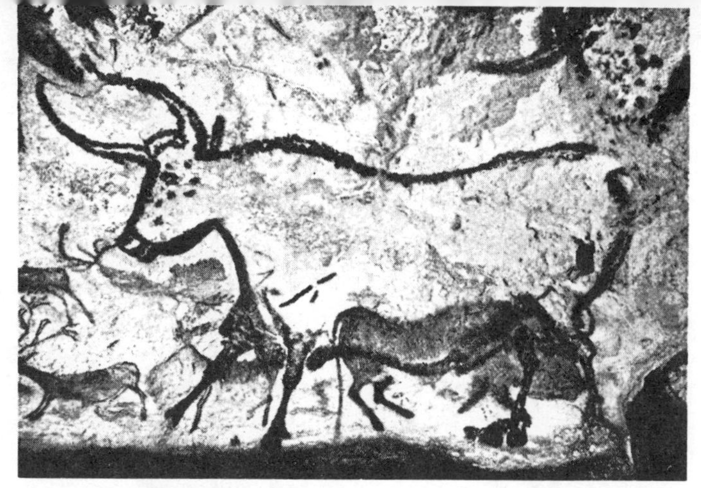

1. 拉斯克的洞窟畫 法國

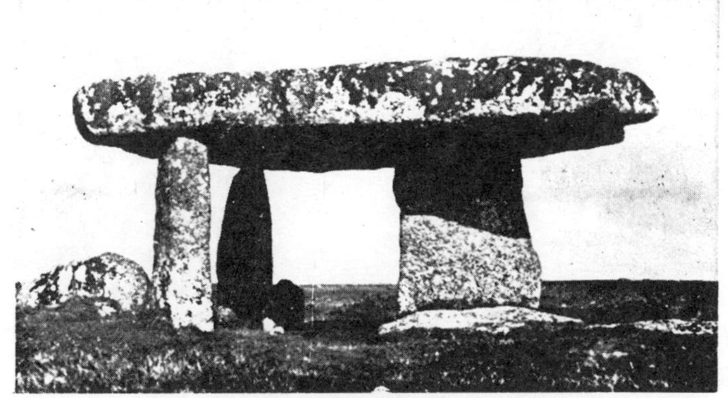

2. 墓標石 英國 康沃州班薩斯

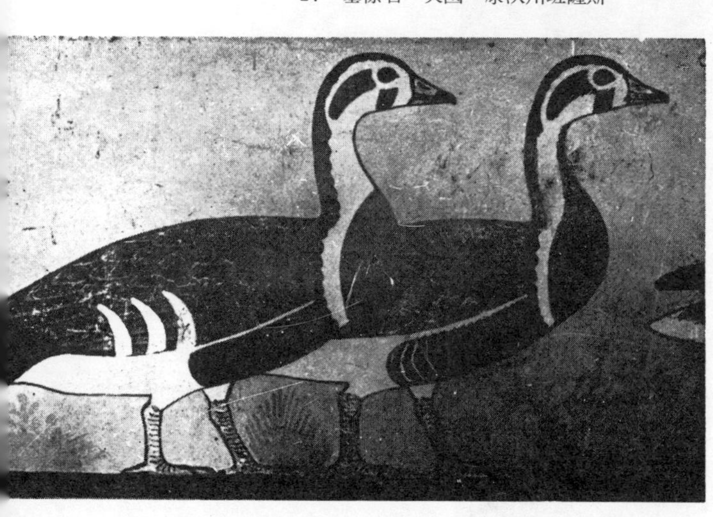

3. 雁 美杜姆出土

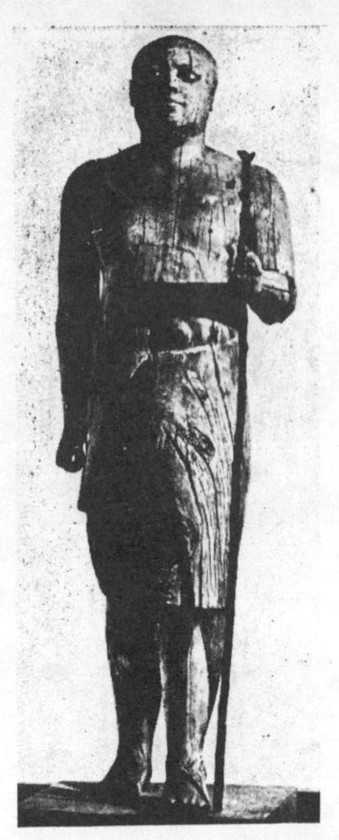

4. 村長像

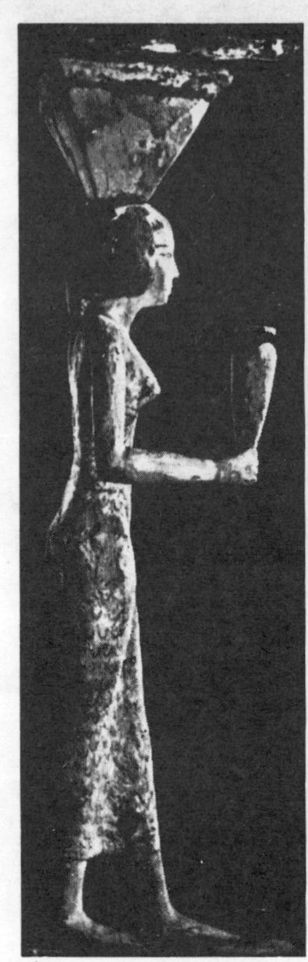
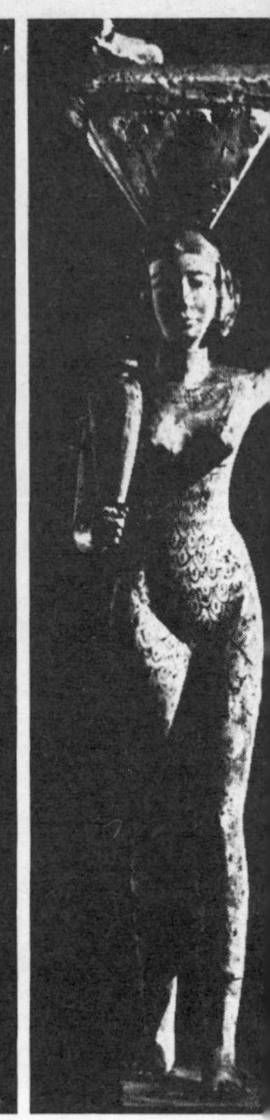

5. 運供品的女人

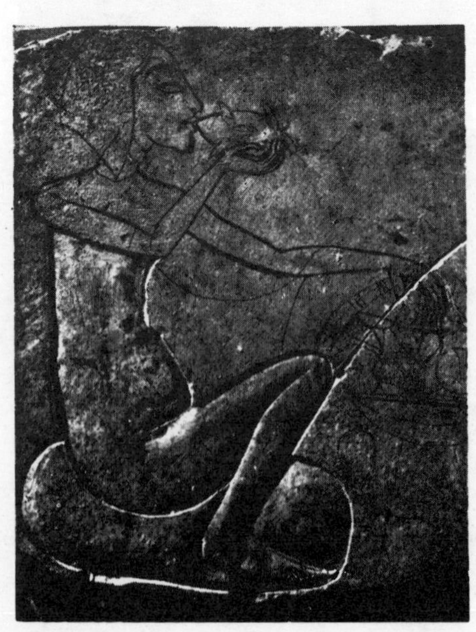

6. 阿克・恩・阿頓王的公主

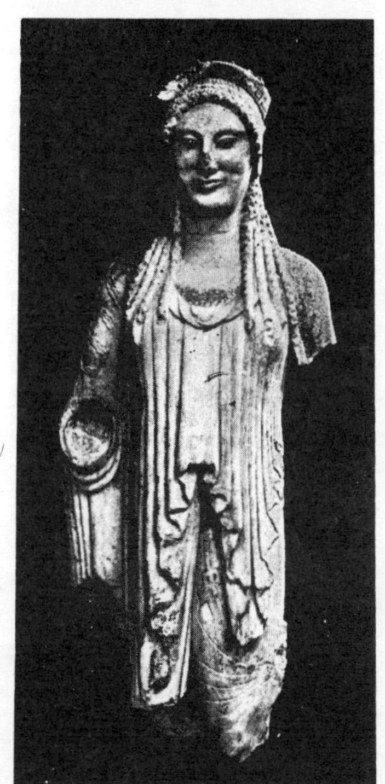

7. 少女像

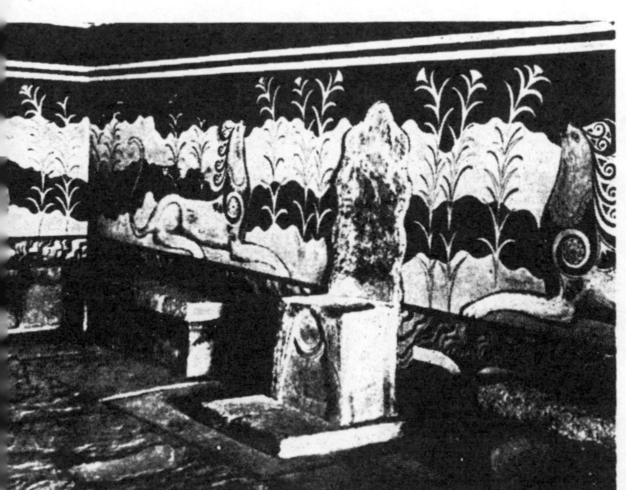

8. 諾薩斯宮 玉座室

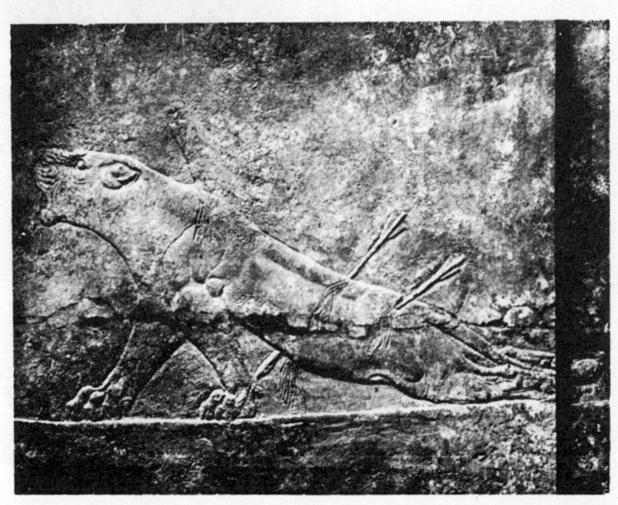

9. 負傷的獅子

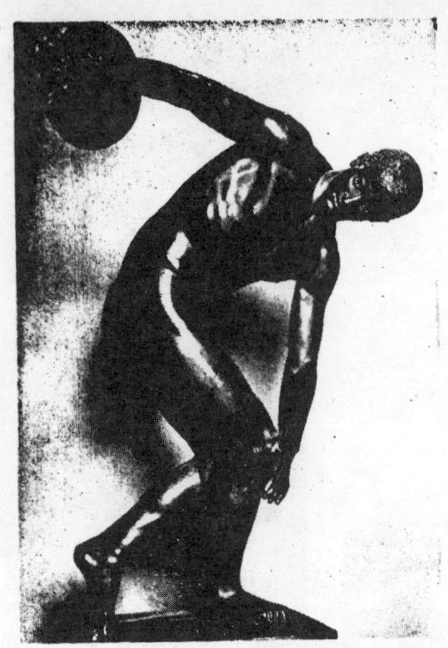

10. 米隆原作 擲鐵餅者

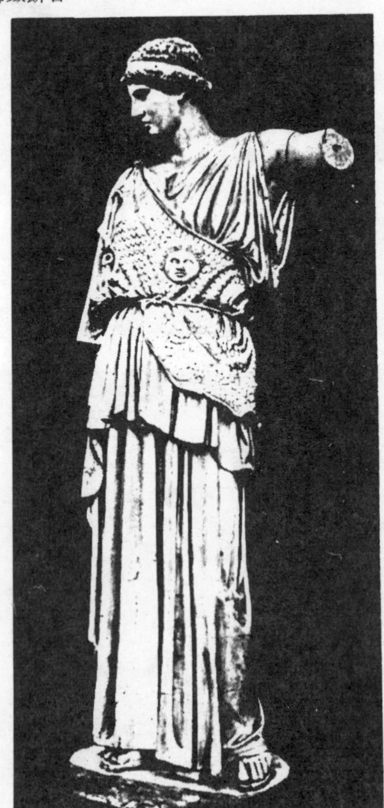

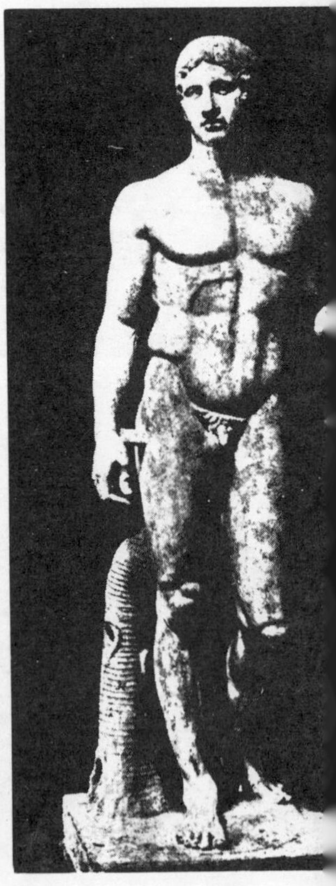

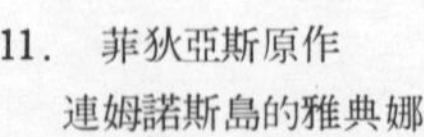

11. 菲狄亞斯原作
連姆諾斯島的雅典娜

12. 波利克列特斯
持槍者

13. 阿哥斯的戰士　酒壺

14. 米羅的維納斯

15. 沙莫特拉克的勝利女神

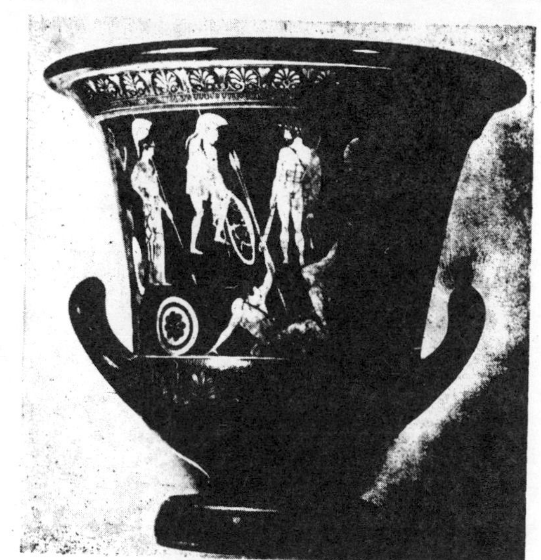

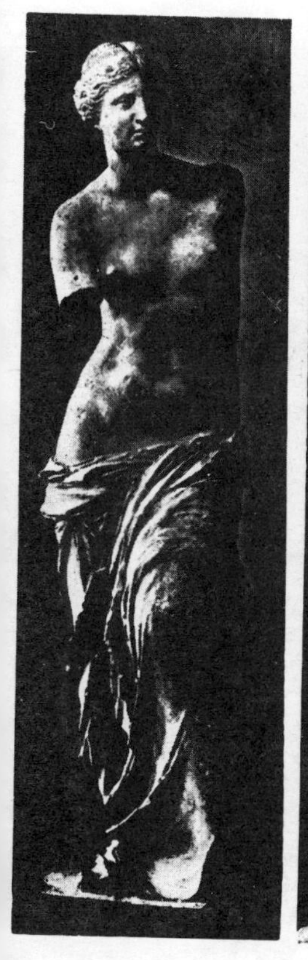

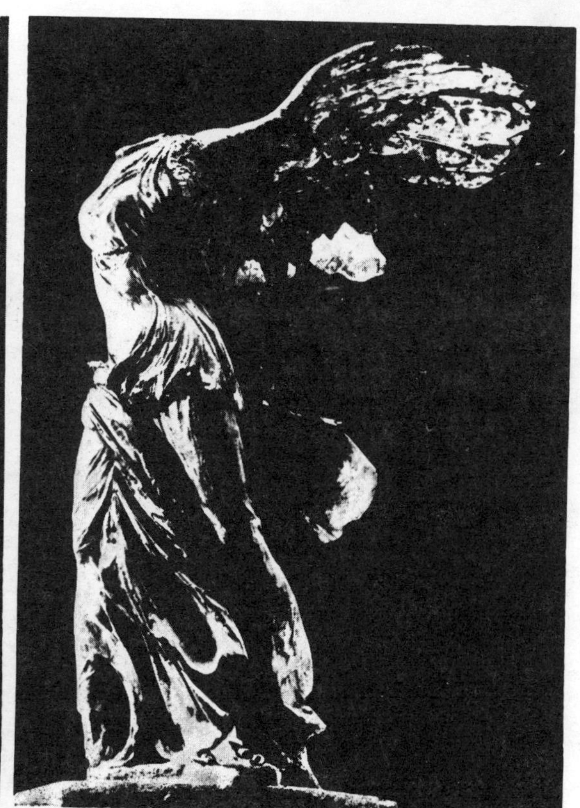

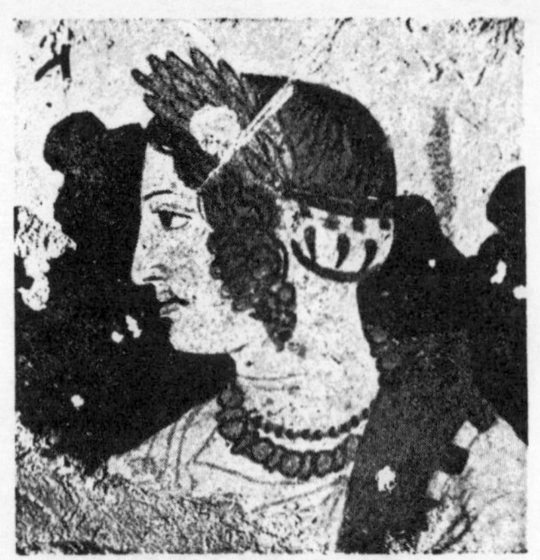

16. 婦人像「鬼墓」塔契尼亞

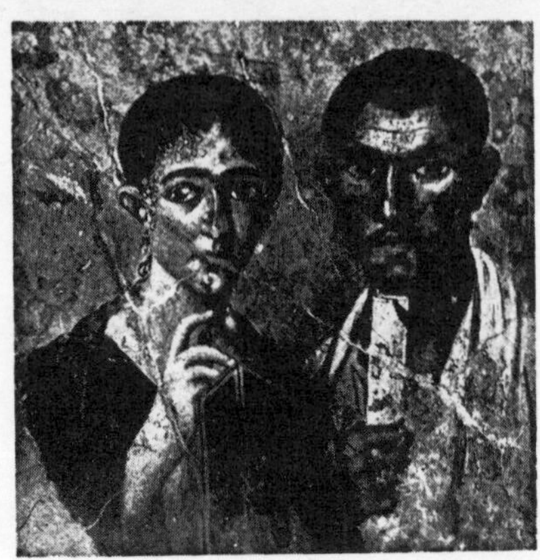

17. 帕契斯・普羅克斯夫婦

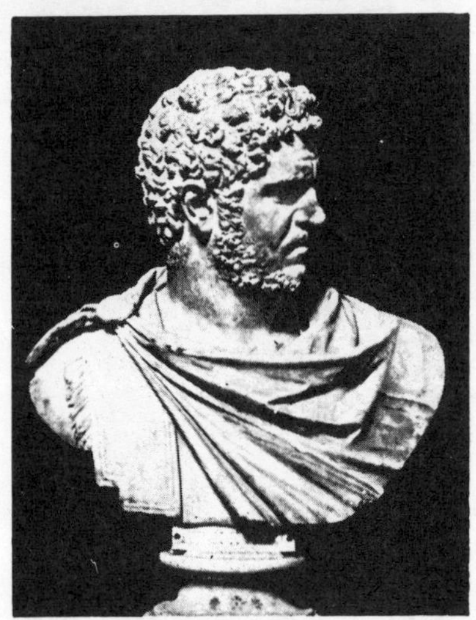

18. 卡拉卡拉帝

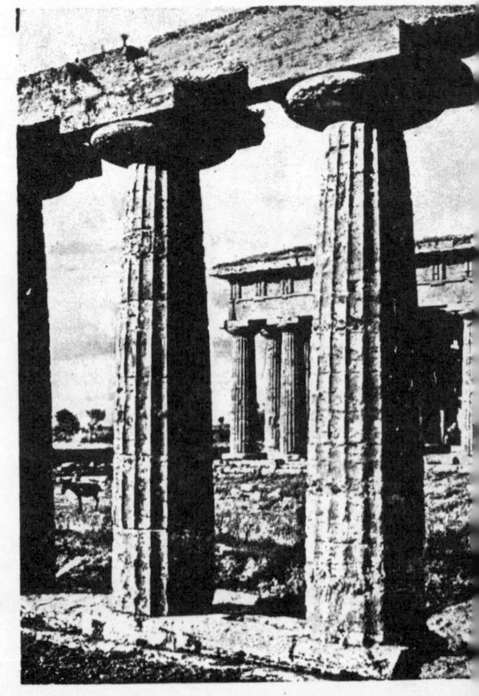

19. 由巴西利卡神殿眺望海神殿　佩突姆

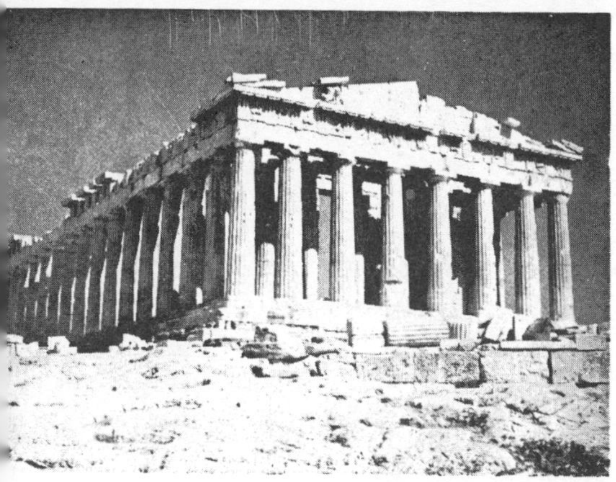

帕特儂神殿　西正面　雅典

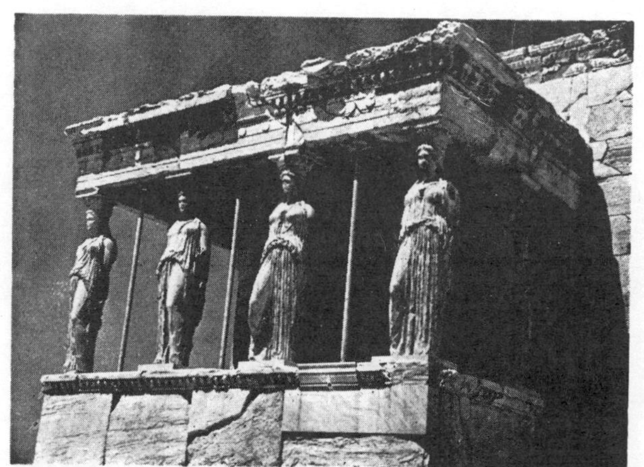

21.　少女壇　艾列克提恩神殿　部份　雅典

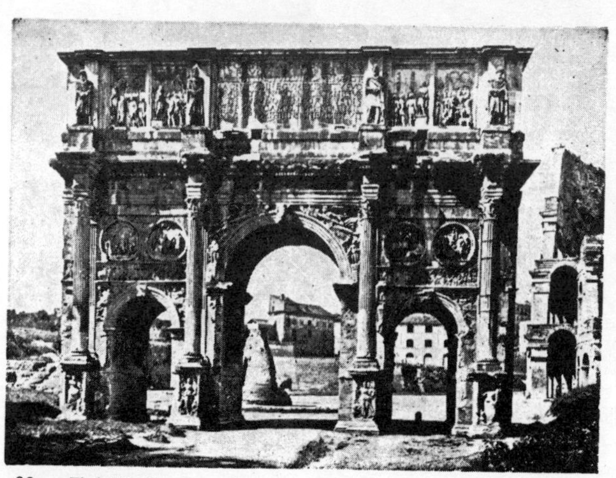

22.　君士坦丁紀念門　羅馬

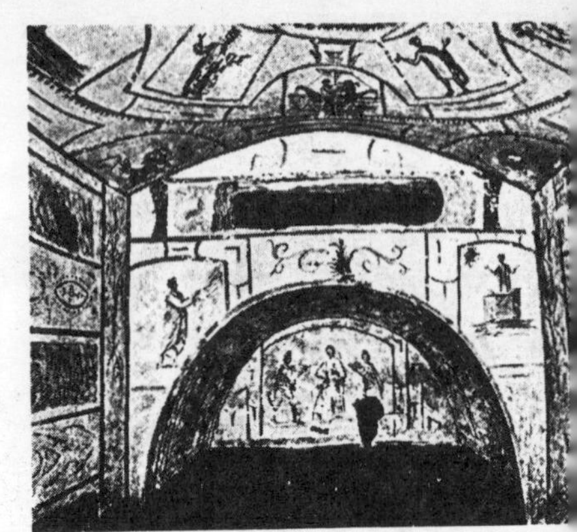

23. 羅馬　墓窟

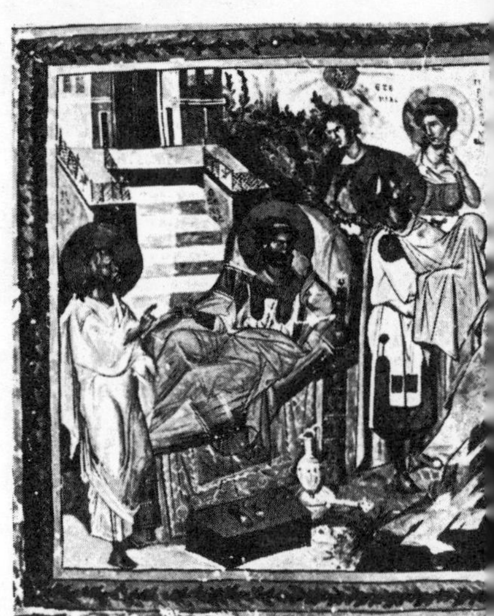

24. 生病的艾塞基阿斯與格里　詩篇

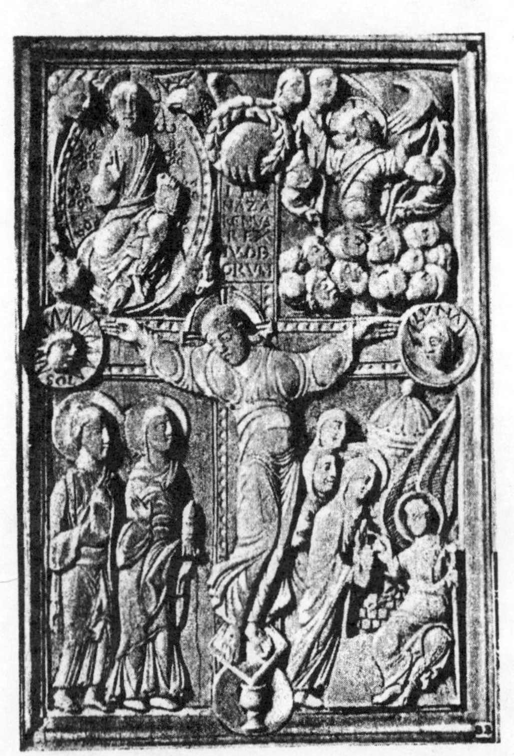

25. 十字架磔刑　象牙彫

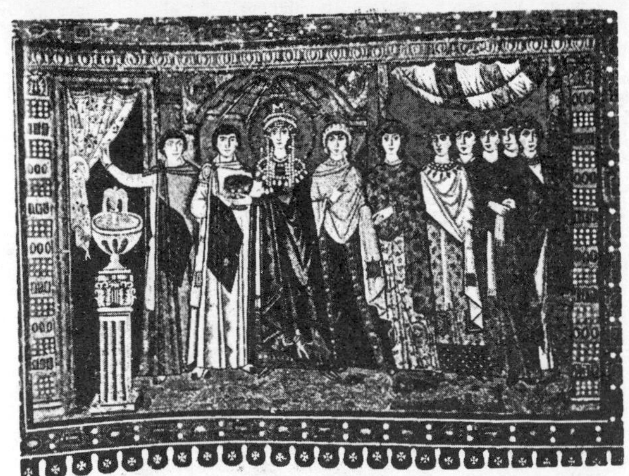

26. 王妃特奧多拉及其侍從　嵌姿　拉溫納　聖威特烈教堂　大殿

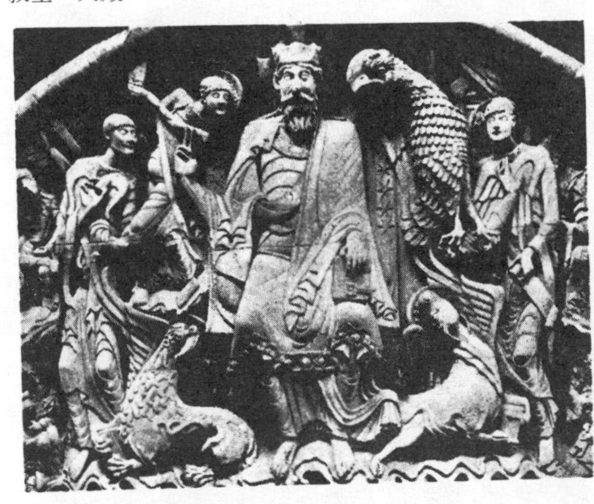

27. 基督與福音者　莫瓦薩克

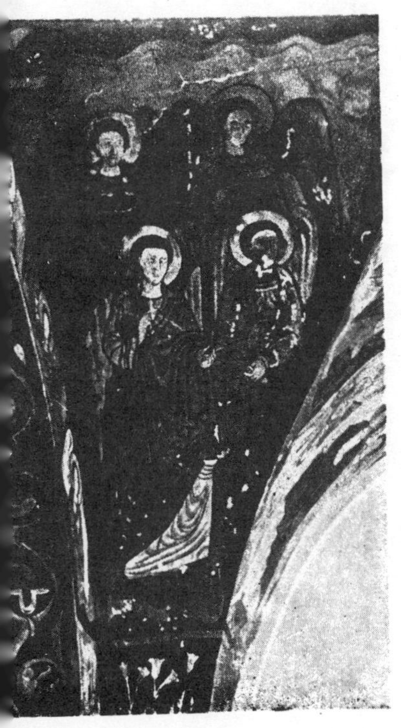

28. 天使　壁畫　布里烏得　聖茉利安教堂

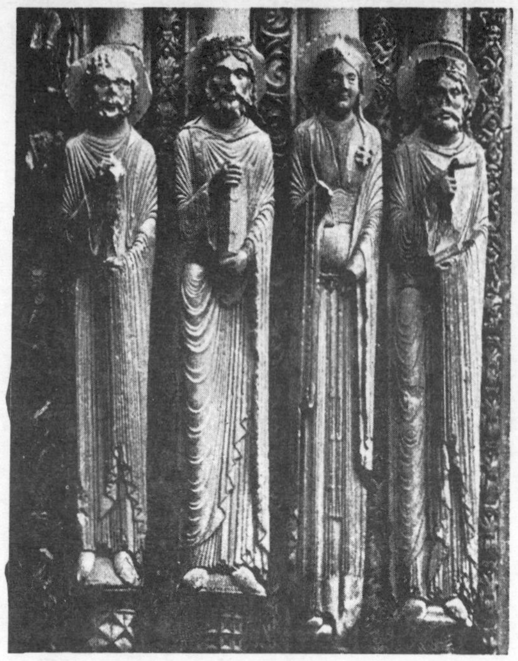

29.　夏特主教堂　圓柱彫像

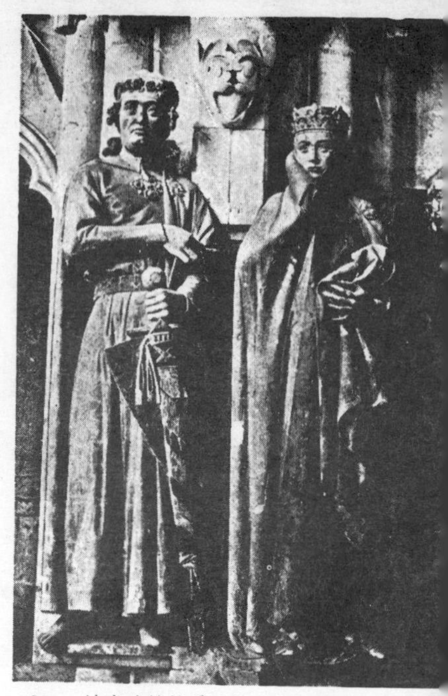

30.　埃克哈特伯爵及其夫人烏塔
納溫堡主教堂

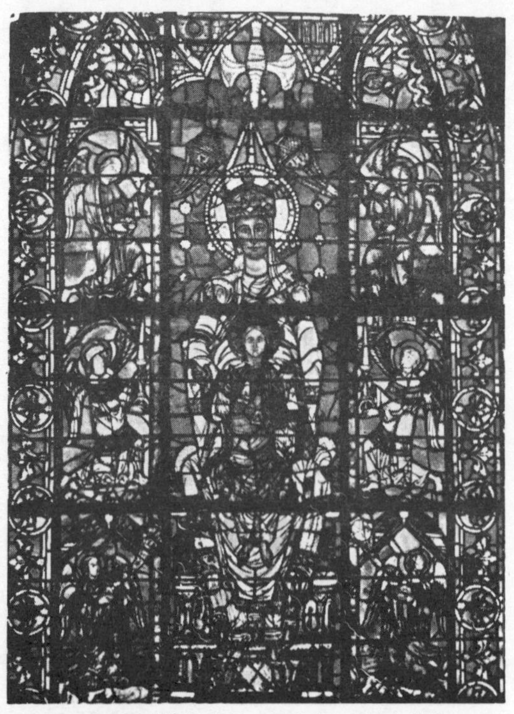

31.　美麗玻璃窗的聖母　色玻璃　夏特主教堂
大殿南面

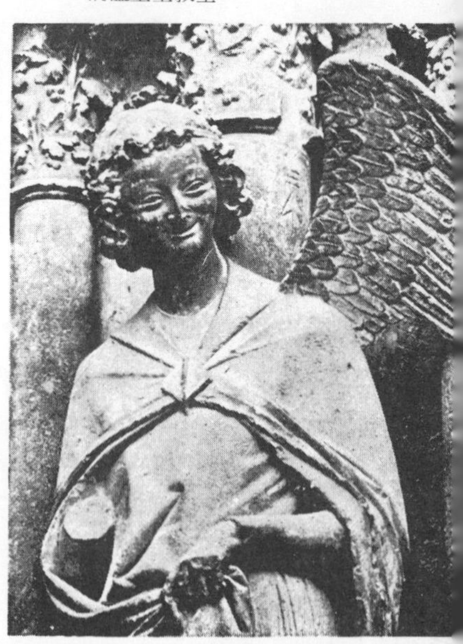

32.　微笑的天使　里姆斯主教堂　西正面門

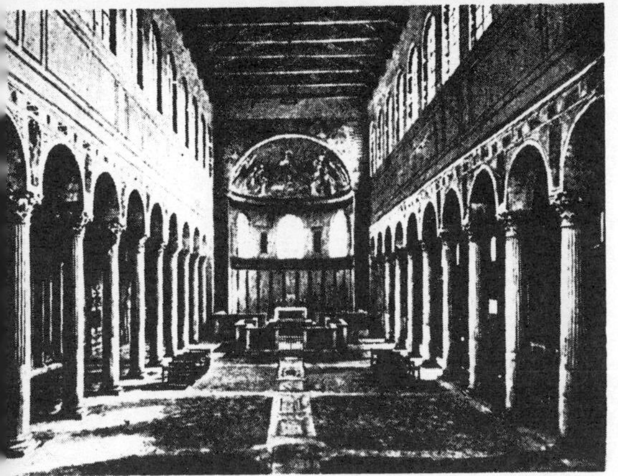

聖薩比納教堂　羅馬

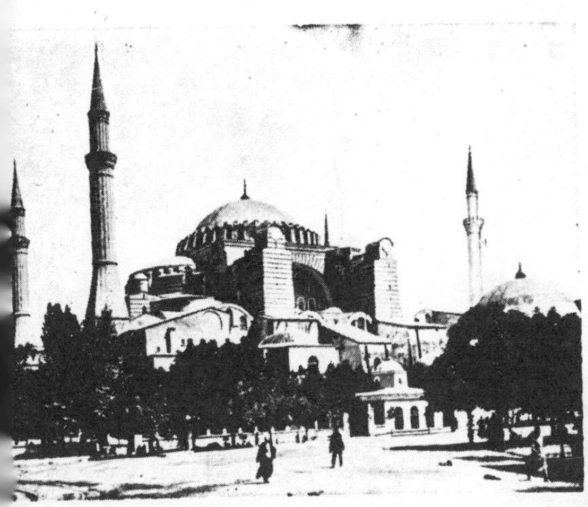

聖索菲亞教堂　君士坦丁堡

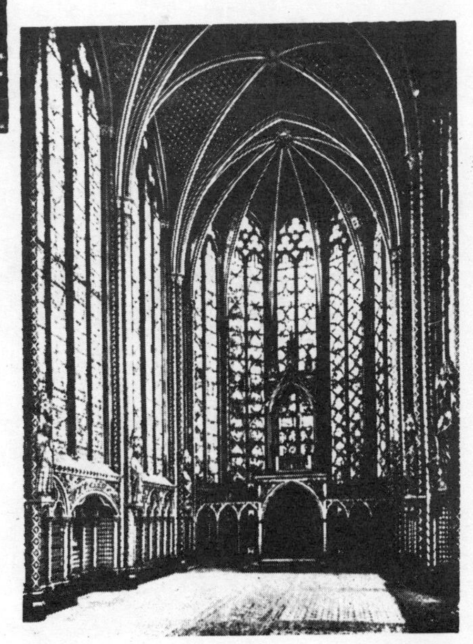

35.　聖夏特教堂內部　巴黎

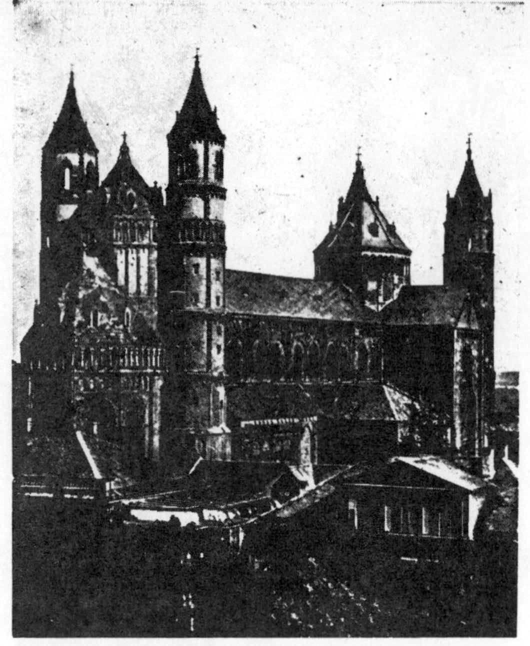

36. 沃姆斯主教堂

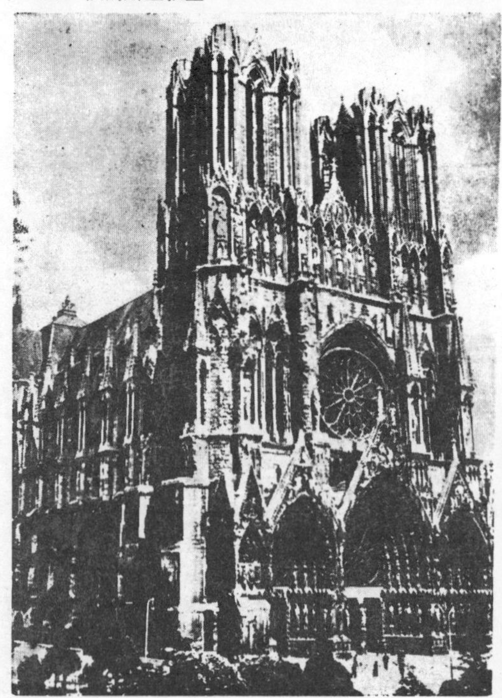

37. 里姆斯主教堂

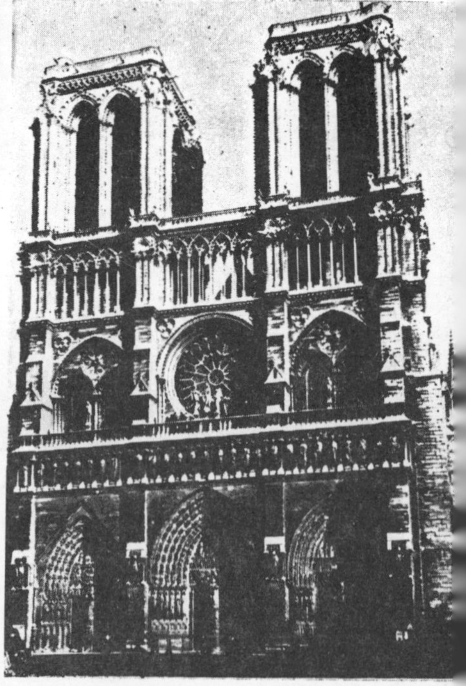

38. 巴黎聖母院

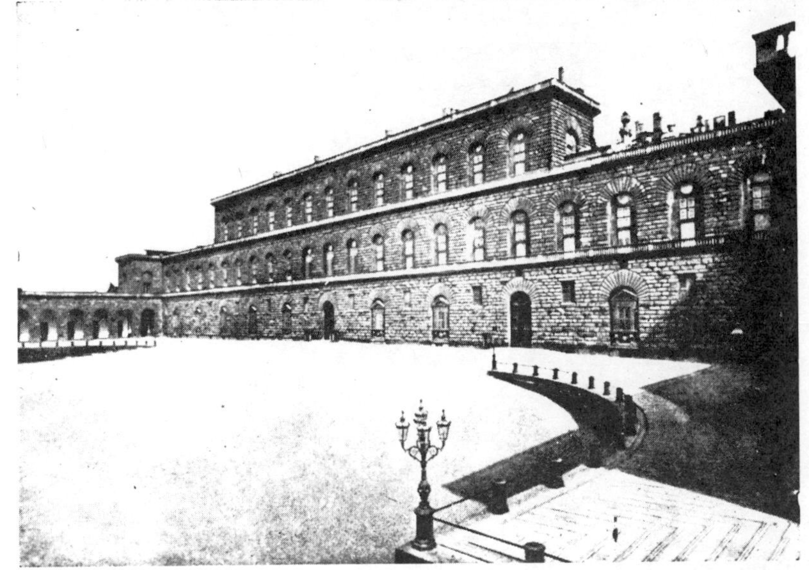

39. 布盧尼列斯基　畢提宮

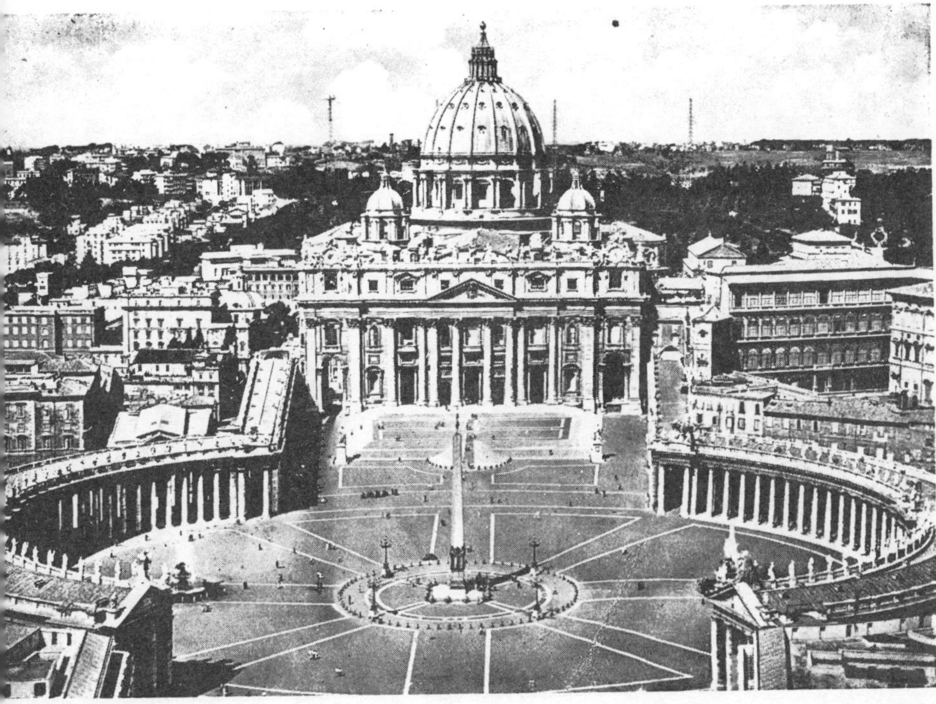

40. 聖彼得大教堂　羅馬

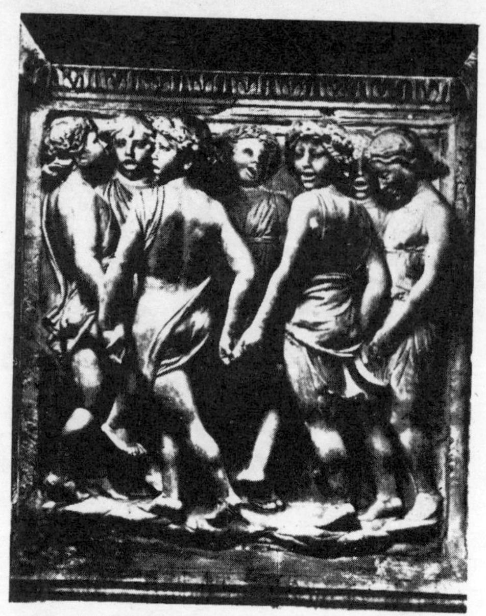

41. 羅比亞　歌童

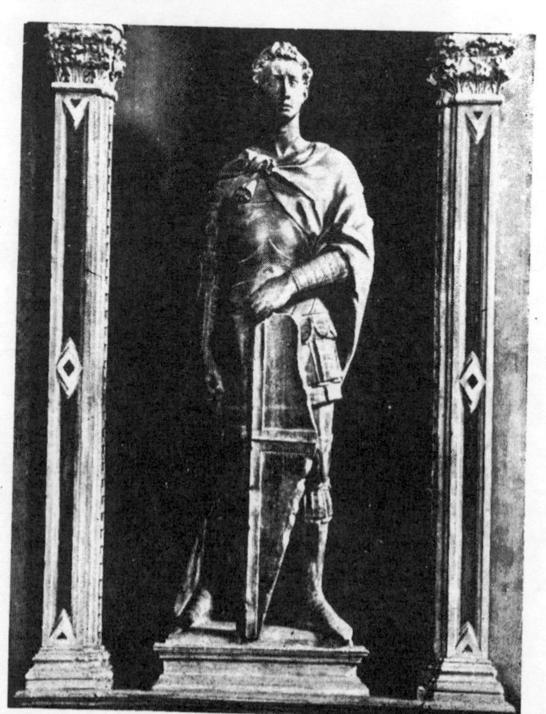

42. 唐那太羅　　聖喬治

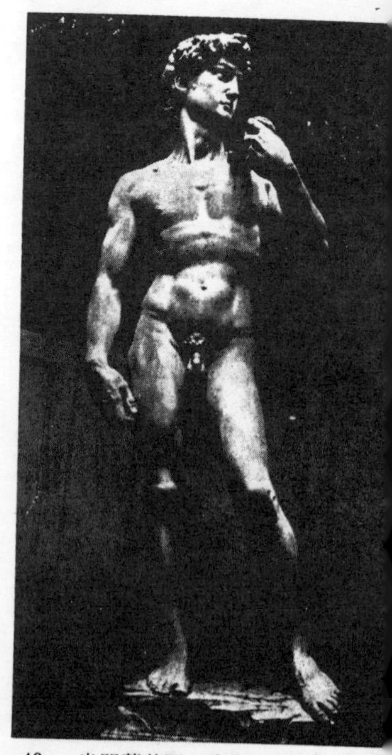

43. 米開蘭基羅　大衛

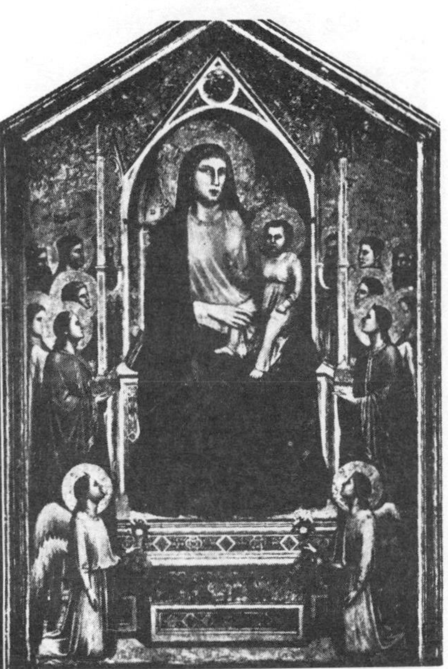

44. 喬托 玉座的聖母子

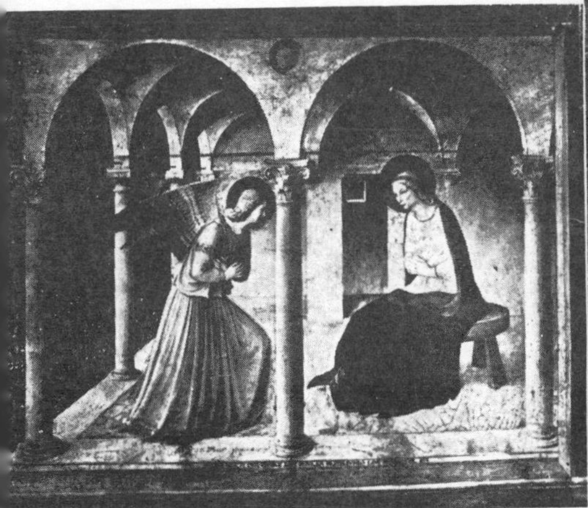

45. 安吉里柯 聖告

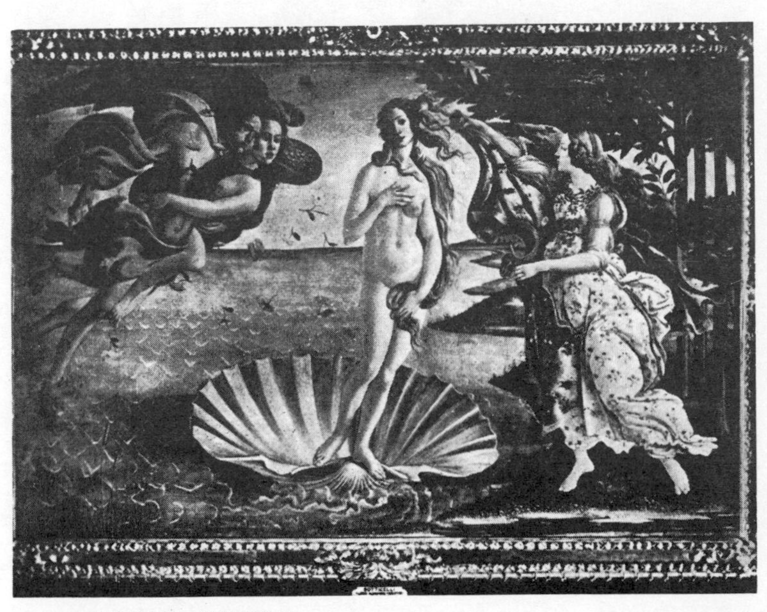

46. 波提且利 維納斯誕生

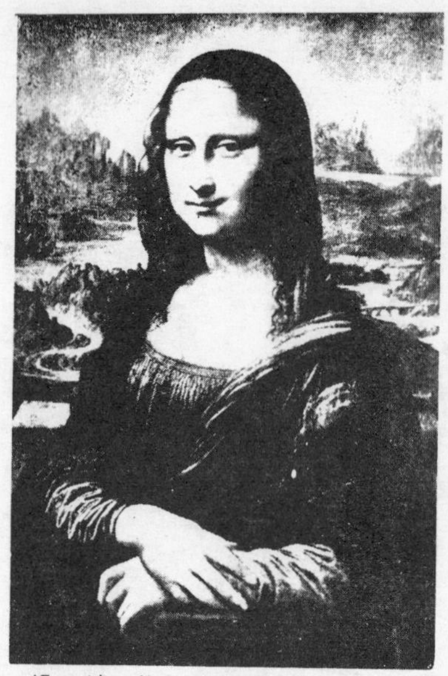

47. 達•芬奇 摩娜•麗莎

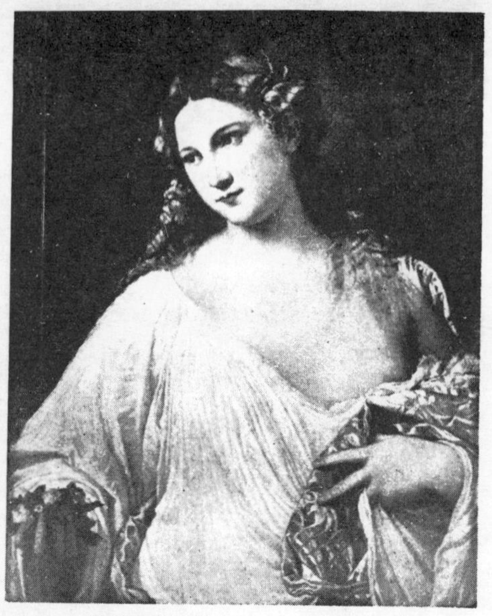

48. 提香 花神芙洛拉

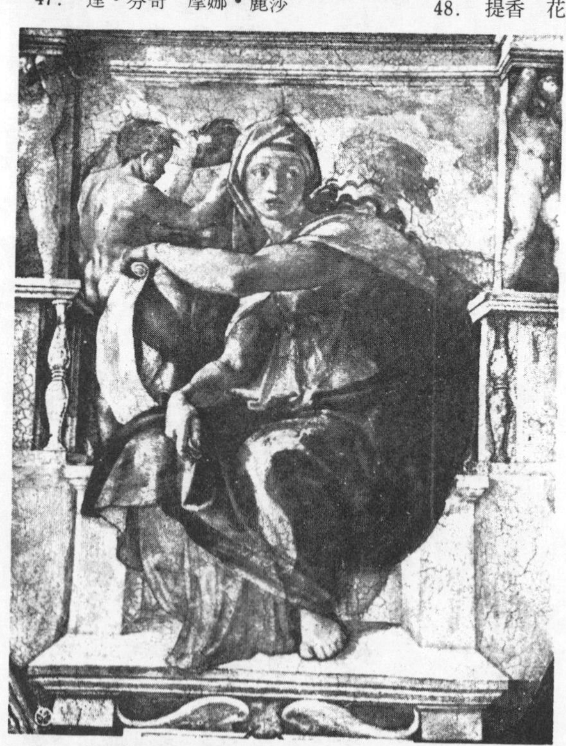

49. 米開蘭基羅 德菲的女預言家 西斯丁禮拜堂
天花板壁畫 部份

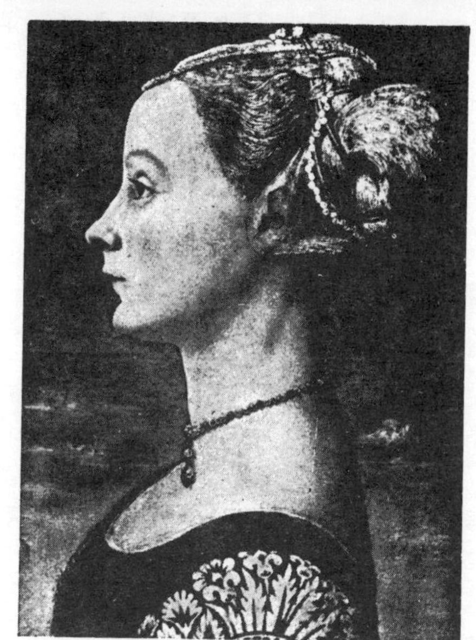

50． 波萊沃羅 婦人像

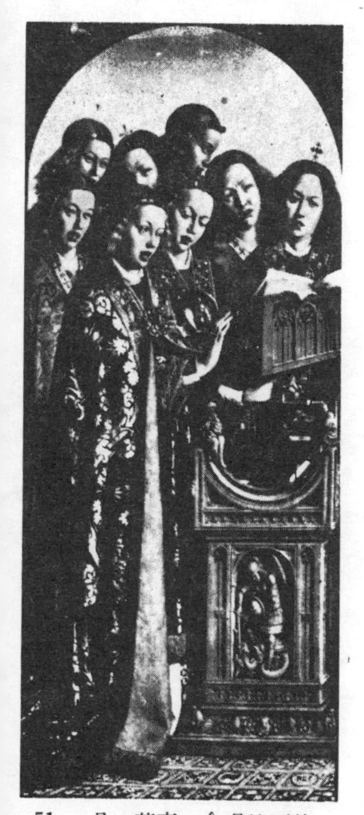

51． 凡•艾克 合唱的天使

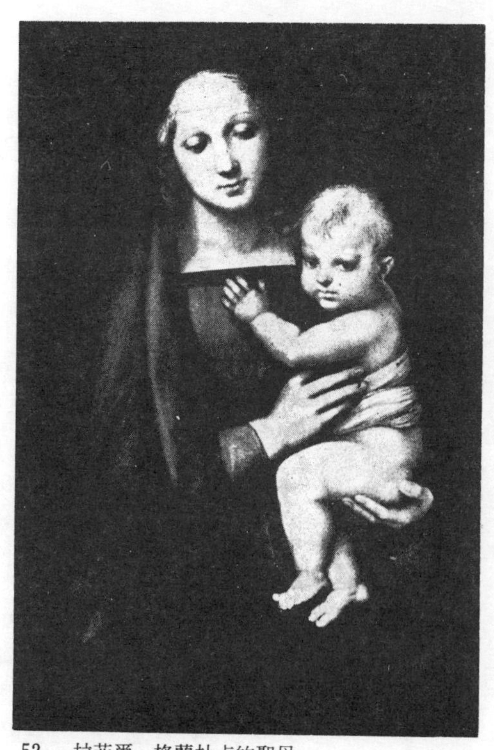

52． 拉菲爾 格蘭杜卡的聖母

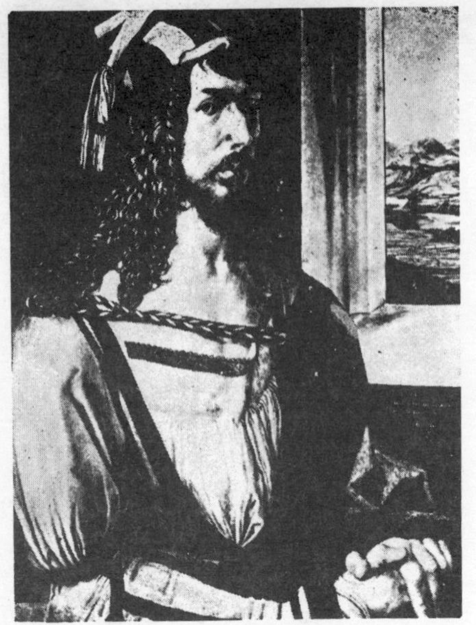

53. 杜勒　自畫像

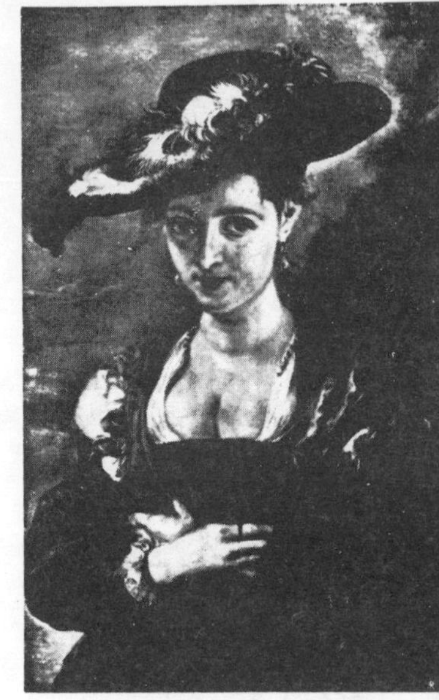

54. 盧邊斯　蘇珊娜・蒂曼像

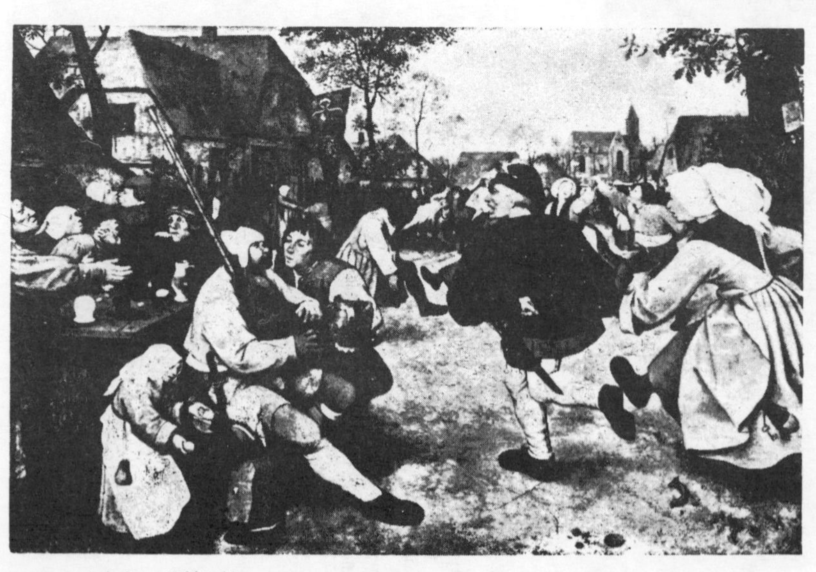

55. 布魯各　農村過節

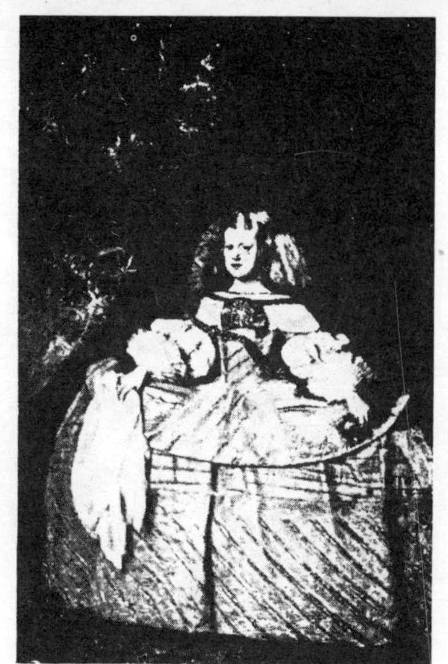

56. 維拉斯貴茲　瑪格麗特公主

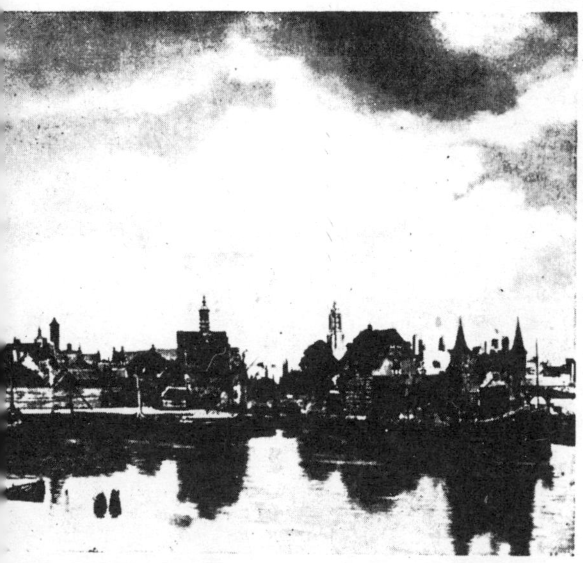

佛梅爾　德弗特街

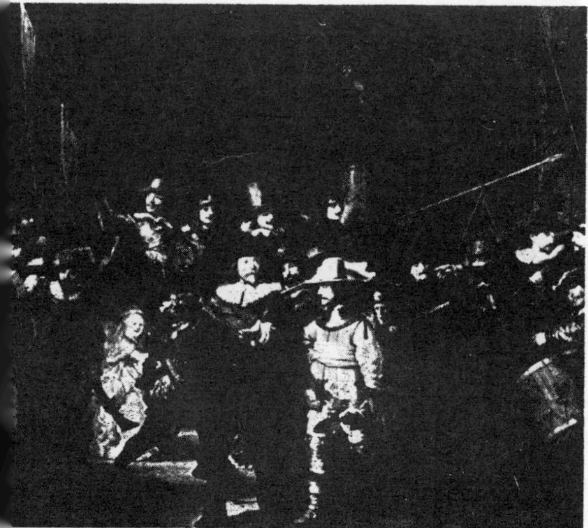

林布蘭　夜巡圖

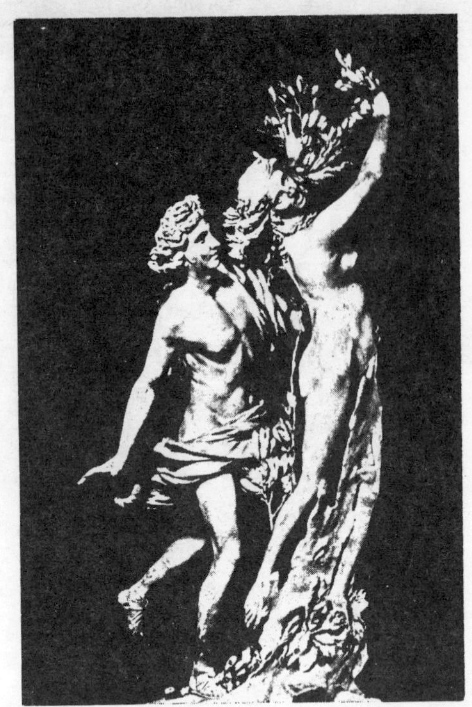

59. 柏尼尼　阿波羅與黛芙尼

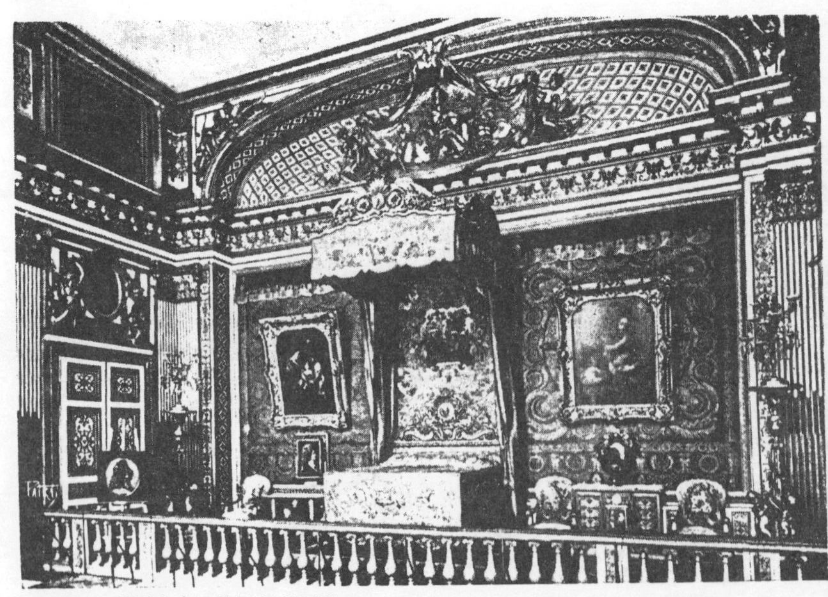

60. 凡爾賽宮　路易14的房間

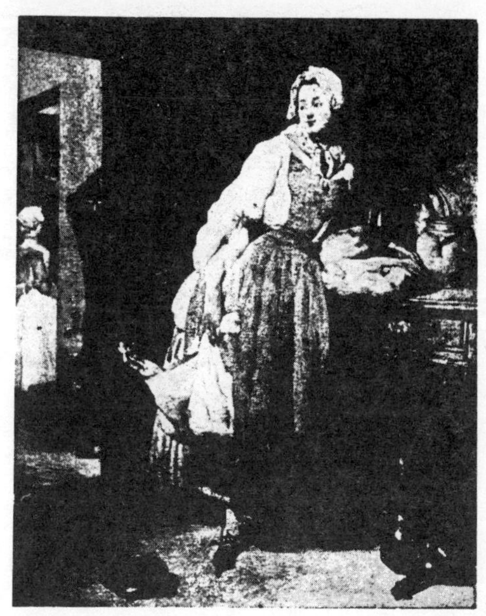

61. 夏爾丹　買菜回來

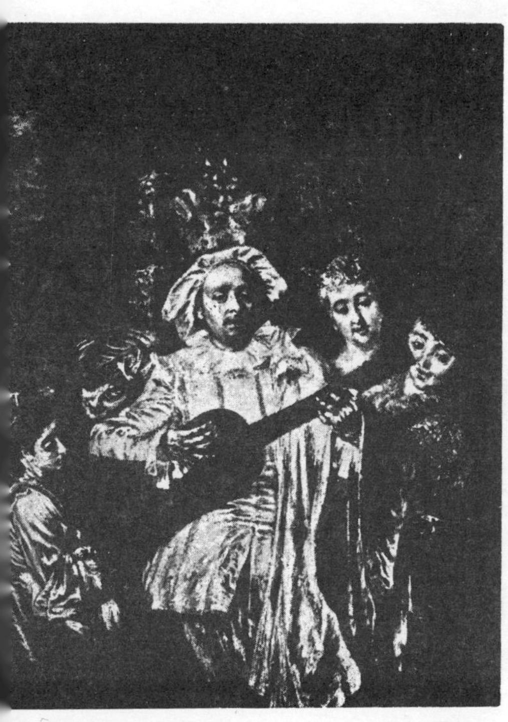

2. 華都　彈吉他者

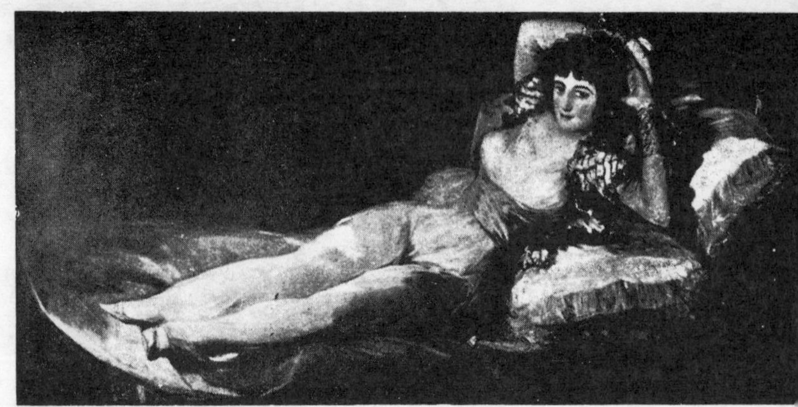

63. 哥耶 著衣的瑪亞

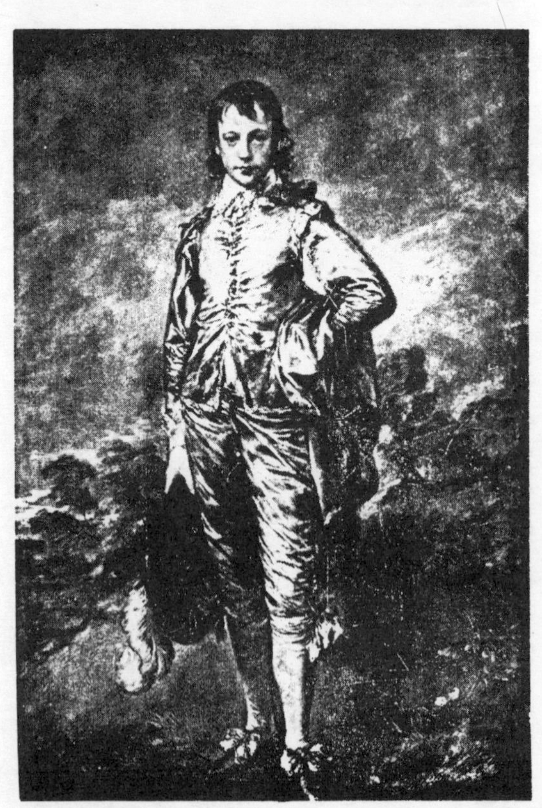

64. 根斯勃羅 藍衣少年

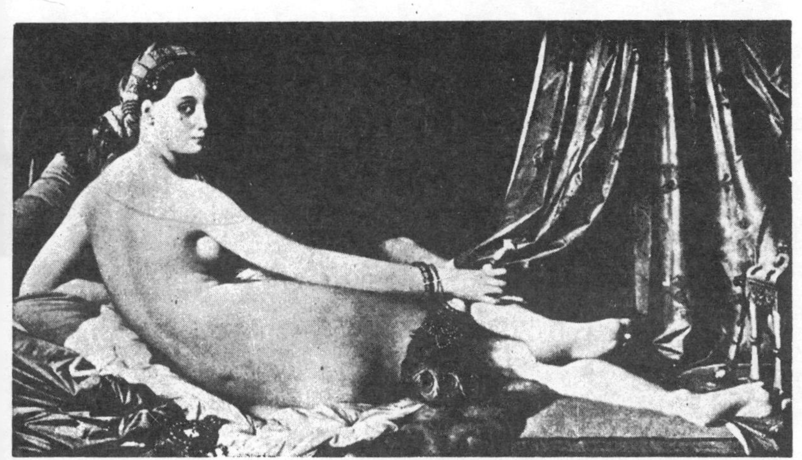

65. 安格爾 宮女

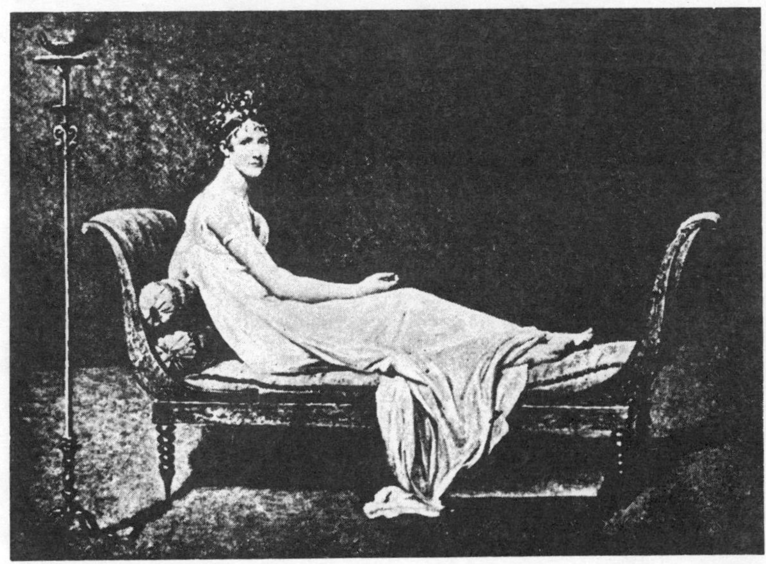

66. 大衛 列卡米埃夫人像

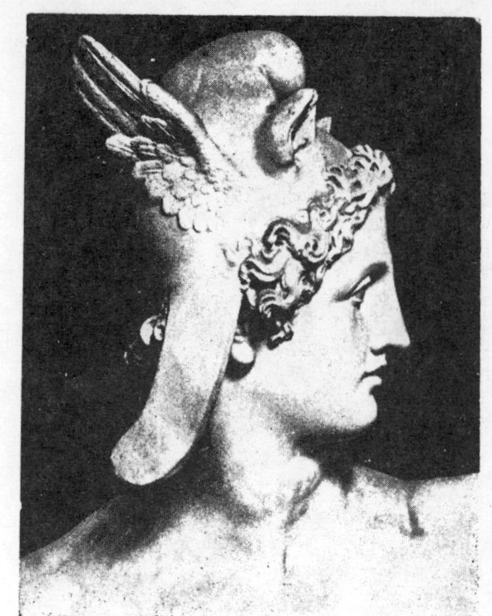

67. 卡諾瓦　佩塞斯（部份）

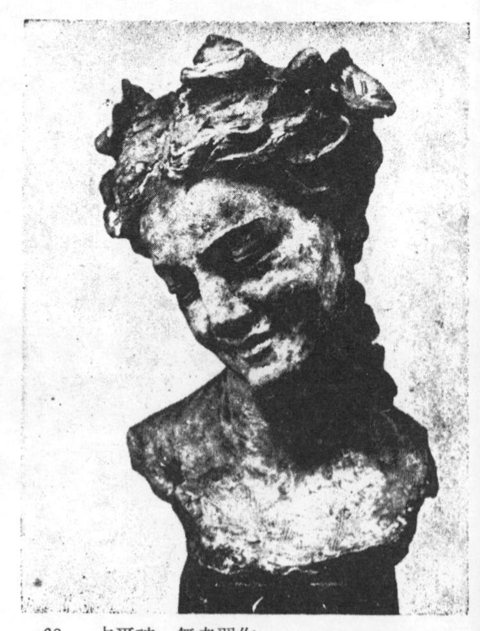

68. 卡爾破　舞者習作

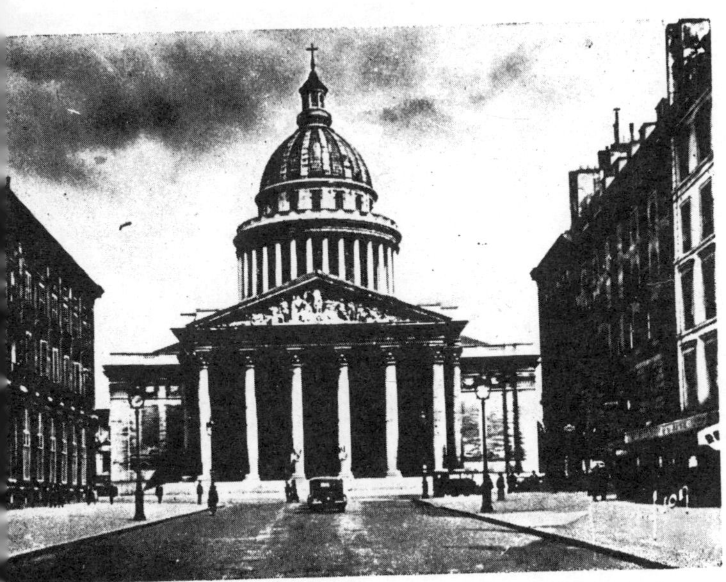

萬神殿　巴黎

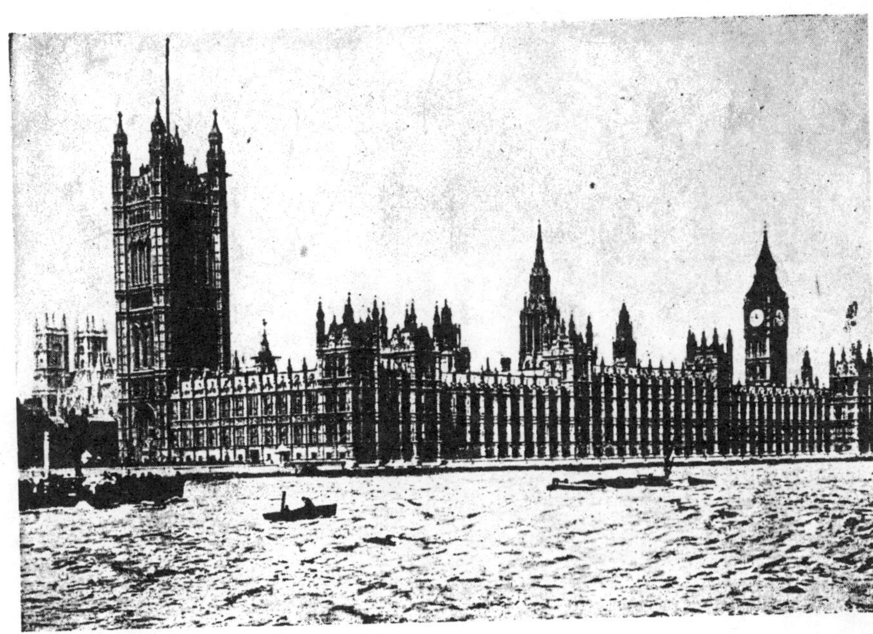

70.　倫敦議會大廈

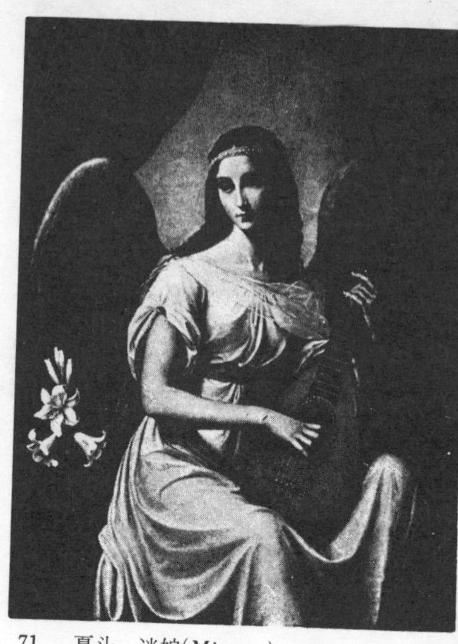

71. 夏斗　迷娘(Mignon)

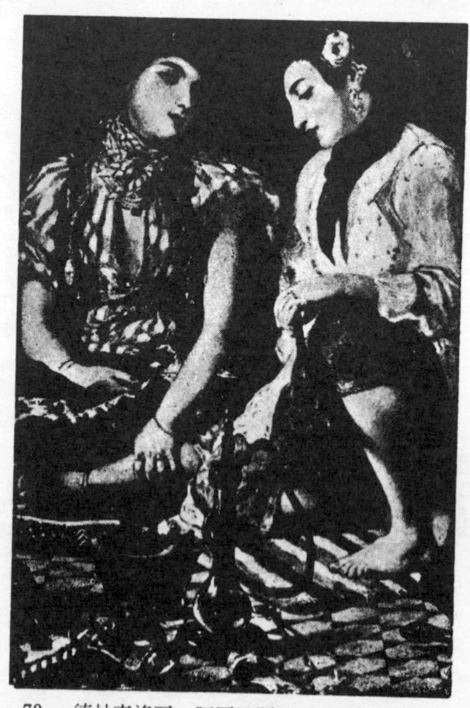

72. 德拉克洛瓦　阿爾及爾的少女們 (部份)

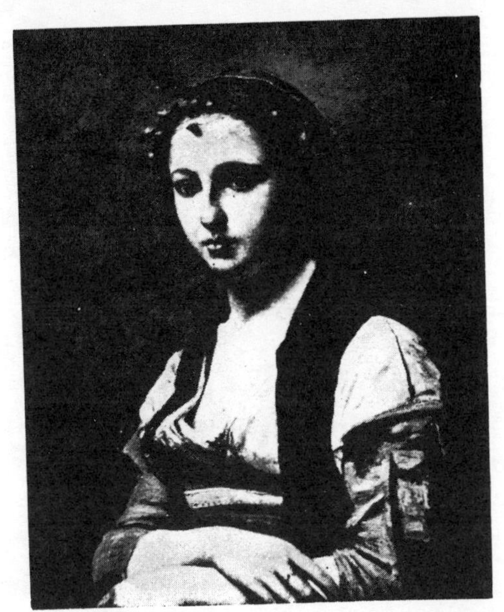

73. 柯洛　眞珠夫人

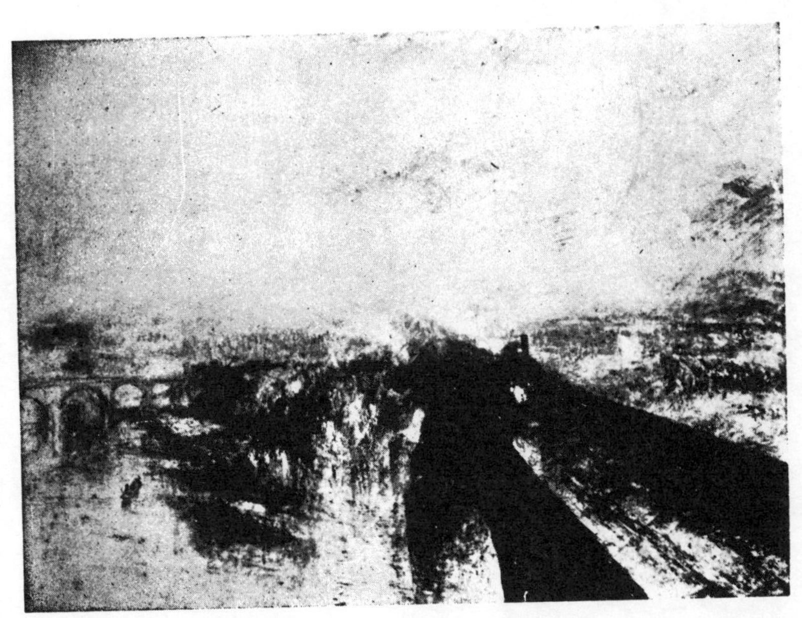

74. 泰納　雨、蒸氣、速度

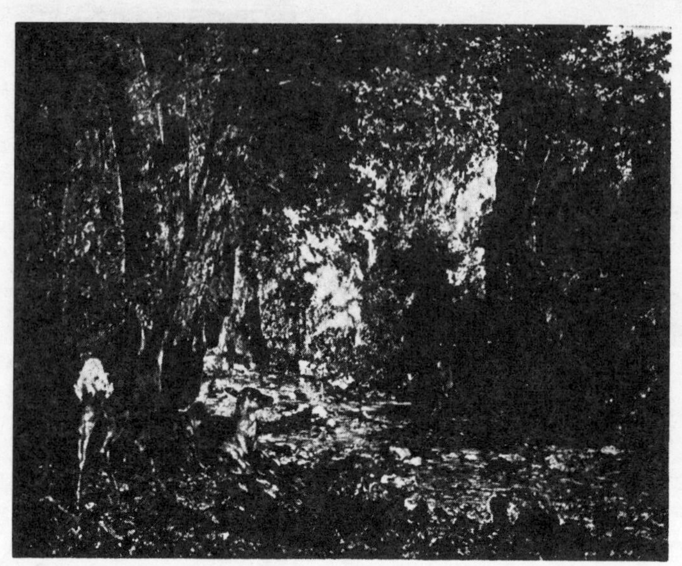

75. 庫爾培　鹿之家

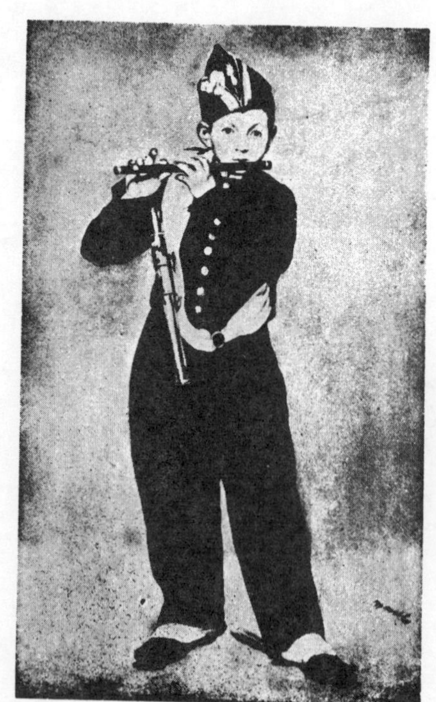

76. 馬內　吹笛少年

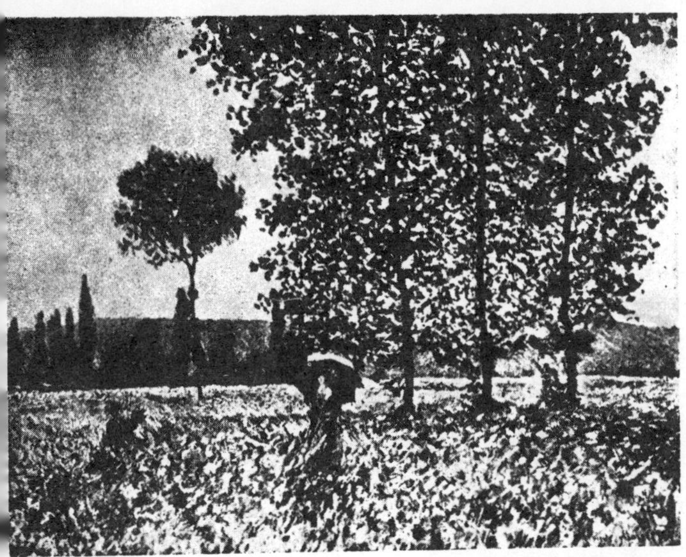

77. 莫内 夏

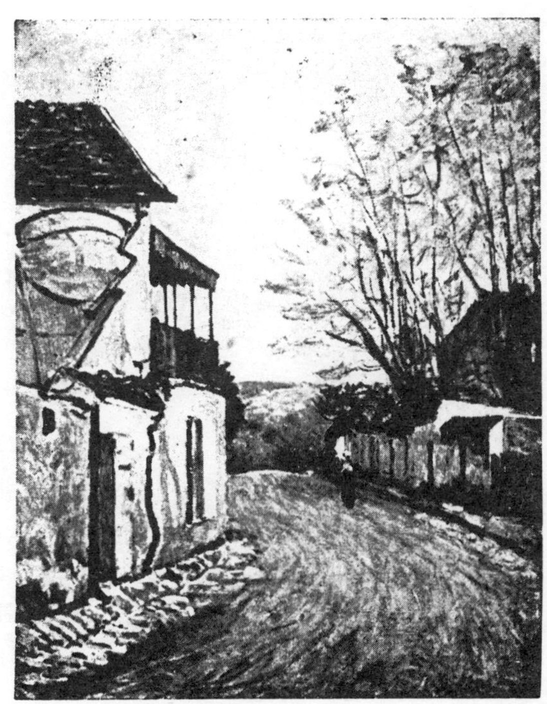

78. 西斯來 盧弗香奴街道

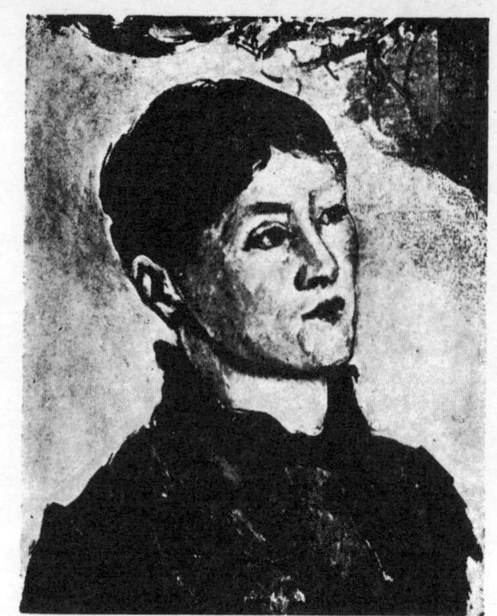

79.　塞尚　塞尚夫人像

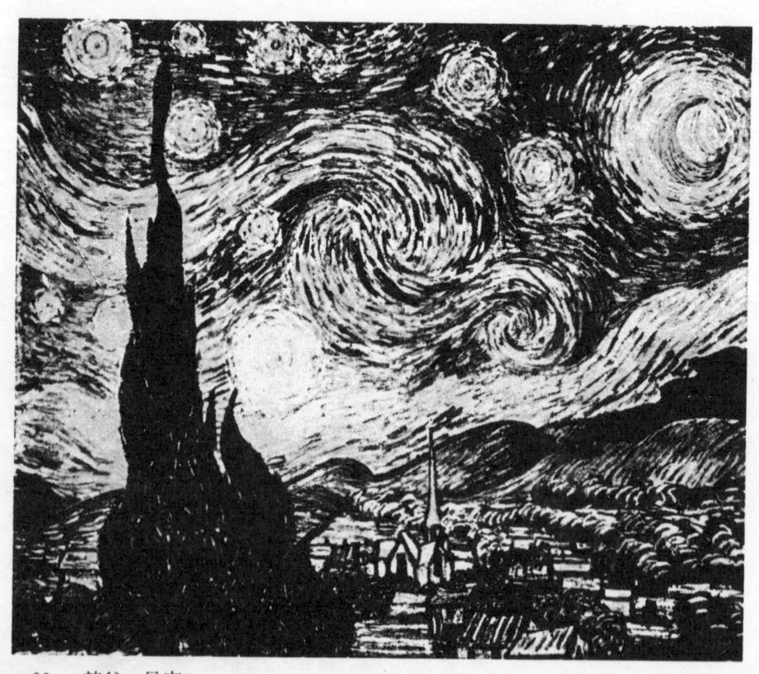

80.　梵谷　星空

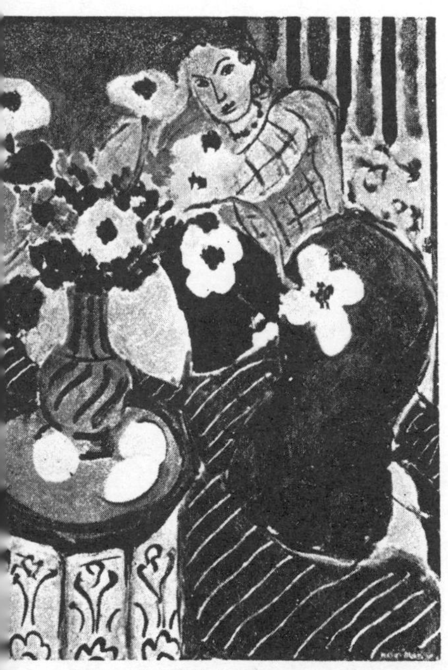

. 馬蒂斯　秋牡丹與女人

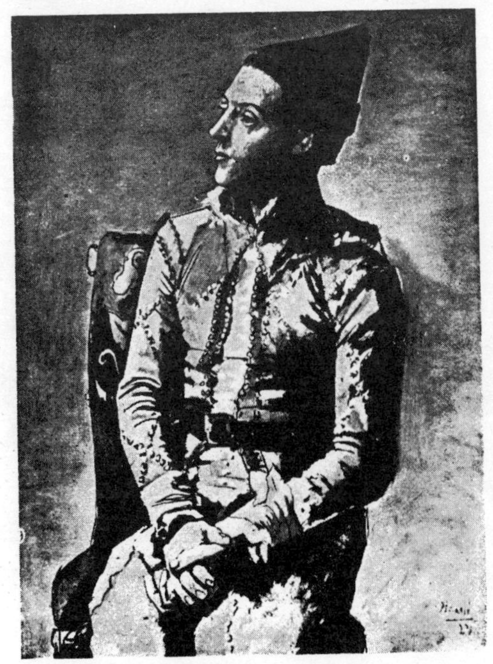

82. 畢卡索　雜技演員

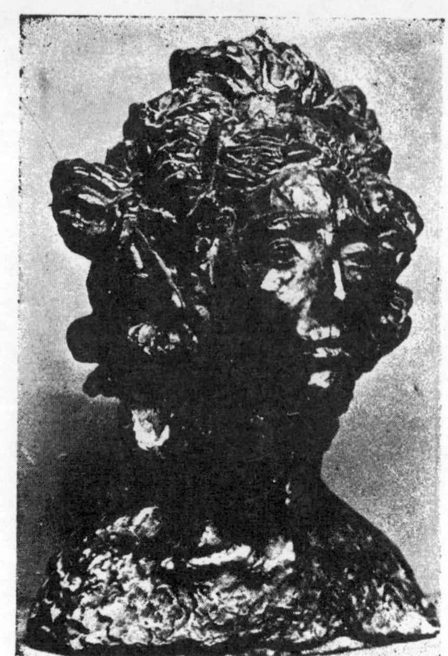

83.　布德爾　西列尼

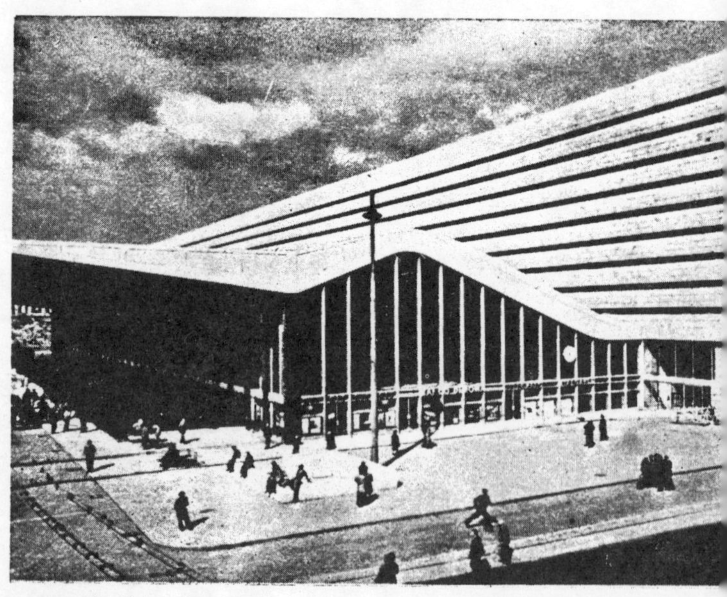

84.　羅馬車站

1. 原始時代

美術的意義

美術史所面臨的直接對象當然是美術品、及產生美術品的美術家之歷史，關於美術從什麼時候及如何開始的問題，由於時代甚爲久遠，非三言兩語可以道盡，然而到今天透過古代遺物已可得到大體的想像，惟在未敍述之前，必先確定到底什麼是美術，特別是時代極爲遙遠的東西，美術品及非美術品、或說美術品與單純的日常生活用具、乃至美術品與因自然變化而造成的某種形態，這其間到底如何區別便首先成爲問題，當然，這件事不會有明晰的記載，加之極其稚拙的遠古作品是否該視爲美術品亦見仁見智。

然則美術史該從何處寫起？由於必須確定一個出發點，故暫且依據如下的定義，此卽當我們提到美術品時，必然想到那是作者生活感情的造形表現，換言之，在命名爲美術品之餘，在某種意義上該是某種形體的某種表現，並非只是胡鬧地或無意識之間的製作，而是具有生命的人類以某種意識——卽發表些什麼的意識——而表現的物體，同時這種意識在單純的「於生活有用的東西」「於生活方便的東西」之外，在某種意義上至少是形態諧和的、或優美的所謂美意識之表現；再換言之，美術的具體表現的美術作品可以說是「作者透過意識的藝術活動，將其生活感情以形體表現出來的東西。」

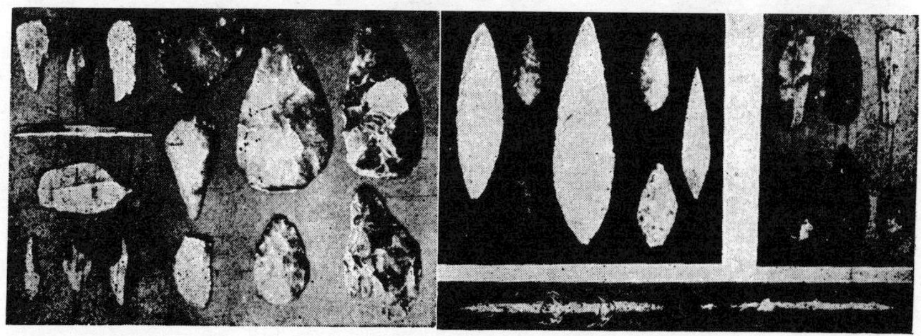

圖1　石與骨的武器、用器（舊石器時代）

對於美術作品姑且作如上的定義，至於要探討美術品大約從什麼時候開始製作的問題，那麼讓我們先打開美術史的第一頁。

美術的起源與社會

在我們今天所能看到的範圍內，最初的美術作品大約製作於紀元前二萬年左右，在它和宗教的密切關係上來說，那麼與其他種類的藝術是相同的，亦即獻給神的祈禱以語言出現而反復的便成詩歌，其祈禱以姿態而反復的便成舞蹈，同樣的，將祈禱的對象用具體的形態來表現便成繪畫與彫刻，於是在祭神的地方、獻給死者的紀念或記憶的場所便開始了美術上的建築。

後面還要提到，例如被稱爲世界最古的繪畫——阿爾塔米拉洞窟（圖 2）中所畫的馴鹿、野牛等壁畫，它決不是作爲觀賞用，在某種意義上應與宗教有關，即對當時的人而言，這些野性的動物乃是生活的必需品，一方面也是生活上的敵人，爲着防衞牠們的恐怖之事，或者爲着將牠們捕來作爲食物及衣料，於是仔細觀察其習性而形成那種寫實的壁畫，至於將之用繪畫來表現乃是爲着向神祈禱防禦與捕獲。當然，上述的意義還不够，人類裝飾的本能及愛美的習性對美術的產生及發展亦極重要，惟實際的製作乃是基於與宗教的深切關係。

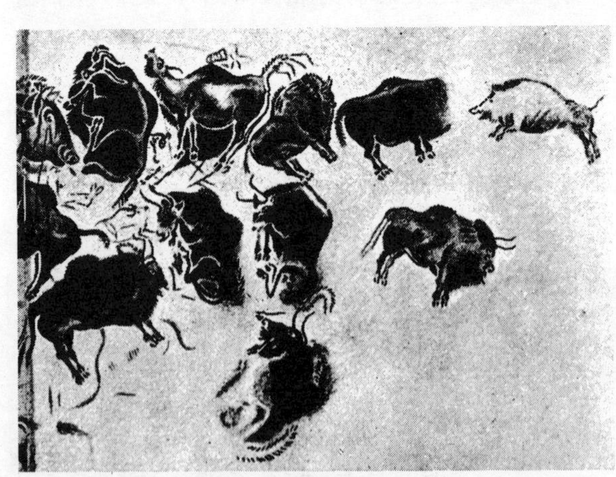

圖 2　阿爾塔米拉的洞窟畫

同時當美術在眞正有秩序地發展之際並不與其社會分離，不論在古代或近代，美術最直截地表現了時代的及民族的性格，不止這樣，優異的美術品必然產生於其民族、種族在某種意義上充滿蓬勃朝氣的時代之中。

原始時代的劃分

在所謂史前時代、原始時代等史前人類漫長的未開化時代，從考古學或地質學來看更可分爲幾個時期，其中成爲美術史對象的時期是在地質學上稱爲第四成層期，大約紀元前二萬年左右以後，歐洲的考古學將這紀元前二萬年以後的期間，依據主要使用的容器、用具等的材料而作如下的劃分：

1. 舊石器時代
2. 新石器時代
3. 青銅器時代
4. 鐵器時代

然到何時爲止屬舊石器時代，或屬新石器時代並無一定，因爲各民族的始末皆有不同，例如非洲中部的原始民族到二〇世紀的現代也許文化程度還在新石器時代，最多只相當於青銅時代，惟若以產生過歐洲代表性文化的地方或民族爲中心，則大約從紀元前二萬年到一萬年稱爲舊時期時代，紀元前 9000 年或 8000 年到3000年爲新石器時代，至於此新石器時代的終結、及青銅時代的開始亦即金石併用時代，一般說來進入了有史時代（註１）

註１　如世界最古的文明國家埃及早在紀元前4000年已屬有史時代，故考古學上便成青銅時代，然在今日世界文化中心的歐洲大陸即使到紀元前1000年左右，還不能說是歷史時代，亦即在美術史的概說上，所謂史前若擧出最初的時期即可，要之，所謂歷史以前乃指文字發明以前。

第1章　舊石器時代

人類的歷史極其漫長，然如前所述，被提出來的美術史上最初的遺物大約在紀元前二萬年，亦卽人類開始用自己的手發明取火的時代，這取火的發明乃是人類歷史上最初的大革命，當時人類的生活完全是野生的，然由於火的發明便很清楚地與其他動物有了區別，同時還有一個與其他動物不同的地方便是美術的製作。

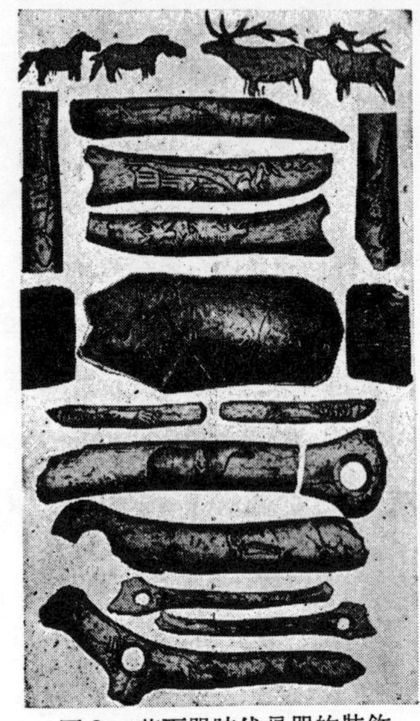

圖3　舊石器時代骨器的裝飾

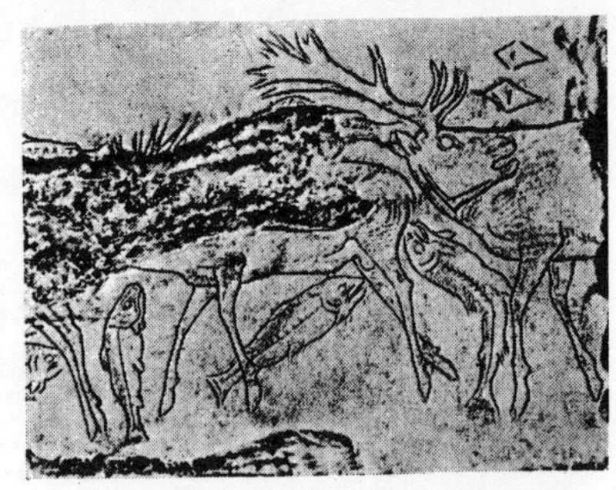

圖4　羅爾特（法國）洞窟的線刻畫

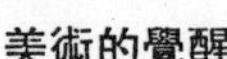

美術的覺醒

當時的人類主要以狩獵來維持生命，其住處大致說來並不在地面而在洞窟之中，而且不定居於固定的地方，過着常在尋求住處與獵物的遊牧生活。美術的覺醒可以在紋身（註1）、獸角魚骨等的器具、貝殼的器物與裝飾品等物上看出來，他們在那種器具、器物上把動物

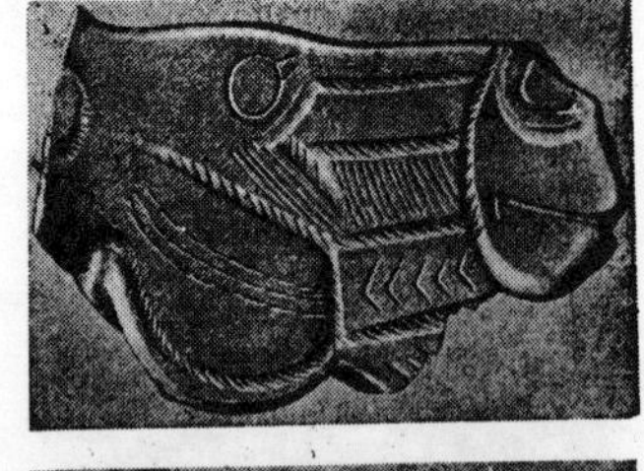

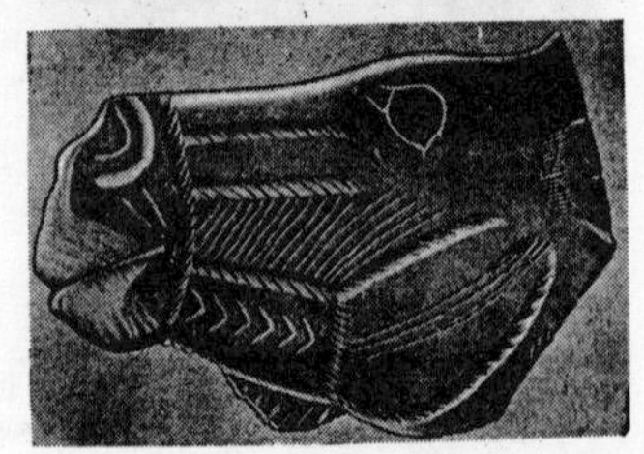

圖5　馴鹿角作的馬頭

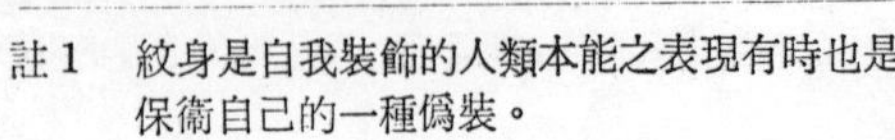

註1　紋身是自我裝飾的人類本能之表現有時也是保衞自己的一種僞裝。

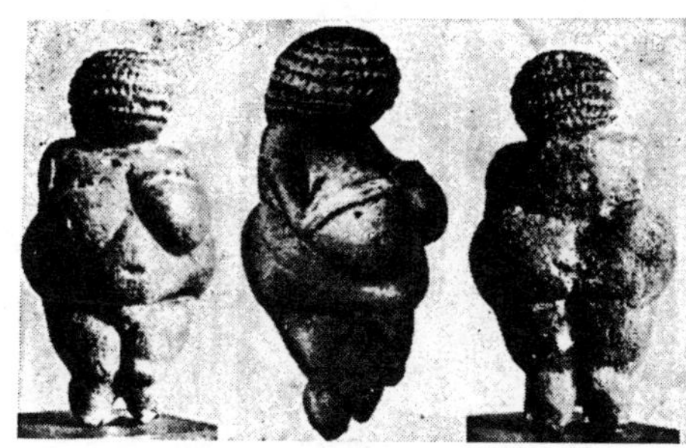

圖6　威廉多夫的維納斯

魚類等用簡單的描線巧妙地畫出來（圖 3.5），石器類的表面上亦將樹葉等相當寫實地模樣化（註２）。惟此一時代尚未發明用泥土烘燒的土器，在這些所謂工藝品之外，被視爲最初的彫刻也發現了，此卽刻石所作的婦女像（圖６）、動物像，技術上是幼稚的，只不過把大概的姿態（圖７）表現出來，圓彫與浮彫（圖８）皆有，而表現人類的作品則全爲女性彫像——至其裸體亦爲一大特色，一般把這種女性彫像稱爲「石頭的維納斯」，當然並不是維納斯般的女神像，惟在某種意義上必然具有宗敎性（註３）。

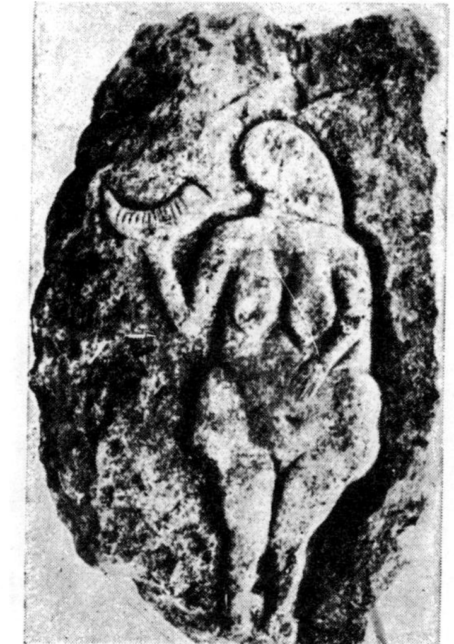

圖７　持角杯的女人

註２　這時期的器具與石器類特別是在中、西部歐洲早就發現很多，其研究亦以法國最爲前進。

註３　女性彫像之中，特別是被認爲時代遠古的作品，不論浮彫與圓彫大多是非常肥滿的型式，大概是因爲祈禱生育多子多孫而製作的，在法國的洛塞爾（多爾縣）所發現的「拿角杯的女人」（浮彫圖７）及奧國發現的「威廉多夫的維納斯」（圓彫）特別有名。相反的，例如部被認爲時代稍後而現於法國普拉桑畢的少女頭像（圖８），便呈最輕快的形態。另外，在「拿角杯的女人」上面很明顯地有塗色的痕跡。

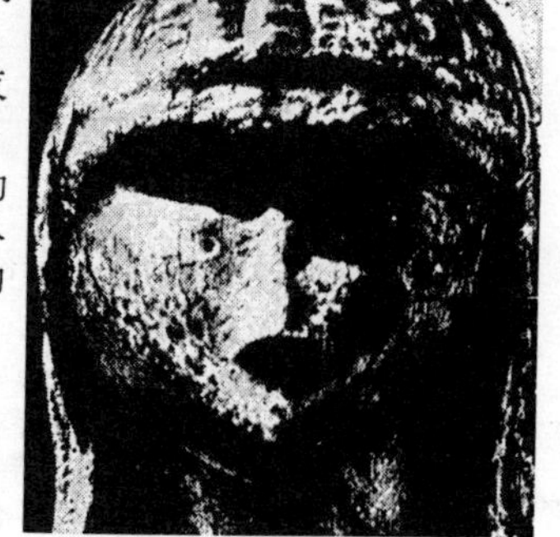

圖８　少女頭像

洞窟藝術

這種舊石器時代最大的美術在1879年開始發現於西班牙的阿爾塔米拉（圖 2.9）（註4），其後陸續發現有南法國與北西班牙的洞窟壁畫及線刻浮彫，這些被認爲早在二萬年前的東西，生動而有力，使人驚奇於舊石器時代人類的藝術才華，在此所畫的東西主要爲野牛、馴鹿、馬、長毛象、鹿等，此外羚羊、猪、鳥也很常見，線條極爲簡單，色彩亦只限於黑、赤、褐、黃等類。然透過狩獵民族的敏銳觀察，準確地把握了動物運動的形象。動物類之外，有時也混入了人物姿態的描寫，這在南法與北西班牙的洞窟所

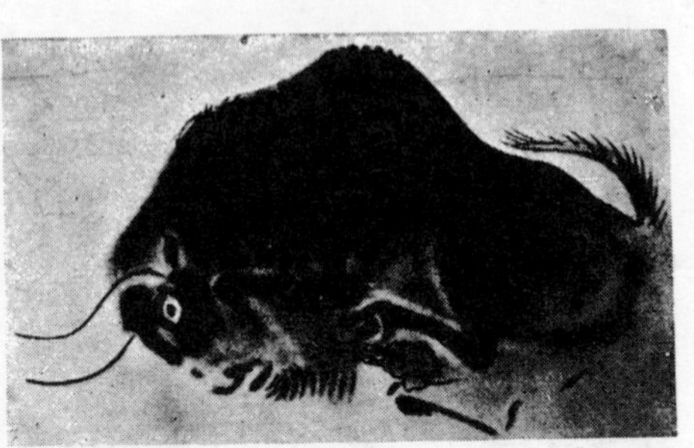

圖 9　阿爾塔米拉的洞窟畫

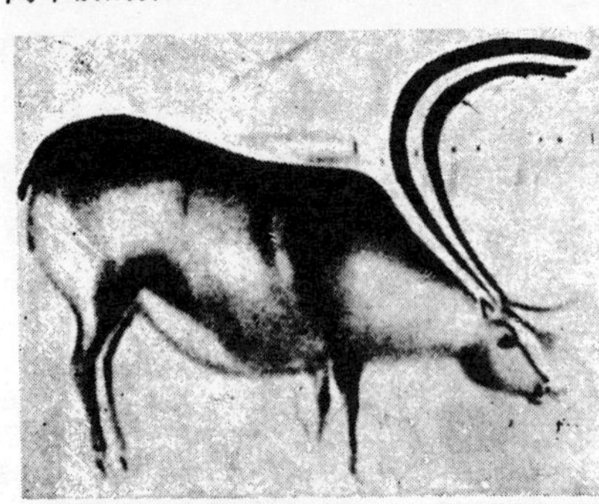

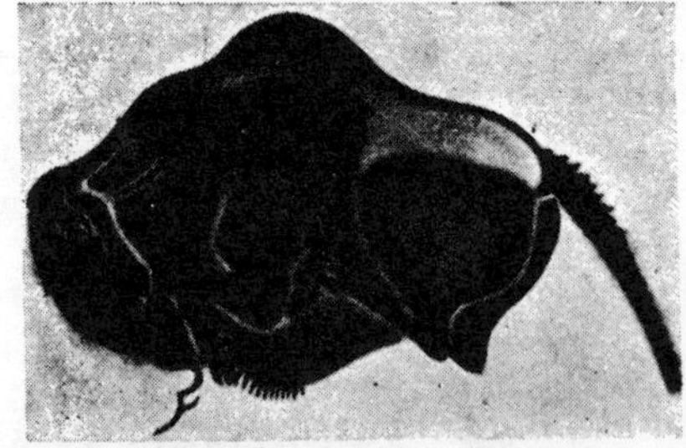

圖10　儂・多・哥姆的洞窟畫

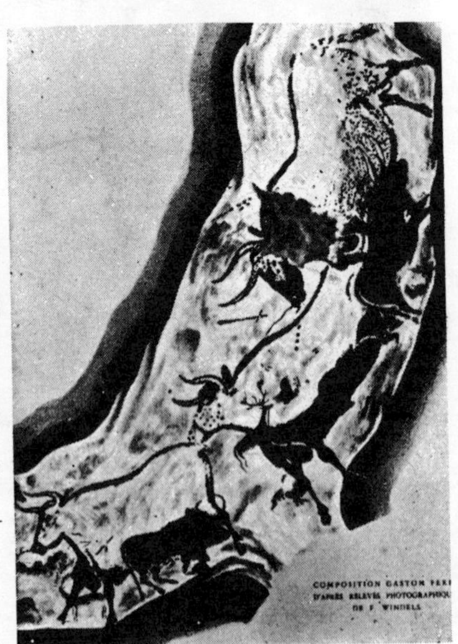

圖11　拉斯克的洞窟畫

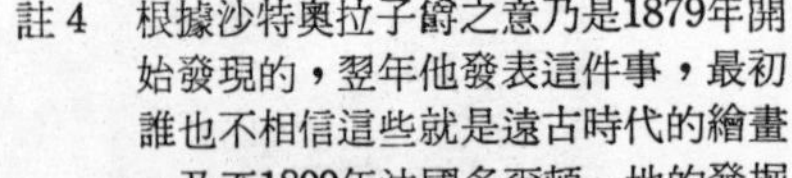

註 4　根據沙特奧拉子爵之意乃是1879年開始發現的，翌年他發表這件事，最初誰也不相信這些就是遠古時代的繪畫，及至1899年法國多爾頓一地的發掘，才漸漸引起人們的注意。

畫的全僞裝爲動物，亦卽作爲巫師來表現，其中亦可看到宗教的理由。現在這種動物的壁畫除了庇里牛斯山爲界的南法多爾頓、北西班牙的嵌達布利亞 (Cantabria) 之外，義大利、東部西班牙、北非（註5）亦有所發現。然最具代表性者仍當推西班牙的阿爾達米拉、法國的拉斯克、尼奧、峯・德・戈姆、列・特洛亞・弗列爾等是（註6）。

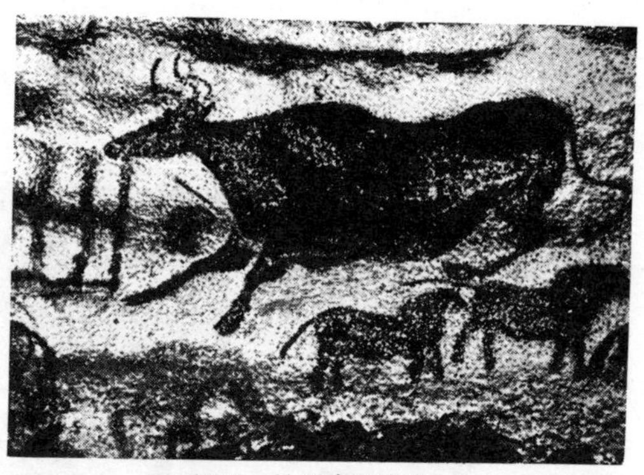

圖12　拉斯克洞窟畫

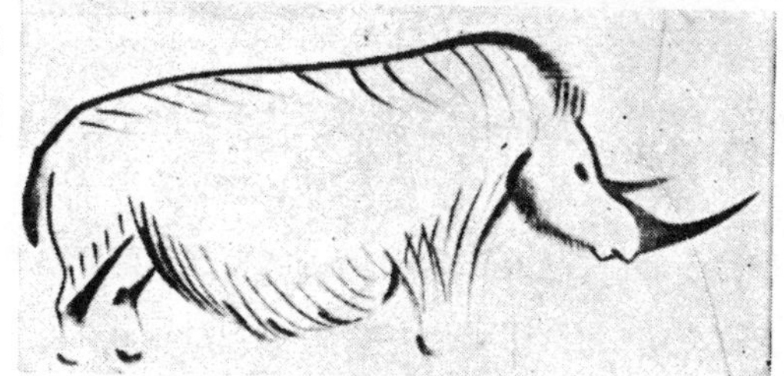

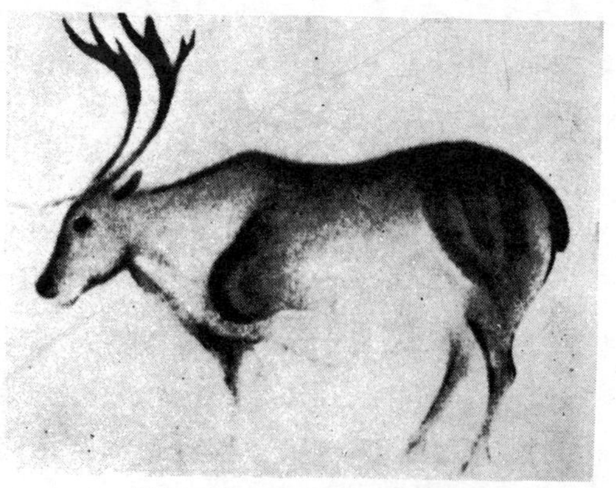

圖13　馮・德・哥姆的洞窟畫

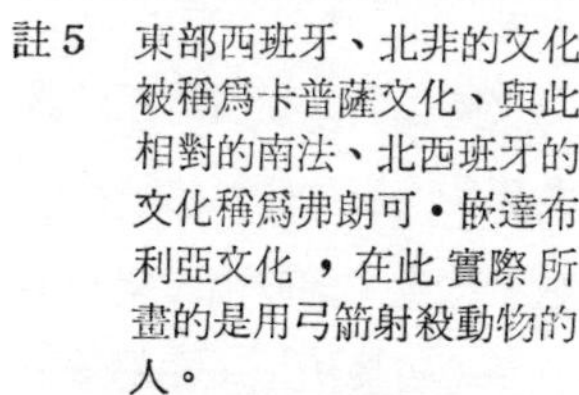

註5　東部西班牙、北非的文化被稱爲卡普薩文化、與此相對的南法、北西班牙的文化稱爲弗朗可・嵌達布利亞文化，在此實際所畫的是用弓箭射殺動物的人。

註6　現在法國有40個以上、北西班牙有35個以上的遺跡被發現出來。

第2章　新石器時代

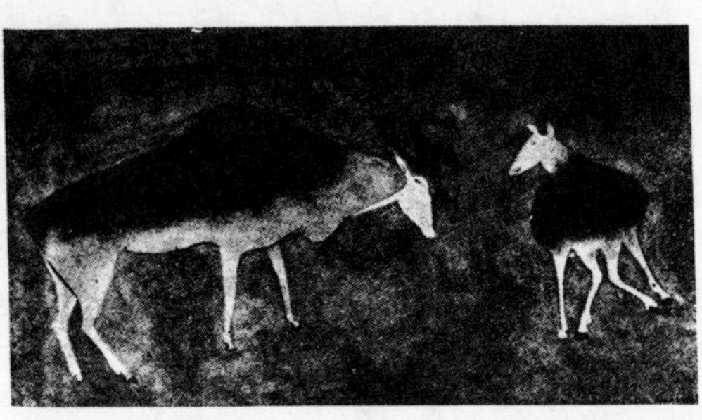
圖14　羚羊（南非・奧冷西河上流・洞窟畫模寫）

要把舊石器時代與新石器時代劃開非常困難，前述的時代劃分乃是極其大略的分法，若再稍微詳細地看看的話，從紀元前 8～9 千年左右到大約 4～5 千年爲止，即所謂舊石器時代到新石器時代（註１）的過渡期。此際在庇里牛斯山西邊舊石器文化很快地消滅，不久便興起了性格完全不同的新石器文化，從東西班牙到非洲方面亦在逐漸的變化之中，此即由於北非的撒哈拉、利比亞、南非的羅得西亞及南阿聯邦的布修曼種族所製作的所謂布修曼美術之岩壁壁畫，這裏很明顯地舊石器文化逐漸單純化及硬化，而且深受埃及新石器文化的影響。然本書的目的不在於詳細說明各處各民族的舊石器時代或新石器時代，故底下只舉出新石器文化的一般特色，並將其與舊石器時代的不同點就歐洲地方的古物而加以說明。

人類的定居

若把舊石器時代的人類稱爲原始狩獵民族，則新石器時代的人類卽爲原始農耕民族。舊石器時代的人類完全是野性的，採集狩獵的獵物及野生的植物過活；相反的一到新石器時代，地球上的氣候也大體像現在這麼穩定，同時漸漸變成集團地定居，栽培穀物、飼養家畜，惟對於這種生活而言平地優於山地，在平地上選擇有水利之便的土地，居住也走出洞窟而在地上蓋起房屋似的東西，換言之，亦卽從舊石器時代的動物生活一變而爲略具人類組織的生活，甚且由自己的能力而變爲利用並改造自然的生活，此卽基於生產經濟的生活。這個時代的住處在地

註１　一如前面提到的這是一般的分法，在埃及紀元前１萬年左右已經很淸楚地進入新石器時代了。

上之外，尙有不得不注意的是被視爲居住於湖上的遺跡，以歐洲的湖水地帶爲中心而殘留下來，這大概是爲着減少野性的動物及其他的集團生活者前來侵襲的危險。

土器的製作

定居於地面上的新石器時代人類常因土地而採用不同的建築材料，無疑的在很多地方木材是最普遍的材料，然現在這種普通住所的遺蹟不但幾乎沒有，且可作爲美術史的對象也盪然無存。目前我們從美術史的立場而視爲這時代的建築遺物乃是始於歐洲大陸，及亞洲、非洲亦可看到的分別被稱爲石柱 (Menhir)（註9）、墓標石 (Dolmen)（卷頭圖 1）環狀石羣 (Kromlechs)、並列石羣 (Alignamennt)（圖16）、石柵 (Stonehenge)（圖15. 17）等的幾種石塊構造物。

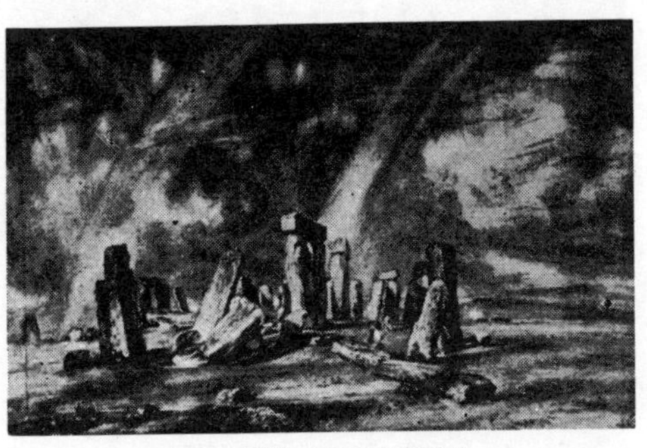

圖15　石柵（康斯太勃畫）

首先石柱是長而大的石塊矗立於地上，爲一種方尖塔，其目的不很淸楚，

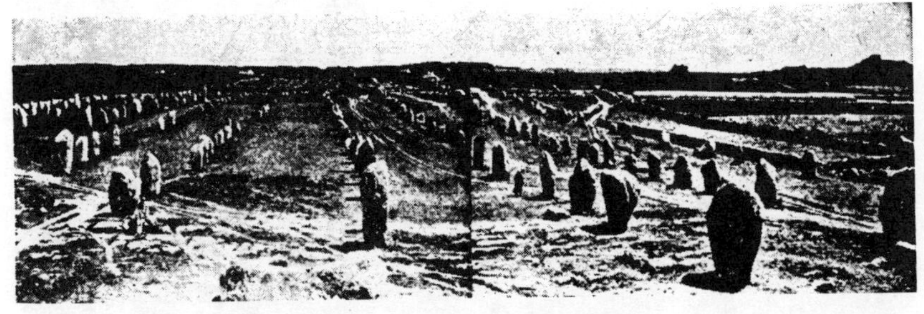

圖16　並列石群（法國・卡那克）

註 2　湖上住所的遺跡最初發現於瑞士蘇黎世湖（1894年），他如德國、義大利、英國的湖面亦有同樣的發現。這種湖上住所是先在湖中打樁、再在上面造屋。有些地方甚且也被推斷爲造屋於樹木之上。

註 3　men 爲石 hir 之意爲長。

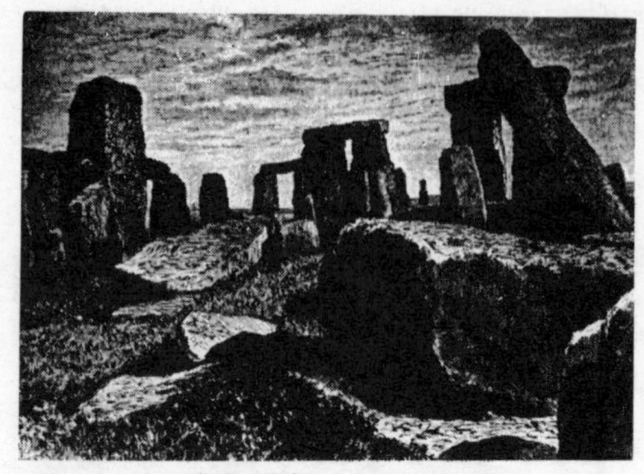

圖17　石柵（索斯貝利）

大概都 意謂着 某種 宗教性；石標墓（註4）是樹立幾個自然石，再在 上面水平 地擱置幾塊石頭作爲屋頂，很明顯的此乃作爲墳墓而製作的，以上二種形態最爲單純；其次環狀石羣（註5）是把石柱有點規則而確實地作環狀配置；並列巨石羣，乃是把 Menhir作直線的站立並列；與此相反的，石柵是樹立兩塊巨石之後，把負載同一石塊的三個一組之石羣作圓形或馬蹄形的排列，這或者是打勝仗，或者爲着免除天災的謝意，在某種意義上是紀念性的建築物。

新石器時代美術的最大特色之一是人類的開始製作土器，在以前是削磨木石，將貝類原樣地作爲容器用，這時則開始燒土製作容器，它們亦有施以簡單的色彩，或者畫些裝飾性的模樣，此種模樣並非舊石器時代刻在動物骨、牙等用具的寫實描寫，大部份是線條模樣。另外，彫刻亦有少許，上一代的活潑性已失，象徵性傾向極强，至於繪畫則只有一些壁畫，除了在石頭上的刻線之外幾乎看不到什麼，或許由於生活從洞穴走向地面，故性質上最易於殞滅的繪畫也就很快地消失了，然大體上若與線條的圓形裝飾模樣重於寫實表現的時代聯想在一起時，則繪畫的製作也就顯得太少了，惟在

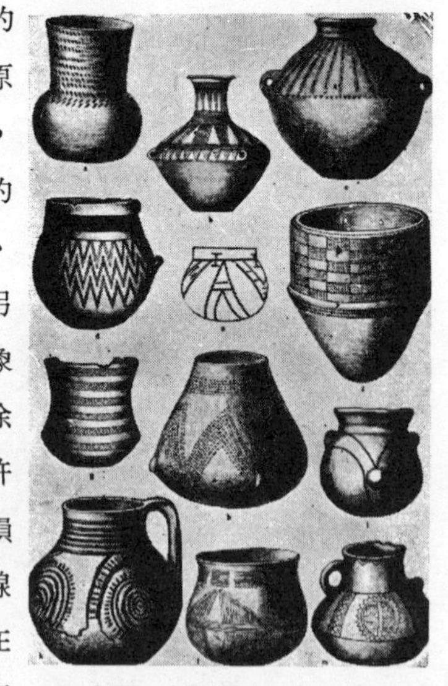

圖18　新石器時代的土器

註4　dol 爲桌子，men 爲石。
註5　krom 爲彎曲，lechs 之意爲石頭。

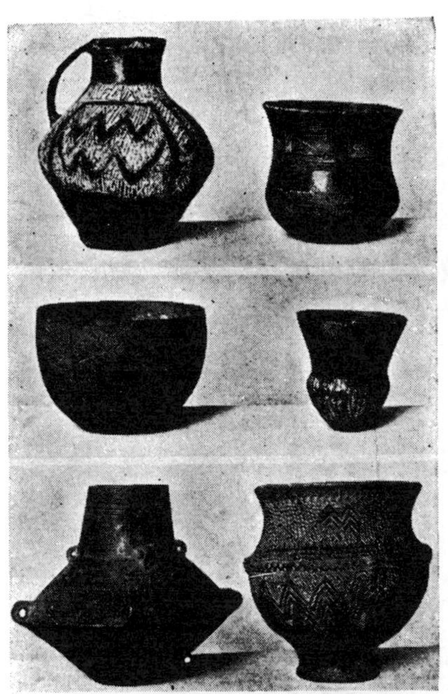

圖19　新石器新時代的土器

稀少的遺物上亦如土器模樣所見的，有很多圓的或幾何學的紋樣。

過了以上的原始時代，人類不久便在各自的時代，各個地方經過金石併用時代而發展爲青銅時代，亦卽進入了歷史時代，而在美術世界的歷史時代中，最初的驚人發展亦輝煌地廣被於埃及、美索不達米亞、乃至愛琴海諸島。

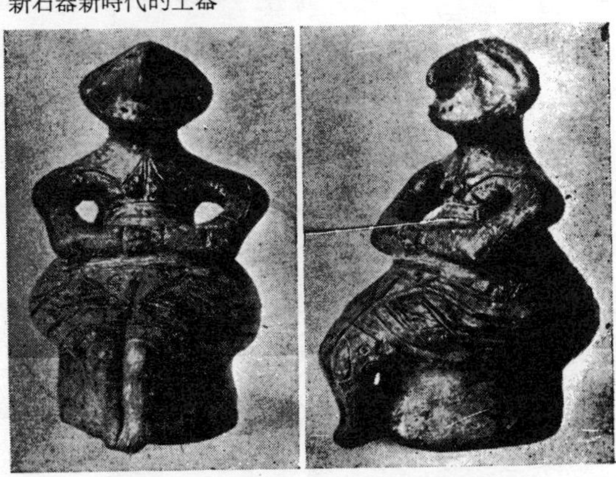

圖20　粘土製婦女坐像（新石器時代）

2. 古　代

第1章　埃　及

第1節　埃及美術的成立

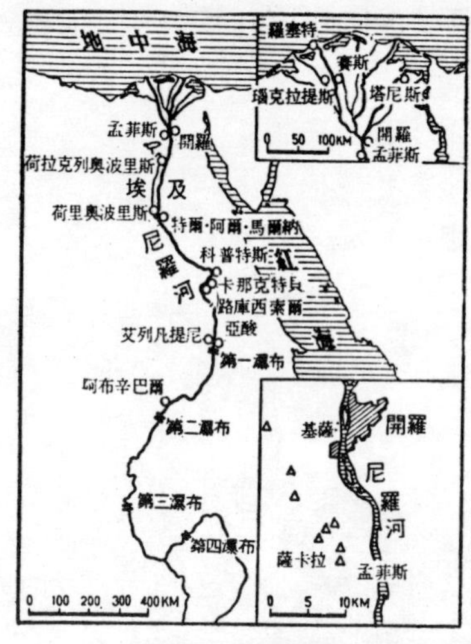

圖21　埃及地圖

大水灌漑之處即爲埃及，埃芳提尼之居於此而飲其水，此乃埃及人是也。」安夢(Amon)神的箴言乃是埃及性格的最佳說明。埃及美術即是尼羅河及其周圍的灼熱荒地之奇特產物，這種自然環境形成了當地居民一切生活的根柢，其生活的複雜結構則產生了美術的一種型式。反過來說，展讀數千年的歷史，從留傳下來的美術作品我們亦可以了解到當時人們的生活及精神。

誠如箴言所說，埃及孕育於世界第二大的尼羅河，其發源遠在阿比西尼亞高原，再北流至亞酸 (Aswân) 的第一瀑布而進入埃及平原，這個寬約 10Km至 25km 的峽谷直到開羅爲止長達 900 km，兩岸西爲沙漠、東爲山嶽所夾，一到開羅，河流便造成所謂三角洲地帶，並形成許多的支流，約200公里有餘，浩浩蕩蕩地注入地中海。

埃及由尼羅河造成兩個地形——約與荷蘭面積相等，即以開羅爲界分成南北（上下）二部，不祇風土人情，即在美術上亦呈現完全不同的相貌。

至於埃及美術的最大原動力則在宗教，美術受宗教的限制乃程度的差別，這是古代共同的特徵，在埃及的情況，由其地理環境影響下的奇特宗教，產生了極其獨特的美術樣式，其特徵容後隨同作品加以細述，其宗教把奉獻於死後世界之事視爲最大的及幾乎是唯一的目的。

埃及的宗教視人類的生命並不終止於現世，它教人如若種種條件都能守住的話，則死後也會永遠生存下去，人類的肉身 Set 及靈魂 Ba 進一步與肉身的冥體 Ka 合而爲一便得享有生命，亦卽肉身卽使死了，其遺體若永遠保存的話，由於能和靈魂 Ba 及冥體 Ka 合爲一體，故生命亦可永遠地延續，因之，要守的條件便是遺體的完全保存，同時與遺體一起的，乃是有益於永遠生命的生活必需品之貯存。木乃伊的製作卽由於這種宗教觀的緣故，進而爲着保存的完全便建造了金字塔，再從埃及人相信肉身的喪失卽意謂着生命的消滅來看，那麼僅只一具木乃伊仍會感到不安，縱令它被損毀，代替它的肉身之使命仍非完成不可，無數的肖像彫刻，壁畫乃至銘記等卽與木乃伊同爲肉身之物，或者爲墓室中的永生之食料與安慰。故埃及的全部美術乃是有益於永遠生命的東西，美術對埃及人而言決非單純的創造意志之滿足或美意識之定型化，而是達到永生的手段。

埃及同時是個政教合一的獨裁王國，掌握全國絕對專制權的帝王同時也是神聖不可侵犯的人世之神，因此美術就全爲着帝王及周圍貴族而效勞。

這種嚴謹的地理性及現世的社會制度，進而使來世的宗教觀在埃及美術上產生奇特的形態。

埃及美術在紀元前4000年左右開始發達，其民族是哈姆人種，他們又分爲許多部族，各自將祖先的諸神以動物的形體來崇奉，其分佈地區在尼羅河流域，不久他們逐漸地集聚而發展成南北兩個王國。到紀元前3200年左右，被來自上埃及的納爾摩 (Narmer) 王所統一，第一王朝由此

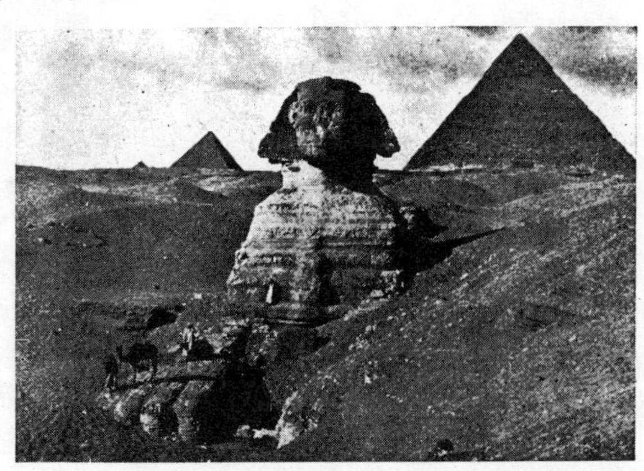

圖22　金字塔與人面獅身怪　第 4 王朝　基薩

開始。其後埃及在紀元前332年被亞歷山大大王所征服，直到普特列麥奧斯 (Ptolemaios) 王朝開始爲止，前後交替30個王朝，他們可以分成幾個時期，重要的有下面幾個時代：

初期王朝（提斯時代）	第1～2王朝（約紀元前3200～2800）
古帝國時代	第3～6王朝（約前2800～2200）
中帝國時代	第11～12王朝（約前2050～1785）
新帝國時代	第18～20王朝（約前1580～1085）
末期王朝時代	第21～30王朝（約前1085～333）

（以上是爲着研究方便劃分的年代，有時或因學者而有所不同）

第2節　提斯時代

這個時代的埃及在一個帝王（法老 Pharao）之下開始有統一的國家，這不但是主權的確立，同時亦爲政敎的合一，屬神權確立之時代。美術卽爲效忠帝王並確保來生的宗教美術，故埃及美術在這個時代業已確立其方向。

「蛇王之碑」爲這時代的代表作，其浮彫厚度遠較後世者厚，這塊石碑表現了埃及帝王具有的許多名稱中之荷爾斯名，表示國王爲荷爾斯神的後代，故畫有象徵荷爾斯的鷹，其脚下的框子中，用象形文字記上此王的荷爾斯名 Cha，下面所畫的是宮殿正面，這裏簡潔而堅固的結構其後長期傳爲埃及美術的傳統。在此更可以看到爲着再生的永遠延續，故把自己的形態留下來的宗教習俗業已定型化，由於統一國家的成立，神權亦隨着王權而確立，屬宗教美術的埃及美術傳統便在這個時代樹立下來。

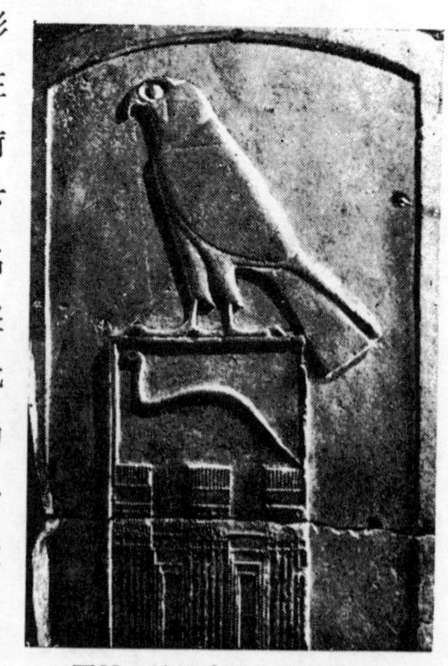

圖23　蛇王之碑　提斯時代

第 3 節古帝國時代

金字塔時代

第二王朝結束時，都城遷至界於上、下埃及的孟菲斯，此地興起的第三王朝(2778～2723)即為古帝國時代的開始，直到第四(2723～2563)、第五王朝(2563～2423)為止，向外擴展領土至奴比亞、利比亞、敍利亞等地，向內完成了政教合一的國家制度，堪稱雄大富強，這個時代由於帝王的墳墓建造過很多金字塔，故也稱「金字塔時代」。然至第六王朝(2423～2263)末期便開始分崩離析，形成羣雄割據的局面及無政狀態，由此至中帝國時代開始為止的200年間稱為第一中間期。

現在看看金字塔如何形成，前面說過，自提斯時代以降，來世觀便已確立，到古帝國時代則墳墓已非單純的屍體安置所，亦為死者靈魂居住的小世界，因此朝拜供奉死者的設備也就應運而生。故提斯時代以來盛行的墳墓型式——平頂石墓(Mastaba)(圖24)便更形完備，有了徒具形式的假門，死者的靈魂由墳墓通過此地而走入聖堂以食供品，墓室深設於地下。如此平頂石墓遂依次地發展為金字塔的形狀，在薩卡拉有座階梯式的金字塔(圖25)即為過渡期之物，作平頂石墓的重疊之形，這種階梯狀的外側塡平後，便成了基薩的第三金字塔般的形態，帝王的墳墓即採用這種金字塔的型式，至其周圍建造的達官之墓仍使用平頂石墓的型式。

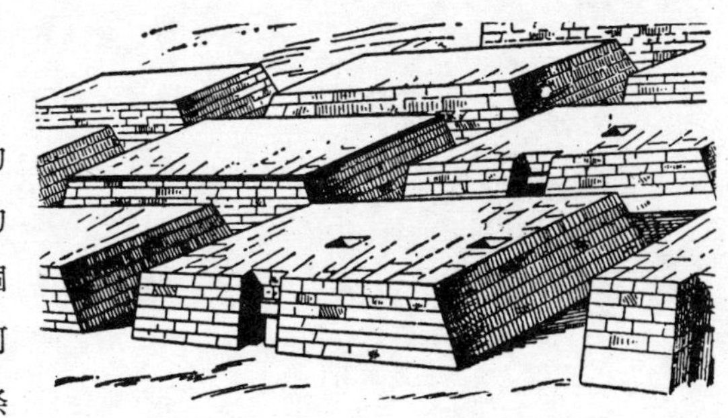
圖24　平頂石墓碑復原圖　古帝國時代

就金字塔的型式而言，聖堂是建造了與平頂石墓的型式不同而大向東面突出的葬祭殿，進而由此伸出一個有屋頂的走廊，接到尼羅河畔的流域祭殿，這種流域祭殿其實是通到葬祭殿的正門

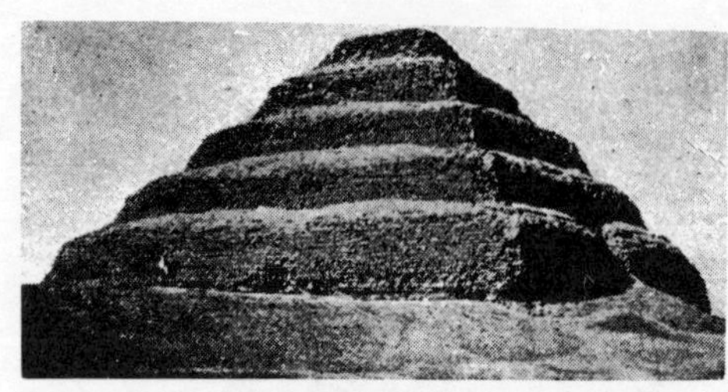
圖25　階梯式金字塔

，在漲水期也成了朝拜者的泊舟之所。

墳墓建築外，古帝國時代的神殿建築遺構之所見不多，但中帝國時代以後，建造過很多神殿，金字塔反而消聲匿跡，前後構成一個有趣的對比，原因可能在於古帝國時代的諸神系統仍很單純（第五王朝以後卽使盛行太陽神的崇拜亦然），不如說是生於此世的神祇，且常被視爲跟帝王的權威有密切關係，故大概就集全力於歌頌王權的製作活動。

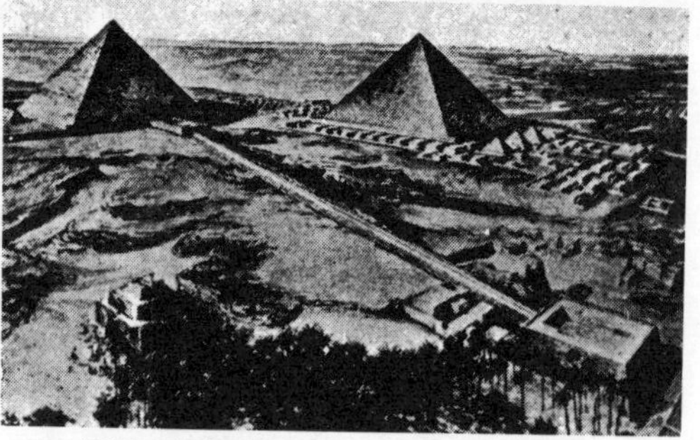
圖26　庫甫王及卡甫拉王金字塔配置復原

正面性法則

如前所述，在提斯時代確立基礎的埃及美術到這個時代便開出了絢爛之花，出現了很多優異的彫刻，並以美麗的壁畫裝飾其墳墓，其中一貫流露的東西與其說是强制的宗教約束，倒不如說是强烈的宗教感情。

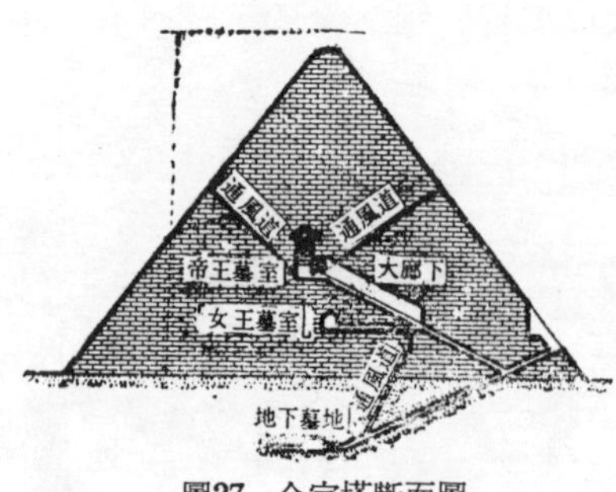

圖27　金字塔斷面圖

前面說過，開始於死後世界的第二生乃是基於冥體及靈魂而展開的生命之永遠持續，必須爲其門路而作各種的努力，更爲符合這種目的，作品上便出現了兩種表現方法，其一是「正面性」，另一個是「近視的表現」（註1）。

爲首的「正面性」在彫像中，全要嚴守此種法則而製作，由此軀體對準鼻尖與

註1　例如觀察人的情況，從近處看，則視野只局限於臉、胸、手等形相的一部份，無法看

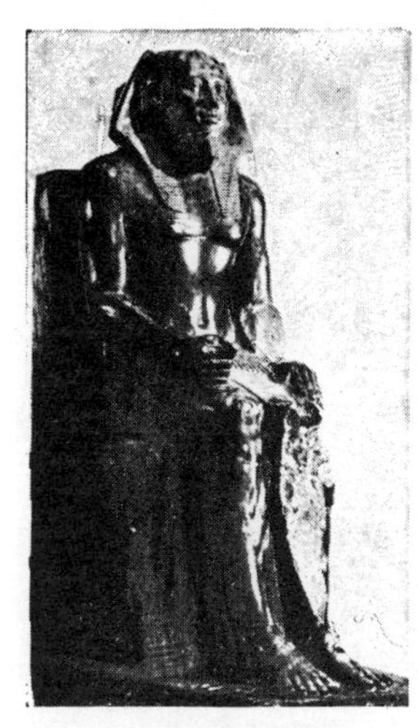
圖28　卡一甫一拉像　閃綠岩
第4王朝　開羅美術館

肚臍連成的正中線而作左右對稱，不論是站立（註2），坐在椅上（圖28, 29, 30），或者蹲下等的各種姿勢，其形式限於幾個類型，每一種皆爲其姿勢中最不動而安定者，換言之，乃是遠離最生動的人類感覺之姿勢，彫像之排斥生動趣味正爲埃及人的宗教性所要求，由於爲着在永遠持續的死後再生時變成其靈魂的門路，故作品不能具有人類偶然表現的生動感，澈底否定了瞬間連續的生之感覺，努力造出不動的永固姿勢，停止所謂變化無窮的現實姿勢，要求創出一個安定的人體形式。這並非對人類形姿作觀察（知覺）活動而是根據觀念來製作的，在此創造出來的形態上，靈魂才開始發現了永遠安居之地，「正面性」乃是由於這種宗教感而追求的，這與後述的希臘美術之表現方法完全相反。

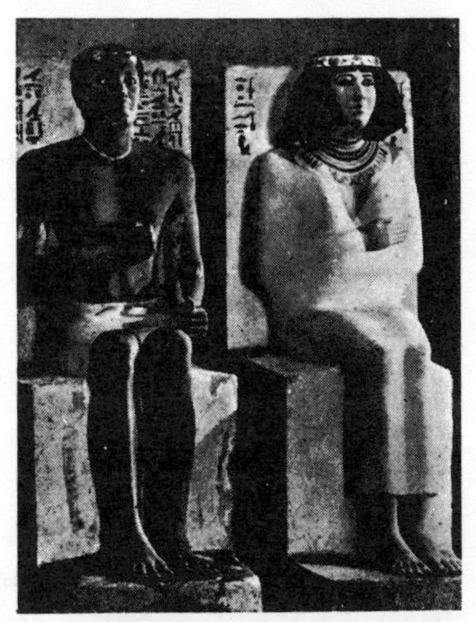
圖29　拉荷特普夫妻像

埃及的寫實

儘管彫像上進行着「正面性」的形式化，然其容貌則表現一種寫實主義，這種

到整體，一如在整體的情況下，注意於對象的每一部份，而欠缺對於全體關聯的注意，這種情形被喩爲近視的表現；與此相反的，注意到全體有機關係的作品（例如古典期以後的希臘彫刻）則稱爲遠視的表現。其差別在於前者關心的是結構、形式化，後者注意的是描寫，此爲根本的不同，與正面性的有無同理，不能以技術的巧拙來批判。

註2　圖版及揷圖的作品皆爲今日所見的埃及名作，特別是「村長像」（卷首圖4）「書記像」皆爲古帝國時代的代表作，其單純凛然的重量感當爲歐洲美術史上的第一流作品。埃及的各時代作品可散見於世界各國的名美術館，其中巴黎的盧浮美術館、埃及的開羅美術館所藏者質量俱佳。

在同一作品上複合兩種不同的表現方法是極爲珍貴的，亦爲埃及美術的特徵之一。其根源乃發自埃及人的信仰，彫刻不外用來充當肉體的代替品，對靈魂而言，那是爲着它的可棲之所的製作的，故容貌非具有個人的特徵不可，有時爲着彫像眼睛的寫實性甚至鑲以玉眼（註4），惟對於這種容貌的努力也並非模特兒的生動表情之描寫——並非個性表現，而是從瞬息萬變的表情之中抽出一定的安定形式，步入了造形的方向，澈底追求符合於靈魂永續的不動形態，故作出來的容貌也只是眼鼻的大小關係之數值點的相似。在此並不滲入生動的個性，反而漂盪着冷漠的虛無感，我們所說的埃及之神秘性必然出自於這種對人類感情的嚴格排斥。

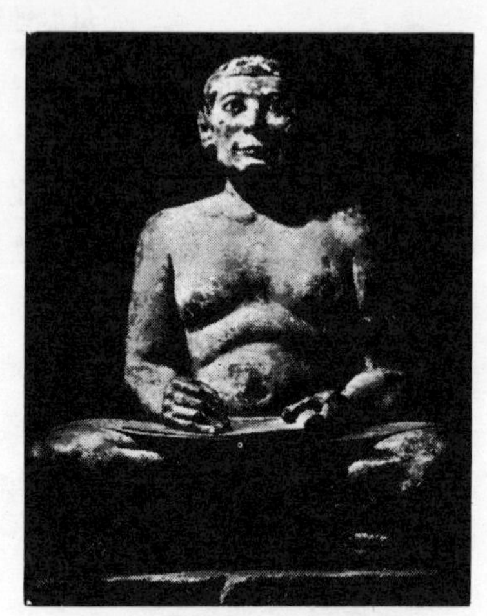

圖30　書記像　薩卡拉出土
第5王朝　盧浮博物館

然這種容貌的寫實性之發揮亦只有助於表現帝王或大官那種偉大的靈魂，其下的從員一般仍作概念化的傾向。

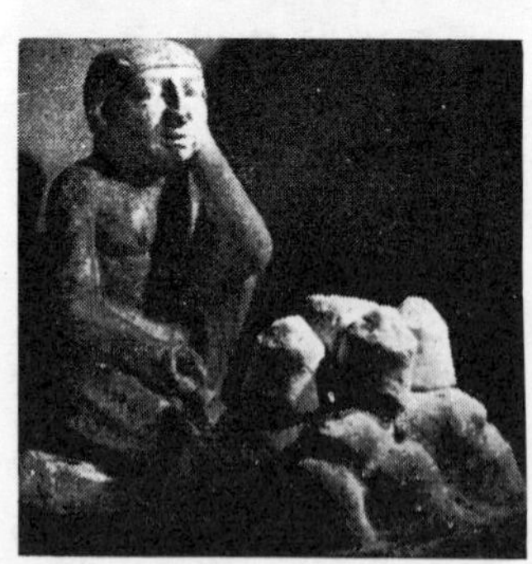

圖31　薩卡拉出土　古帝國時代
開羅美術館

「近視的方法」表現於繪畫與浮彫之上，特別是發揮於人像的情況，像圖33所示，頭部從側面，上半身從正面，下半身再從側面來取得表現，實際上要取得這種姿勢是不可能的，故非基於知覺的寫實主義，而是基於頭、胴體、四肢之概念所組合的一種類型。頭部的特徵在鼻尖的直截側面上明顯表現出來，胴體爲正面，至於脚由於表現步行時前後移動的概念，故側面的才能適合。至全體的結構則從各部分

註4　爲著賦予現實感而鑲以寶石或玻璃質類的眼睛。

別去看，像從很近的地方看東西一樣，視野被局限於小部份，不作關聯全體的有機觀察，這點亦產生於其信仰對作品要求永遠之形的緣故，一掃生氣勃勃的自然主義，代之以形式主義。作品多限於人像的範圍，因爲所表現的人物不過被視爲效勞於王侯的「勞動力」，人性的念頭並不放在心上。另外，魚或鳥（卷首圖3）的生動表現無非是讓它充當死者的食物角色，故生動的長處極爲重要。

埃及美術的宗教限制無微不至，在這種目的之下產生了特殊的樣式，它被完成於古帝國時代，此後歷代不變。

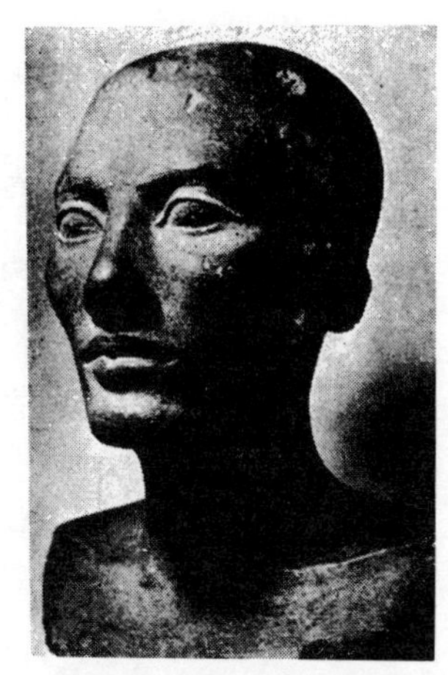

圖32　村長像　第 4 王朝
盧浮美術館

第 4 節　中帝國時代

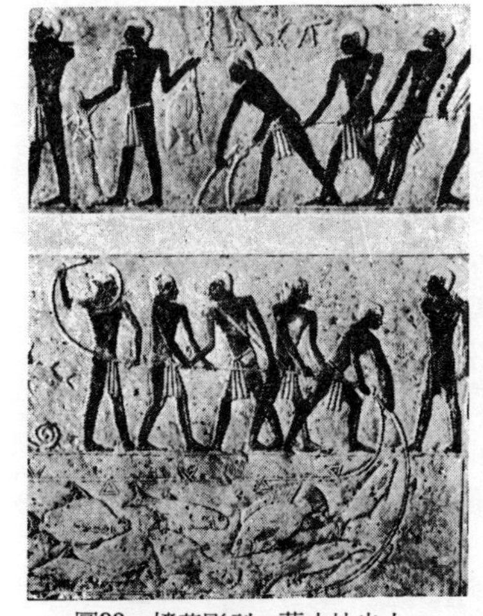

圖33　墳墓彫刻　薩卡拉出土
開羅美術館

時代的特色

在古帝國時代分崩離析而陷於無政府狀態的第一中間期內，建都於北方赫拉克列奥波里斯的第 9（前2222～2130）、第10王朝（前 2130～2050），及建都於特豐的第11王朝（前2130～2000）成爲主要勢力而互相對峙，不久特貝的美特・赫特普（Menthu Hetep） 2 世於2050年消滅第10王朝而統一南北，中帝國時代由是開始。這個時代不過只有 2 個王朝，前1780年再度陷於無政府狀態，形成第 2 中間期（前1785～1580）。再至前1750年左右侵入了來自敍利亞方面的閃

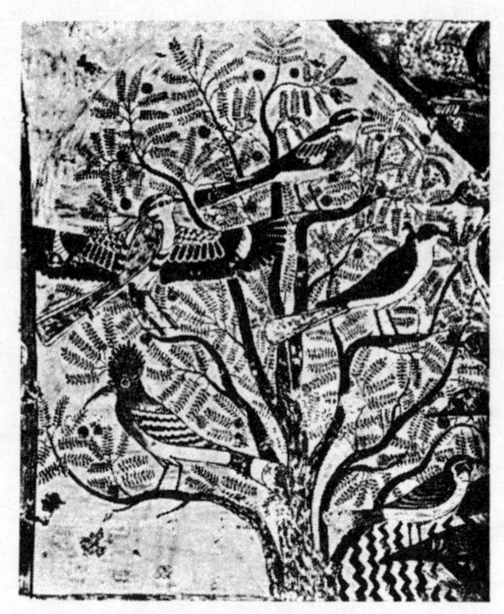

圖34　停在洋槐上的小鳥

族希克索斯（註1），蒙受殘酷的破壞，因此希古帝國時代那種豪華的美術活動亦不得其行，遺品亦少。至於學習希克索斯人的戰術而自第2中間期以後，埃及的開始使用馬與戰車亦爲不可忽略的事實。

中帝國時代的首都在南埃及，且幾乎全在特貝，故美術活動一如古帝國時代，不只以孟非斯爲中心，更擴展於各地；還有一個原因是古帝國時代那種強大的中央集權已經崩潰，各州的首府變成政治 文化 活動的中心。

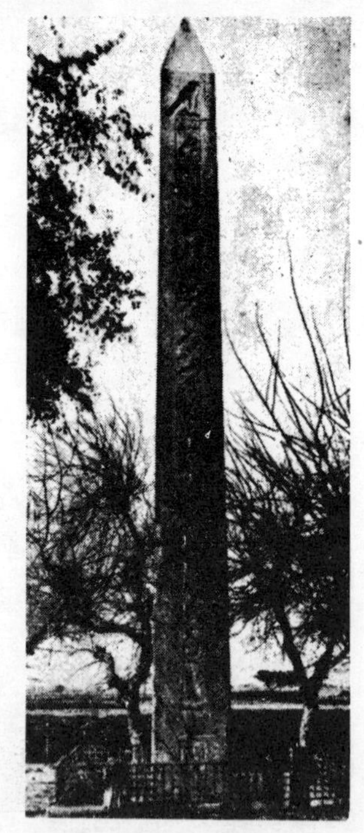

圖35　森・烏塞爾特1世方尖石柱　赫利奧波里斯

建　築

這種地方性特色亦表現於建築之上，在北部帝王墳墓雖小規模地使用金字塔，然迫近中部的沙漠斷崖之處，則採用鑿穿斷崖的地下墓窟。另外，在南部特貝附近，平頂石墓上面被加以金字塔，故亦可看到平頂墓金字塔的型式。由於希克索斯的侵入，破壞了許多神殿，更因其廢墟在新帝國時代再度被用作建築材料，故此時代的建築

註1　希克索斯(soskyH)之意爲「遊牧民族的支配者」，起因於當時發自克卡薩斯的印度・阿利安人種之遷徙，造成大規模的民族動盪，最後造成希克索斯人的侵入埃及。

的遺構幾乎盪然無存，其中最具特色的是象徵太陽光線的方尖石柱（圖35），它在神殿正面矗立着一對。

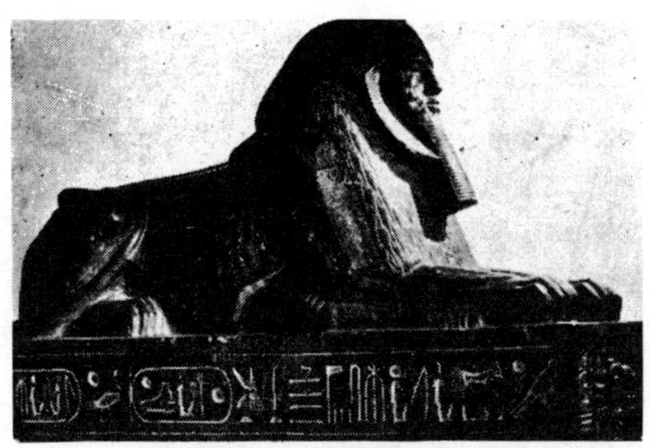
圖36　塔尼斯的人面獅身怪　塔尼斯出土　第12王朝　開羅美術館

方尖石柱爲森・烏塞特 1 世 (Sen-usert I) 所建者高達20m。

彫　　刻

彫刻所表現的地方特色最顯著的是亞細亞性格及寫實主義的强化，古帝國時代所謂的古典主義傾向乃是孟菲斯派的特徵，它隨着特貝的遷都而衍爲特貝派。北部的三角洲地帶有很强的亞細亞性格，產生過「塔尼斯的人面獅身怪」（圖36）般的型式，過去的人面獅身生怪頭部都照帝王的原貌，只不過下半身變成獅子；現在則加上獅耳及鬃毛，僅有臉部作帝王之相，這種型式爲亞細亞所特有，甚且鬃毛的表現也有很顯著的亞細亞色彩，人面獅身怪長期爲希克索斯侵入時代之產物，卽顯然是第12王朝的安門・耶姆・赫特三世 (Amen-em-het III) 時代的作品，證明了埃及當地彫刻製作室的獨特表現，各地彫刻室的獨特性在容貌上甚至採用卑俗的寫實主義，這點也

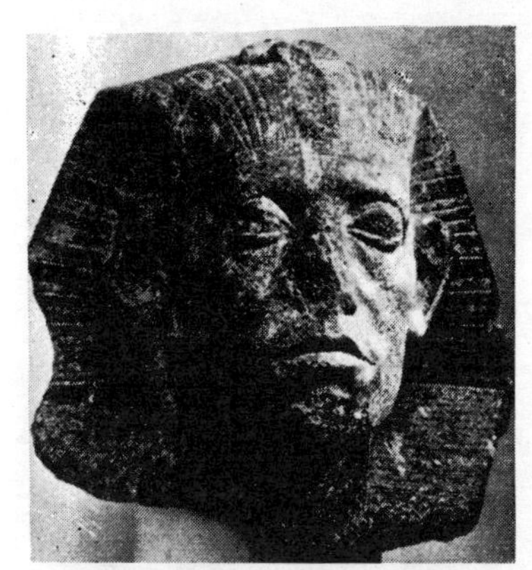
圖37　森・烏塞爾特 3 世（1887-1850'）姆達姆特出土　第12王朝　開羅美術館

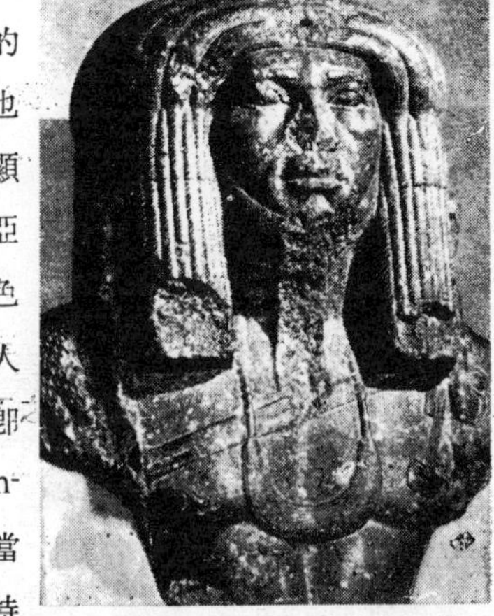
圖 8　著僧服的帝王　法攸烏姆出土　第12王朝　開羅美術館

波及於帝王的肖像（圖 37,38）。

一方面出自宗教約制的前述2樣式（「正面性」與「近視的表現」）仍舊保守忠實。圖39是森・烏塞特1世(1906～1888)深受太陽神 Ra 的化身荷爾斯神守護之狀，持杖的右手作左手之形——在「手」的概念下，並不根據「左右手」的知覺性。王所戴之冠爲白色尖形（南埃及王之冠）與有赤色豎板、卷蔓的平形（北埃及王之冠）之複合體，此乃支配南北埃及的帝王之使用品。

這時代的名作中有「搬運供品的女人」（卷首圖5)，爲墳墓中的 1m 多的小木像，其優雅的姿態表示了特貝派的特徵，不久這種樣式便成了次章的新帝國時代之主流。

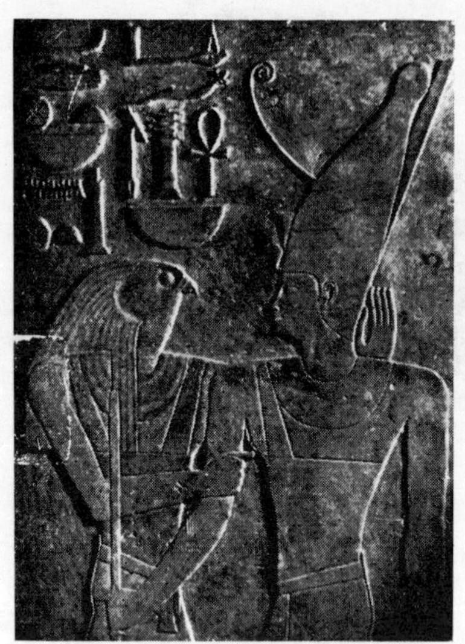

圖39　森・烏塞爾特 1 世與荷爾斯神浮彫　第12王朝　開羅美術館

第 5 節　新帝國時代

斯帝國的建設

因希克索斯侵入所造成的國內紊亂卽被稱爲第 2 中間期的空白時代，及至18王朝的安門・赫特普 1 世(Amen-hetepl I, 治世1557～1530）在位時，便逐盡希克索斯，更行地方豪族的弱化政策，達成中央集權，於是向外遠拓疆土至幼發拉底河畔，

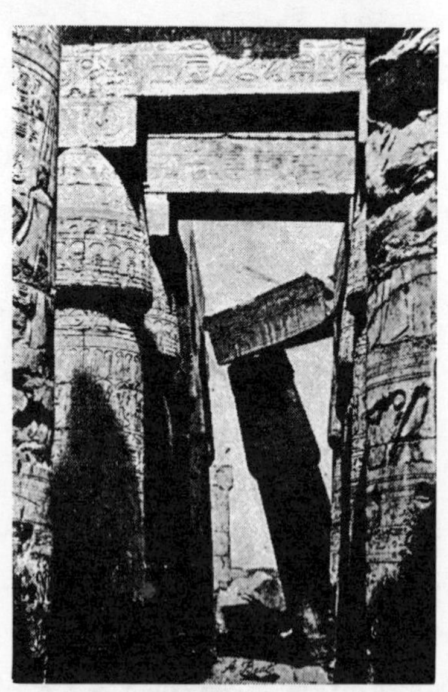

圖40　安夢神殿　第19王朝　卡爾納克

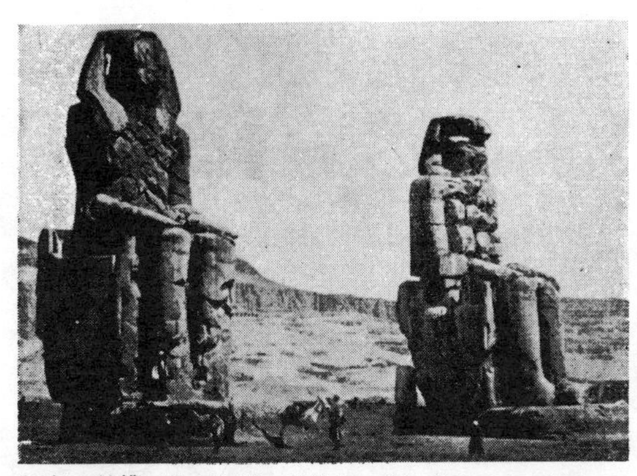

圖41　美儂巨像（阿門•赫特普3世）第18王朝　特貝

不可一世。故美術上建造了誇示帝國主義王權的大建築(圖40)與巨像(圖41)，並加上遠方亞洲諸國的豪奢趣味，在過去具有量感的單純嚴整之彫刻上，復要求複雜的裝飾性及優美性。在這個時代中，埃及劃時代的宗教改革亦實行於安門・赫特普4世(1372～1354)，對於宗教乃一切美術活動之基幹的埃及而言，此次宗教改革自然導致美術的極大變動，在極短的期間引起造形方針的根本動搖，給了以後的美術留下極大的影響。

優美形式

這時代的優美性在圖片（圖42）上已可以看得很清楚，全體處理得帶着柔和的陰影，摒棄了古帝國時代的直線形態，曲線支配一切，如在「烏塞爾像」（圖42）所見，下半身搞成一團，雖爲强調量塊性的東西，全體亦爲流暢的曲面所包圍，毫無銳角之處，這不如說是由追求神韵的心境所製作的，形態不作量塊性，而作爲光與影的諧和來處理，這種趣

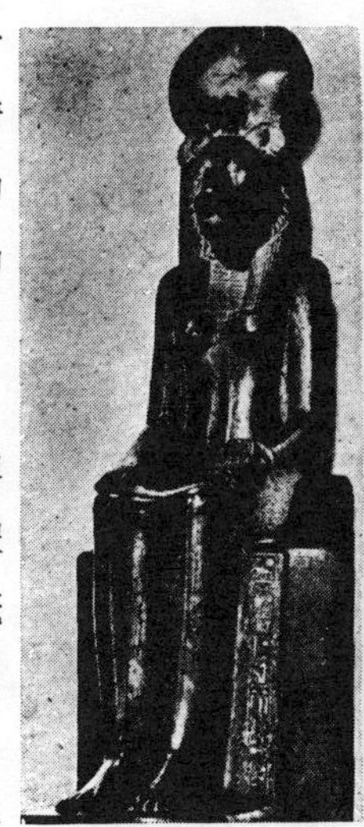

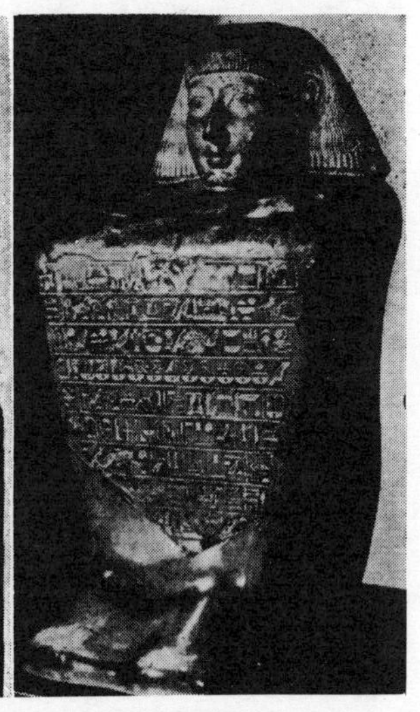

圖42　塞克米特女神（左）與烏塞爾像（右）
第18王朝　盧浮美術館

味即所謂彫刻中的繪畫性之優勢，並被視為作品的動因，繪畫性——基於光與影的對象把握——一直是新帝國的特色。

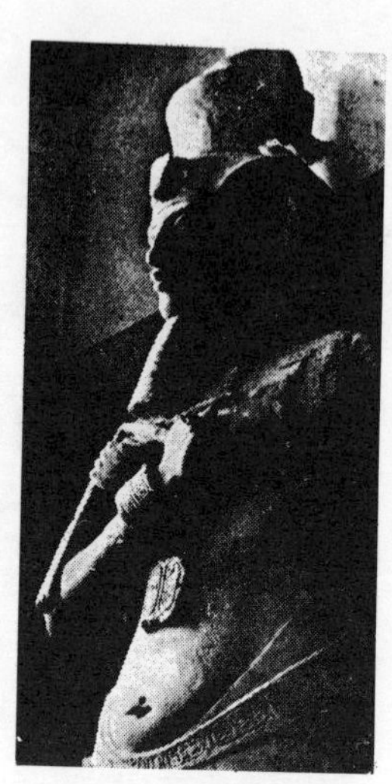

圖43 安門・赫特普4世 (Akh-en-Aton王) 第18王朝 開羅美術館

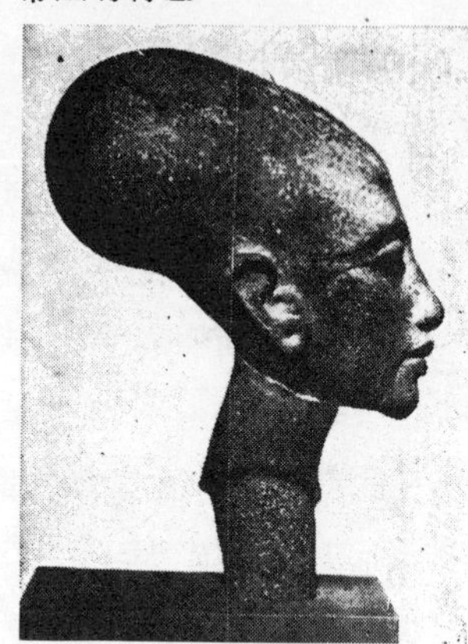

圖44 阿克・恩・阿頓王的公主像 第18王朝 開羅美術館

宗教改革

此處談談安門・赫特普4世的宗教改革，他取消特貝地方所崇奉的太陽神安夢，代之以赫利奧波里斯所信仰的太陽神阿頓（Aton），尊之為唯一之神。這次改革的背景是由於安夢為中心的多神教引起的教權伸張，凌駕王權，故政治上、經濟上皆削弱了帝王的中央集權，特別是安夢信仰以首都特貝為據地，為害殊甚——為削減其權勢，故以處於對立地位的埃及宗教聖地赫利奧里斯的阿頓與之對抗。他的一神論信仰背後亦由於王妃尼弗蒂蒂（Nefertiti）是出身於亞細亞，故受到亞細亞的一神論宗教之感化。他甚至把自己的名字去掉安夢之字，代之以阿頓，改名為阿克・恩・阿頓（Akh-en-Aton，照耀阿頓而光輝之人）。同時把都城從安夢信仰的中心地——特貝遷離北方300km之地，名之為阿克特・阿頓（阿頓的地平線），即現在的特爾・埃・安瑪那（Tel-el-Amarna）。

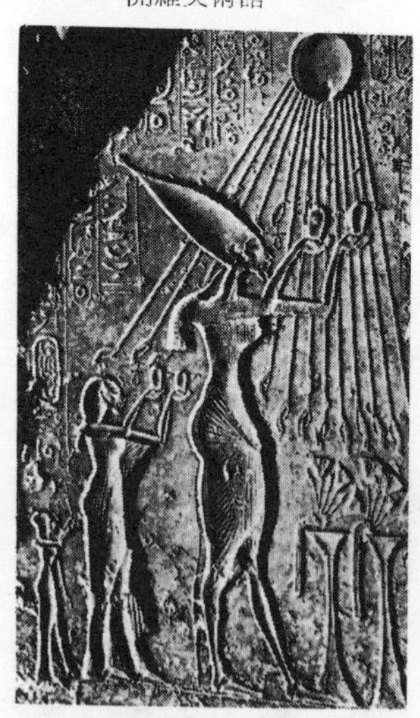

圖45 阿克・恩・阿頓王與其家族之膜拜阿頓神 第18王朝 開羅美術館

由此宗教改革的結果，對基於强烈宗教限制的埃及美術而言，當然會引起極大的變革。

對美術的影響

首先對於人體表現，對別是帝王像以極其脆弱之形出現。在過去的埃及美術上，王與神同爲偉大的存在，其形狀以具有威嚴的姿態來表現，然到這個時代，則手足細小，撐住極長的頭部之細頸上附以扁平之胸，其下腹又奇妙地腫脹（圖43, 44, 45）。

這種表現法出現的原因大概有兩種 。其一來自一種思想 ，即持信仰一神論的帝王也是一個人，並非過去那樣與神同爲超自然的存在，故捨棄過去那種威嚴而非人性的形態，代之以人間的所謂無窮的存在之現實性，結果是對立於理性主義的感覺主義，大膽地說，甚至變成感傷主義的美術傾向。其二在這種想法的刹那性，缺乏永恒性，美術表現上長期被排斥的「活生生的感覺」由於宗教觀的改變而重見天日。於是基於「正面性」的看法便被放棄，產生了「斜視法」，它只有一點與「正面視點」不同，「斜面視點」存在於無限之中，亦即浮動的位置，故不受概念的拘束，爲着表現活生生的感覺，斜視法可謂較爲合適，而從斜面來把握對象的結果，自然會產生十分長的頭部，甚至有下腹部作畸形的膨脹。惟埃及美術生長於正面法則的悠久傳統之中，這不滿20年的改革期間就顯得太短，故新的表現法也就在不自然的强調中不了了之 。這裏美術的變遷雖短 ，但在埃及3000年的歷史上却捲起了驚濤駭浪，對於面臨史無前例的表現法之埃及美術而言，這種所謂異端的藝術雖屬禁忌，然新感覺主義却永遠留下痕跡。這類美術因地名亦被稱爲安瑪那美術（或稱阿克・恩・阿頓美術）（卷首圖6。）

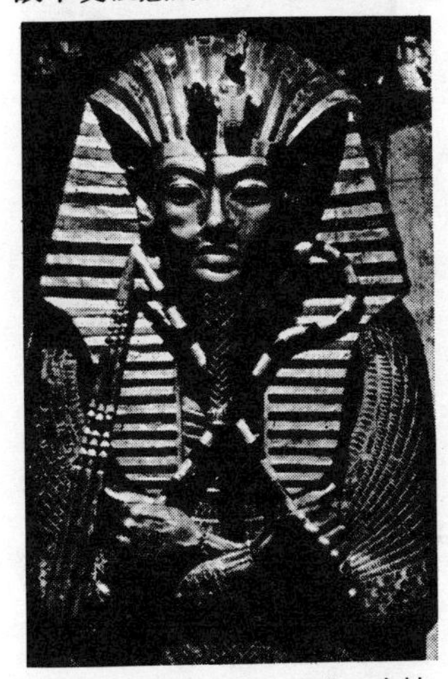

圖46　突特・安克・安夢王之棺
第18王朝　開羅美術館

突特・安克・安夢王之墓

埃及在這個實行劇烈改革的帝王死後（有稱

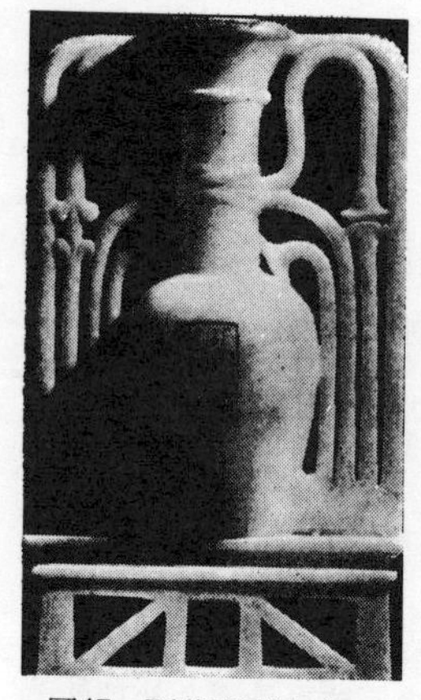

圖47 石花膏石之壺
突特・安克・安夢王
之墓出土 第18王朝
開羅美術館

被安夢僧團暗殺），都城重回特貝，復歸安夢信仰，那個將突特・安克・阿頓 (Tut-ankh-Aton) 之名改爲突特・安克・安夢 (Tut-ankh-Amon) 的帝王宣告即位。美術的樣式再度復古，惟仍出現新感傷主義的跡象（圖 46），這到以下的第19王朝（前1313～1200）便產生了優雅的作品（圖48，103）。突特・安克・安夢王的墳墓曾幸免於盜掘，直至1923年才被發現，為諸王墓中唯一幸存者，其無數的美麗葬物（圖47, 103）成了顯現往昔窮奢極侈的葬儀之貴重資料，墳墓的形式是中帝國時代以來深掘進岩壁的岩窟墳墓。

不只墳墓如此地掘入岩壁，中埃及或上埃及那種沙漠斷崖在瀕臨尼羅河而地基極狹的地方甚至採用爲神殿的形式（圖 49），這種岩窟神殿與普通神殿形式（圖 40）從第18王朝末期到第19王朝初期特別盛行。

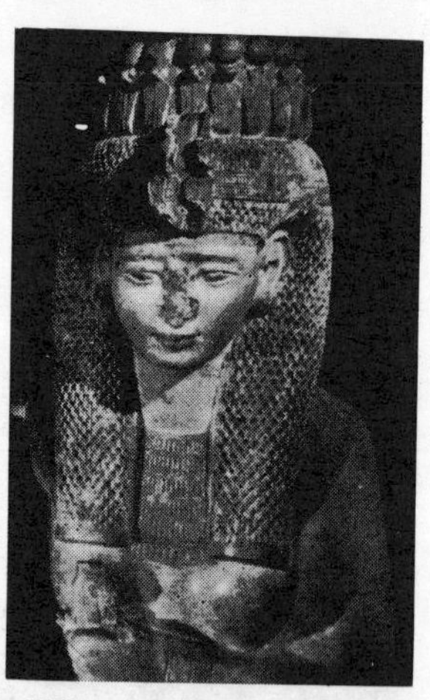

圖48 女王像 克爾納出土
第19王朝 開羅美術館

新帝國時代自第19王朝末期由於北方的哈提、西方的利比亞、乃至地中海方面的希臘之阿基安人等「海上之民」侵入而衰微，最後以第20王朝（1200～1085）告終。

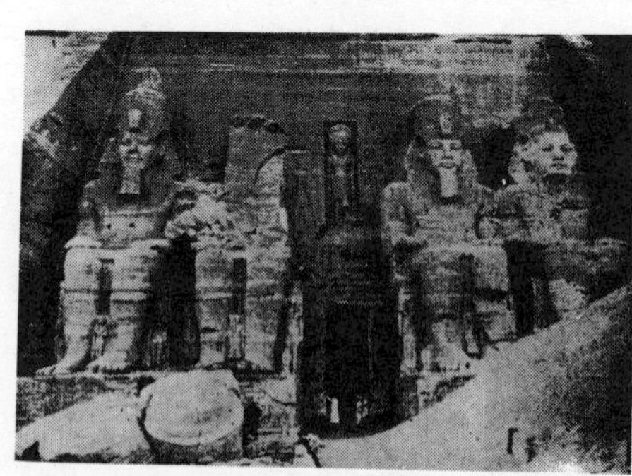

圖49 阿布・辛巴爾神殿 第19王朝
拉美斯 2 世時代（1301-1235）

第6節　末期王朝時代

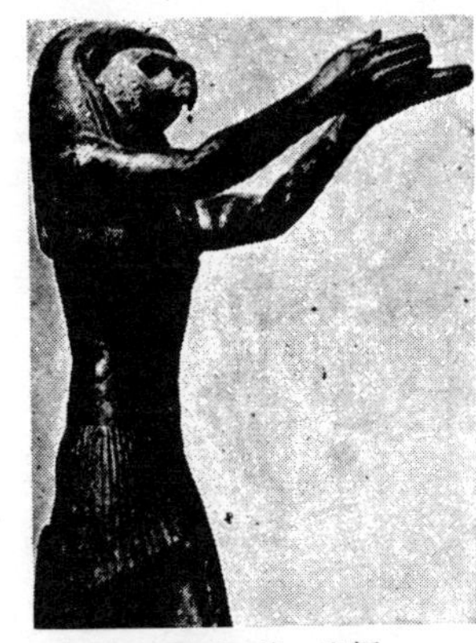

圖50　荷爾斯神　青銅
賽斯時代　盧浮美術館

這個時代埃及的威勢已失掉往日的風采，內亂乍起，多在三角洲地帶據有其首府，且屢被亞述、阿比西尼亞、波斯等異族所統治，故美術作品亦所見不多。只有普薩美提克一世 (Psametik I) 在驅逐亞述人以後統一了上下埃及，由此開始的第26王朝（663～525）相當於埃及的最後點綴物。此王朝的美術因其都城之名，故稱爲賽斯美術。

賽斯美術的特徵在於復古主義，古帝國時代的端正嚴格樣式再度出現（圖50, 51, 52），表現於新帝國時代的柔和手法及豐富裝飾性之優美感覺主義業已消失，追求的是嚴格的造形性，誠爲這時代對往日大埃及帝國復興的宏願，此外，美術活動的中心與古帝國時代相同地再移到北埃及，促進了當地的孟非斯派之活潑化。

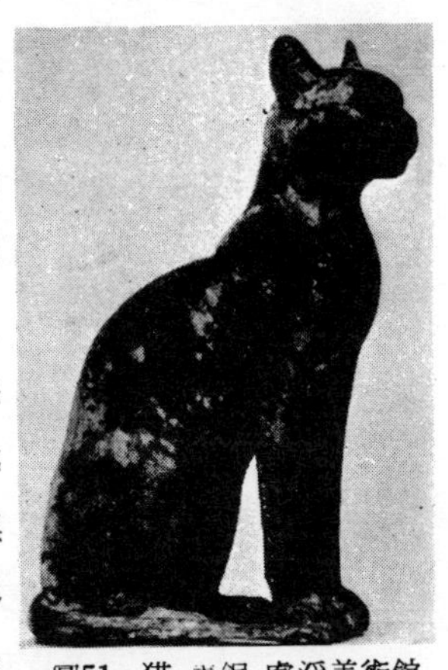

圖51　猫 青銅 盧浮美術館

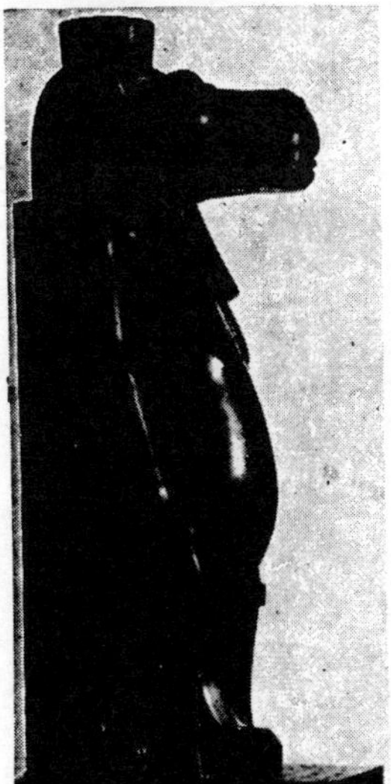

圖52　河神突艾里斯
賽斯時代　開羅美術館

這個賽斯時代的彫刻所不可或忘的事實在於促成希臘彫刻的誕生，因爲自第25王朝（751～656）以來，三角洲地帶的拿克拉提斯所開的貿易港加强了與希臘的接觸，至此一王朝由於採取保護殖民者以推進貿易之政策，故有很多希臘人到達此地，於是此地優異的彫刻打開了希臘人驚異的眼睛，形成了空前的大彫刻製作之趨勢。

可是技術優異的埃及美術竟以這個賽斯時代爲終曲，第25王朝（525～404）及第30王朝（341～333）曾2度遭受波斯人的統治，其後有亞歷山大大王遠征時的普特列麥奥斯時代，以及最後的女王克麗奥佩特拉（Kleopatra）逝世時的羅馬時代（前30～後395），最後終於榮光未復地滅掉（註 1）。

註 1　至此末期所謂玩賞用的小彫刻很多，今日世界各地所見的埃及小彫刻大部爲這時期的作品。

第2章　美索不達米亞

第1節　民族的特色

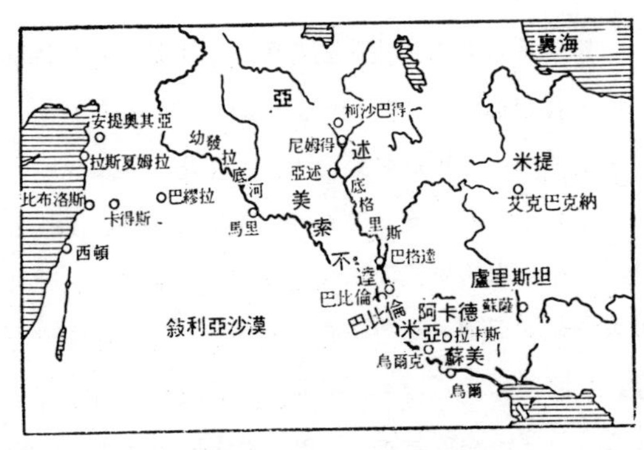

圖53　美索不達米亞地圖

底格里斯、幼發拉底二河灌漑的地方稱爲美索不達米亞（河之間）（圖 53），發祥於此地的文明與埃及同樣以農業生產爲基礎，亦即農地的擴大促成文明的進展亦與埃及相同，時約紀元前4000年左右。然與埃及在3000年之間幾乎恪守單一文明者廻異，此地文明以複雜的形態而傳佈，是乃地理環境不同之故，埃及處於尼羅流域的狹窄隔絕地區；相反的，美索不達米亞地方則爲遼濶的原野，故自四方浸透過來的各種族文明必然雜糅爲一，而美術亦無法獲致埃及那種統一的形式。

美索不達米亞與南方的巴比倫、北方的亞述大有區別，且橫跨兩地而擴張其政治力，美術亦具備各種特色地展開。在此地流浪的種族通稱閃族，故美術即使由於種族的變遷而表現複雜的相貌，然透過全體來看時，亦可窺知那些閃族的獨特表現，這與哈姆民族的埃及人之美術比較時最爲明顯。

兩者之間在政治思想、宗教思想上雖有許多共同點，如王與神合一、爲其代言人等是，惟閃族與相信靈魂不滅的埃及人不同，他們怕死，視彼岸爲黑暗與虛無的世界，一味執着於現實的生命，對現實的閃族人而言，長生不老才是無上宏願，故他們沒有厚葬之念。

美術活動亦與埃及相反，專從現實的執着來進行，此乃彼等遊牧民族的特性——即使變成定居民族亦然——永遠存在的緣故，事實上他們的定居生活亦由於不斷侵入的遊牧部族而使血統趨於複雜。如此，遊牧民族特有的實利的計劃的觀念、事實的覺察多於瞑想的思考之現實想法、乃至乾瘠的生活感情全在其美術上發揮出來。

第2節 初期的美術

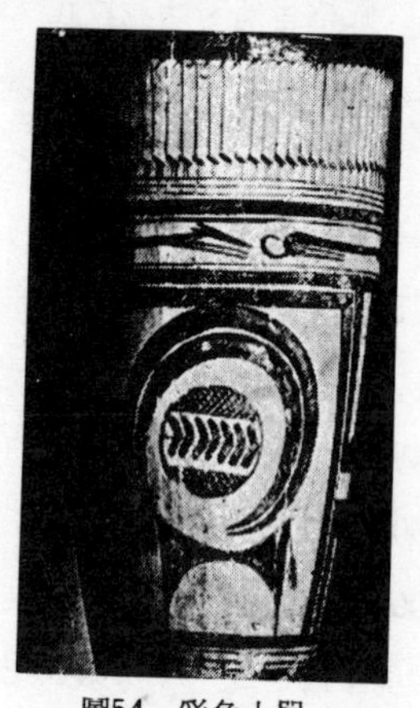

圖54 彩色土器
前3200年 蘇薩出土

原先來自北方或東方的蘇美族文化曾在此地絢爛一時。從史前時代（註1），即自紀元前4000年左右以來，他們的作品可以看到明顯的抽象化。

不久史前文化最後期的詹第特・納斯 (Jemdt Nasr) 期結束的紀元前3000年以後，這個地方一致合併於殘存的王朝，此乃初期王朝時代。這個時代建有許多神殿（圖56, 57），其壁面以浮彫裝飾，這種神殿外壁飾以浮彫的習慣便一直成爲美索不達米亞美術的傳統，並爲巴比倫、亞述、波斯所繼承（圖 57），浮彫與圓彫像（圖58, 59, 60）上可以看到純樸的自然主義，至其强烈的表現力亦爲共同的特徵。

與埃及廻異，此地極缺石材，故建築材料以磚爲主，樑不用楣式；改用拱式，彫刻亦極度節約石材，故幾乎全爲小作品，矮胖的圓彫所占的比例較大即由於此種石材的匱乏，這也是一種傳統的樣式。

初期王朝時代的重要角色雖爲蘇美族，然閃族的移居亦已開始，與習慣剃髮無髯的蘇美族相

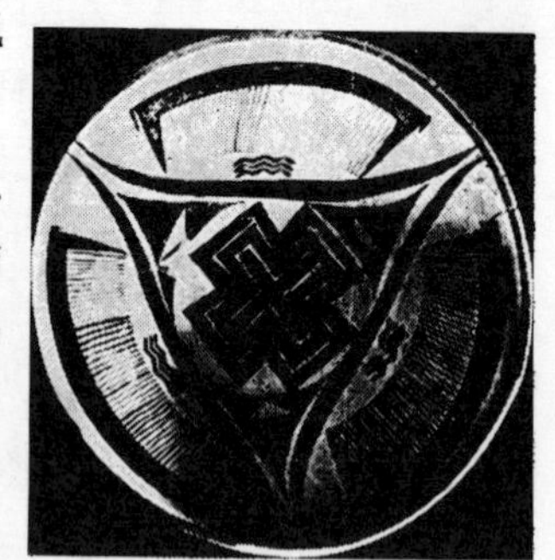

圖55 彩色土器 前3200年
蘇薩出土

註1 這個時代分爲以下的4種文化
Pre-Obeid 或 Proto-Iranian 文化，El-Obeid 文化，Uruk文化，Jemdet-Nasr 文化，皆廣被於伊朗、美索不達米亞、敍利亞方面。

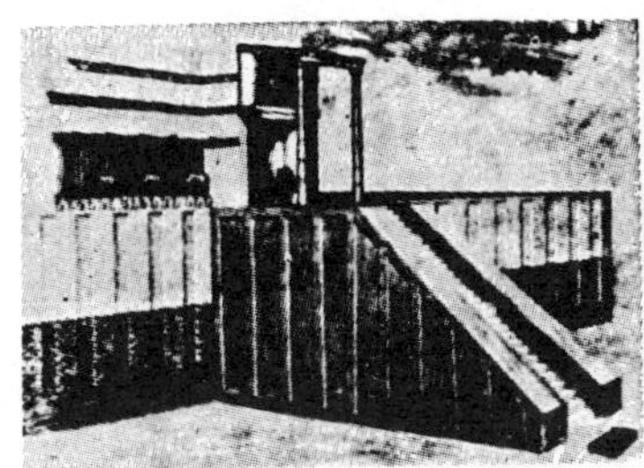

圖56　月神殿復原圖　艾爾貝德
烏爾第1王朝　約前12775年

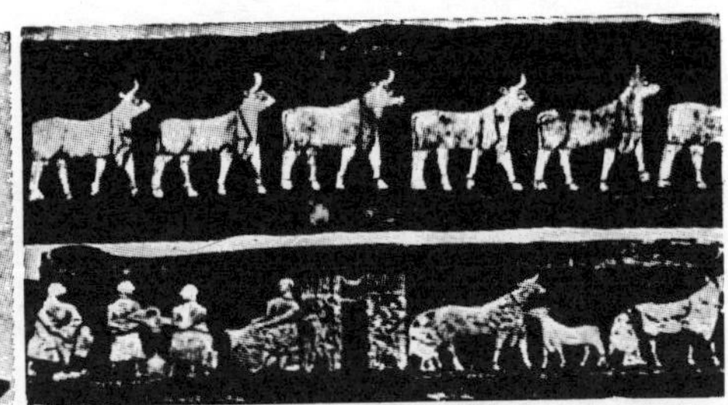

圖57　月神殿浮彫　上 賓夕法尼亞美術
下 巴格達美術館

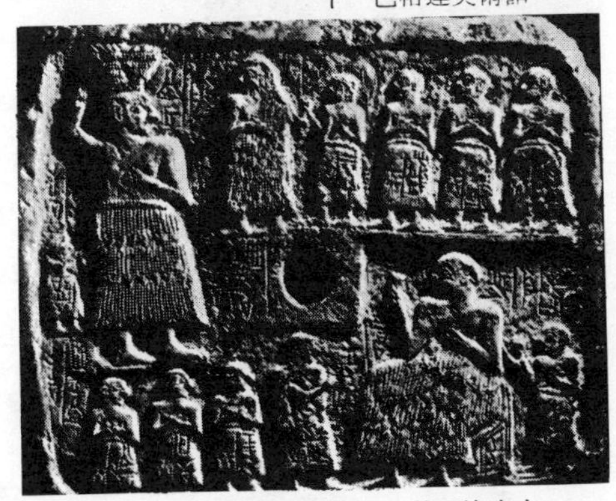

圖58　烏爾・寧納及其家族　特爾洛出土
前2900年左右

反的，閃族人蓄髯，其影響亦表現於影像之上。

不久，閃族的薩爾恭 (Sargon) 推翻了各個胡亂成立的王朝，建立了最初的統一大帝國，卽阿卡德王朝(Akkad 2584～2452)，其版圖遼濶東達以蘭，北至小亞細亞，南達東阿拉伯。然美術上則極落後，只不過沿襲蘇美族的美術，由於據有過大的版圖，故刻意於平亂，建築物一籌莫展，只在彫刻與工藝上還可見其遺物，其浮彫（圖61）蹈襲蘇美美術，然有較强的寫實表現。這點也是閃族的特質。

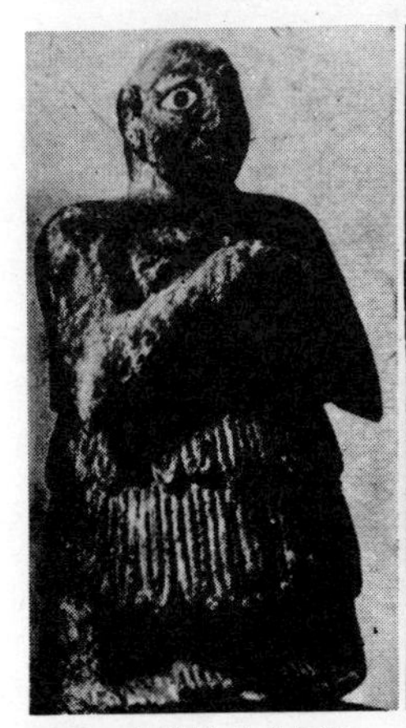

圖59　蘇美族人之彫像
前3000年代末　盧浮美術館

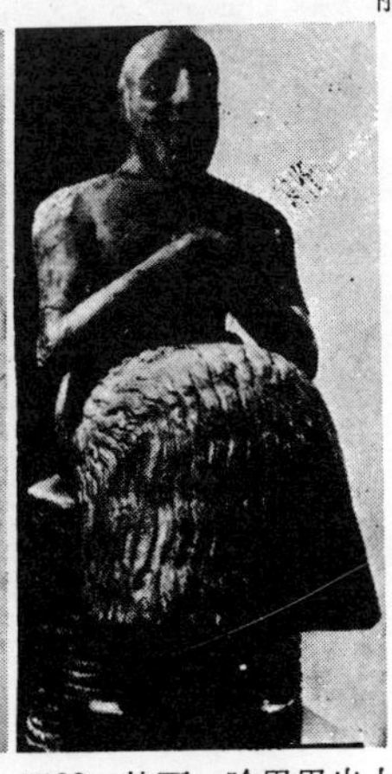

圖60　特爾・哈里里出土
前29世紀末

阿卡德王朝被來自北部薩格羅斯山脈的格烏提婭族所滅，一部份都市因不敢反叛這個蠻族王朝而得

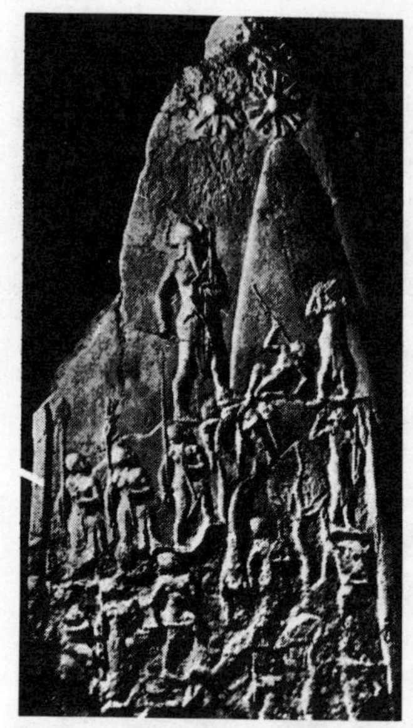

圖61 納蘭辛戰勝碑 阿卡德王朝 前2400年 盧浮美術館

苟延殘喘，以格底亞 (Gudea) 爲首的拉加希 (Lagash) 亦爲其中之一，雖有許多美術品的發現，然最具特色者爲格底亞王像（圖62, 63），採取與初期王朝時代彫像相似之形，惟比例更爲短縮。另外，在此亦可窺出繼承蘇美傳統，及更强烈的寫實觀察，可謂爲阿卡德美術（閃族美術）的影響。

格烏提姆王朝大約持續一世紀之後，在紀元前3000年左右，由於蘇美族崛起而被驅逐，所謂蘇美時代由此開始，這個時代最主要的美術品當推聖塔 (Ziggrad)（圖64），主要用來崇奉月神，表現了此一時代蘇美宗敎觀的龐大發展，這種聖塔不久便發展成後來世界七奇之一的「巴比倫空中花園」。

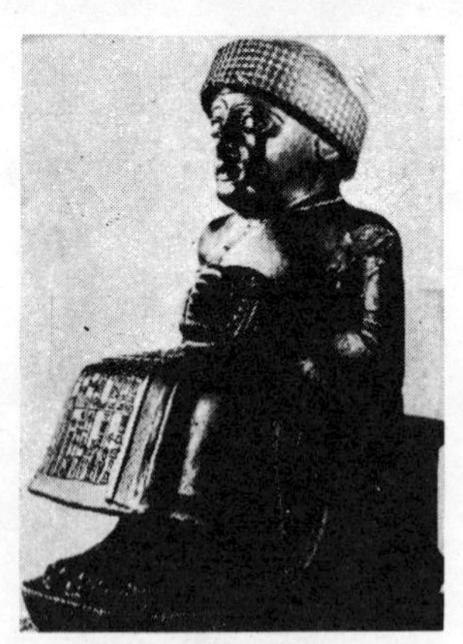

圖62 格底亞像

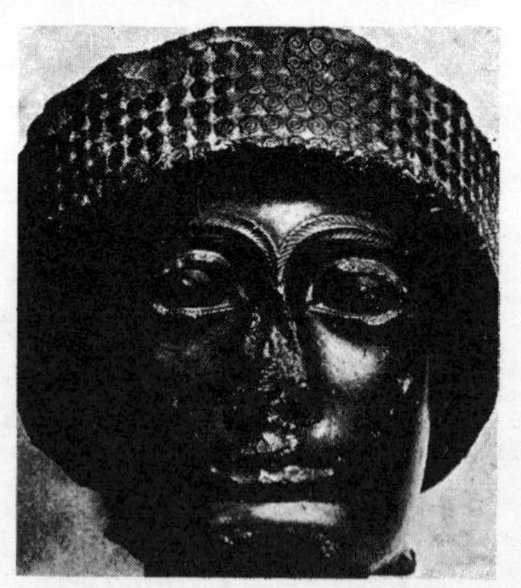

圖63 格底亞頭部 特爾盧出土 約前2400年 盧浮美術館

第3節　古巴比倫帝國時代

紀元前2300年左右以來，來自西方阿姆的閃族開始第二次大遷徙，不久，其中據有巴比倫的漢摩拉比(Hammurapi 2003～1961)（註1）再度建立統一的帝國，此即古巴比倫帝國。這個王朝的統一亦很快爲蘇美及以蘭民族所破壞（註2），其美術特徵在蘇美美術的基礎上表現了更明顯的寫實主義。

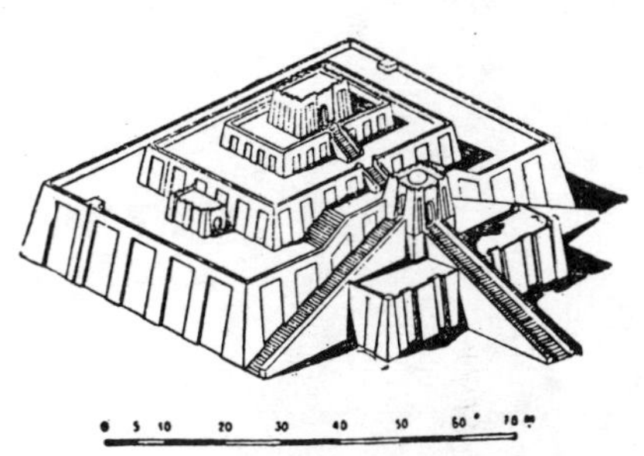

圖64　烏爾的聖塔　新蘇美時代
約前3200年

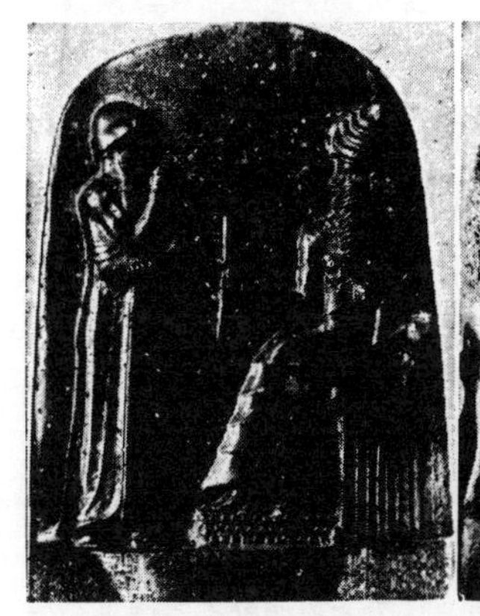

圖65　太陽神與漢摩拉比
約前2000年
盧浮美術館

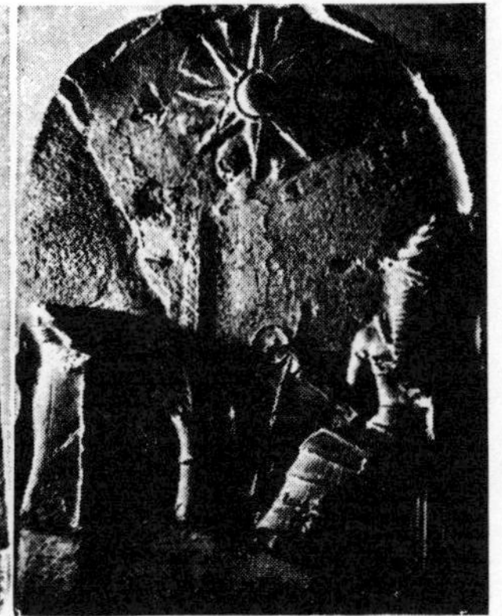

圖66　太陽神與膜拜者
新蘇美時代石碑
約前2200年　盧浮美術館

刻在有名的漢摩拉比法典碑上的浮彫（圖65）是帝王站在太陽神夏馬修之前膜拜的景況，和前代的新蘇美時代石碑取完全相同的圖式（圖66），象徵太陽神權的圈與棒亦相同，惟圖65的寫實性更

註1　近來學者亦有將此年代視爲晚至前18～17世紀。

註2　漢摩拉比興起的巴比倫第一王朝隨他死後而衰落，殘存於波斯灣沿岸的蘇美人成爲「海國」民族而恢復其舊地，獨立建立地方王朝（前1949年），此爲漢摩拉比第2王朝。第1王朝其後亦繼續存在，然不久由於北方的哈提人侵入，巴比倫遂被占領而滅亡（前1804）。後來第2王朝的統治代之而起（前1802—1746），然又由來自東北山岳地帶的蠻族卡希侵入而被逐，再建立的第3王朝約持續了6個世紀。

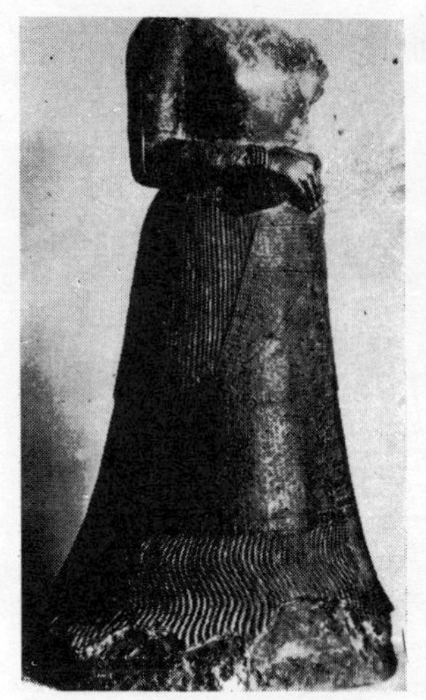

圖67 納比爾·阿斯像
蘇薩出土 約前13世紀
盧浮美術館

強·

這種寫實性在圖67可以看得更清楚，它是在末期的卡須 (Kashshu) 王朝中由東方的以蘭人製作的。卡須人程度低，故只吸收巴比倫文化並無任何助益，然住在伊朗高原西部的以蘭人以蘇薩爲中心，很早就與巴比倫的關係很深，政治上、文化上變成了它的一部份。來自蘇薩的不止以蘭美術，亦混入了由他們作爲戰利品而帶來的巴比倫美術，故難於作様式的區分，以蘭美術最優秀的是金工，出現很多圖67般的優異作品。

其後，巴比倫美術幾乎無影無蹤，因來自北方的亞述壓力漸增，加上其他部族的侵入便走向混亂衰亡之途，至前八世紀便全部淪入亞述人的統治。巴比倫美術再度開花是在卡爾底亞人拿波帕拉薩Nobopolassar 前 623～605）建立新巴比倫帝國的時代。

第4節 亞 述

亞述東北兩面環山，南至與巴比倫爲界的沼澤地，西爲遙望敍利亞平原的底格里斯河上流流域。其主要都市爲亞述與尼尼微，前者早已開市，爲首都所在，此地出土的紀元前 3000～2000 年之作品與巴比倫的烏爾等初期蘇美美術樣式完全相同，說明了亞述是在其統治、影響下建國的。不久勢力增大，推翻巴比倫王朝而佔有之，進而成爲進出於地中海沿岸的大國，隨之亦發揮了獨特的創造力，此乃亞述·那錫·阿普力二世 (Ashur-nasir-apli II) 的時代。亞述美術最重要的事蹟是站在蘇美·阿卡德美術的傳統上，又完全別開生面，注新血於美索不達米亞美術，同時由於地理環境，使其影響又波及敍利亞、小亞細亞、乃至愛琴海周圍的美術。

這種新血究爲何物？簡要地說，乃是站在極强的現實主義上而行其强烈力量的表現，此乃美術上靜態秩序之否定，對於生的深刻執着之表現，閃族性格最直率的表現即在此亞述美術之中。

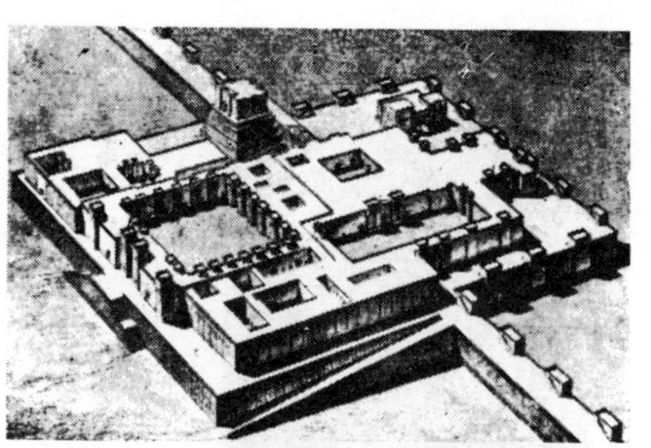

圖68　薩爾恭2世宮殿　復原圖
前700～705年　克薩巴德

建築與浮彫

這點首先表現在建築上，與奉獻給諸神的宗教建築同樣，應說是具有進一步的積極性而營造的宮殿建築（圖 68），且與巴比倫的情形相同，主要材料使用磚塊，石材亦有，其形狀可使人感覺到方形的強烈意志力，這些建築內部則用許多浮彫（圖69, 70, 71, 72, 73）來裝飾（卷首圖9）

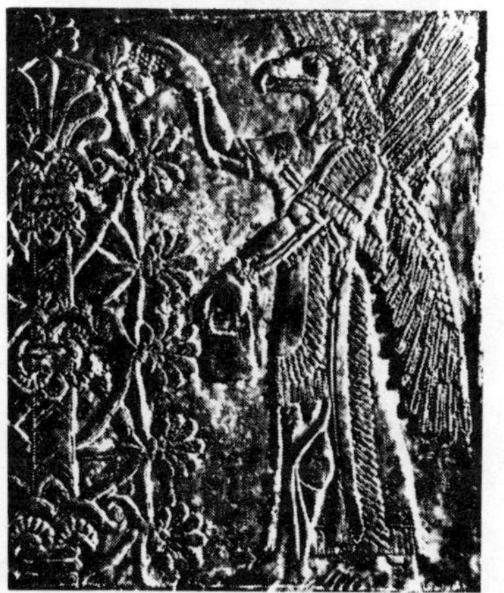

圖69　妖靈　約前 870 年
（亞述・那錫・阿普力時代）
尼盧德出土　盧浮美術館

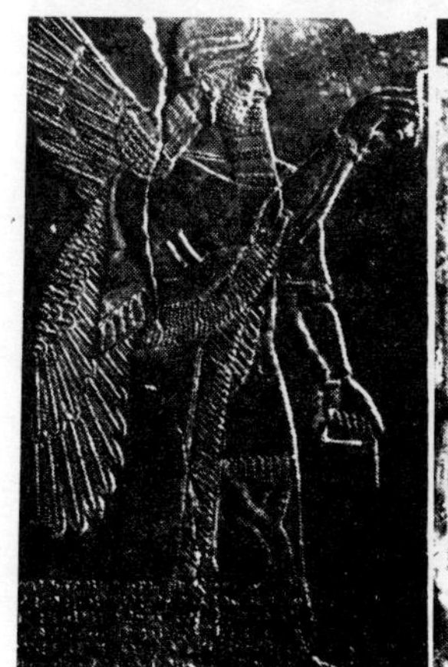

圖70　妖靈　約前 870 年
尼盧德出土
盧浮美術館

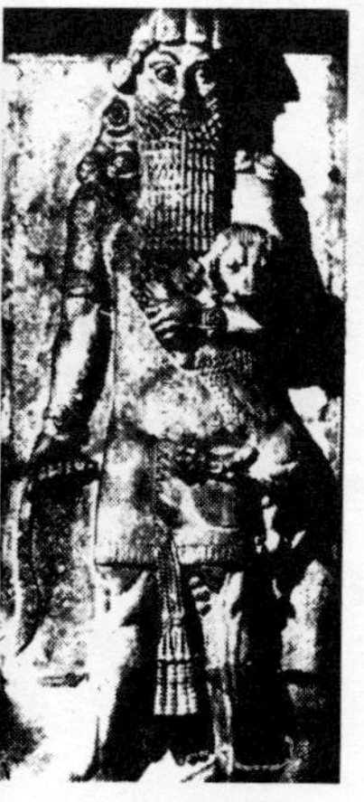

圖71　太陽神像
克薩巴德出土
前 8 世紀後半
盧浮美術館

這些浮彫的共同性在於對現實力的十分執著，其筋肉以顯著的誇張來表現，此必然是銳利觀察力所產生的東西，然不像希臘那樣地將之整理爲調和的形態，而是賦予現實壓迫感的形態。所謂藝術，他們的想法並非把觀者

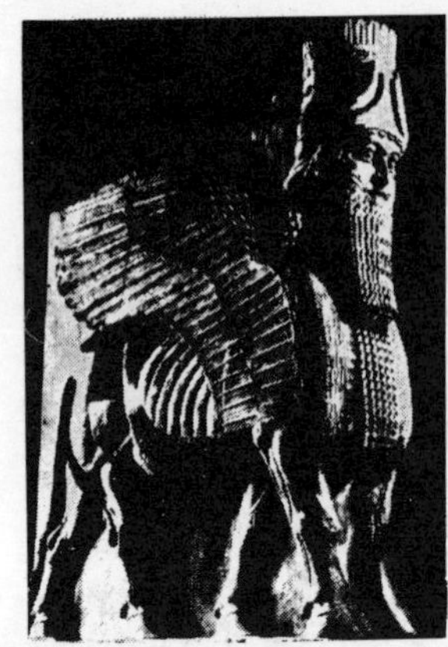

圖72 人面飛牛怪
克薩巴德出土
前 8 世紀後半
盧浮美術館

的心引入寧靜透明的瞑想感覺中的形而上物體，而是激烈地使人感覺到生之體臭的現實的（形而下的）東西，因此，連同這種筋肉的表現，亦可看到完全裝飾化的翼、毛、髮、鬚，即使描寫自然，亦非爲著致力於喜愛現實再現的自然主義，而是爲着傳達現實力的概念。

在此雖立足於極實利的想法上，然由於其艱苦的地理環境，故不取酷愛自然的——自然主義的——立場，一味在困頓的條件下堅持活下去，此誠爲意志堅强的閃族之乾癟情緒之直截表現。埃及雖同屬於概念的美術，然在致力於死後超自然的瞑想世界之埃及作品中，這種生之體臭是感覺不到的，二者構成極佳的對比。

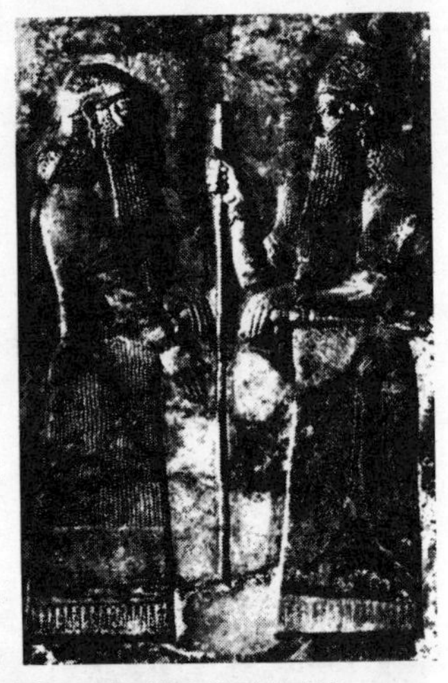

圖73 薩爾恭 2 世及其高官
克薩巴德出土
前 8 世紀後半　盧浮美術館

在始終致力於美化壁面的裝飾意圖中，對現實會有過甚的執著，然在現實的各種姿態之中感覺到樸素的喜悅時，對超自然之力就會過於憧憬而缺乏情緒，這種閃族的性格在亞述美術中表現得至爲清楚。因此，這種具有奇特性格的美術不止影響到此後的新巴比倫、阿凱美尼斯朝的波斯、乃至撒商朝的波斯，更遠播及於希臘。

第5節 新巴比倫

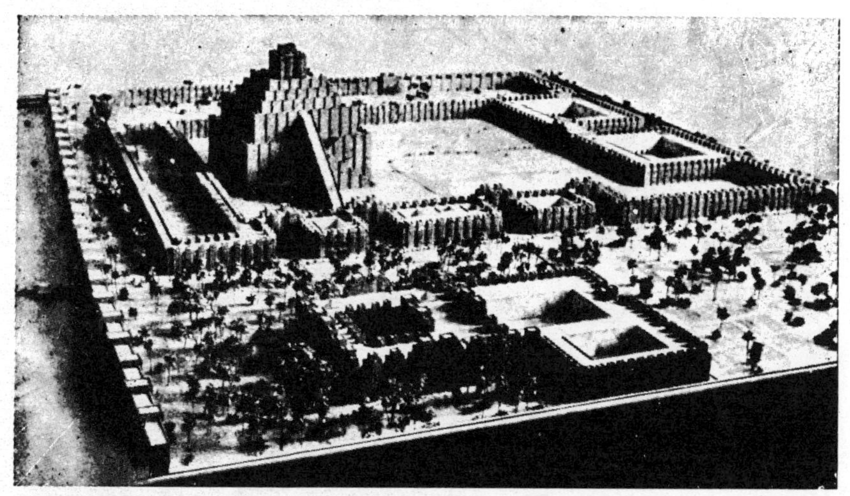

圖74 主神殿復原圖 尼布卡德尼薩2世建

紀元前612年，盛極一時的亞述受到美底亞人及來自巴比倫的卡爾底亞人之攻擊，當尼尼微淪陷後便告滅亡，繼其後統治美索不達米亞者為卡爾底亞人拿波帕拉薩建立的新巴比倫帝國。其子尼布卡德尼薩二世 (Nebuchadrezzar II) 時代從腓尼基遠伸其勢力至埃及，首都巴比倫（圖74）之壯麗響徹了整個古代世界，其後這個帝國亦一蹶不振，存在僅有70年便因波斯王居魯士 (Kyros 紀元前557～529) 之襲擊而滅亡。

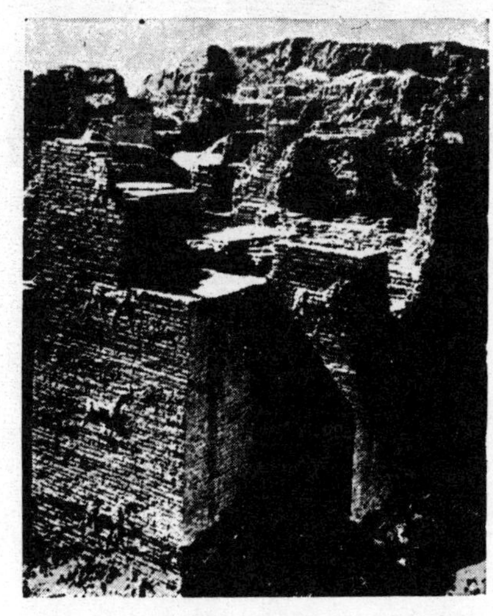

圖75 伊希達爾門 約前570年 巴比倫

這個時代主要的遺物除建築及其附屬裝飾之外幾乎盪然無存，一方面是期間的短暫，也因着征服者的略奪與破壞。

被列入世界七奇之一的「巴比倫空

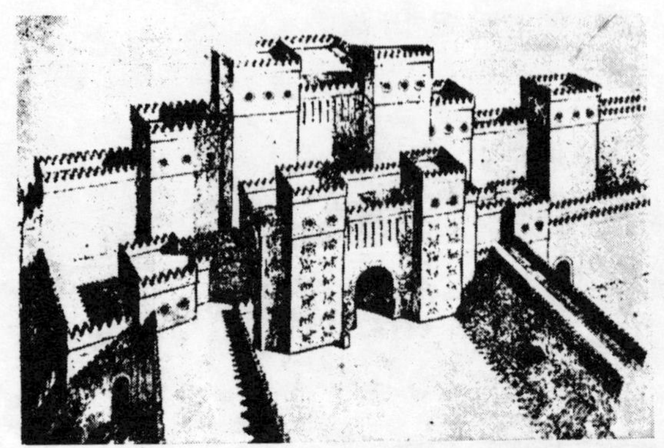

中花園」即設於雄壯的巴比倫王宮之屋頂花園。其巨大的豐收女神伊希達之門（圖76, 77）上裝有許多彩釉磚塊的美麗浮彫，這不久便原封不動地爲阿凱美尼斯王朝的佩塞波里斯王宮所繼承。

圖76　巴比倫伊希達爾門復原圖

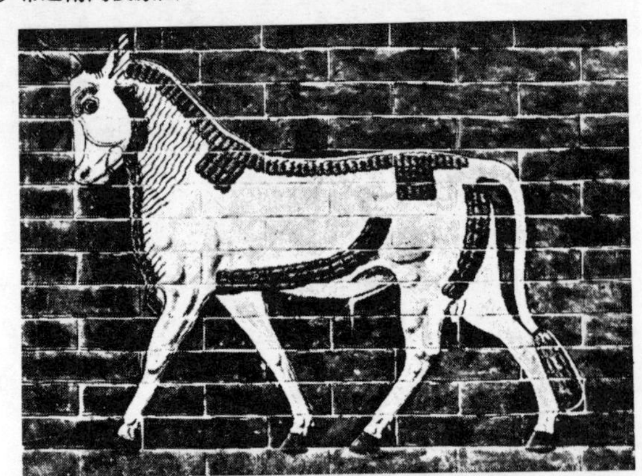

圖77　母牛　彩釉磚　巴比倫伊希達爾門
柏林美術館

第3章　愛琴海美術

概　觀

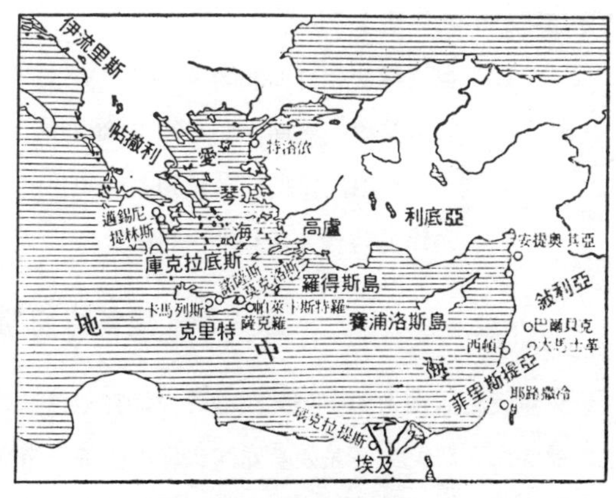

圖78　愛琴海地圖

愛琴海被夾在小亞細亞與巴爾幹半島之間，並向克里特島之北延伸，亦稱多島海。此地亦與埃及、美索不達米亞同樣，從紀元前3000年左右以來便發展過高度的文明。愛琴海文明分爲克里特島、基克拉底斯島、希臘本土、特洛依諸文明，其中最早開始且最强大的是克里特文明，其他諸文明雖各具不同的獨特性格，然多少都受克里特的影響。

愛琴海文明與埃及、美索不達米亞那種橫貫沃野的大河流域之古代東方文明不同，它在一直在以海爲中心的許多小島、及多山的沿岸狹窄地區發展其文明。這種地理差異隨着時代的演進，使愛琴海文明與古代東方文明之間產生根本的差異，古代東方在廣大的平原上以密集的人口從事生產，他們以農爲本，並發展成一個大社會；相反的在愛琴海地方則形成了四處分散各自獨立的小社會，其狹窄的土地出產的稀少作物不敷運用，爲使社會富裕，不得不利用方便的海上交通從事商業活動，故此地高度文明的發展當在古代東方必須對外貿易以求繁榮以後（前3000年左右），結果與古代東方交通方便之處，愛琴海文明便昌隆起來。

愛琴海文明的形成過程由於分散的地勢，故極爲複雜，大略說來是這樣的，起初克里特及庫克拉底斯住的是被稱爲地中海人種的南方系民族，而希臘本土及特洛依地方則住着廣佈於歐洲內地的北方系民族，然由於屢次來自卡薩克的民族遷徙，故其分佈亦逐漸改變，不久，在前2000年左右便分成三部份，卽地中海人種爲主的島嶼地方、及北方系人種（尙未研究清楚，殆爲黑海周圍到多瑙河流域所住的非印度・阿利安人種）爲主的特洛依地方，乃至屬於印度・阿利安人種中一個部族——阿基安人爲主的希臘本土。其中因爲特洛依美術並不十分清楚，故擬以主要的兩個，卽克里特與希臘本土的邁錫尼美術爲中心來敍述，其時代劃分姑且採用如下的分法：

1. 克里特初期（前3000～2500）
2. 克里特第一盛期（前2500～1800）
3. 克里特第二盛期（前1750～1400）
4. 邁錫尼時代（前1400～1100）

第1節　克里特初期

克里特島居地中海中央，在愛琴海地方則最近於古代東方，並爲其交通要衝上之最大島。居民主要是新石器時代從小亞細亞南岸利底亞搬來的地中海人種，故大概從埃及與其他地區承受一些人種的影響。紀元前3000年左右已開始從埃及傳入石器及金屬器（尙未用銅作成靑銅）的用法，其美術的中心亦從新石器時代中心所在的島嶼中央部移到靠近古代東方的帕萊卡斯特羅、薩克羅、莫克洛斯島等的港口。

最能表示克里特人對於美的敏銳感覺者爲石壺（圖79），石壺本爲克里特學自埃及的東西，然與埃及者廻異，它巧妙地運用花紋，創造了獨特的美感。縱觀克里特美術的各個時代雖多少都受埃及美術的影響，然克里特人却能從埃及的影響脫穎而出，產生自己的樣式。埃及與其他古代東方諸國同樣地以大農業國去發展，相反的克里特因爲以貿易立國，故無法產生

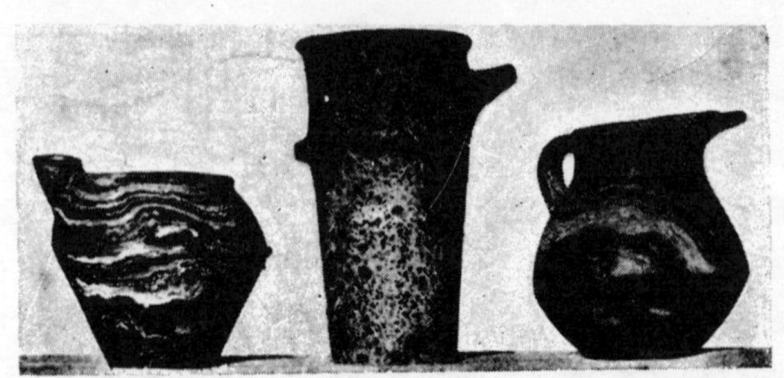

圖79　石壺　前2800年左右　莫克洛斯島出土

矣及那種强烈的保守傳統主義，他們的性格富於自由進取的氣象，克里特卽使受到古代東方先進文明的影響，結果亦不過是爲着產生適合於自己的文明之材料，決不受其支配。同時，克里特美術的性格亦與其他的愛琴海美術之性格有其共同之處。

紀元前2500年左右以來，橫跨歐亞兩洲有大規模的民族遷徙，這種民族遷徙從古代東方給地中海周遭帶來了青銅時代，結果，地中海地方就需要大量的製造青銅所需的錫（銅在其境內有所出產），可是愛琴海地方沒有錫，它遠產在伊突利亞、伊比利半島、高盧等地。克里特地理上亦位於產錫的西方及銅的主產地（克里特島內亦有出產）——東方的賽浦洛斯島之間，亦可說位於北方的特洛依及南方通商驟增的埃及（第6王朝）之間，居於絕好的地理位置，這點使克里特變成工商業的大中心地，帶來了文明的最初隆盛期。島中心這時候再度移到便於工商活動的中央部，從諾薩斯起、法伊斯特斯、馬利亞各地紛紛建立宮殿，其中諾薩斯漸趨强大，並營都市生活，成了克里特美術的中心地。當時克里特美術的特徵是⑴「宮殿建築的成立」⑵「隨之而來的壁畫之發達」⑶「陶器的完成」，這個時代稱爲第一盛期。

第2節　克里特第一盛期

這個時代建造的宮殿（亦稱第一宮殿，依此，第一盛期也稱第一宮殿時代）在前1800年左右，在鉅大的破壞（大概是地震）中覆滅。其後所建的第二宮殿由於幾乎建立在與原來相同的地基上，故當初宮殿的遺址無法認明，牆壁厚度約40 cm，在古代是極珍貴的多層雄壯建築物，材料爲磚、石、木材，最顯著的特徵在下水道工事的完備，採用長70～76 cm左右，粗的口徑17 cm，細的口徑約19 cm的陶質管，並將之連接起來，它們放在地板底下，連厠所都是冲水式的。與它比起來，其後希臘的市鎭卽使在最盛期，下水道也只流在露天水溝，甚爲不潔。克里特人具有優美的色彩感覺及敏銳的感受性，他們對於新建的宮殿牆壁並不任其空白，而儘情地發揮其繪畫的才能，他們喜愛的題材有自然中的動植物、岩石、人物等，這點不久卽爲第二宮殿時代所繼承。

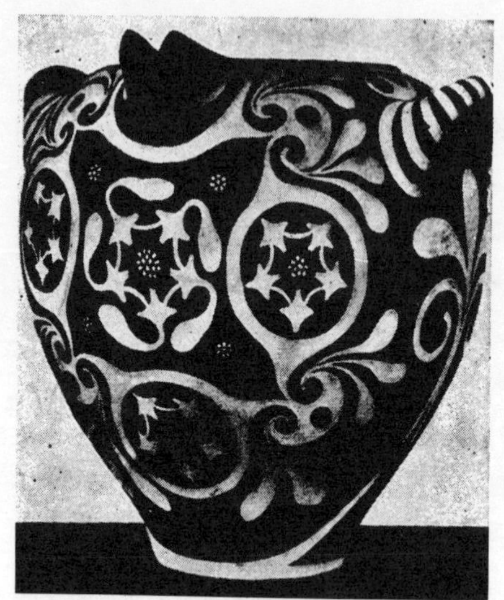

圖80　卡馬列斯式陶器　約前 180 年
卡馬列斯出土

一方面陶器到這個時代便達於頂點，發揮了最高的技巧，其中最優秀的是卡馬列斯式陶器（圖80），此乃轉盤的使用熟練以後開始製作的，厚度只有 1mm，因爲很薄，亦被稱爲「蛋殼陶器」，在底上塗以暗色或淺黃色的釉藥，並畫上紅、白、黃、黑等各色的紋樣，其紋樣自由自在，行雲流水似地畫得滿滿，極其精巧。

至前1800年左右，如前面所說，突然從諾薩斯起，許多的宮殿一時全遭破壞，克里特文明亦告中斷，考其原因，殆爲地震及繼之而起的內亂，並非外敵的侵入。因爲大約在半世紀後復原了的克里特美術仍不外是上一代樣式的原樣延續，若因外敵侵入就不至於如此，這時必然混入某些不同的樣式，總之，在此破壞之後復原的克里特愈發有所發展，進而達於最盛期。本來克里特以海上貿易立國，然在前1750年，由於希克索斯人的統治埃及而損失殆盡，因此克里特與埃及的密切交易亦由此中斷。

然再經過 200 年左右，埃及第18王朝復興，貿易又隨之復原，且較前繁盛，增進了克里特的繁榮。

在此埃及市場失去之際，克里特人便努力在亞細亞方面尋求市場，其交易的

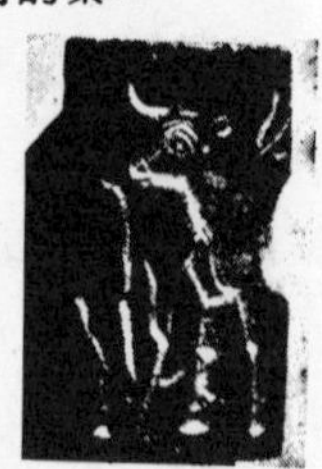

圖81　圓筒形印章
牛
盧浮美術館

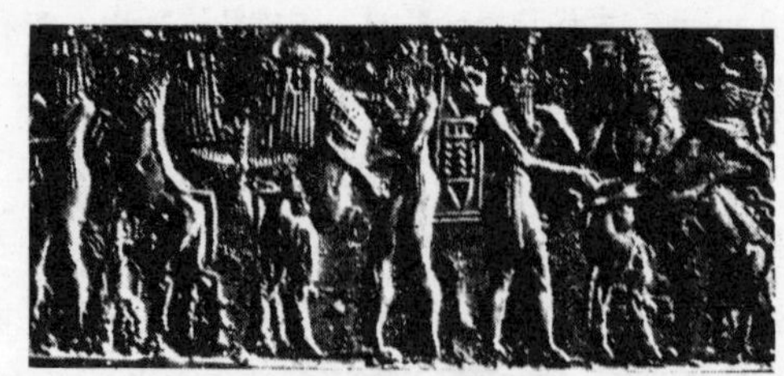

圖 82　圓筒形印章的刻紋　太陽神
盧浮美術館

證物有巴比倫的圓筒形印章（圖81, 82）（註１）被發現於這時期的克里特遺跡，另外，馬亦於前1600年左右由東方傳入。這種與亞細亞方面的交易由於第一盛期的開始而使衰落的東克里特各都市再度復興，於是克里特全島便進入了最盛期。同時克里特努力尋求埃及以外的市場之結果，亦使克里特文化的傳播從亞細亞方面開始，進而傳入希臘本土，於是過去各地進化不同的本土文明便趨統一，開始形成以下的邁錫尼文明。

第３節　克里特第二盛期

雙斧之宮

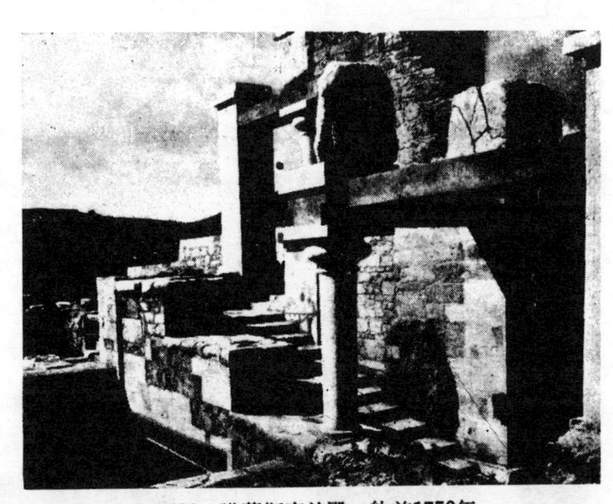

圖83　諾薩斯宮前殿　約前1750年

這個時代克里特全島爲諾薩斯王所統一，(有名的克里特邁諾斯王 Minos) 即爲諾薩斯王，其行宮就是傳說中有名的「雙斧之宮」(La-bylenthos 或稱迷宮)，(註2)，位於第一宮殿的遺跡上並建得幾乎完全相同，面積 180 × 160 m，略作矩形。這座宮殿（卷首圖８）由於帝王在克里特的習慣是統治者兼祭司，故爲帝王公私兼用的建築物，同時亦爲掌理宗教儀式的神殿，裏面亦有製油、製陶工場，及儲藏這些製品與穀物的倉庫，具有多方面的作用。圖84是第一層的平面；以南北 60 m、東西 30 m 的廣場爲中心，兩邊有辦理宗教儀式的聖室及政務室，以通路爲隔，並列了18個倉庫，東側是居室與工場，這東側部份由於

註１　在堅硬石材的圓角周圍刻以文字或圖畫，將之轉印於粘土板上以爲封印之用。
註２　其監視所下方壁面所砌的石塊上，到處被刻着「双斧」，這是宗教的記號，表示宮殿是神聖的。

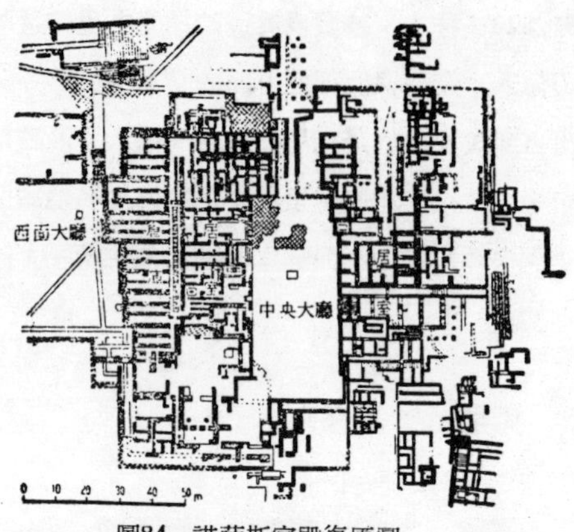

圖84　諾薩斯宮殿復原圖

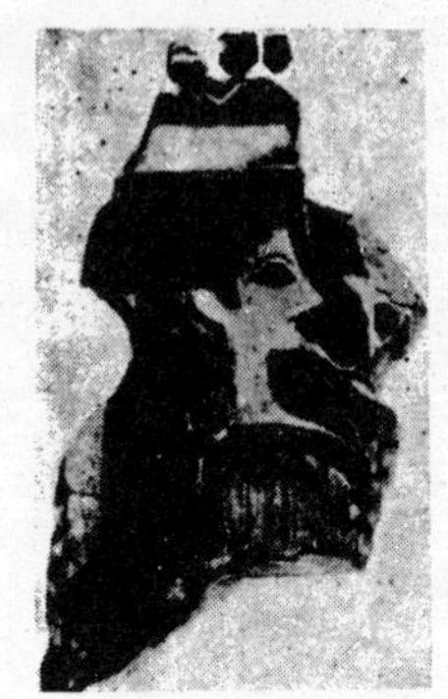

圖85　巴黎婦女
諾薩斯出土

建築在山谷的斜面上，故實際只有三層，這種複雜的構造更使外國人視之爲迷宮。

這座宮殿繼承第一宮殿，從牆壁到天花板皆以色彩鮮麗的圖畫來裝飾，到處設有爲着採光與通風的廣場，當從薇蘭達射入的南國太陽使這些畫金碧輝煌之際，那是何等的壯麗啊！在通稱爲「巴黎婦女」的壁畫上更使人感到無比華麗的豐采（註3）。

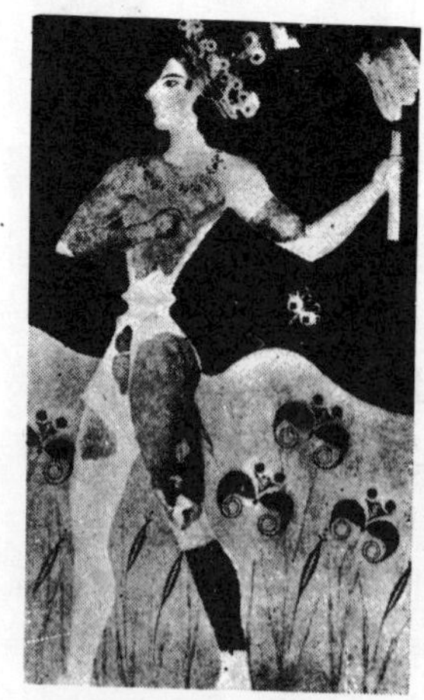

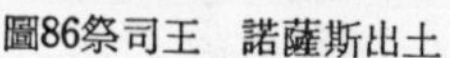

圖86祭司王　諾薩斯出土

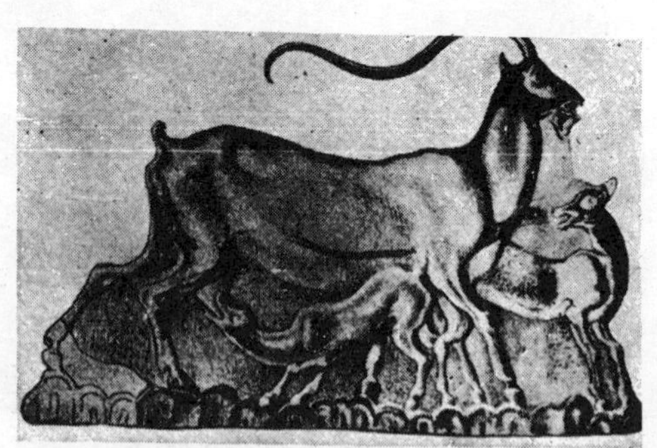

圖87　山羊母子　諾薩斯出土

註3　克里特的壁畫由於從廢墟中發現的只有少數的片斷，故圖畫全爲復原圖。

另外，那件名爲「祭司王」的等身大浮彫被施以埃及式的彩色，表現了明朗舒展的自然外貌，這種特徵在埃及或美索不達米亞那種以充滿威嚴與權力的莊重姿態來表現帝王的美術是看不到的。

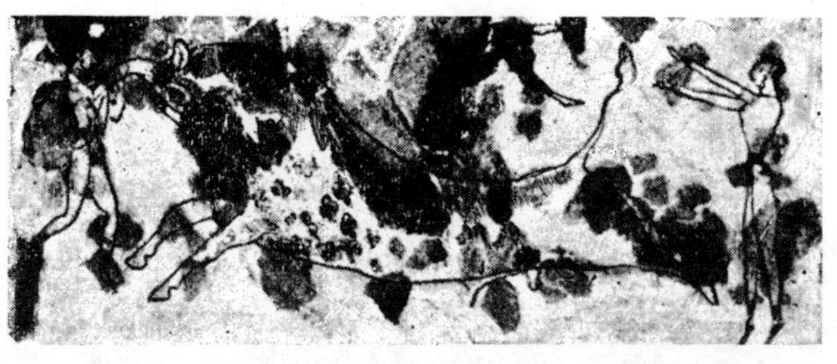

圖88　跳牛　修復過的壁畫　約前1500年　底嵌亞美術館

在釉土製「山羊母子」（圖87）一作中則表現了克里特人觀察力的敏銳及對自然的深愛，克里特人對這種自然動態的敏銳觀察力在「跳牛」（圖88）（註2）及「蛇女神」（圖89）（註3）中亦可感覺到。至於克里特的彫刻不但爲數很少，且最大的作品亦不足 40 cm，宮殿由於同時爲神所居，故他們沒有特別的神殿，只在宮殿裝飾以各色各樣的壁畫，這些小彫刻充其量不過是置於室內小祭壇上、或作爲玩賞用的東西。

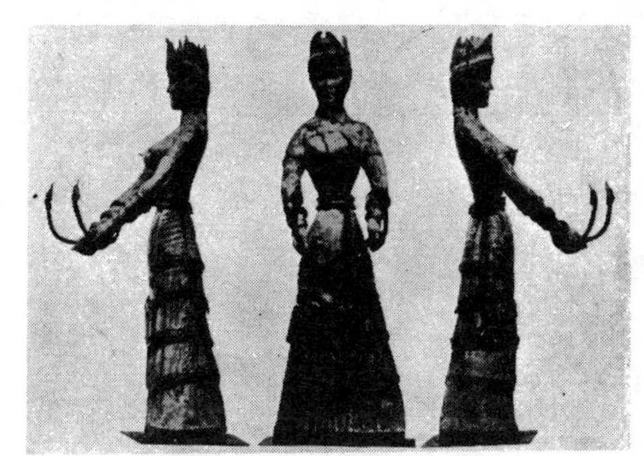

圖89　蛇女神

壁畫的盛行

前一代美術作品以陶器爲主，然到這一代則代之以壁畫。克里特美術非常富於感覺性，吾人可在優美的色彩及流暢的運動感中發現喜悅，其題材是出現於自然中活生生的瞬間之把握，並將之以速寫表現（圖90），這當然畫在寬而平

註4　跳牛是在儀式進行之際獻給諸神的神聖競技，即跳過頂撞而來的牛頭到另一邊去，這種奉獻競技，其後爲希臘奧林匹克競技所繼承。

註3　這是克里特最受崇拜的女神「大地之母」，與埃及、美索不達米亞、小亞細亞廣受崇拜的大地母女神有連帶關係，並成爲後來希臘女神的原型，這個生育萬物的母神在大地之外，亦爲天空與海洋之主，而大地母神的化身便是蛇。

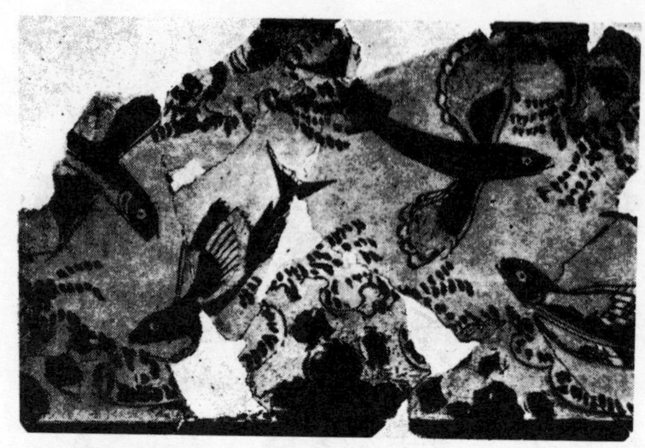
圖90　飛魚　特洛斯島斐拉克比出土　壁畫斷片

的牆上要比狹而難畫的陶器曲面更爲適合，隨着彩色技術及顏料製法的熟練，壁畫便成了美術的主體。至於製作陶器的技術則逐漸衰退，其表面的繪畫亦與前代不同，這由於忽略了形的調和，速寫自然物的描寫主義意圖要比裝飾陶器的圖案化紋樣——卽形式主義的意圖更占優勢，它是出現於自然瞬間的物體動態美之表現（圖90），此乃克里特人的特質，陶畫亦受壁畫的影響。

克里特人的自然主義傾向及感覺性的把握方法在這個時代已達於頂點，金屬製品亦然，黃金製作的「瓦斐依奧之杯」模樣當屬之。至第二盛期終了，克里特陶器又出現一個新趨勢，此卽所謂「宮殿式壺」，捨棄過去的自然主義，出現了左右對稱的形式主義，這些「宮殿式」的裝飾紋樣被採入繼克里特之後的邁錫尼美術，其影響力比前代的自然主義裝飾畫更强，因爲「宮殿式」紋樣不但適合於邁錫尼，且豪華與形式的表現更爲邁錫尼人所喜愛。

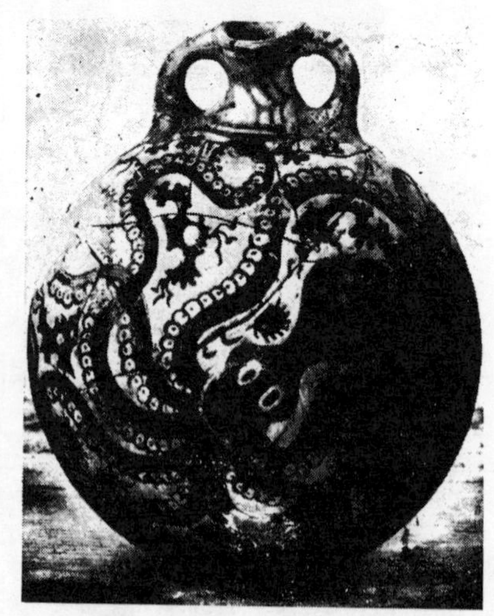
圖91　章魚壺　格爾尼亞出土

這麼一個光榮的克里特到前1400年左右亦不免於覆滅之途，蓋克里特曾建立過「世界最初的海軍」，或許他們仗其海軍威力而疏於陸上防備，因此整個島上一個城寨都沒有，這點和邁錫尼相反，而當海軍被打敗的時候，亦只有

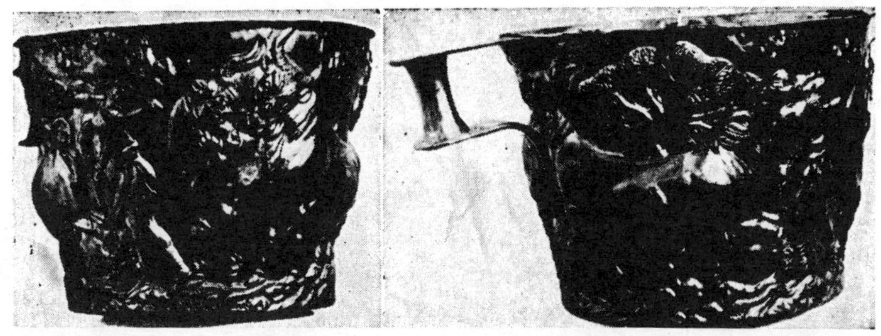

圖92 93 狩獵野牛之杯 瓦斐依奧（希臘東部）出土

讓侵略者爲所欲爲，毫無對策。至其海軍力量所以被打敗的關鍵當在邁錫尼，他們曾在克里特的影響下强盛起來，並活躍於海外殖民之運動。克里特戰敗以後，許多克里特人逃往敍利亞，他們就是出現於舊約聖經的佩里西提人，於是整個隆盛的克里特文明就此永刼不復了。

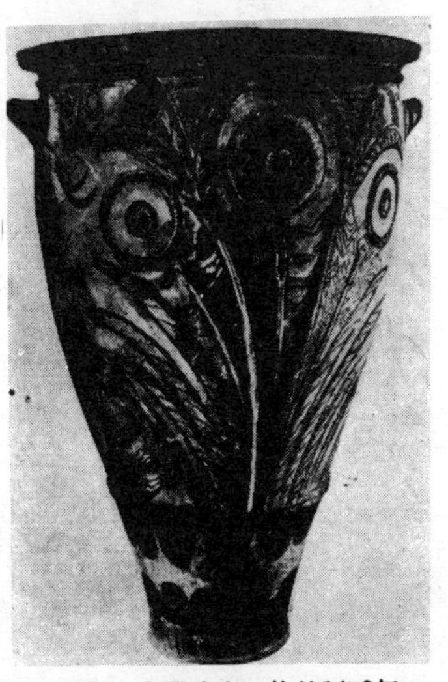

圖94 宮殿式壺 約前1450年 諾薩斯出土

第4節 邁錫尼時代

紀元前2000年左右，有一支印度・阿利安人種侵入希臘本土，此即製作邁錫尼美術的阿基安人，他們雖已使用青銅，但美術程度還很低，然自前1700年左右以後，當時最盛期的克里特文明開始很快地進入本土，影響所及便揭開了克里特化的本土文明——卽邁錫尼文明（註4），而希臘民族中深受克里特影響的阿基安人之特質亦跟着顯現出來。

註4 「邁錫尼」的名稱有廣狹二義，必須注意，其一爲都市之名，卽荷馬詩中出現的阿加曼儂王（Agamemnon）之居地；其二若將之廣義地使用，卽爲由多利亞人侵入而毀滅以前的本土文化之總稱。

美加儂式

其特質首先表現於建築物，在克里特的宮殿建築皆屬之，惟阿基安人曾用石塊構築過克里特未曾有的堅固城寨（圖96）與墳墓(圖97)

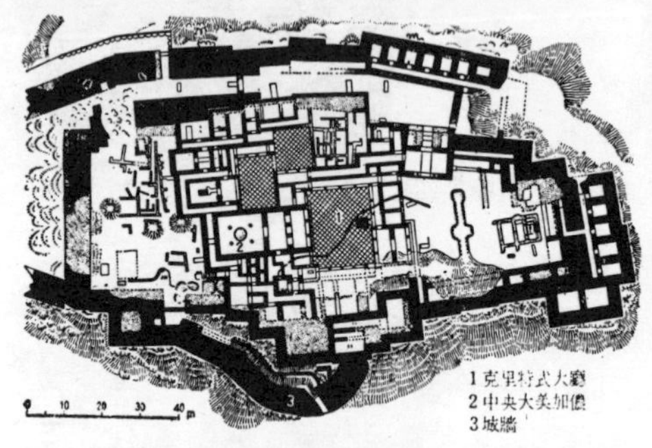

圖95 提林斯城

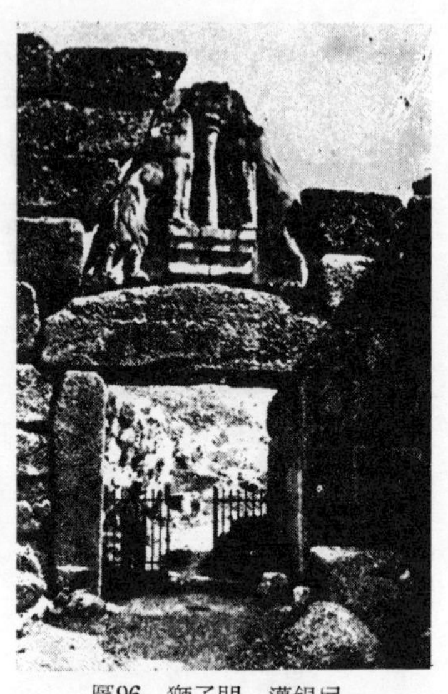

圖96 獅子門 邁錫尼

，城寨皆建於高地，周圍繞以厚壁，內部設以宮殿，這種宮殿設計捨棄迷宮式的複雜形式，代之以美加儂樣式（註5）的單純形式，以這種城寨為中心而形成城鎮一事為後來希臘時代都市的中心部——雅典頂城（Achropolis）形式所繼承，同時美加儂形式亦變成希臘神殿的基本型而促進其發展（圖99）（註6）。這些邁錫尼王宮內部雖畫以克里特壁畫，然亦可看到自己的性格，例如豬的長毛或背景

註5 美加儂（Meganon）為正門、前室、具有爐的主室（以這個主室為大廳時亦有稱美加儂）三者前後毗連的建築物，長方形的三面圍以牆壁，只有一面開啓，此乃以保溫為目的的北方型住屋，這種邁錫尼建築中最具代表性者為提林斯城（圖95），1884—5年被德國考古學者修利曼發現以後，其構造才趨明朗化，當時並發現很多彫刻壁帶及壁畫之斷片。

註6 圖99的①②是美加儂樣式；③為由此發展出來的 In Antis 式（例如 Rharmnus 的 Themis 神殿）；本文所指為柱子設於兩邊的④（如 Eleusis的多利克式 Artemis 神殿）；若捨棄兩側牆壁之間具有二柱的 In-Antis 式，便是前面具有列柱的⑤——前面列柱式（Puostylos，如 Selinus的 Empedokles 神殿）。再下面是⑥兩面列柱式（Amphiprostylos，如Athena Nike神殿），⑦一重周查式（Peri-pteros）⑧二重周柱式（Dupteros）⑨擬似一重周柱式（Pseudoperiperos）⑩擬似二重周柱式（Pseudodipteros），所謂擬似是柱子一半埋入壁面、柱子並不作支撐之用，故名，⑨⑩在羅馬時代皆用得很多。

，植物中表現的圖式化，乃至狗奔跑時脚形的同一性等，採取與克里特不同的概念表現及包圍整體的裝飾結構。摒棄克里特的生動描寫，重視構圖的推敲、合理的結構（圖100），以及對於抽象紋樣的深愛（圖101, 102）皆爲阿基安人，乃至希臘民族特有的性格——以美加儂形式爲基本型的宮殿設計亦發自同樣的精神——這隨着對於克里特本土勢力的逼進，益發明朗化。

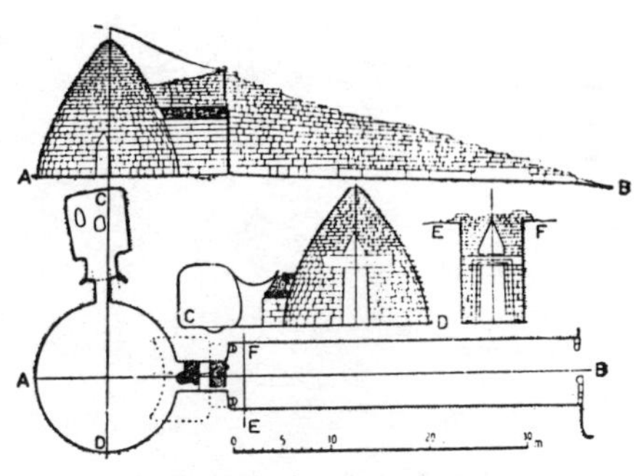

圖97 阿特略斯寶庫 邁錫尼

阿基安人本屬遊牧民族而生長於戰士氣息之中，他們卽使定居而從事農耕亦拔不掉這種習氣，不久學習克里特而培養了强大的海軍力量，遂大擧侵略克里特，這是前1400年左右的事。這個代替克里特而爲愛琴海之霸的阿基安人從活躍的殖民運動開始，在前1300年左右由於「特洛依之戰」又消滅了雄跨小亞細亞一角的特洛依，並從小亞細亞沿岸起，

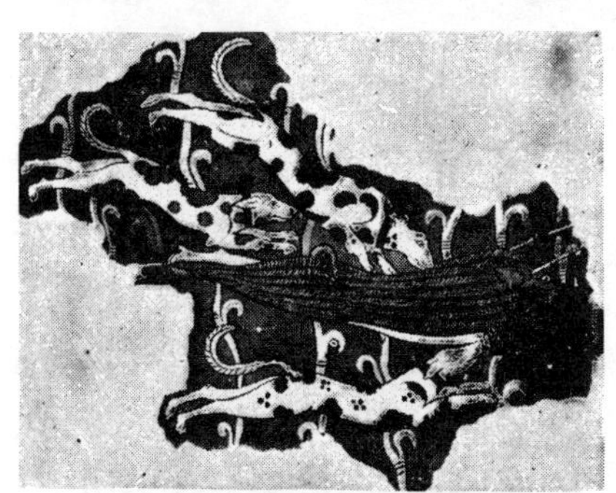
圖98 獵猪 提林斯出土 壁畫斷片

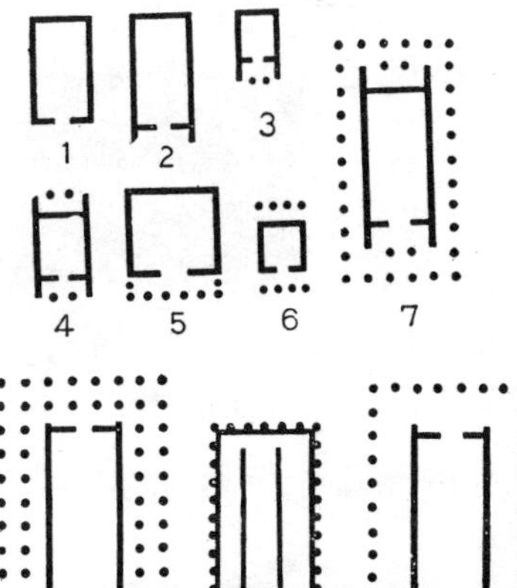

圖99 希臘神殿諸形式

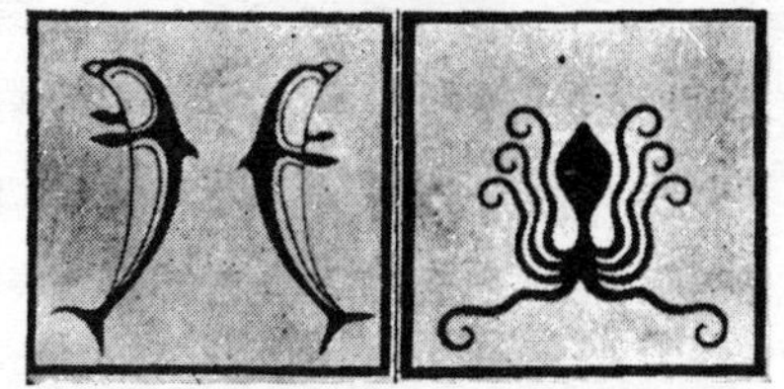
圖100 海豚與章魚 提林斯城地板紋樣 斯突克

到羅得斯島乃至賽浦洛斯島（圖104）的廣大範圍而推廣其美術的影響力。同時開始與埃及貿易，在敍利亞、巴勒斯坦方面亦擴展其版圖。

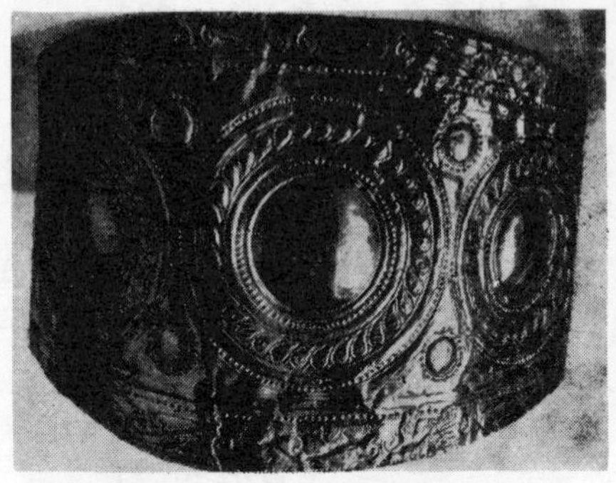

圖101 黃金製頭帶 邁錫尼出土

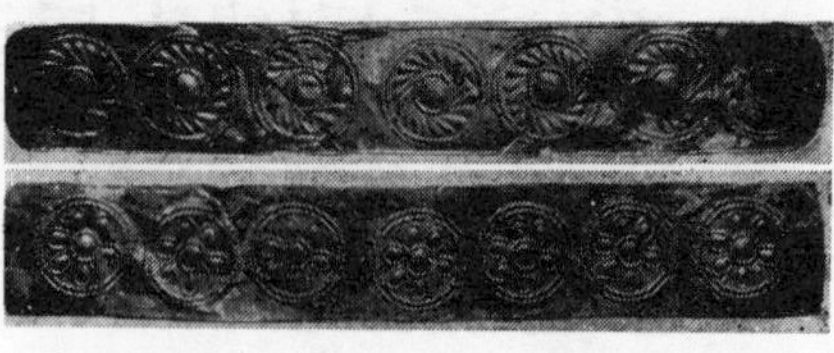

圖102 黃金製裝飾帶 邁錫尼出土

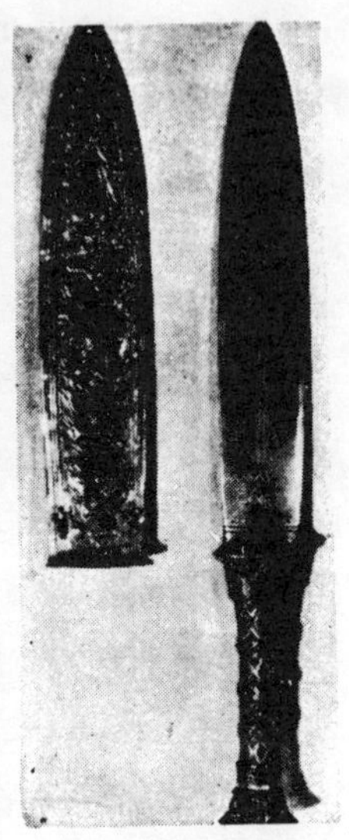

圖103 黃金製短劍 突特・安克・安夢王墓出土

然此邁錫尼的隆盛不久亦因多利亞族的侵入而滅亡，賽浦洛斯島則在多利亞人侵入之後變成邁錫尼美術的最後據點，此地由於靠近西亞，故與當地的腓尼基美術融合，形成變形的愛琴海美術。海洋民族的腓尼基人曾廣濶地殖民至地中海西方，一直繼續到羅馬時代，從非洲北岸的卡塔哥起，伊比利半島（圖105），法國南部特別是馬賽附近，科西嘉、薩丁尼亞、西西里皆入其版圖，隨之新愛琴海美術（不如說地中海美術）亦遠播出去。這腓尼基人的活動中所不可忽略者爲希臘美術誕生時所完成的使命，在多利亞人侵入本土後，經過近300年的空白狀態希臘美術便告誕生，此際爲希臘提供了各種樣式的模特兒卽是爲貿易而來的腓尼基人，他們帶給愛琴海美術者爲西亞與埃及美術，這許多樣

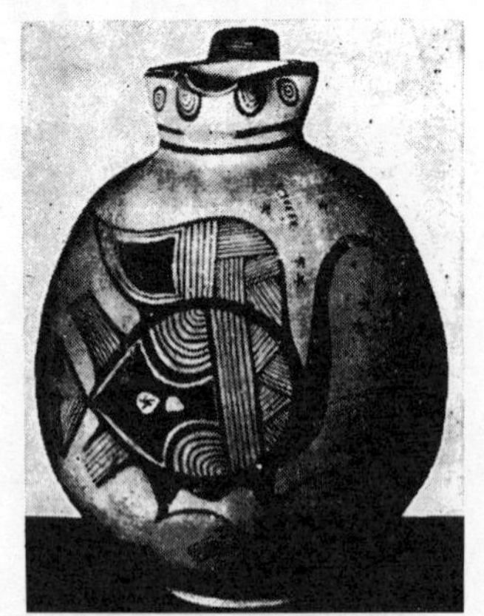

圖104 水鳥之壺 前8-7世紀 賽浦洛斯出土

式對空白狀態的希臘人而言乃是美術製作上無比的楷模。

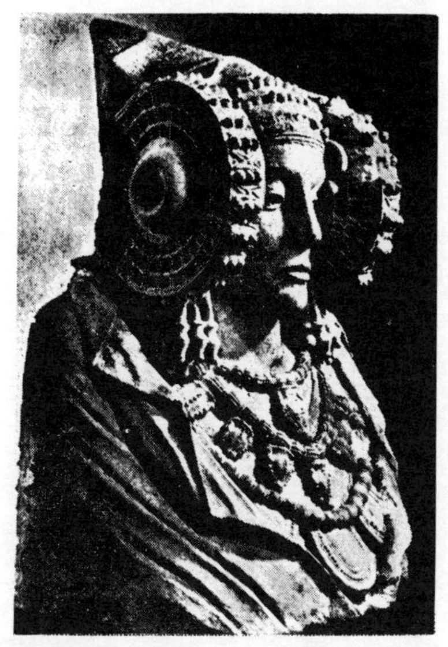

圖105　婦人像　前 4 世紀
艾爾吉出土

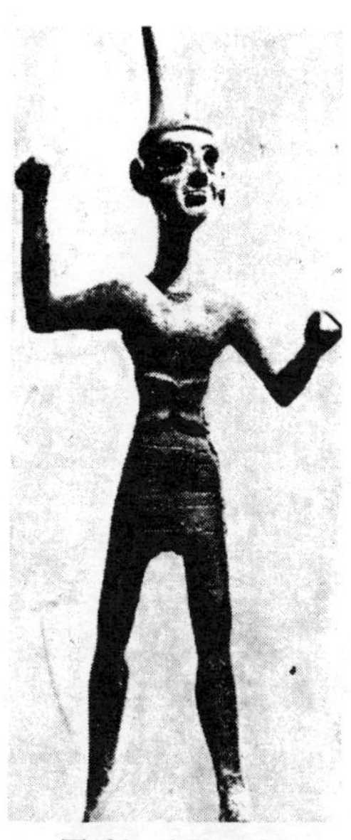

圖106　主神（Baal）
腓尼基　前14世紀
盧浮美術館

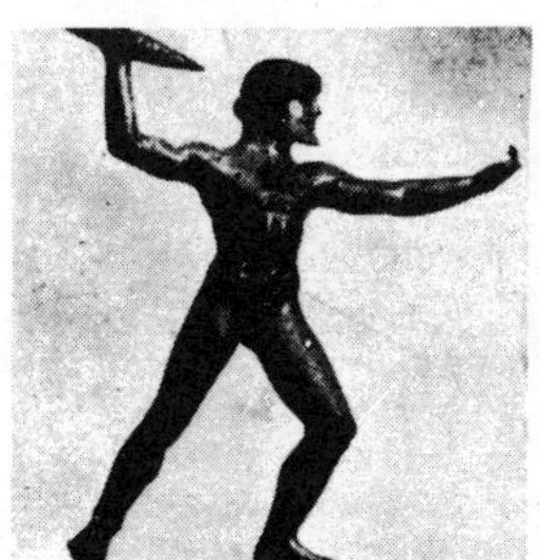

圖107　主神(Zeus)
前 6 世紀前

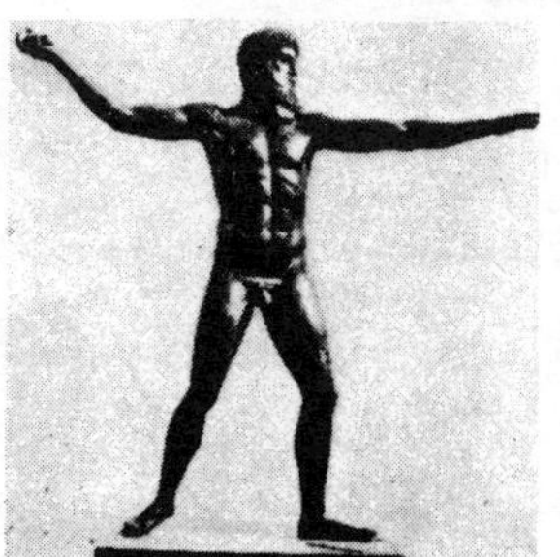

圖108　主神(Zeus)
5 世紀半

第4章　希　　臘（註1）

第1節　希臘美術的成立

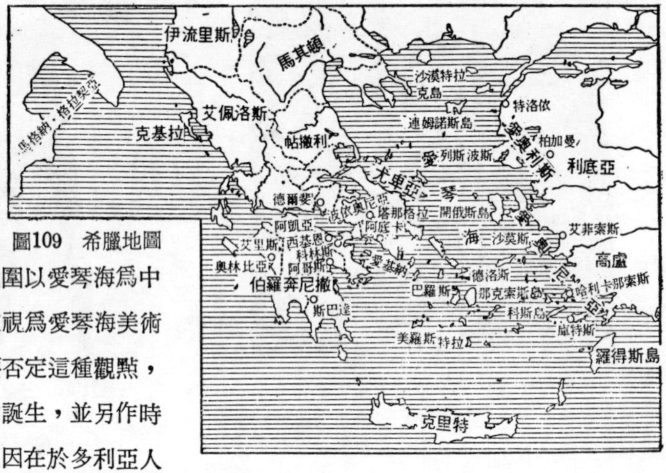

多利亞人的定居

圖109　希臘地圖

眞正意義的歐洲美術該從希臘開始，希臘美術的地理範圍以愛琴海爲中心，因此也被視爲愛琴海美術的延長。若要否定這種觀點，視爲新美術的誕生，並另作時代劃分，則原因在於多利亞人侵入的事實，由此才使希臘文化被視爲歐洲文化眞正的始祖。在此暫且先看看多利亞人侵入的前後情形，及文化上的意義。

前章過說，印度・阿利安人種之一的希臘民族自前2000年左右開始遷徙於希臘本土，他們有數度的分散，其主要的部族是阿基安族、愛奧尼亞族、阿也奧尼亞族、以及紀元前1100年左右的多利亞族，是爲其最後的波動。多利亞族以前各部族的遷徙進行得比較溫和，滲透本土而攝取克里特文化，並與之同化造就了邁錫尼文明，這是前面業已說過的。這種文明的造就卽使爲希臘民族，然由於在克

註1　希臘 Gseece (英) 、Griech (德) 、Grec (法) 之名稱以其後羅馬人所取的 Graecia (典雅優美) 之語爲本源，創造過很多傑作的希臘人正與典雅、優美之名相稱。希臘人自稱「希倫人」(Hellenes)，稱其國土爲希拉斯 (Hellas)。本土文明稱爲希拉蒂克 (Helladic) 文明，它隨着亞歷山大大王遠征而廣被於東方，因此該時代亦稱爲希臘化 (Hellenistic) 時代。

里特美術的延伸範圍內進行，故不能說是純粹希臘的東西。至於這個時候出現的多利亞族便與以前三個部族的溫和遷徙不同，其侵襲給希臘本土以澈底的破壞，荷馬 (Homeros) 所歌頌的「富於黃金的」邁錫尼文化由此付之一炬，先於多利亞人來到希臘的人紛紛逃往希臘本土各地，大部份越過愛琴海而逃往小亞細亞西岸的殖民地、愛奧尼亞地方。因此希臘在多利亞人侵入之後，便分成了被它支配下的希臘本土，及原住的希臘人之避難所——愛奧尼亞地方，亦即以愛琴海爲界的東西兩個文化圈，這分裂的兩個希臘文化圈之相互關係不久對希臘美術的發展具有極大的影響力，然此處只在喚起注意，至其詳情則留待後述。

從多利亞人的破壞性侵襲到大約紀元前 800 年之間造成希臘文化的貧血狀態，即所謂「希臘的黑暗時代」，然這段期間具有不能單以黑暗時代這個消極名稱來看的重要意義，因爲這個時期才切斷前代亞細亞的（地中海的）愛琴海美術之羈絆，確實形成希臘的——即歐洲的——美術之陣痛時代，即純粹透過希臘人之手而目的爲着希臘的美術，其誕生亦是經過近 300 年摸索的結果，否定了過去的希臘要素，產生了一貫希臘精神的作品，這無中生有的努力，造成了數百年的空白時代。同時他們因着多利亞族，鐵器的使用亦開始在愛琴世界出現，他們的戰勝亦得諸鐵器，歐洲的鐵器時代由此揭幕。

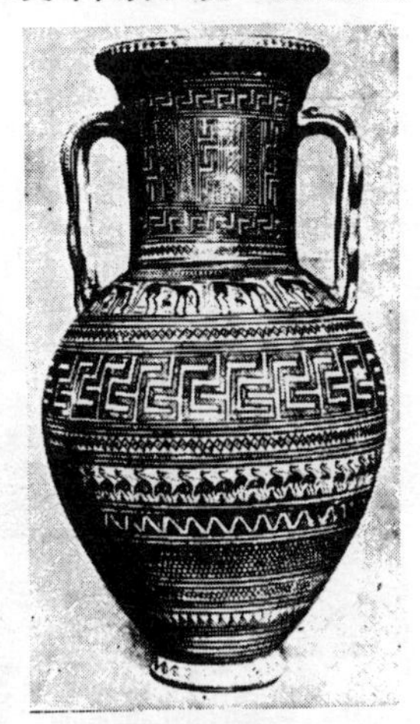

圖110幾何學紋樣的双耳壺
阿提卡出土　前 8 世紀
波斯頓美術館

如此，作爲希臘精神之結晶而產生了新的美術，它當然不在傳統影響下的愛奧尼亞地方，而在帶來破壞的多利亞人之據地——希臘本土——西方希臘文化圈。此即被稱爲幾何學樣式的陶器，前代的克里特美術即使也在陶器表面飾以紋樣，亦屬極端的自然主義，因爲對他們而言，紋樣與其從屬於陶器的形態——這是裝飾的本來使命，還不如從此解脫。及至邁錫尼時代便逐漸接近於相當的裝飾本質——紋樣化，及至幾何學樣式的陶器出現時便大舉成功，捨棄所畫對象的各個形態之趣味——即揚棄寫實主義，重點在於陶器面如何賦予相稱的形態——即採取構成主義。從另一方面來說，這種變化必然的趨向是構築性重於敍述性，合理（數學）性重於非合理（非數學）性，這種傾向才是希臘人的、乃至後世歐洲人的精神根抵，所以在多利亞人侵入以後被消極地誤稱爲黑暗時代的數百年之間，幾何學樣式的陶器正是希臘人慘淡經營的最初成果，可惜這種希臘人固有精神的果實竟此停頓，後來無法再有發展。在上面希臘美術以合理主義爲骨架，外加其他要素而完成，此卽注入東方希臘——愛奧尼亞文化圈的要素，愛奧尼亞族自前世紀中葉以來由於近200年的活 躍的殖民活動，而將其範圍從黑海擴及於地中海中部。

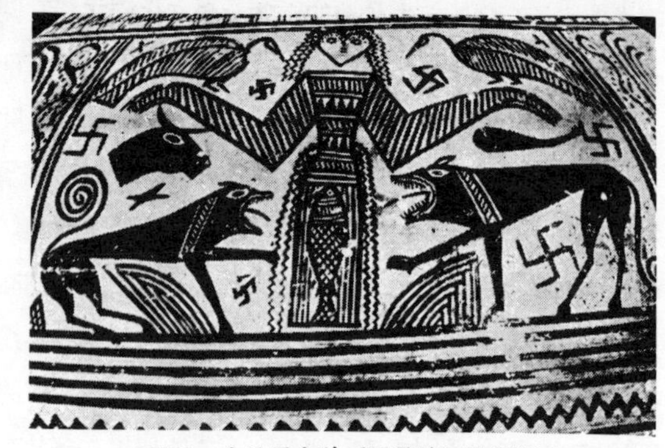

圖111　大地母女神（原月神阿特米斯）前7世紀　波依奧提亞出土

愛奧尼亞式與多利亞式

愛奧尼亞地方早在邁錫尼時代其殖民都市卽已繁榮，愛琴海文化傳統卽使因多利亞人的侵入本土，但在愛奧尼亞地方却仍然强靱地殘留着，至進入希臘時代之後，與文化完全變質的希臘本土相反的，愛奧尼亞地方則使克里特、邁錫尼的精神一直延續下去，故初期愛奧尼亞比多利亞爲佳，不論哲學、文學、音樂都首先在愛奧尼亞與盛起來。不久，這東西兩個希臘文化圈——愛奧尼亞、多利亞兩文化圈——的關係變成了車子的兩個輪子一般，頗有助於希臘美術的形成，也就是說，在本土——多利亞文化圈的構成的、合理的（數的）美術特徵及愛奧尼亞文化圈的敍述的、描寫的美術特徵二者的相互關係乃是探求希臘

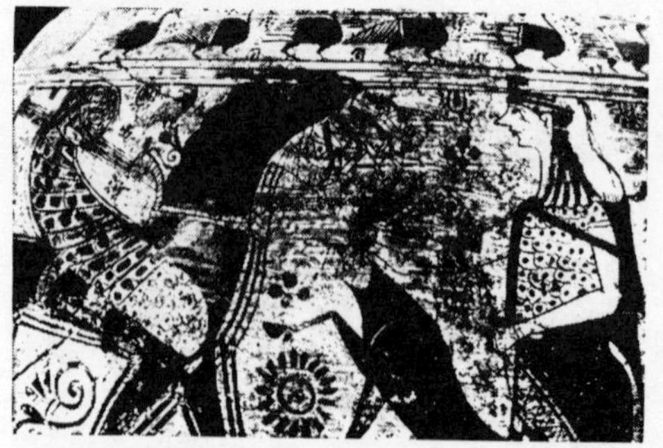

圖112　月神阿特米斯　前7世紀　羅得斯島出土

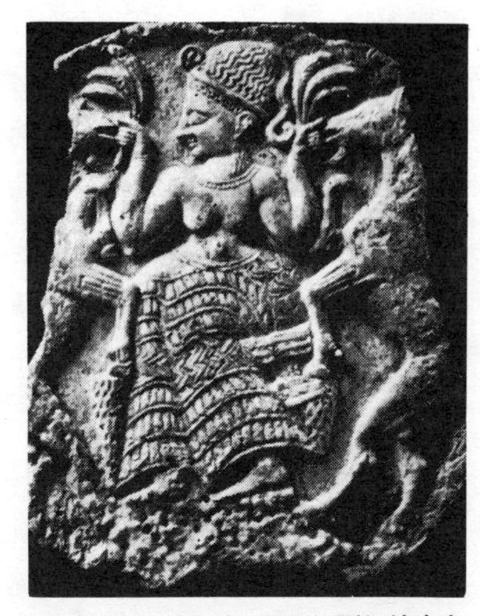

圖113　大地母女神　拉斯•夏姆拉出土
前14世紀　盧浮美術館

美術的最大重點。

舉個例說，在同時代中若表現相同的主題時，兩個地方的陶畫（圖111,112)究有如何的不同？圖 111 是希臘本土波依奥提亞出土的，圖 112 則爲羅得斯島出土，主題都是來自東方的大地母女神（圖113）之希臘化，然其表現却有很大的差別，波依奥提亞的東西以幾何學的直線來表現，具有强烈的左右對稱性；相反的，羅得斯島的作品則以各種粗壯流利的線條來表現，描寫性極强。雖然目的都在裝飾陶器表面，然前者重點在忠實的構築性，後者却表現强烈的描寫性，忽略了構築性，離開形式化而走向故事性。多利亞與愛尼亞的差異在美術的 各個角度都可以看得到 ，下面我們將逐一 來細看各個時代的美術。

希臘美術普通分爲如下的幾個時期：

1.	古拙時代		800～450年
2.	古典時代	前期	450～400年
		後期	400～330年
3.	希臘化時代		330～ 30年

這三期的異點仍在於前述多利亞、愛奥尼亞兩要素的消長。

第2節　古拙時代

這個時代該分爲三個時期：

初期　800～550年

中期　550～480年

後期　480～450年

初　　期

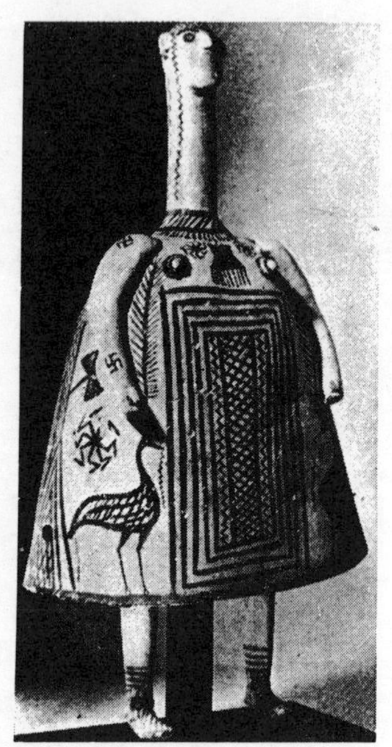

圖114　女彫像　土偶　約前700年
波依奧提亞出土
高40cm

希臘美術的序幕由本土的幾何學樣式陶器所揭開，然彫刻則首先成立於愛奧尼亞地方。

紀元前 650 年左右，埃及三角洲地帶瑙克拉提斯開闢了愛奧尼亞的殖民市，在此希臘人開始接觸到彫刻的偉貌及製作的意欲，於是大彫刻作品便代替過去的小彫刻 (圖114) 而出現。

其最初的作品蹈襲所謂克索亞儂 (Xoanon) 型式的傳統，不久，根據羅馬史家普利尼 (Plinius) 的記述：「克里特人戴達洛斯 (Daidalos) 的出現，使過去手足軀幹不分而作棒形的彫刻開始吹入了生氣，脚向前踏了出來，手也挪離身體，眼睛睜開，創造了生動的姿態。」產生了新的典型，這種典型 (圖117, 118) 實際上可以說是埃及立像型式的模寫，從上面的語錄亦可以證明希臘美術的出發點乃是取範於埃及的。

這些古拙初期的彫刻具有明顯的正面性，它與此後希臘彫刻開拓的基於忠實觀察之自然表現距離甚遠，然決非出於觀察的缺乏及技術的拙劣，倒不如說在此另闢蹊徑。當然，其原因之一亦被視爲埃及彫刻（作爲模本）的影響，此外，必然是初期希臘人所具有的藝術感覺之直截表露。在視覺的經驗下，與其製作形似的自然主義作品，不如把內心的感覺及强烈的印象試着用某種形來處理，以製作創造主義的作品。故肉體各部的構造不基於遷就事實的描寫意志，而基於創造堅固型式的構築意志，這點與表現於幾何學樣式陶器的希臘人之藝術觀吻合。

然不久這種傾向又重新加上遷就自然的描寫主義，亦卽繼承克里特、邁錫尼的傳統，並自其地理環境而滲入東方之中較爲接近的愛奧尼亞美術要素。

註 1　克索亞儂爲「削木」之意，形態樸素，有如在直立的圓粗棒上安以頭部。

中　期

古拙時代的第一個轉機開始於紀元前 560 年左右，卽本土中愛奧尼亞主義傾向較强的阿提卡派抬頭，原因是當時首都雅典的僭主佩西斯塔特斯 (Peisistratas 561～527) 積極推行愛奧尼亞化政策。由此產生的古拙第二期便走入描寫主義，前述陶器的兩個潮流已在這個時代統一，變成阿提卡陶器，彫刻亦由前代的概念表現變爲描寫表現。

當時的彫刻可大別爲男性裸體像及女性着衣像二類，此二類主要是由本土多利亞文化圈及愛奧尼亞文化圈而分開發展的，其中追求對象的骨骼或筋肉的結構——卽構築性的前者屬多利亞文化圈，追求衣着或服飾的複雜——卽描寫性的後者屬愛奧尼亞文化圈，同時愛奧尼亞的寫實主義又逐漸地從着衣像走入被包裹的

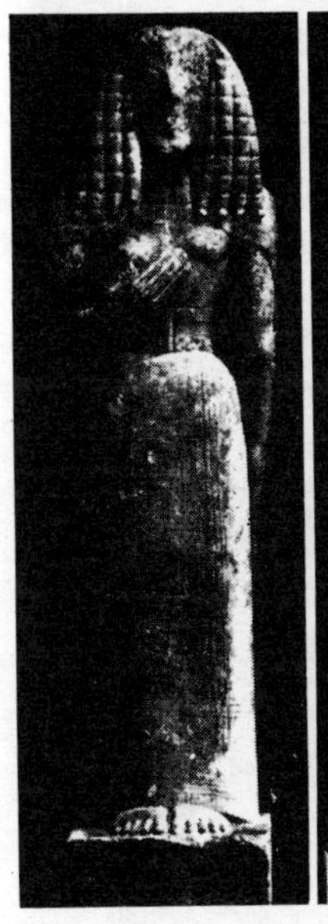

圖115 奧塞爾的女神 前 7 世紀末 奧塞爾（法國）出土 盧浮美術館

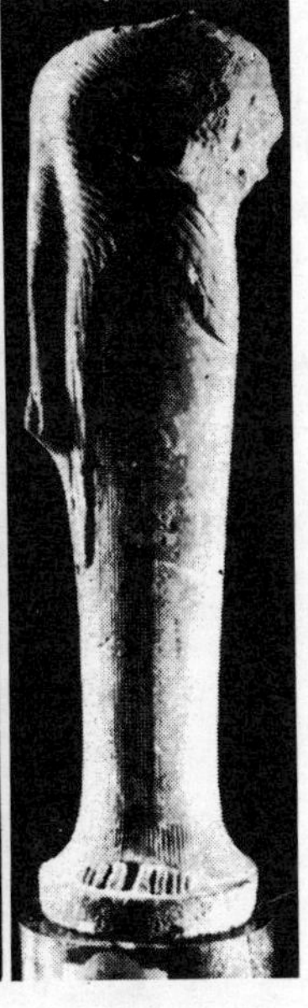

圖116 克拉繆斯的奉獻像 薩莫斯島出土 盧浮美術館

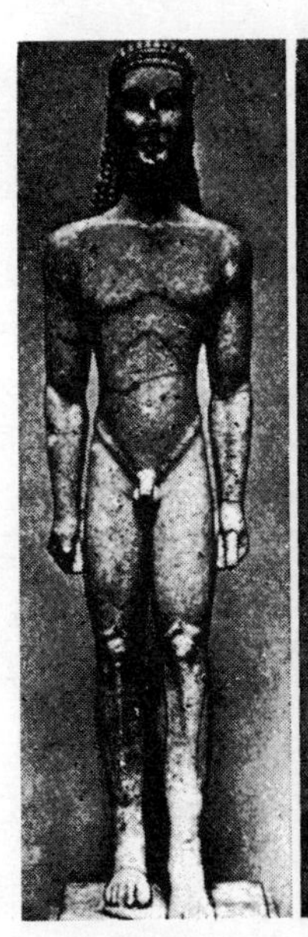

圖117 青年像　約前 600-580年 阿提卡出土 紐約大都會美術館

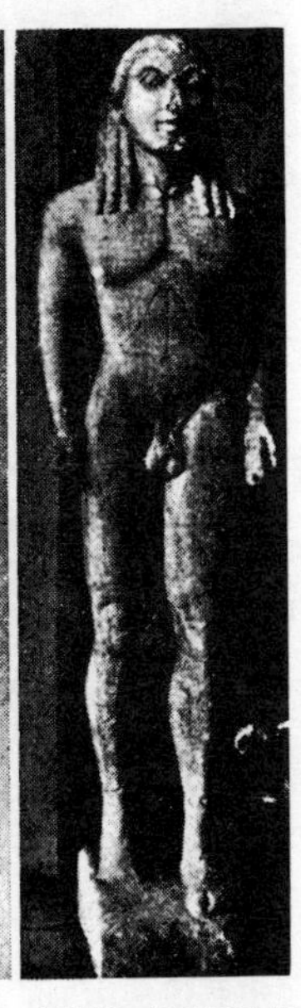

圖118 克列奧比斯與比頓兄弟像 約前575年 德爾斐出土 德爾斐美術館

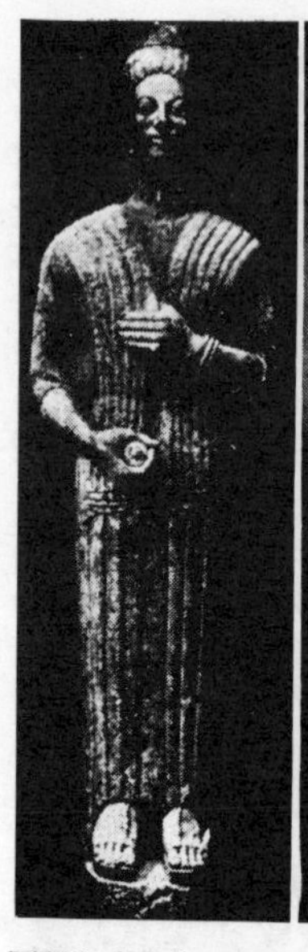

圖119 少女像
約前580-60年
阿提卡出土
柏林美術館

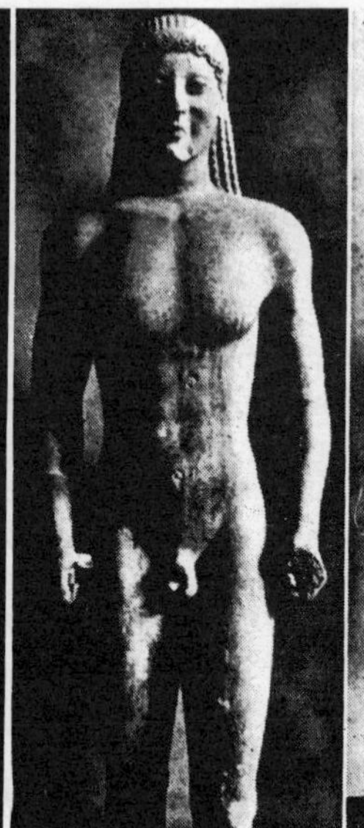

圖120 青年像 約前5 0-510年
波依奧提亞出土
雅典國立美術館

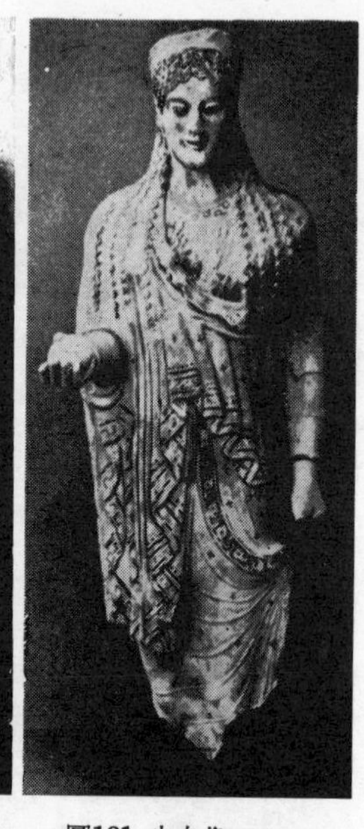

圖121 少女像
雅典頂城出土
頂城美術館

肉體之表現。在此由於兩者的結合，給了第二期的希臘彫刻帶來新的方向，使得作品在緊密的結構之中又加上豐美的厚度，產生了自然而有氣魄的作品（卷首圖7）（圖119, 120, 121）。

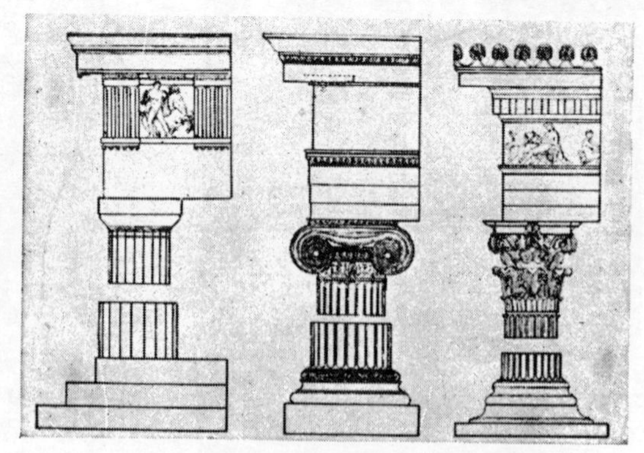

圖122 希臘神殿柱頭樣式 左起 多利亞、愛奧尼亞、科林斯樣式

當我們看到裝飾神殿正面的山牆彫刻時更可以了解到這種彫刻的新方向，本來用山牆彫刻來裝飾是多利亞建築的特徵，由於它是神殿正面最重要的

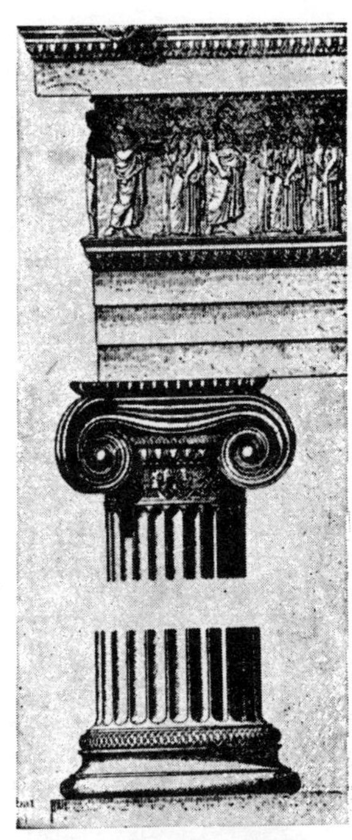

圖123 愛奧尼亞式的神殿上部構造及彫刻壁帶

空間，故不久也被愛奧尼亞建築所採用。這種破風是要求左右相稱性最嚴格的三角形空間，故放在此處的裝飾彫刻當然要追求强烈的構築性，然這種追求的忠實一如曾在幾何學樣式陶器上所見的，不得不變得為圖樣而缺乏故事性。惟神殿是諸神的住所，在此希望敍述光榮讚美的情景乃是人之常情（特別是希臘，其建築活動全部集中於神殿），而愛奧尼亞建築的獨特裝飾正是繪卷一般的彫刻壁帶（圖123），這是包圍神殿的帶狀彫刻物，在此可以敍述時間進行的各種情景。

於是在愛奧尼亞的建築上，山牆彫刻即為此種彫刻壁帶樣式的翻版（圖126, 127）（註2）。

然彫刻壁帶樣式的原樣不管怎樣常會減弱山牆空間的構築性，因此努力製作具有山牆形狀的構築性，同時又富於故事性的彫刻便成自然的要求了，這仍以多利亞式與愛奧尼亞式的結合而達到第二期。佩西斯塔特斯建立的第二赫卡東佩頓（Hekatompedon）神殿（圖132, 130）（註3）及德爾斐的西弗諾斯人之寶庫（圖129）

註2　「橄欖木的山牆」中居室（神殿）前站着少女，右邊的希臘英雄阿基列斯（Achilles）等待來自左邊的特洛依王子特洛依洛斯（Troilos），他正在讓馬喝水，其題材是荷馬「伊里亞德」（Illias）的故事。壁面有橄欖木的浮彫，由此成為山牆的名稱。同樣的在「怪蛇（Hydra）的山牆」表現了英雄赫克力士（Herakles）樹立的12偉業之一——消滅怪蛇的場面，右邊有赫克力士，其後從者一脚擱在戰車中而兩面相對向。左邊彫有怪蛇的盟友螃蟹。兩件作品都失去對中軸的相對性，代之以明顯的故事性，蓋受彫刻壁帶之影響。

註3　「赫卡東佩頓」的名稱來自其長度有「百步」之謂，大約在前570—560年所建，「第一」毀壞以後建造了這座「第二」。山牆主題兩面皆是新奧林帕斯衆神與舊大地之神的鬪爭。結構比「西弗諾斯人之寶庫」有更强的左右對稱性，人像也大約有一定，顯露這個時代的戲劇性精神，這種戲劇性主題一直被以後的山牆保持下去。

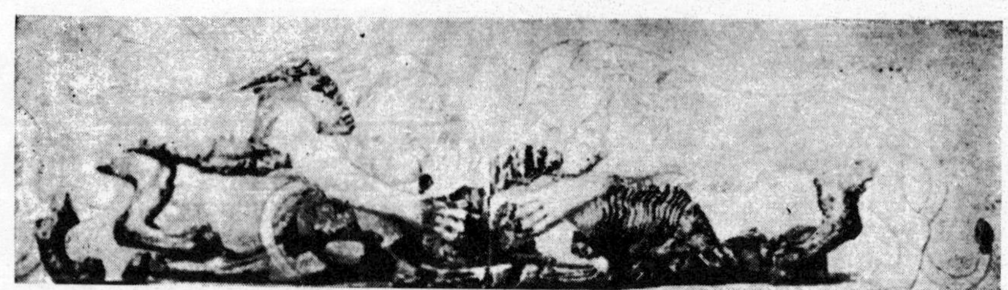

圖124 獅子的山牆　雅典頂城出土　頂城美術館

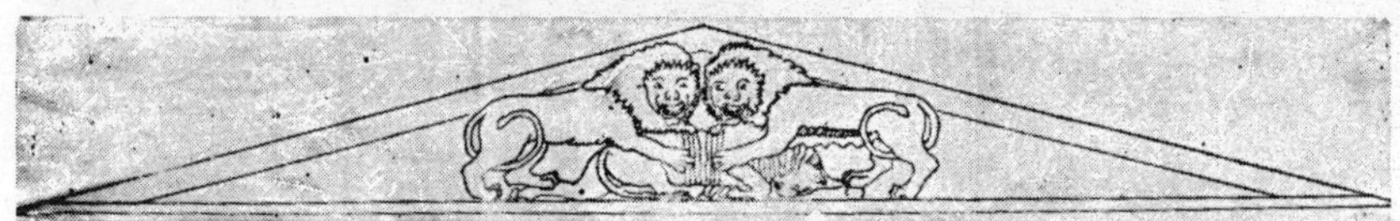

圖125 獅子的山牆　復原

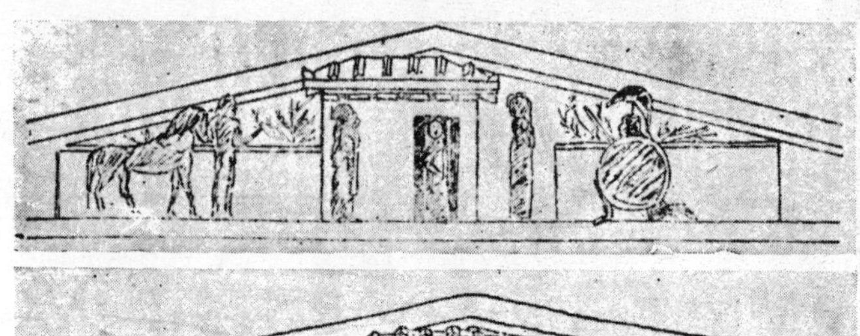

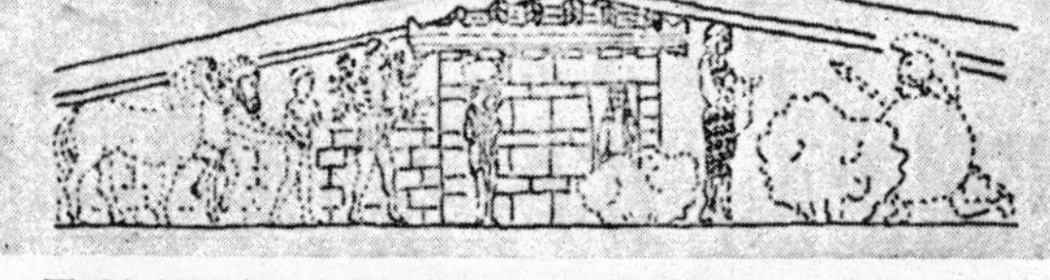

圖126 橄欖木的山牆　復原　約前580-570年　雅典頂城出土
頂城美術館

（註4）屬之。至這個時代的末期，由於用一般彫刻鑲入山牆常感困難，故中央的主題往往置以無關係的細長之蛇或怪獸來解決，山牆末端的狹窄空間亦以統一

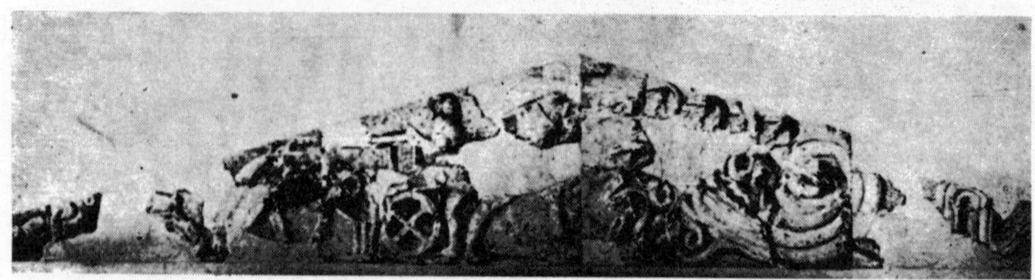

圖127 怪蛇的山牆　約前580-560年　雅典頂城出土　頂城美術館

註4　德爾斐（Delphoi）是阿波羅神（Apollo）的聖域，在此建造了保存來自各地奉獻

於主題的人物加以巧妙地處理（圖 132，133），誠為構築性與故事性的矛盾要素之完滿解決。

後期　嚴格樣式時代

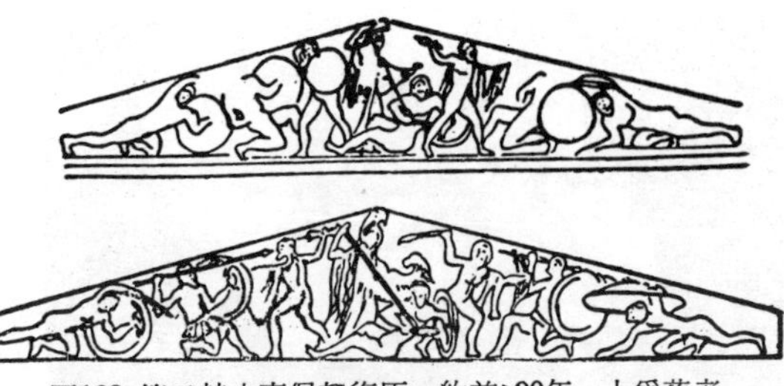

圖128 第二赫卡東佩頓復原　約前520年　上為舊者　下為復原　雅典頂城

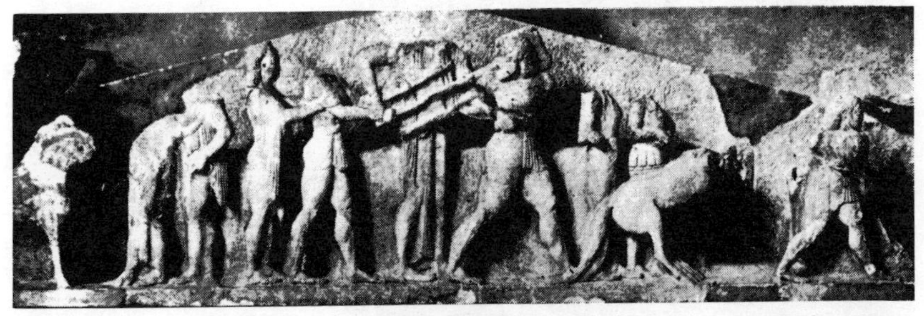

圖129 西弗諾斯人之寶庫

不久一進入前 5 世紀，希臘政治面臨一個大轉機，即波斯戰役的開始（499 年），雖為政治問題，然美術在這個時期也進入了第二過渡期，展開新的局面。至前 522 年愛奧尼亞已全軍覆沒，許多美術家便流入希臘本土，特別是雅典。因此希臘本土與愛奧尼亞美術的融合更有

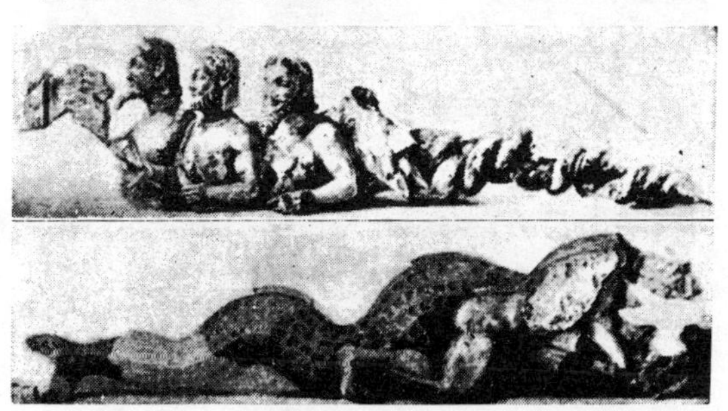

圖130 第一赫卡東佩頓山牆兩端　（上）杜楓　（下）赫克力士消滅盧頓

物的寶庫，西弗諾斯人的寶庫亦為其中之一。山牆主題是阿波羅與赫克力士爭奪三角爐的神器，中央的女神雅典娜從中調停，全體的動態仍取由左向右運動的彫刻帶表現，位於二者之前的兩個巫婆各取對稱的姿勢，整個像的高度亦取對準中央的左右對稱，對於結構的意識之萌芽已歷歷可見。

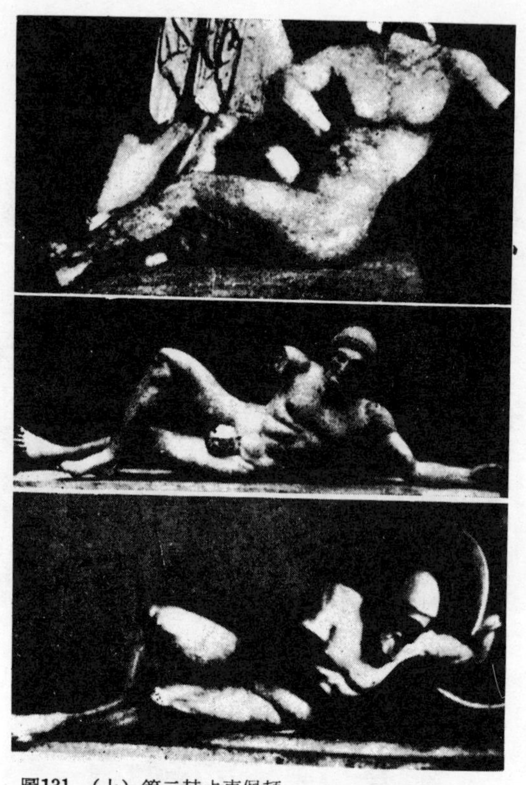

圖131 （上）第二赫卡東佩頓
圖132 （中）雅典娜與巨人之戰　頂城美術館
圖133 （下）阿法亞神殿山牆前端　約前500年
慕尼黑彫刻館

進境，基於忠實觀察的描寫更為强化，古拙初期傾向構築性的構成主義便埋進作品深處（圖134）（註5）。這個時期作品有兩個顯著的特徵，一消一長，此即古拙微笑的消失及遊脚的誕生。

前代的彫刻全都具有嘴角上揚的微笑表情，即使在受傷倒地的瀕死戰士亦不例外，由此奇異之點，亦常被稱為謎似的微笑，其實究非笑的表現，而是在生之表現中去追求活生生的人物表情，此乃希臘人之創造。希臘人即使近似埃及般地製作重視形式的概念作品，然其思想的根柢仍具有與埃及人不同的人類中心之現世世界觀。衆神作人類姿態看待，在發明世界最初的民主政治之希臘人心中，把現實的人類作為一切世界觀的尺度，此種精神必使美術脫離初期超越自然的形式主義，直接走入自然主義。這種對生之表現的强烈關注所生的表情不久也隨着技術的進步而變得無足輕重了。（圖135, 136）。大約自前 480 年、即表情的嚴格化時期到古典期之間，亦稱為嚴格樣式時代。

註5　兩山牆皆鑲以希臘軍與特依軍的鬪爭圖，隱沒了過份的構成主義，表現了强烈的寫實性，其對中軸的對稱性變得未曾見過的緊密，它們都在波斯軍侵入時被破壞。

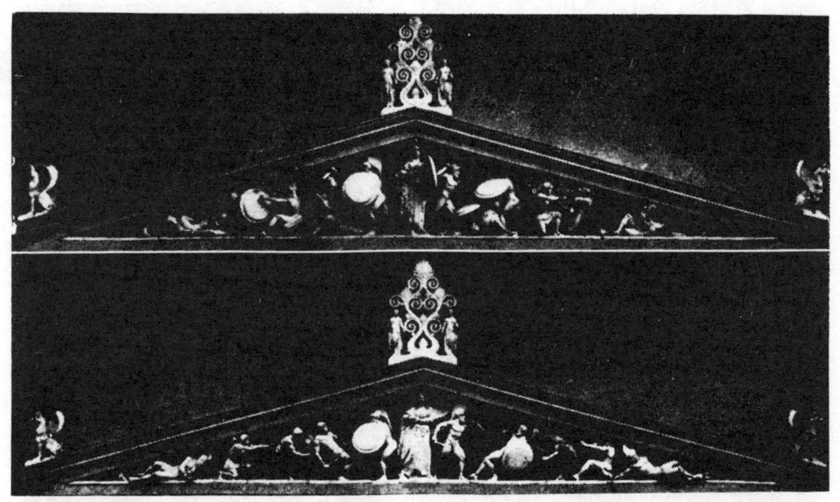

圖134 艾基納島阿法亞神殿　東西山牆　約前500-480年　艾基納出土　慕尼黑彫刻館

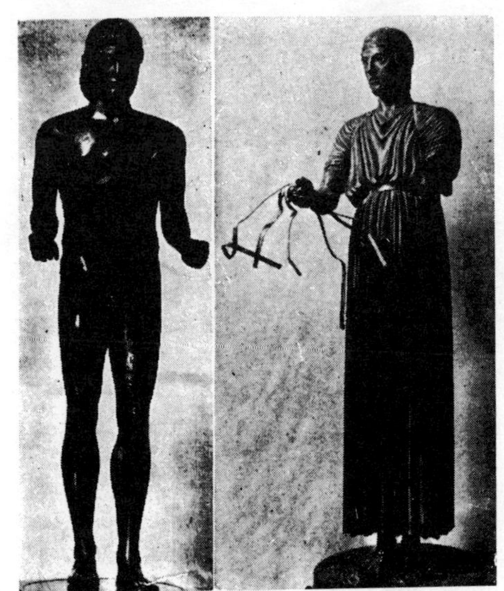

圖135 彭比諾的阿波羅
約前470年　青銅
義大利彭比諾附近海中
出土　盧浮美術館

圖136 馭者像
約前470年
青銅
德爾斐美術館

遊脚誕生的原因亦與古拙微笑的消滅完全相同，製作生動肉體的努力乃是對自然忠實觀察的結果，一隻脚（立脚）支持重心，一隻脚（遊脚）拔起，表現自然的姿勢於其作品中（圖137），越發使彫刻接近現實的姿態，同時全體亦產生了優美的曲線，至此希臘彫刻由完全基於「概念」的製作變爲基於「知覺」的製作，古典時代由是開始。

現在看看前述的山牆彫刻在這時期 有什 麽變化 。 構成主義與描寫主義之統一由奧林匹亞主神殿（圖138, 139, 140, 141）（註6)的彫刻而明朗化，同時構圖的統一更爲加强，表現了對於山牆中軸的主神（在此東面是宙斯，西面爲阿波羅）之明顯的求心性，特別是西山牆，不但表現了激烈的動態，且爲一定的律動所支配，完全沒有前面的艾基那・阿法亞神殿那種動線的中斷。在此結合嚴格的構成力及優異的描寫力之山牆上，當可一窺知這個時代堅實的創造精神。

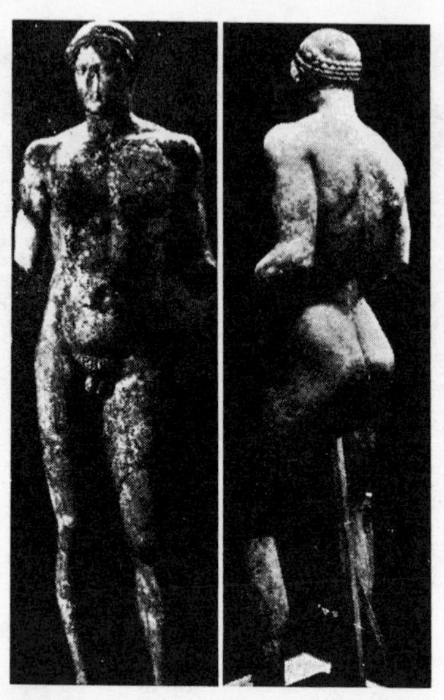

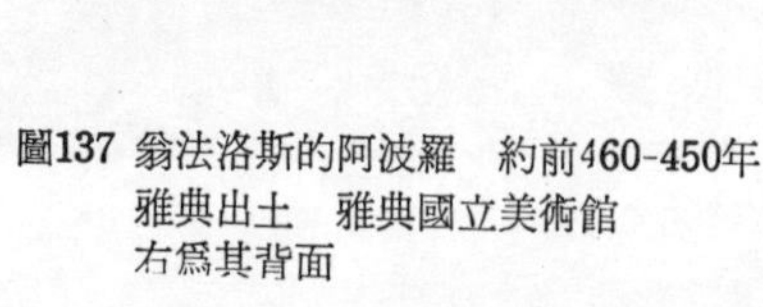

圖137 翁法洛斯的阿波羅　約前460-450年
雅典出土　雅典國立美術館
右爲其背面

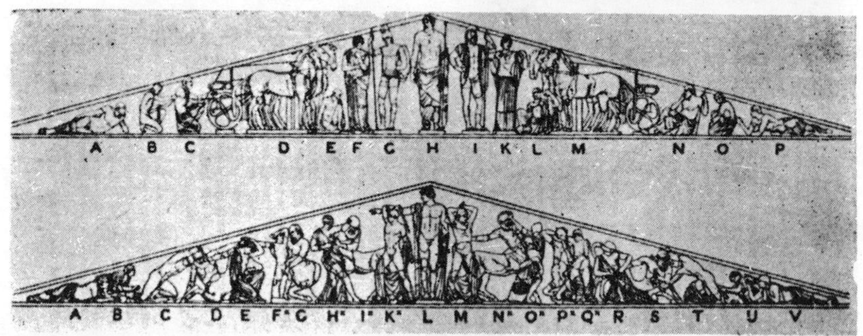

圖138 奧林匹亞主神殿　（上）東山牆　（下）西山牆復原　前465-457年　奧林匹亞出土

註 6　在波斯戰役希臘勝利幾已確定的時期，希臘聖地之的奧林匹亞建立了獻給主神宙斯的神殿，東面是 Oinomas 王與英雄 Polops 的戰車競技正要開始；西面亦與東面同爲奧林匹亞的古代傳說，即 Lapital人與被邀入婚禮的 Kentaurs 之鬪爭圖。對中軸彫像的求心性發揮得絲毫無損於全體的戲劇性氣氛，作爲山牆彫刻在此堪稱完璧。東面表現「靜」，西面表現「動」，達到兼顧兩面的調和。東面的主神宙斯甚至面朝著地，暗示了帝王悲劇之死的憂愁即將到來，這種內容的深化亦在這個時期告成。

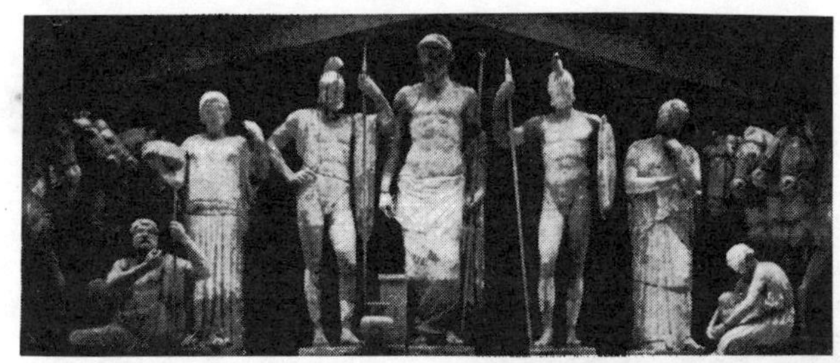

圖139 奧林匹亞主神殿
東山牆中央
奧林匹亞美術館

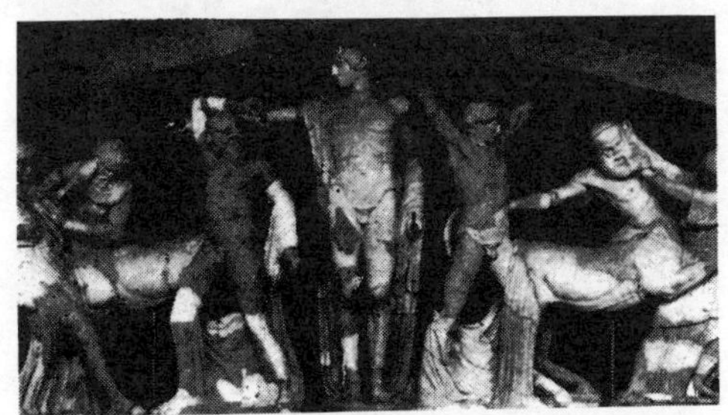

圖140 同上 西山牆中央
奧林匹亞美術館

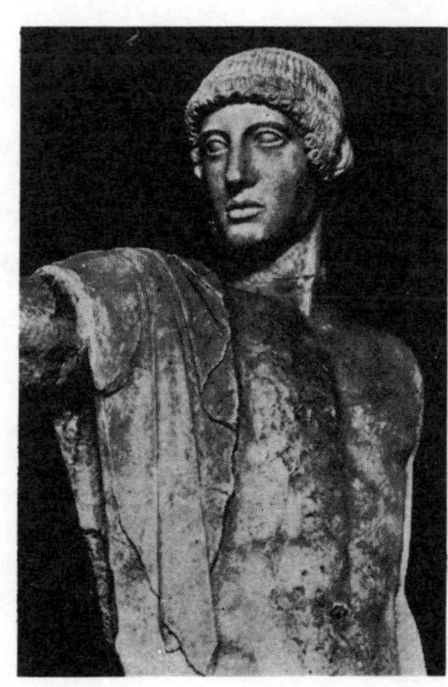

圖141 同上 西山牆中央 阿波羅
奧林匹亞美術館

第3節　古典時代前期

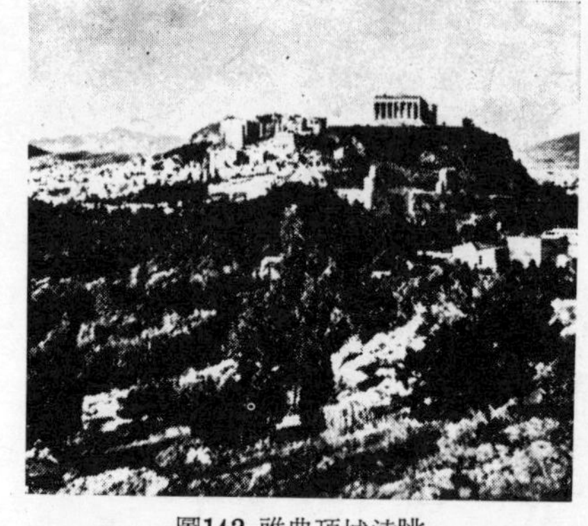
圖142 雅典頂城遠眺

彫刻三巨匠

古拙時代表現的希臘人之堅實創造力在第三期便確立了描寫主義，而古典美術的重點則在於如何把它發揚光大，古典時代前期有三個著名的美術家，卽米隆 (Myron)、非狄亞斯 (Pheidias) 及波利克列特斯 (Polykleitos)，他們都在不同的角度各施所長，故綜合三者的方向便可以瞭解整個時代的精神。首先，波依奧提亞人米隆在把握運動的瞬間姿勢上謀發展（註1），「擲鐵餅者」（卷首圖10）誠爲投擲動作的瞬間之表現，「雅典娜與牧神馬西阿斯」表現牧神在拾笛子的瞬間，被雅典娜回顧時的驚訝，在此米隆企圖透過銳利的觀察去了解並描寫人體的構造，眞正繼承了古拙末期產生的描寫主義，他的活躍期在480～445年，橫跨古拙第三期。

相反的，雅典人非狄亞期（活躍期450～430年）一如被同時代人所稱的「諸神的表現者」，他透過彫刻的形體而試着表現背後的精神內容。據路基安諾斯 (Lukianos 紀元二世紀文學家）所說：「非狄亞斯作品中最値得讚賞的是……連姆諾斯島的雅典娜」，而包沙尼亞 (Pausanias)（註2）亦謂「他的最著名之作」連姆諾斯島 的雅典娜（卷首圖11）（圖144）最能顯露非狄亞斯的特質，在模刻品的表 情中可以看 到與古拙第 三期的傑 作如「馭者像」（圖136）、「阿波羅像」（圖135, 137)之共同點。表現超越人性之神性，非狄亞斯可謂發掘了古

註1　這個時代過後，希臘彫刻的原作極爲少見，因爲其後的羅馬人爭着把著名的作品運往本國作裝飾，故作品變動很大並隨時散失。惟羅馬人曾把優異的作品模仿下來，故從現存模寫的作品亦可以惴摩出當時原作的形象，古典以後的彫刻史乃是依據模寫作品的的美術史，這種奇異的現象甚具特徵。

註2　紀元2世紀的旅行家，地誌學家，他的希臘旅行記10卷是研究古代的重要資料。

拙的精神，及其最後的精華。經過波斯戰役，全希臘的指導者伯利克里斯掌握了雅典政權（前 449 年），於是非狄亞斯被聘爲興建帕特儂 (Perthenon)(卷首圖20)（註 3）的總監督。不止雅典，亦象徵了勝利的全希臘之喜悅，支配神殿工事的非狄亞斯懷着提高作品內容的理想主義，在他製作的正尊連姆諾斯島之雅典娜（圖145)（註 4）不用說，即在當時其他的許多作品（圖 146）（註5）、(圖147)（註6）、(圖148)（註7, 8）上亦有理想主義的影響。

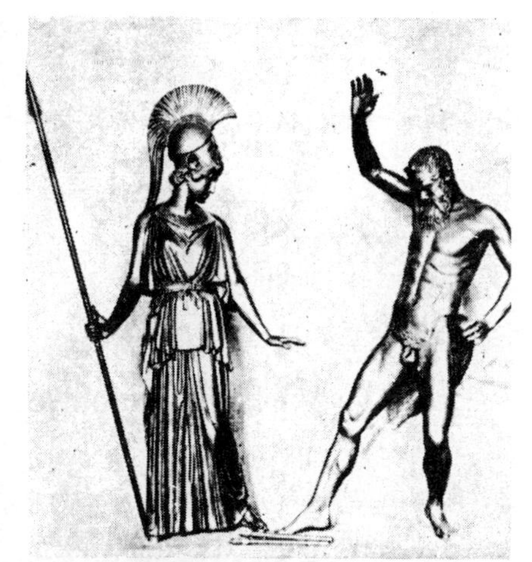

圖143 雅典娜與牧神馬西阿斯　米隆原作 約前450年　修復品

3　帕特儂是融和多利亞、愛奧尼亞二建築樣式的新建築嘗試，柱的樣式採多利亞式，其數目則捨棄正面六柱的多利亞式，代之以正面八柱的愛奧尼亞式，並將愛奧尼亞建築獨特的彫刻壁帶採入神殿內部。這點以波斯戰爭爲轉機，產生了治多利亞、愛奧尼亞於一爐的新希臘時代，所謂帕特儂古典精神的結晶並非單純的譬喻。

4　帕特儂的雅典娜 (Athena Parthenos) 是高度 12m 餘的金與象牙之巨像，這尊巨像之所以採用貴重的材料，乃是爲着感謝波斯戰役中。始終守護希臘軍的女神雅典娜，然這是表面的理由，事實上在此戰役中，盟主雅典曾向各地籌募希臘同盟的戰費，而在如何確保這筆錢的謀慮中，必然使伯利克里斯型作了這尊像。此乃假借無可異議的神姿之金庫，由此觀點來看，這尊像的美的價値要劣於非狄亞斯的其他作品。

5　因舊收藏者之名而通稱「拉赫德頭部」，爲帕特儂西山牆之片斷，帕特儂各部的裝飾彫刻中，山牆彫刻亦有視非狄亞斯曾揷手其中，惟近來多視爲受他影響者——至多是非狄亞斯派——之作品。

6　雅典春祭 Panathenia 時，被選的少女齋戒並獻上所織的衣服，以她們領先，全雅典市民列隊登上雅典頂城，這是去帕特儂的習慣。在帕特儂深進處有被稱爲「少女室」(Parthenon) 的小室（神殿名稱得自此處），用來把安置於此的克索亞儂型雅典娜像脫去往年的舊衣，穿上這種新衣・帕特儂的彫刻壁帶中彫滿了這種行列的模樣。

7　希格梭 (Hegeso) 是死去的少女之名，建於雅典陶器製作地 Kerameikos 地區，時代雖相當久遠，然可視爲追憶非狄亞斯意念的最佳作品，坐在椅上的希格梭、面前捧着小箱的女奴，每個容貌都把非狄亞斯的風格特徵完全表現出來。

8　尼基阿斯 (Nikias) 和議成立之年與工的這座愛奧尼亞式神殿是獻給傳說中雅典的創建者 Erechtheus 的，這個「少女壇」採用來自愛奧尼亞地方的「女像柱」(Karyatides)。

與非狄亞斯鞏固精神內容的理想主義相對的追求，外形的理想美、並活躍於同一時期的是阿哥斯人波利克列特斯，他努力發現人體的理想美之基準，產生了頭為全身1/7的最優美的調和，依此比例而製作的是「持槍者」(Dorphoros)ı（卷首圖13）、「繫勝利頭巾者」(Diadumenos)（圖149)，前者被當時的人

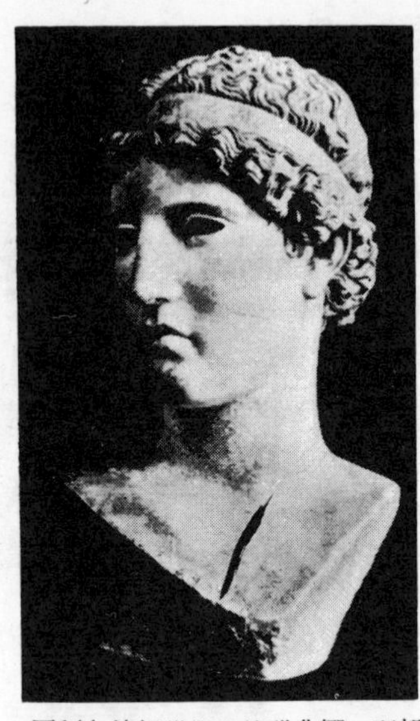

圖144 連姆諾斯島的雅典娜 頭部
波羅那美術館

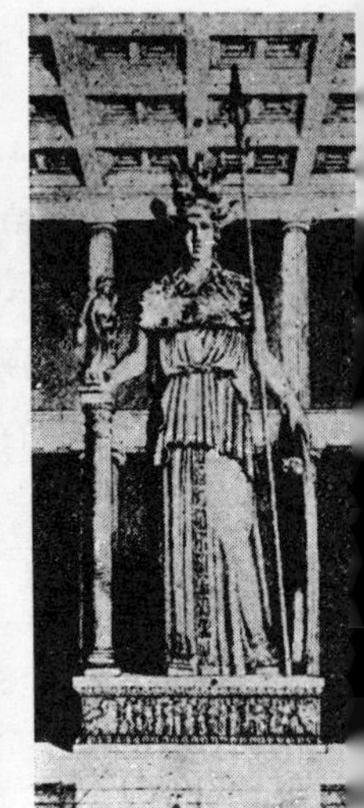

圖145 帕特儂的雅典娜
復原想像圖
前442-439年

稱為「規範」(Kanon)，成為人體美的範
，如此，以數值來表現美感正顯露了希臘
理智的、合理的態度，他的這種合理性與
狄亞斯構成一個對比。

現在，看看這個時代的山牆彫刻對前
有什麼改變，要了解古典前期的性格這點
是必要的。這個時代的山牆彫刻以帕特儂
圖150, 151）的作品為代表，各個彫像（
152, 153）遠比前面的主神像自由，且富
描寫性（註9），這在着衣像中尤為明顯
就全體的結構而言，對中軸之求心性減弱

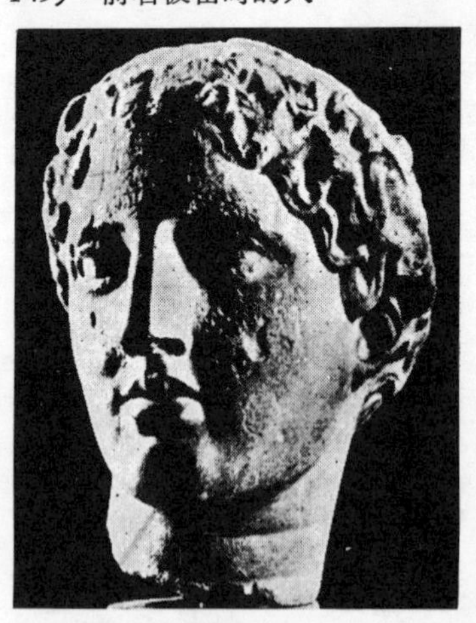

圖146 拉赫德頭部
帕特儂西山牆斷片

註9 東西山牆皆表現雅典的傳說，東山牆的宙斯以頭部武裝了的姿態出現，以雅典娜誕
的奇蹟為中心，左右並列著奧林帕斯諸神，左右各端分別配置以來自海上的太陽

，同時左右對稱性亦顯得模糊，缺乏統一全體的韻律，特別是東山牆末端，馬頭（圖 154）突出山牆的界限，露到外面來，這種作法過去絕對看不到，這表示了

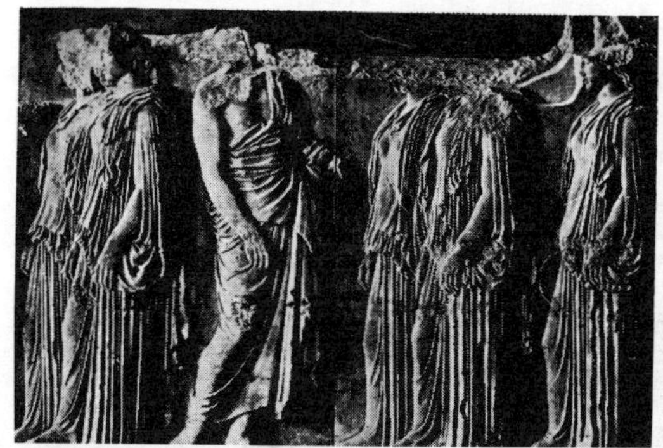

圖147 少女的行列　帕特儂　彫刻壁帶　大英博物館

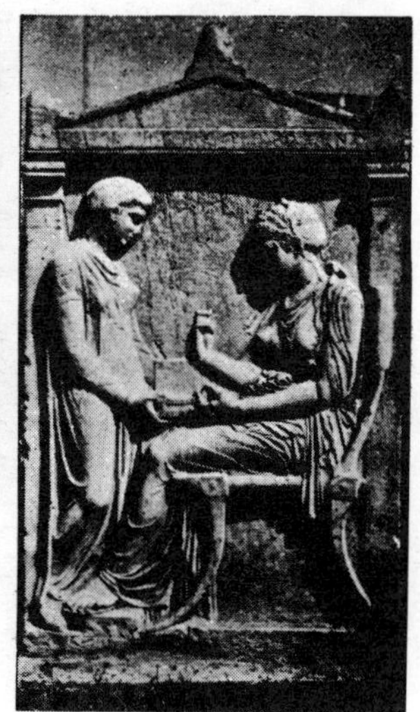

圖148 希格索的墓碑
約前 400 年

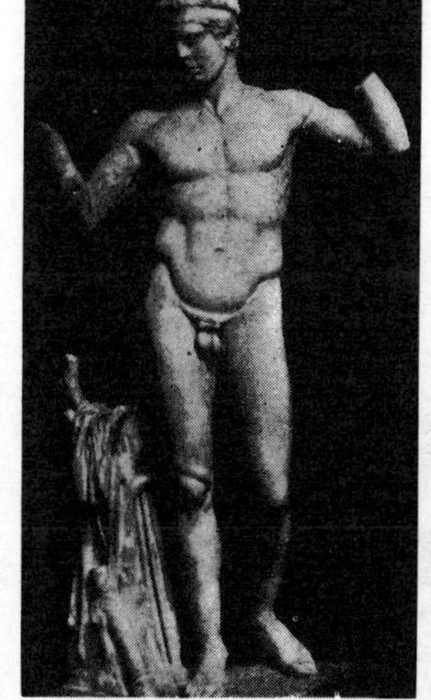

圖149 繫勝利頭巾者
波利克列特斯原作
約前420年　雅典國立美術館

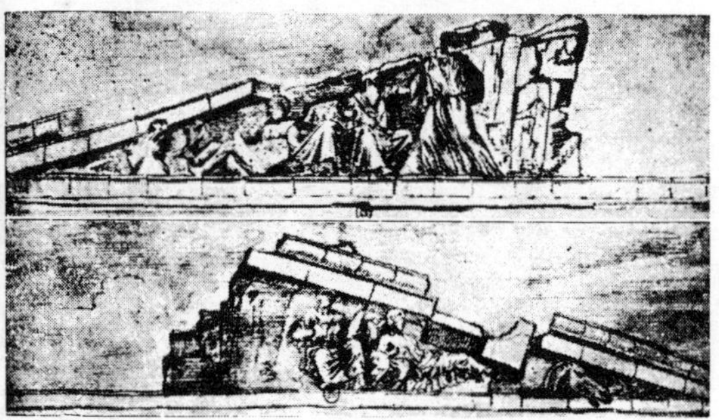

圖150 帕特儂東山牆　卡列筆　1674年

(Helios) 所駕的戰車，及沒入海中的月神 (Selene) 之戰車。西破風表現爭奪雅典所有權的雅典娜與海神之鬪爭。

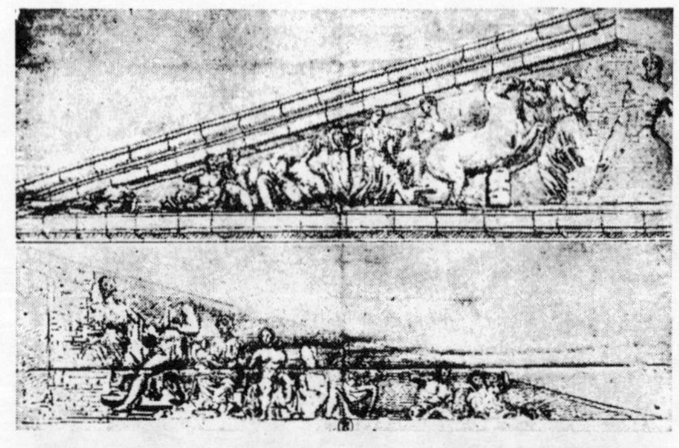

架構空間的意志之薄弱，這種構築性的缺乏使得注意力轉向對各個物象的描寫。從古拙末期到古典期（特別是透過米隆）形成的描寫主義優勢使山牆彫刻放棄了最重要的構築性，故爾後的作品亦不足觀。

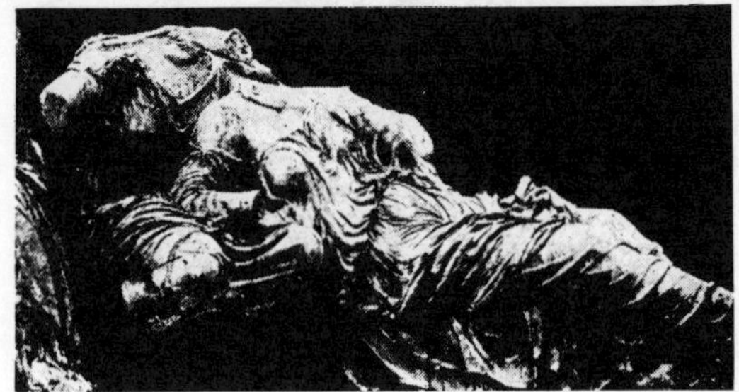

圖151 帕特儂　西山牆
卡列筆　1674年

圖152 女神　帕特儂
東山牆　大英博物館

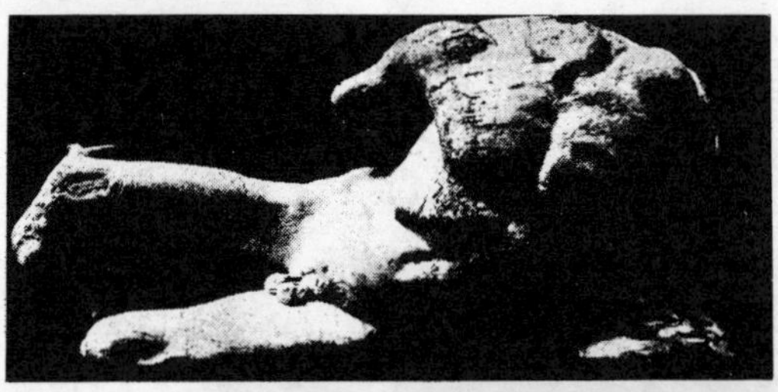

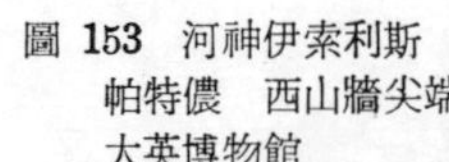

圖 153　河神伊索利斯
帕特儂　西山牆尖端
大英博物館

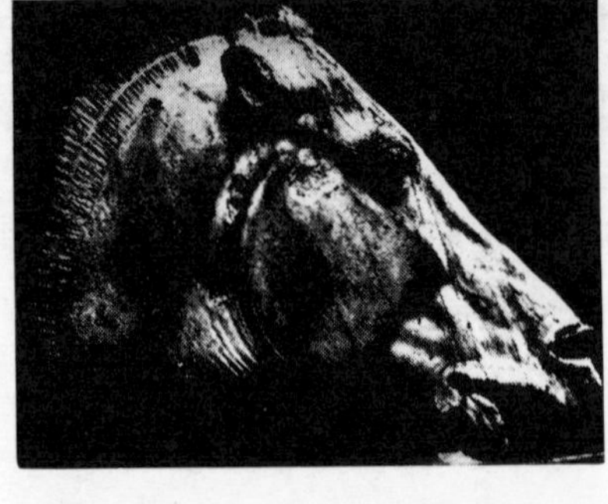

圖154 月神西列尼之馬
帕特儂　東山牆尖端
大英博物館

第4節　古典時代後期

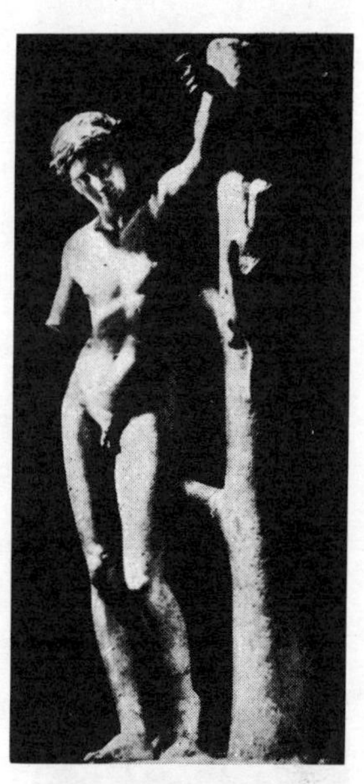

圖155 殺蜥蜴的阿波羅
波拉克西特利斯原作
盧浮美術館

在古典前期中葉，雅典與斯巴達之間發生了伯羅奔尼撒戰爭，但與前述的波斯戰役不同，這次是希臘人同室操戈，擊敗大敵波斯而自誇「稱覇世界之希臘民族」亦因此從內部開始崩潰。經過這次戰爭造成民族自信心的喪失，代之以個人主義、刹那主義的抬頭，導致美術上要求感覺性重於精神性，現實的人類感情重於崇高的諸神形象。在文學上古典前期舊神話與舊英雄故事的空想主題被摒棄了，轉向記述現實中光榮的波斯戰爭之歷史。這種以人類的現實生活方式爲中心的思考方法導致哲學的勃興，於是廢棄了傳統的宗教——奧林帕斯信仰，諸神已非信仰的對象，而是用來寄託人類的各種夢想，退而爲製作的素材。

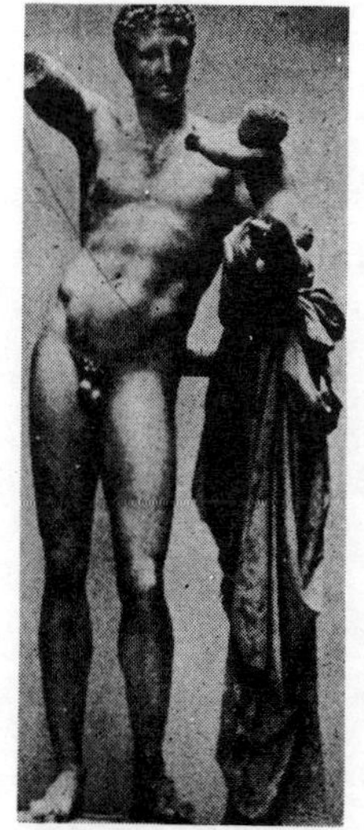

圖156 信使神赫米斯
普拉克西特利斯
約前350年
奧林帕斯美術館

如此，希臘精神在這時代的自律性變化上，又加上了戰爭的外部壓力所引起的變化，於是古典後期的美術便表現了與前代極其不同的傾向。

雅典人普拉克西特利斯 (Praxiteles) 在希臘彫刻史上與非狄亞斯同爲最有名的人物（活躍370～330期年），與非狄亞斯「崇高的樣式」相對的，他創造了「優美的樣式」，如「殺蜥蜴的阿波羅」(圖155) 或「信使神赫米斯」(圖 156) 諸作上具有曲線優美的姿態，被稱爲「普拉克西特利斯的S字型」而極爲有名，「信使神赫米斯」1877年發現於奧林匹亞的希拉神殿遺跡，是否爲原作一直引起極大的爭論，若屬原作，那就變成古典期以後名家原作中

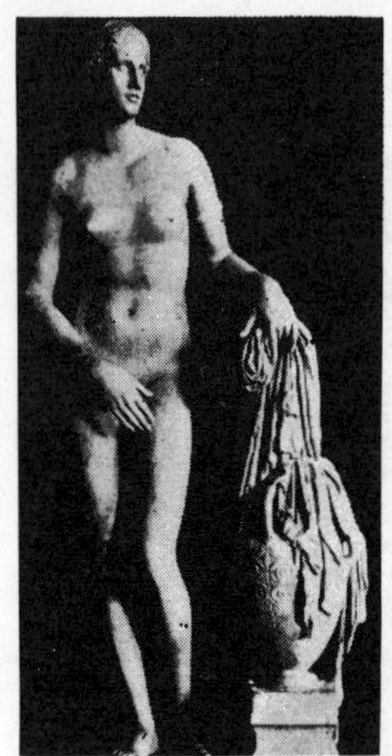

圖157 克利多斯的阿芙洛黛特　普拉克西特利斯原作　盧浮美術館

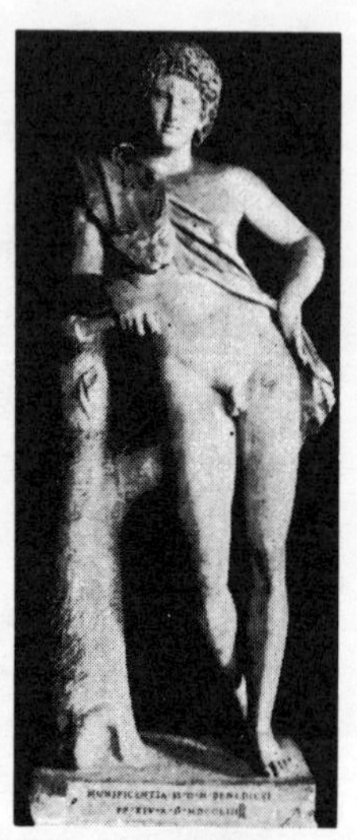

圖158 牧神薩提兒　約前400年　卡匹多利諾美術館

之唯一倖存者，並與古代文獻所記載的他的傑作之一吻合，然目前視爲羅馬時代最優秀的模作之說較多。在這件作品上可以看到前代的厚重形態感業已消失，滲入了柔和的情緒，全體洋溢着代替威嚴的甘美官能性，取消了人類崇高的一面——卽理性所貫徹的高度理想主義表現，强化了內心情緒的一面——感覺主義，此卽普拉克西特利斯與菲狄亞斯之不同點，擴而大之，亦可以看到

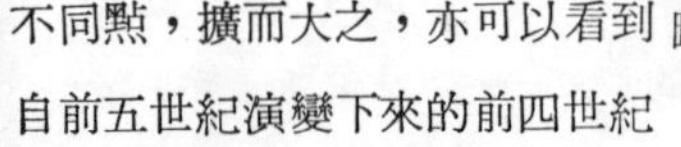

自前五世紀演變下來的前四世紀美術之本質。最使他聲名鵲起的作品乃是「克尼多斯的阿芙洛黛特」（圖157），這是一件打破傳統習慣、開始以全裸形態來表現女神的大膽作品，故當時曾引起極大的非議，然却清楚地表現了這個世紀的性格。諸神已從信仰對象的地位墜下，只爲着人類感情的表現而成爲素材，姑不論其功罪，此乃所謂希臘人世中心主義的結果，不但與五世紀之間有了截然的區別，更經過以下的希臘化時代而成爲其後歐洲美術的傳統之一。這種美神阿芙洛黛特的典型自希臘化時代以至羅馬時代，廣受模仿，甚至有「克尼多斯型式」之稱，文藝復興畫家波提且利在其「維納斯的誕生」一作中亦採用這種典型，此外亦有被視爲普拉克西特利斯派作品而流傳者（圖158, 159），它們亦爲了解當時的趣味之資料。

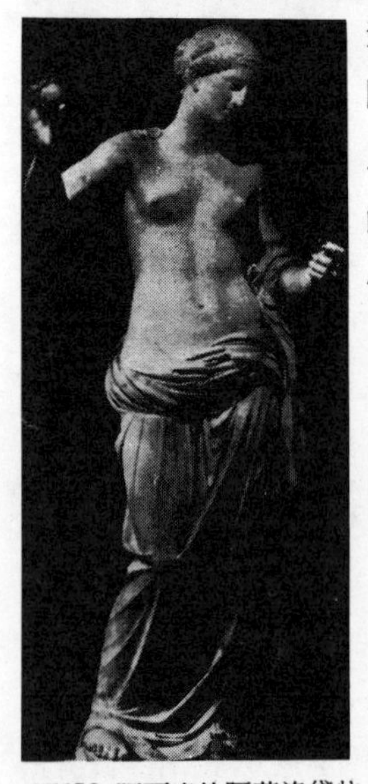

圖159 阿爾盧的阿芙洛黛特　盧浮美術館

若將普拉克西特利斯比諸菲狄亞斯，則生於帕洛斯

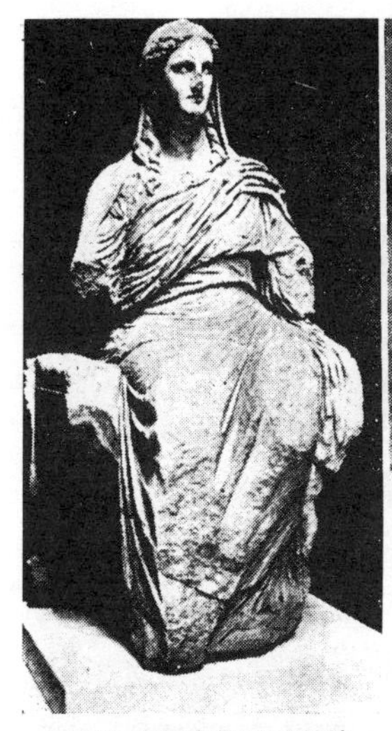

圖160 克尼多斯的蒂美特
斯科帕斯派 約前350年
大英博物館

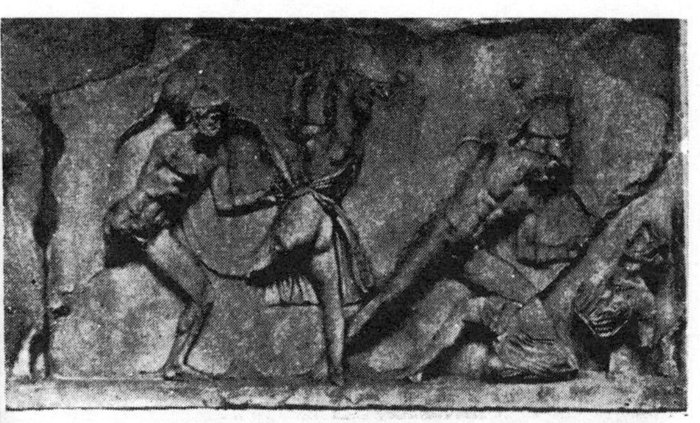

圖161 希臘人與亞馬森人之戰 茅塞勒姆廟的彫刻壁帶
約前350年 大英博物館

島的斯科帕斯 (Skopas) 可比諸米隆，惟普拉克西特利斯以所謂外形之面代表前四世紀，相反的，斯科帕斯以內在之面來代表，他把深埋於主題之中的內心動態、激情、悲哀、瞑想……這些感情具體化於彫刻之上，這剛好與米隆捕捉肉體激動的瞬間相對，例如那愛女被地獄之王黑地斯擄去的蒂美特之悲嘆（圖160），那種心理狀態用深陷的眼窩與起伏的衣褶來表現，對於心理描寫的興趣正表現了前四世紀的一面，此一時期人生的智慧從宗教轉入哲學，萌生了刹那主義、個人主義。他雖沒有確實的原作留傳下來，然據古

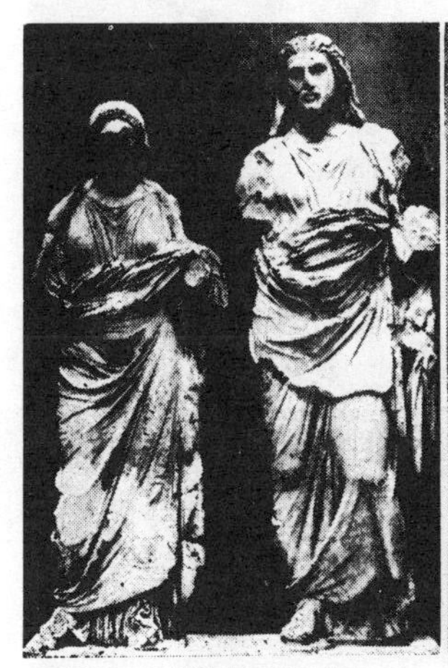

圖162 茅塞勒斯王與王妃
斯科帕斯派 大英博物館

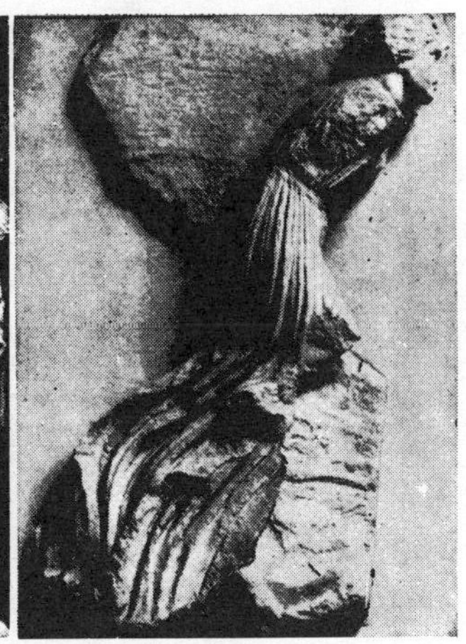

圖163 馭 者
茅塞勒姆廟的彫刻壁帶
約前350年 大英博物館

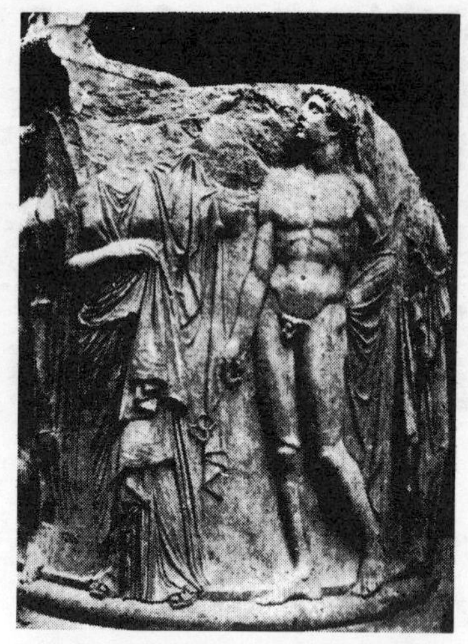

圖164 被赫米斯引導的阿克斯提斯
阿特米斯神殿浮彫柱
約前335-340年 大英博物館

代文獻所載，在小亞細亞哈利卡那索斯爲茅塞勒斯 (Mausolos) 王所建的茅塞勒姆 (Masoleum) 廟上，他曾和其他的美術家同被邀去參與製作，另外亦製作了艾飛索斯 (Ephesos) 的阿特米斯神殿之浮彫，從這些遺物（圖161, 162, 163, 164）上也可以看出他的風格，斯科帕斯這種滿懷激情的風格給當時及其後的希臘化時代留下極大的影響。另外，生於前四世紀末的利西波斯 (Lysippos) 據說製作了1500餘件作品，然其原作却沒有一件留傳下來，甚至沒有完全的模刻品，據說他把前五世紀波利克列特斯創造的7頭身之規範改變了，形成8頭身的優美形態，表現了前四世紀的風尙。其代表作有「拭汗者」（圖166）、奧林匹亞競技優勝者「阿基阿斯像」（圖165），後者爲希臘時代的模作，比羅馬時代模刻的前者作得更好，被認爲頗接近利西波斯原作的相貌，這裏融合了8頭身比例產生的優美及斯科帕斯創造的激情表現，顯露了獨特的風格。據記載他還在肖像彫刻方面留下很多作品，特別是製作許多亞歷山大大王的肖像（圖167），他以大王的宮廷彫刻家而製作許

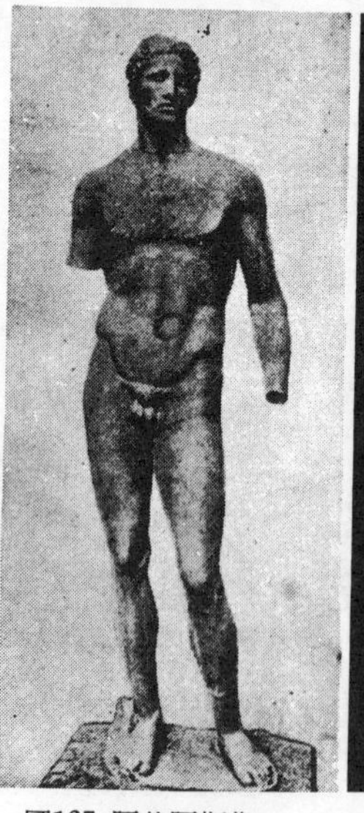

圖165 阿基阿斯像
利西波斯原作
約前344-334年
德爾斐美術館

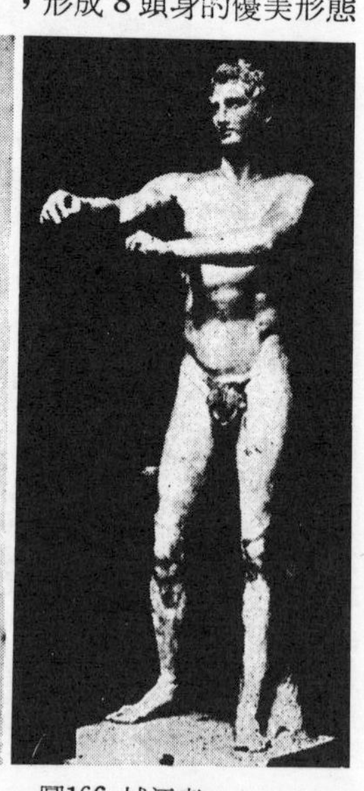

圖166 拭汗者
利西波斯原作
約前325-300年
梵蒂岡美術館

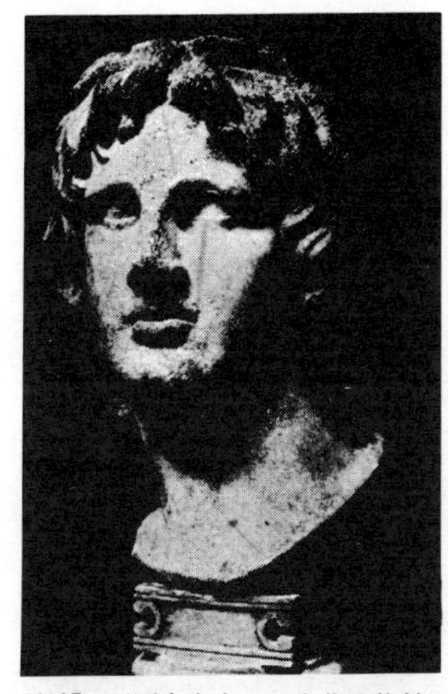
圖167　亞歷山大大王　大英博物館

多的彫刻，並隨着大王的稱覇世界而使他的作風傳遍希臘化世界，對於這件事的內情，我們還可以進一步在以下的希臘化美術性格中察知其風格之特質。

由於前四世紀的注重情感，致使美術方向表現感覺的纖細要重於人類理想的崇高，其形態方面爲普拉克西特利斯所追求，心理方面爲斯科帕斯所追求，至於利西波斯則爲兩者的折衷，一如折衷主義所常有的，利西波斯的作品亦必有一種通俗性，這種通俗性最後存在於希臘化的所謂希臘美術之通俗化時代，將其風格廣泛地傳遍各個國家，這些作品植根於日常生活之中，故誰都易於認明，此乃希臘化美術的精神。

如前面所說，前四世的美術自理性轉入人性，再將此人性的複雜要素以各種面目具體化於作品之中，而希臘化美術必然是古典後期的繁衍。

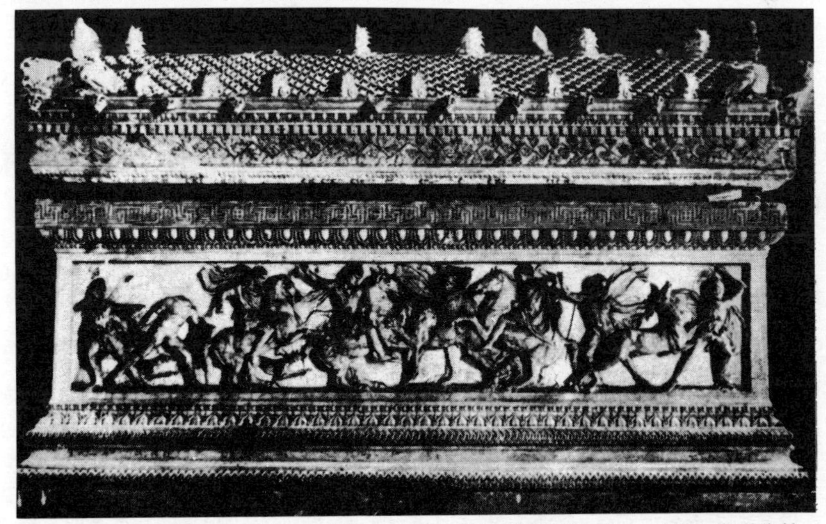
圖168　亞歷山大狩獵圖　石棺　約前325-300年　西頓（敘利亞）出土　伊斯坦堡美術館

第5節　希臘陶器

陶器種類

古拙時代由前述的幾何學樣式陶器而揭幕，關於古拙時代以怎麼樣的過程而進入古典時代的問題，前述是循彫刻路線來解決，下面擬從希臘美術史的先驅——陶器上來著眼。希臘的陶器之中 有或酒的雙耳壺 (Amphora)（圖173, 174)、宴席中混合酒與 水的酒樽 (Krater)（圖 170)、斟酒的汲壺 (Oenechoe)（圖 172)、巨杯 (Kylix)、携帶用的小香油瓶 (Alabastrum)、葬禮用的香油瓶 (Lekythos) 等多種。其形態與燒法並不因時代的變遷而有什麼改變，惟一的變化是那上面的陶畫，故希臘陶器的歷史可以說就是陶畫的歷史，然此陶畫的歷史與彫刻的情形不同，它一進入古典前期便很快地衰退下去。由波斯戰爭勝利開始的古典前期是彫刻與建築的一個黃金時代，而隨着大建築營建的興盛，其牆壁用繪畫來裝飾的要求自然增加，故著名的畫家便捨棄了陶器（它成立於描寫極不方便的曲面）而全部轉向壁畫，陶器遂只能委諸二三流的畫家之手，所謂陶畫的命運便由古典時代的來臨而打下終止符。因此以下將一面追尋陶畫的變遷，並探討這種命運的起因。且說幾何學樣式陶器曾因前七世紀的「殖民時代」來臨而走向東方化，其經過前面已經說過（參照55頁）。至蒙受新血的希臘陶器亦在本土的波依奧提亞、科林斯、阿提卡及島嶼地方或愛奧尼亞繁榮起來。科林斯式（圖169）好用學自東方的野獸、怪物（如獅子或女頭鳥身 Sirens）或植物紋樣，製作了富有特色的樣式；阿提卡式（圖170)把陶器表面加以區分，並以人像為主，一如幾何學樣式陶器，由於在雅典二重門外的墓地發現最多，故也被稱為蒂比儂 (Dipylon 二重門）式陶器，這個傳統在阿提卡式中留得最明顯，這在表面區分之點便可以看出來；愛奧尼亞式以更自由的幻想紋樣為主，毋寧是脫胎於追求强烈的形態統一之希臘精神。

一到前六世紀，陶器與彫刻同樣進入新的階段，逐漸脫離初期的東方化，轉向以希臘本來的調和與均衡為重點。愛奧尼亞式（圖171)在極其樣式化的樹上雖

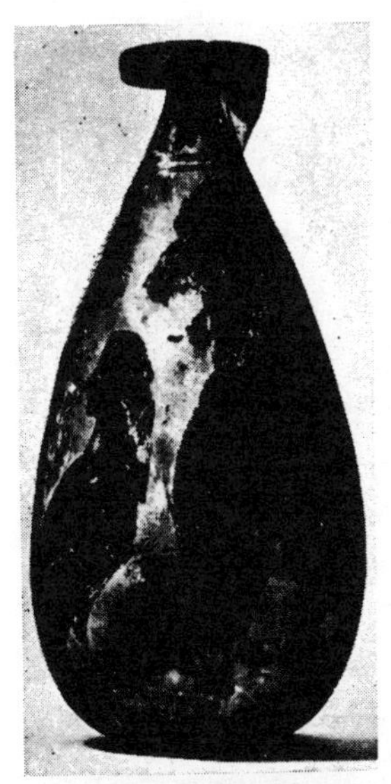

圖169 科林斯式的小香油壺
約前580年
盧浮美術館

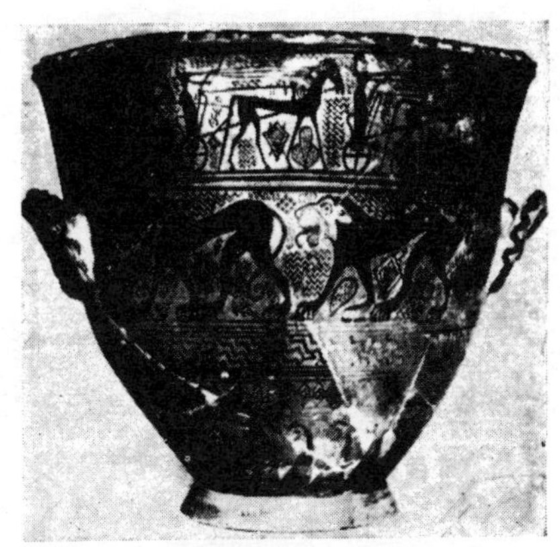

圖170 初期古拙式酒樽 約前700-675年
慕尼黑美術館

可看到前代的面目，然中央人物姿態的巧妙結構意識業已萌芽。等到世紀之半已過，希臘便爲來自東方的波斯人征服，使希臘世界只侷促於本土，陶器中心隨之亦搬到希臘本土。

科林斯自前代到本世紀中葉雖爲陶業的最大中心，然一過世紀中葉，便由因襲

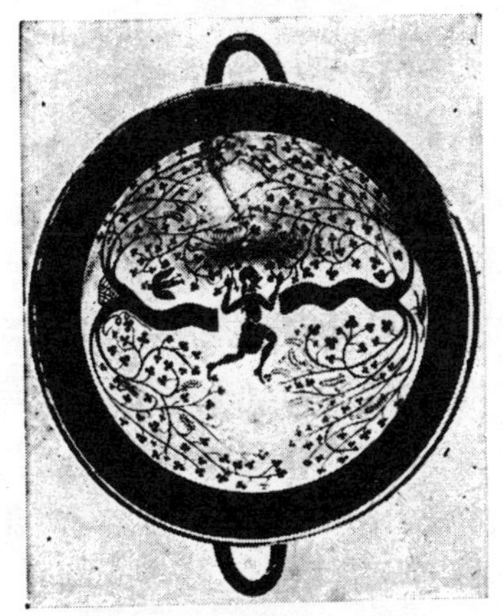

圖171 捕鳥 巨杯 前6世紀
盧浮美術館

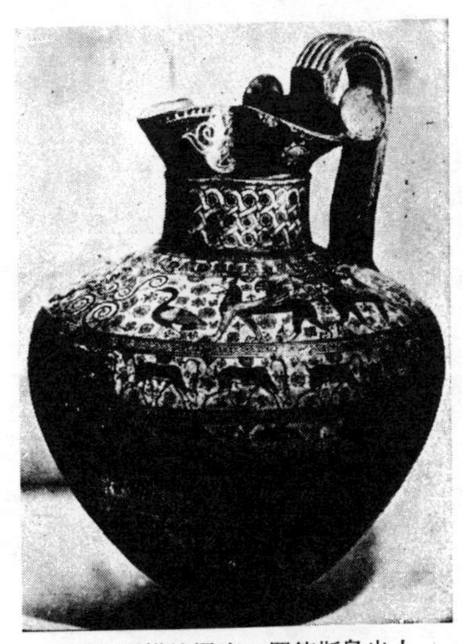

圖172 列維的汲壺 羅德斯島出土
前7世紀 盧浮美術館

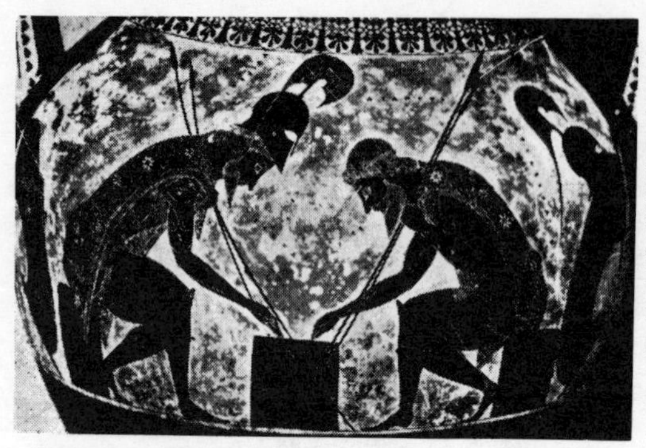

圖173 指着將棋的阿基列斯與雅克斯　双耳壺　部分
艾克賽基亞筆　甫爾吉出土　前540-530
梵蒂岡美術館

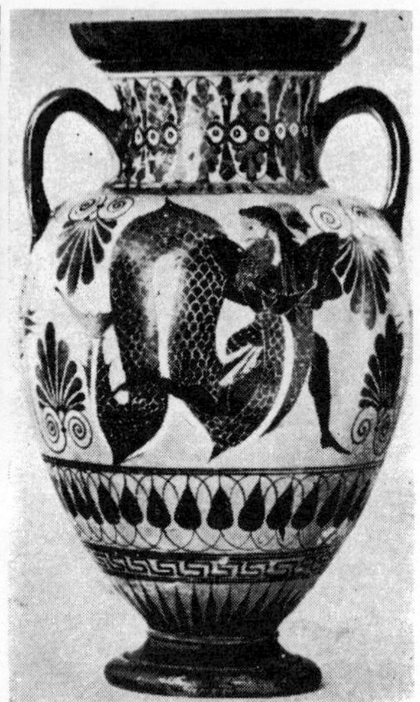

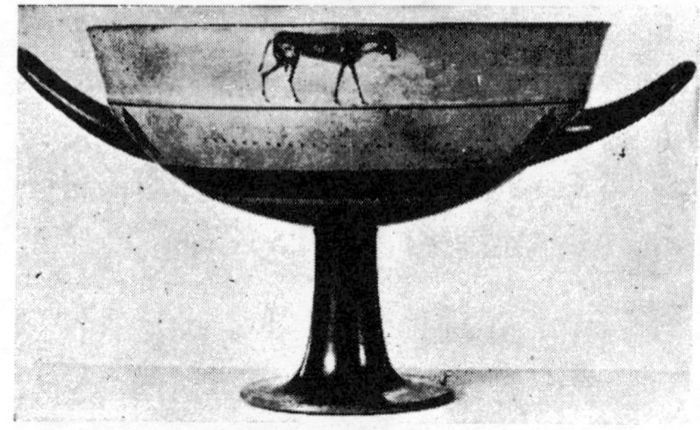

圖174 （上）赫克力士與特利頓
双耳壺　前540-530年
蘇黎世技藝學校

圖175 （左）巨杯　特列森作
前540年　盧浮美術館

化而沒落。在這個世紀後半，找到唯一的發展之途者爲阿提卡式，它和彫刻的情形相同，時間是在英雄佩西斯塔特斯出現以後，這個時代的阿提卡派名匠輩出，黑陶式由此完成，並給過去平板而形式化的人物像帶來新的生命。

黑陶式及赤陶式

所謂黑陶式是把人物像塗黑以後，再用刻線將其輪廓或細部刻劃出來的方法，這種陶器表面及塗黑之處產生的單色裝飾效果正與陶畫的本來性格吻合，陶畫裝飾原本限於陶器表面的範圍，與純粹繪畫的本質是不同的，正如在山牆的外框中所觀賞的山牆彫刻與單獨彫刻的本質迥異。同時捨棄色彩、單以黑色裝飾陶器表面，這種黑陶式的完成實爲陶畫開一新紀元。

及至世紀之末，即黑陶式的最盛期中又產生了赤陶式，其方法和黑陶式相反，留下像的輪廓而周圍全部塗黑，像的部份再用線條來表現，由於此種赤陶式的出現，筆畫的曲線之美、自由的表現便可以任情地發揮（卷首圖13）（圖177, 178, 179）。至於從黑陶式到

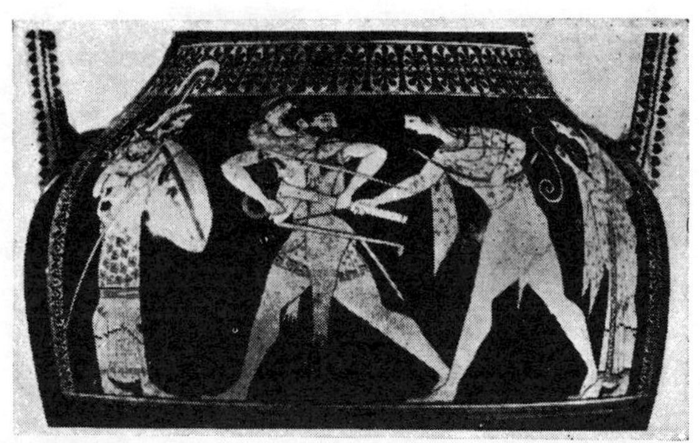

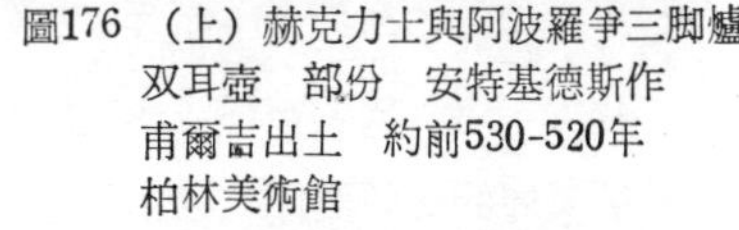

圖176 （上）赫克力士與阿波羅爭三脚爐
双耳壺　部份　安特基德斯作
甫爾吉出土　約前530-520年
柏林美術館

圖177 （左）搬運安姆儂屍體的艾奧斯
巨杯　竇多斯作　約前480年
盧浮美術館

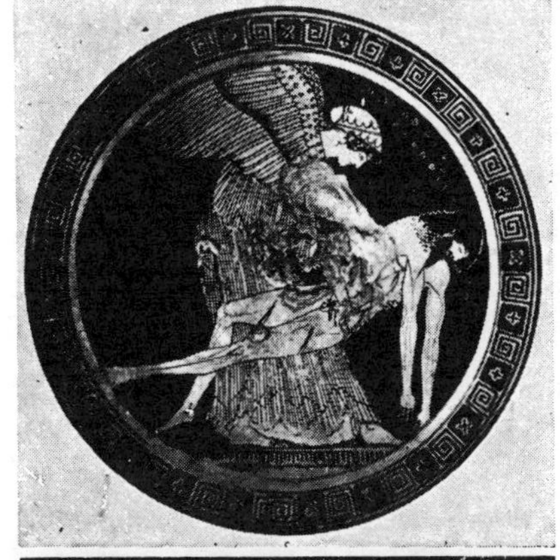

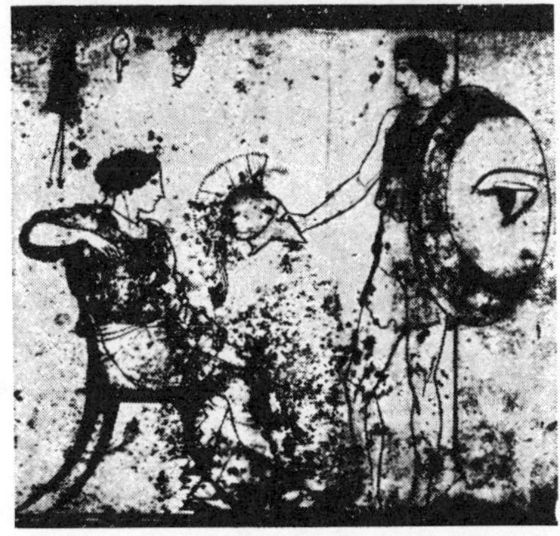

圖178 出征告別　白色香酒瓶　前4[illegible]0-440年
雅典國立博物館

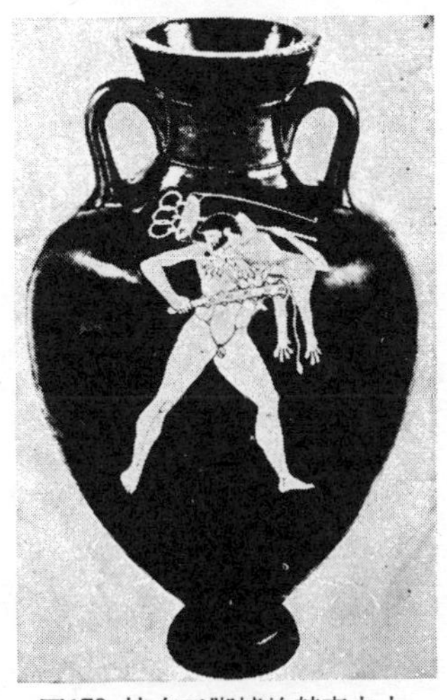

圖179 持有三脚爐的赫克力士
双耳壺　維甫爾吉出土
前490-480年
甫爾堡美術館

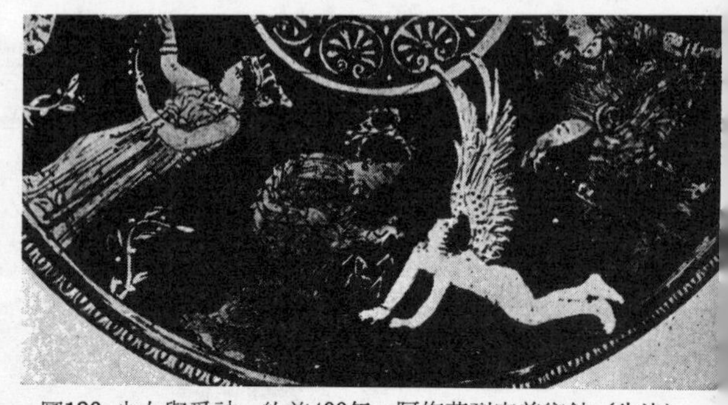
圖180 少女與愛神　約前400年　阿修莫列安美術館（牛津）

赤陶式的變化亦與古拙彫刻經過的歷程完全相同，即從構成主義走向描寫主義，從形式主義走向自然主義，此乃造形精神的變質。從此陶器的表面便脫離了如何構成與裝飾的本來使命，陶器變成只是發展主題的地方，轉入了純粹繪畫的方向（圖180），這等於愛奧尼亞山牆彫刻所見的山牆彫刻壁帶之傾向。赤陶式曾產生過十分美麗的各種傑作，但也自己宣告了所謂陶畫的滅亡，由赤陶式而純粹繪畫化的陶畫不久到了古典期，便隨着大壁畫時代的來臨而迅速地沒落。

第6節　希臘化時代

來自希臘北部馬其頓的亞歷山大大王繼承其父腓力浦之志而征服整個希臘，更乘勢而招降波斯、埃及，遠至印度國境皆在其統治之下。因此希臘便成一個地方性的存在，一蹶不振，然其光輝的文化則傳播於這個世界帝國的每個角落，形成了希臘化文化。

隨之許多美術家亦離開本土而分散於各地，過去雅典等的本土中心地便逐漸失其光彩，小亞細亞的柏加曼、羅德斯島、埃及的亞歷山大里亞變成了主要的中心地。前四世紀美術的主題曾遠離過去的宗教性，轉入現世的人類感情之表現，至此希臘化時代又將之極端地推展下去。同時這個時代由於亞歷山大大王的征服，希臘民主主義業已崩潰，形成獨裁的君主制，國家的中心從過去的奧林帕斯神變成現實的人類、君主，而隨着君主個人的名譽心便建造了雄壯的宮殿及華麗的紀念物，美術在效勞於「個人」上面徹底化。

至其背景之中，統治下的埃及、波斯等東方諸國的美術傳統之影響也是不能忽略的，加之當時的人解脫了民主政治的責任感，遂專心於追求個人的快樂，美術亦由於這種風氣而加强其現世化。前四世紀的神像被普拉克西特利斯捨棄了外衣，然全裸的女性像對當時的人而言，仍多半表示猶疑的態度，等到進入這個時代，人們便毫不遲疑地追求這種美的享受，於是裸女彫像便如魚得水似的、儘情地發揮其官能美。作品中最能顯露時代的演變者爲米羅斯島的阿芙洛黛特，通稱「米羅的維納斯」（卷首圖14），它在盧浮美術館被另眼看待，而關於製作年代的爭論亦破天荒地多，彫像肉體及衣服具有古典的節度，容貌及頭髮具有希臘化的甘美，大概製作的年代界於兩個時代之間，蓋肉體之美在感覺上快樂的氣氛仍未十分成熟。不久這種氣質（精神內容）便一變而爲官能（視覺眞實），肉體方面亦由少女的清新感覺轉向成熟女性的感覺，其姿勢更由正面端莊之姿(圖181)，變成女性特有的嫵媚(圖182)，於是追求官能美無厭的時代精神更陶醉於蹲踞時的豐艷感覺（圖183）。至此，附於彫像的女神之名只爲名義上的存在，目的全在表現裸女之美，進而美麗肉體的憧憬遂兼備男女雙方之美，製作了赫馬芙洛黛特 (Hermaphodite) (Hermes＋Aphrodite)（圖184）般的中性人物。其次，沙莫特拉克島出土的勝利女神像據已知的資料，乃是這個時代著衣女彫像的傑作，

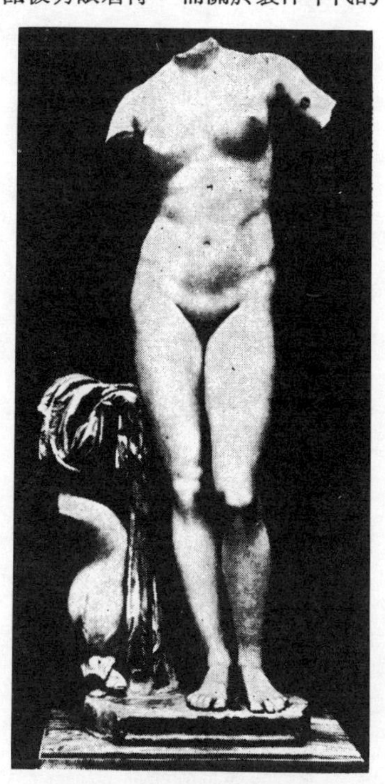

圖181 基列尼的阿芙洛黛特
（羅馬模刻）前 3 世紀
基列尼（北非）出土
羅馬國立博物館

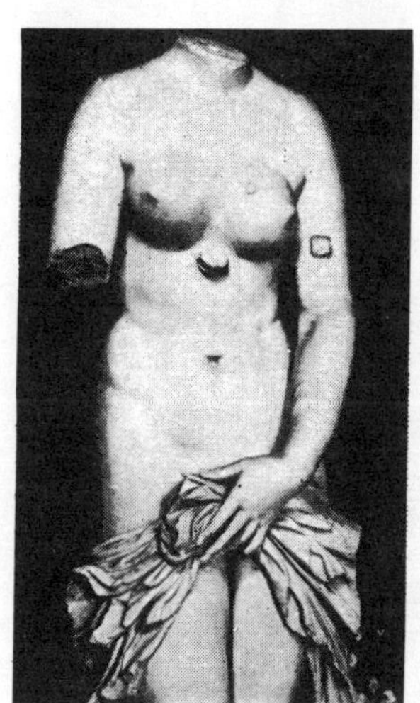

圖182 西拉克薩的阿芙洛黛特
（羅馬模刻）
西拉克薩美術館

她順風振羽，其激動之力無所不至，特別是衣服的表現最爲突出。這種激情 (Pathos) 的視覺表現曾被希臘化時代澈底追求下去，就其激盪的肉體與感情之表現而言，「宙斯祭壇」(圖 185,186) 堪稱時代的金字塔，爲葉美尼斯二世 (Eumenes II) 所建，用以紀念波斯戰爭的勝利，其浮彫表現了奧林帕斯神與大地之神的鬬爭，在龐大的構想下，浮彫被安置得沒有一黙空隙，其展開的激動狀態把由靜向動的希臘化美術之一面表現得淋漓盡致，實在是可與古典期帕特儂媲美的偉構。

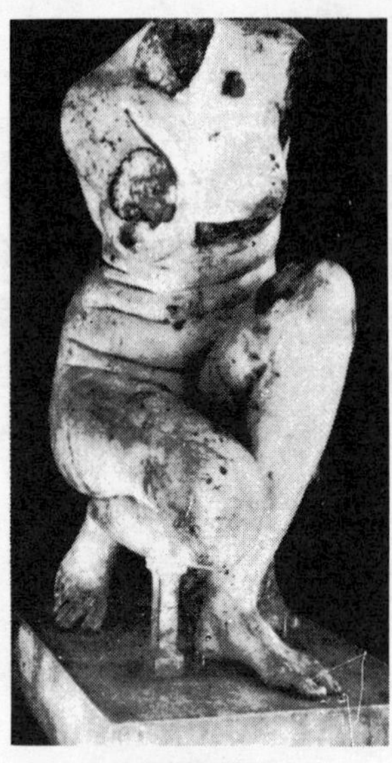

圖183 蹲踞的阿芙洛黛特
(羅馬模刻)
盧浮美術館

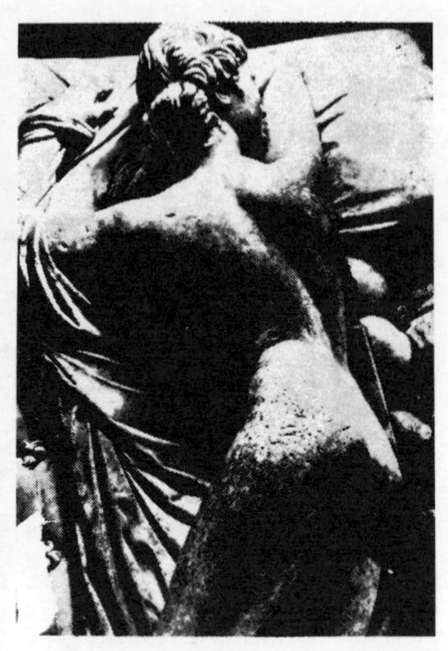

圖184 赫馬芙洛黛特
(羅馬模刻) 盧浮美術館

表現激情的希臘化特徵不只發揮於前述二個激動的作品，他如「瀕死的高盧人」(圖187)的極度痛苦與臨死之絕望、勝利的「拳擊家」(圖189)一瞬間忽然絕望地想到自己未卜的命運，這些心理面的表現亦爲希臘化美術所追求者。至於結合運動表現與心理

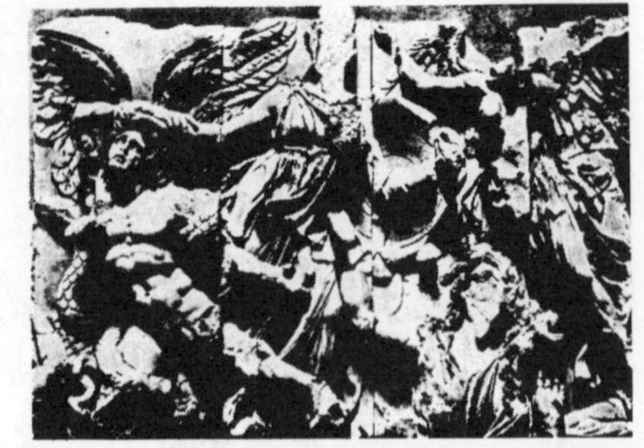

圖185 柏加曼祭壇彫刻帶　雅典娜與大地神之鬬爭
前 2 世紀　柏林美術館

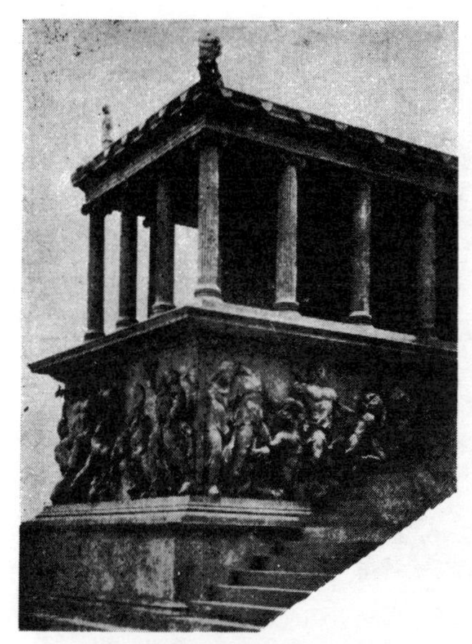

圖186 柏加曼祭壇　前 2 世紀
柏林美術館

表現者爲「勞孔」（圖189），爲着特洛依的市民着想，這個祭司警告他們把希臘奇計的木馬燒掉，於是偏袒希臘軍的女神雅典娜便派蛇把他和兩個兒子一起扼死，作品上隨着與蛇激烈格鬪的運動表現，從右到左，三人逐漸接近死亡，有希望與絕望的心理表現，對於戲劇性的偏愛經由勝利女神及柏加曼的祭壇便達到了這件「勞孔」的地步。

希臘化美術背後流盪着明顯的現實主義，如高盧般的蠻族、鼻子被打爛的拳師之醜容亦取爲主題，這點古典美術大概想像不到，對古典的希臘人而言，只有最美的東西才得取爲主題，故製作了具現理想美的諸神像，肖像彫刻並不興盛，即使被冠以個人之名的作品，也是基於抽象化、美化的姿態。希臘化的寫實主義隨着對現實生活關心的增加，又在形形色色的

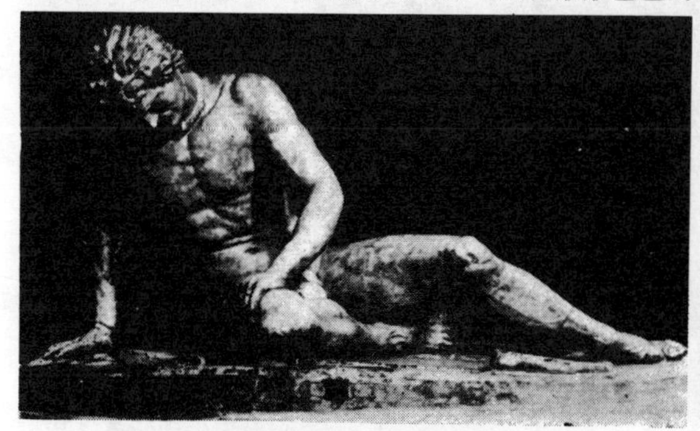

圖187 瀕死的高盧人（羅馬模刻）前 2 世紀
卡匹特利諾美術館

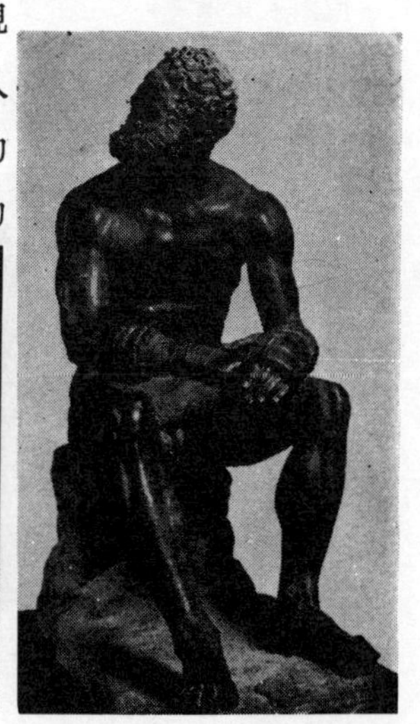

圖188 拳擊家 阿波羅尼奧斯作
前 1 世紀半　羅馬國立美術館

日常生活中尋求主題，可愛的、滑稽的、醜陋的、殘酷的，種類眞是形形色色，故希臘化美術反映並具現了一切人間的現實姿態，崇高的理想及玄妙的思想皆非問題所在，一味努力於將人性表現出人味來。

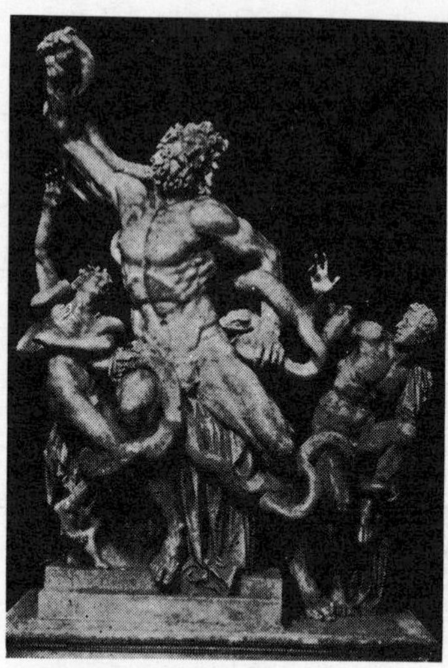

圖189 勞孔　哈格山德斯
波利德斯　阿提諾德斯合作
約前50年　梵蒂岡美術館

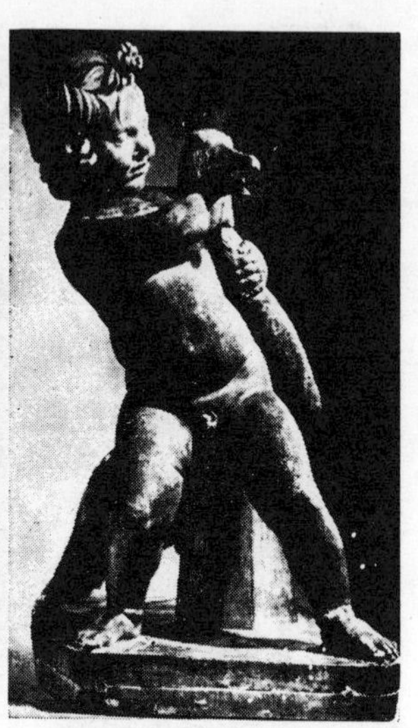

圖190 抱　鵝　童
（羅馬模刻）
盧浮美術館

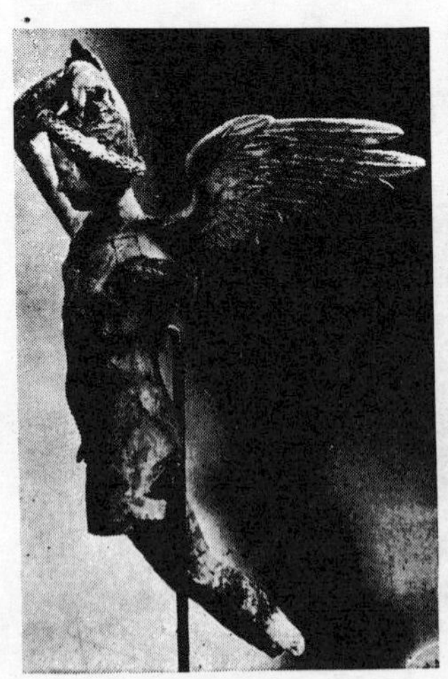

圖191 跳舞的愛神　土偶
盧浮美術館

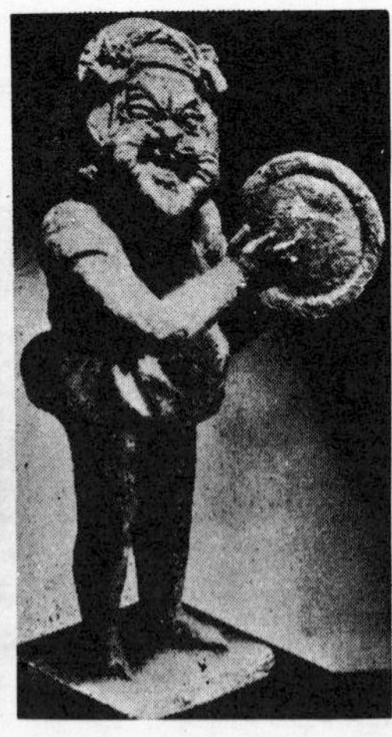

圖192　唱歌的矮人　土偶

希臘化時代常被稱爲希臘的頹廢期，誠然，高雅而抽象化的理想已經失去，然貪求人間現實的態度絕對輕視不得，美術之所以成爲眞正表露人類一切性情的存在，有史以來希臘化時代實開其端，我們卽使有好惡之別，然一想到現實生活的美術時，則希臘化美術的存在便不能一刻或忘。

第7節　建　　築

論述希臘美術的發展，由於重點在於全體的特質，故主要着眼於遺品最多的彫刻，也就是說，前述與彫刻混在一起的，代表希臘美術的建築現在提出來講總有幾分重複之感，然亦兼有註釋全體的意義，在此讓我們簡單地看看建築的演變。

希臘的主要建築爲神殿，由於得天獨厚，出產質地優良的大理石，故與彫刻同樣，巧妙地運用大理石去興建外形美麗而富於氣魄的建築，符合了追求調和、統一及典型的希臘理想美，同時與裝飾彫刻之巧妙結合更提高了作品的價値。希臘建築之美首見於形態特出的圓柱配列及屋簷周圍的卓越結構，大體上平面圖不論神殿或市場皆作長方形、圓柱與牆壁的分開、平頂上加以山形屋頂、簷下及山牆飾以浮彫或圓彫的羣像，這些前面已屢次言及，至於主要的柱頭裝飾亦已分成多利亞式、愛奧尼亞式、及科林斯式三種。

首先自前六世紀到五世紀前半爲多利亞式的全盛期，其樣式厚重，顯得有幾分沉鬱，現存的作品以佩斯特姆的海神波塞頓神殿（卷首圖19）爲代表，至奧林匹亞的主神宙斯神殿現在業已全毀，然或許最具代表性。

自希臘全盛期的前五世紀到四世紀前半，建築亦有突出的發展，波斯戰爭以後，隨着國力與文化的隆盛，從雅典起，各地紛紛建立了雄壯的神殿，與多利亞式的漸趨洗練一起，優雅的愛奧尼亞式亦大受歡迎，特別是兩種樣式的巧妙結合、並使其價値在世界美術史上大放光彩的雅典帕特儂（卷首圖20）堪稱希臘建築最理想的典型，此外，在帕特儂所在的頂城（圖142）上有勝利女神殿（圖193）、鎭守神殿、前門，皆爲這個時代優秀的代表性建築物。

自紀元前四世紀以後，建築逐漸失掉過去的莊重及理想的典雅，建築的種類亦一改神殿而出現了宮殿、劇場、紀念碑，這因爲從自由希臘衰落及亞歷山大大王抬頭以來，供帝王或統治者使用的東西增多了。樣式上多利亞式與愛奧尼亞式均被採用，進而亦部份採取科林斯式，它早在前五世紀末即已出現，具有裝飾性極強的華麗複雜感（科林斯式原封不動地被採用是在以下的羅馬時代）。這個時代的代表性建築有雅典的戴奧尼索斯劇場、柏加曼的宙斯祭壇、哈利卡那索斯的茅塞勒姆廟（圖194）。

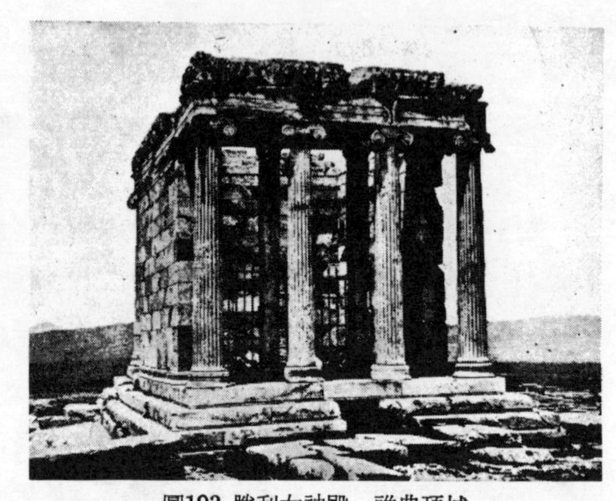

圖193 勝利女神殿　雅典頂城

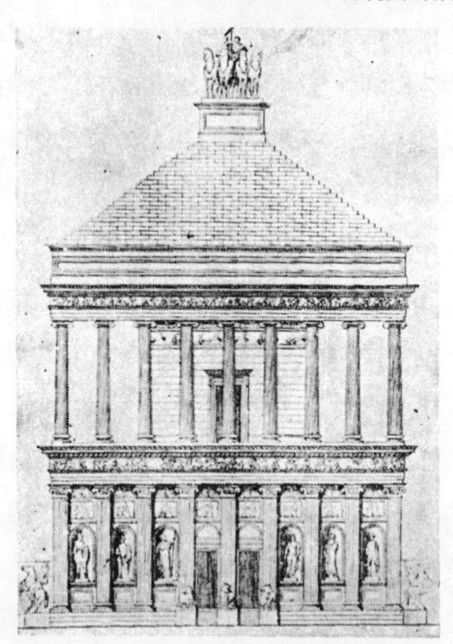

圖194 哈利卡那索斯的茅塞勒姆廟

第5章 羅　　馬

第1節 伊突利亞

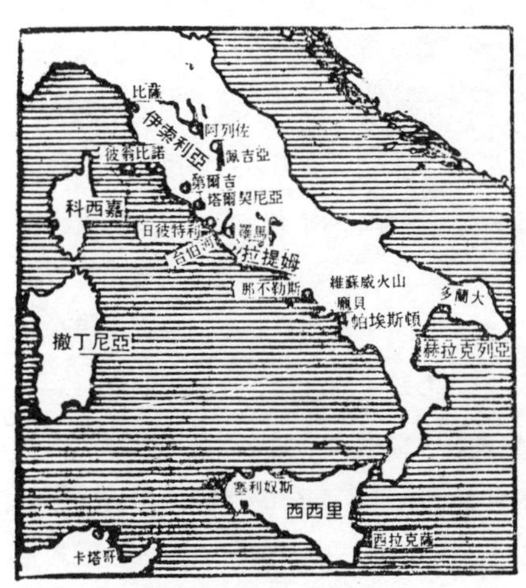

圖195 古代義大利地圖

自紀元前八世紀到羅馬興盛爲止，伊突利亞人南自羅馬北抵比薩，以地中海沿岸爲中心而昌隆一時，變成支配全義大利的民族。但因其文字和克里特文字同樣地幾乎無法解讀，故民族的歷史亦所知不詳，大概是在前1000年左右從小亞細亞（或許是利底亞地方）搬來的，果眞如此，那麼便與克里特人種族相同，其美術的樣式亦具有極樂天的自然主義傾向，這點推測是可以肯定的。現存的伊突利亞美術大約是前七世紀到前二世紀末的東西，這個期間是鄰國希臘美術的盛期——特別是義大利南部被稱爲「大希臘」的希臘殖民市繁榮之地，更由於希臘化及羅馬美術的興起，因其強烈的影響所及而產生了複雜的樣式，其中採用拱式的建築即濃厚地表現了民族的特性及東方的色彩。其中首先最能顯出伊突利亞獨特性格者，厥爲墳墓，以羅馬北方的塔爾基尼亞

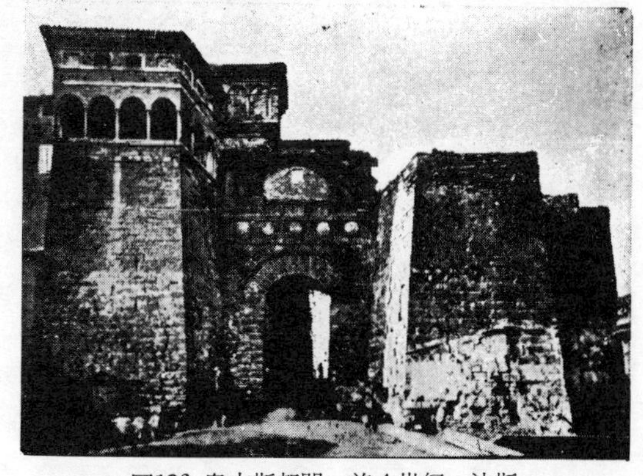

圖196 奧古斯都門　前4世紀　波斯

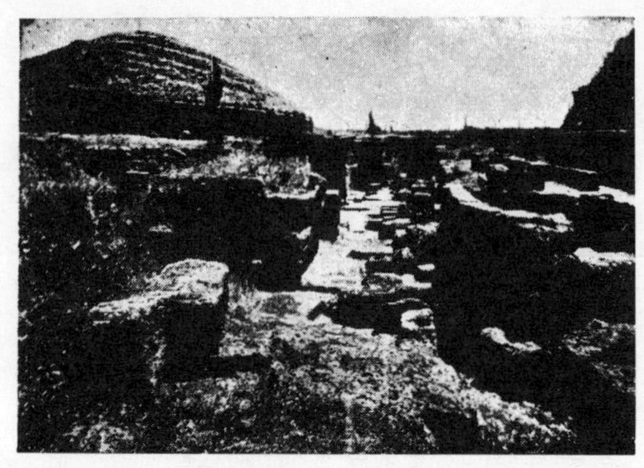

圖197 墳墓群　塔爾基尼亞

爲中心，發現了將近一萬個墳墓，呈現了突伊利亞美術的寶庫，有很多的壁畫、浮彫與陶棺。浮彫（圖199)環繞於存放遺骸之神龕、柱、壁，全面縷刻以刀、盾、盔乃至碟子、菜刀等日常用具，以及具有蛇足的大地女神或怪獸基麥拉應有盡有，此乃伊突利亞美術的獨特物及研究風俗的貴重資料，尚有值得注意者，即柱頭出現愛奧尼亞式柱頭的原型——小亞細亞式柱頭（尼安多利亞型柱頭）（圖198)。

伊突利亞有豎坑墓或日本似的古墳型式等各種形式，掘地以建房屋狀之墳墓約始於前 6～5 世紀，墳墓中最重要的是裏面的壁畫，前 550～520 年左右的作品東方希臘的影響最强，到前 520～490 年左右就發揮了伊突利亞的性格，進入美術的黃金時代。這些壁畫的共同點在於雖屬墳墓，然一點沒有陰鬱之感，跳舞者（圖200)、躭於酒宴者（圖201, 202)、迷於玩樂者

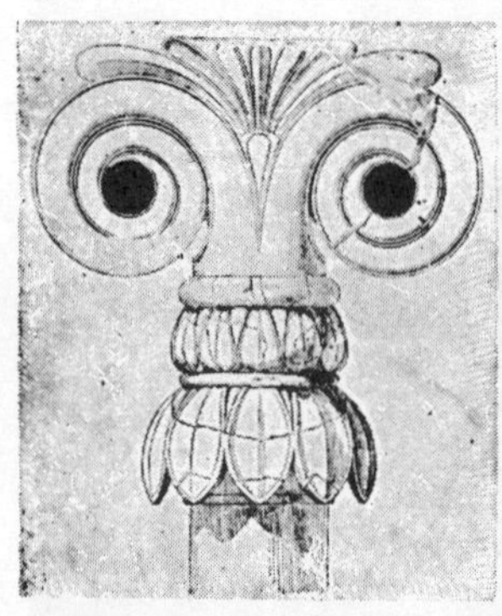

圖198 尼安多利亞式柱頭

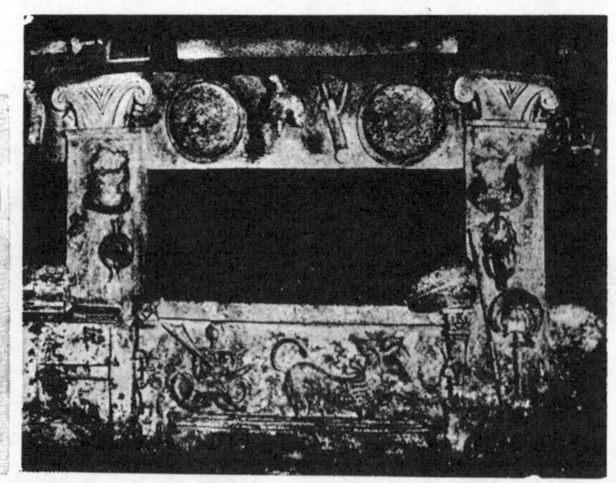

圖199 浮彫墓　吉爾維特利　前 2 世紀

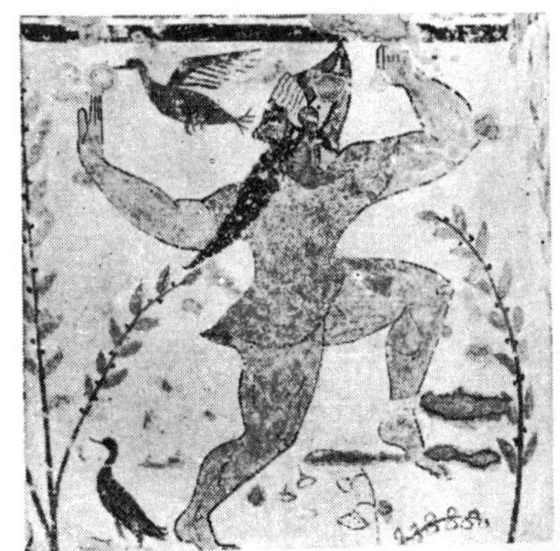

圖200 祝福之墓　塔爾基尼亞
前6世紀末

（圖203），把世間的歡樂原原本本地畫出來，從這裏可以窺知伊突利亞人對死後的觀念與其他民族完全不同。人物的描寫大概受古拙時代的希臘繪畫之影響，然其下面所畫的悠遊於河間之水鳥與海豚有其獨到之處，希臘繪畫中這種樣式是看不到的，倒不如說與克里特美術有血緣關係。對於同屬地中海人種的伊突利亞人而言，海豚或許正如公牛之對克里特人，其意義豈不是生命力的符號嗎？在義大利的殖民都市之貨幣中盛行海豚圖樣，或許亦來自伊突利亞人的影響。再者，壁畫中最引人注意的是人物與動物的混合，無關主題的鳥或植物被畫得非常之多，這種自然描寫在希臘繪畫中，若非必要，就絕對不會出現，希臘人取人類中心主義，只關心人類，伊突利亞人的特質與他們不同，即使畫法上

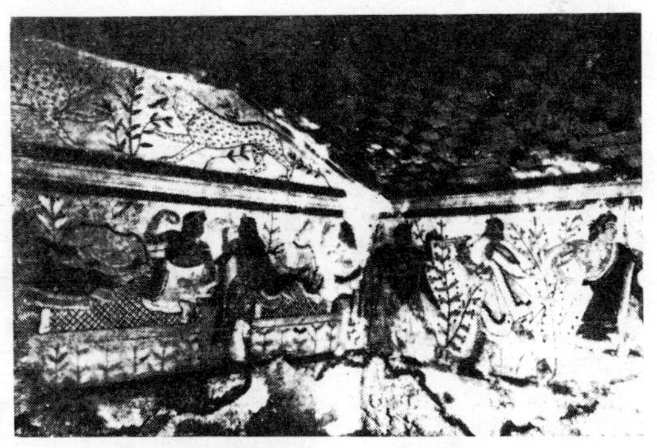

圖201 酒宴與舞蹈　豹之墓
塔爾基尼亞　前5世紀

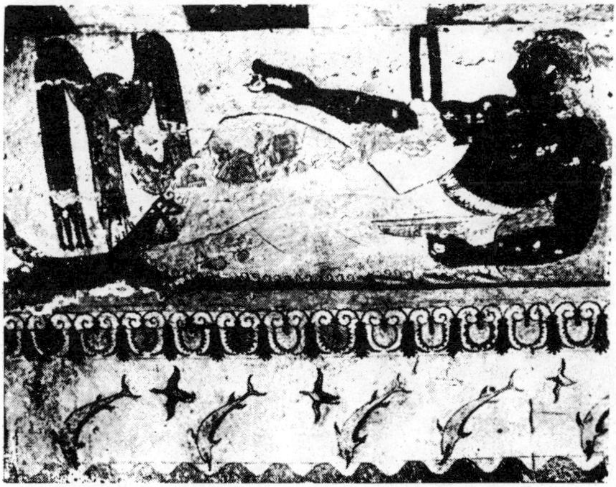

圖202 酒宴　母獅之墓　塔爾基尼亞　前6世紀末

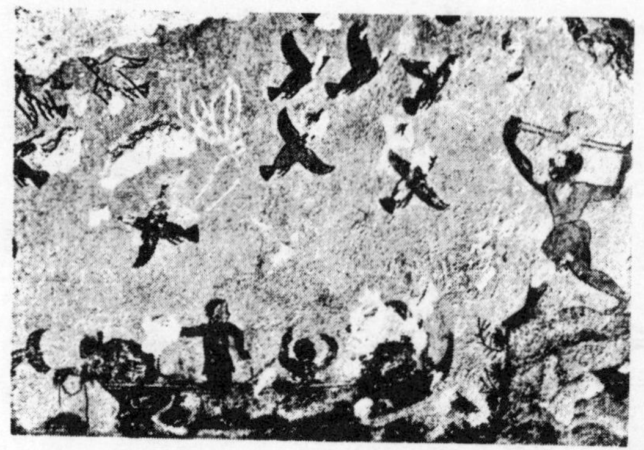

圖203 狩獵之墓
塔爾基尼亞
約前520–510年

採入希臘的手法，但愛好自然的精神仍抹殺不掉。同時在努力於自然的瞬間描寫之餘，還常常弄得構圖散漫，忽略了畫面的構成，這種作風與克里特繪畫很有關係。唯這種獨特的性格一旦進入前五世紀，希臘的傾向便再度明朗化，無疑的該是古典繪畫的影響（卷首圖16），對希臘美術而言，反形成一種極大的貢獻，因為希臘繪畫到現在已經完全散失，其往日的華容只能讓人在陶畫中去追憶，故伊突利亞繪畫了其另外的重要性。

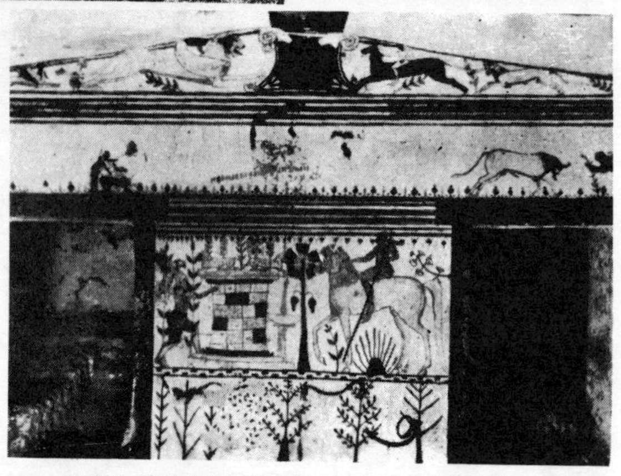

圖204 希臘英雄阿基列斯與特洛依兵 塔之墓
塔爾基尼亞 前6世紀半

但伊突利亞繪畫的自然主義、樂天主義則隨着希臘傾向而消失，末期的陰鬱主題逐漸被提出來，喪失了固有的性格

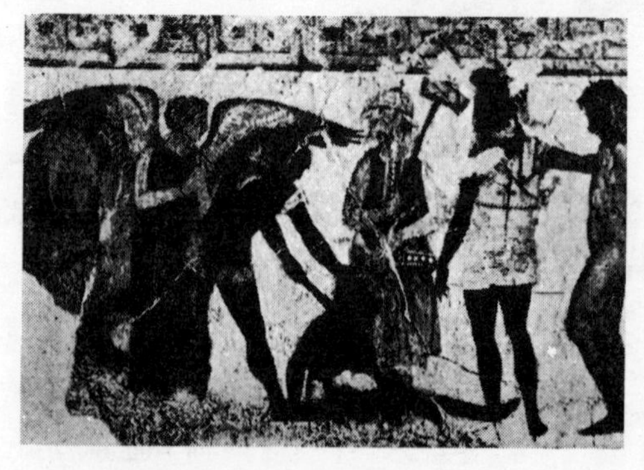

圖205 殺掉特洛依俘虜的阿基列斯
弗朗蘇墓窟 甫爾吉
前4世紀末

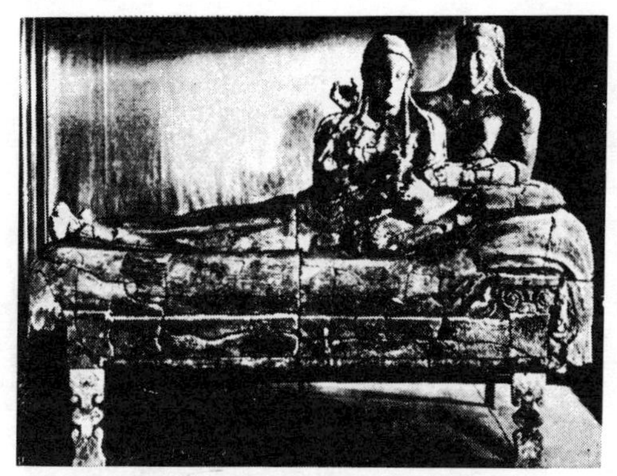

圖206 陶棺　吉爾維特利出土　前6世紀後半
羅馬　　薇拉·茱麗葉博物館

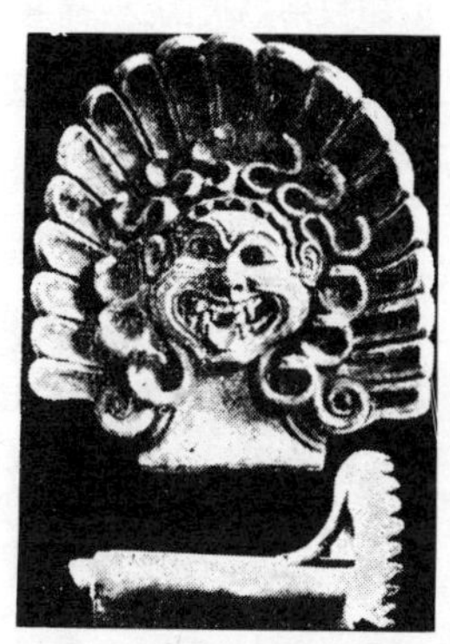

圖207 女妖之頭　前6世紀
薇拉·茱麗葉博物館

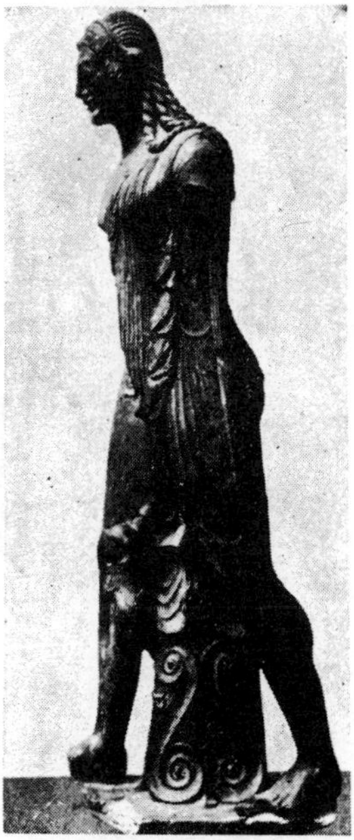

（圖205）。

惟陶棺（圖206)仍具有伊突利亞獨特的樣式，夫妻被作成相倚之形，表情浮現的微笑雖可謂爲希臘的影響，然其形體及施於底下脚部的小亞細亞式柱頭皆露出了獨特的性格，這種陶像 (Trra-cotta)（註１）彫刻特別爲伊突利亞人所深愛，甚至用於建築裝飾（註２）及大型的單獨彫像。與陶像同爲伊突利亞彫刻上不能忽略的是青銅像（圖208, 209, 210），他們的造型才能全在精巧的鑄造技術上表現出來，例如羅馬建國傳說中的「羅馬母狼」、

圖208 維奧的阿波羅　烏爾卡作　約前500年
薇拉·茱麗葉美術館

註１　陶像是燒製粘土而不上釉的土器，屬玩偶類，在義大利語上 Terra-cotta 意謂著「燒過之土」，自史前時代以來，普遍用於塑像、壺、瓦等，一到希臘時代，便開始被用爲建築裝飾，其後被用爲小影像（玩偶）的材料，特別是希臘後半期以後的塔那格拉地方最多，故希臘的陶質玩偶甚至被總稱爲塔那格拉的玩偶，然在伊突利亞製作得比希臘更多。

註２　他們首先自東方，其後自希臘學得彫刻術，不久便開拓了獨特的境界。

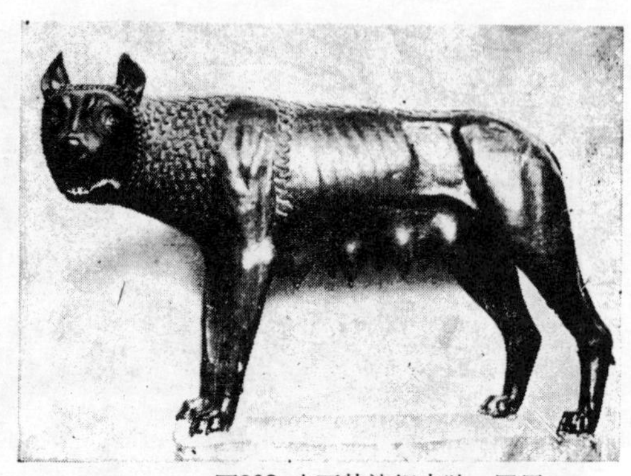

圖209 卡匹特流姆之狼　羅馬
底康賽宮　約前500年

或如被稱爲火山之母的怪獸「基麥拉」，其優異的技法委實令人吃驚，在寫實表現及鬃毛的裝飾手法中，使人想起亞細亞的傳統，並給我們提供了探討伊突利亞人淵源的依據。然產生過那麼多優異作品的伊突利亞不久亦在進展中的希臘美術之影響下，逐漸

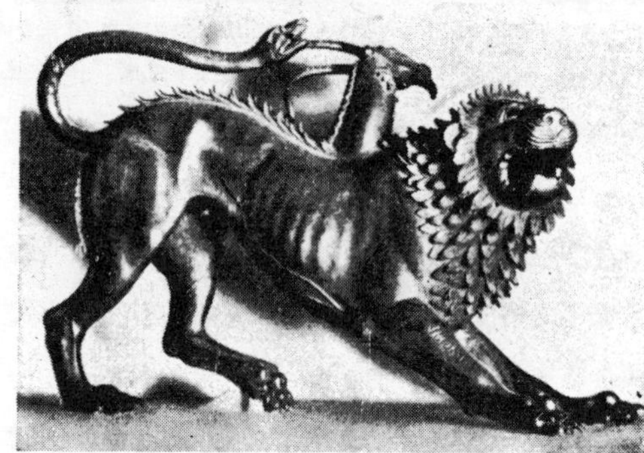

圖210 怪獸基麥拉　阿列佐出土
前5世紀　斐冷翠考古博物館

失去獨特性，政治上亦由於內訌，故前四世紀以後卽步入衰微之途，加上崛起於臺伯河流域的羅馬人聲勢逼人，至前一世紀左右遂全被呑併。

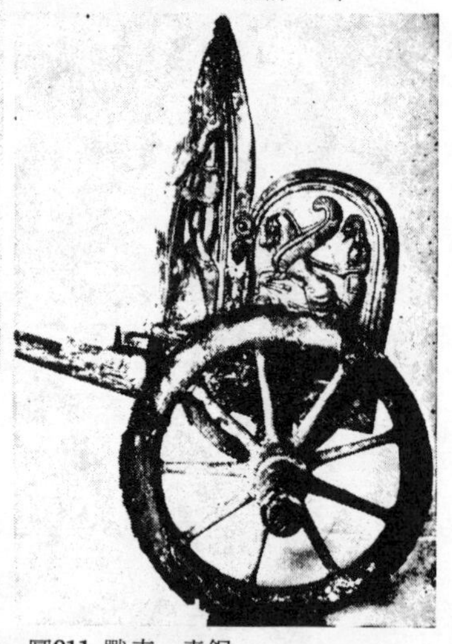

圖211 戰車　青銅
蒙特・列奧尼出土
前6世紀半
大都會美術館

第2節　羅馬時代

羅馬的成立

與多利亞族侵入希臘本土大約同時的紀元前1000年左右，印度・阿利安人種

之一的義大利族侵入了義大利半島北部，其中以拉丁族爲主，在臺伯河口附近山丘上建立羅馬城，照傳說這是紀元前 753 年的事。羅馬文化長期自北方的伊突利亞人及半島上許多希臘殖民市（羅馬人稱這個地方爲「大希臘」）受到影響，不久，伊突利亞也深受希臘文化的影響，故羅馬就南北兩面分別接受了希臘美術，並與之同化，是以從希臘美術到羅馬美術的變遷要如何劃分亦相當困難，惟大體上從羅馬的世界國家性格明朗化的帝政時代初頭（奧古斯都即位，紀元前31年）、即大約從紀元前一世紀以後，一般視爲眞正羅馬時代的開始，然一如愛琴海美術到希臘美術的情況，實在難於劃出一條清晰的界線，而自古以來希臘與羅馬美術即息息相關，故羅馬美術當爲希臘化美術的一部份，同時與拓展於亞細亞、埃及的東方希臘化美術相對的，它亦被視爲西方的希臘化美術。

建　築

羅馬人在美術上最能發揮其優異才能者爲建築，它和希臘建築完全不同，有其獨創性的表現（圖212）（註１），對富於實踐性的羅馬人而言，大概建築最易於發揮其天分，他們從東方學過來的拱式爲中世紀的教會建築所繼承，並成爲以後西洋建築的基礎。然彫刻與繪畫則幾乎原封不動地接受希臘美術，特別是彫刻，幾乎可以說模刻希臘作品便能滿足（故在了解失傳的希臘繪畫、特別是彫刻上，羅馬美術極爲有用），唯隨着時代的流轉，其繪畫與彫刻之中亦逐漸帶有羅馬的性格。

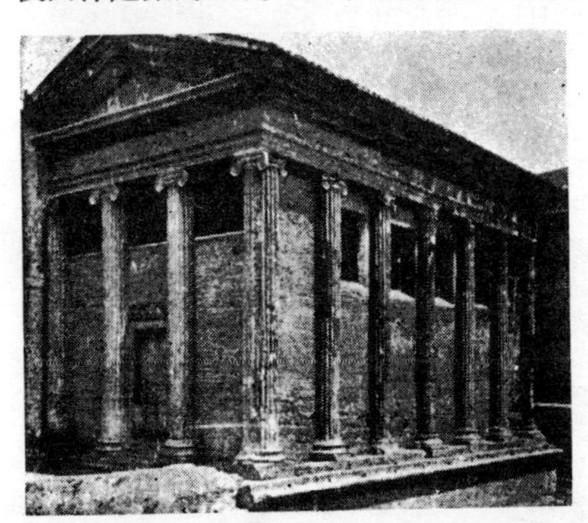

圖212 馬特爾・馬突塔神殿　約前42年　羅馬

今日有若羅馬中心地的大圓劇場 (Coloseum) 紀元前 80 年完成於提突斯帝 (Titus)，長徑188m、短徑156m、高度48.5m，作橢圓形。儘管外觀

註１　這種擬以周柱式在希臘時代亦可看到先例，惟大量建進者爲羅馬人，這座神殿根據伊突利亞式而建於基壇之上，最能表示羅馬建築的形成過程。羅馬建築的遺構幾乎全在奧古斯都皇帝以後（即紀元以後），這座神殿是以紀元前最完全的形而留下來的遺構。

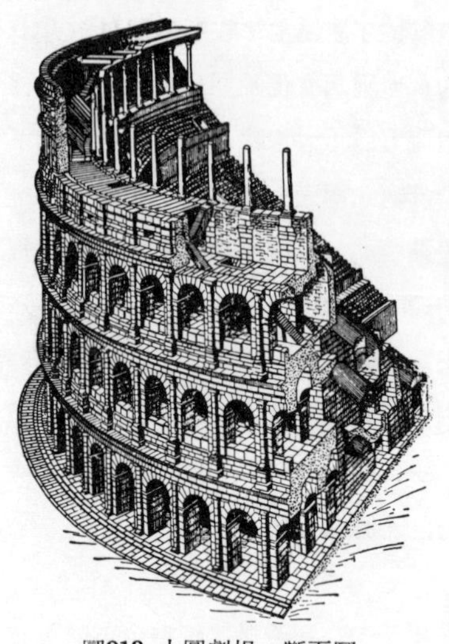

圖213 大圓劇場　斷面圖

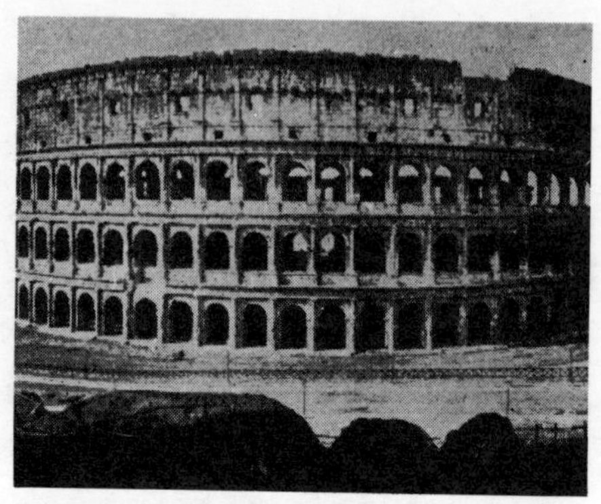

圖214 大圓劇場　71年左右-80年　羅馬

簡樸，然巨大感的凸出正表現了雄壯的羅馬帝國之性格，這樣的大建築之所以能夠完成乃得諸拱門的使用，本來拱門起源於西亞，在義大利早爲伊突利亞人所採用。進入帝政時代以後，羅馬人的建築才華更加以充分利用，完成了基於穹窿與圓頂的大建築。大致說來，在希臘建築那種用樑的情況下，上部的重量是加在與柱子的接合部（此謂楣式建築），因此建築愈大，樑與柱勢必愈粗，柱之間隔勢必愈窄，這一來它本身卽有限度，內部空間亦難於擴充。可是在使用磚塊的拱式，由於上部的重量均等地加在圓弧的各部，故柱子數目可以減少，而內部空間亦可以擴充。他們揚棄重視外觀的希臘建築，置重點於內部的居住性，此乃羅馬人實利態度的表現，故與希臘建築以外觀的完成爲目標相反，羅馬走向內部的完成，外面之形一般是不注意的。在使用圓頂的大建築中以紀元後120年左右哈德良帝 (Hadrianus) 時所建的萬神殿（圖215, 216)爲代表，堂之內形43.2 m，到天花板的高度亦

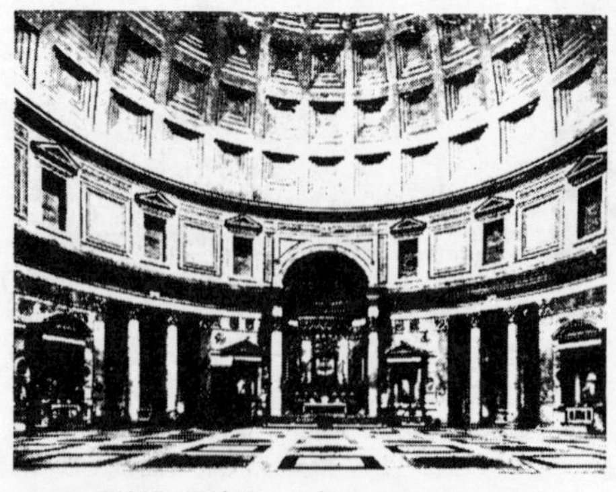

圖215 萬神殿　內部　約120年完成

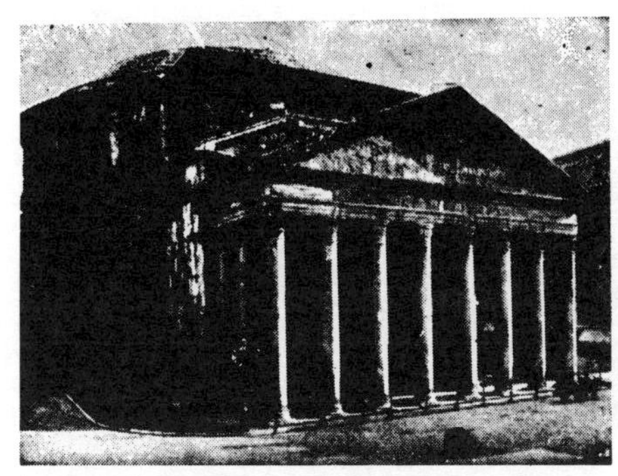
圖216 萬神殿外觀　羅馬

同，作半球形，壁厚6.20 m，中央有直徑 9 m 的天窗，以爲採光之用，周圍有被柱子包圍的神龕 7 個，柱頭作科林斯式，每個龕分別祭祠七星神(註 2)，地板以大理石及其他石類作嵌瓷狀，羅馬人好用嵌瓷。外部突出一個入口（圖216），其外形模仿科林斯式神殿的正面，從愛奧尼亞式發展過來的科林斯式正於愛好華美的羅馬人之胃口，故大量地建造（圖217）。再者希臘神殿的入口經常在東邊，這點羅馬人未必遵守，或向北，或向南，自由地建造，無非是忽略外合的表現，也是實際生活重於信仰生活的表現，羅馬人對實際生活的關心更表現於前述大圓劇場般的競技場，卡拉卡拉浴室（圖218)般的集合體育

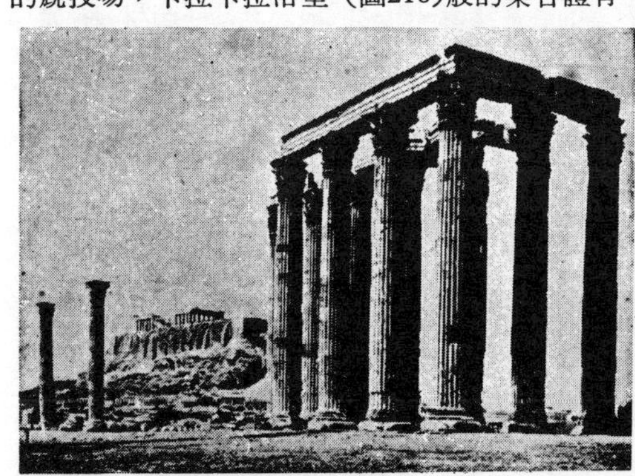
圖217 宙斯神殿　雅典　前 2 世紀前半——131年

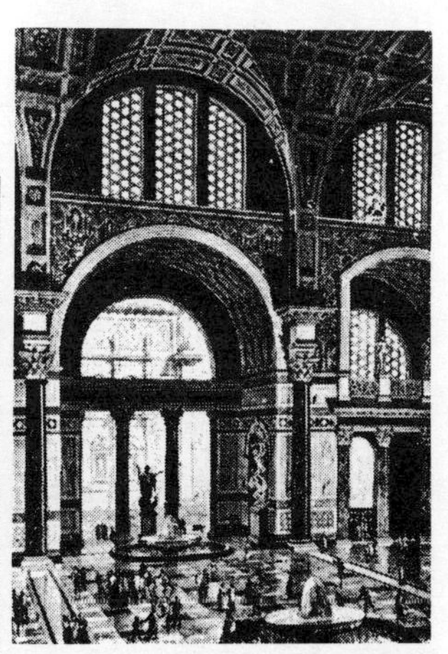
圖218 卡拉卡拉浴室　假想復原圖
約212-215年　羅馬

註 2　羅馬神話取自希臘神話，除名稱改變，幾乎原封未動地照用，進而將諸神的名稱去遷就當時來自東方而盛行的天文學，並製作了星座表。對於本以農神爲主的羅馬信仰而言，星辰的運行與其生活有密切的關係，這未始不是一個原因。現在使用的星座名即開始於這個時代，七星神即爲其表現之一，太陽　Apollo (Apollon)，月　Diana (Artemis)，水星　Mercurlus (Hermes)，木星　Jupiter (Zenus)，金星　Veuns (Aphrodite)，土星　Saturnus (Kronos)，括弧內爲希臘名。

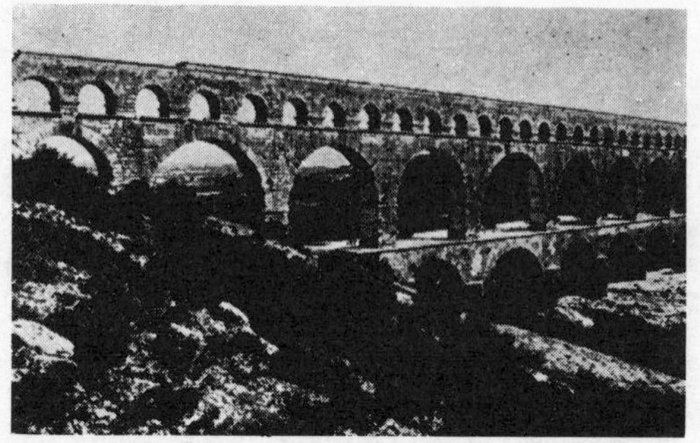

圖219 加爾橋　奧古斯都帝時代　法國南部

、娛樂設施、圖書館之建築，乃至加爾橋（圖219)般的水道工程。謀求實際生活的充實，鞏固大帝國的基礎，他們的這種壯志使西方希臘化美術之名當之無愧。

紀念門與肖像彫刻

紀元前27年奧古斯都(Augustus) 稱帝，羅馬由共和制轉入君主制。其後到二世紀爲止，在帝國機構之下，確立了羅馬的世界統治權，文化亦盛極一時。這種帝國主義的政體自然產生了個人崇拜的傾向，美術上雖取範於希臘，然希臘化時代以前希臘看不到的對於個人的注意，以及爲個人所作的紀念建築物都盛行於羅馬，紀念門(卷首圖22)(圖221）卽爲其一，它與其說是門，不如說在紀念壇中央弄條通路更爲適當，從通路的兩邊起，周圍彫滿被崇奉者的各種業蹟，紀念門與紀念柱（圖222)都是爲個人造的建築物，這與希臘的一切建築皆爲神而造者大相逕庭。

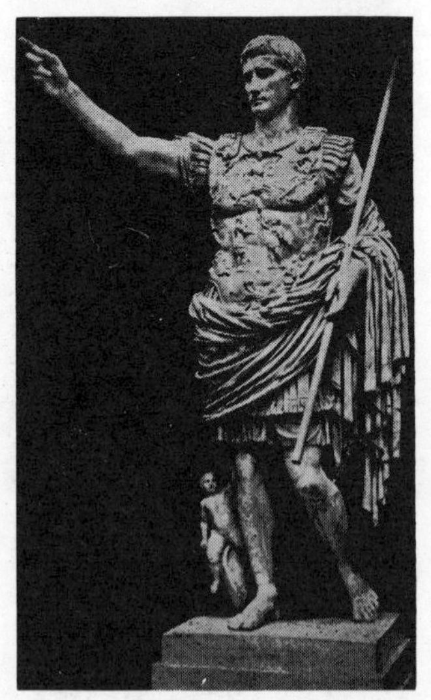

圖220 奧古斯都大帝　1世紀末
盧浮美術館

羅馬人喜歡爲着個人的名譽與紀念而製作美術，這種性格在彫刻上表現得最爲透徹，此卽肖像彫刻的發達，一面採入希腊彫刻的樣式，却揚棄了普遍理想化的人物像，製作了反映特定人物的形相之作品。這種肖像彫刻製作的背後，暗合了羅馬人古來具有的祖先崇拜，伊突利亞的石棺彫刻傳統卽爲極大的原因。羅馬人爲着把個人的容貌完全留下來，甚至用蠟來印取「死面」以保存於家庭之中。羅馬肖像中的寫實精神可見諸以殘忍知名的「卡拉卡拉帝」(Caracalla 211～217在位）肖像(卷首圖18，）雖爲

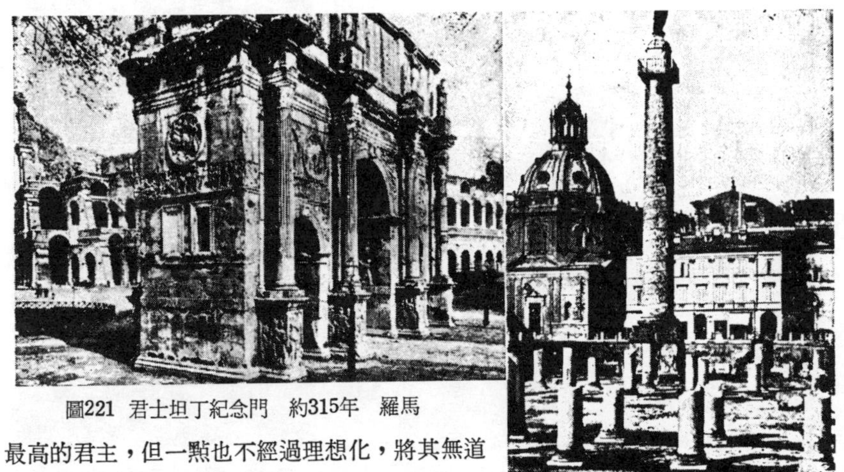

圖221 君士坦丁紀念門　約315年　羅馬

圖222 圖拉眞紀念柱　2世紀初 高227m　羅馬

最高的君主，但一點也不經過理想化，將其無道的性格表現得淋漓盡致，顯示了希臘化美術徹底的寫實主義爲羅馬美術繼承的一面。惟同時製作雄壯華麗作品的羅馬美術特徵往往與要求寫實的肖像彫刻互相矛盾，這時連同個人容貌被留下之具象性，其帝王的權威，支配者的權力等抽象表現亦在要求之列，由此縫合了兩個矛盾的間隙，創造了羅馬彫刻的獨特性格，如奧理略(Aurelius 161～180）粗笨而不自然的姿勢必然是產生於一種意志，以表現寫實性及抽象權力。而後者的力之表現隨着時代的演進，更特別强化於紀念像之上，在帝國東西分裂、古代世界結束前的「瓦冷香(Valentianus 在位 379～395 年）之巨像」(圖224)即爲這種傾向的最佳說明，在極端形式化的姿勢中，超越了生存的人物形象，表現了帝王的權力本身，此爲寫實主義到形式主義的更替，這個權力把世間的皇帝換成上天之神，拜占庭時代的基督教美術之所以具有極純樸的形式，即因爲採入了羅馬末期

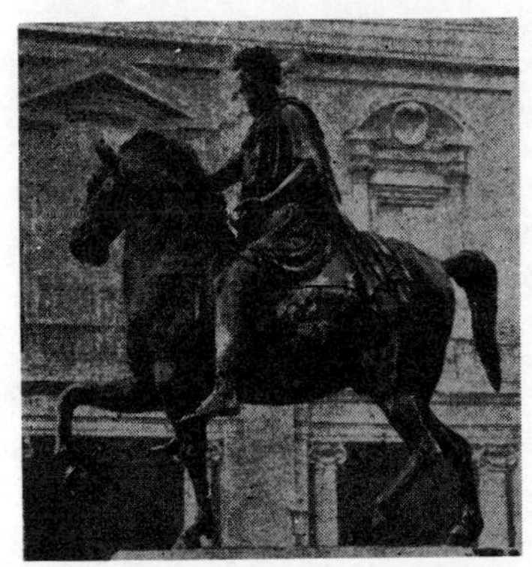

圖223 瑪克思・奧理略像　2世紀後半 青銅　羅馬・卡匹特利諾廣場

的樣式。

浮彫亦頗能表示羅馬的特徵，與希臘浮彫具有彫塑效果相反的，羅馬浮彫具有繪畫效果，亦卽基於光與陰的陰影效果，構圖上亦與求心的希臘不同，變成離心的狀態(圖225)，（註 3），故在限定的方框內塞得滿滿的，混亂的動態產生了極其複雜的均衡（圖226），不是明晰型式下的靜澄感，而是混沌動態中的幻惑感，我們看到的是樂於幻惑感的美意識之變化。結果，人物的姿態被誇張了，歪曲了，走入了裝飾性，對自然的遠離正與前述的紀念像如出一轍。

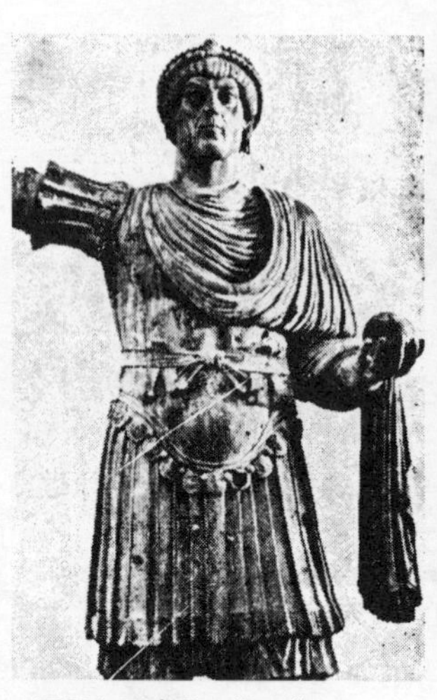

圖224 瓦冷香 1 世巨像
5 世紀初　巴爾列他

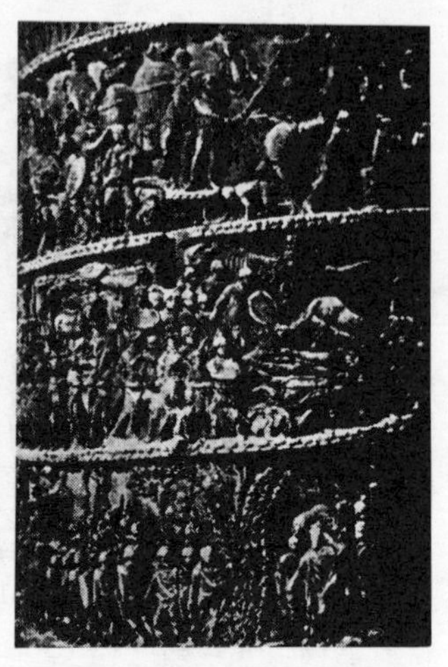

圖225 圖拉眞紀念柱浮彫
113-114　羅馬

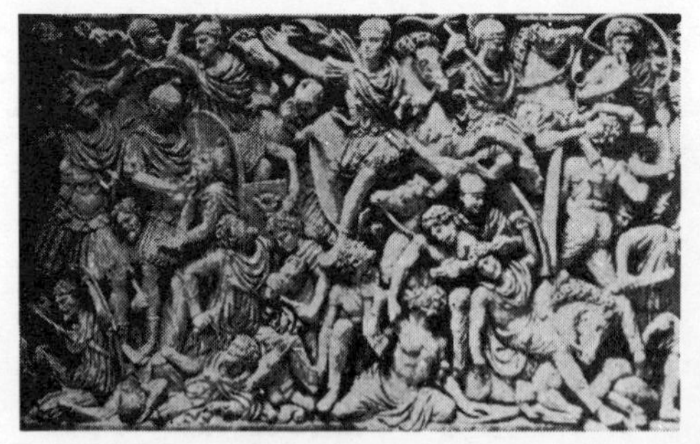

圖226 討伐異族的羅馬軍　石棺浮彫
3 世紀　羅馬國立美術館

如是羅馬美術隨着時代的推進而追求壯麗的樣式，是繪畫的、裝飾的，遠離了追求端莊的調和與統一之希臘美術，形成了獨特的性格，脫離自然主義，走入所謂誇示人類造型能力的創造主義。這種權力或幻惑感的造型化之創造主義不

註 3　在螺旋狀上升的表面上，表現圖拉眞皇帝（在位98—117)的功業、征服 Dacid 人的模樣，他內外都呈現修明的政治，堪稱最優秀的皇帝。浮彫上隨著彫像的左右展開，壁面的上下方向亦加深其描寫性。浮彫一進入羅馬時代，繪畫性便重於彫刻性。

久便被中世美術所繼承，當然，它們思想的本質是從現世與彼岸兩個完全廻異的世界出發……。

對東方的影響

這裏不可或忘的是羅馬美術對雄跨東西的廣大領土，特別是給東羅馬領地及其周遭各地美術的影響。本來在近東各地曾因亞歷山大大王的遠征而傳佈了希臘美術，然與當地美術融合、並完成具有深入的地方特色之希臘化美術乃在其後的羅馬時代（圖227,228,229,230），例如印度岡達拉美術的誕生就在紀元後一世紀的羅馬時代，在阿富汗、帕基亞 (Parthia) 亦然，希臘所播的種子到羅馬才開始成長

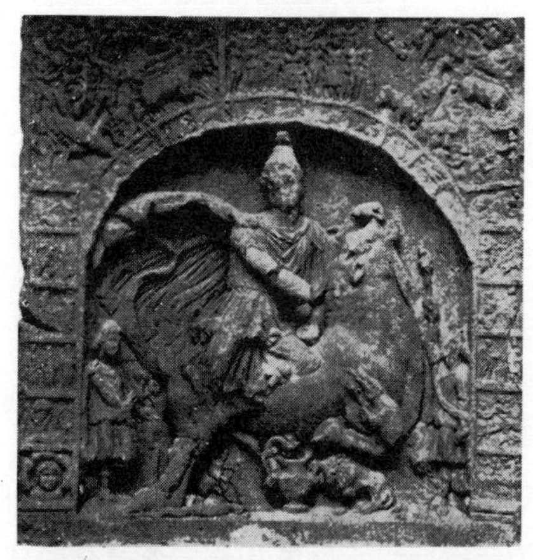

圖227 彌特拉神浮彫　約250年
叙利亞出土　卡爾斯路埃美術館

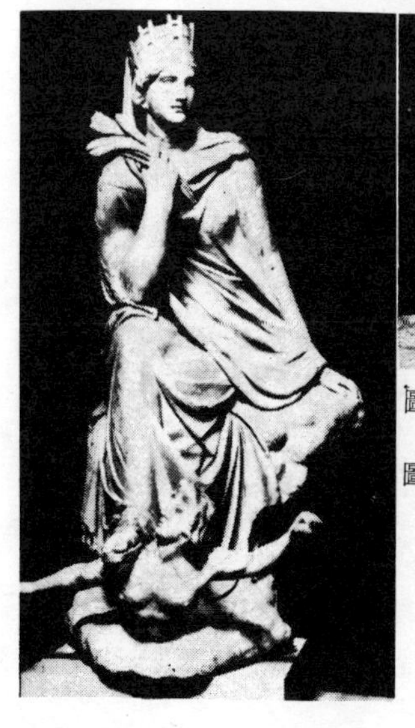

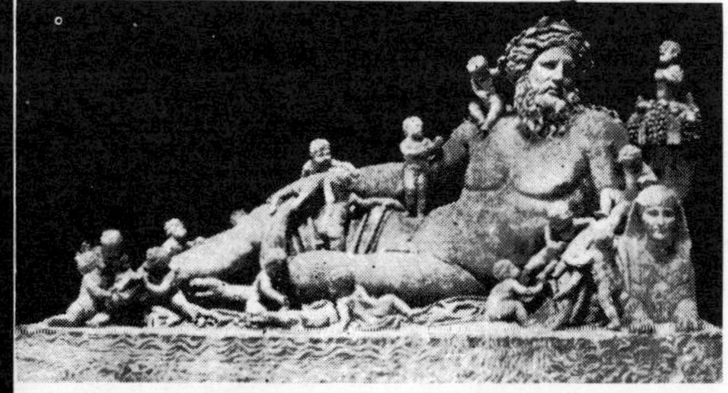

圖228 (左)安提奧基亞河神　安提奧基亞(小亞細亞)出土
梵蒂岡美術館
圖229 (上) 尼羅河神　格里科・羅馬時代
梵蒂岡美術館

。因為由希臘人傳至各地的美術在大王死後，即因後繼者的勢力之爭而導致帝國的分裂，故很容易失去推動力；反觀羅馬以强國出現，這些中央

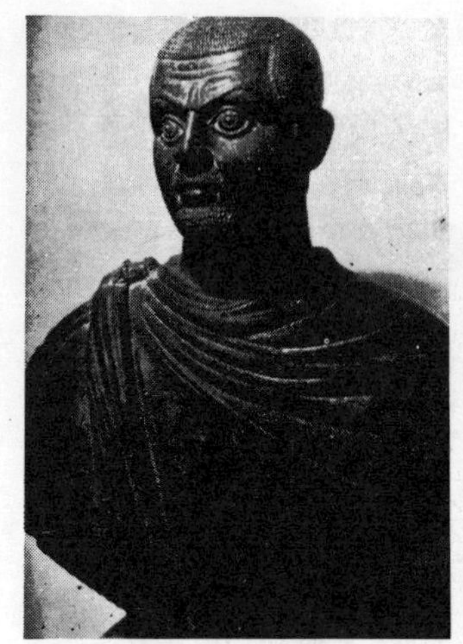

圖230 皇帝像　4世紀
埃及出土　開羅美術館

集權的實利主義者便開始將政治、經濟各方面大量對外宣揚，他們以希臘美術的直系而推動西方希臘化美術，其活動又把東方各地的希臘化美術種子開始蓬勃地栽培起來。

第3節　希臘化時代及羅馬時代的繪畫

希臘古典時代的繪畫只能在陶畫及希臘影響下的伊突利亞繪畫中得其髣髴，然希臘化繪畫爲當時興隆的羅馬文化所繼承，爲着助長羅馬繪畫的形成，在羅馬人的生活中便將二者弄得水乳交融。在公元79年被維蘇威火山爆發所埋沒的龐貝及其近郊赫克拉寧發掘到的繪畫上，我們可以看到兩種樣式的混合，其中甚至有模寫希臘化時代稍前的古典末期之作品，成了繪畫史上珍貴的寶庫。「伊索斯之戰」（圖231)即爲一例，大概是把亞歷山大大王的宮廷畫家腓洛克西諾斯(Philoxenos) 之作品用嵌瓷來模寫，由這幅可以推測當時

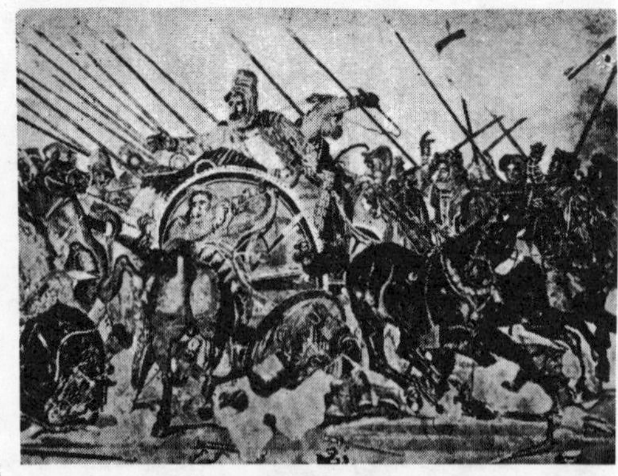

圖231 伊索斯之戰　希臘化時代　龐貝出土
拿波里國立美術館

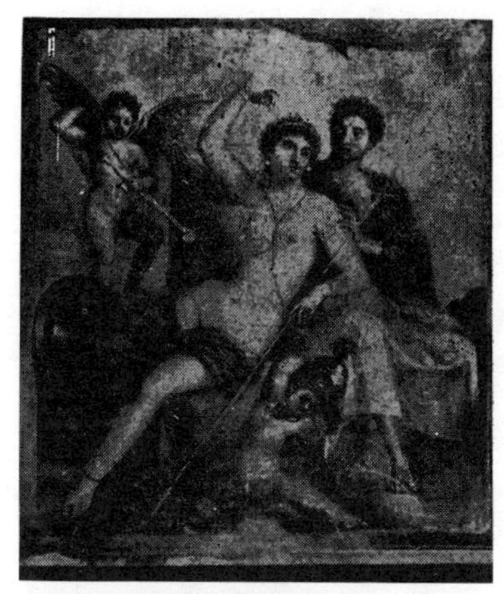

圖232 維納斯與瑪爾斯　龐貝出土
拿波里國立美術館

希臘繪畫已從描線畫法走向明暗畫法，遠近法也已經具備了。

照前面所說，希臘化時代的美術喜歡感覺性的作品，繪畫上亦然，主題已不用古典的神話，而喜歡戀愛的故事（圖232），當然，神話並未被排出繪畫主題之外，像「特麗弗斯的幼兒」（圖233）便是一個例子。希臘化美術的另一個特徵在於揚棄崇高的感情，注重描寫現實人類具有的心理波動，亦即强烈的寫實主義，這在與自己的兒子再見的赫克力士，或者好喝鹿奶的特麗弗斯身上都可以看到。「戴奧尼索斯的秘密儀式」（圖234）是當時羅馬逐漸盛行的密敎，其信仰在於像戴奧尼索斯的生涯般地以接受肉體的痛苦而獲得新生的生命，其入敎的情況在鮮紅的背景前，以等身大的人物配置得滿牆，細心的描寫由鮮紅的背景之刺激性色彩，充分地使人們心裏充滿神秘的情緒。

這種神秘主義信仰是時代的特徵之一，殊異於理性的希臘信仰，在過去的線條

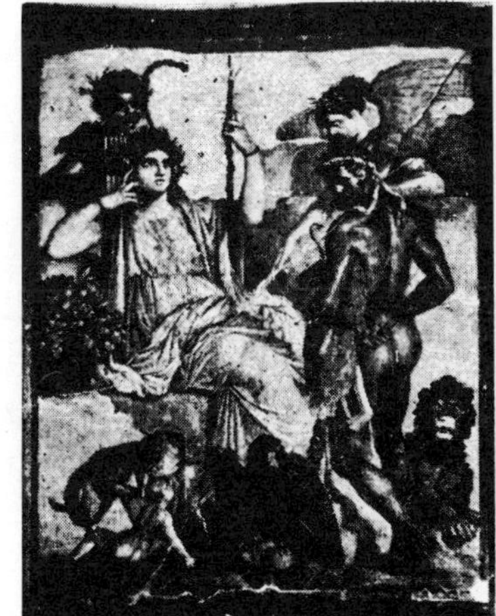

圖233 特麗弗斯的幼兒　龐貝出土
拿波里國立美術館

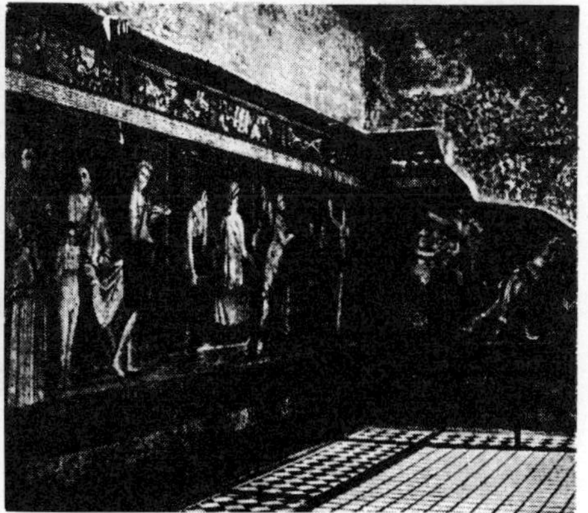

圖234 戴奧尼索斯的秘密儀式
龐貝秘儀莊壁畫

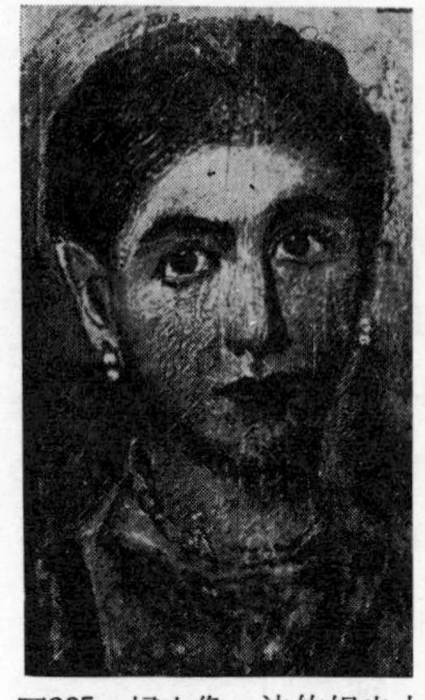
圖235　婦人像　法攸姆出土
1-2世紀　盧浮美術館

之外，又新加上色彩的重視，誠爲繪畫史上的一大進展，同時在描寫主義的進步之上，像這幅畫般的對於色彩效果的處理亦爲希臘化時代以後，迅速深化的結果。

對於現實的强烈執着與關心當然要表現於風俗畫，此外亦盛行於肖像畫，「帕綺斯・普洛克斯夫妻」（卷首圖17）即其代表作，這種富裕的麵包店夫妻是當時流行的作畫典型，其中特別是妻子常充當女詩人沙福，夫婦並列的肖像自伊突利亞以來，乃是羅馬美術的特徵之一。以上的壁畫全用 fresco（濕性壁畫法）（註１）來畫，另外，希臘以來熔蠟加顏料作畫的臘畫亦頗盛行。在帝政時代羅馬支配下的埃及（前39～195），這幅畫被放在木乃伊的臉上，通稱「木乃伊的肖像」，把個人的容貌留下來，是爲融合羅馬與埃及傳統的奇特例子。

羅馬人對現實的興趣在這個時代

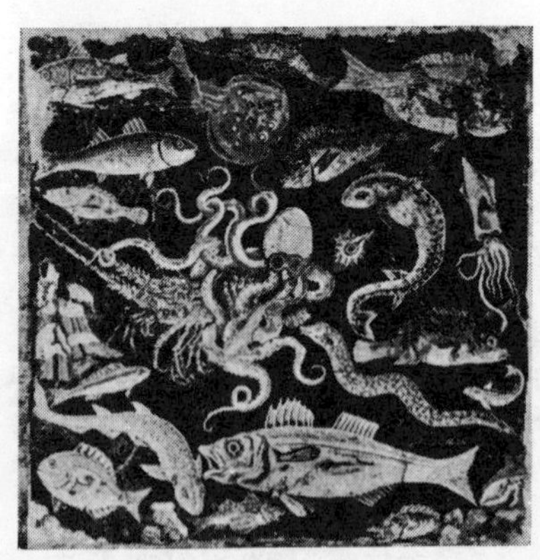
圖236　海產　嵌瓷　龐貝出土
拿波里美術館

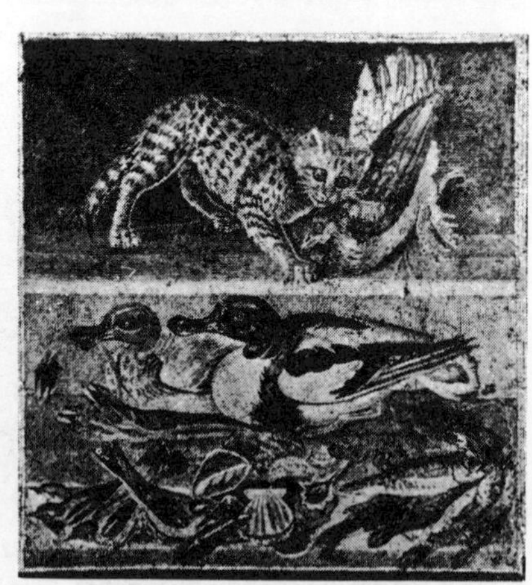
圖237　猫鳥魚介　嵌瓷　龐貝出土
拿波里美術館

註１　更正確應作 a fresco，牆壁半乾中之畫法，等牆壁一乾，顏料便與之同化，增加了畫面的堅牢度。相反的，在乾的牆壁上作畫稱爲 a secco。

的繪畫中，亦開闢了靜物畫的新體裁人物像主題愈來愈少，這在古典希臘是想像不到的，然靜物畫或風景畫之所以引起注意決不意謂着遠離前代的人類中心主義，不如說對當時人們的情緒而言，在遠離人物的靜物或風景之情況也是一種思想的擴大，此即悲歡的人類情緒只在人類行爲上才能發揮，其浪漫主義在過去的對象之外，人物之外仍可以開花結果，對自己的感情具有自信，只有自己能成爲思考的基準，這種自我中心的思想必然更加堅定，故靜物畫、風景畫的發生在表示時代精神的一面上極爲重要。這些繪畫發達於遠離希臘的一個希臘主義中心地——亞力山大里亞，原先當然是羅馬傳入的，同時亞歷山大里亞在文學上來說，過去的社會詩亦被田園詩取代了。另外，「海產」(圖237) 或「猫鳥魚介」(圖236) 屬嵌瓷畫，羅馬時代盛行嵌瓷，亦爲其美術的特徵之一。

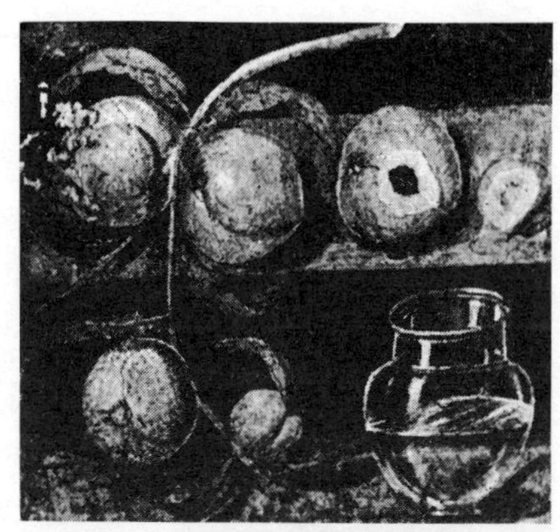

圖238 果物與玻璃缸　龐貝出土
拿波里美術館

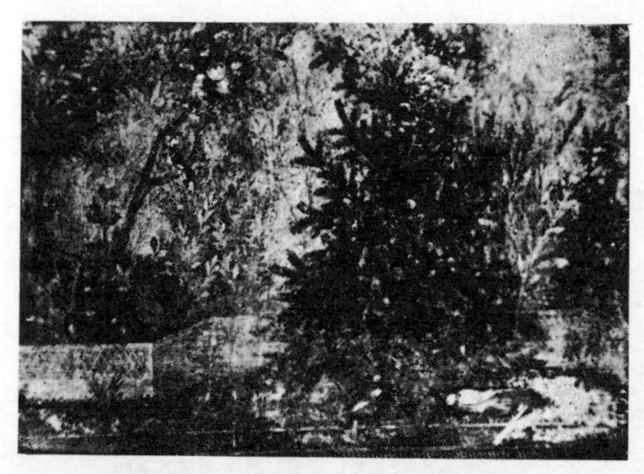

圖239 庭園　龐貝出土　拿波里美術館

龐貝的繪畫

羅馬的繪畫在希臘化繪畫的影響下成長，羅馬人具有愛好華美享受生活的性格，繪畫在與它符合的形式下進行，其最顯著的例子即在室內裝飾的處理法，他們努力於將房間弄得感覺更大、更寬，此乃羅馬人實利主義的產物。如何在二次元的畫面上賦予三次元的表現，這種苦心自希臘時代以來雖已試過，然經過羅馬人之手，希臘繪畫的輪廓描線法才完全換成陰影描寫法，推進寫實性的透視研究

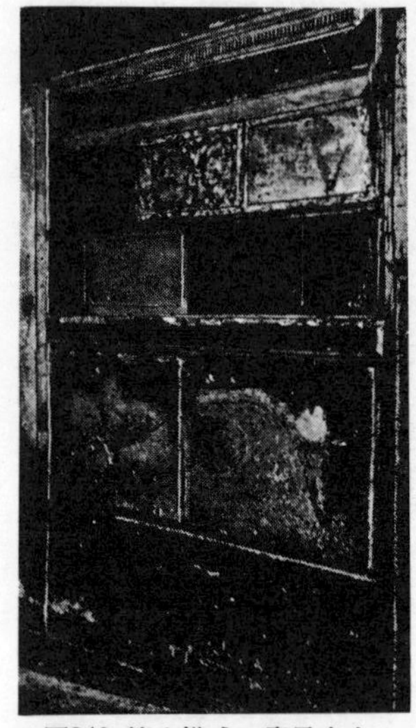

圖240 第1樣式　龐貝出土

雖完成於文藝復興，然羅馬時代的努力已接近了文藝復興的透視畫法，他們由於透視畫法的運用，使得房間的深度感覺上比實際還大、還寬，造成雄壯的感覺。至其發展的階段可分為第一到第四的四個樣式。

第一樣式（圖240)的方法是在牆上裝配各色各樣的大理石，其開始大概在亞歷山大里亞，直至紀元前80年左右被運用；第二樣式（圖240)比第一樣式更加利用錯覺，柱與樑以透視畫法浮現出來，房間感覺到超過實際以上的寬敞；第三樣式（圖243)亦稱帝政初期樣式，透視畫法更形複雜化，窗邊還畫上花盆，窗子打開，可以看到遠處的風景，連這種感覺都畫出來，是為奧古斯都

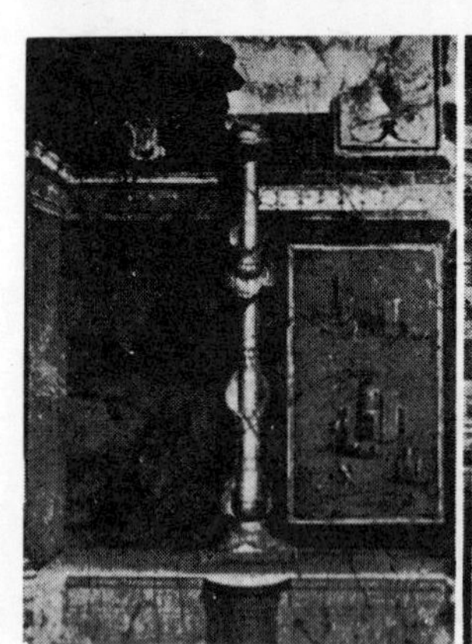

圖241 第2樣式
龐貝出土

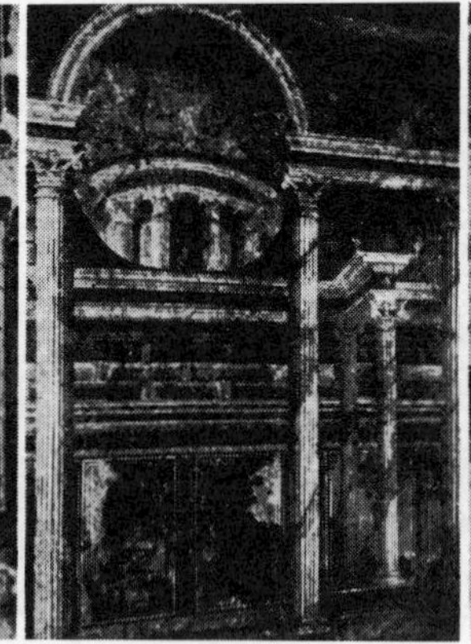

圖242 第3樣式
赫克拉寧出土

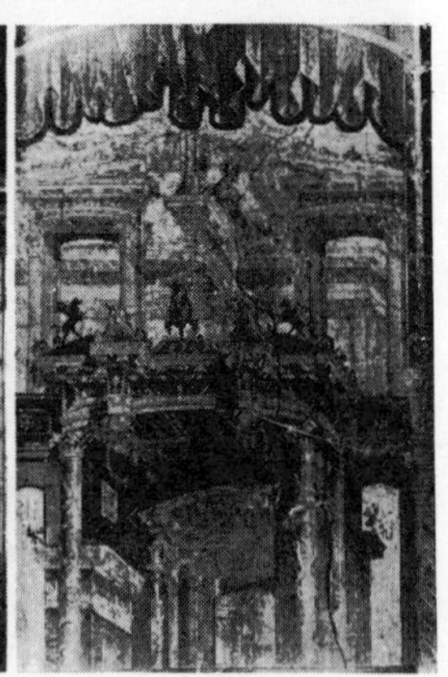

圖243 第4樣式
赫克拉寧出土

時代（圖243)最流行的樣式；第四樣式比第三樣式更細密，牆上畫着垂下的簾幕之狀，乃至透過簾幕而看到隔壁的房間，及部屬的前來，無微不至，這種樣式表現於紀前63年龐貝附近地震以後新建的建築物。

如是羅馬的繪畫大約把壁畫所能達到的境界都發揮無遺，美化了他們的生活。

可惜的是79年龐貝埋沒以後的繪畫演變並不清楚，或許像彫刻歷史所見，其進展大概是由描寫性逐漸地轉入裝飾性。

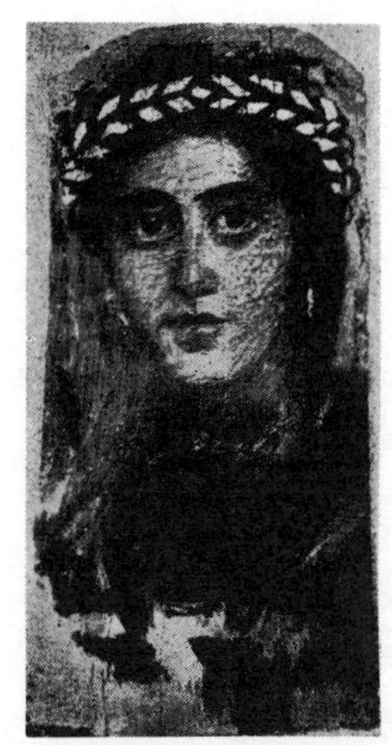

圖244 婦　人　像
（木乃伊的板畫）
2世紀前半
大都會美術館

3. 中　　世

西洋中世時代嚴格說來，要意謂着什麼程度的期間，什麼程度的領域是極爲困難的問題，在最普通的考慮限度，那和一切歷史的劃分相同，中世也是一個權宜的名稱，同時也製作過、發展過與其他時代不同的、具有特色的美術，這種特色最簡截的說，就是一切意義上的基督教美術之事實。當然，在中世以後，基督教美術亦達到充分的發展，特別是文藝復興的藝術家們，各各表現其出色的基督教主題或圖像，惟這些製作之中，藝術家自己個性的解釋、選擇、或表現方法進行得相當自由，他們卽使處於與教會的關係，或訂購者與製作者、資助者與藝術家的關係，但未必將信仰置於第一義，藝術家的個性很明顯地不願屈服於宗教的權威。

相反的，中世紀的藝術家們處於信仰與教義的範圍中，換言之，卽在神的支配及教會的權威下從事製作，藝術的個性只在宗教權威的規範與約制下成立。中世藝術的大部份是「無名藝術家」們的作品，且經常是基於集團的共同製作，他們身上所有的是教會、教義、以及民衆的信仰，事實上擔當聖職者卽爲訂購者，亦往往就是藝術家，有時製作室又設於修道院之中。基督教美術的條件可以說把中世美術的其他性格都大半劃定了。

第一必須想到的是各種美術的領域中，建築經常居於領導地位。此卽「神之家」、教會權威所在，同時作爲民衆信仰的中心，或日常的聚會所、或休憩的場所，在中世社會生活的一切意義上之中心卽爲教會建築，它是基督教美術發展的目標，不論嵌瓷、壁畫、彫刻、色玻璃幾乎一切都從屬於教會建築。在以建築爲指揮者的雄壯交響曲之下，中世美術便開花了。

第二從表現方法來說，由隸屬於建築的結果，中世美術多半不得不帶有裝飾的性格。一方面在宗教建築的必然要求下，又不得不變成觀念的、說明的傾向，舉個事實來說，例如壁畫或彫刻等在追究其本身的美學價值以前，必須說明神的權威，必須是對文盲的民衆之「圖解聖經」，形式本身的美並不重要，內容觀念的視覺化乃其第一要義。

當裝飾的性格與說明的性格兩條件一致的時候，中世美術當然就在完全不同於古典古代、或近世美術的寫實性上謀進展，於是與官能世界相反的精神秩序、與自然界之歡娛相反的超越宇宙之映像、與世俗性相反的宗教階級主義規定着並推動着所有的美術，這是與異乎表面的意義乃至無意義的支配。寫實性——例如理想的人體比例、遠近法、重量感等很容易被歪曲、被捨棄，產生了形形色色的象徵主義、神秘主義，抽象造型的發展自是理所當然的。

第三在與上述有關而作歷史性考察的情況下，則籠罩中世美術的東方美術影響之大是不可或忘的，本來基督教在東方產生、及弘佈。中世美術的發展中拜占庭美術將歐洲美術及其領域分成兩半，而東方美術的抽象性、裝飾性、觀念性在任何方面都造成極大的影響，中世基督教美術不如說成立於東方性格與基督教精神的結合之上。

第1章　初期基督教美術

第1節　墓　　窟

當基督使徒奠定了新教基礎的時候，古代世界仍以羅馬、亞歷山大里亞、安提奧基亞、巴勒斯坦及其他都市爲中心，盛開着異教希臘主義文化的最後之花。基督教文化隨着傳教的進展，繼承了這種古代傳統，並開始將新的形式、新的內容具體化，基督教誕生的東方土地或羅馬不用說，即西歐的土地亦可看到這種新美術的勃興。

唯最具特色的基督教美術之發生與遺產是在以義大利半島、特別是以羅馬爲中心的許多墓窟 (Katakombe〔希〕)（註1）。基督教徒附和基督教發源地——東方的習俗，造墳墓於地下，並以此地爲禮拜的場所，有時亦作爲躲避迫害的地方，爲數甚多，從羅馬、西拉克薩、拿波里、馬爾塔起，亞歷山大里亞、小亞細亞地方，乃至西方的巴黎、馬賽等極其廣大的領域都可看到墓窟，特別是義大利語的領域中，其分佈最爲顯著，早在紀元後三世紀後半，擁有四萬基督徒的羅馬便分佈了巨大的墓窟，大部份是教會被公認以前的產物，最古的墓窟早至一世紀，羅馬的墓窟在二世紀到三世紀最多，例如普列特克斯塔特、卡利斯特（圖246)、多米提拉（圖245)、普力斯吉拉(圖247)等是。

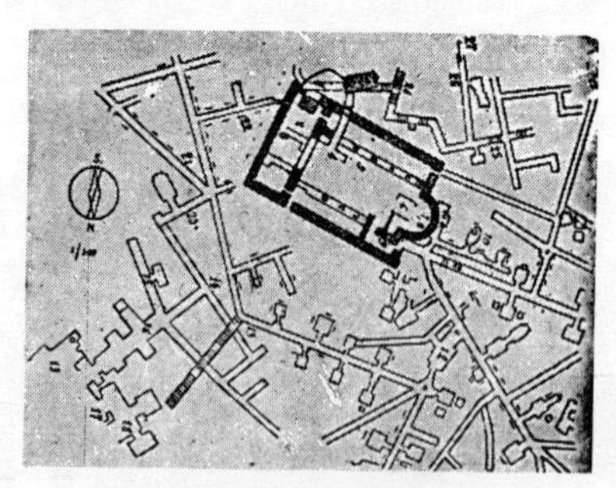

圖245 多米提拉墓地的設計

外形上各地有種種的樣式，若以羅馬爲主來說，那是基於鑿入火山灰質的

註1　Katakombe 本是被稱爲 Coemetrium 的地下墳墓，在伊突利亞或東方亦可看到，惟沿羅馬阿匹亞街道 (Via Appia) 的基督墓地之一—— 聖塞巴斯提安奴斯的名稱 Coemetrium ad Catacombas 在文藝復興期被普遍化，到羅馬後期，所有 Cometrium 統稱爲 Katakombe。

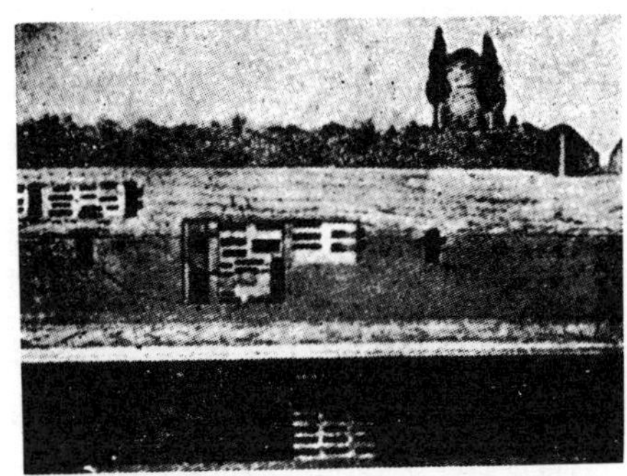

圖246 卡力斯特墓地的斷面　3世紀

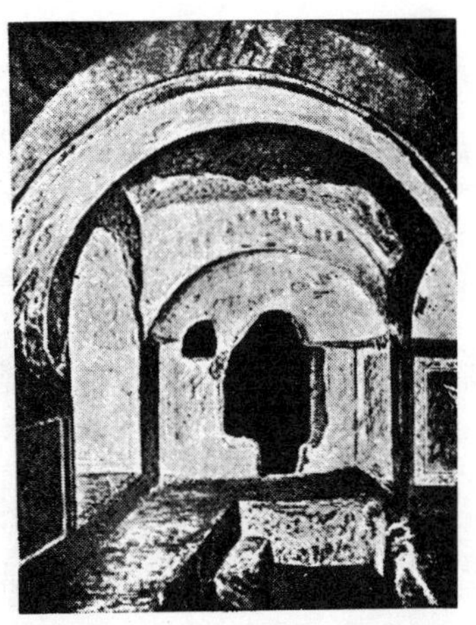

圖247 普力斯吉拉墓地內部　2世紀

凝灰岩層之長形坑道而成。

這種坑道作走廊用，主廊高達 9 m，通常又分出高 2 m，寬 0.8 m 的支廊，佔地極廣，交錯成網狀，時而亦有分歧爲地下數層（圖 245），走廊在各處具有稱爲 Cubiclum 的祭堂，走廊及祭堂的側壁上鑿出名爲 Loculus 的壁龕，容納一至數具屍體（壁龕大者稱爲 Arkosorium），走廊、祭堂構成穹窿式的天花板，採光則得自豎坑式的窗 (Luminaria)。

從墓窟出土的有掩護壁龕的大理石板，或者容納屍體的石柩，最值得注意的是祭堂及其他地方的塗灰泚之天花板，及畫在牆上的 fresco 壁畫，用壁畫作墓室裝飾古已有之，墓窟亦承受這種古代東方的習尚，很明顯地蹈襲了異教文化的傳統。基督徒中不難推測亦有很多羅馬及東方的畫工，惟卽使具有與龐貝或斯塔比亞壁畫極相近的技法及主題，但此處已開始具有新的宗教內容。墓窟壁畫的發達說明了異教的裝飾形式轉入乃至同化於基督教的象徵主義。

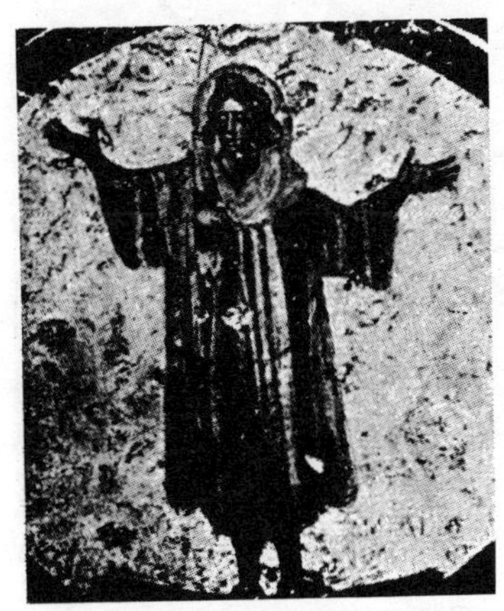

圖248 奧蘭特　壁畫　卡力斯特墓地

例如普力斯吉拉 (Priscilla) 的阿基利埋

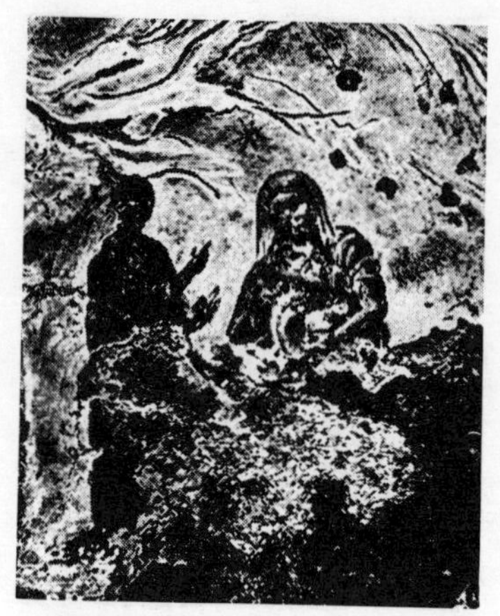

圖249 聖母子與以賽亞　壁畫　羅馬 普力斯吉拉墓地　2世紀

葬室，據推測至少是二世紀前的東西，這裏的壁畫（圖249, 250, 251）全是純粹的裝飾；同年代的多米提拉（Domitilla）墓地亦以田園詩的情景爲主，聖經題材不過只畫上諾亞及但尼埃，不論技法或內容都是異教的，然這些純裝飾的壁畫還是只採取適合基督教徒墓地的和平牧歌之主題。屬於二世紀前半的普列特克斯塔特（Pretextat）墓地或珍約流斯（Januarius）地下祭堂都在上段畫四季之花、小麥、果實、橄欖，下段描寫橄欖的收穫。

這些異教的裝飾、牧歌的題材亦逐漸開始帶上基督教的象徵主義，即使在本來禁止偶像描寫及禮拜的基督教，以某些形態來表現基督或傳達信仰內容也是基督徒們無可抑制的純樸要求，他們的純樸象徵主義首先開始於異教題材的基督教解釋，例如棕櫚樹或葡萄，乃至橄欖樹各各象徵和平或基督；或者鴿子表現升天的死者之靈魂，孔雀表現不死與不朽；再者奧菲斯、愛洛斯、薩姫、挑羊的赫米斯也能納入純樸的象徵主義系統。

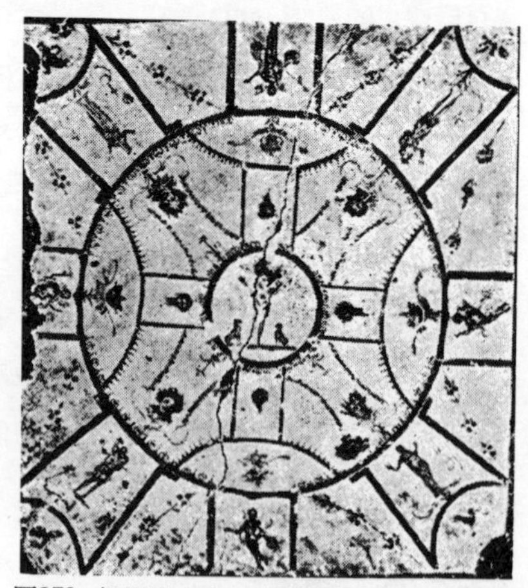

圖250　但尼埃與獅子、善良的牧羊者及其他 普力斯吉拉墓地　路基那的地下祭堂 天花板壁畫　2世紀前半

到第三階段，基督教的獨特象徵已經出現，例如表現救世主耶穌的小羊或魚，象徵對救濟的祈願之錨或船，或者說明祈禱的所謂奧蘭特像（圖 248）等是。

並有取材於新者約聖經者，在多米提拉墓地曾畫過但尼埃與諾亞，一到三世紀，其題材激增，擊石的摩西，吞食怪魚的預言者約納等舊約故事之外，亦開始描畫取材於福音書等的故事（圖249, 250, 251）。

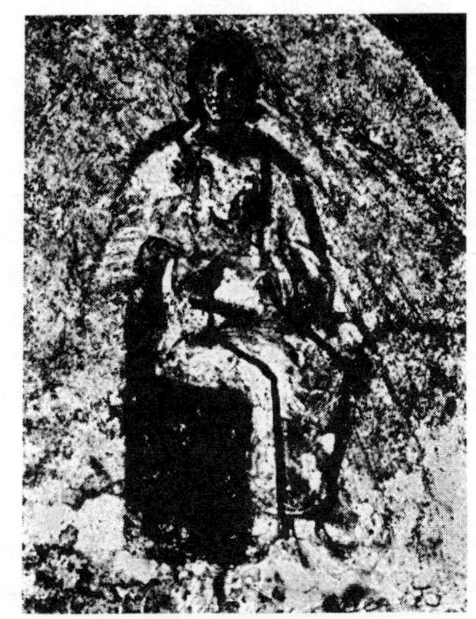

圖251 聖母子 壁畫 羅馬
普力斯吉拉墓地 3世紀

在主題方面的改變之同時，表現方法亦在宗教藝術的規範內變化，例如縱使採用古代東方的裝飾形式，然龐貝壁畫所見的寫實性及自然空間已經看不到了，人物的表現由單純的姿勢固定下來，除却動感與逼眞。甚且羅馬或龐貝邸宅的裝飾壁畫之豐富官能感、人物重量感、風景的延展或遠近法皆已消失，說明的姿勢、觀念的空間支配了墓窟繪畫的表現方法。當然，與其說是新的，不如說是透過基督教思潮而再生的東方表現法，它和題材方面同樣，即使仍未脫出純樸象徵主義的階段，但作爲基督教美術搖籃期的手法是極帶推動性的。

第2節 大 會 堂

313 年君士坦丁大帝發佈所謂米蘭詔書，承認基督教，「教會和平」降臨，於是基督教美術便開始在世間急速展開，當然，在教會被公認以前，亦可推測教徒在世間已擁有相當多的聚會所，一方面墓窟亦大約持續到五世紀前後，惟其比例是減少了。

等到所謂大會堂 (Basillica)（註 1）式的建築一盛行起來，伴之而來的各種裝飾藝術之發展便成爲其中心，這種大會堂一如語源所示，是引用古代地中海社會的建築名稱，然構造上却不能說沿襲古代大會堂的樣式，或由它發展過來。當

註 1 大會堂 Basillica 希臘語作 Basilike，意謂着帝王或王宮。在古羅馬是用作法庭或商場的公共建築，惟所謂大會堂是否從古羅馬建築發展過來亦有很多疑問，中世大會堂應是來自東方的形式。

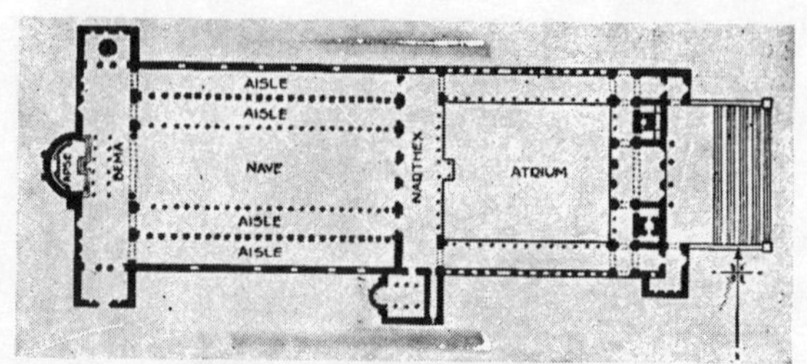

圖252 大會堂　聖彼得教堂舊設計

然，尚有各種學說而無可斷定，惟橫亘數百年的中世建築之基本様式之———大會堂様式的起源很明顯的應在東方。通常如圖所示（圖252），作矩形的設計，一進西面的正門，便有被廻廊所圍繞的前庭部，前庭部（Atrium）的中央設有花盤或噴泉，並設有入口室（Narthex），其深處與正殿相連，原則上由二列或四列柱列而分爲身廊部（Nave）與側廊部（Aisle），被二列柱分隔者爲三廊式，被四列柱分隔者爲五廊式，身廊部天花板比側廊部更高，此處有採光用的高窗（Clearstory），身廊部東端突出一個半圓形的奥室（Apse），祭壇便設於此地。再者，身廊東邊最後的樑之間爲大殿，後來這一部份又設有向左右伸的袖廊（Transept），形成與身廊部交叉的十字形設計。

君士坦丁大帝所建的教堂中，從具有最典型的大會堂様式之聖彼得羅聖堂（S. Pietro in Vaticano 聖彼得教堂前身）起，乃至聖羅冷佐聖堂（S. Lorenzo fuori le mura. 578年重建，僅存二行柱列）、聖保羅聖堂（S. Paolo fuori le mura），每一座都經過重建、修復，很少停留於本來的基礎形式。倒是君士坦丁所建的小教堂、聖阿尼西（S. Agnese fuori le mura）、五世紀前半的小教堂、聖薩比納教堂 5（S. Sabina）（卷首圖33）、及建於四世紀並於五世紀改建的聖瑪利亞・馬基奧列（S. Maria Maggiore）教堂（圖254）等比較能保持

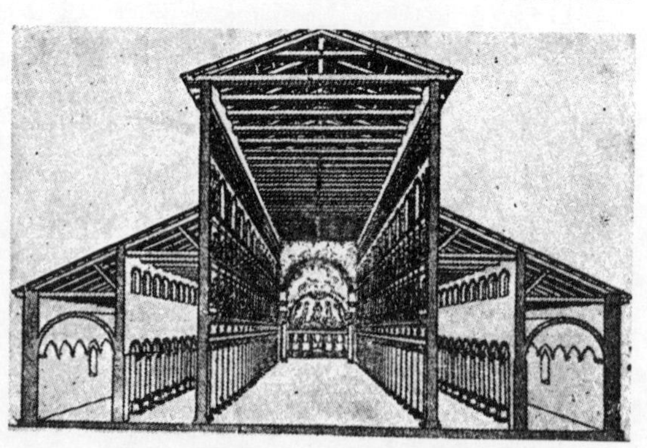
圖253 大會堂　聖彼得教堂舊構造素描

原來的面目。

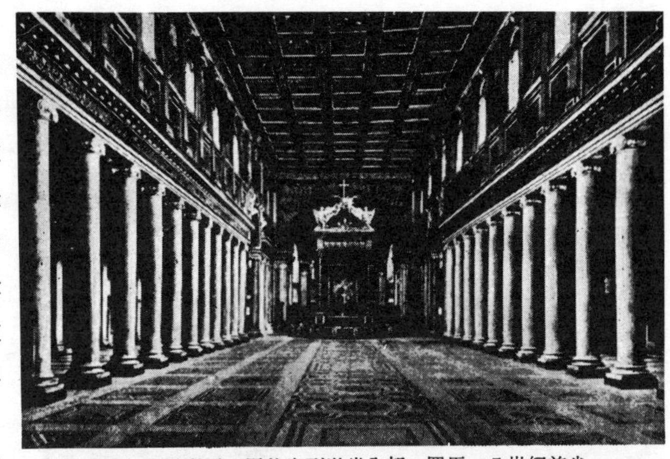

圖254 聖君利亞・馬基奧列教堂內部　羅馬　5世紀前半

尙有與大會堂併用的集中式建築（註2）常用於洗禮堂，亦爲中世建築的基本形式之一，這個時代的羅馬用得相當多。其起源仍在東方，具有多角形乃至圓形的設計，並蓋上圓頂或穹窿。如君士坦丁的女兒君士坦提亞之陵墓——聖君士坦扎教堂（S. Constanza）或君士坦丁所建的拉特拉諾洗禮堂（Battistero Lateranese）卽爲代表性的例子。此外，異教的建築物被改成基督教教堂亦不乏其例。

惟這些初期基督教建築在裝飾上一面攝取古代東方的傳統，同時展開了適合於基督教聖堂的新裝飾藝術，嵌瓷（註3）畫法卽爲其主要特色，本來嵌瓷畫法早已被古代東方各地所採用，希臘化時代相當普遍，以安提奥基亞、亞歷山大里亞爲中心被用在建築上（主要用作地板裝飾），在羅馬亦很盛行，例如龐貝卽留下相當多的遺跡。「教會勝利」以後的基督教精神給與這種技法帶來新的生命與精神，以名符其實的「永遠的繪畫」而再生，捨棄了一切世間性、寫實性，確立了超越世界的啓示、及精神次元的存在，這種基督教的精神對於光與色

註2　集中式（Zentraibau）建築的各部位作對稱配置，由異乎大會堂的圓堂形式構成，通常有正方形、多角形、圓形或希臘十字形等的設計。

註3　嵌瓷的技法有 Opus tesselatum——由各種彩色石片、大理石片構成的，各片多少都作立方體形狀； Opus vermicultum——類似 tesselatum，正確地把握所描寫的形體之輪廓線，採用不規則的立方體，亦使用玻璃片；Opus sectile——以形狀不同的大理石片互相吻合地鑲嵌在一起；Opus alexandrinum——仍由大理石片、石片構成，惟只作圖、星形、三角形等幾何學的裝飾形式。

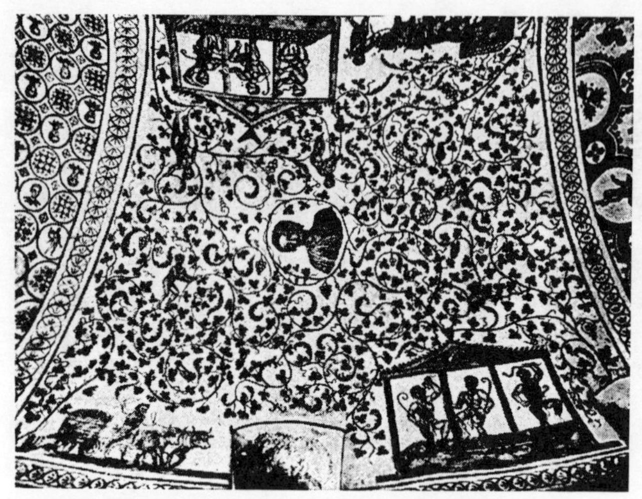

圖255 聖康士坦扎教堂的嵌瓷　4世紀　羅馬

彩最爲熱愛，同時亦與豪華的東方趣味吻合，故作爲光與色彩的藝術之嵌瓷畫，其產生是有必然性的。

話雖這麼說，但羅馬初期基督教建築最古的嵌瓷仍依賴於希臘化的傳統，像聖君士坦扎天花板的嵌瓷之裝飾性、牧歌性就是最好的先例。此外嵌瓷同時也是與墓窟藝術距離不遠的純樸象徵主義之發展。

然一到四世紀末的聖普登玆安納教堂 (S. Pudenziana) 之嵌瓷，又可看到東方寫實性的復活，其目標顯然是走向基督教獨特的題材及其神秘的表現，表示了東方的影響在基督教美術的發展中逐漸佔優勢，同時亦說明了國家保護下開始確立的教會權威對於造型表現已非

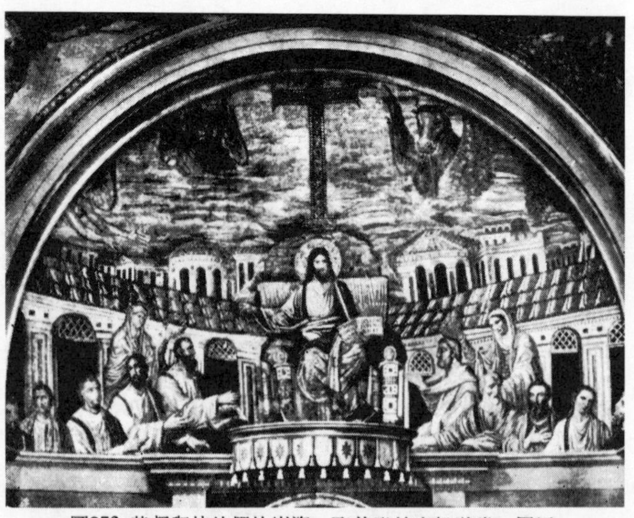

圖256 基督與使徒們的嵌瓷　聖普登玆安納教堂　羅馬

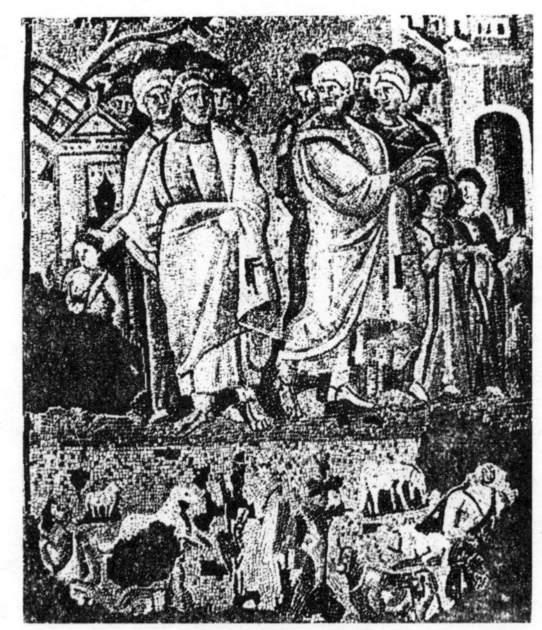

圖257 亞伯拉罕與羅特話別 嵌瓷
聖瑪利亞・馬基奧列教堂 5世紀前半

單純的裝飾形式，而開始成爲解釋自己、確立自己的手段，在描寫舊約的聖瑪利亞・馬基奧列教堂的嵌瓷亦可看到同樣的傾向，只是前者的較爲敍利亞化，後者不如說希臘化傾向較强。進而一到聖保羅聖堂所表現的啓示錄幻想的嵌瓷，則證明了較顯著的東方優勢、及神秘的神學思想之確立，在此，東方寫實性的清新已經出現，惟已非古代地中海世界的寫實性，不過是强調幻想世界的抽象神韻，整體遵守正面性的法則及嚴格的對稱配置，背景空間完全被抽象化、被說明化，人物亦以簡潔的姿勢與强烈韻律的描線去說明故事的內容或心理的意義。它們透過嵌瓷材料而把教堂的內部空間作成神秘色、光的天上宴席。

不只羅馬，在義大利其他地方的教堂亦可看到許多的嵌瓷，惟必須注意的是基督教美術的中心地逐漸遷離羅馬，搬往東方的事實，就古羅馬的基督教美術之隆盛而言，其基本的樣式或圖像的起源皆屬於東方的，它不過偶然開花於古羅馬的遺產之上，基督教美術的搖籃本來可以說在東方。至羅馬在君士坦丁大帝以後，則逐漸呈現拜占庭美術的一種樣式的發展，成了東方到西方的引路。

第2章　拜　占　庭

如前面反復提過的，基督教產生於東方，本是猶太的希臘宗教，聖經最初卽用希伯來語、希臘語寫的，而基督教美術卽以東方的造型傳統爲基礎來發展。當然，卽使只說東方亦可大別爲兩部份，卽美索不達米亞、小亞細亞、敍利亞、乃至埃及內地等希臘化程度較弱的東方，及以亞歷山大里亞、安提奧基亞、艾斐索斯等希臘化都市爲中心的希臘東方二部。前者受到基督教的傳播及羅馬帝國的衰弱兩個條件所刺激，而各自發展其固有的東方色彩；後者仍伸展其希臘化傳統，準備新藝術的創造。

到君士坦丁大帝卽位，由於君士坦丁堡的創建而確立了拜占庭帝國的美術，於是上述的條件在東方的環境中被逐漸地綜合、整備。

第1節　建　　築

君士坦丁大帝曾在羅馬建立許多教堂，同樣的，也建設了首都君士坦丁堡及基督的誕生地伯利恒，它們都雄壯得凌駕羅馬建築，現存的遺跡仍可看到當時的風采（如伯利恒的誕生寺等是），通常稱之爲希臘化大會堂，但比羅馬的大會堂更富於變化，其技術則全是希臘化的，小亞細亞地方的建築亦採用這種典型，例如聖約翰・斯都底奥斯教堂 (S. Johane Studios)、薩羅尼卡的聖德美特利奥斯教堂 (S. Demetrios) 便是。一方面在敍利亞諸地，明顯地發展着石灰石材的敍利亞大會堂形

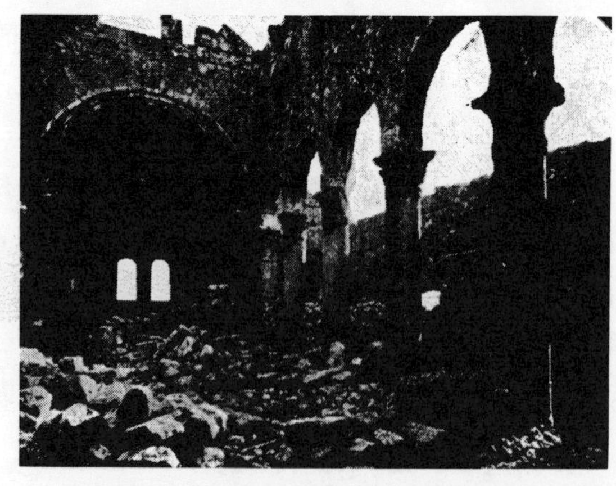

圖258　穆希阿巴克修道院　敘利亞

式，諸如沿着阿列波到安提奧基亞的街道上之穆希阿巴克 (Musciabac)（圖258）、敍利亞的突馬林 Turmânîn)、卡布・路賽(Kalb-Luzêh) 等是。

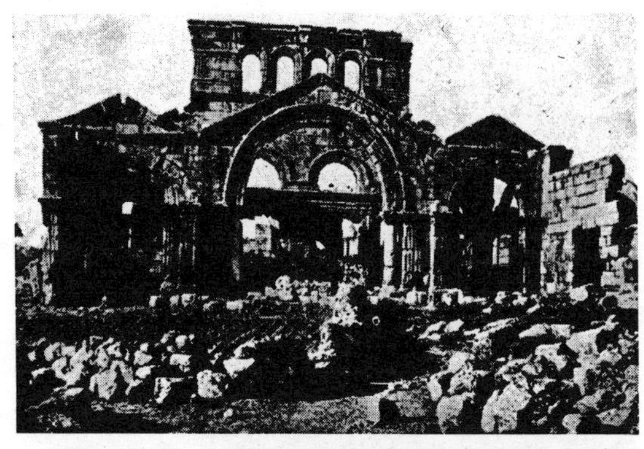

圖259 卡拉特・西曼的聖西美恩修道院正面　敘利亞

這兩種大會堂形式一方面也盛行集中式，不久便呈現與大會堂形式完全結合並完成拜占庭獨特建築樣式的傾向，君士坦丁創建的被稱爲「黃金教堂」如安提奧基亞的大八角堂、耶路撒冷橄欖山上的八角堂教堂、或者納希安玆斯的教堂亦採用集中式；敍利亞的卡拉特・西曼之聖西美恩修道院 (Kal'at Siman, S. Simeon)（圖259） 亦於敍利亞大 會堂形式的身廊部中央置以集中式的八角堂，這種集中式的遺例不僅在敍利亞，卽小亞細亞、阿美尼亞亦所見不鮮。到六世紀，便出現了君士坦丁堡的聖塞吉斯教堂 (St. Sergius e Bacchus)、或拉溫納的聖威特烈教堂 (S. Vitale) 等極豐富的範例（詳後述）。

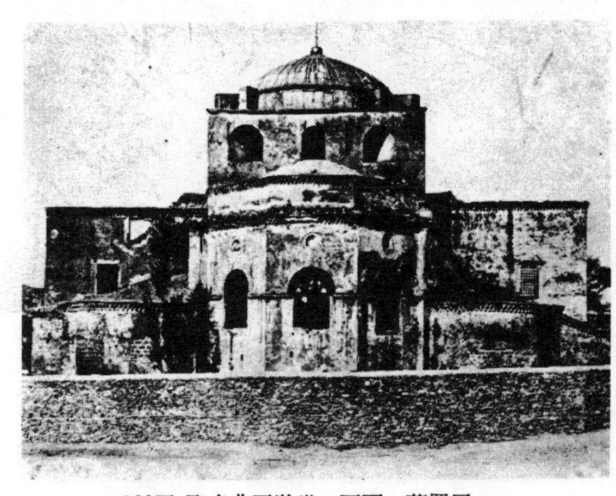

260圖 聖索非亞教堂　西面　薩羅尼卡

再如大會堂形式設計上架以圓頂的圓頂式大會堂形式亦主要地出現於小亞細亞地方，五世紀的克買・卡列希 (Koja Kalesi) 卽爲遺例之一。如是在各地方分別展開了各種構造樣式，開始逐漸地走向綜合的目標，特別是圓頂大會堂形式之完成乃是中

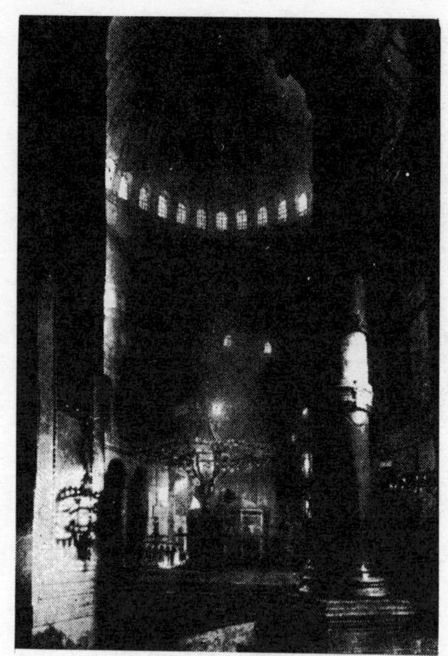
圖261 聖索非亞教堂　內部
君士坦丁堡

心課題所在，這如五世紀前半的薩羅尼卡之聖索非亞教堂 (S. Sophia) (圖260) 已表現了某種程度的解決。惟最值得注意的是查士丁尼 (Justinianus) 帝創建的君士坦丁堡之聖索非亞教堂（卷首圖34）。

君士坦丁堡（現名伊斯坦堡）的聖索非亞教堂(圖 261, 262) 原爲君士坦丁大帝所建，舊寺在 532 年遭火災燒燬之後，全依新的規模來建造，建築家是生在小亞細亞的特拉列斯之安特繆斯 (Antemius of Tralles)、及米列突斯之伊希多洛斯 (Isdoros of Miletus) 二人。設計上依方形的前庭部與相連的入口室部分以及仍作方形的正殿部組成，呈現大會堂的形式，三廊式的正殿之方形身廊部架以離地 51m高的大圓頂，由四角的穹隅 (Pendentive) 及增加牢固的窗間壁 (Pier) 支撐起來。更爲着補足這種力學上的均衡，東西各設半個圓頂，每個半

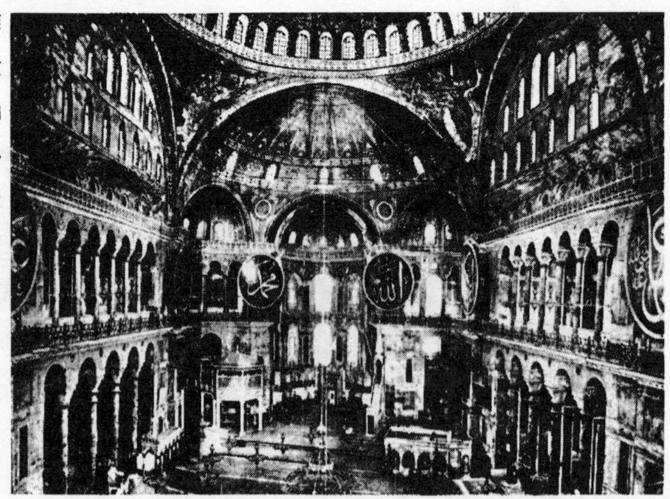
圖262 聖索非亞教堂　內部　君士坦丁堡

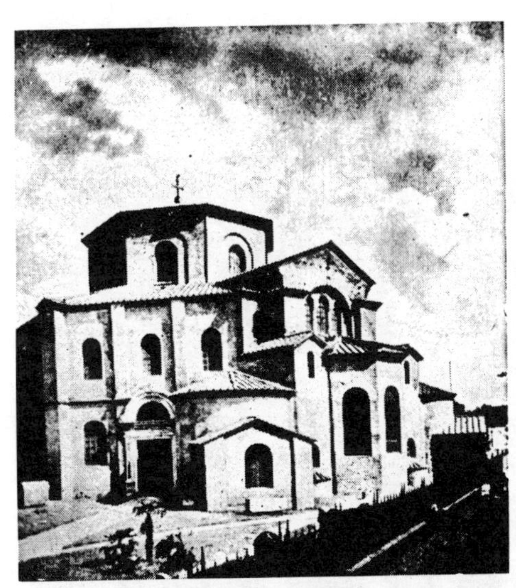

圖263 聖威特烈教堂　拉溫納

圓頂各加以三個小圓頂，順次地緩和了加在大圓頂四邊的壓力。當然，這樣仍不免有弱點，建造後的第21年大圓頂便告破壞，終因在南北設以現在所見的穹隅才趨完整。不管怎樣，在大會堂形式架以大圓頂，透過穩重的球形及方形之整合而誇耀了外觀的力學美，同時亦把巨大莊嚴的內部空間有機化，此等拜占庭建築的獨特課題已大致被聖索非亞教堂解決了。

其內部有大理石與嵌瓷，產生了壯麗的光彩，大圓頂宛如絹絲垂下般地輕架着。聖索非亞僅以五年告成，537年12月27日獻堂典禮那天，查士丁尼大帝進入堂內時，因感激神恩賜予這個壯舉的完成，據說曾歎道：「所羅門！吾勝汝矣！」，這是很自然的事。事實上，查士丁尼帝與索非亞比伯利克里斯與帕特儂、或路易十四與凡爾賽宮有更密切的接觸，他甚至一手造成了拜占庭美術的第一期黃金時代。

當然，這個時期亦盛行着與圓頂大會堂形式不同的各種形式，前述的拉溫納之聖威特烈教堂（圖263）即與建於查士丁尼時代，是八角形教堂最典型的範例，前代的特奧多修斯

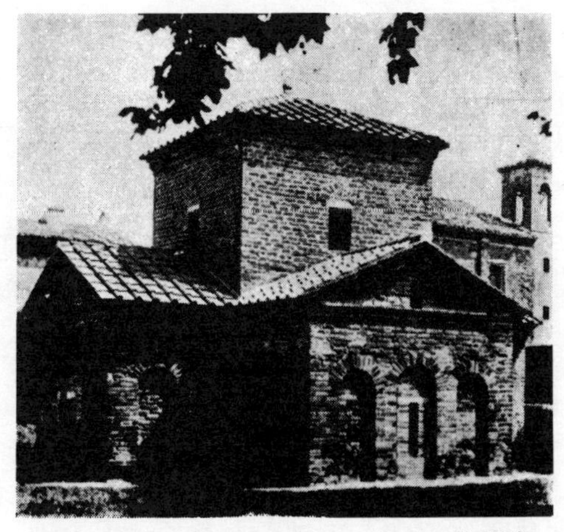

圖264 加拉・普拉契底亞陵墓　拉溫納　約450年

大帝（Theodosius）時代興建的加拉・普拉契底亞墓（Mausoleo di Golla Placidia）亦採集中形式，再如相同的拉溫納之聖阿波里那列・奴奧沃(San Apollinare Nuovo)（圖265）、聖阿波里那列・克拉西（圖266）等則取希臘化大會堂形式。

以君士坦丁堡及拉溫納爲中心的查士丁尼大帝時代再經過約三世紀以後，拜占庭美術便告衰退，至九世紀的馬其頓王朝卽出現了所謂馬其頓文藝復興，這個時期建築上必須注意的是採取所謂希臘十字型設計，採用君士坦丁堡聖索非亞的決定性拜占庭式之圓頂構成，而爲着合理地具有較洗練的感覺，便使設計統一於希臘十字型，例如建於十一世紀的君士坦丁堡特奧特克斯之聖母院(S. Theotokos・現名 Kilisse Djami)卽爲典型的範例。

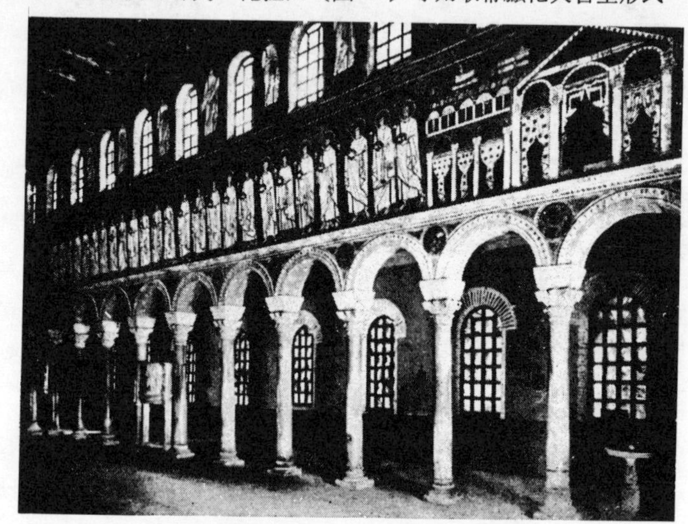

圖265 聖阿波林那列・奴奧沃教堂　拉溫納

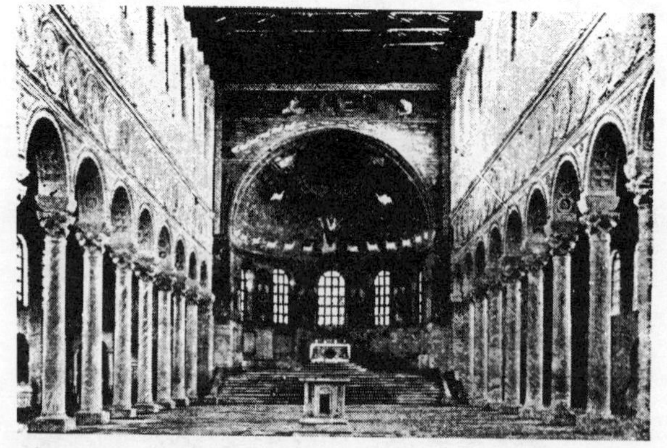

圖266 聖阿波林那列・克拉西教堂　拉溫納　11世紀前半

這個時期是拜占庭帝國規模縮減的時代，亦爲拜占庭造型最具影響力的時代，威尼斯、羅馬、西西里等地諸建築皆呈現拜占庭樣式的强烈影響力，從巴爾幹到俄國，拜占庭建築亦在十一世紀至十二世紀盛行，例如威尼斯的聖馬可大教堂 (S. Marco) (圖267)、基輔的聖索非亞教堂 (圖268) 皆是。

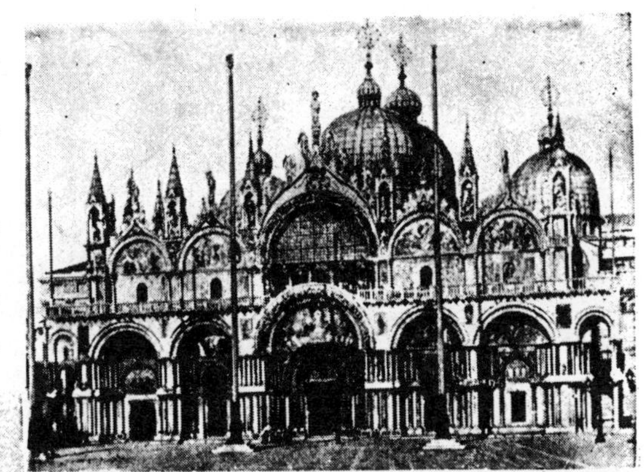

圖267 聖馬可大教堂　威尼斯　11世紀

從這個時代到十四世紀前後的拜占庭美術末期在達弗尼、阿特斯山、及未斯特拉亦盛行修道院建築。

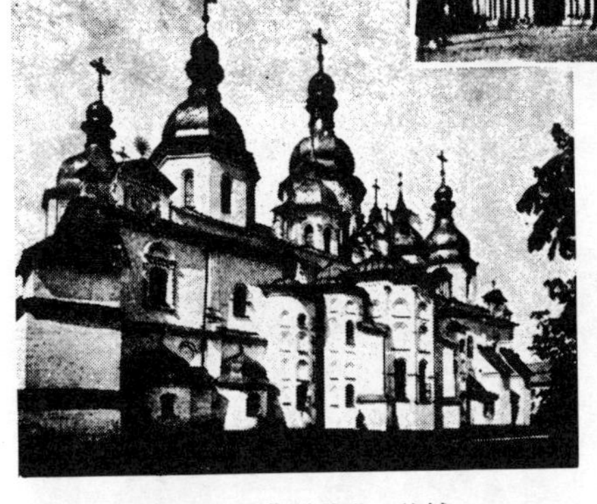

圖268 聖索非亞教堂　基輔

第2節　繪　　畫

自君士坦丁大帝至查士丁尼大帝，繪畫達到最盛期以前，與建築的情況相同，各種東方造型作爲初期拜占庭繪畫來發展是不可或忘的。

若要擧幾個例子，則是以亞歷山大里亞及安提奧基亞爲中心的各希臘主義都市之嵌瓷畫及纖畫（註1），亞歷山大里亞發展較純粹的希臘化傳統，安提奧基亞由抽象傾向及音樂律動感而發展了較東方化的新阿提卡要素。保存於梵蒂岡的

註1　Miniature 爲手抄本挿圖，源自拉丁語 minium，這裏意謂著朱色，因中世的手抄本上，字頭裝飾常用朱色。其後列意謂著纖畫，因與法語中意謂著「小」的接頭語 minu 及 minium 混同之故。

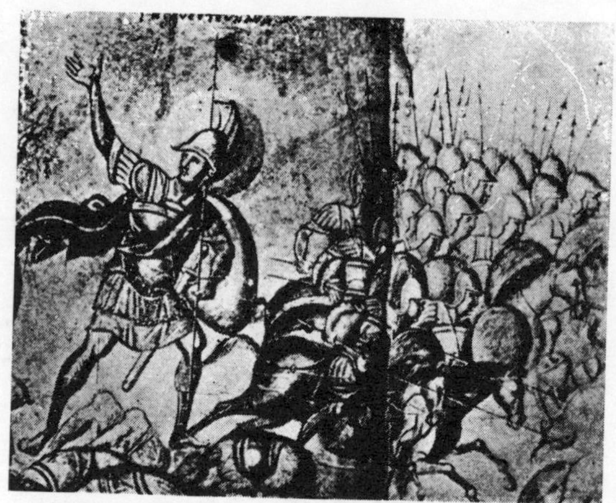

圖269 約書亞與基貝奧尼特斯　約書亞圖卷　梵蒂岡

「約書亞圖卷」(Josua Roll)（註２）爲前者的代表範例，人物姿態具有古典的內容，隨着背景及姿態的概念性格，顯露了亞歷山大里亞的樣式，十世紀左右的作品「巴黎詩篇書」(Pasutier de Paris)（卷首圖24）亦屬同一類的東西；再如「維因創世紀」(Wiener Genesis 紀570年）、「羅薩諾的福音書」(Codex Rossanensis 約 580 年）（圖 270）、「西諾佩的福音書」(Gospels of Sinope 約600年）等在製作地點上雖有各種異論，然呈現了安提奧基亞系統的圖像，兩系統皆有程度之別，表示了希臘化樣式的優雅、以及敍利亞圖像的戲劇性格與律動感覺二者的融合。再者，存於翡冷翠的「拉布拉福音書」(Gospels of Rabula 約 580 年）根據署名，顯然出自美索不達米亞的扎格巴修道僧拉布拉之筆，這裏敍利亞的裝飾構成及犀利的戲劇構成等要素極爲顯著。

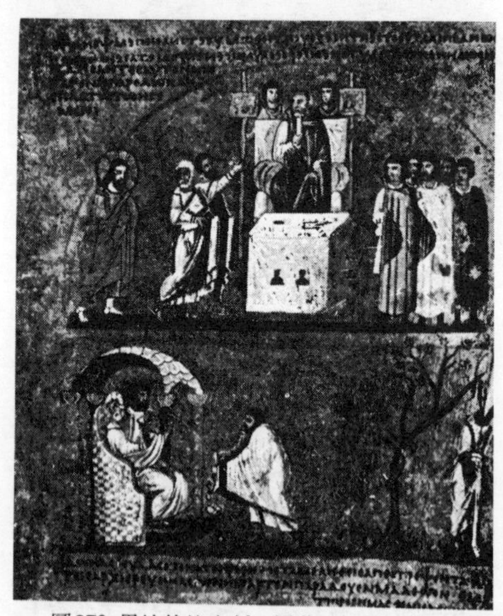

圖270 畢拉特的審判　羅薩諾的福音書
羅薩諾主教堂　6 世紀

註２　關於年代雖有異倫，諒必爲６世紀乃至８世紀的東西，據提測是相當早的作品之考損。

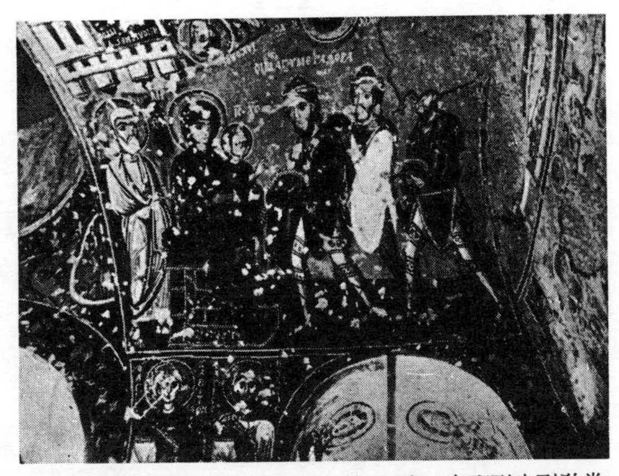
圖271 帝王之膜拜 壁畫 卡巴多基亞 克耶列也列教堂

甚且以巴勒斯坦爲中心而開始確立的挿畫亦給這些抄本挿圖以强烈的影響。耶路撒冷的嵌瓷現在雖已失傳，然藏在米蘭附近孟扎教堂的聖油銀瓶、波比奥的聖科隆巴諾教堂 (S. Colombano) 接收的東西、及朝聖者在耶路撒冷帶同來的小紀念品上還可以想像到巴勒斯坦的圖像。或許巴勒斯坦各教堂所確立的圖像成了各地嵌瓷及手抄本挿圖之原型，這和上述小工藝品的浮彫比較之下亦可以推測出來。

壁畫遺物亦所見不多，仍呈現東方圖像及裝飾性與古代手法的融合，拜占庭繪畫樣式的典型先驅——都拉・攸羅波斯 (Dura Europos) 的壁畫亦屬之，再如埃及巴威特及他處的地下教堂之壁畫（約六世紀），或卡帕多基亞的洞窟教堂之壁畫（10–13世紀）（圖271）等亦與拜占庭世界併列，並達成與東方之間的古代融合。

至於給壁畫加上拜占庭的强大權威與富裕 、 宮廷儀式的莊嚴與豪華 、 乃至不可企及的紀念性者爲拜占庭藝術的主角——嵌瓷。光線來自鑲有黃色半透明雪花石膏薄板的窗子，它給與形狀不整齊的立方體之鮮麗色彩以漫射，產生了紀念碑似的偉大性及符合於基督教的神秘性。嵌瓷藝術家們爲着產生這種神秘性，曾使用了與希臘化時代完全不同的新技法，例如石片或玻璃片的鑲嵌平面並無一定，而作適度的不規則，增加了光線印象派的幻耀感，同時爲着一切光線的調和，藍色便被用在較明亮的地方，金色則用在光線欠佳之處，其神秘的色光被發揮得淋漓盡致。

五世紀是拜占庭樣式的嵌瓷之確立期，在此已非樸素的象徵主義，轉入了紀念性的故事樣式，容貌雖相當寫實，然華美衣服的褶紋、點景、背後空間則被抽象化，加拉·普拉契底亞教堂(圖272）及同在拉溫納的正教徒洗禮堂之嵌瓷爲其典型的範例。它們以金與藍的調和爲主調，在充滿生動姿勢的巨大人物上，雖呈現希臘化的特色，然臉上的表情等處則變得相當的莊重。到六世紀的聖威特烈教堂，這種色彩的華麗及構圖的穩重更加意識化，在奧室中央的圓頂上，年青無鬚的基督坐在表示宇宙的球上，兩旁的天使加布利艾與米卡艾分別伴着聖耶克列修斯及聖維塔里斯，兩邊牆上畫着查士丁尼大帝及其隨從、王妃特奧多拉及其隨從（卷首圖25），全部遵守正面性法則，具有不可侵犯的氣度與莊嚴，表現了神秘的空間，將皇帝及皇妃皆視如神性的拜占庭藝術之儀式性在此有最透闢的表現。當然，這種左右對稱的配置一方面亦得考慮到適合於裝飾壁畫的區劃律動；一方面給予人物的紀念碑似的、階級主義的並列以微妙的律動，或者各個人物表情的明朗神色、

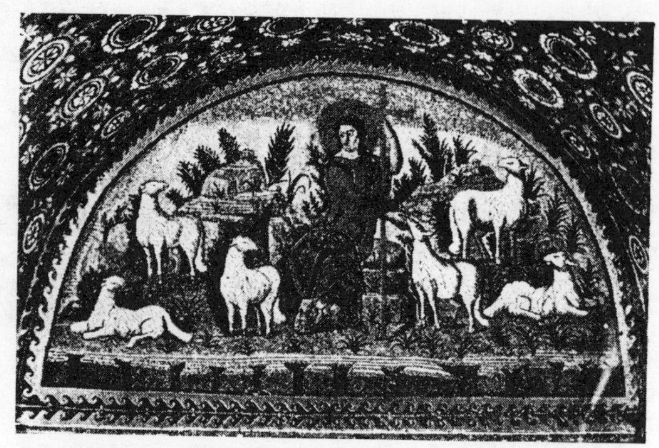

圖272 善良的牧羊者　嵌瓷　拉溫納　加拉·普拉兹底亞陵墓
5世紀前半

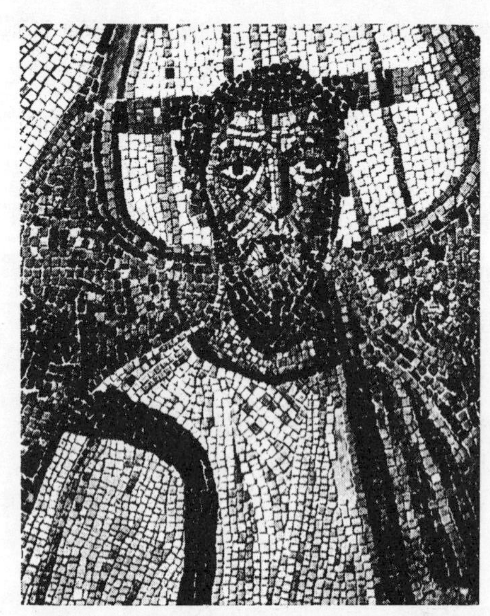

圖273 使徒　嵌瓷　正教徒洗禮堂　拉溫納
5世紀中葉

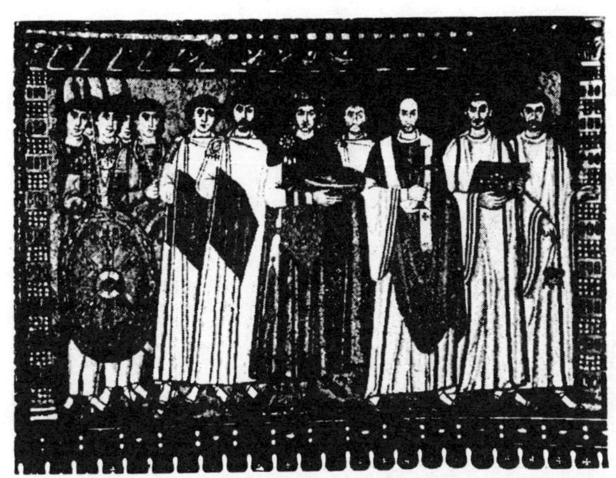
圖274 查士丁尼大帝與其隨徒　嵌瓷　聖威特烈教堂
拉溫納　547年以後

輕快自若的手勢及其調和上，該可以看到希臘化繪畫優雅而卓越的傳統，另外，在聖威特烈教堂亦表現過取材於聖經的嵌瓷畫。

在同時代的範例中，有聖阿波林那列·奴奧沃教堂、聖阿波林那列·克拉西教堂、薩羅尼卡的聖德美特利奧斯教堂 (S. Demetorios)、帕冷佐主教堂 (Palenzo) 的嵌瓷。

拜占庭美術的第二期黃金時代亦盛行制作嵌瓷畫，遺物在君士坦丁堡特別缺乏，就一般特色言，希臘化的古典精神之復活，亦卽人體比例或明暗的古典處理、描線的優雅歷歷可見，同時這種寫實風的復活並非單純的希臘化意向，孕育於興盛的文藝復興運動中之叙利亞民族精神所强調的結果亦應一併考慮在內。叙利亞型有鬍鬚的基督業已普遍化，各個人物的表情亦個性化，具有鈎鼻的叙利亞相貌亦屢見不鮮，人物姿態常充滿劇烈的律動感，視角亦在某種程度內採取自由的斜角。第二期黃金時代之特色在於圖像的確立，長期的偶像爭論促進了神學思想的體系化及伴之而來的圖像之確立，新

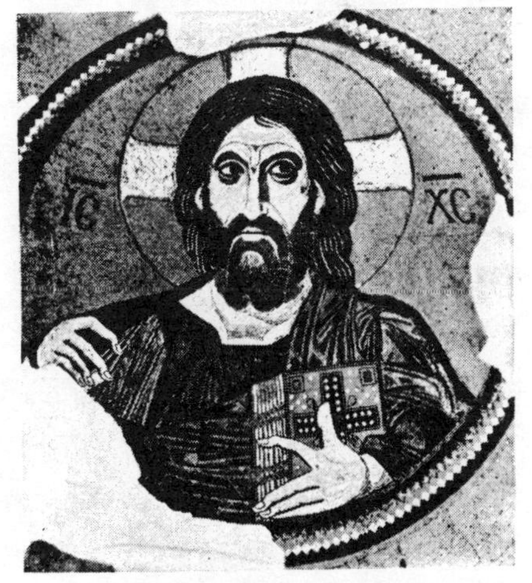

圖275 潘特克拉特的基督　嵌瓷
庫波拉修道院　達弗尼　約1100年

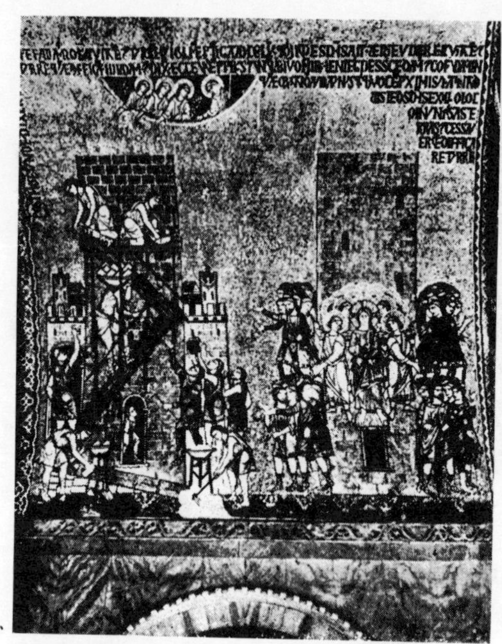

圖276 巴貝爾塔的興建　嵌瓷　聖馬可大教堂
威尼斯　12世紀末-13世紀

舊二傳的描寫順序亦不問故事的進行，隨著一年祭禮的序列，堂內的配置亦被規定下來，例如中央圓頂的最上部描畫「全能之神的基督」(Pantoklator)，並有天使、聖者、預言者跟隨，支壁上畫 4 個福音者，奧室中畫有伴同 2 個天使的聖母子，其下部畫孔繆尼恩，至於入口室則畫聖者、殉教者、或基督傳、瑪利亞傳。由巴希列奧斯 1 世所建的「壯麗的新神殿」(已廢) 據說就遵守這種規定。

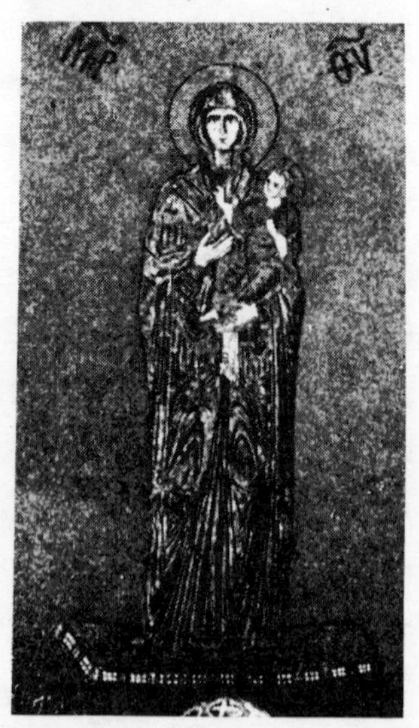

圖277 聖母子　嵌瓷　特且羅教堂
奧室　12世紀

這個時代現存的作品中值得注意的是達弗尼修道院(Daphni) (圖275)、弗契德的聖路加修道院 (Hosios Loukas)、薩羅尼卡的聖索非亞教堂、威尼斯的聖馬可大教堂、特且羅主教堂 (Torcello) (圖 277)、西西里的孟列阿列主教堂(Monreale)、基輔的聖索非亞教堂等的嵌瓷畫。達弗尼修道院的作品是古典希臘化意向的最佳例子，聖路加修道院比它約早50年，看不到達弗尼般的生命躍動，幻想的傾向較強，基輔的作品位於二者之間，當時俄國的繪畫仍完全從屬於拜占庭式，具有地方性範例的弱點及暗示其後發展的强烈樸素性，聖馬可教堂的作品中亦有部份近似

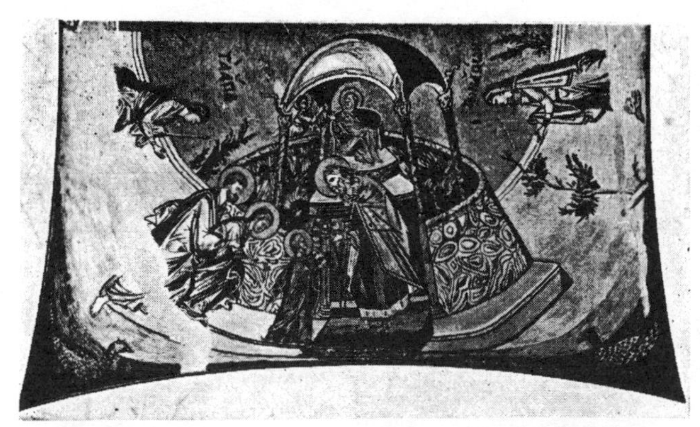

圖278 聖母之參拜　嵌瓷　君士坦丁堡　卡利埃・買米教堂

達弗尼樣式，畫在入口室的嵌瓷選擇相當自由的圖像，場景與姿態的描寫可以看到反映歐洲意向的大構圖。

自十字軍東征後的14世紀至土耳其占領的16世紀之間，卽在帕列奥羅哥斯王朝下出現的最後黃金期，君士坦丁堡的卡里埃・買米教堂亦留下了優秀的嵌瓷作品。自由而毫不拘束的感情與動態、戲劇性結構、背景的生動處理法、某種的風俗性等等乃是近代感覺的胚胎，同時因阿特斯山的修道院制度或希伯來主義中所見的神秘教義之完成所造成的信仰內容之變化亦很顯然，這種特色在當時更被代替嵌瓷出現的壁畫表露無遺。

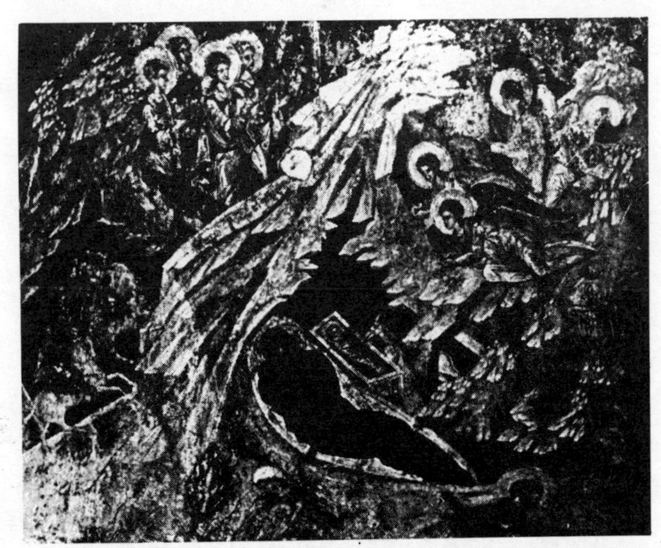

圖279 聖誕　fresco 壁畫　米斯特拉　佩利布列特斯教堂

或許帝國的經濟一旦衰落，逐漸開始萌芽的近代感覺便拋棄了嵌瓷，造成了畫來豪放又價錢便宜的 fresco（濕性壁畫法）之隆盛。

壁畫有兩個畫派，即馬其頓派與克里特派，前者屬較純粹的東方性格，亦即以敘利亞的寫實爲特色，從阿特斯山或米斯特拉的修道院（圖279)起，廣佈於保加利亞、塞爾維亞、俄國的尼列得希、諾維哥羅得附近各教堂。克里特派則基於古典的構圖、嚴謹的描線而表現希臘化的傳統，仍製作過米斯特拉、阿特斯山及其他地方的壁畫，在15.6世紀頗有凌駕馬其頓派的勢。

拜占庭繪畫史上值得注意的是聖畫像（註 3）其他各種工藝、染織品、特別是象牙浮彫遺品亦不少，玆從略。

註 3　聖畫像 Ikon，希臘語源意謂著「像」，爲希臘正教指稱描繪聖者、基督、聖傳的板畫之詞彙，初期用臘畫製作，最古的作品有 6 、 7 世紀的遺物，特別是拜占庭時代，以基輔、諾維哥羅得、莫斯科爲中心而製作很多，在羅馬尼亞直到18、19世紀還保留這種傳統。

第3章　歐洲中世美術的成立

第1節　蠻族侵入及其美術

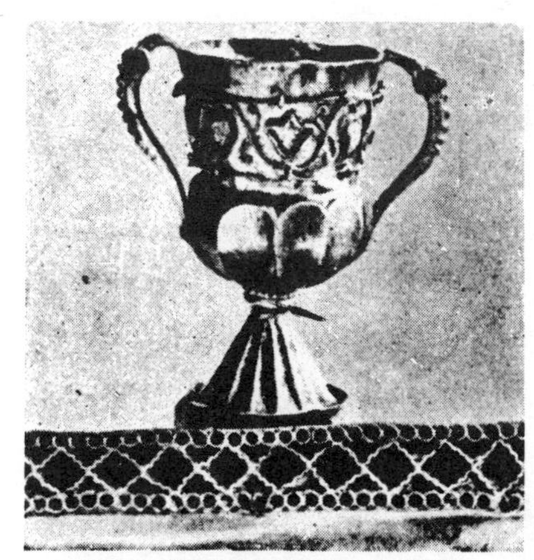

圖280 古爾頓的聖杯　527年以後
巴黎國立圖書館

西歐中世美術的最大歷史轉機和東方世界的情況相同，即是羅馬帝國的衰亡及基督教信仰的傳入。特別是前者，在其背景中，造成了史無前例的民族大遷徙，侵襲或遷徙的各民族——羅馬人侮蔑地稱之爲蠻族——當然都具有他們固有的美術，與希臘羅馬的人類中心之自然主義相反的，他們常以幾何學紋樣爲主體，幾乎不表現人像，且跟希臘羅馬的裝飾以植物紋樣爲主相反，他們以動物爲主體，最典型的東西當推日耳曼人喜愛的裝飾品（圖280, 281），當然，這些美術不論樣式上、或技術上皆非日耳曼人所固有，應該是從曾在地中海沿岸的斯基泰人、薩提亞人借用來的，其起源甚至推算至波斯亦無不可，但不管怎樣，蠻族愛好嚴格的抽象設計、複雜的幾何學主義、對某種豪華與富麗的響往亦是不可否認的。

這些蠻族定居於歐洲的結果，便與古代地中海美術起了衝突，或者也可以說相互的退步。本來在羅馬時代的歐洲，植根於拉丁都市文明的地中海沿岸、及拉丁、多惱河上游地帶的羅馬軍事界

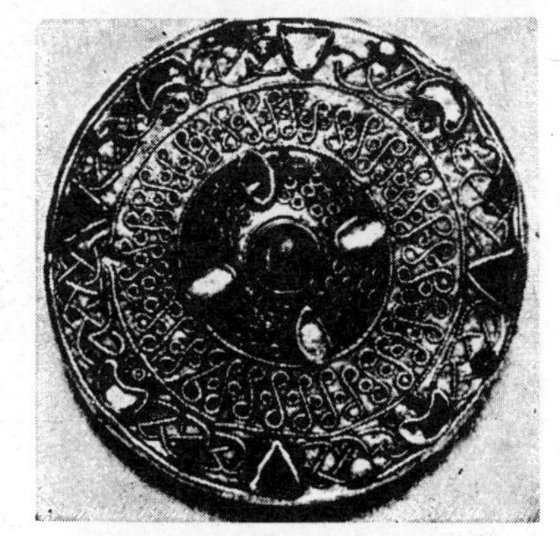

圖281 巴斯流出土的金釦　6-7世紀

限外面，及兩者的中間地帶三個圈子併行不悖。然由於民族大遷徙的結果，大平衡改變了，拉丁時尚與蠻族傳統混合的中間地帶異常地擴大，中世歐洲形式基礎的一部份可以說就在這裏。西歐中世美術的抽象超越性格固然在基督敎美術的目的性及東方美術的影響下形成，至於作為媒體而造成中世美術方向者為上述侵入民族的各種性向。

第2節　愛爾蘭・克爾特美術

侵入民族不但帶來東方的、反地中海的造型，同時高盧及其他各土著民族亦急劇地展開固有的造型衝動（它曾屈服於過去拉丁文化的統治），克爾特美術卽為其有力的表現。不只高盧，卽萊因河沿岸、中歐、小亞細亞及其他地方亦有所分佈，誇示了奇特的幾何學紋樣之才能，此卽逐漸拓展於被拉丁文化壓制的愛爾蘭的所謂絕緣於天主敎化之美術活動。以螺旋形，蔓草花紋、雷紋、拉塞丁（將動物編在一起，扭在一起的紋樣，大概起源於斯基泰・薩馬提亞）為主要的主題，產生了極其複雜的裝飾形式。人像表現亦幾乎不見，甚至被視為最古作品的磔刑圖亦為九世紀初的東西（惟高盧在羅馬文化的影響下，相當早就有神像的表現）。在愛爾蘭，最純粹地發展其獨創性的克爾特美術之特性殊可見諸手抄本的挿圖，發達於埃及內地的修道院制度比大陸更早傳入愛爾蘭，隨之而輸入的修道院藝術——織畫在歐洲亦首先發達於

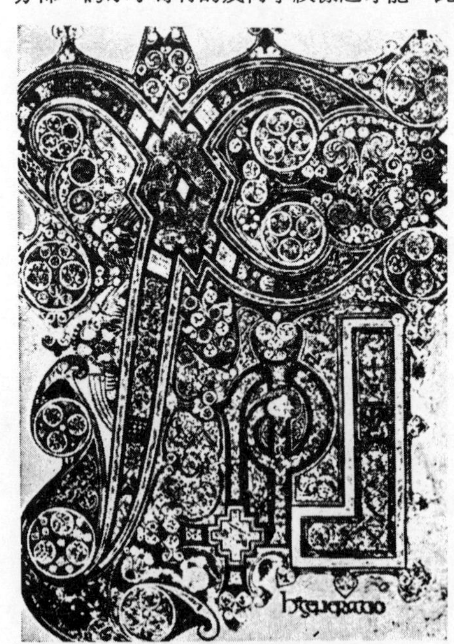

圖282 馬太傳花體字之頁　克爾斯之書　都柏林特利尼提大學圖書館　約700年

愛爾蘭。

「林底斯芳的福音書」(Gospel Book of Lindisfarne)(註1)「德羅的福音書」(Gospel Book of Durrow)，「克爾斯之書」(Book of Kells 都柏林市立圖書館藏)(圖282, 283)等爲其代表作，充分表現的克爾特人的天分，其極有力的構圖是希臘羅馬看不到、且東方美術亦沒有的奇特創造，在過度的複雜性，無始無終的關聯之無限錯綜之中有抽象表現的對絕性。

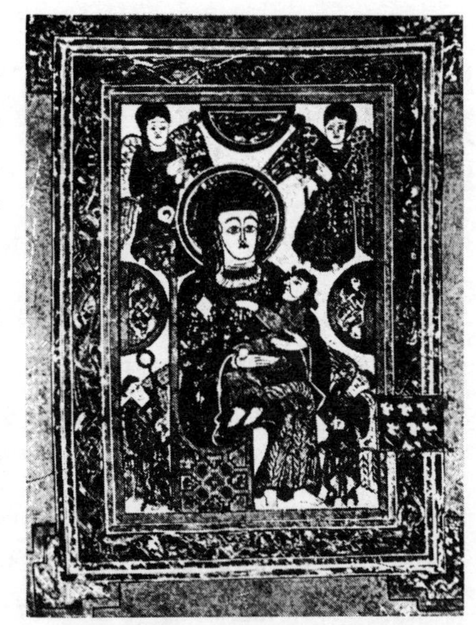

圖283 聖母子　克爾斯之書　都柏林特利尼提大學圖書館　約700年

第3節　美羅文美術

大陸方面侵入民族的刼掠之波已逐漸平靜，從五世紀末到六世紀，隨着他們完成王國的建設與安定，歐洲一帶的新文化便逐漸開始萌芽，這首先以繼承最先進的羅馬文化之雄心出現。拉溫納的特奧多利克大王不用說，即如五世紀末在奧賽爾興建小教堂的克洛提爾多王妃、在巴黎聖修奴威弗山上建立大會堂的克羅維斯、及仍在巴黎建造所謂「唯一不滅」的聖文森教堂 (Saint-Vincent) 的希德貝特等入侵王族，特別是美羅文王朝 (Merovingian) 的努力亦相當積極，在建築裝飾上蠻族典型從未這麼明顯過。一方面對於貴金屬工藝的喜愛亦可在文獻及遺物上看得很清楚・大概因爲美羅文文化處於北法國、西班牙、北義大利等拉丁文化的抵抗度較弱、即蠻族時樣易於浸透的地區之故。

註1　或因長期藏在達拉姆主教堂，亦稱爲 Durham Book，現存在大英博物館。

纖畫藝術若亦除掉初期的若干眷戀古典之作，則七、八世紀中，出現很多克爾特影響極强的作品，預告了抽象的裝飾、類似七寶室的色彩效果等新樣式的發展，「聖加爾的福音書」(Durkam Book Book of Saint-Gall, 8 八世紀末）爲其代表範例。

第 4 節　卡洛琳文藝復興

查理大利響往古羅馬的繁榮，從阿爾芹起 (Alcuin)，羅致許多飽學的僧侶於王宮，從事僧侶文學與宮廷儀式的復興運動，他這種文化活動隨着帝國的强大，在美術方面亦帶來諸多的成果，惟美羅文美術傳統便逐漸被截斷。

根據艾因哈德 (Einhard) 的敍述，查理大帝「爲着帝國的裝飾與利益而企劃許多事業」，現存的東西不過是阿亨敎堂(圖284)及架在萊因河上的橋樑，前者是取範於拉溫納的聖威特烈敎堂的八角堂形式，其厚重的感覺正表現了法蘭克人的生活傳統，同在九世紀興建、並於十九世紀改建的基米尼敎堂(Germigny-des-Prés 奧列安的主敎特奧丢夫所建）（圖285）則較爲東方化。再者，由十七世紀模寫古代纖畫而獲悉的聖里基耶修道院 (Saint-Riquier) 則異乎前二者的東方性，採用美羅文王朝以來的傳統樣式——大會堂形式，根據文獻所載，當時的建築樣式大致後者較多。不管怎樣，如上述的例子顯示的，卡羅林美術的目標可

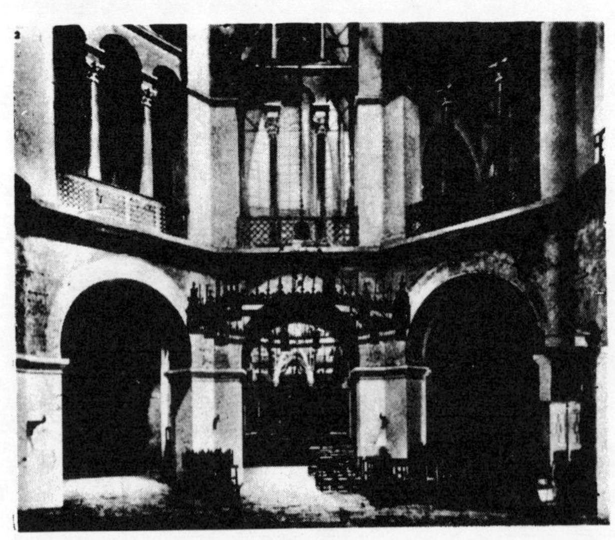

圖284 阿亨敎堂　內部

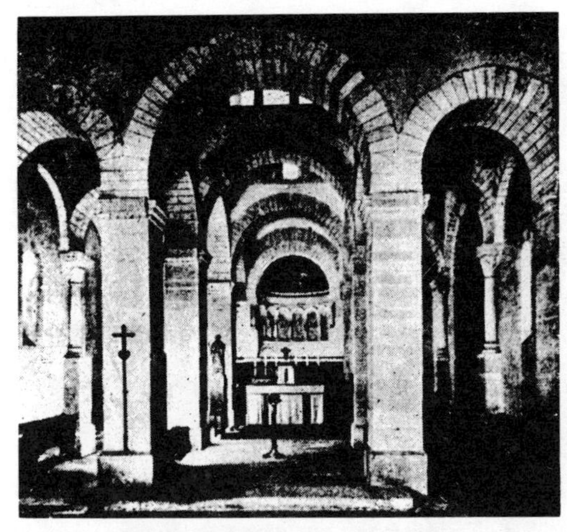

圖285 基爾米尼・德・普列教堂

以說是文藝復興，但不是走向古典古代，而是東方希臘的古代或古代末期的基督教美術。畫於建築內部的壁畫、嵌瓷（現存羅瓦爾峽谷的基米尼教堂，圖237）亦具有古代式的優雅與尺寸，但與其說是古典古代，不如說是屬於拜占庭的。現存的一個珍貴例子——奧塞爾的聖日耳曼教堂 (S. Germain) 的地下祭堂壁畫（1927年發現）即以古代式的雄姿描畫二個聖者，手抄本插圖、特別是後述的聖多尼派之影響歷歷可見。

惟這個時代的遺物關於紀念性的美術絕少，但小工藝，特別是織畫頗有一些，故亦被視爲卡羅林王朝美術的主體。卡羅林文藝復興的源起是來自拜占庭的許多儀典書造成的，這些書乃是爲着宗教儀式的復活而被帶過來；其次的原因是由於查理大帝及查書理禿頭王皆是愛書的人，大帝對於偶像破壞取批判的態度，並宣布妥協的中立，故阿亨 (Achen) 便成當時圖像製作的中心地，從東方亦來了很多的藝術家。

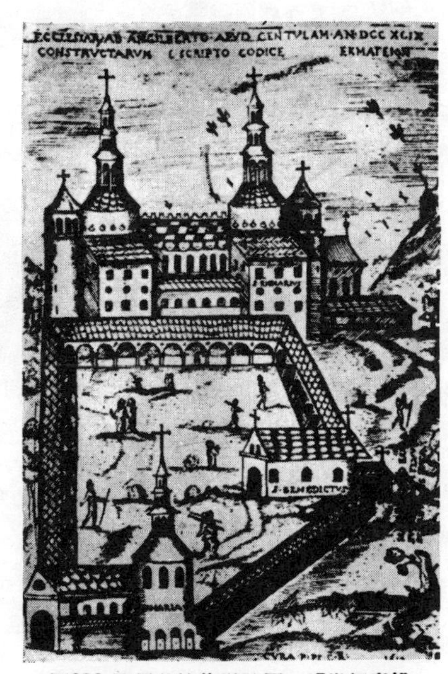

圖986 聖里基埃修道院圖　17世紀素描

科隆樣式亦然，即使它的根柢

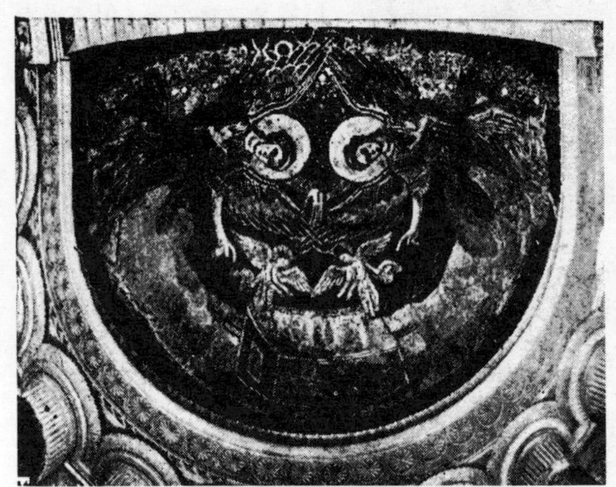

圖287 基爾米尼・德・普列教堂的嵌瓷 聖櫃與天使

藏着蠻族樣式，但主要仍接近拜占庭樣式的精練性，例如表現人體並不用抽象的輪廓線，而採用古典的內容、及光與影的印象性。隸屬於阿亨宮廷的阿達羣（Ada）繖畫也許最能說明這種轉變，這派的指導者是哥德斯卡克，他製作的「哥德斯卡克之福音書」(Evangelière de Godescalc)（圖289）卽爲代表性的作品。

里姆斯派亦與阿達羣接近，唯更屬於古代的，其中亦有把詩篇各節細心圖解的「烏特勒支詩篇」(Utrecht Psalter)（圖290），透過自然主義式的情景描寫、躍動的描線、豐富的挿圖而傳達了卡洛琳朝的古代性，它也許是法國式中採入希臘化原作之最佳範例。此外，留下「查理禿頭王之第一聖經」(Premier Bible de Charles le Chauve)（圖291）的突爾派、製作「聖原美拉姆福音書」(Codex aureus von S. Emmeram，圖292)的聖多尼派、乃至美茲派、克爾必派等皆以修道

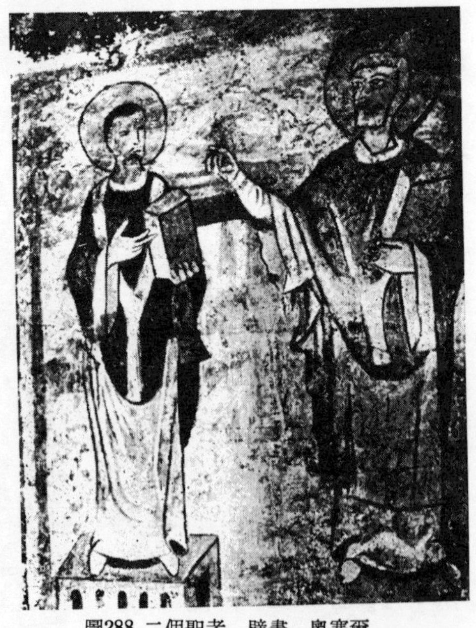

圖288 二個聖者 壁畫 奧塞爾
聖日爾曼地下教堂 9世紀

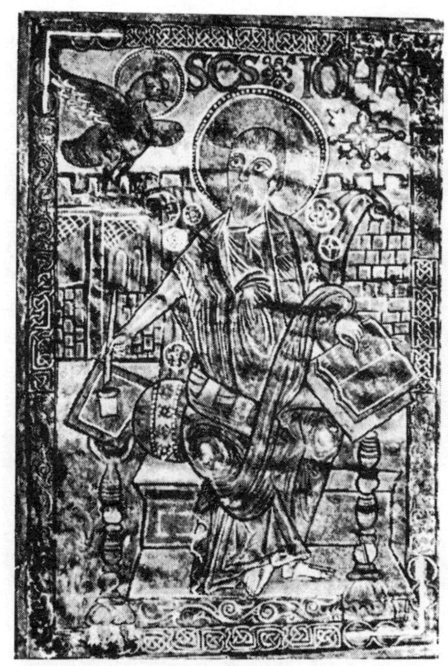

圖289 福音者聖約翰　哥德斯卡克福音書的插圖 779-983　巴黎國立圖書館

院爲畫室，積極採入拜占庭的東方造型傳統。再如象牙浮彫亦採入古代末期的手法，或者將織畫加以複製，在整個卡羅林時代製作甚多。貴金屬工藝品的製作亦很顯著，保存於康克修道院的「阿基特奴之聖櫃」卽爲其代表作，這類作品並不如象牙彫刻（卷首圖25）那麼明顯地受古代末期的影響，不如說美羅文典型在此具有支配性，預告了羅馬式彫刻的抽象性。如是各種造型傳統尙未見其完全統一，各各自由地展開其創造力，這一點是卡羅林文藝復興的特質，並可以說造成了羅馬式時期以後西歐中世美術的基礎。

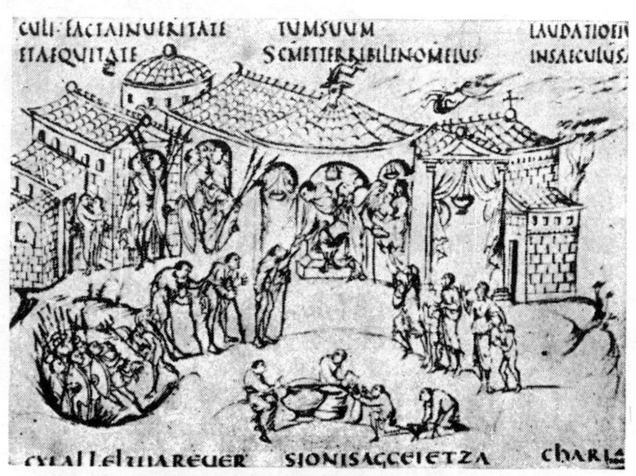

圖290 烏特勒支詩篇插圖　詩篇 CXI　831-835
烏特勒支大學圖書館

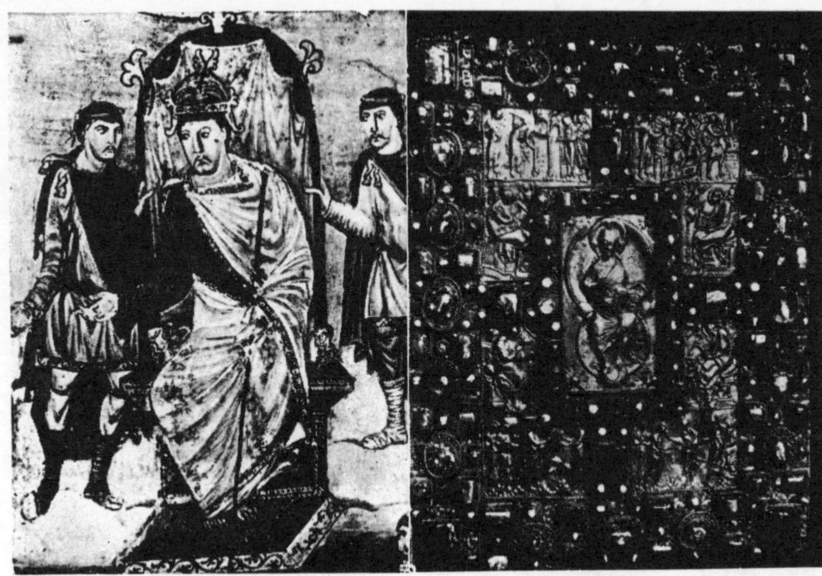

圖291 查理禿頭王的第一聖經插圖
849-851 巴黎國立圖書館

圖292 基督與福音者
聖原美拉姆的福音書之裝訂
雷根斯堡 聖原美拉姆教堂
870年

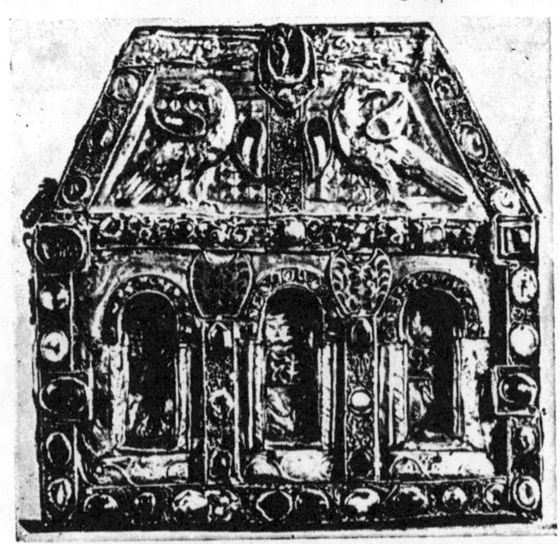

圖293 阿基特奴之聖櫃 9世紀

第4章　羅　馬　式

查理大帝的大帝國一旦分裂，薩拉森、諾爾曼的遊牧民族便不斷地侵入與掠掠，經過這段空缺時代之後，到十世紀，封建秩序大約齊備，便產生了所謂羅馬式美術，這是卡洛琳朝美術的繼承者，也是較爲西方化的基督教美術之形成者，亦可說是一般所謂的歐洲美術樣式的誕生。

本來，卡洛琳文藝復興已繼承過種種的傳統，但爲着古代復興的理想及中央集權的政體，其方向便常取單一的目標；與此相反的，羅馬式美術則消化了一切外來的影響，普遍化了所謂基督教古拙美術的統一樣式，並在各地產生了地方樣式的獨特性，大概變化中的統一，多樣中的一致乃是羅馬式美術的特質，特別像德國（始於所謂鄂圖朝美術）、北法國乃是植根於卡洛琳美術傳統的地區，但義大利、西班牙、南法國與卡洛琳美術的接觸並不那麼密切，不如說古代代末期的傳統較爲根深蒂固，或說處在與回教美術接觸的地區，兩者地方差異相當顯著。儘管如此，它們在 11～12 世紀具有某種共同性，其表示普遍發展階段者爲基督教信仰的普遍化及東方影響的絡繹不絕。

第1節　建　　築

與卡洛琳美術接觸較少的地區、特別是法國東部、南部，從 10至11 世紀以所謂初期羅馬建築爲主，由極單純的設計組合了磚狀分割的石塊，作全體無變化而沉重的建築型式，外壁造有壁龕的拱列，在此亦承受了名爲「倫巴底亞帶」之裝飾帶，極具特色，這是早在 7～8 世紀以來，由義大利北部被稱爲「克馬契尼」(Comacini) 的建築家羣所創造的樣式，至8～9世紀，擴展至倫巴底亞、特斯卡納。到10世紀，更從卡達洛尼亞，至庇里牛斯山兩側、薩伏依、布哥尼、瑞士爲止，與穹窿形式一起普及。故稱爲「初期羅馬式」。另外，在直接繼承卡洛琳文藝復興傳統的各個地方，則展開了較爲西方化的獨特羅馬式建築，到 11～12 世紀便與前述的倫巴底亞形式融合、或併用，完成了羅馬式建築，並形成了走向

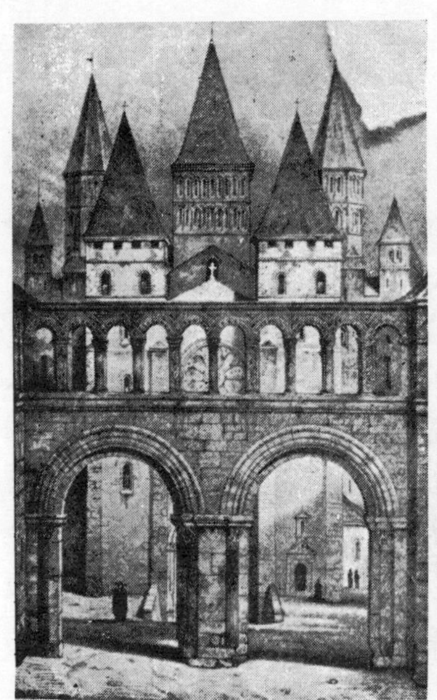

圖294 克流尼修道院 1088-1109
破壞前的石版畫

哥德式建築的趨勢。

現在列舉若干主要的範例，11世紀有

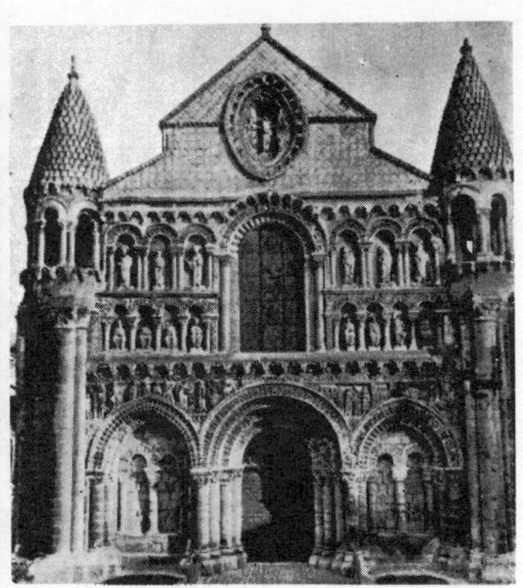

圖295 波瓦提埃的聖母院 西正面
1045-1080

克流尼的第一修道院 (Cluny 1088～1109)（圖294），波瓦提埃的聖母院 (Poitier 1045～1180)（圖295），康克的聖弗瓦教堂 (Saint-Foy de Conques 1050～1108)，康恩的聖艾提恩奴教堂 (Saint-Etienne de Caen1063～1066)，突爾斯的聖塞爾朗教堂 (Saint-Sernin de Toulouse 1076～1119)，康波斯特拉的主教堂 (Santiago deCompostella 1078～1188)（圖296），

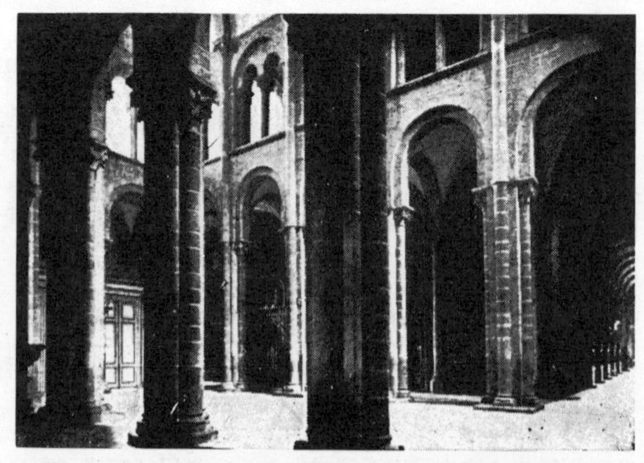

圖296 康波斯特拉主教堂 內部 1078-1188

蘇拜亞教堂（Speyer 1030, 1090增建）（圖297），林康大教堂

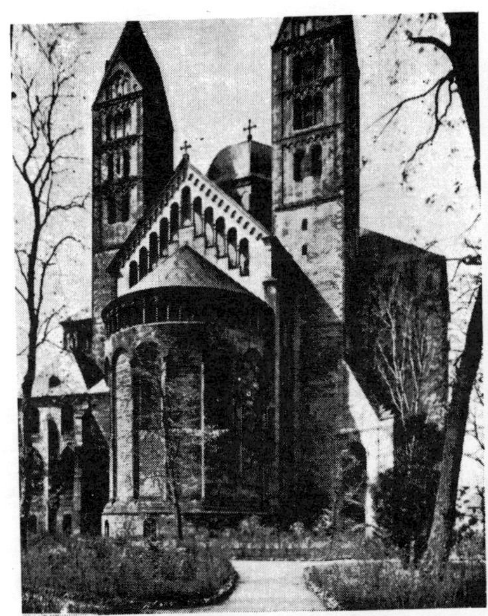

圖297 修拜亞主教堂1030, 1090增建

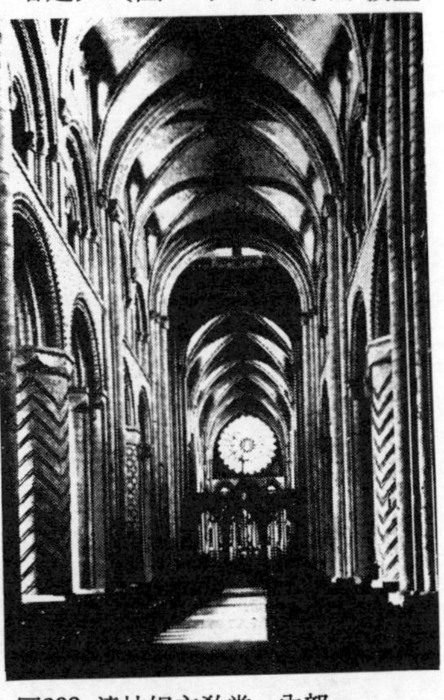

圖298 達拉姆主教堂 內部
身廊部1093-1128 穹窿1128-1133

(Lin-coln)，達拉姆大教堂（Durham 1093～1133）（圖298），比薩大教堂（Pisa 1063～1103）（圖299）；12世紀有惠斯勒教堂（Vizeley 1104～1132），奧登的聖拉扎爾教堂(Saint-Lazare d'Autun 1120～1178)，佩利格的聖弗隆教堂（Saint-Front de Pèrigueux 1120～1173重建），帕爾瑪教堂(Parma)（圖300），沃爾姆斯大教堂（Worms 1070～1234）（卷首圖36）等。

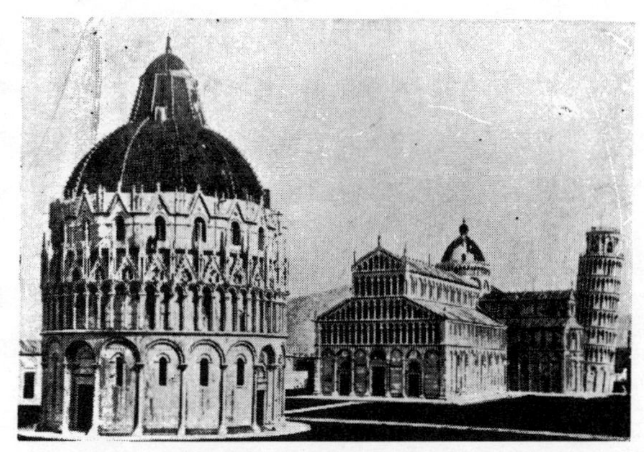

圖299 比薩主教堂 主堂1013-1103 西面1250
洗禮堂1153 鐘塔13、14世紀

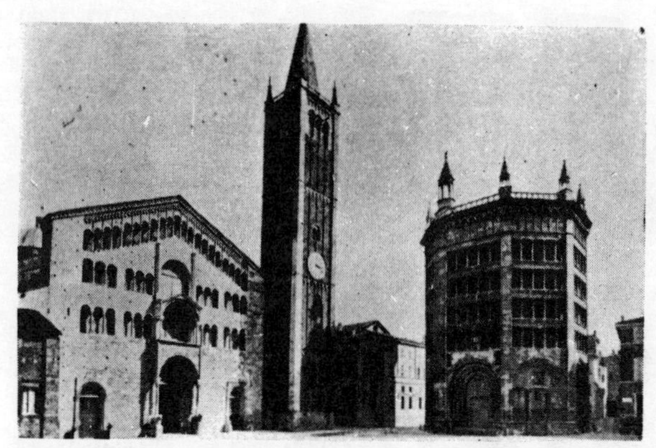

圖300 帕爾瑪主教堂 本堂1130-50 洗禮堂1196

這些建築不論在技術上、素材上、乃至樣式上皆有顯著的地方差異，惟亦可看出羅馬式獨特的共同點或共同課題，最重要者在教堂的身廊部、側廊部架以穹窿，羅馬式建築的完成表示了這個課題的解決，及促成解決的設計或立體面之複雜化。穹窿形式仍被用在卡洛琳影響較少的南方小教堂，不久甚且用在北方大建築的交叉穹窿上。

它們必然是準備躍進哥德式建築的技術解決，亦爲羅馬式建築樣式的基本特色，全體的形狀與設計皆取適用於穹窿教堂的有機的集中體系，其厚重的壁體及量感的綜合處理正表現了新建築家們的思索與生活感情。

第2節 彫 刻

這些建築的柱頭、門楣中心（Tympanum，註1）、奧室（Apse，註2）外壁上放有許彫多刻，它與其說是建築裝飾，不如說是建築的一部份更爲恰當，羅馬式彫刻並非獨立的裝飾，它隸屬於建的構造機能或樣式旋律，例如半月形的門楣中心便要求符合該形態的構圖與旋律，人體的比例亦常爲此扭曲，此即所謂「外框法則」(Loi de cadre)。

羅馬式彫刻結合了基督教美術的超越性及東方的裝飾性，產生了古拙的抽象形態及啓示錄的幻想世界，幾何學的紋樣構成及神秘的超自然世界乃是羅馬式彫刻的主調。

註1 塞在教堂門上拱起部份的石板。
註2 教堂最後面的圓形或多角形突出部份。

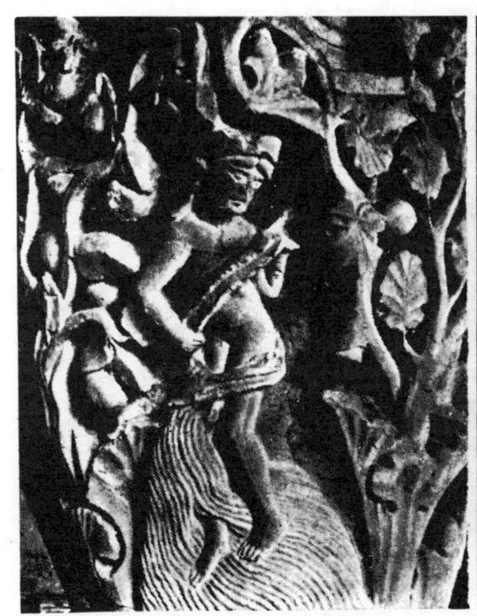

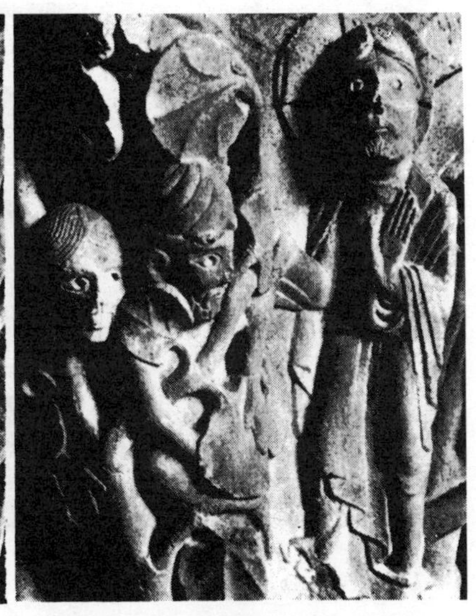

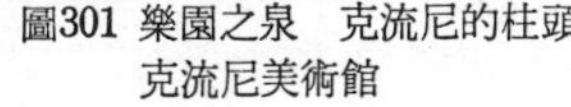

圖301 樂園之泉　克流尼的柱頭　克流尼美術館

圖302 靠近亞當與夏娃的神　克流尼的柱頭　克流尼美術館

早在11世紀初，希登罕的聖米卡埃爾教堂(St. Michael, Hildesheim) 之柱頭上已出現過這種羅馬式 彫刻的，到11世紀末，克流尼修道院之柱頭彫刻（圖301, 302)則爲珍貴的遺例。當時的克流尼以傳教活動的中心地而盛極一時，隨之而來的影響力之促成彫刻樣式的普及亦不難想像到，此即所謂布哥尼派，例如表現於奧登教堂門楣中心上的「最後審判」，門上楣石的「夏娃」（圖 303），柱頭的「聖家族逃往埃及」（圖304)，或者惠斯勒教堂門楣中心上的「聖靈降臨節」（圖304)皆屬之。

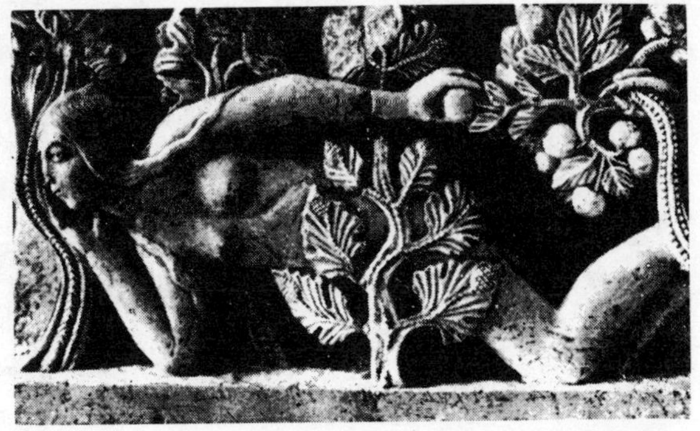

圖303 橫臥的夏娃　奧登主教堂的楣石浮彫　奧登羅蘭美術館

另外，又有蘭格多

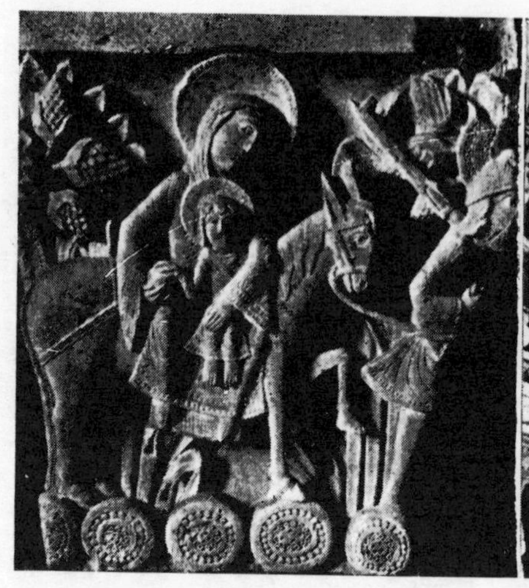

圖304 聖家族逃往埃及　柱頭
奧登主教堂

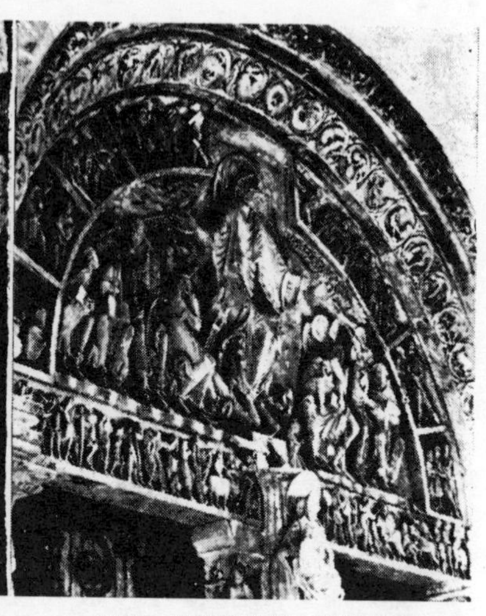

圖305 聖靈降臨節　惠斯勒
聖馬多列奴教堂　約1152年

克派，從11世紀末羅馬式初期彫刻開始，經過哈卡主教堂 (Jaca) 等西班牙或南法國彫刻，進而結晶於突爾斯聖塞爾朗教堂、及莫瓦薩克的聖彼埃爾教堂 (S. Pierre de Moissac)，這一派主要以突爾斯爲中心而普及，在窪下的底上置以較爲扁平的彫刻是其特色所在，聖塞爾朗的「基督像」(圖306)，莫瓦薩克的「最後審判」爲其代表作。

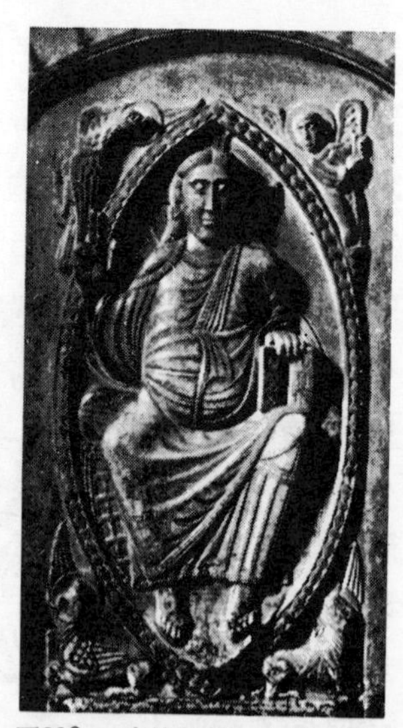

圖306 玉座的基督　大殿　浮彫
突爾斯　聖塞爾朗教堂

繼承這兩個舊流派之後，法國又展開了波瓦突、奧維尼、普洛文斯等的地方樣式，表現「最後審判」的康克聖弗瓦教堂的門楣中心不僅是奧維尼派的傑作，亦可視爲羅馬式彫刻的終曲。基督教美術本是「爲文盲而作的圖解聖經」，它在傳教與佈道剛結束的羅馬式初期，圖像亦多取自舊約，特別是啓示錄的幻想，常作爲戒律而具有使命

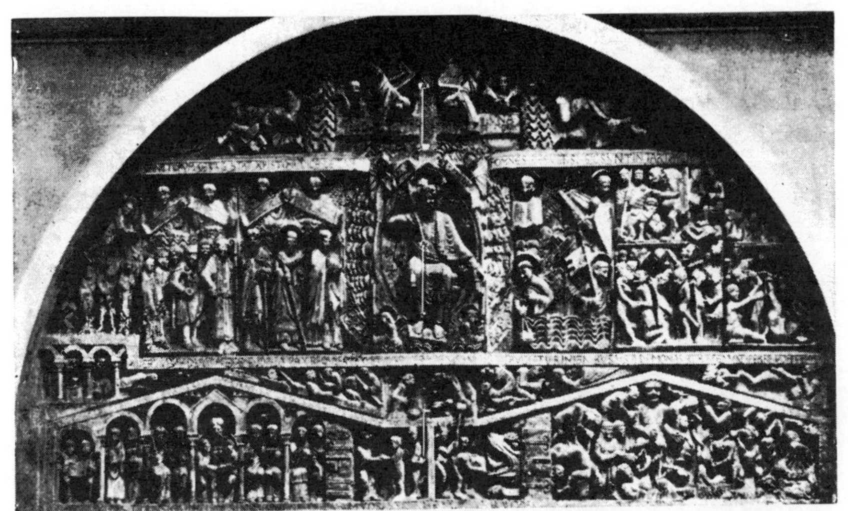

圖307 最後審判　康克的聖弗瓦教堂　門楣中心彫刻

，因此在教堂裝飾最重要的舞臺——門楣中心彫刻上「最後審判」。又聖弗瓦教堂內藏有一件名爲「聖弗瓦玉座」（圖308)的圓彫形式之聖櫃，本來羅馬式彫刻以浮彫爲主，圓彫很少，但奧維尼地方從10世紀左右起，却製作了相當多的圓彫作品，大部是木彫，再在上面覆以金箔鑲以寶玉，「聖弗瓦」爲其代表作，美羅文美術以來的傳統留下相當明顯的痕跡。

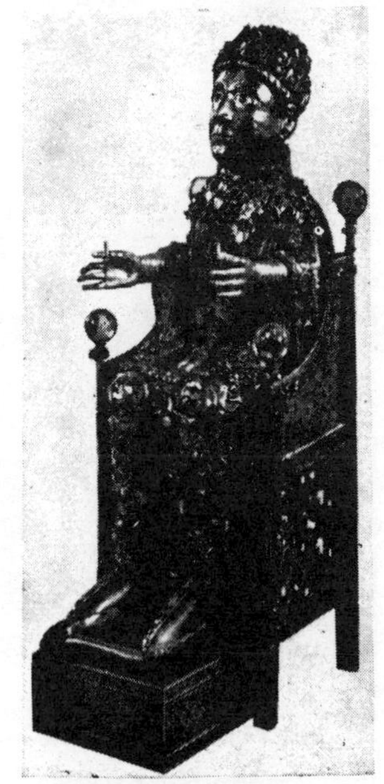

圖308 聖弗瓦的玉座
康克的聖弗瓦教堂

普洛文斯派與之相反，他們較接近古代，從阿盧的聖特洛 斐姆教堂（S. Trophime）起，產生了康波斯特 拉的「光榮的正門」（1182）等傑作。

另外，在義大利來說，本德特·安特拉米(Bendetto Antelami)，基里埃莫（Giliemo）爲優秀的彫刻家，在帕爾瑪、莫德納留過他們的作品。在德國，不但希德斯罕的「伯恩華特之青銅柱與門」(Bernwald) 等金工藝術發揮了優異的技術，即石彫上亦反映了條頓民族生動的現實感覺及金工藝術，成了哥德式彫刻的先驅者。

第3節　繪　　畫

由厚重壁面構成的羅馬式建築之內部空間亦用繪畫來裝飾，當然，在羅馬式時期織畫的製作亦很多，跟卡洛琳時代相同，它亦常為紀念性繪畫或彫刻的典型之源泉，但壁畫是這個時代的代表性繪畫藝術，這點與拜占庭的嵌瓷性質相同。

以 fresco 技法所畫的壁畫與彫刻的情況相同，它們附屬於建築的旋律或限制，一方面以織畫為藍本，發展了豐富的古拙性，但不同於卡洛琳時代的古代性或心理說明，它們被流暢有力的線條所構成、所形式化，儘管如此，在單純化的律動描寫中，彫刻或織畫所沒有的豐富生命感仍歷歷可見，中世人物像的形成，這些壁畫可以說是拓荒者。

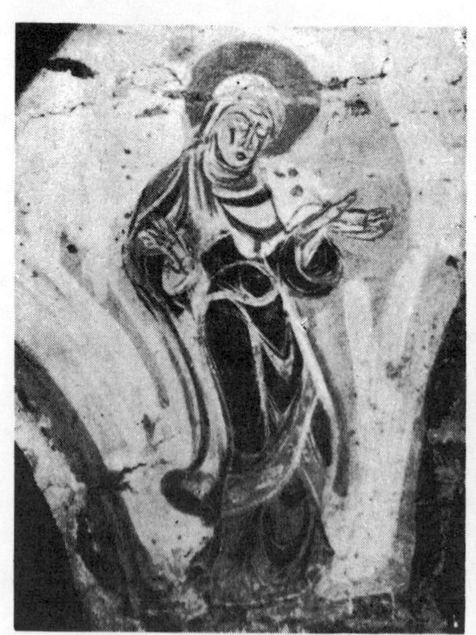

圖309 聖母　壁畫　塔梵教堂

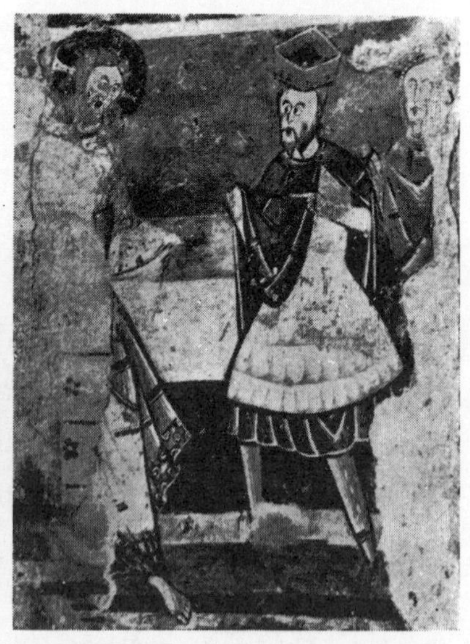

圖310 赫羅底王面前的基督　壁畫
維克　聖馬爾坦教堂

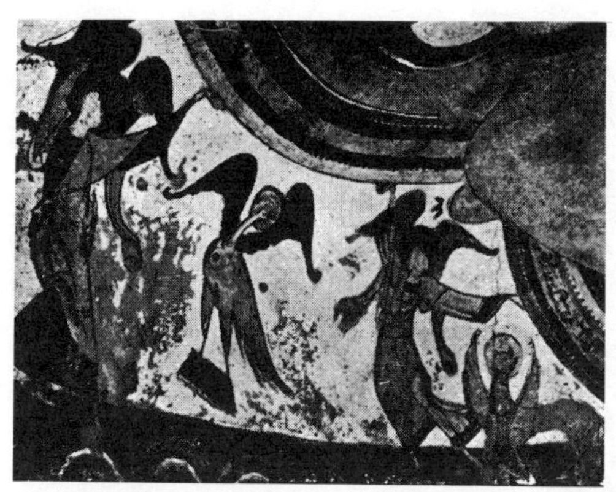

圖311 福音者的象徵　壁畫　孟特瓦

羅馬式繪畫的特色在於超過彫刻以上的故事性，因爲壁畫比彫刻有更多的壁面，且不受彫刻般的限制，甚至只就易於受抄本藝術影響一事卽具可能性。

壁畫亦首先在卡洛琳影響較强的地區完成了羅馬式，在德國萊希納的奧瓦哲爾、尼達哲爾諸教堂的壁畫上，其鮮明的構圖中展現了複雜的姿勢、及隨運動感而來的古代式的優雅姿態，或許是10世紀末的作品罷，在布格斐爾登 (Burgfelden) 的小教堂壁畫亦承受這個系統。

以波瓦突爲中心，安修、突列奴、貝利、奧維尼諸地的壁畫亦繼承卡洛琳朝的傳統，完成了獨特的西方樣式，維克 (Viq)（圖310），塔梵(Tavant)（圖309），孟特瓦 (Motoire)（圖311），聖薩梵(S. Savant)（圖312）爲其代表性遺例，其中聖薩梵教堂畫有舊約、福音者傳、啓示錄、聖者傳的連續構圖。

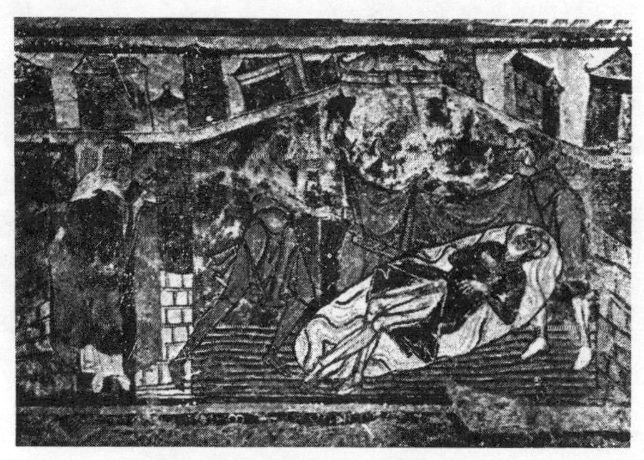

圖312 諾亞酩酊大醉　聖薩梵教堂

波瓦突派在淡淡的底色上以中間色爲主，色彩並不那麼豐富，由舒暢的圖形描線而造成簡潔的構圖。

另外，在布哥尼、蘭格多克、普洛文斯、維列、卡達洛尼亞諸地方進行所謂布

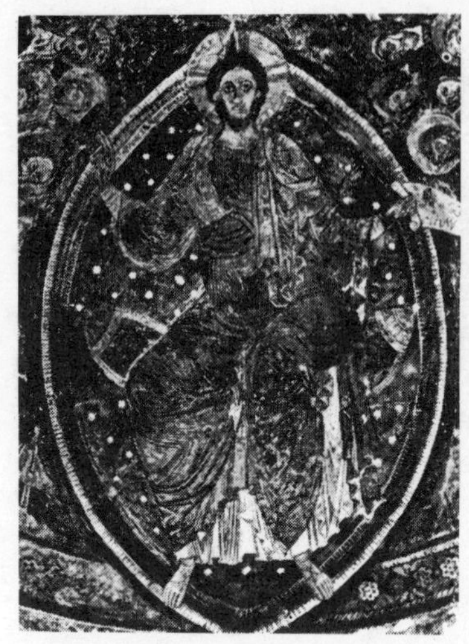

圖313 光榮的基督　壁畫
貝爾塞・拉・維爾教堂

哥尼派的壁畫，與其說是卡洛琳朝的傳統，不如說與拜占庭繪畫或義大利壁畫具有密切關係，並以地方樣式去發展。背景是鮮明的藍底，富有豐富的色彩，卡達洛尼亞的聖克列曼特教堂（S. Clement）、布哥尼的貝爾塞教堂、奥維尼的盧・畢依教堂（Le Puy）（圖314），及布流德教堂(Brioude）的壁畫（卷首圖28)爲其代表性遺例。

織畫亦不亞於壁畫而製作很多，在德國除前述萊希納畫派之外，列格斯堡派產生了許多羅馬式織畫；法國亦一面受德國的影響，同時產生獨特的羅馬樣式；英國的文且斯塔畫派亦混合了克爾特樣式及大陸樣式，產生了躍動的畫面；再如西班牙，亦留下許多被稱爲「必突斯啓示錄註釋書」的抄本，紐約摩根圖書館的「摩根的必突斯」（Beatus of Morgon）或者「聖斯威爾的必突斯」(Beatus ofSt. Sever黎 11世紀、巴圖書館藏）即爲其代表作，給了紀念性彫刻與繪畫以不少的影響。

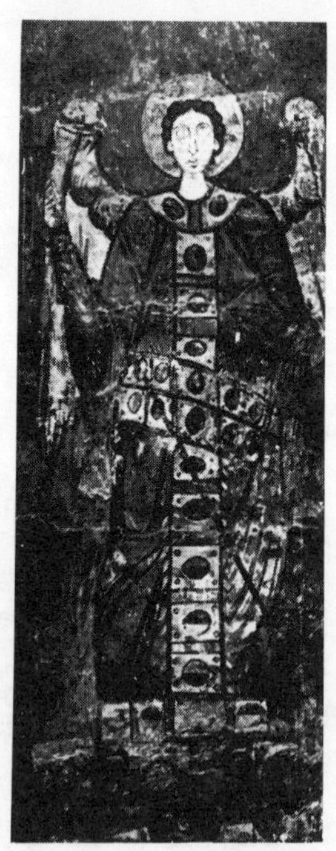

圖314 聖米卡埃爾壁畫
盧・畢依主教堂

第5章 哥 德 式

羅馬樣式在10世紀至12世紀前半的發展過程中，內在所含諸問題的具體解答當然是哥德式美術，這種轉變是由於哥德式藝術家的努力，他方面亦由於教會制度的完備及煩瑣哲學的完成、古代教養的復活及對世俗的開放、乃至隨着北法國卡貝王朝繁榮帶來的封建制度之緩慢解體，外在條件的齊備形成一個轉機。

給啓示錄的幻想與戒律賦予生氣的基督教亦逐漸呈現和平福音的面目，神學思想亦從普洛提諾斯 (Plotinos) 式的神秘形態轉入阿里斯多德式的合理性，湯瑪斯·阿奎那 (Thomas Aquinas) 卽爲最具代表性者。過去被關進修道院而保存的古典的、異教的教養亦逐漸向世俗開放，巴黎、薩勒諾、牛津、波羅納等大學的創始亦在哥德式初期。不用說，被保存於波斯或西班牙等回教圈的古代傳統亦流傳過來，哥德式美術的古典性及人類的感動卽由這種內外的條件而形成，它可以說不但是中世美術形態的完成，而且是準備躍進新時代的美術樣式。

第1節 建 築

哥德式時期建築在各種藝術中依然占着領導地位，繪畫、彫刻、色玻璃在與建築的密切結合下展開，這雄壯交響曲的指揮者當然是建築家，在這個意義上，建築對其他藝術的影響力比羅馬式時期更具決定性。

前面說過，羅馬式建築的最大課題是廢棄木頭骨架的三角形屋頂，而架以堅牢的石造穹窿，哥德式建築承受這個課題並給予完全的解解，此卽筋骨穹窿 (Vib vault)（註1）的採用。過去羅馬式建築不只用過交叉穹窿，且開始使用筋骨穹窿，如英國的達 拉姆主教堂便是。哥德式更全面採用這種 先驅的樣式並以更合理的結構爲目標，進而與尖拱並用，隨着飛樑 (Flying buttress)（註2）的採

註1　在以同型的筒形穹窿作直角交叉的交叉穹窿 (Groin Vault) 中，構造上其稜線部份不免會脆弱，故沿著交叉穹窿的稜線而對角線狀地加上筋骨，便成穹窿筋骨，由此而使筋骨穹窿的重量均等地流向四角。

註2　參照圖316，爲著承受身廊部穹窿的重壓而架到側廊頂上的拱狀樑。

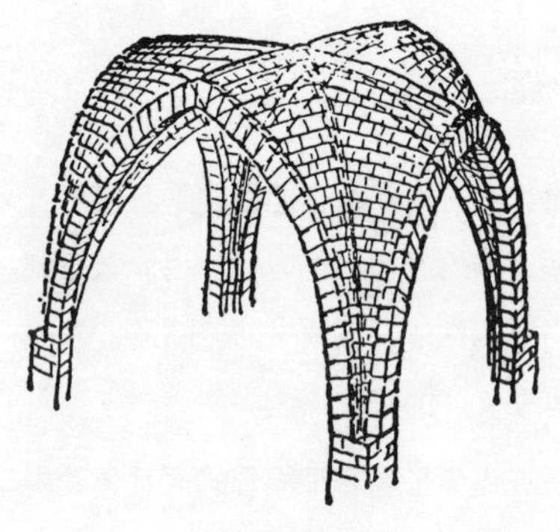

圖315 筋骨穹窿

用而解決並完成了哥德式教堂在力學上、視覺上的問題。同時與羅馬式教堂的强調量塊感與水平線相反的，哥德式教堂强調垂直線的效果重於水平線的效果，追求向天飛昇的仰高性重於地上的安定感，作爲技術的課題，亦走入採用筋骨穹窿、尖拱、飛樑的方向。一反侵入民族之直截表現純樸厚重的生活感情於羅馬式教堂，哥德式教堂由於上昇感的强調而具備了完全符合於「神之家」的壯麗感，揚棄了厚重的壁體，有效果地使用多量的柱子，壁面則全部提供給色玻璃。

哥德式首先以北法蘭西、易爾・法蘭西爲中心去發展，這個地方以卡貝王朝的領地而興隆，必然早已具備了創造新樣式的機運。在莫利安華爾修道院 (Morienvale) 可以看到筋骨穹窿最初期的例子，繼其後更有一羣教堂出現，特別是12世紀前半由修協爾修道院長所建的聖德尼修道院 (St. Deni, 1144獻堂，現存者爲 13 及 19 世紀改建)及珊斯主教堂 (St. Etienne de Sens 1140～1168)，它們向哥德式創造踏出劃時代的第一步，極被注目。

到12世紀後半，拉恩主教堂 (Notre-Dame de Laon 1160～1207)，珊利斯主教堂 (Notre-Dame de Senlis 1153～1180 身廊部完成)，巴黎聖母院 (Notre-Dame de Paris 1163～1182身廊部完成）（卷首圖 38圖317）便處於13世紀完成哥德式建築的前階段。12世紀的建築通常名之爲「初期哥德式建築」，13世紀的作品則不論樣式上，建築構造工程上皆在最完成的階段，故稱

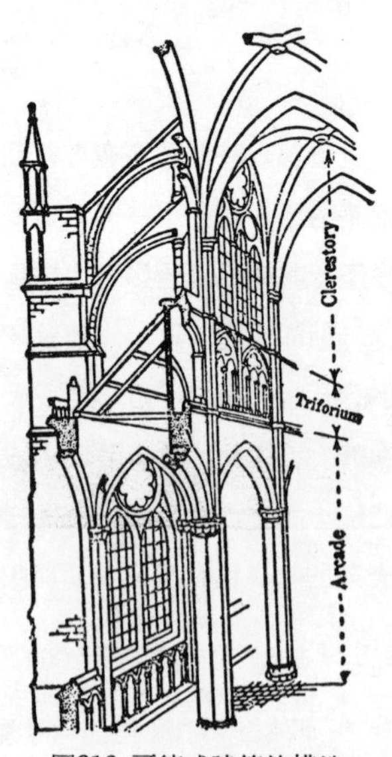

圖316 哥德式建築的構造

為「哥德式古典期的建築」。歐洲主要的出色大教堂幾乎全是這個時期興建的，自維雅爾．東奴克爾(Villard de Honnecourt)（註3）、皮埃爾．孟特羅攸 (Pierre de Montreuil ~1267)（註4）起，很多大建築家名垂後世亦在這個時期。此處要將之全盤論列殆爲不可能之事，故先列擧最主要的例子，像法國北部的夏特聖母院 (Notre-Dame de Chartre 1194~1260)、里姆斯聖母院 (Notre-Dame de Reims 1211~1241 身廊部西正面完成，塔完成於1300，卷首圖37)、阿米安聖母院 (Notre-Dame d' Amien 1220~1270) 等是。

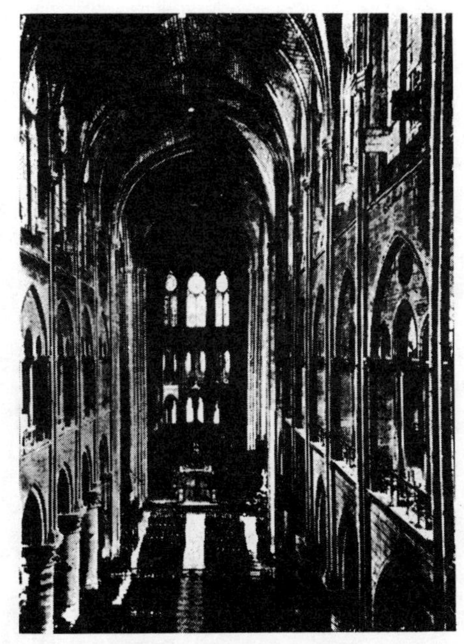

圖317 巴黎聖母院　內部

夏特聖母院是哥德式教堂的古典偉大樣式最初的例子，外面保存一部分法貝爾主教興建的原教堂形式，北塔在1513年由賈恩．特克吉所建，內部全是哥德式。巴黎聖母院强調安定的水平線，揚棄垂直線的上升感，廢止了前者內部邊牆上佔地過大的樓上廊 (Tribune)，形成被稱爲 Triforium（亦稱盲層 blind story）的簡截小走廊，拱廊與高窗擴大了，支柱亦從地上垂直地上昇至穹窿筋骨。

里姆斯（圖320）、阿米安（圖321, 322）兩座主教堂繼承夏特樣式而更加精練

註3　建築家，生於法國北部恩奴克，從事於13世紀的法國哥德式建築，康布列主教堂、艾斯奴的聖康坦教堂特別因爲他留下的建築圖集而出名，它1795年在巴黎圖書館被發現，通稱維雅爾．東奴克爾的紀念册，這本圖集在33張羊皮紙上速寫了各種的紋飾、建築細部、器具之類。

註4　13世紀的哥德式代表建築家，營建巴黎的聖夏貝教堂、聖日爾曼．德．普列的聖母禮拜堂，並改建巴黎聖母院的窗子。

，阿米安主教堂被稱為「法國的帕特儂」，一如該名稱所示，它是哥德式古典樣式最千錘百鍊的作品，長145 m，身廊內部高 42m，窗的高度就有12 m，乃是遠比帕特儂巨大的作品，建築各部調和的比例所造成的律動感、及拔地擎天上昇的力學美感亦比夏特更為完全。後述的波維主教堂 (St. Pierre de Beauvais 1247～1272) 則過分強調上昇感，身廊內部高48m，有「巴貝爾塔」綽號的塔高達 153 m，反而妨碍了視覺之美。

里姆斯主教堂亦是哥德式古典樣式的代表傑作，與夏特、阿米安同樣不可或忘，特別是里姆斯，自1210年火災前的卡洛琳朝大教堂以來，它是法國歷代帝王舉行加冕儀式的場所，與法國歷史分不開，不論是克羅維斯王到布爾蒙皇家最後帝王的加冕儀式，或是聖女貞德的歷史皆以這裏作舞臺。1210年火災過後，在賈恩·德爾貝監督下興工，直到他死後的14世紀才完成，身廊內部高38 m，側面牆壁仍作拱廊、盲層、高窗的三層構成，柱身集合 4 支圓柱，其垂直線的纖細與崇高之感超過夏特與阿米安，法國人把阿米安比作盛開的花朶，把里姆斯

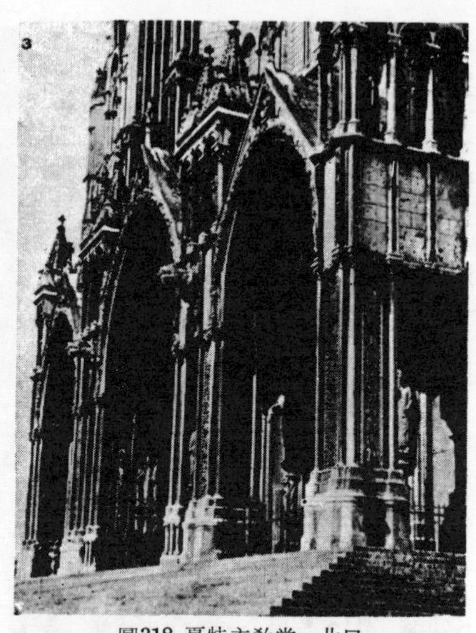

圖318 夏特主教堂　北口

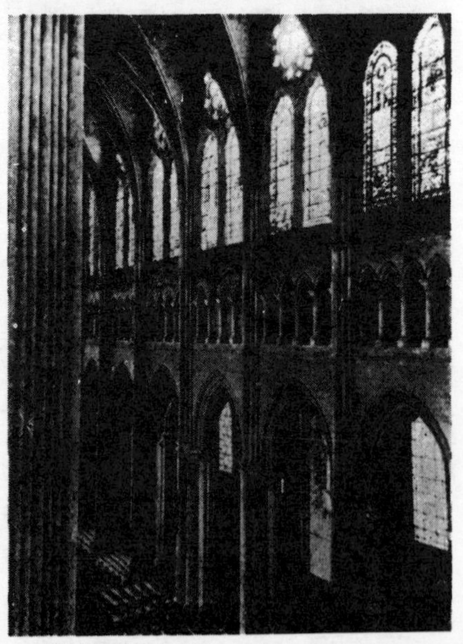

圖319 夏特主教堂　內部　1194-1260

比作成熟芳醇的果實。這座教堂的古典樣式從北法國傳到法國、歐洲各地，與各地的樣式又結合產生了許多哥德式教堂。亞爾薩斯的斯特拉斯堡主教堂 (Notre-Dame de Strasbourg) 是個採用古典樣式的例子，其垂直線效果的強調已經預告了14世紀的理想，所謂雷約朗特樣式 (Style rayonnate) 亦表示13世紀到14世紀的理想之成熟與精練，廢掉古典樣式所見三層樣式中的盲層，變成二層結構，柱間全部由色玻璃遮滿，巴黎的聖夏佩爾 (Ste. Chapelle, 1245～1248)、特洛瓦的聖攸爾班 (St. Urban, 1262～1329) 乃是最具代表性的傑作，前者為彼埃爾·孟特羅攸所建，後

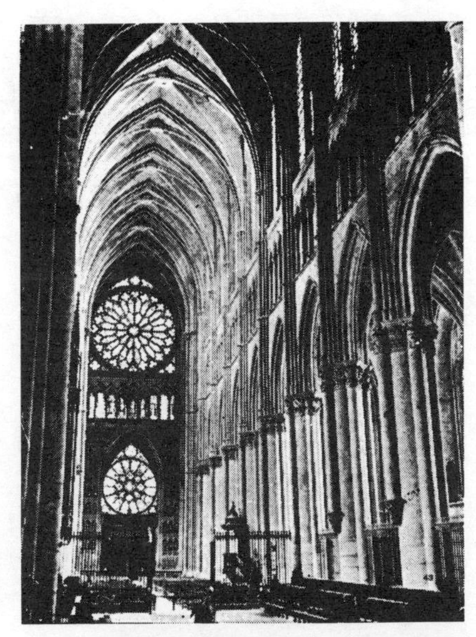

圖320 里姆斯主教堂　內部

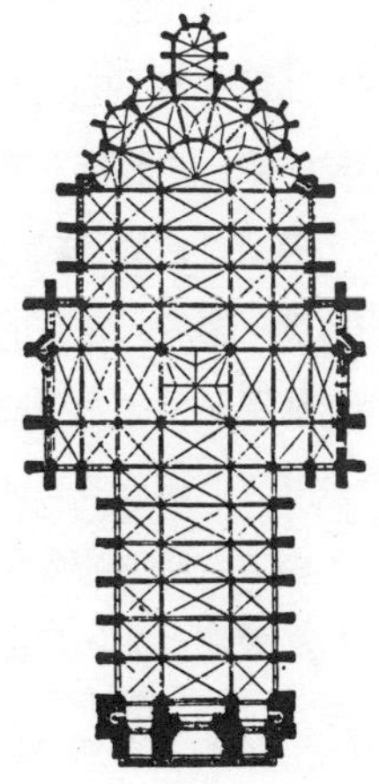

圖321 阿米安主教堂　平面圖

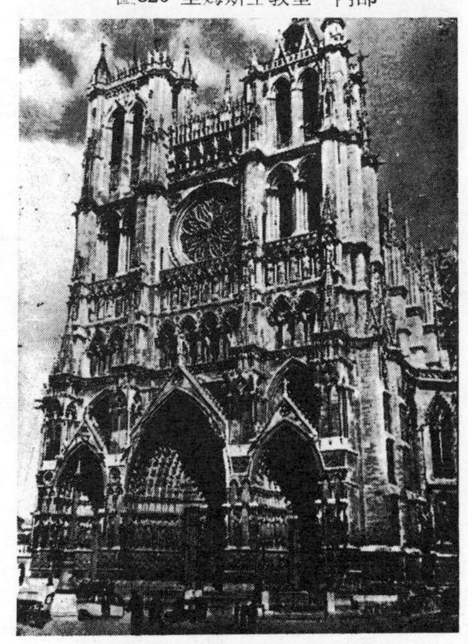

圖322 阿米安主教堂　正面

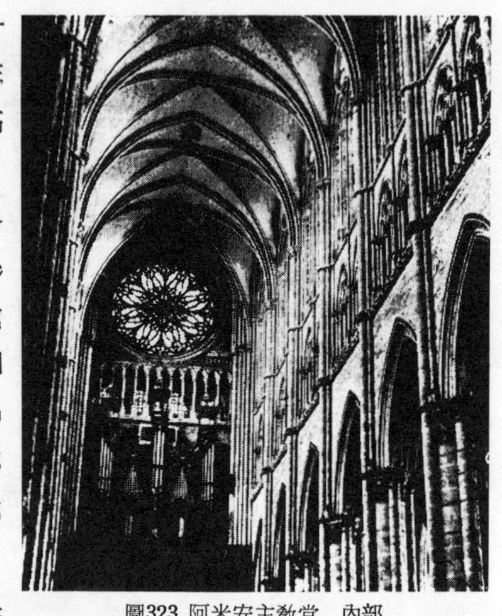

圖323 阿米安主教堂 內部

者爲賈恩·朗格羅瓦 (Jean Langlois)（註5） 所建，高聳的石柱列之間全作色玻璃，充分表示了高度的精練與大膽構造法的勝利。

另外，在傳 [illegible]香帕尼樣式的洛奴之美玆主教 [illegible] (St. Etienne de Metz, 1250～1381)（圖324），或者較爲採用英國樣式，並與北法國古典樣式結合的諾曼第地方之盧昂聖烏昂 (St. Quen de Rouen) 都可以看到許多哥德式建築，惟此處着眼於南法國的建築。

這裏與北法國廻異，不如說保存羅馬式的形態感，並創造獨特的南方樣式，併用了納爾本奴的主教堂（13世紀末）、突爾斯的主教堂等照樣採用北法國古典樣式的例子，產生了阿爾比的主教堂（14世紀）那種獨特的南方樣式。簡潔的羅馬式設計上架以低屋頂，構造材料仍是紅色或桃色的磚塊，羅馬式趣味的殘存亦相當明顯，例如水平線的效果大致和垂直線的效果同時被重視；南方有明朗的太陽，窗子沒有必要開大亦爲理由之一，

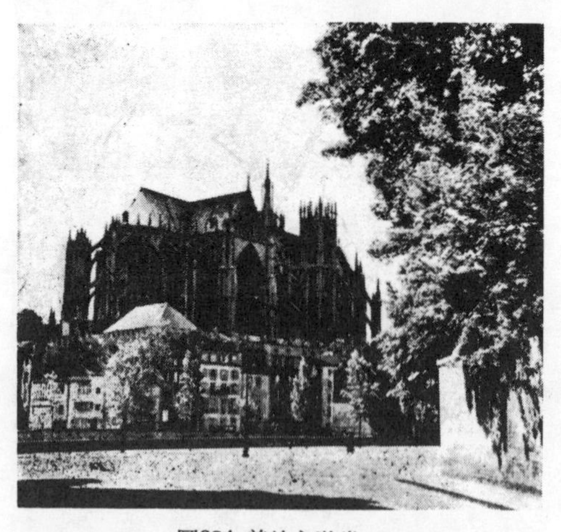

圖324 美玆主教堂

註5　生平不詳，13世紀前半哥德式的代表建築家之1，以特洛瓦的聖攸爾班教堂之設計、施工中的工匠知名。

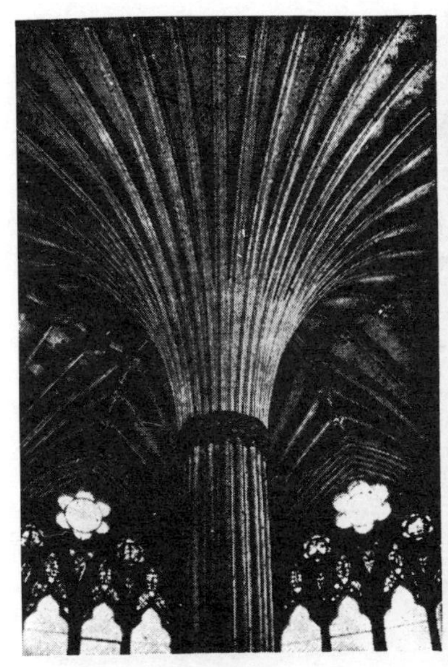

圖325 威爾斯主教堂　14世紀初

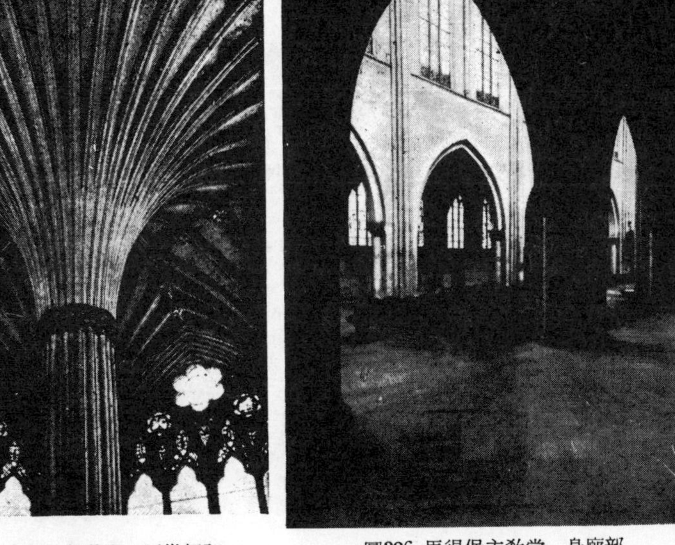

圖326 馬得堡主教堂　身廊部

又因爲在屢遭戰亂的南方，「神之家」亦被視爲防止邪惡的城寨。

繼13世紀盛期哥德式教堂之後的十四世紀以後，把前世紀的理想更加强調，更加簡潔化，同時產生了弗朗波依安樣式 (Style flamboyant)（註 6），這個樣式反映出當時其他藝術所見的寫實性、過度的裝飾性、及幻想性。

另一方面，在給予北法國古典樣式以極大影響的英國，13世紀前半有初英式 (Early English style)，後半到 14 世紀前半有裝飾式 (Decorated style)，遂有垂直式 (Perpendicular style) 與法國古典樣式的併用，達到了獨特的表現。

康特伯利的主教堂 (Canterbury 1175～1193)、威爾斯主教堂 (Wells 1180～1239 (圖 325)、索里斯伯利主教堂 (Salisbury 1180～1266)、西敏寺 (Westminster 1245～1370)皆屬之，其表現的豐富、細部裝飾複雜的律動感可以說具有大陸樣式以上的力量。

註 6　從對火焰燃燒的想像而產生這個名稱，特別是窗子上部的裝飾，這個樣式極具特徵，使用富於華麗幻想的波狀曲線，自14世紀末到文藝復興期極爲盛行。

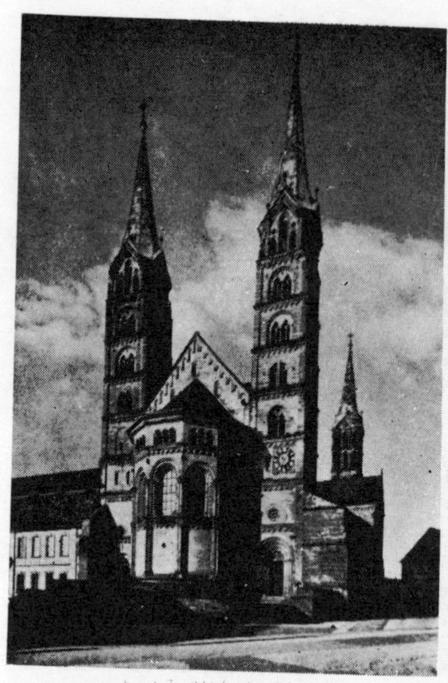

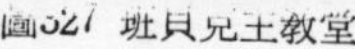
圖327 班貝克主教堂

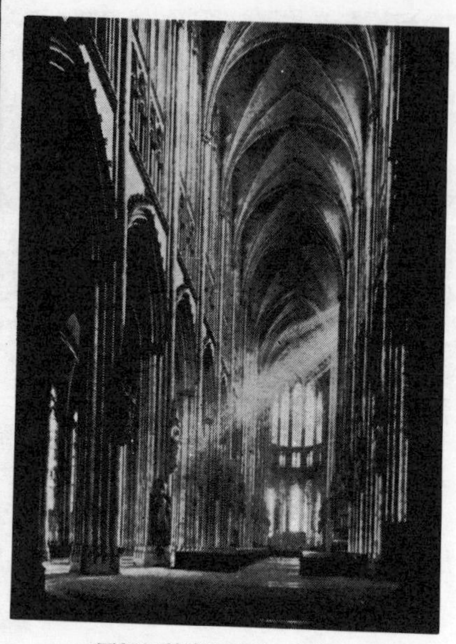
圖328 科隆主教堂 內部

在德國哥德樣式傳入較遲，13 世紀馬得堡的主教堂（Magdeburg 1209～1231大殿部，1363完工）（圖326）、班貝克主教堂（(Bamberg 1190～1274) 等採用了法國的「初期哥德式」。到13世紀後半，則以前述的斯特拉斯堡主教堂、及科隆主教堂（Köln 1248～1322，完工於 1882）（圖328, 329）這兩座古典樣式爲前驅，建造了許多的大教堂，逐漸展開了德國的哥德式，雷根斯堡主教堂（Regensburg 1275～1524）等爲其典型的作品。

與德國比起來，西班牙較早採用法國的哥德式，出現了特列德主教堂（Toledo 1225～1493）、布哥斯主教堂（Burgos 1220～1260）等盛期哥德式建築，並融合了西班牙的獨特構想，特別是在回教美術的影響下，由於過度的裝飾性、馬蹄形拱的使用，給後期哥德式建築帶來了特色。

與上述諸地一比，那麼，在拉丁傳統及拜占庭樣式影響下的義大利，則哥德式的導入是最緩慢的，阿栖栖的聖弗蘭且斯科（Francesco 1228～1316）、奧維耶特主教堂（Orvieto 1285～1320）（圖330）、米蘭主教堂（Milano 1386——完成於16世紀）（圖331）即爲代表性的哥德式建築，惟其形態感覺與法國、英國完全不同，重視使用大理石或嵌瓷的裝飾效果，內部空間的廣度比高度看得更重要，這立刻使人想起君士坦丁大會堂以來的拉丁傳統及拜占庭傳統。

除上述基督教建築之外，歐洲各地亦建有許多重要的世俗建築，特別在都市發達、商業繁榮的中世末期，有不少值得注意的作品。

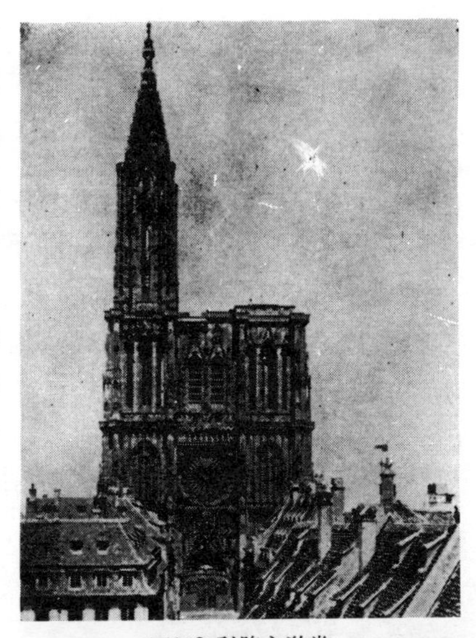
圖329 科隆主教堂

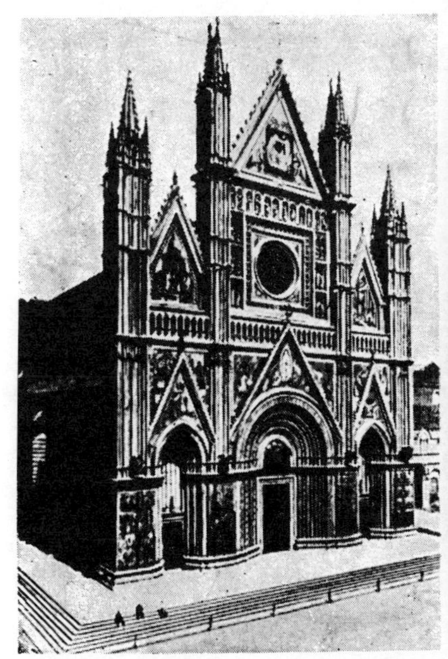
圖330 奧維耶特主教堂　維冷佐・麥塔尼

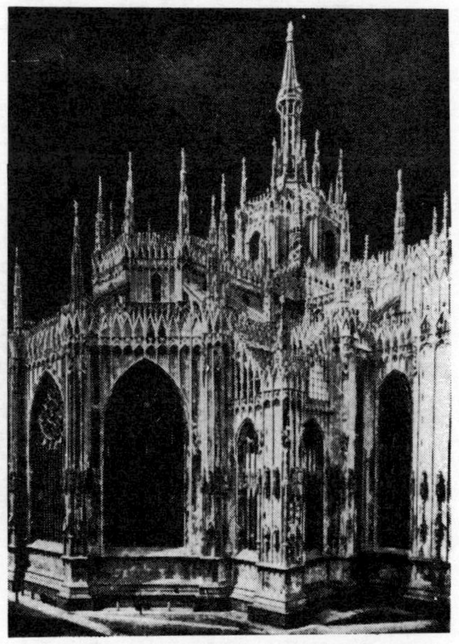
圖331 米蘭主教堂　1387-1418

第2節　彫　　刻

哥德式美術的一個基本精神卽基督敎化了的古典人文主義，這在彫刻上達到了最豐富的感情表現，脫離中世古拙期的羅馬式時代，進入以寫實爲基礎的理想化過程。不用說，當時基督敎精神本身的變化及民衆信仰的狀態形成了它的背景，例如哥德式時期的彫刻常表現聖母，大多數的主敎堂建築都獻給聖母瑪利亞，企求在和平及感動中發現主要的喜悅，皆爲其例證所在。跟羅馬式時期一樣，宗敎感情的高昂並不求諸幻想與戒律的變形，而求諸溫暖福音的和平、人類的視覺、及靜謐感情的表現。

哥德式彫刻依然是宗敎美術，目標在於超越的構成，然其方向開始與前代有異，與啓示錄構想的激越運動感相反的，哥德式彫刻由壓抑感情的表現而產生了崇高及溫暖，變形與誇張亦被寫實性所取代，東方的紋樣構成已被揚棄，重視較合理的、機能的裝飾性。

在哥德式彫刻的特色上不得不想到的是主張脫離建築而獨立，當然亦與羅馬式時期同樣，彫刻不外是建築最主要的裝飾，惟完全獨立的彫刻之製作已出現於哥德式末期。

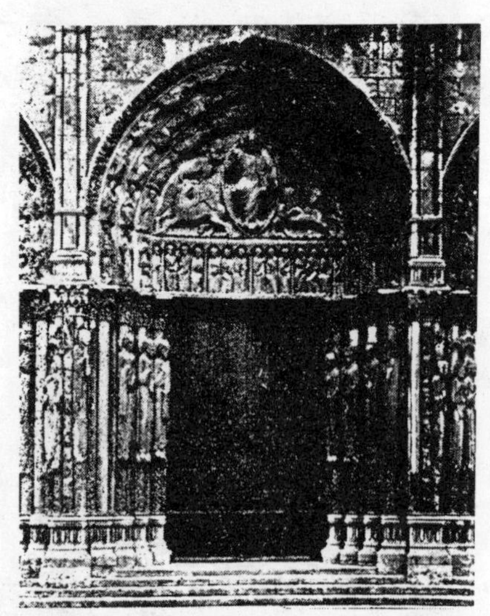

圖332 基督福音者的象徵「王之門」彫刻
夏特主敎敎堂　約1150年

哥德式彫刻正如羅馬式時期，一方面不從屬於建築，主張獨自的價値，却又與之水乳交融，在哥德式建築正面門口，圓柱背靠背並立的所謂圓柱彫像就是最好的例子，具有類似近乎獨立的圓彫彫刻的效果，這種並立更具效果地裝飾了主敎堂建築的門口。

再有一個必須注意的特色便是圖像的齊備，墓窟初期基督敎美術的象徵主義到了哥德式時代，隨着煩瑣哲

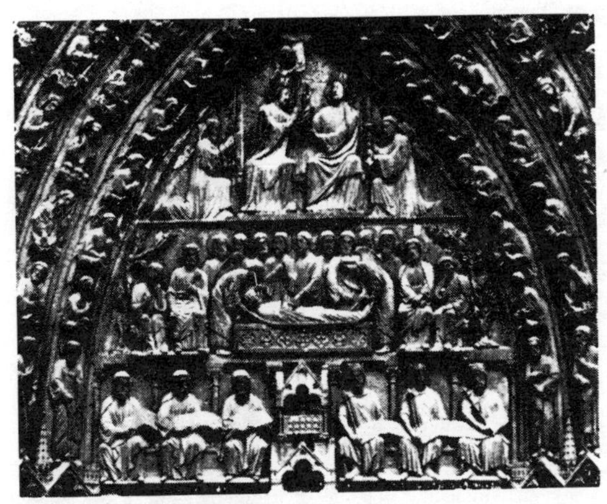

圖333 處女門之門楣中心　巴黎聖母院

學的體系化等條件而完成了一定的秩序，它與墓窟純撲的田園象徵主義不同，在新舊二約的調和下看出了世界的概念與基督贖罪的關係，哥德式主教堂建築的圓柱彫像 (Status colonne) 之所以表現舊約帝王或預言者，亦在於視之爲新約基督的前形態（卽神學用語上的 type)，關於圖像的選擇，這種神學趣味常先於美感趣味。

以上的哥德式彫刻當然與建築的發展並駕齊驅，在北法國地區可以看到最初的萌芽。特別是跟建築或色玻璃的情況相同，聖多尼修道院的修協爾修道院長之英明與努力成了新樣式創造最有力的轉機，這是可以推測到的，但聖多尼修道院的彫刻幾已失傳，不過是根據過去的速寫而獲致想像的程度。可是夏特主教堂却可以充份看到初期哥德式彫刻的全貌，如西正面三個門口的門楣中心，其左右並立的圓柱彫像（卷首圖29)皆屬之，中央門楣中心描寫「玉座的基督」(圖332)，左右描寫「升天」與聖母子」，圓柱彫像表現舊約的各種人物（圖333)，表示了哥德式建築西正面彫刻的基本構成。這些人物具有羅馬式的正面性，他如衣紋或

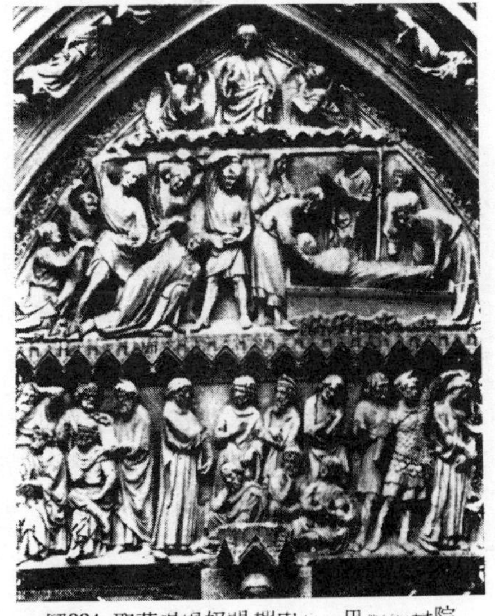

圖334 聖艾提恩奴門楣中心　巴黎聖母院

身體的線條上有前代的抽象感覺，頭部表情活生生地表現着寫實的個性，其被壓抑的感情之靜謐很明顯地預告了不同於羅馬式的感覺之萌芽。或許鄂圖朝所見金工藝術的感覺性人文主義亦被採入，並將其人文感覺提昇到精練與崇高的感覺，這點是初期哥德式彫刻的最大目標罷。

他如聖路德諾教堂 (St. Loup-de-Naud)、克爾貝的主教堂 (Norte-Dame de Carbeille) 亦留下與聖多尼、夏特同系統的初期哥德式彫刻。

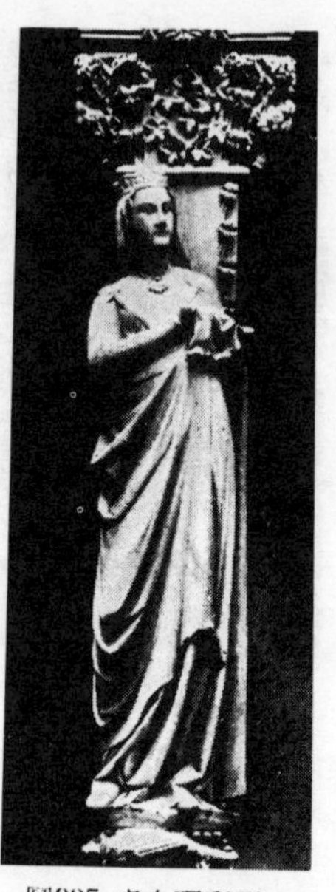

圖335 處女瑪利亞
巴黎 聖母院
(美麗的神)

到13世紀初葉，巴黎聖母院西正面完成，揭開了哥德式彫刻最盛期的古典樣式，中央入口的門楣中心表現「最後審判」、左邊「聖母復活與加冕」、右邊「聖馬塞爾」立於入口，中央的柱子分別表現基督、聖母、聖馬塞爾（中央門口獻給基督、左右獻給聖母與聖者，門楣中心與柱子之所以表現各人的事蹟與立像乃是哥德式西正面的基本構想）。無一不完全排斥羅馬式的幻想與運動感，在寫實之中看出了豐富的人間味與崇高感。仍屬巴黎聖母院的「聖艾提恩奴之門」（圖334）彫刻或北門口「聖母」（圖335）立像最能傳達當時的樣式。

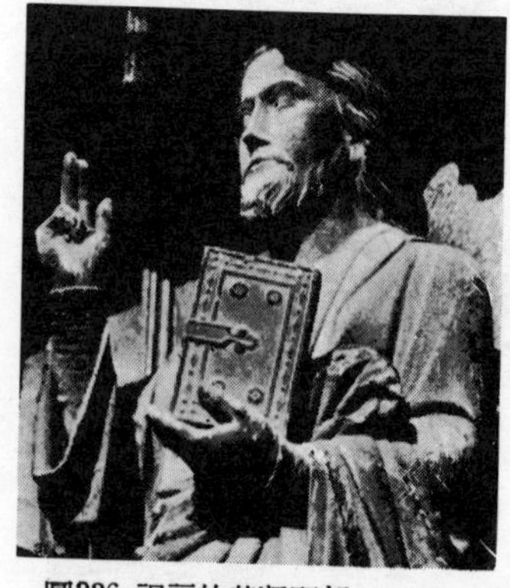

圖336 祝福的基督頭部
阿米安主教堂 約1240年

一到阿米安大教堂，哥德式彫刻便無比地完整化，中央門口獻給基督，門楣中心表現「最後審判」，左右入口分別獻給聖母瑪利亞及羅馬最初的主教聖斐爾曼，其中表現於「最後審判門口」柱上的基督（圖336)，及表現於「聖母門口」的聖母瑪利亞立像（圖337)是結合人類感動性與宗教崇高感的傑作，前者左手持有聖書，右手上擧作祝福狀·後者戴着花冠、抱着幼年基督，年青的聖母浮起了靜靜的微笑，她一般被稱爲「美麗的神」、或「黃金的聖處女

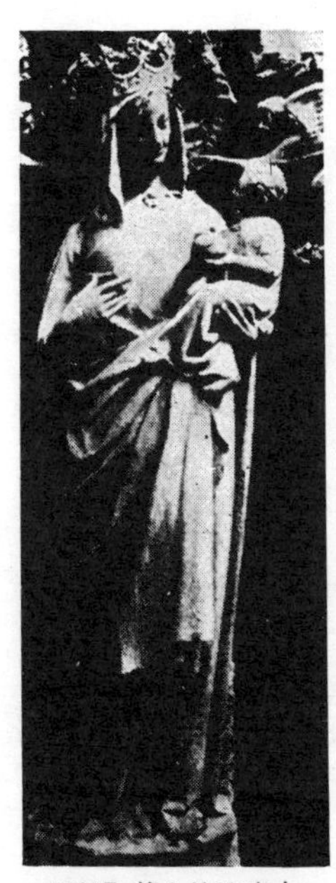

圖337 黃金的聖處女
·瑪利亞
阿米安主教堂
約1250年

瑪利亞」。

至於里姆斯大教堂的彫刻則寫實性超過阿米安，其充滿活力的個性描寫令人甚至可以感覺到彫刻家的個性，並可以感覺到神的世界比人世還要接近，其中有名的「微笑天使」繼承巴黎聖母院的「聖母」、及阿米安的「黃金聖處女瑪利亞」之系統，並將其人間味更溫暖地個性化，該作出於香帕尼地方的彫刻工之手。再如正面門口的「聖告」、「聖母訪問」(圖338) 立像等亦透過複雜的陰影及古典的側面，表示了13世紀古典彫刻的爛熟。

斯特拉斯堡主教堂亦留下很多13世紀古典彫刻的代表傑作，如表現聖母逝世的浮彫、或現存於美術館的「希那各與艾克列西亞」(Synagogue et Ecclessia)(註1)立像等是，其線條之美最爲傑出。

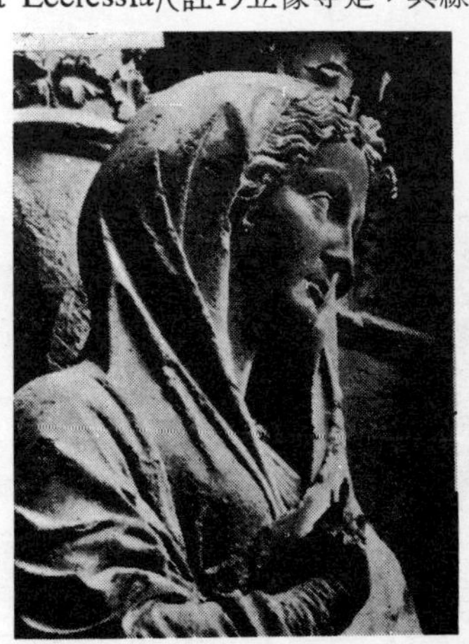

圖338 聖母瑪利亞頭部（聖母的訪問）
里姆斯主教堂 1210-1220

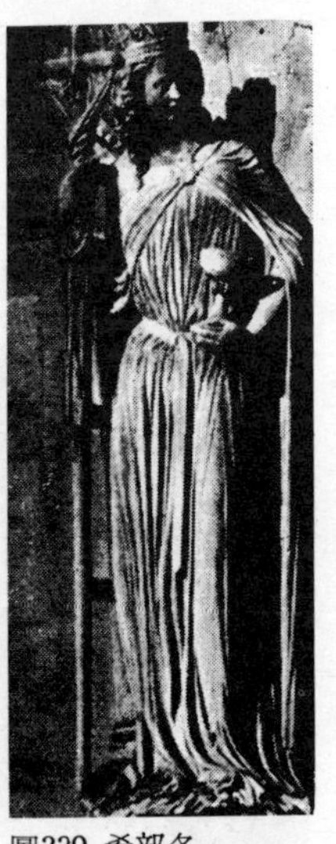

圖339 希部各
斯特拉斯堡主教堂
約1220年

惟在歐洲各地，這種法國13世紀的哥德式彫刻雖與建築樣式一起傳入，然皆與羅馬式的地方樣式融合，終達不到法國那麼豐碩的成果。只有德國，其彫刻成長於鄂圖朝的感覺性，達到了獨特的表現，

註1 意謂著基督教會與猶太教會，艾克列西亞是表示基督教會勝利的女彫像，希那各爲象那猶太教徵敗北的女彫像。

像班貝克、雷根斯堡、惱姆堡、弗萊堡等各教堂的彫刻皆屬之，其最美麗、最高貴的例作如惱姆堡主教堂的「烏塔像」（卷首圖30）、班貝克主教堂的「騎士像」等是（圖341, 342）。

一方面，在義大利傳統的宗譜上彼薩諾父子的出現，造成了比中世盛期人文主義更新的推動力（參照文藝復興篇）。

13世紀哥德式彫刻表示寫實主義與基督教理想主義的密切結合，因此被賦予古典的名稱，不久到14～15世紀兩者的結合便開始解體，一方面走入更世俗的寫實主義，他方面陷於過份的裝飾趣味，建築上由於解決了各種構造工程上的問題，轉入裝飾過度的方向，使彫刻與建築的機能性結合消失，而彫刻的逐漸從建築分離亦爲現由之一。主教堂建築的彫刻雖仍盛行，但13世紀那種紀念碑似的彫像業已消聲匿跡，主要製作的是裝飾門口上部或大殿的繪畫裝飾性極强的浮彫、及獨立的彫

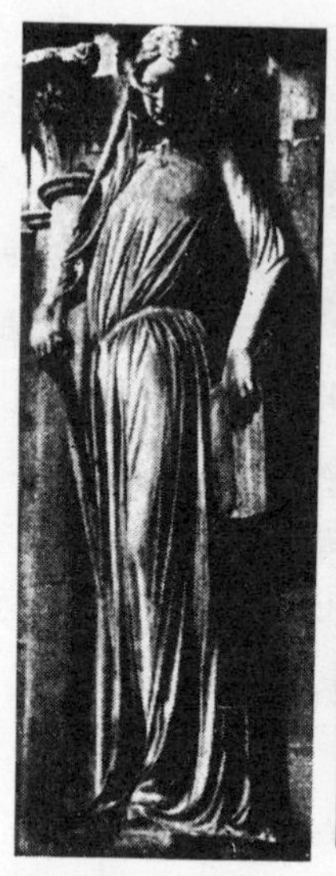

圖340 艾列克西亞
斯特拉斯堡主教堂
約1220年

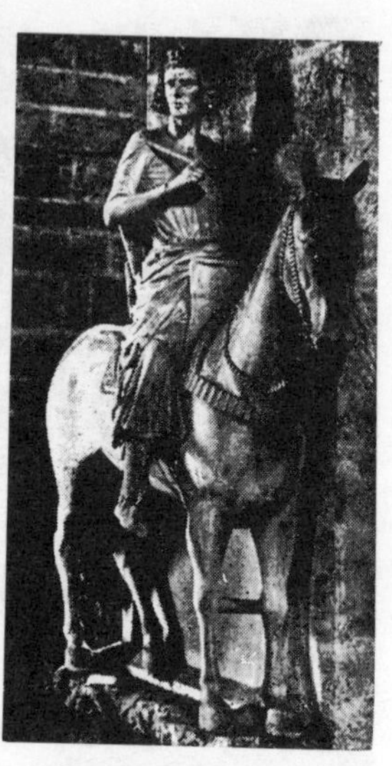

圖341 騎　士
班貝克主教堂
約1230年

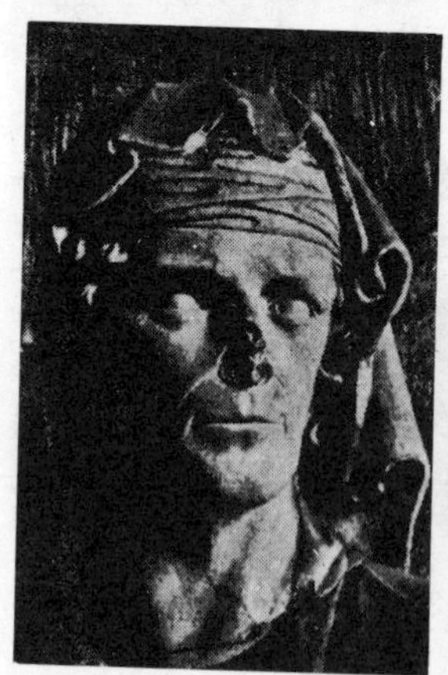

圖342 伊利莎貝特頭部
班貝克主教堂　約1230年

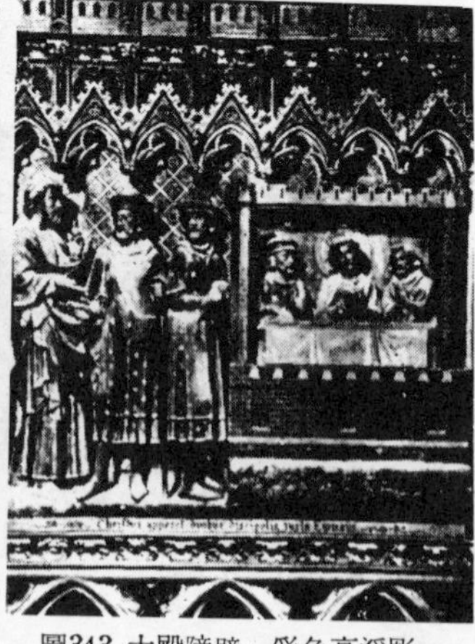

圖343 大殿障壁　彩色高浮彫
巴黎聖母院　14世紀

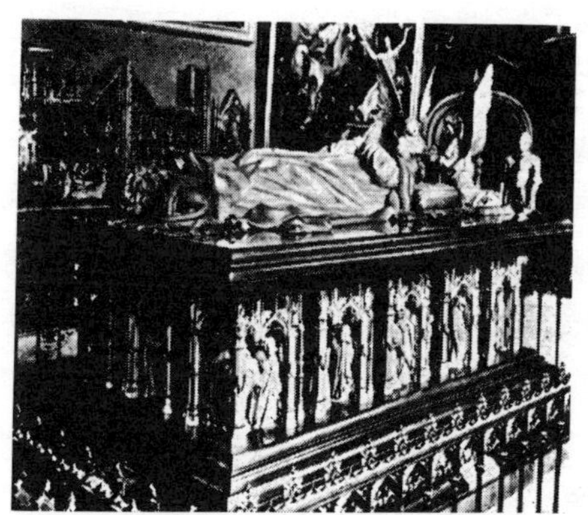

圖344 腓力普・盧・阿爾底的墓碑
底遜美術館

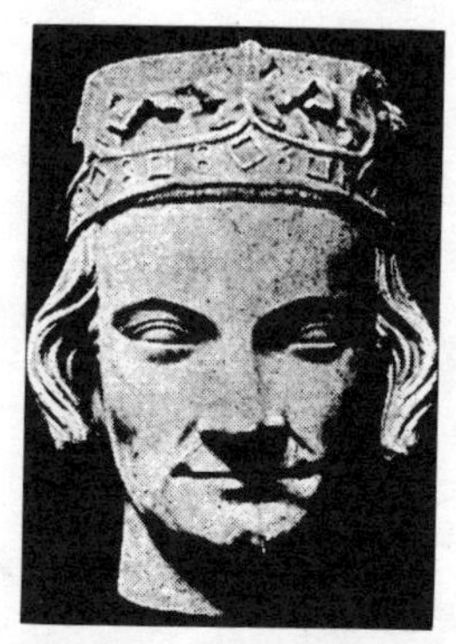

圖345 腓力普・盧・阿爾底
的頭部 聖多尼修道院

像。

例如巴黎聖母院裝飾大殿的彩色高浮彫（圖343)屬之，複雜纖細的裝飾性與人體描寫的寫實性表示了中世未期美術的內在矛盾。風俗的構想亦次第加强，開始摒棄13世紀的崇高感；世俗的感覺亦被强調，墓地及其他地方亦開始產生許多肖像彫刻，這也是14～15世紀的重要特色；再如金工或象牙彫刻的盛行亦必須注意。

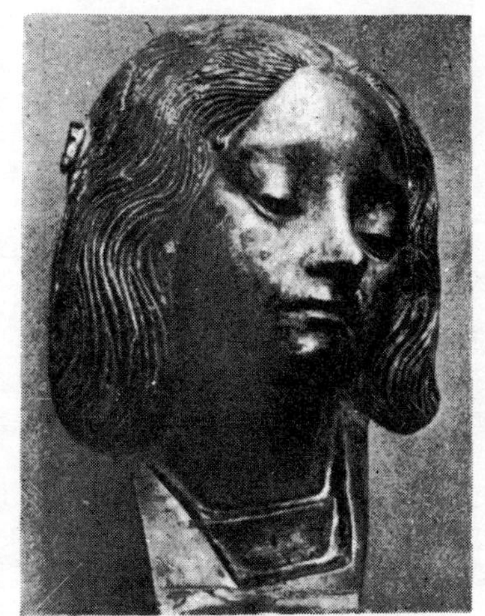

圖346 聖女佛爾杜納德的聖柩

這裏擧出的「聖女佛爾杜納德的聖柩」（圖346）是15世紀金工作品的傑作之一，充滿魅力的少女肖像使人想起羅馬彫刻，可能是里莫基的金工家彼埃爾・弗列西流之作品。惟14～15世紀中必須注意的是布哥尼公爵提携起來的布哥尼派，其中亦有克勞斯・斯流特（Claus Sluter？～約1406）的彫刻，他生於荷蘭，1385年來到底遜，受聘於布哥尼公爵腓力普・盧・阿爾底，從「摩西之井」開始，留下了很多作品，他使彫刻自建

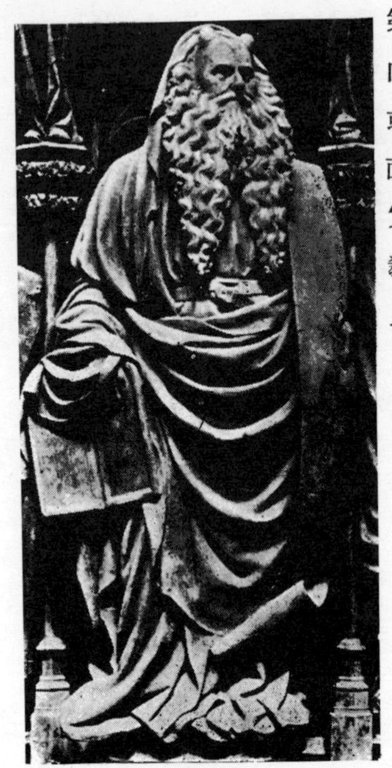

圖347 預言者摩西之井
克勞斯·斯流特
夏莫爾修道院

築獨立，以個人的生命感堅強地推展寫實的傾向。14～15世紀模寫的聖母子像業已風俗化，或者把纖細的線條與可憐的情緒定型化；一方面哀悼基督之死的聖母子像表現得具有極端寫實的戲劇性構成，斯流特使後者的傾向超越宗教範圍來創造。留在夏莫修道院的「摩西之井」把預言基督受難的六個預言者刻在石柱周圍，透過戲劇性的姿態、表情及衣褶而賦予了燃燒似的生命感。

第3節 繪 畫

由厚重壁體構築的羅馬式建築給壁畫提供了許多製作的空間，必然的，這個時代可看到壁畫的盛行；相反的，在牆壁已廢而窗戶高大的哥德式建築上，色玻璃的驚人發展亦是理所當然的。或者，接近色玻璃的中世紀人無限的讚美反是促成哥德式建築構造發展的最有力原因。

熱愛一切豪華與羣色的初期中世紀人之理想、及讚仰色彩與光之抽象美的基督教神學態度，這兩者的完全實現才使色玻璃成爲可能。由紅、藍、褐、若干黃與綠構成的單純而平坦的色面，以及組合它們的鉛框所達成的嚴格構成機能、乃

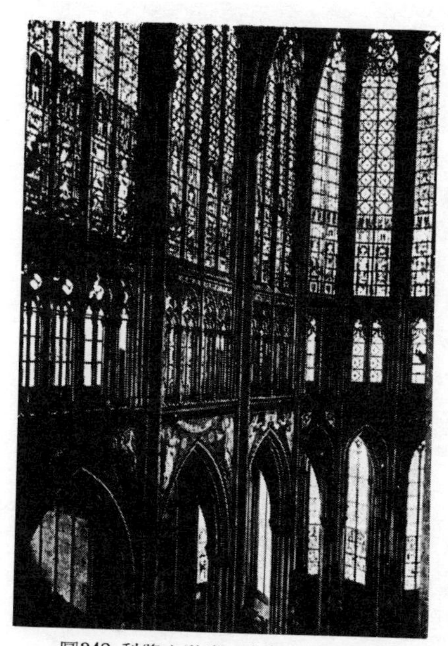

圖348 科隆主教堂　內部　大殿壁

至與現代玻璃不同而雜質很多、凹凸不平的玻璃，當光線透過它們的時候，便喚起了色調的神秘顫動，如是哥德式建築的窗子在覆以色玻璃之際，其高大的內部空間變成了符合「神之家」的幻想的、天上的空間。在這個意義上亦與彫刻上躍動着古典人文主義相反，色玻璃具有抽象的神秘感，這可說是中世哥德式某方面的最純粹的表現。

這種組合玻璃片以製作繪畫的技術據文獻或若干前例所知，大概是中世初期盛行的，特奥斐爾斯早在11世紀末已對這種技術作過相當詳細的說明，然如前面所說，這種技術眞正成爲中世紀的大藝術當以結合哥德式建築爲前提，其嘗試已見諸修協爾院長在聖多尼所作的最初遺例，這和彫刻的情況是一樣的。在受理新舊兩聖經對立的聖多尼，現存的遺物很少，然在繼承此系統的夏特主教堂及巴黎聖母院，仍可以看到色玻璃的最初發展。

特別是夏特主教堂，大小約140個窗子全部飾以12～13世紀的色玻璃(圖349)，其尖端與色彩的壯麗交響不只是夏特派的傑作，亦表示了中世繪畫的登峯造極（卷首圖31）。西正面的三片大窗保存了12世紀中葉的範例，皆用藍與紅的强烈大膽色面來表現，中央窗作「聖告」及「進耶路撒冷」，左窗作「受難」或「復活」，右窗作「依耶塞之樹」。同時代的盧曼主教堂、稍遲的安傑主教堂、12世紀末的波瓦提埃主教堂分別使用與夏特相同的紅藍主調，代表了12世紀的色玻璃。特別是波瓦提埃主教堂的中央窗之「磔刑圖」與夏特的調和相反，誇耀了紀念碑似的雄壯感。惟此處一反羅馬式的好作戲劇性誇張之風格，在夏特的作品中，典型地表現於哥德式影像的人類感性、自然描寫諸點亦不可忽視。

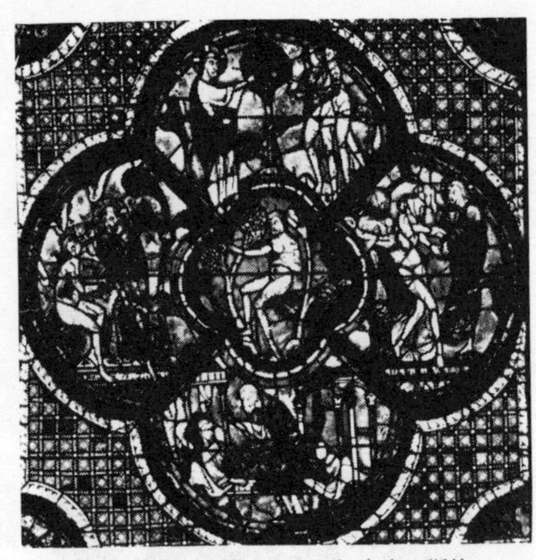

圖349 善良的薩馬利亞人之玻璃　斷片色玻璃　夏特主教堂身廊部南角　13世紀初

夏特主教堂自側廊到身廊、大殿亦留有13世紀的作品（圖349），此處由12世紀的作品再將上述的自然之人類感情加以強化，色彩方面在配色上亦充滿微妙的神韵，一如13世紀是建築與彫刻的最盛期，對色玻璃也是最充實的時期。布爾修主教堂、珊斯主教堂、盧昂主教堂、盧曼主教堂、奧塞爾主教堂等反映了夏特的系統；巴黎聖母院、或聖夏貝爾（卷首圖35）以其華麗與多彩的精妙完成了所謂巴黎派的樣式；突爾的主教堂、卡爾卡松奴的主教堂諸作品亦處於這個譜系之中。

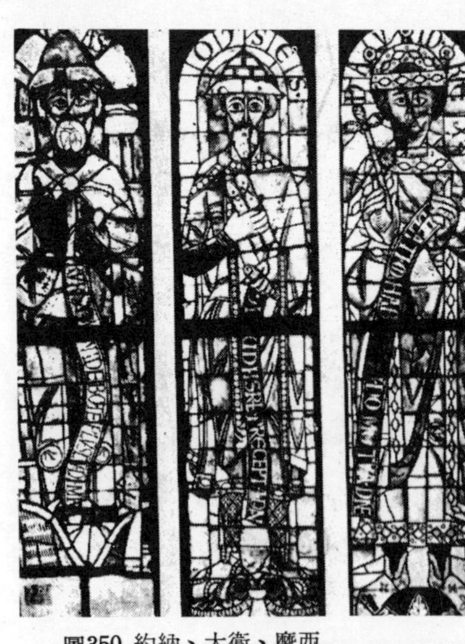

圖350 約納、大衛、摩西　奧古斯堡主教堂　12世紀初

到14世紀色玻璃的技術既進步又精巧，由於窗子擴大的結果，其樣式亦逐漸地變化，反而失去了12～13世紀色玻璃具有的作爲玻璃的嵌瓷之基本特質，以及透過單純強烈的色面時之光線效果，特別在北法國亦受纖畫的影響，光彩全部減弱，倒是南法國的耶維爾主教堂、盧昂的聖烏昂可視爲十四世紀的美麗範例。

德國自12世紀後半亦有自己的發展，它在羅馬式的畫風上展開這種新藝術，大致說來，奧古斯堡主教堂的預言者像（圖350)當爲世紀性的範例，科隆大教堂的「帝王膜拜」等作品、或斯特拉斯堡主教堂的28個「德國帝王像」爲代表13世紀的範例，再如瑞士的克尼希斯裴爾登則爲代表14世紀的範例。

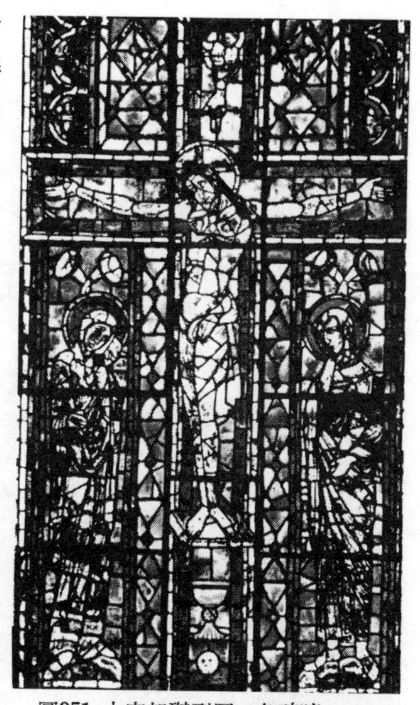
圖351 十字架磔刑圖 色玻璃 聖列米教堂 法國 約1190年

英國亦與法、德兩國同時造成色玻璃的盛行，特別國反映夏特派的樣式。至14世紀便進入凌駕法德之上的隆盛期。

在色玻璃如上述般的盛行之外，幾乎看不到壁畫，這是哥德式建築的必然歸結。特別是法國，除盧昂的小克維（Petit Quevilly）所見的13世紀遺例之外，完全沒有現存的作品；在德國的萊因河流域雖可看到若干遺物，但不能與色玻璃的盛行相提並論。卽使透過這麼一點作品，亦可以在鮮麗的色調，生動的描線，或者現實的感情表現中感覺到與羅馬式繪畫完全不同的新時代，或許織畫及色玻璃亦有影響罷。

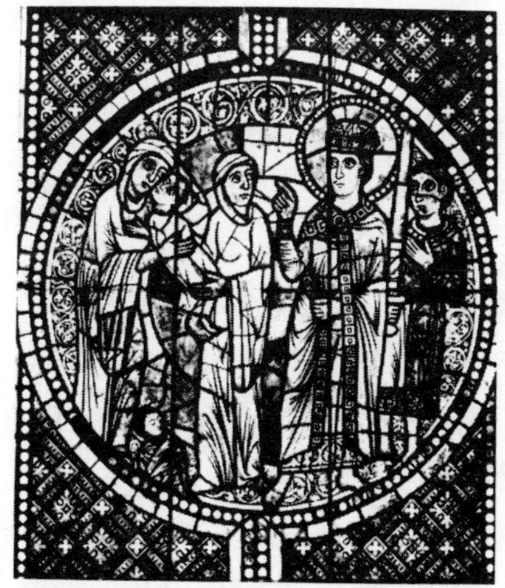
圖352 所羅門的審判 斯特拉斯堡主教堂大殿 約1200年

及至14世紀，壁畫便逐漸開始復活，這因爲世俗建築發達，及整個中世期一直保存壁畫的義大利所影響的結果。除了建於1307年的耶坦普王城壁畫之外，土爾斯聖賈科班教堂的聖安特朗禮拜堂壁畫亦被保存下來，特別是阿維儂教廷的壁畫出自義大利畫家希莫內·馬提

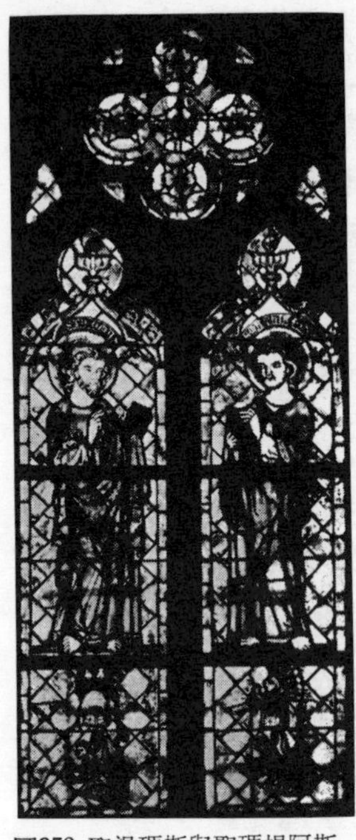

圖353 聖湯瑪斯與聖瑪提阿斯
佛萊堡主教堂 14世紀初

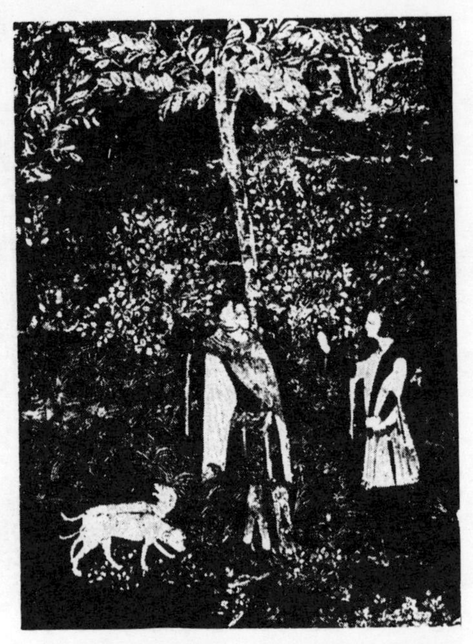

圖354 獵鷹 加德・洛普之塔壁畫
阿維儂教廷 14世紀

尼、馬特奥・吉奥瓦內提之手，又如加爾德・羅布之塔中（圖354)有不少法國畫家的作品，以風俗或野外爲主題，其故事的展開雖可看到中世的特質，然已預告了新時代感覺的開始萌芽。

另一方面，以較壁畫更重要的繪畫藝術而發展者爲板畫（Tableau），它替代了脫離建築的壁畫而盛行於中世末期，結合歐洲各地的傳統，作爲一種國際樣式而產生了祭壇畫及許多其他中世末期的傑作。再如纖畫亦與板畫一起，特別是以法國、英國爲中心展開出色的製作活動，留下有名的「貝利公爵祈禱書」(Heures de due Berry 香提美術館藏)（圖355, 624）等作品，這件纖畫出自蘭布爾兄弟之手，甚至被稱爲抄本揷圖之王，其空間描寫、建築物、人物、表情中所見的精練寫實性及纖細的技巧不但表示了義大利文藝復興的影響，而且亦有力

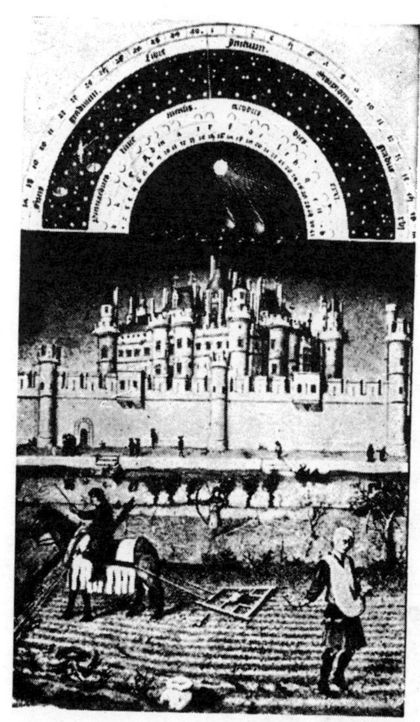

圖355 貝利公爵的祈禱書　保羅・蘭布兄弟
香提　康得博物館　1419 年

的中世末期宗教裝飾藝術的情況，並預告了 弗蘭德爾「繪畫的的誕生」。再如壁毯（註 1）亦以14世紀的繪畫藝術而盛行一時，這也是不可或忘的。

註 1　Tapisserie, Tapestry 把繪畫編織起來的壁上裝飾品古來已有這種技術，特別是14、15世紀的法國最爲盛行，有壁面裝飾、保溫、防濕等作用，極爲珍貴，代表作有「安傑的啓示錄」等。

4. 近　　世（文藝復興）

文藝復興的意義

一般提到文藝復興的情況是指歐洲世界結束了中世基督敎會及封建諸侯長期支配下的時代，以及向新的近代生活確實地踏出第一步的15～16世紀。這個時代在世界史上獨一無二地發展過絢爛的人類文化，人們掙脫中世封建主義及基督敎會的枷鎖，並努力構築自由而人性化的生活與社會。

本來所謂文藝復興 Renaissance 是意謂着再生、復活的法語，爲19世紀以來學者所取用的名稱。其實與 Renaissance 意義相同的義大利語「Rinascita」早在16世紀便已出現，這就是義大利畫家兼美術史家瓦薩利 (Giorgio Vasari 1511～74)（註１）曾在「義大利美術家列傳」中用過的，他曾說過：「由於哥德人（註２）侵入所帶來的哥德美術，使滅亡了的古羅馬美術再度復活，而趕走野蠻、粗獷、笨拙的哥德美術(註３)者爲開始於14世紀的義大利美術。」

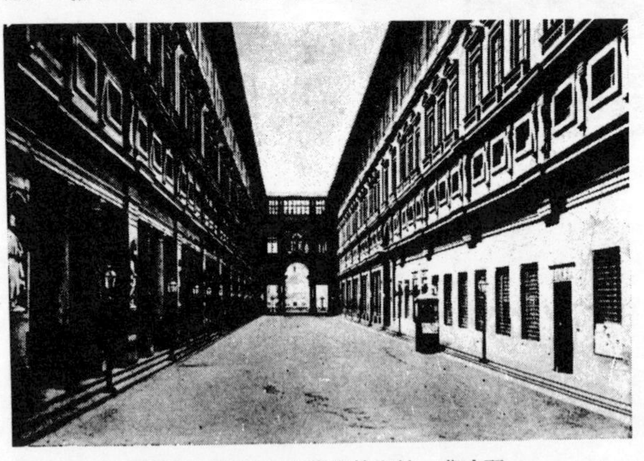

圖356 瓦薩利　烏菲茲美術館　翡冷翠

如是文藝復興這個詞彙是因十五世紀（早自十四世紀中葉）到十六世紀義大利美術由古代復活的觀點而取用的。惟若從

註１　義大利16世紀的畫家建築家，但使他名垂不朽的是被視爲義大利文藝復興最初美術史的「美術家列傳」一書。

註２　哥德人是總括義大利人及日爾曼民族的稱呼。

註３　哥德美術即哥德式美術，所謂哥德式具有羅馬風、拉丁風的意思，結果是日耳曼風——野蠻趣味，這是對於當時在義大利亦造成影響的起於北方的日耳曼藝術，特別是建築及附在上面的彫刻所抱的輕蔑、反感之詞彙。

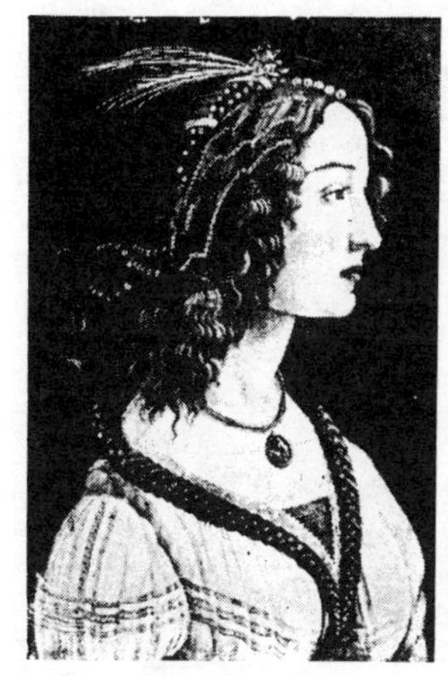
圖357 婦人像

這個時代的情況來看，那並不單是古代美術文化的復活或再生，而是新文化的發生、新時代的誕生與繁榮，且新興的、蓬勃的氣氛之誕生不只在文化方面，即就政治、經濟、一般生活亦然，它出現於社會的任何方面。

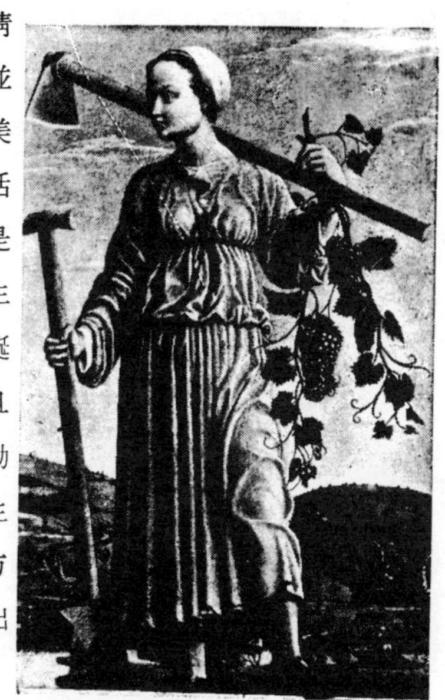
圖358 柯薩 秋

若要簡要地說明文藝復興時代的特色，則是重新認識中世時代不太被重視的現實世界之價值，由此而對於生存的人類、個人之意義，亦卽個性的意義與價值重新估價，用自己的眼睛來看現實的世界，並加以判斷。不久這種自覺便在古代希臘羅馬找到榜樣，於是熱心地加以研究，並設法解脫中世時代的想法與生活態度，文藝復興就是這種求進步的熱心與努力所結的果實。

如前面所說，這種革新的機運出現於任何方面，例如經濟方面，已從與土地結合的中世封建之農業經濟轉向都市中心的商業經濟，商業則取自由貿易。依各人的才能可以進行自己的判斷，個人的能力最重要，個人主義的思想已經萌芽，代近個人主義社會亦已奠基。

科學的進步亦始自文藝復興，科學是老老實實研究自然事物的學問，科學上的法則、原理並非當初就存在着，而是研究的結果發現的，惟這種學問並不像教會的教義那樣一開就以神的存在爲前提，科學發展脫離了以教會爲中心、或受教規束縛的中世想法，重新把自然與人類視爲「現實形相」，開始發現了已經存在而未曾被了解的眞理或法則，合理的科學世界觀代替宗教世界觀而出現亦爲文藝復興的特色，而文藝復興的尊重科學與人文主義的近代出發點，其理由之一也在這上面，這種人類活動不但出現於任何方面 ，而且相 互密切 結合地存在着。

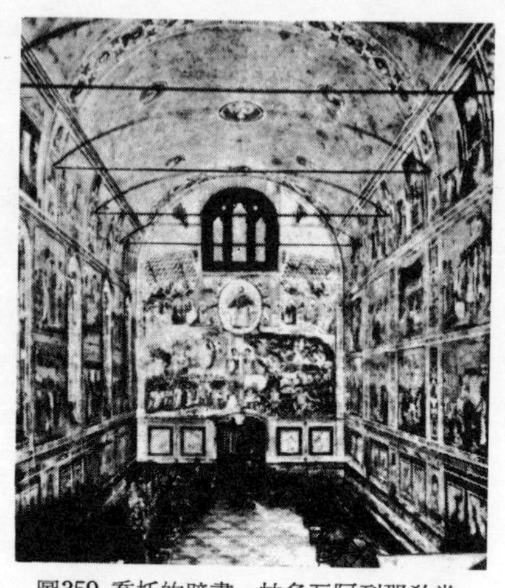

圖359 喬托的壁畫　帕多瓦阿列那教堂

近代的歷史家把文藝復興稱爲人類與自然的再發現，說成打倒中世的運動，或者取代空想神權而具體在現實人類的能力看出價值的時代，這仍舊得自上述的意義。以下將再稍微仔細地看看文藝復興的發生。

文藝復興的發生

貫串漫長的中世時代，歐洲大致由封建的嚴格階級制度而穩定，具有領土的武士與以敎權爲背景的僧侶乃是社會的統治者，其下面的農民或工商業者常受他們的壓制，妨碍了人類的自由發展，但中世初期以來，勢力漸增的基督教會組織深入人們生活的任何一面，教會的教義或規則成爲一切生活的基準，人們只透過教會的教義便可以懂得思考。

然這種狀態並不能永久持續，長期民族遷徙平靜了，由於人類本身的成長及十字軍（註４）東征而打開了東方的交通，廣博地認識了新的世界，於是一點一點地向着近代的方向邁進。

註４　十字軍　這個詞彙到近代被用得極爲分岐，本來的意思是西歐的基督教徒爲著從回教徒手中奪回耶路撒冷，故從11到13世紀發起東征。基督教徒自古以來有到信仰聖地去朝聖的習慣，他們看得特別重要、特別神聖的是基督墳墓所在的耶路撒冷。這種朝聖不只是信仰上的動機，也有從東方帶回珍奇物品的經濟目的，聖地朝聖亦屬一種東方貿易，然11世紀土耳其人竟征服了這塊地方，迫害朝聖者，故拜占庭帝國便向教皇求援。接受這個請求的教廷在信仰的問題之外，又宣傳及勸誘這個遠征成功的種種利益，從1096年最初的遠征起，到1270年爲止前後達８次。遠征本身在政治上雖然失敗，但許多的西歐人却與東方有了直接的接觸，在文藝復興時代的形成上完成了很大的開拓任務。

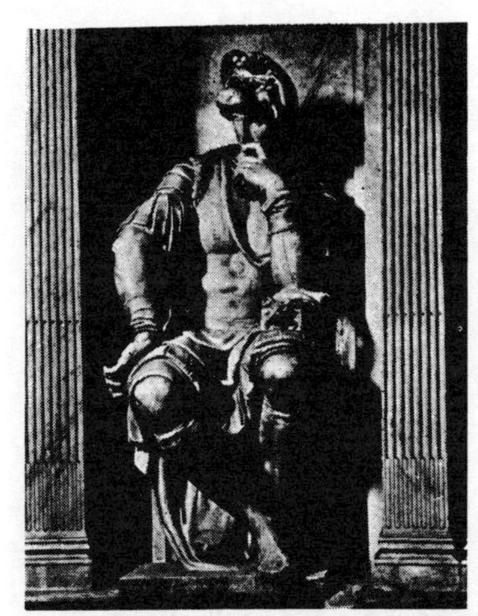

圖360 米開蘭基羅　羅倫佐・梅底契

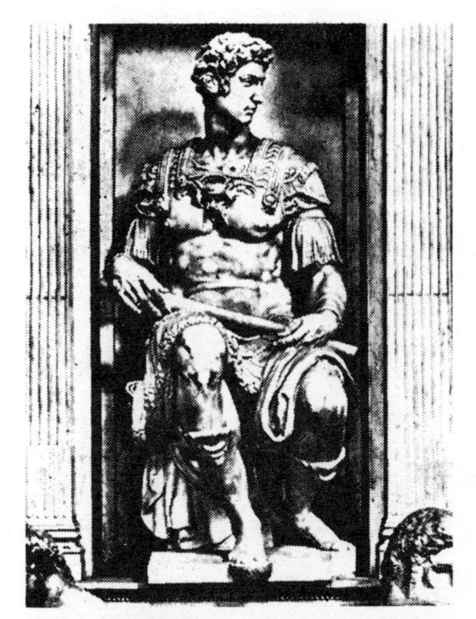

圖361 米開蘭基羅　朱利亞諾・梅底契

第一，武士階級從來以社會的統治者而壓制一般市民階級或農民階級，但他們由於屢次的十字軍遠征消耗過多的經費，致使經濟力量減弱；相反的，由於十字軍而使東西貿易活躍，造成都市的繁榮，結果增大了工商階級的力量，他們握有經濟實權，遂敲開了統治者的壓制，使市民的自由與自治逐漸受承認。在中世盛期的哥德式時代中，以大都市為中心的大教堂建設上工商業者具有很大的發言權亦為其現象之一，這時個人努力而自由的活動多少是可能的，對新世界的認識亦拓廣了人們的見解，人們已知自由之樂，生活發生了競爭，自已對自已居住的世界去思索與改良的自覺更為提高。

一方面，教會雖仍握有社會任何方面的絕對實權，並長期穩坐於權威的寶座，然墮落之貌業已露出，反對嚴格的規律或說教之僧侶亦大有人在，這是好的現象嗎？——隨着知識擴充造成的想法。但教會却把現實生活、自然界或物質世界說成虛假的世界，無價值的存在，但現實界既有喜悅又有幸福，物質的豐富實際上不是也使人們內心豐富與幸福嗎？這是由活在現實中的人類力量造成的。這樣看來，構成者的每個人之價值不是應該更加重視嗎？再如肉體雖被說成汚穢，但取得均衡的肉體，健康豐滿的皮膚不是很美嗎？這種現實的美貌或豐富的物質為什麼不能當作美來看？當作它的所有物？把美當作美來愉悅，使實際的事物爲着現實生活而受用，如此不論精神或物質都能滿足的話，不是非常有意義的事嗎？在基督敎徒以外的世界不是旣有幸福又有和平嗎？

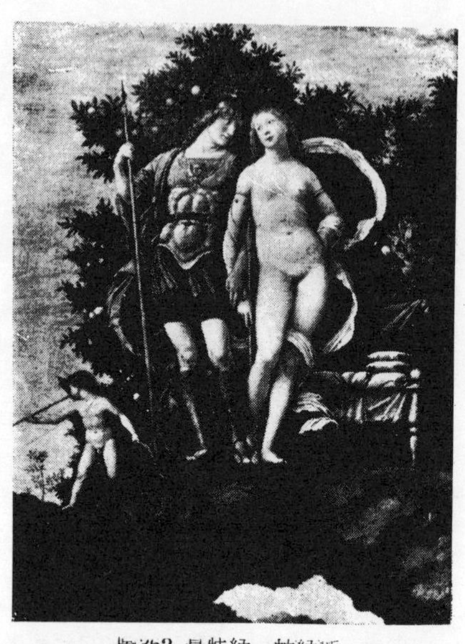

圖362 曼特納 帕納斯

懂得獨立思考的人與中世過份忽視現實世界者相反，這時逐漸用自己的眼睛來觀察判斷現實，且當一度注意現實時，便從生活與自然之中發生許許多多的疑問，並想了解它，亦卽對它更發生興趣，特別是工商業的盛行，與廣大範圍的交際、貿易的頻繁、市民經濟生活的充實，這一切亦使他們更加對於現實的注意，且對現實關心的增大更使人承認推動社會力的個人之意義，並對自己本身有所意識。

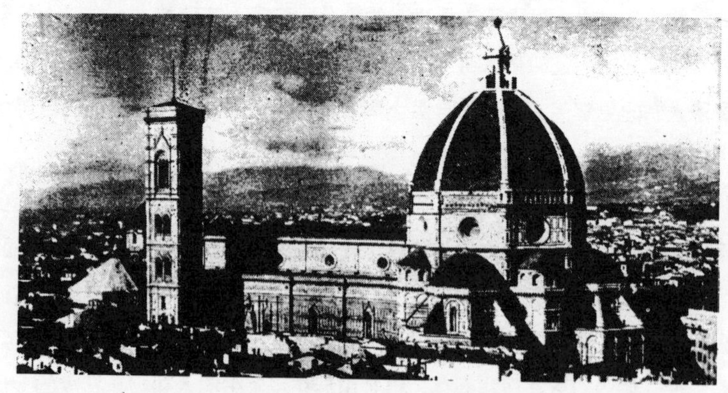

圖363 翡冷翠主教堂（聖非奧列的瑪利亞教堂）
布盧尼列斯基的圓頂及喬托的鐘塿

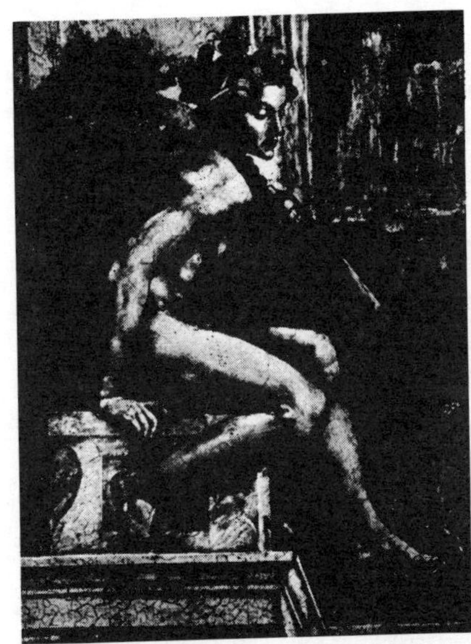

圖364 米開蘭基羅
西斯丁教堂天花板壁畫（部份）

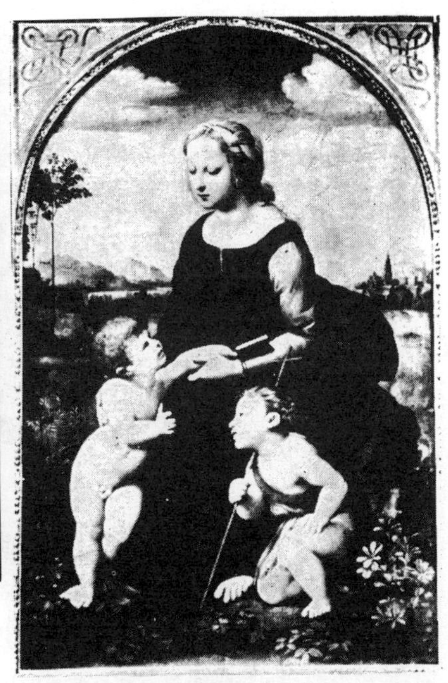

圖365 拉非爾　花園的聖母

如此以現實爲目標，欲了解種種事物的知識欲一旦發生，便積極於使中世紀更進一步，在此新發明發現（註 5）出現了，並期望個性的自由發展，興起了自己去制定社會秩序的自治精神，而對於陳腔濫調或墮落的敎會制度與敎義之反省亦告出現，於是明朗活潑的世界便歌頌着人類中心的現實之喜悅與美麗，這反而使他們獲知其直接祖先——古代希臘羅馬人——所製作所盛行之事。

古代世界的再認識在人們之間形成一股魅力，特別是義大利曾爲希臘、羅馬文化繁盛之地，那時代的遺物亦留下很多，整個中世時代它並不像其他西歐諸國那樣地純粹中世化，加之到15世紀，繼承古代學術的傳統習慣之東羅馬帝國受土耳其壓迫，其中心地君士坦丁堡的古代學者紛紛逃往義大利，這一來古代研究益發盛行。且古代研究熱一方面又與明白意識到羅馬人之直系的義大利民族意識結

註 5　文藝復興時代中的許多發明發現中，例如德國谷騰堡發明活字印刷術(1455)，哥倫布發現新大陸(1491)，瓦斯科・達・伽瑪發現繞道好望角到印度的航線(1988)等最爲有名，可以說是對於科學的强烈關心及對於世界、對於現實的堅强意欲所表現的碩大成果。

合，這對義大利文藝復興的發生與隆盛完成了極大的使命（註6）。

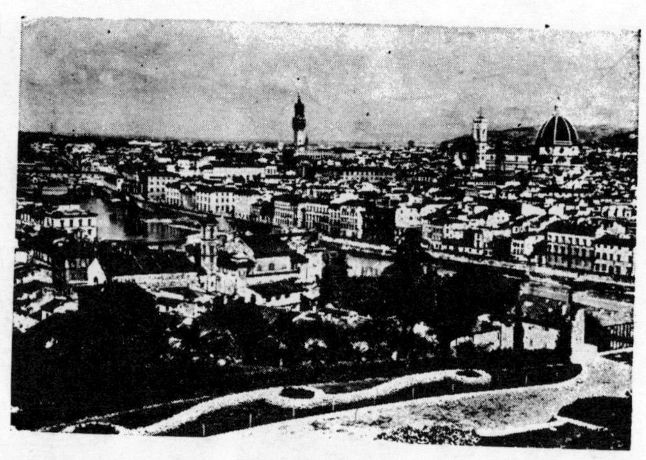

圖366 翡冷翠市街

以上的敍述並不能充份說明文藝復興發生的理由，但大體上是在那種氣氛與潮流下產生的，換言之，文藝復興是人類主義復興與現實再認識的時代，由此產生的文化便由教會中心的文化轉入市民的文化。這首先是以中世性格較弱、且市民活動早已活躍的義大利都市為中心而最活潑地出現，另外亦可以說是互相刺激的，在與此義大利地點不同却同時深切地注意自然、並與大地生活有深刻關聯的弗蘭德爾地方（現在的比利時）亦產生了不亞於義大利的新風氣。

I 義 大 利

義大利都市的發達

關於中世末期以來以義大利為中心的都市之發達，乃文藝復興發生的原因前面已經反復說明過，這裏再稍微詳細看看其中心所在的翡冷翠（註1）。

自13世紀左右以來，義大利各都市逐漸地發展，打破了中世的封建社會，建立了新的市民生活，其中最有發展的都市即是翡冷翠，然則這個翡冷翠究竟是個怎

註6　古代研究者謂之人文學者，古代希臘羅馬並不像中世紀的想法那樣以神的絕對權威為中心，或為著不斷效勞於神而生存，他們首先承認人的價值、並尊重各人的個性世界，由此產生的思想即為人文主義者的思想、或人文主義、人類主義。

註1　義大利語作翡冷翠 Firenze，英法語作佛羅稜斯 Flonrence，過去稱Fiorenza，拉丁語的 Florentia 卽 Flora（花）之鎮——意謂著花都。

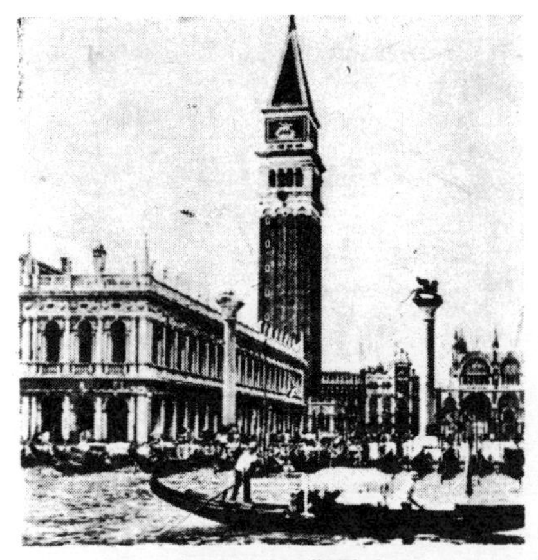
圖367 威尼斯風景

樣的都市呢？

且說弗蘭克王查理大帝被羅馬教皇冠以西羅馬皇帝稱號的 800 年左右，義大利南部的沿岸都市經常有薩拉森海盜蜂湧而來，於是這些都市便單獨地或幾個都市結合起來對抗薩拉森人的侵略，這是義大利海港都市活躍的開始，他們一面把薩拉森人趕回去，一面反而握有地中海的海權，並經由貿易而繁盛。

貿易對象主要爲近東地方，以當地出產的作爲品帶到西歐各地的媒介，當時西歐各國大部爲農業國，封建君主帝高價收買東方各國的寶石、絹、象牙、香料，對東方各國的欣羡亦由於 11 世紀以來屢次的十字軍東征，不久遂出現了馬哥•勃羅 (Marco Polo 1254～1324)（註2）那樣的冒險家。然東方各國是信仰伊斯蘭教的薩拉森人之勢力範圍，難於直接貿易，於是義大利人便透過信基督教的拜占庭（羅馬帝國）而從事交易，結果義大利的海港都市特別是比薩、威尼斯（圖367)、熱那亞、拿波里（圖368)等遂處非常繁榮。

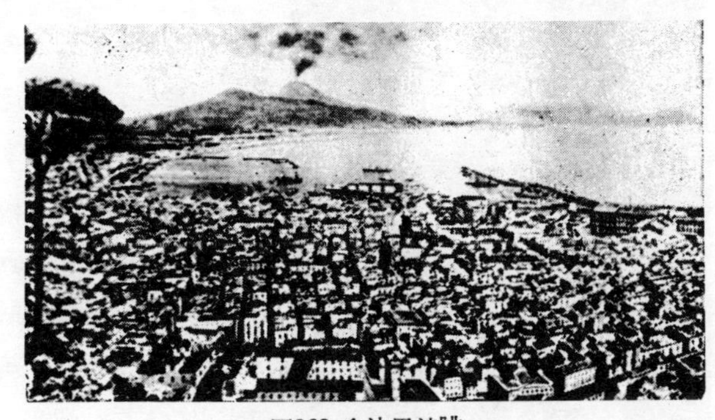
圖368 拿波里遠眺

這種貿易活動在義大利不久便脫離了中世封建社會特色所在的農業生活，產生了新的都市生活，並

註 2　馬哥•勃羅　威尼斯人，以寶石商而從事於近東貿易，1271年曾到過中國，任職於元朝，回國後被與威尼斯交戰中的日內瓦人逮捕下獄，在獄中他把行踪所至的西亞、中國、或當地所聽到的日本之事記錄起來，此即有名的「東方見聞錄」。

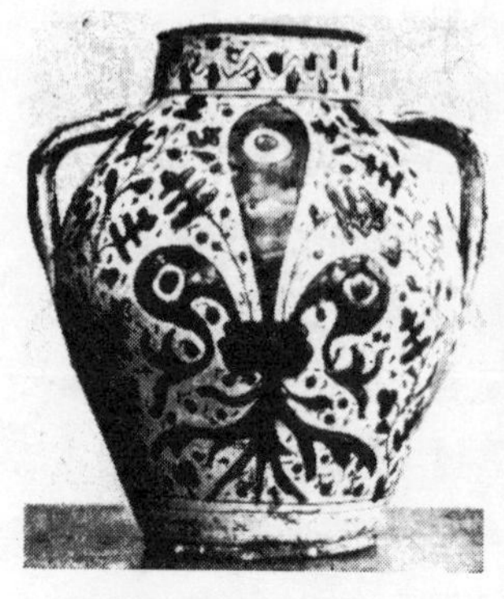

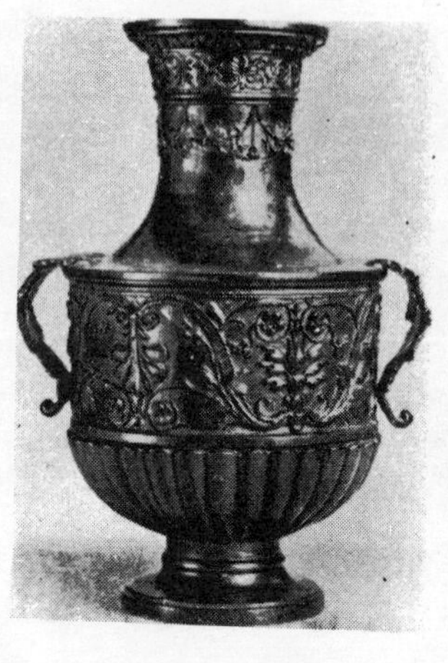

圖369 （左）翡冷翠製 壺
圖370 （右）文藝復興的銅壺

從單純交易不能滿足的心情而開始以自己的雙手從事物品製造，使這些都市及其近鄰的加工業發達起來，且這些製造工業並非像過去那樣以小地方的顧客爲對象，而是遠及西歐各地，甚至東方諸國的市場亦成爲對象。在此出現了大量生產的活動，中世紀的手工業便成爲歷史的陳跡，此卽工業的文藝復興。距離海港50哩，不得貿易地利的翡冷翠之所以急劇繁榮的原因在此，翡冷翠開始從法國、弗蘭德爾輸入羊毛、粗毛布、皮革類是在12世紀後半，地理上有獲得這些羊毛類等原料的地利，且運用水車及其他動力亦極方便，在這些條件下羊毛便加工爲毛織品，粗布被精製過，皮革作爲工藝品而加上精巧的技術，每一樣皆輸往歐洲諸國及東方各國，於是翡冷翠便開始很快地步上繁榮之途。

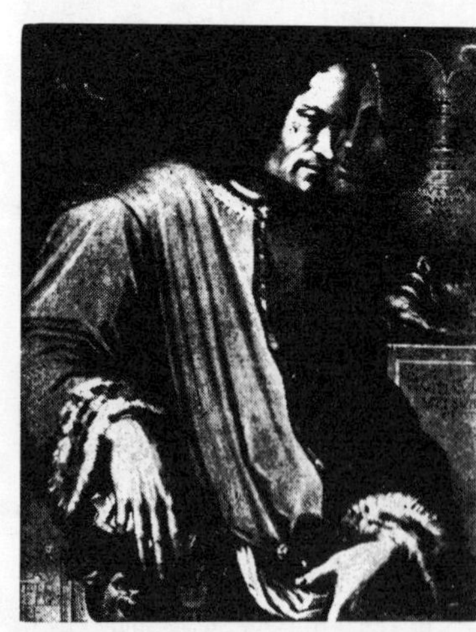

圖371 瓦薩利 羅倫佐・馬尼菲可

如前面所說，本來在義大利並無西歐那種有力的封建君主，換言之，它在歐洲是中世色彩最弱的地方，義大利自羅馬帝國末期以來，一直被阿爾卑斯山以北的君主所統治，然這些君主長期地互相傾軋、遂嬗遞，故義大利並不在歐洲各地所見的強大力封建制度下成長。例如13世紀中葉，統治義大利的德國皇帝之勢力曾被敎皇指揮下的各義大利都市所共同擊破，代之而起的羅馬敎皇亦由於

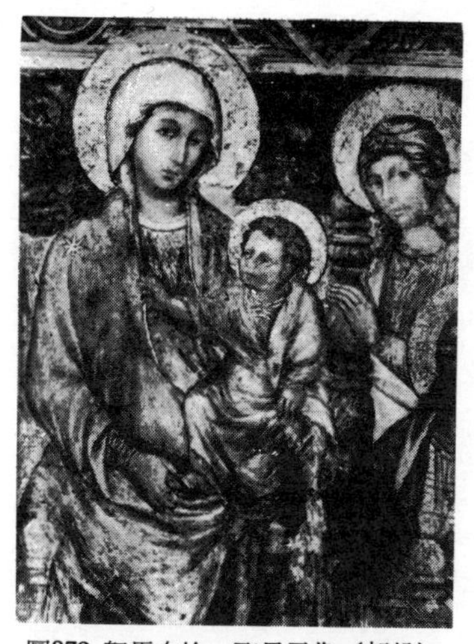

圖372 契馬布埃 聖母子像（部份）
阿栖栖

阿爾卑斯山以北中央集權國家的發達，遂逐漸失去勢力，特別是13世紀以來由於十字軍的失敗，或財政的破綻，使權威盡失。

結果，義大利既沒有創造新時代的統一指導者，亦缺乏舊勢力的統治，宗教對人們的約束力亦趨減弱，這是強者自由地大顯身的時代。在此自治的大團體，亦即自由都市國家很發達，人們的自由與自治精神亦隨之提高，基督教之「德」被摒棄，強烈主張自我的能力被重視，這種能力的重視形成了個人主義，個人的確立產生了人文主義。

翡冷翠是其中最驚人的地方，毛織工業的獨占或皮革工業的發達造成鉅富，以這種富裕爲背景便贏得國際的信譽。翡冷翠在歐洲之中由於販賣羊毛的支店，遂佈滿了將近 80 個的銀行網，市民各依己自的能力與責任之下的自由活動與判斷而發跡，他們尊重自由與正義，對於人類最高表現的藝術與學問亦寄以深愛與尊敬，如是作爲文藝復興發祥地的條件便充分具備了。

喬托的出現

文藝復興的新機運表現於人類活動的各方面，特別是以美術爲主的藝術世界成果最爲輝煌，至其最淸楚的表現則早在13世紀的義大利。

首先出現的是宗教世界的聖弗蘭旦斯科 (Sant Francesco d'Assisi 1182～1226)（圖 373, 376)（註 3），他一反基督教會的喪失生命與陳腔濫調亦，與內心在自然的無限美中跳動者相反，他獻上了愛與眞情，此乃尊重生命的宗教，這在當時不穩固的制度與權威包圍下的教會中心之基督教是看不到的，這種宗教給基督教帶來新的生氣，並使之復興，他的功績不只在教會，在文藝復興的形成上亦有所貢獻，他對於自然人類的愛與情緒有力地培植了中世末期人們心中萌芽的自然

註 3 聖弗蘭旦斯科 生於溫布利亞的阿栖栖，弗蘭旦斯科修道會的創設者。

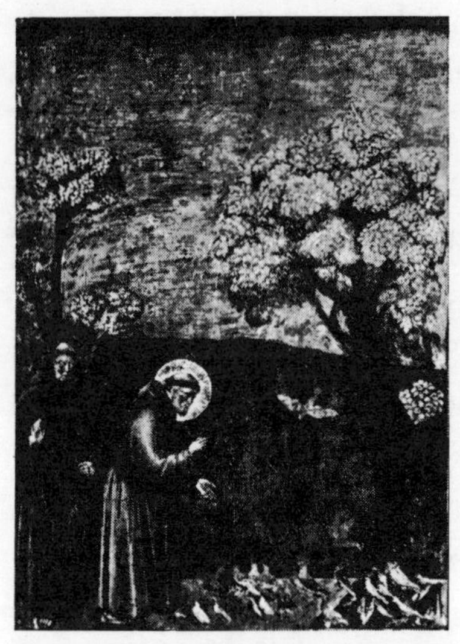

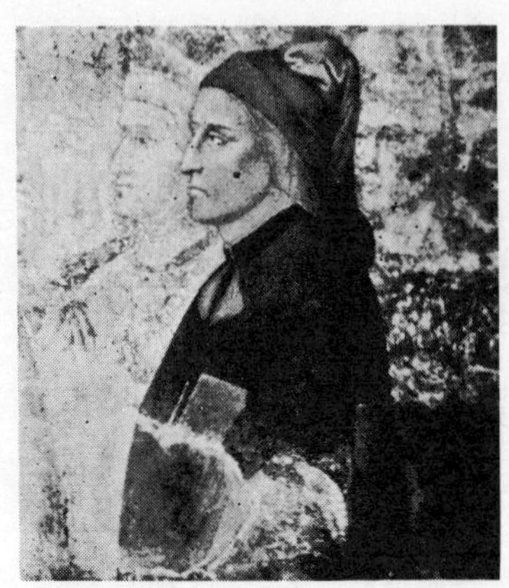

圖373（左）向小鳥傳教的聖弗蘭且斯可
喬托　阿栖栖聖弗蘭且斯可教堂
圖374（右）喬托　但丁像

感情，促成了文藝復興精神的茁壯成長。

在文學上，文藝復興的先驅者、義大利愛國思想之父——但丁3）(Alighieri Dante 1265～1321)（圖374）（註４）便誕生於這種氣氛與刺激之中，他的名著「神曲」是以現實中義大利人所用的義大利語來寫的最初文學，也是人文主義與近代人類精神的最初表現。繼之有佩脫拉克 (Francesco Petrarca 1304～1374)（註５）、薄伽邱 (Giovanni Boccacio 1313～1375)（註６）出現，他們都愛好現實自然之美，强調對人類官能與感情之愛，且都在翡冷翠找到活躍之地。

在這個時期，以文藝復興的開拓者而出現者為畫家喬托 (Grotto di Bondone 1266～1337)（圖373, 374, 376, 378, 379, 380, 381, 382）（註７），他曾受教於弗蘭

註４　但丁　生於翡冷翠貴族之家，其作品中以「神曲」爲最大傑作，自傳式的「新生」、討論哲學或倫理問題的「席宴」、乃至「俗語論」「帝政論」等亦極有名。

註５　佩脫拉克　生於翡冷翠的大詩人，以義大利語所寫的「抒情詩集」在清新與流麗上爲文藝復興的一個金字塔。

註６　薄伽邱　生於翡冷翠，與但丁、佩脫拉克同爲人文主義的開拓者，他的著作活動表現於多方面，其中「Decameron」據實地描寫奔放自由的文藝復興之社會現相及人類生活，給後世文學以深切的影響。

註７　喬托　生於翡冷翠近郊，據說是吉馬布耶 (G. Cimabue) 的弟子，在彫刻主宰美術的13世紀，他只就提高繪畫地位之點，功績已經够大。本文所列作品之外，晚被視爲

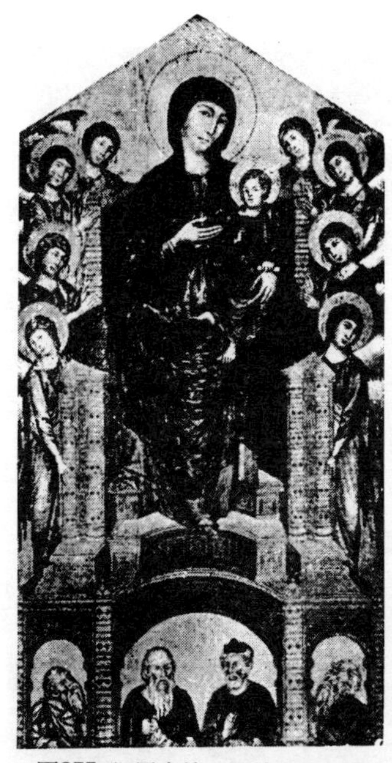

圖375 契馬布埃　玉座的聖母子
翡冷翠　烏菲兹美術館

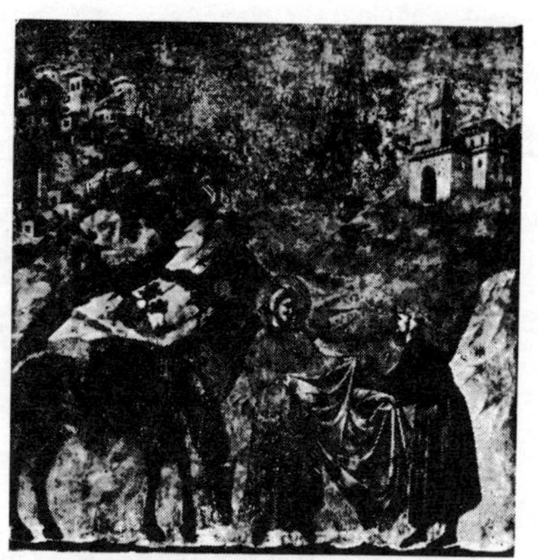

圖376 喬托　聖弗蘭且斯可的生平
阿栖栖　聖弗蘭且斯可教堂

且斯卡，與但丁交情亦不錯。

他畫出了當時繪畫看不到的「有生命的人類形相」及「自然之貌」，即畫出了中世以來被忘却的人類感情，他把昂步、呼吸於大地上的人物姿態，乃至實際上廣大而有深度的空間都畫出來。他所描繪的聖經故事或聖弗蘭且斯科傳記並非單純的象徵或圖式，而將之表現於遼濶且有大氣的空間之中生存活動的人物事件，其人物的表情或動作顯然有喜悅與悲哀的感情出現，其肉體顯然有溫熱的血潮與呼吸通過，他努力把一切人物的姿勢表現得無損於自然之貌，因此他的畫初次以自然與生命是有價值的東西而被認識，這不是描寫某種東西的單純的內容說明，而是在繪畫的美麗的、一貫的效果上，亦即在藝術品的價值上找到重點。

當然，喬托的作品在現在看來或許仍很幼稚與單純，例如各個人物的個性表現幾乎看不見，與人物相對的背景的自然有過小等的不自然。單祇一部份表現得很實在，這在他以前亦逐漸有不少例子，如彫刻家尼可羅・彼薩諾(Niccolo

---

年作品的壁畫藏於翡冷翠的聖克洛契教堂（圖381），他亦活躍於羅馬、拿波里。另外，作爲建築家亦極優秀，他曾以1334年之後著手的翡冷翠主教堂鐘塔知名。

Pisano 1220～84)（圖37)(註8）等是，然而一個身體全部的生命躍動、或者人類感情活動的表現、實際處於「某種場所」的感覺——這種作品在他以前的中世紀完全看不到。他有名的作品如畫在阿栖栖聖弗蘭且斯科教堂的「聖弗蘭且斯科傳」(圖373, 376)（註９)、帕多瓦聖安東尼教堂的阿列納禮拜堂之「基督傳」(圖359, 379, 379, 380)，或如翡冷翠烏菲玆美術館的「玉座的聖母子」（卷首圖44）等與當時其他的義大利繪畫比較起來，大概可以感覺到全新時代的黎明，

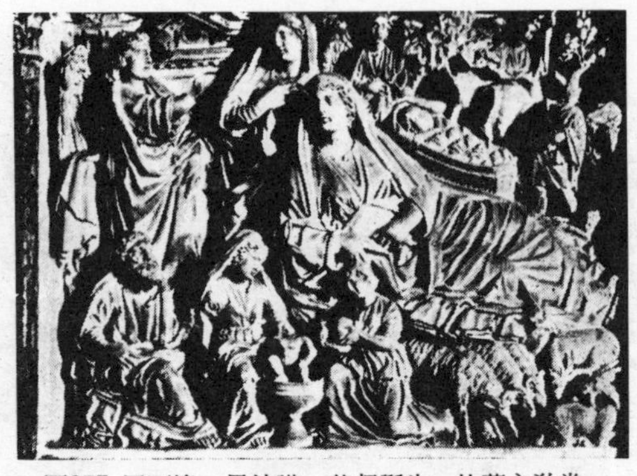

圖377 尼可洛・畢沙諾　基督誕生　比薩主教堂

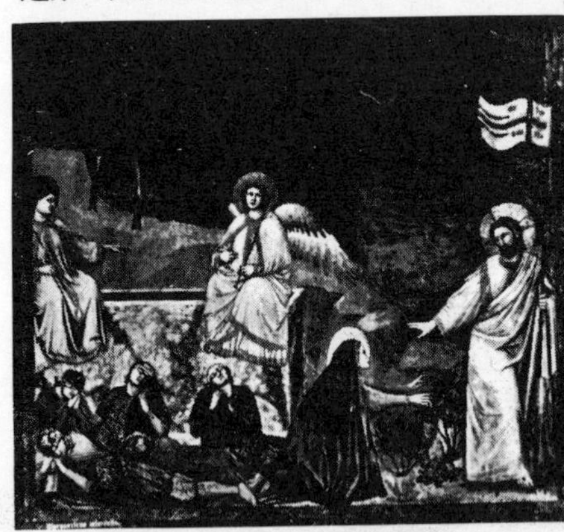

圖378 喬托　基督向聖馬格達列納顯現·
帕多瓦　阿列納教堂

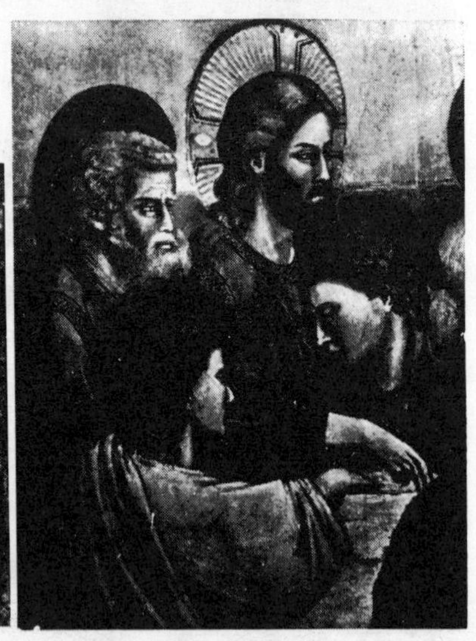

圖379 喬托　最後晚餐　帕多瓦
阿列納教堂

註８　尼可羅・彼薩諾　或許生於南義大利的阿普里亞，在中世後期，他是代表新義大利精神的最初的性格化彫刻家，他在比薩洗禮堂及西耶納大教堂內製作的大理石講壇極其有名，他的兒子喬凡尼（Giovanni 約 1250-1314）更進一步成爲新時代的先驅者。

註９　聖弗蘭且斯科教堂上院所畫「聖弗蘭且斯科傳」中，有「小鳥說教」(圖374)極爲有名。

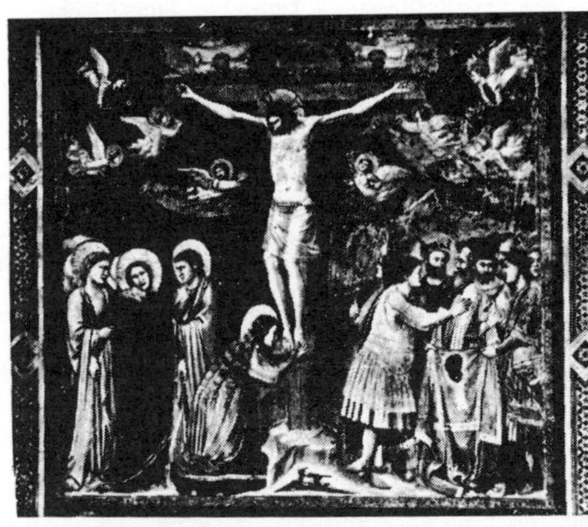

圖380 喬托　十字架的基督　帕多瓦
阿列納教堂

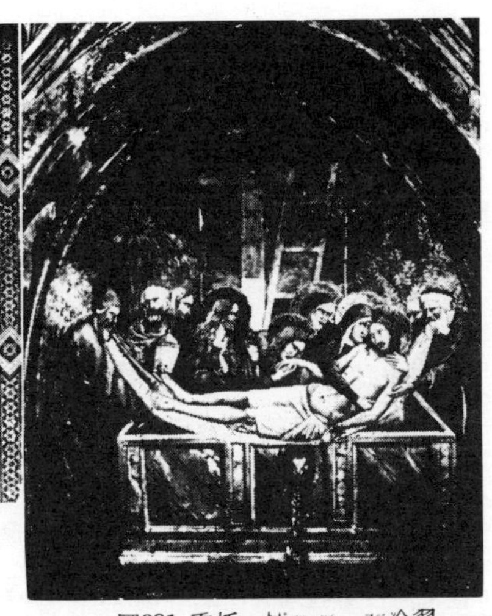

圖381 喬托　悼基督　翡冷翠
聖克洛且教堂

內容具有的宗教威嚴並非一點也沒有受損，然却創造了富於氣魄的樣式。喬托這種寫實精神與人物描寫不久便成爲義大利文藝復興美術的最大基礎。

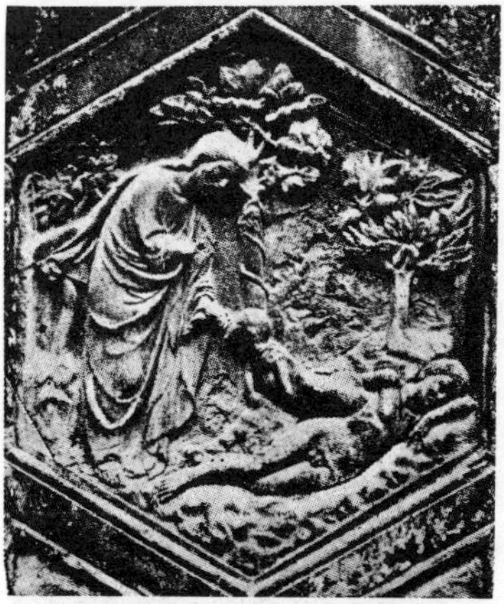

圖382 喬托　康帕尼列的浮彫
翡冷翠

第1章　15世紀的美術

第1節　建　　築

布盧尼列斯基

15世紀翡冷翠的繁榮達於頂點，充滿了年青的氣息，急劇地帶來新的希望及茁壯的成長，以梅底契家（Medici）（註1）為中心，富裕的市民們相競致力於文藝、學問的保護與栽培，一般市民們對於自由的學問研究與活躍的藝術製作亦表示深切的敬意與喜愛，以具有它而感到興奮及榮耀。

首先就建築而言，在哥德式建築發展下的中世盛期，義大利雖已採入這種樣式，但沒有發達到西歐那種哥德式的本來面目。及至整個社會脫離中世之風，便重新意識到古希臘羅馬的優異性，而當復興古代風的氣氛強化的時候，最能截然表示這種傾向者為建築，惟當初特別在教堂建築上仍作過渡期狀，可以說是中世與古代的融合，在大會堂式的設計上部份地採用希臘羅馬式（例如數條集在一起的哥德式獨特角柱羣換以圓柱，圓天花板或圓筒形亦換以格子天花板等是）；再如富豪的邸宅、宮殿、一般公共建築上面，則外觀樸素堅固莊嚴及重視實用性的文藝復興之獨特傾向比教堂建築更為前進，並且這種世俗建築逐漸地多增，其開風氣之先而為核心所在者為翡冷翠

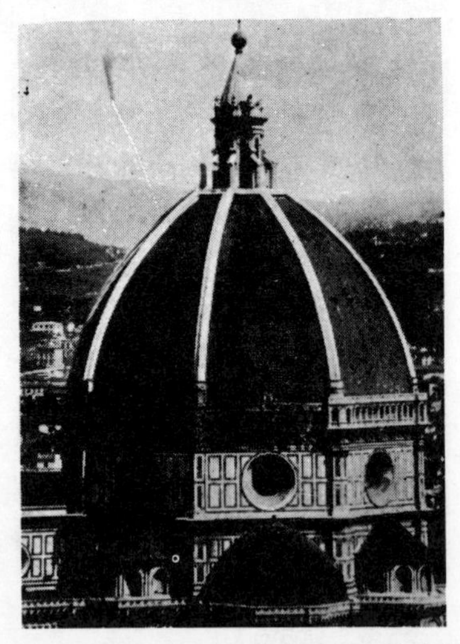

圖383 布盧尼列斯基 翡冷翠主教堂圓頂

註1　梅底契為文藝復興時代翡冷翠的第一富豪及大銀行家，其後成為托斯卡納公國的統治者，自12世紀以來這一家便開始發跡，至14世紀的喬凡尼、其子科西莫乃至羅冷佐(Lorenzo de medici 1449-1492)而達於頂峯。他們代代都致力於文藝、學問的保護與獎勵，若說文藝復興的風氣形成於梅底契家之下並非過言，如布盧尼列斯基、唐那太羅、馬薩基奧、米開蘭基羅等受梅底契家照顧與保護之藝術家委實不可勝數。

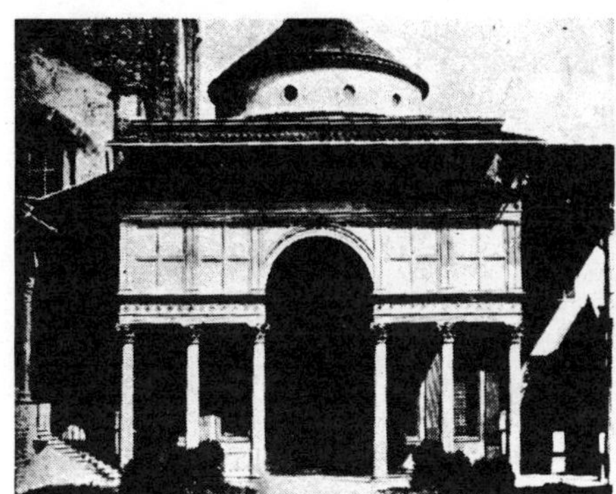

圖384 布盧尼列斯基　帕玆教堂

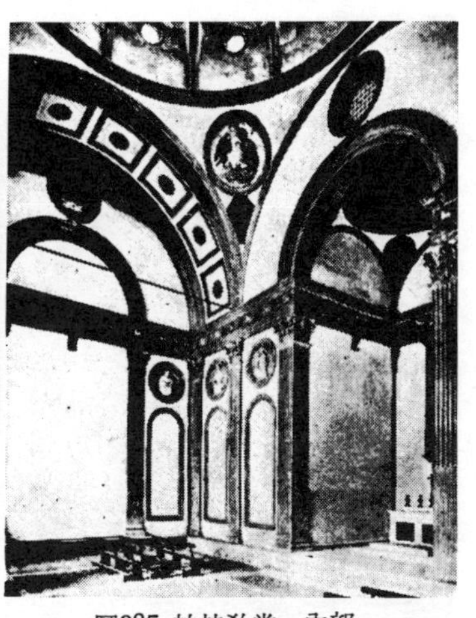

圖385 帕玆教堂　內部

，特別是基於古代風的復活、確立文藝復興新方向的最初的偉大建築家布盧尼列斯基(Filippo di Brunelleschi 1377～1446)。

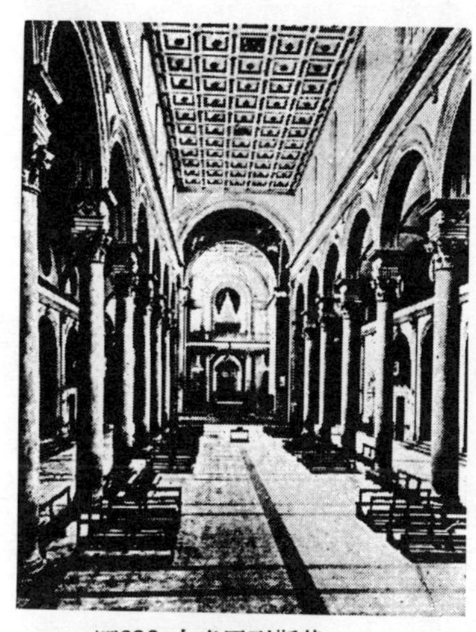

圖386 布盧尼列斯基
聖羅倫佐教堂

布盧尼列斯基到羅馬實地研究過古羅馬的建築，他對於古典作品具有豐富的知識，在13世紀末以來不斷營建的翡冷翠主教堂圓頂設計競賽上，他獲得入選，採取與中世教堂建築之塔完全不同的古羅馬樣式，製作了美麗堂皇的大圓頂（圖383）（1420年興工，1434～36年完成），這不但是他的傑作，也是文藝復興建築最初的紀念碑。他在聖克羅契教堂附屬的帕玆家禮拜堂(Capella Pazzi 1430年興工)（圖384, 384, 385）上，更完成了黑、白大理石的簡潔明快的內部意匠，其圓頭拱或圓柱之自由使用把羅馬傳統之美强

註2　布盧尼列斯基　亦稱布盧尼列斯科，生於翡冷翠的公證人家庭，初從彫刻幹起，同時學習當時的新學問——遠近法。據說1401年他曾應徵翡冷翠洗禮堂門扉的青銅浮彫競賽，被羅冷佐•基伯提所敗，以後重新專志於建築，他實際上是否研究過古代雖無定論，然他帶給文藝復興建築以最初方向的功績及其才華則必須給予很高的評價。

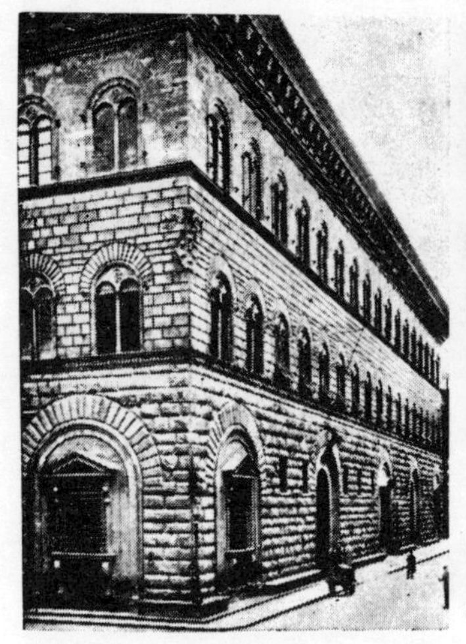

圖387 梅底契宮　翡冷翠

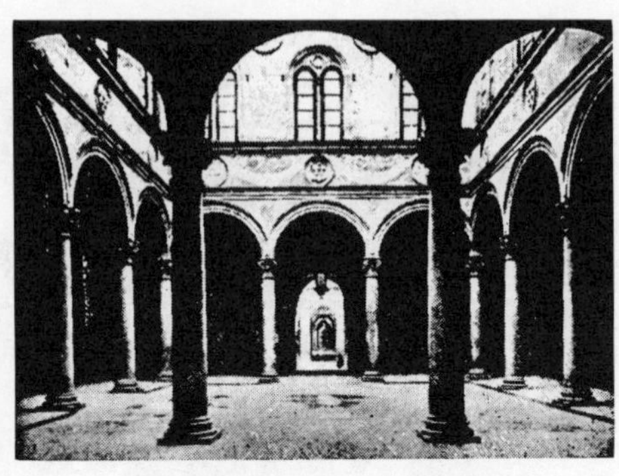

圖388 梅底契宮　中庭

調得無以復加。此外，大會堂式的聖羅冷佐教堂 (S. Lorenzo 1425年興工) (圖386)(註3)、彼提宮 (Palzzo Pitti 1460年興工) (卷首圖36) 亦爲他所營建，創造了具有代表文藝復興建築意義的宮殿 (Palazzo) (註4) 形式之典型，其單純而比例完全的方形、粗糙石壁所堆積的外觀之强調水平線、內部的使用圓柱等具有中世紀看不到的近代明快感，是科學與實用的結合，以及古典的自由解釋。

布盧尼列斯基以外，如營建梅底契宮 (P. Medici 1440～60) (圖387) (註5) 的米開羅佐 (Michelozzo di Bartolommeo Michelozzi 1396～147) (註6)、或如這時代最典型的宮殿建築斯特洛兹宮 (P. Strozzi) (圖389) (註7) 之完成者克羅那卡 (Cionaca 1457～1508) (註8) 皆爲優秀的建築家，二人都在羅馬學習古典建築，布盧尼列斯基的刺激與影響是不可忽視的。

註3　關於設計者現在持阿伯提之說較布盧尼列斯基爲多。

註4　Palazzo 普通譯成「宮」，但不是宮殿，是當時有勢力者之邸宅。

註5　梅底契宮奉梅底契家的科西莫・易爾・維哲之命所建，故名，1659年爲里卡底家所有，故亦名里卡底宮。

註6　米開羅佐　初從彫刻家做起，以唐那太羅的協力者工作，不久變成建築家，1435年以來成了梅底契家的私人建築家，亦活躍於翡冷翠以外的北、中部義大利。

註7　1442-97 興工，由克羅那卡完成。

註8　克羅那卡　本名 Simone del Pollaiuolo，生於翡冷翠，並在該地活躍，聖弗蘭且斯科・阿爾・孟特亦爲其作品。

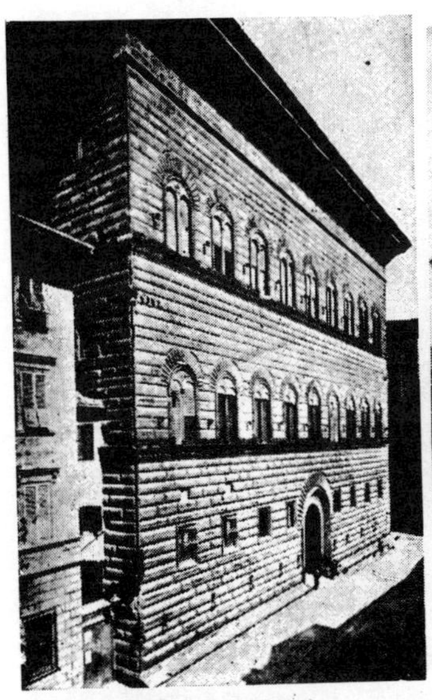

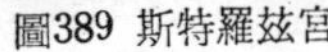

圖389 斯特羅玆宮

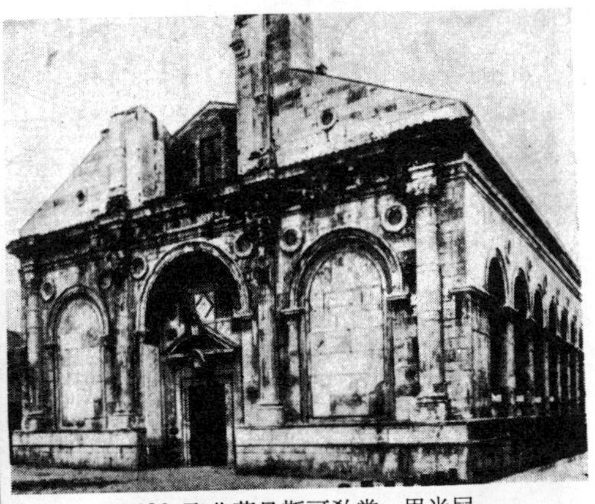

圖390 聖弗蘭且斯可教堂　里米尼

亞伯提及其他

繼布魯尼列斯基而代表這個時代的建築家乃是活躍於翡冷翠與羅馬的阿伯提（Leon Battista Alberti 1404～72)（註9），他是建築家兼建築理論家，對於古代樣式的復活功績特大，建築之外，他在繪畫、音樂、詩上亦很突出，在懷有全才理想的文藝復興人中，他是典型人物之一。其作品如取範於古羅馬神殿或凱旋門的曼特瓦聖安德烈亞教堂（S. Andrea 1472～1512）、利米尼聖弗蘭且斯科教堂（S Francesco 1447～55)（圖390），或如與羅塞利諾（Bernardo Rossellino 1409～1464)（註15）合建的翡冷翠盧且拉宮（P. Ruccellai)，在裝飾外壁的三層柱之使用上巧妙地復活了古羅馬的建築美。

一方面，威尼斯亦因東方貿易而繁榮，在15世紀的新趨勢下，建築活動雖亦很顯著，然在世紀的前半，具有特色而美麗的中世樣式仍很盛行，像翡冷翠那樣顯著的變化是看不到的。惟這個傳統上亦逐漸採入新的樣式，特別是在表面的裝

註9　阿伯提生於熱那亞，求學於帕多瓦及波羅納大學，在翡冷翠親近梅底契家，體會到人文主義的精神，其後定居羅馬成為教廷的書記官，制訂尼可勞斯5世的教會都市建設計劃，著作以「建築論」最有名，另外有「繪畫論」等書。

註10　羅塞利諾　為活躍於翡冷翠的彫刻家兼建築家，其後羅馬的梵蒂岡復興計劃他亦揷手其中。

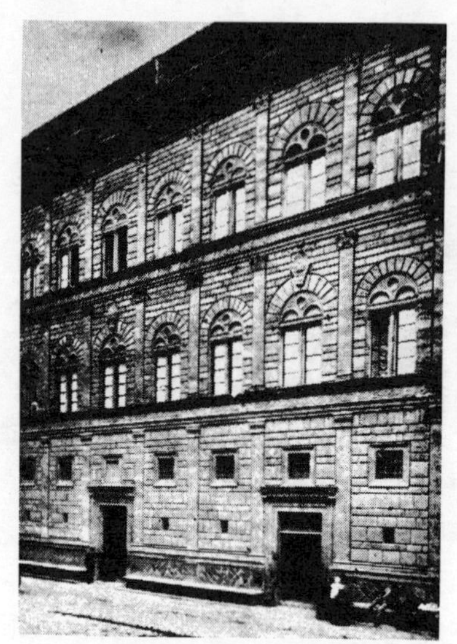

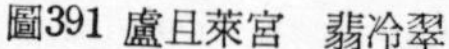

圖391 盧且萊宮　翡冷翠

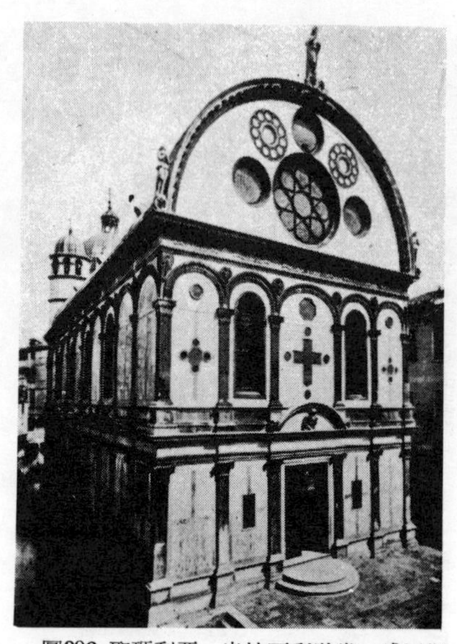

圖392 聖瑪利亞・米拉可利教堂　威尼斯

飾上，有發展模仿古代風的個人文藝復興樣式之建築家出現，其中以彼得・隆巴德（Pietro Lombardo 1435～1515）最具代表性，他着手的聖瑪利亞・米拉克利（Sta Maria dei Miracoli 1481～89）（圖392）在正面架以大半圓形的屋頂，屋頂之中配置以裝飾性的圓形窗，外壁的白色大理石與幾何學模樣的色大理石充滿魅惑之美。在這個市鎮的文藝復興建築中，被列入最美建築之一的溫多拉敏宮（P. Venderamin 1481）也是他的作品，三層樓各施以不同的意匠，半圓形拱的窗子更容納二個小圓拱的連窗，在堅實之中追求纖細的裝飾效果，以適合於威尼斯地理與趣味的精妙建築而馳名。

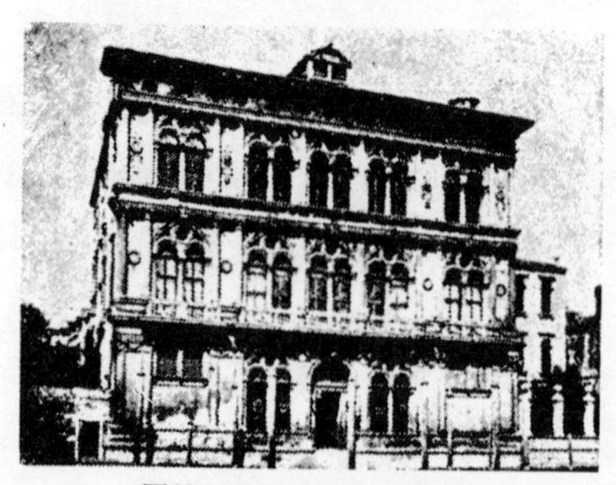

圖393 溫多拉明宮　威尼斯

第 2 節 彫 刻

唐那太羅

文藝復興的新風氣就建築而言，在古代的再度認識上可以看到許多的特色，就彫刻而言，對古代的關心當然亦成了極大的刺激，而這種刺激之下，在繼承哥德式的寫實主義、或在部份的寫實上賦予新生命而發展之處，具有個別的意義，也就是說，哥德式後期的自然主義之對現實的關心提高了，研究美化現實的古代遺物亦得到很大的教益，故決不是單純的古代模仿，其直接的對象是百分之百的現實，這是文藝復興彫刻及繪畫的最大特質。惟在義大利以外的北方或西方自哥德式末期以來，彫刻因過份拘泥於細部而逐漸墮落，此墮性一直持續到十五世紀後半，至其需要量亦減；相反的，義大利在古代範例的引導下，益發表現了獨特的蓬勃發展。

義大利文藝復興彫刻的先驅者是尼可拉、喬凡尼、安德烈亞等彼薩諾族人，他們製作了模仿古羅馬石棺浮彫的作品，不過這種古代復興並沒有持續很久，等於喬托在繪畫上的意義，尚未成爲文藝復興之端倪便終止了。眞正文藝復興的彫

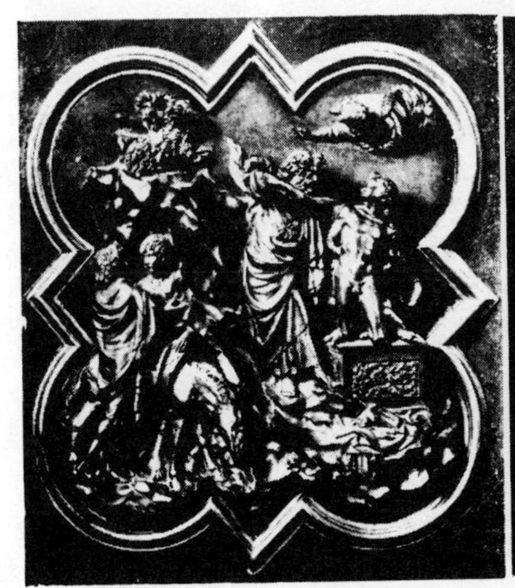

圖3 4 基伯提　伊沙克的犧牲

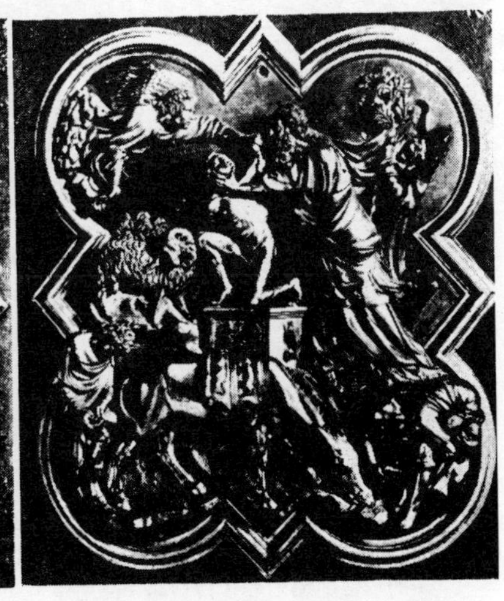

圖3?5 布盧尼列斯基　伊沙克的犧牲

刻始於十五世紀初頭，這個藝術領域仍以翡冷翠爲發祥地、及光輝的中心地。

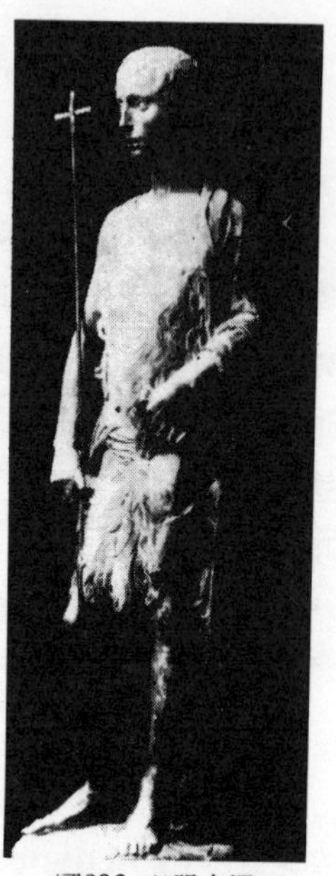

圖396 唐那太羅 施洗者約翰

彫刻的文藝復興首先開始於1401年爲裝飾翡冷翠洗禮堂門扉的浮彫競賽（註1），到最後剩下基伯提與布盧尼列斯基二人在角逐最高之榮冠，布盧尼列斯基戲劇性表現較強，但稍嫌瑣碎；相反的基伯提的作品具有優雅的氣度及齊備的技巧，終以得勝，同時他的作品充滿了其他彫刻家看不到的充沛生命力，並明顯地預告了新時代的降臨。

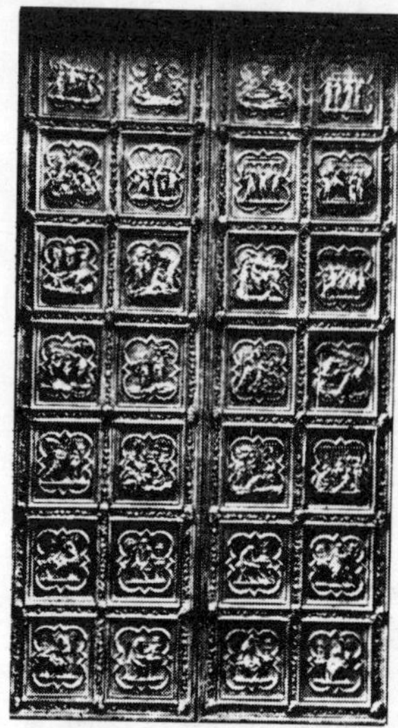

圖397 基伯提　洗禮堂第二門

競賽得勝的基伯提（Lorenzo Ghiberti 1378～1455)（註2）自1403年到52年，在洗禮堂的兩個門上以浮彫形式刻上聖經的故事（圖398, 399)（註3)，其作品不論在技巧的優異性，或人物姿勢的自由動態表現，乃至遠近法的巧妙運用之點上，俱爲文藝復興的不朽名作，皆穩重而優美。至於眞正爲15

註1　翡冷翠主教堂聖瑪利亞·斐奧列前面洗禮堂有一個門扉，它早在1334年飾以安德烈亞·彼薩諾製作的「施洗者約翰的一生」，惟同市的毛織公會計劃奉獻第二片門扉，經過與市政府協議的結果，在1401年由托斯卡納地方（其中心在翡冷翠）的彫刻家參加競賽而決定浮彫製作者。競賽的主題是「伊薩克之犧牲」，有7個彫刻家參加，最後留下基伯提與布盧尼列斯基，審查委員會亦對2人的作品優劣莫辨，各有長處，最後據說由於布盧尼列斯基引退，才決定了基伯提。現在2人的作品俱藏於翡冷翠的國立美術館。

註2　基伯提　生於翡冷翠，一如他之被稱爲「青銅的畫家」然，他在浮彫上的繪畫手法中謀發展。在對於古代藝術的尊敬及對希臘的熱愛上，他亦不亞於當時的其他藝術家。

註3　第二個門選取「基督教傳」的主題，自1403年至14年間完成，接著被訂製的第三門以「舊約傳」爲主題，自1425年開始著手，至其晚年（52年）方告完成。其後米開蘭基羅對這個門的出色表現曾歎爲「天國之門」。

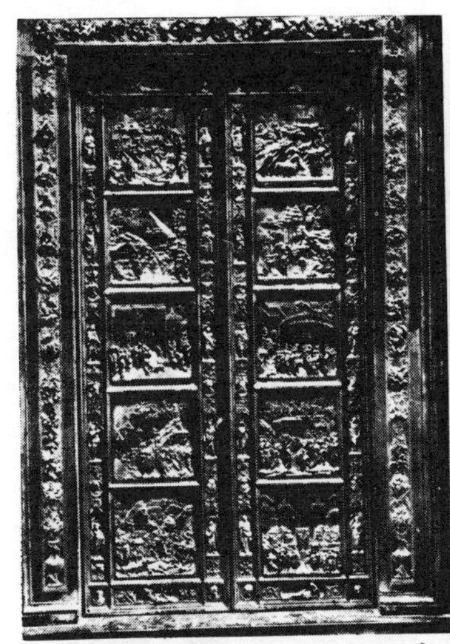

圖398 基伯提　洗禮堂第三門

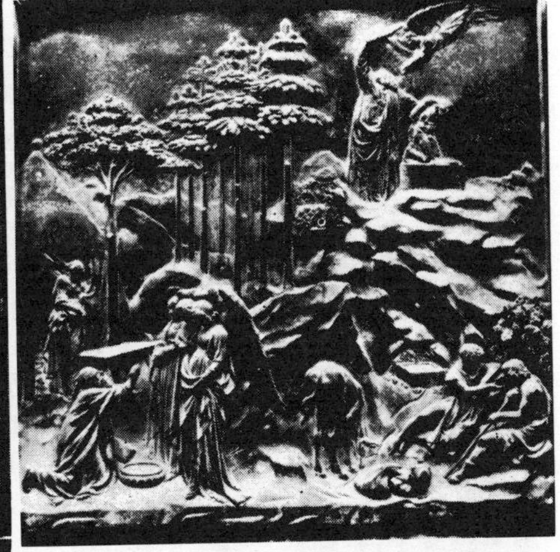

圖399 基伯提　洗禮堂第三門（部份）

世紀文藝復興最初的最大彫刻家則是比他年青的唐那太羅，在其蓬勃的生命感及咀嚼古典的凛然感上，亦即在文藝復興的意義上，唐那太羅當遠超過基伯提。

唐那太羅 (Donatello 1386～1466)（註 4）與建築的布盧尼列斯基、繪畫的馬薩基奥同爲義大利文藝復興的眞正開拓者，透過生氣蓬勃的自然觀察、强烈的生命感、個性描寫的犀利，最澈底地表現了15世紀特有的寫實傾向。他年青時代在羅馬渡過，曾經熱心地研究過古代的遺物，並在那裏清楚地看了出自己的彫刻途徑——文藝復興的方向。「大衞像」（圖400)是他中期的作品，亦被認爲是他的成名作，其中表現的逼眞力明顯地表示了自然觀察的科學精確性、及學自古典的優美均衡與調和，已不像中世紀人那樣從宗教上感情上來觀察事物，而可以顯然地看出基於科學把握的傾向。唐那太羅的代表作在此之外，初期有替翡冷翠主教堂（圖 01)及奥爾・聖米克列教堂製作的聖者像等，特別是爲奥爾・聖米克列製作的「聖喬治像」最爲有名；「加塔美拉塔將軍像」（圖403)是他成熟期的作

註 4　唐那太羅　本名 Donato di Nicolo di Betto，其後被暱稱爲唐那太羅，17歲時在基伯提底下當助手，20歲當翡冷翠主教堂的石工，初期代表作以「聖喬治像」（大理石）知名，新鮮的寫實中隱秘著基督教的清純，與「加塔美拉塔」「大衞像」同列爲傑作者的有「施洗者約翰像」（圖396)及高浮彫的「聖告」（圖404)。

品，是古羅馬以後第一件騎馬紀念像，肖像彫刻亦有許多優秀的作品（註5）。這個世紀的彫刻家多少都受他的影響，他實在可以說是米開蘭基羅以前文藝復興最大的彫刻家。

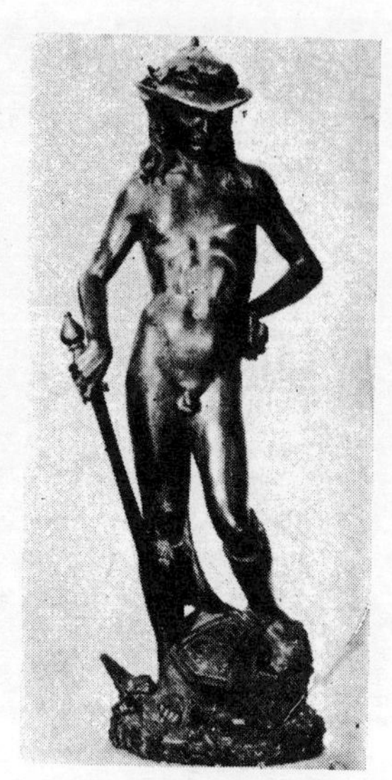

圖400 唐那太羅 大衛像

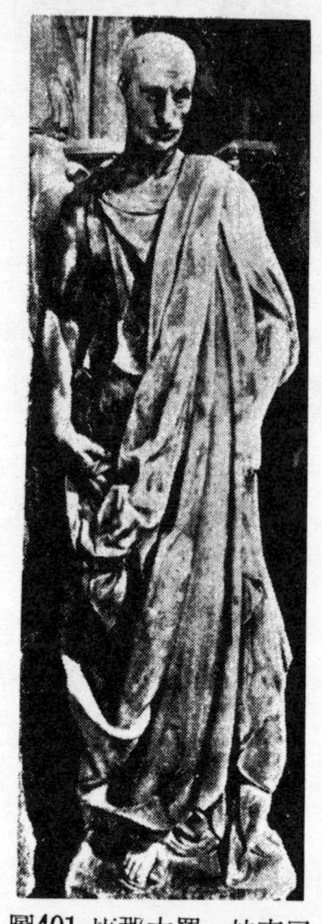

圖401 唐那太羅 玆克尼 翡冷翠主教堂鐘樓

維洛基奧及其他

繼唐那太羅之後的彫刻家是維洛基奥（Andrea del Verrocchio 1436～88）（註6），對於唐那太羅所開拓的寫實主義，他是最好的繼承人，在解剖學的骨骼，筋肉的正確描寫，或風俗描寫各方面更有凌駕其師唐那太羅之勢，確實地傳達了極新的現實感。然若從反面來看，則又顯得過份拘泥於技巧，作品的氣派遠不及唐那太羅。其作品堪與唐那太羅媲美者有「克列奥尼將軍像」（圖405）及「大衛像」（圖406），皆為15世紀文藝復興的紀念性名作，特別是前者，剛強明快的相貌與堆滿筋肉的躍動之馬，二者間

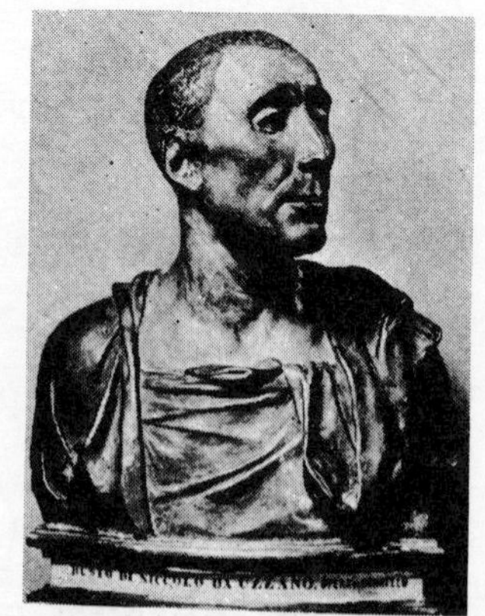

圖402 唐那太羅 尼可羅・達・烏扎諾像

註5 這個時代再度有肖像彫刻及肖像畫的製作，對於個性的主張及現實的尊重之覺醒乃是文藝復興的最大特質，這種特質在此處亦歷然可見，然非單純的古代樣式之復活，在個別生命的注重上言，誠爲近代性格的表現。

註6 維洛基奧 生於翡冷翠，初爲金工匠，唐那太羅死後便成了翡冷翠彫刻界的指導者，他的工作室聚集了許多徒弟，除達・芬奇之外，畫家克列底亦出身其門。就繪畫作品而言，由他著手並由達・芬奇完成的「基督洗禮」最爲有名。

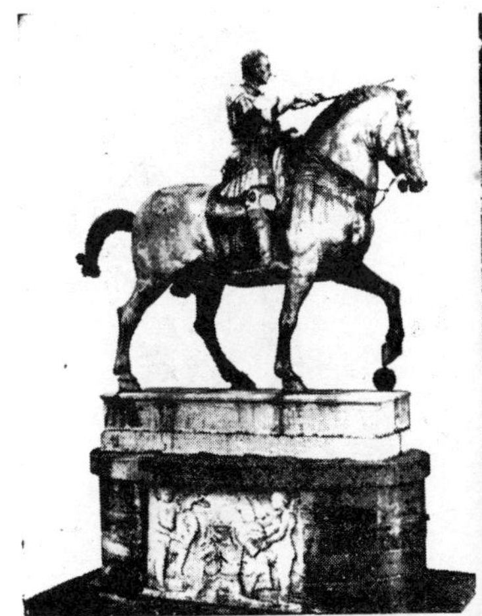

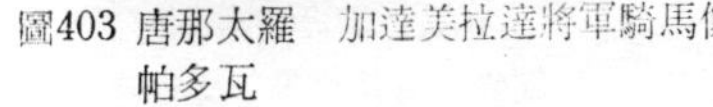

圖403 唐那太羅　加達美拉達將軍騎馬像　帕多瓦

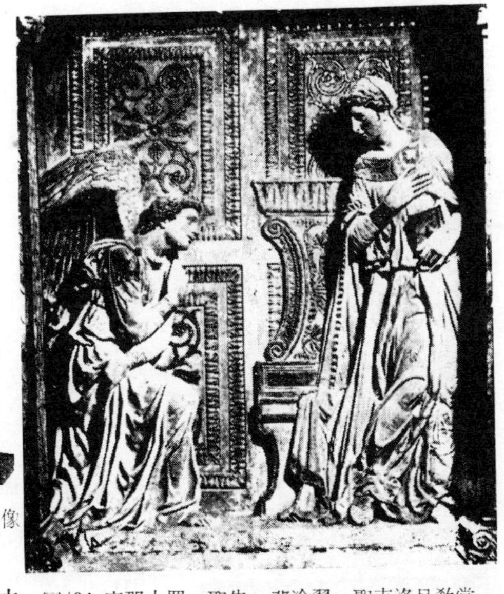

圖404 唐那太羅　聖告　翡冷翠　聖克洛且教堂

的調和把維洛基奥這個大彫刻家之特徵表露無遺。他在繪畫上亦具有相當的實力，爲大畫家達・芬奇的老師。

以上諸家之外，尚有翡冷翠的彫刻家波萊沃羅（Antonis Pollaiuls 1429 左右——98)（註 7），他在彫刻、繪畫、金工各方面都很特出；再如製作很多平易近人而帶自然之美的聖像彫刻或兒童彫像等的陶偶彫刻刻家羅比亞（Luca della Robbia 1399～1482)（註 8），或如身兼建築家的米開羅佐（前述）、擅長於大理石浮彫的塞提納諾(Desiderio Settignano 1428～1464)（註9)、典雅的宗教彫刻家羅塞利諾（Antonio Rossellino 1427～79)（註10)、麥亞諾（Benedetts da

註 7　波萊沃羅　據說是基伯提的門徒，其寫實上的徹底科學態度應是吸收了維洛基奥及唐那太羅的血統，他運用解剖學的知識而致力於人體的運動表現，同時在調和的人體美之表現上亦很出色，他並且在風景描寫上開闢過新的境界。90年左右到羅馬，在教皇西克斯都 4 世、因諾千特 8 世的墳墓上創造了新的形式。

註 8　羅比亞　學自古典，熱中於寫實的研究，其根柢上具有中世的美感，在這一點上他是最純粹的基督教彫刻家，在特技的陶像之外，大理石像亦洋溢著他特有的淸純之美。

註 9　塞提納諾　大概是唐那太羅的弟子，長於兒童彫像及婦女肖像。

註10　羅塞利諾　透過自由的運動及纖細的觀察，製作了許多優雅而具有震撼力的聖母像，其兄伯那多（Beruardo 1409-64）亦爲當時一流的彫刻家。

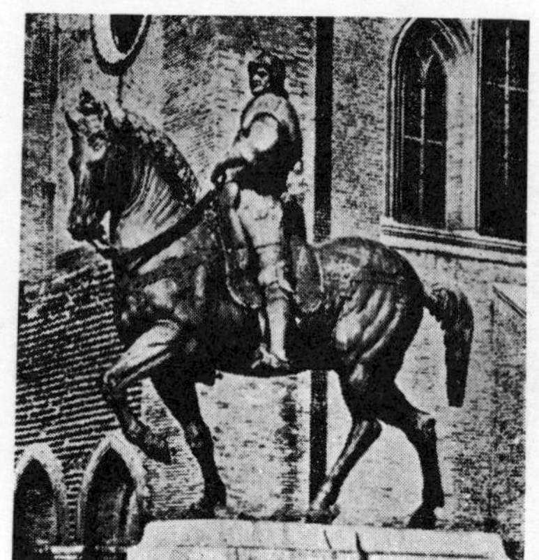

圖405 維洛基奧 柯尼奧尼將軍騎馬
威尼斯

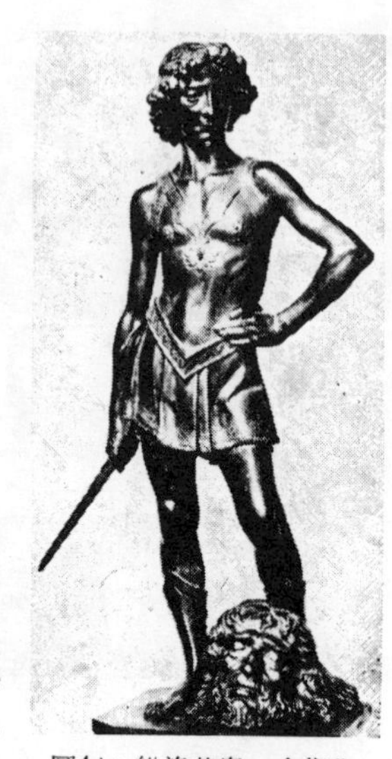

圖406 維洛基奧 大衛像

Maiano 1442～97）、菲索列（Mino da Fiseole 1431～84）等諸家輩出。在翡冷翠以外的西耶納，有奎爾吉亞（Jacops della Quercia 1364 左右～1438）（註11）爲當時的代表性彫刻家，其現世的裸體之激烈熱情與充滿力的表現不祗不於亞翡冷翠的彫刻家，其獨創性及對古代的關心確實堪稱爲文藝復興式的

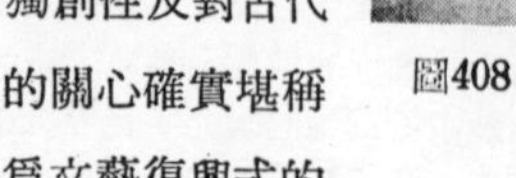

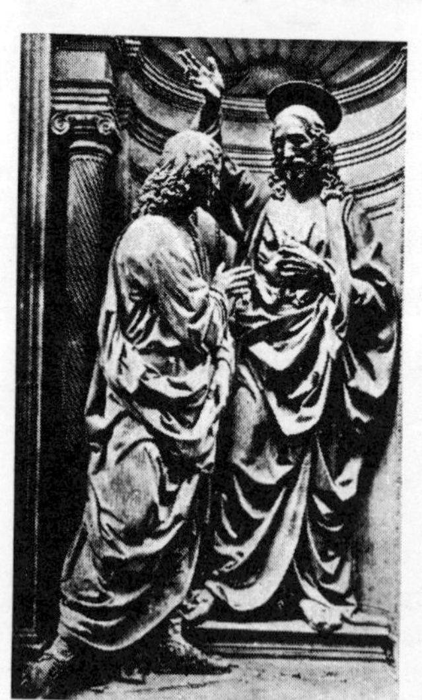

圖407維洛基奧 聖托瑪斯的懷疑

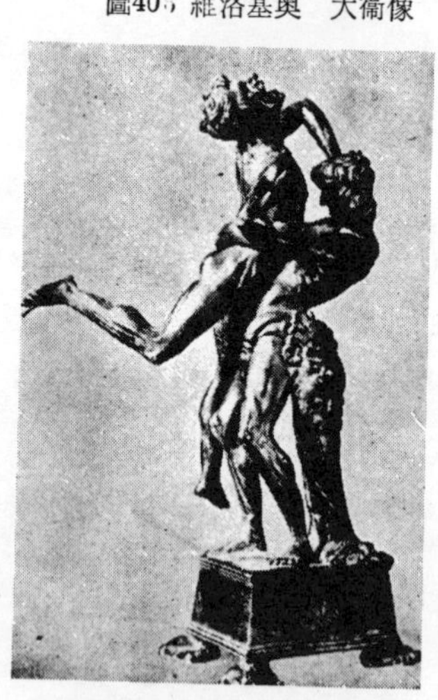

圖408 安東尼奧・波萊沃羅
赫克力士與安塔奧斯
翡冷翠 國立美術館

註11 奎吉亞 作品以波羅納聖佩特羅尼奧教堂的正面、西耶納主教堂聖約翰禮拜堂的聖水盤等浮彫而知名。

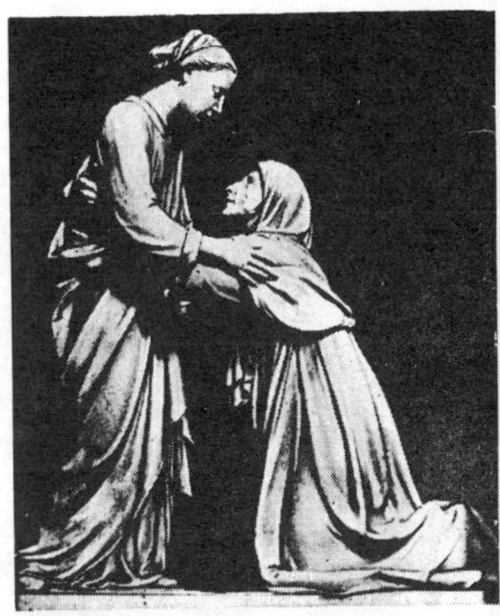

圖409 羅比亞
瑪利亞與伊莉莎白的邂逅

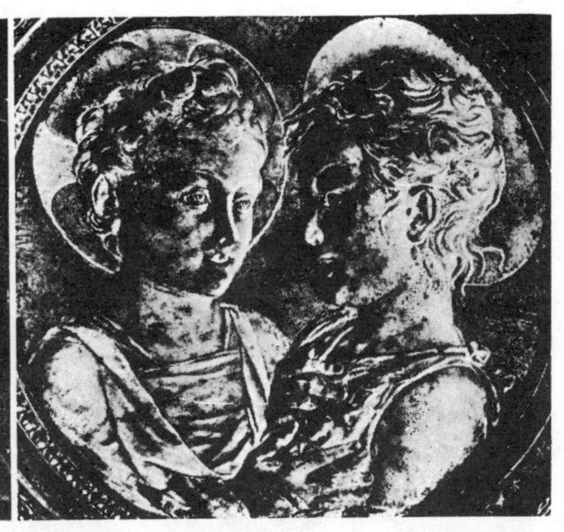

圖410 塞提那諾　基督與施洗者約翰
比斯特亞

彫刻家之一，其後米開蘭基羅仰賴於他之處亦不少。

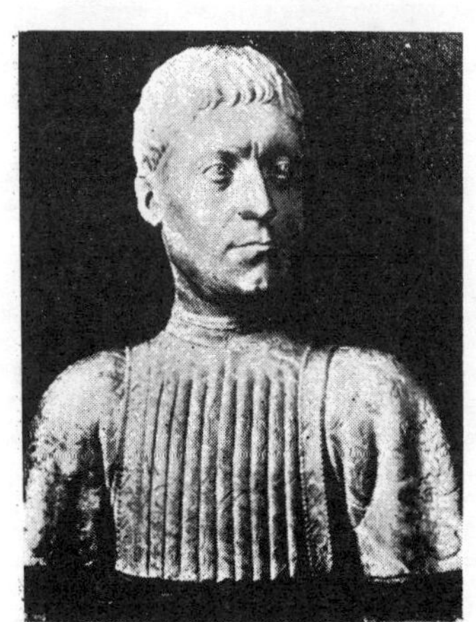

圖411 菲索列　彼・梅羅埃底契像

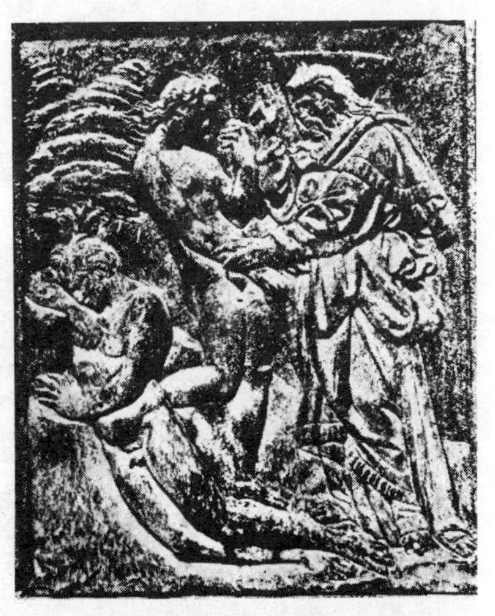

圖412 奎爾吉亞　夏娃的創造
波羅納　聖佩特羅尼奧教堂

第3節 繪　　畫

馬薩基奧與翡冷翠派

光被四表的文藝復興風氣在美術世界表現了最明確的力量，惟其中之最精華當在於繪畫。曾爲喬托所開拓的道路一到15世紀，便以翡冷翠爲中心而有顯著的發展。這時繪畫（建築與彫刻亦然）已經完全脫離教會的專有性，當然，爲教會描畫的宗教主題仍

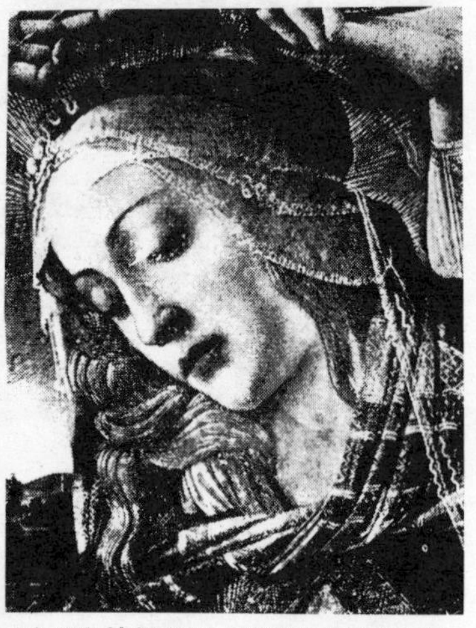

圖413 波提且利　馬尼菲卡特的聖母（部份）

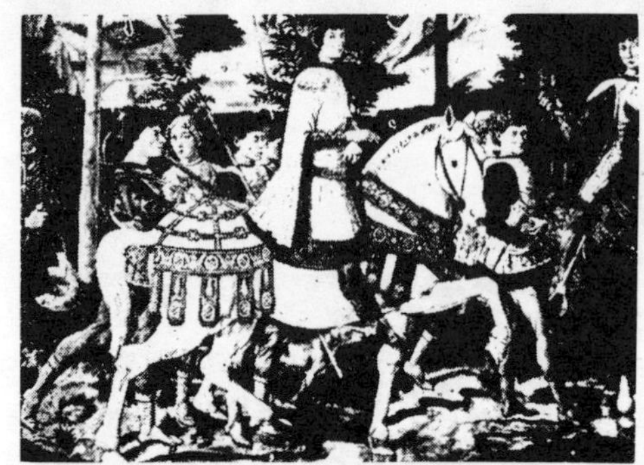

圖414哥佐里　三王膜拜（部份）

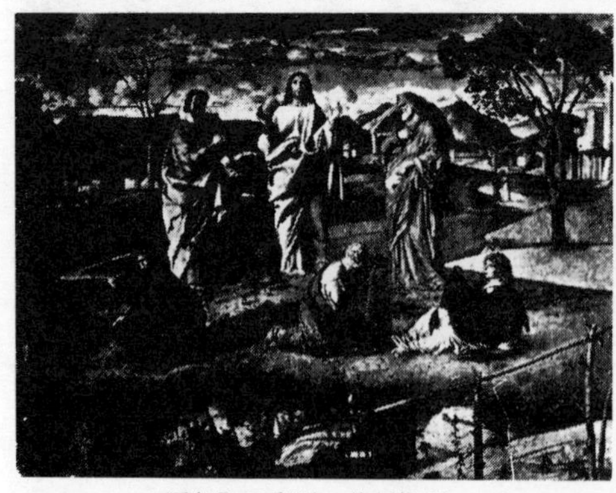

圖415 貝利尼　基督變形

非常多，但這些作品並非中世那種單純的教義圖解，而是人類生命的躍動，是與每個人生活俱存的繪畫，繪畫上聖經故事的人物其實是文藝復興時代存在的人物，也是當時的風俗；換言之，那是實際體驗的世界，被凝視的現實世界，是很寫實的，具風俗性的，各個人物感情的微細之點都被描繪出來。只是還沒有獨立的風景畫，但作爲背景或舞臺的風景都是具有大氣與深度的自然形

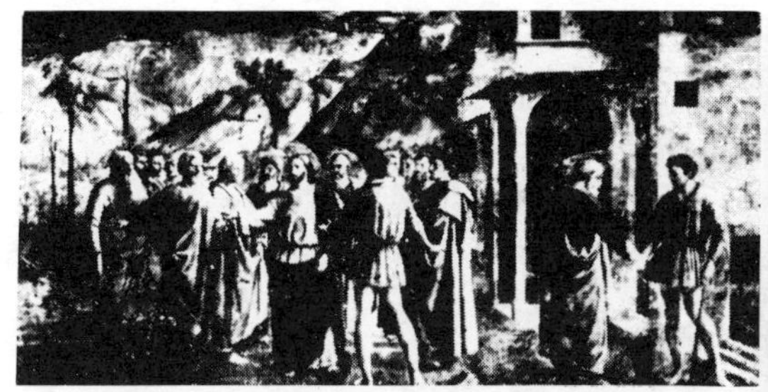

圖416 馬薩基奧　貢金

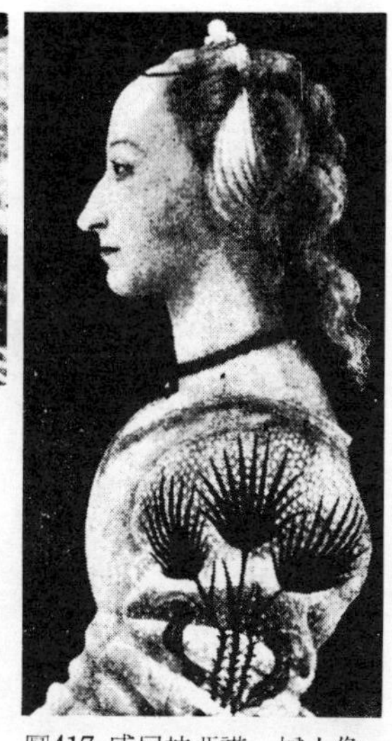

圖417 威尼兹亞諾　婦人像

象，特別是基於透視畫法的遠近法之發現更給寫實性賦予了具體性，對於遠近法與人體構造的注意——即在解剖學的研究與描繪之上，這些追求現實感與生命感的文藝復興美術家們奉獻了無比的熱情。

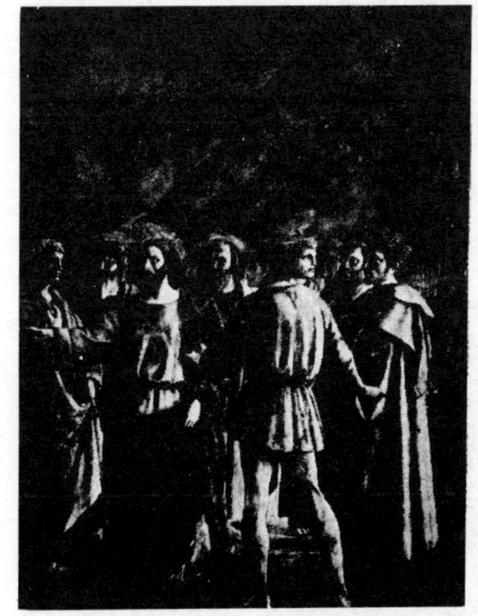

圖418 馬薩基奧　貢金（部份）

進而注意到因自然的認識及生命讚美的自覺而獲悉的古代藝術，於是題材再度採用希臘羅馬的神話，並如古代藝術一般 地懂 得描繪（或彫刻）美麗肉體之喜悅；一方面對活人肖像的意義之發現也是這個時代的一大特色，如是，義大利繪畫與15世紀一起迎接了百花齊放的「春之宴席」。只是若與盛期文藝復興的16世紀繪畫比起來，則因過份執着於每個事物之精細描寫，故稍稍欠缺了畫面的統一，然而仍舊確實地給人以年青而生動的印象（註１）。

註１　15世紀特別是冷翡翠系統幾乎沒有油畫，大部份是 tempera 畫（一種不透明水彩）或 fresco 畫，油畫顏料被普遍使用是在15世紀的弗蘭德爾，在義大利則由威尼斯派首先採用，tempera 是把粉彩（pastel）般的粉末顏料溶於水，再加上膠、樹脂等物的一種膠畫， fresco 是一種水彩顏料。至於作畫的底板這時尚未使用畫布，用的是木板或牆壁，畫布的使用大約始於16世紀的拉非爾。

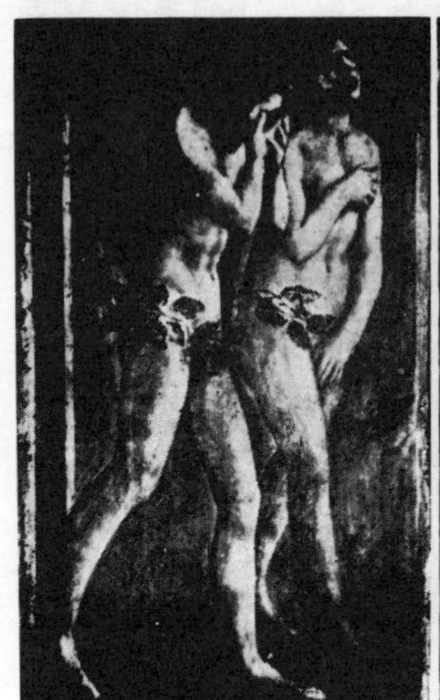

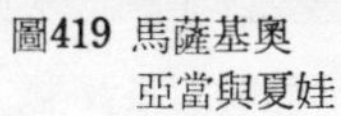

圖419 馬薩基奧
亞當與夏娃

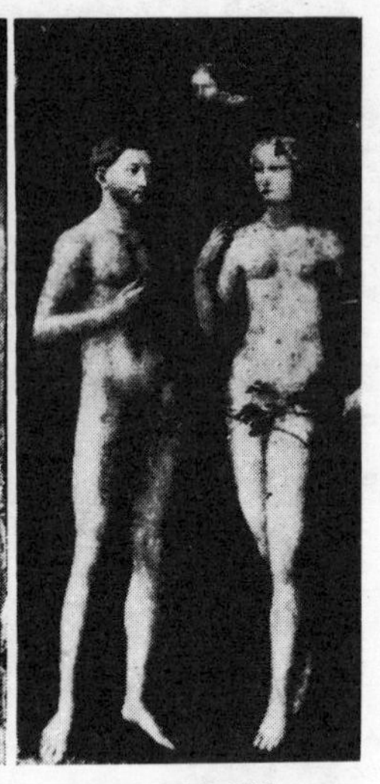

圖420 馬索利諾
亞當與夏娃

這種新繪畫一如前述，首先發達於翡冷翠，然最初的、及15世紀最大的畫家之一則是寫實而熱情的馬薩基奧(Masaccio 1401～28)(圖416, 418, 419)(註2)，若以喬托爲文藝復興繪畫的始祖，則馬薩基奧當是它的直系親屬及具現者，他所畫的人體或感情表現的眞實個性、遠近法或統一構圖的巧妙性與現實感等全是劃時代的，可謂開始確立了近代繪畫的基礎。他由於年青早夭，故作品數目不多，翡冷翠卡爾米尼教堂布蘭卡契禮拜堂有他的壁畫，這件作品勝過前述喬托在阿栖栖聖弗蘭且斯科教堂所作的壁畫，是新時代的黎明，據說甚至其後的達・芬奇或米開蘭基羅等文藝復興畫家皆以它爲範本。

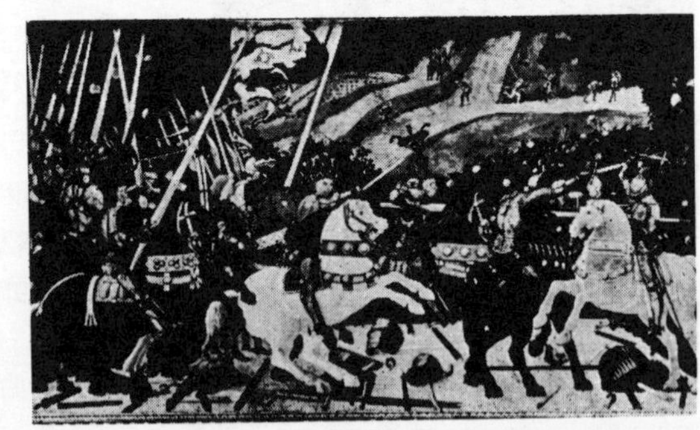

圖421 烏且羅　聖埃底喬之戰　倫敦國家畫廊

馬薩基奧努力於再現映入眼簾的實際物體，故有必要正確地表現遠近感，經由精密的科學觀察，近的東西顯得大，遠的東西顯得小，把布盧尼列斯

註2　馬薩基奧　原名 Tommaso di Giovanni Guidi，一般暱稱爲 Masaccio，據說是馬索利諾的弟子，眞正文藝復興樣式的近代繪畫之創始者，布蘭卡契禮拜堂的繪畫一般視爲他與馬索利諾合作的作品。

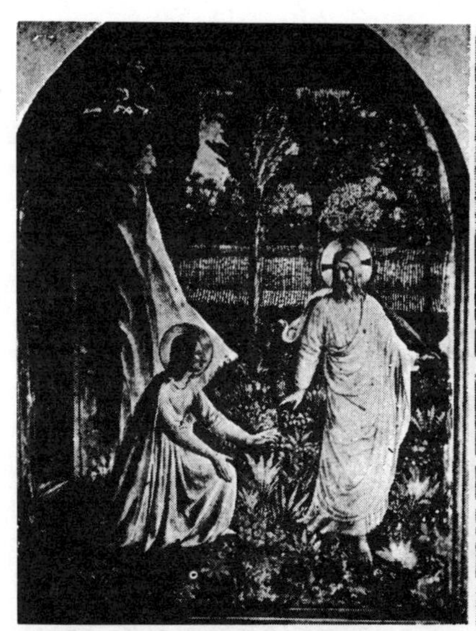
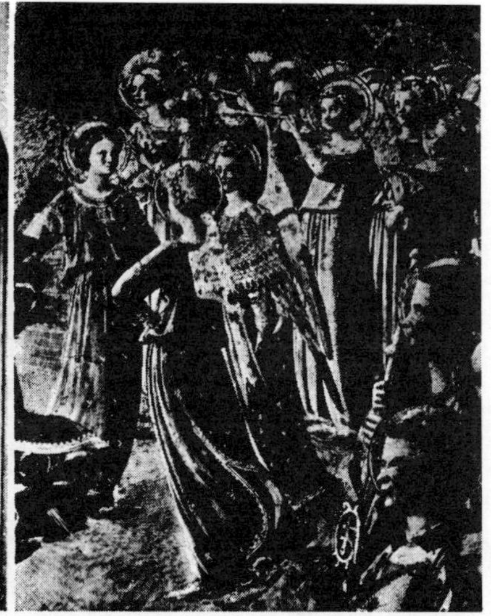

圖422 弗拉・安吉里柯 諾里美・但格列 圖423 弗拉・安吉里柯 聖母加冕（部份）

基的透視畫法應用於實際的繪畫，把人物與背景、物與物、近景與遠景等關係透過一個視點來處理，確實完成了表現於平面上的技巧，故他的畫有堅確的現實感。關於人物動作或感情的逼眞表現之點，若把他老師馬索利諾（Masolino da Panicale 1384～1435 左右）畫在同禮拜堂的「亞當與夏娃」（圖420）與他自己所畫同主題的名作（圖419)作個比較，則在表現被逐出天國的2個男女之悲哀與絕望上，顯然後者較爲出色。馬薩基奧致力於人物表現之點與喬托有共同性，惟喬托作品所見的崇高宗教感情業已隱沒，現實的人間感顯得更强，這種更强的人類中心主義正是15世紀文藝復興的特色，及馬薩基奧的新生命。

把馬薩基奧的寫實主義更科學地追求，並熱中於透視畫法的幾何學研究者爲烏且羅（Paolo Uccello 1397～1475)(註4)，他製作戰畫（圖421)或童話似的繪

註3 馬索利諾 生於帕尼卡列，活躍於翡冷翠、羅馬等地，據說是馬薩基奧的老師，他的畫尙帶有哥德式的性格，以介於哥德式與馬薩基奧新藝術的過渡期作家而具重要性。關於他的經歷有諸多不明之點，確屬他的作品雖有卡斯提奧尼・奧羅納的克列基亞特大殿天花板之聖母傳壁畫，但未確定的作品仍很多。

註4 烏且羅 本名 Paolo di Dono，生於翡冷翠，起初是彫刻家基伯提的弟子，其後轉入繪畫，在遠近法的研究之外，以植物學的精密性而作植物素描，傳世的作品較少。

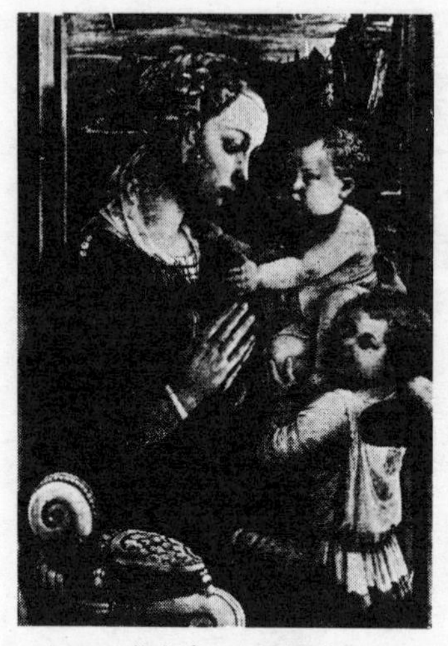

圖424 菲力波・聖母里彼子

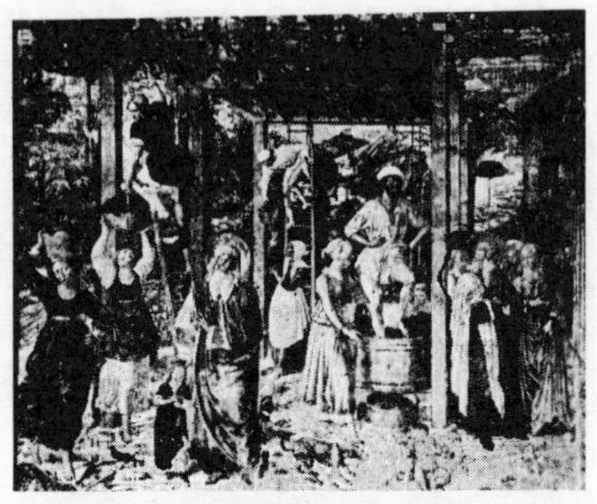

圖425 哥佐里　諾亞採集葡萄

畫。另有聖馬可教堂的畫僧安吉里柯 (Beato Angelico 1387～1455) (圖422, 423)(註5)，他把喬托的系統往抒情的方向發展，製作優美的宗教畫，從著名的「聖告」(卷首圖45) 起，由於他畫過無數的壁畫，故今日的聖馬可教堂便作爲美術館而原封未動地保存這些作品。再如兼有馬薩基奧與安吉里柯二特色、却比安吉里柯更易於親近、並長於世俗感的瑪利亞畫像之腓力波・里彼 (Fra Fillipo Lippi 1406～69) (圖426)(註6)；或在宗教主題中巧妙地採入當時風俗的邊諾佐・哥佐利(Benozzo Gozzoli 1420～98) (圖425)(註7)；或在解剖學的正確與激情的表現顯露個

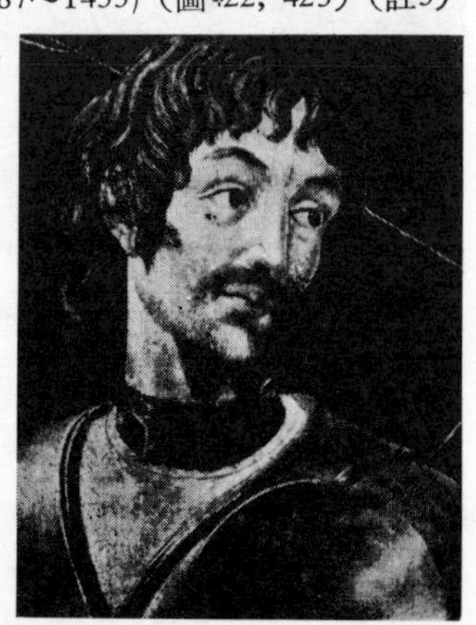

圖626 卡斯塔諾　彼皮・斯巴諾像(部份)

註5　安吉里柯　本名 Fra Giovanni da Fiesole，生於維基奧，1407年入斐佐列的多美尼可派修道院。從翡冷翠的聖馬可教堂開始，以畫僧身份在同派的教堂畫過許多作品，如在梵蒂岡的尼可勞斯禮拜堂他曾畫過聖斯特奴斯及聖勞倫提烏斯的生平，10年後死於該地，他的作品都充滿著宗教的虔敬與靜謐。

註6　腓力波・里彼　生於翡冷翠，很早就加入僧團，其奔放的性格曾留下許多軼事甚至醜聞，然受梅底契家的照顧，亦受天主教會的容納，製作了許多充滿理性的聖母畫。晚年病死於斯波列特主教堂的壁畫製作之中。

註7　哥佐里生於翡冷翠，隨安吉里柯到羅馬，不久成爲他的助手，在這個時代翡冷翠畫派

人風格的卡斯塔諾 (Andrea del Castagno 1410左右～57) (圖426) (註8)；乃至這時代最優美的肖像畫家威尼妶亞諾 (Domenico Veneizano 1410左右～61) 等有數不淸的傑出畫家出現。

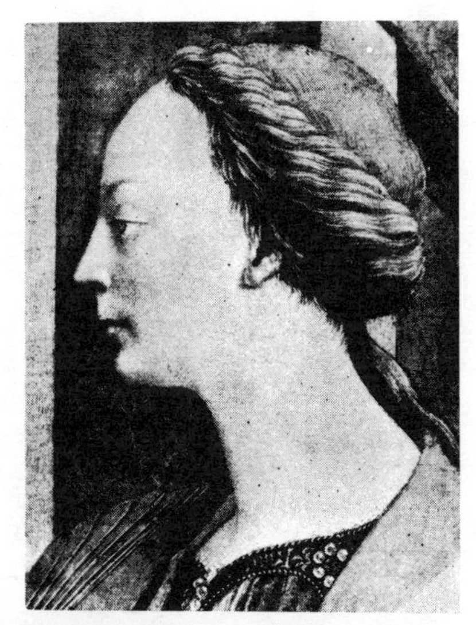

圖427 威尼妶亞諾 聖母子 (部份)

比這些人生得較晚，最能代表風靡當時翡冷翠的風尚與愛好 —— 希臘・羅馬趣味者爲著名的波提且利 (Sandro Botticelli 1444～1510)，他是出現於馬薩基奧與達・芬奇之間的最大畫家，在某種意義上是最能代表15世紀翡冷翠的畫家，他把馬薩基奧以來嚴格的寫實主義、以全盛期梅底契家爲中心的古希臘羅馬之典型美、以及追求異教理想美的趣味與精神作適度的融合，展開了極其高貴的藝術。現在以烏菲妶美術館的傑作而知名的「春」(圖428)及「維納斯的誕生」(卷首圖46) 即爲其代表作，在此，現實的人間美之追求被

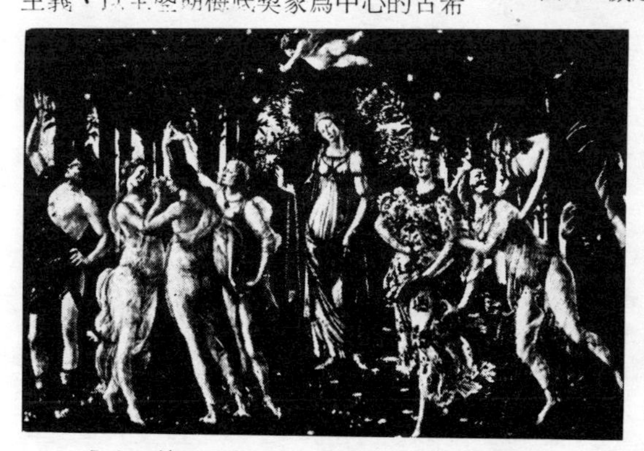

圖428 波提且利 春 翡冷翠 烏菲妶美術館

的風俗畫傾向中，哥佐里是最具代表性的畫家之1，「三王的行進」亦以他的傑作而馳名，1460年以後畫在壁畫是他的最大製作。

註8 卡斯塔諾 生於卡斯塔諾，活躍於翡冷翠，長於遠近法與潤飾，賦予人物畫以强烈的彫刻寫實味，主要作品幾乎全藏在翡冷翠聖阿波羅尼亞教堂的卡斯塔美術館。

註9 威尼妶亞諾 生於威尼斯，最初傾倒於在當地工作的彼薩尼洛，1438年以後搬到翡冷翠，在此地學到卡斯塔諾等的形體表現，發揮了色彩畫家的本領，代表作有柏林的「婦人像」及烏菲妶的典雅的「聖母子」等。

異教的精神或氣氛所包圍，傳播了有如壯麗交響曲似的音響。這類作品之外，尚有幾件「聖母畫」爲主的宗教畫，他所畫的聖母或聖女充滿夢似的、一種哀愁似的女性美(圖358)。其奇特之美

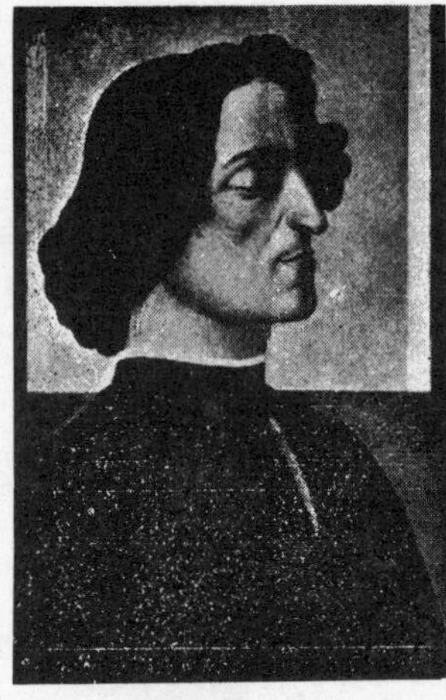

圖429 波提且利　朱利亞諾・梅底契像

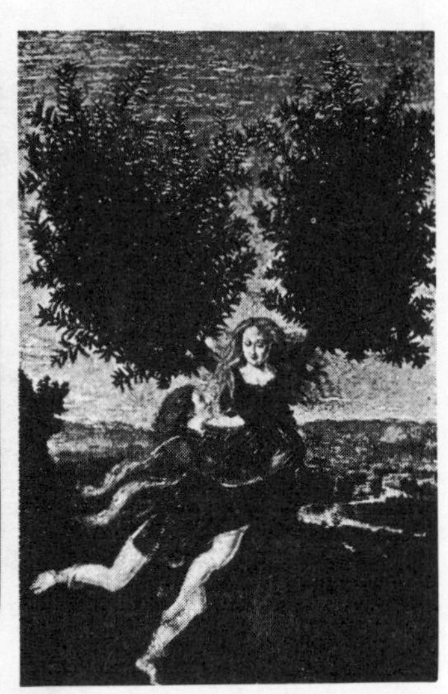

圖430 波萊沃羅　黛芙尼與阿波羅

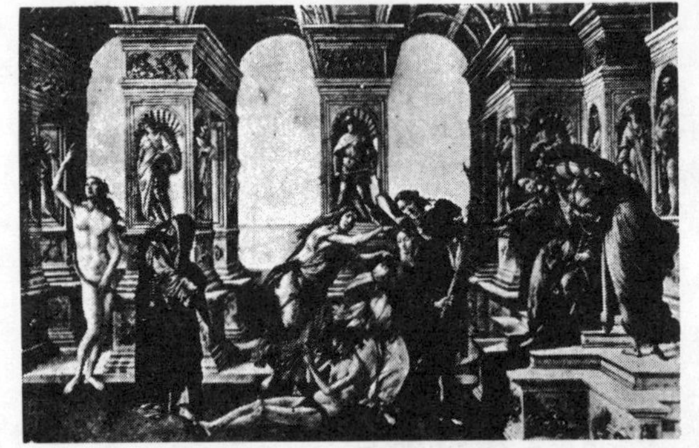

圖431 波提且利　阿佩列斯的毀謗

乃是基督教信仰與古代憧憬的繁複結合，亦可以說是當時翡冷翠知識階級的一代心聲。

15世紀的翡冷翠除他之外，尚有腓力波之子、畫過爽快利落作品的腓力彼諾・里彼 (Fillippino Lippi 1457～1504)(註11)

註10　波提且利　本名 Alessandro di Mariano Fillipepi，15 世紀最優秀的天才畫家之一，初爲金工匠，其後認識安東尼奧・波萊沃羅（卷首圖50），更受教於腓力波・里彼，琢磨著作爲畫家的才能。1481年被教皇邀往羅馬，製作西斯丁禮拜堂的「摩西一生」。83年再回到翡冷翠，於是從「維納斯的誕生」起，在當地產生了無數的名作。晚年精神受薩沃那羅拉的影響，失却了詩的抒情美，題材亦含有寓意，如「毀謗」(圖431)一作屬之。

註11　腓力彼諾・里彼　生於普拉特，在父親死後跑到翡冷翠，學自波提且利。1484年把馬薩基奧未完成的布卡契禮拜堂壁畫畫完，一躍登上大畫家之林，其後的作品亦可看到達・芬奇的影響

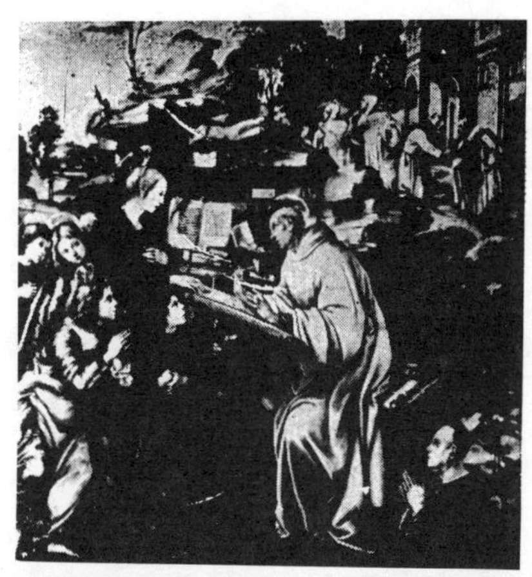

圖432 腓力彼諾・里彼　聖貝那德之幻

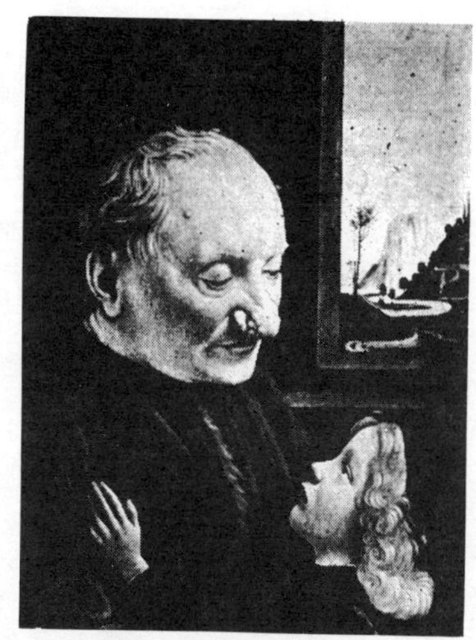

圖433 基蘭代奧　老人與孫子

；長於穩重風格的風俗畫之基蘭代奧(Domenico Chirlandajo 1449～94)（註12）等幾位第一流畫家各顯身手，一時眞是百花齊放。

翡冷翠以外的畫家

文藝復興一旦在翡冷翠開出最初的美麗花朶，其風氣與精神便立刻廣佈於義大利各地——特別是不斷向新時代蠕動的中部及北部義大利，在此影響與刺激之下，各自皆有顯著的發展，繪畫亦不例外。

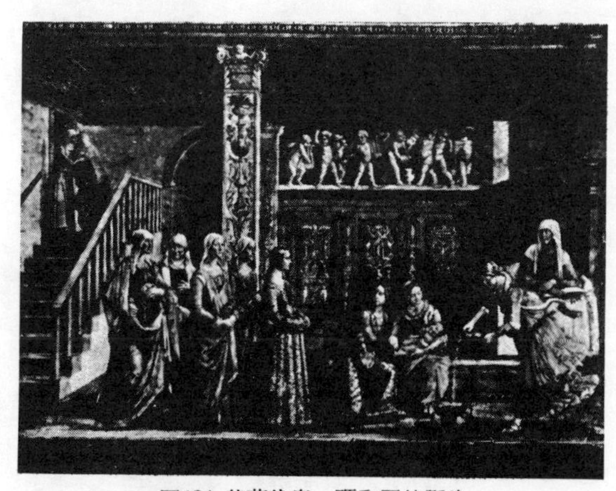

圖434 基蘭代奧　瑪利亞的誕生

註12　基蘭代奧　本名 Domenico di Tommaso Bigordi，出身爲翡冷翠的金工匠之子，學自巴德維尼提（Alessio Baldovinetti 1427-1499），以寫實家而在當時的風俗畫顯露獨特的風格，亦長於肖像畫。其製作活動主要在翡冷翠，在羅馬亦參與梵蒂岡西斯丁禮拜堂的裝飾工作，曾是米開蘭基羅的老師。

首先以培盧查 (Perugia) 為中心的中部義大利溫布利亞地方，有幾個優異的畫家出現，這個地方早在14世紀出現於西耶納的，便有與喬托不同意義的文藝復興先驅者西莫尼・馬提尼 (Simone Martini 1284左右～1344) (圖 435, 436) (註13) 及對人世具有深切情愛、作品具有豐富情趣的法布利亞諾 (Gentile da Fabriano 1370～左右 1427) (圖437) (註14)二人為15世紀打下堅固的基礎。一到15世紀便呈現深受翡冷翠影響而又不亞於翡冷翠的局面，在畫家第一個該被提到的是弗蘭且斯卡 (Piero della Francesca 1416左右～1492) (圖 438‘ 439, 440) (註15)，他學自馬

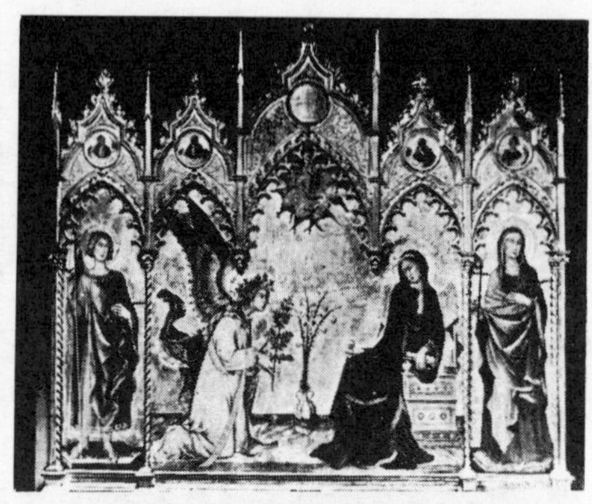

圖435 馬提尼　聖告

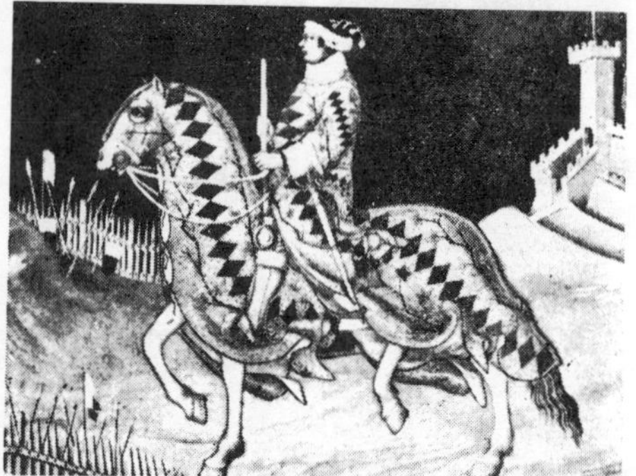

圖436 馬提尼　騎馬像

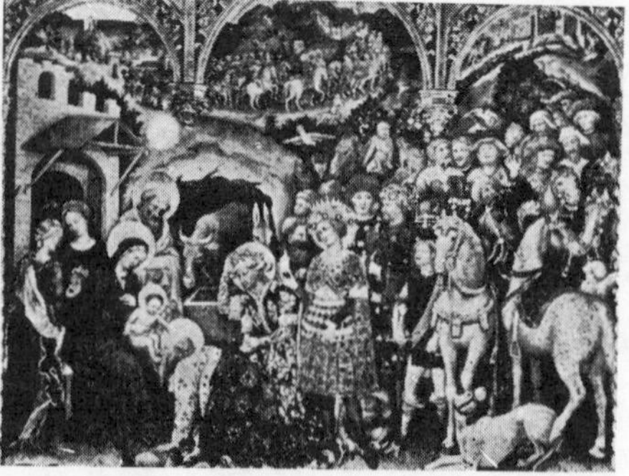

圖437 法布利亞諾　三王膜拜

註13　西莫尼・馬提尼　為西耶納繪畫始祖都契奧 (Duccio di Buon insegna 1260～1319) 的弟子，作品富於色彩的美麗裝飾性，誠為拜占庭式到新文藝復興的過渡期畫家，代表作以西耶納普布力克宮的作品及烏菲兹「聖告」等為著。

註14　法布利亞諾　生於法布利亞諾，活躍於威尼斯、翡冷翠、羅馬等地，以豐富的色彩及纖細的描線表現柔和的情趣，烏菲兹的「三王膜拜」為其代表作。

註15　弗蘭且斯卡　生於溫布利亞的波哥・聖斯波克羅，1438年左右與威尼兹亞諾結識，在翡冷翠幫他工作，1461年為利米

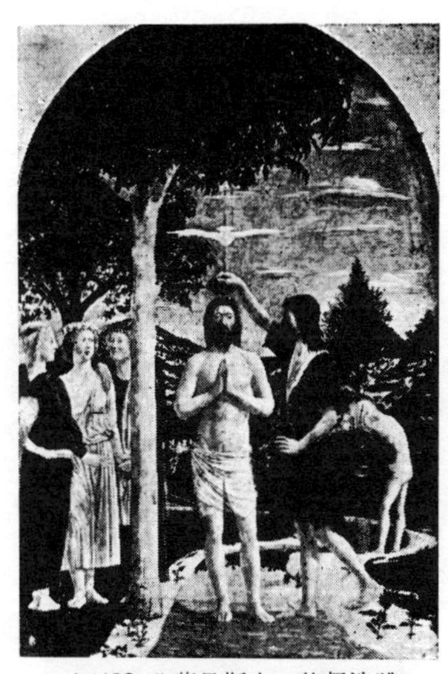

圖438 弗蘭且斯卡　基督洗禮

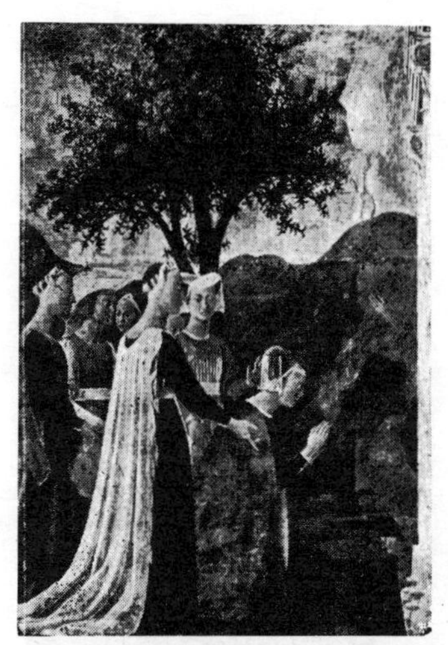

圖439 弗蘭且斯卡
示巴女王膜拜十字架

薩基奧與烏且羅，熱中於解剖學及遠近法，把這些知識大量活用於繪畫上，在靜謐雄壯的形式中，明朗色彩的遠近法全是他個人的產物，他透過自然描寫的正確性與畫面流盪的寧靜氣質而成爲15世紀的最大畫家之一；且對於當時偏重幾何學等科學精神發展的「全才」理想，他也是個中的傑出人物，與其後的達・芬奇很相近。代表作有畫在阿列佐聖弗蘭且斯科教堂的一連串壁畫——「聖十字架故事」(圖439)(註16)，這件作品不但是他的傑作，也是15世紀最出色的作品之一。

繼他之後，西諾列利 (Luca Signorelli 1441～1523) (圖441, 442) (註 17)

尼大公工作，其後製作阿列佐聖弗蘭且斯科教堂的壁畫，再回故鄉，在烏比諾、菲拉拉亦有所製作。他亦被稱爲外光派的先驅者，曾以精確的線條與空氣遠近法的知識而製作了調和人物與背景的統一畫面，特別是微妙的色彩與明暗的調子等風格給其後的溫布里亞派以極大的影響，此外亦有關於遠近法的著作問世。

註16　其中以「示芭女王膜拜十字架」最有名、最突出。經由這件作品，他才充份懂得如何追求基於光線作用的明暗强調、微妙色彩之變化、深度效果等事項，這點可以說是先於達・芬奇的空氣遠近法之開拓者。

註17　西諾列利　生於克特納，爲弗蘭且斯卡的門生，亦深受波萊沃羅的影響。以解剖學的深刻知識製作雄壯的人物像，同時亦不失其優雅的氣度。奧維耶特主教堂的壁畫是他的代表作。

努力於人體、特別是裸體動態的表現，在裸體動態之中亦把握了人物的心理動態；再如拉非爾的老師，雖有點通俗，但默默地擅於典雅的瑪利亞像或肖像畫

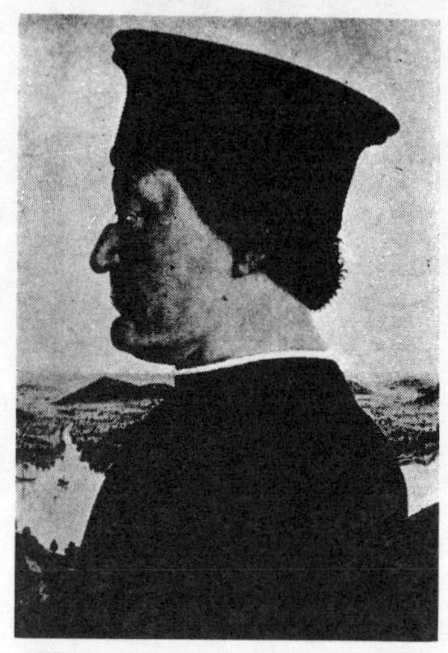

圖440 弗蘭且斯卡　烏比諾公爵像

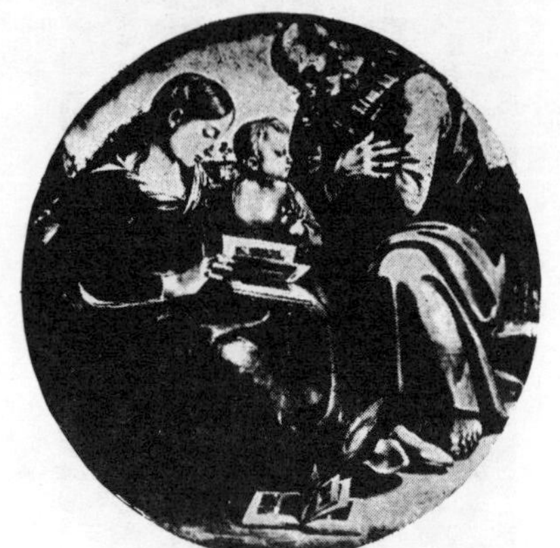

圖441 西諾列利　聖家族

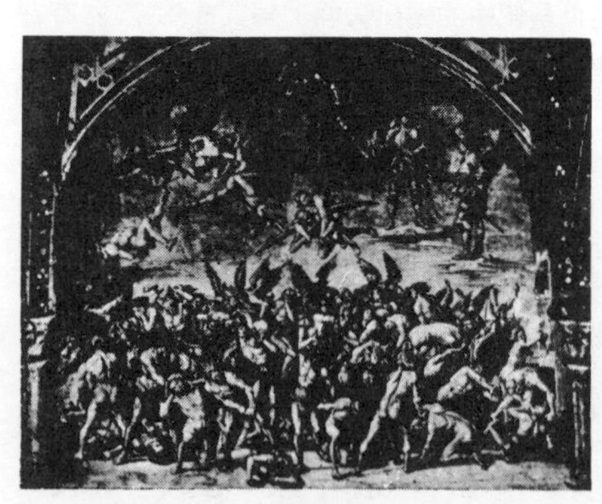

圖442 西諾列利　地獄界

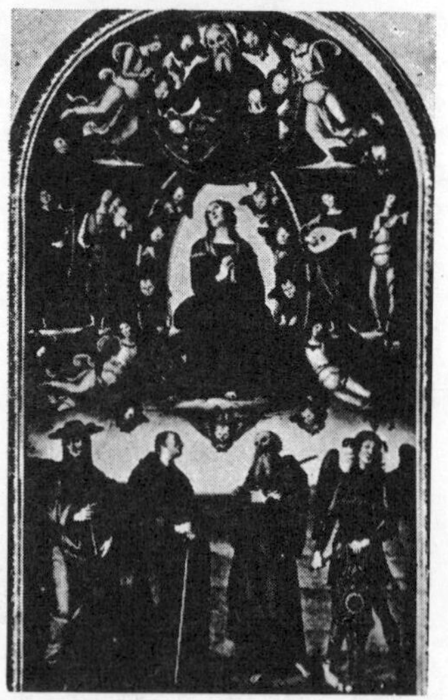

圖443 佩魯吉諾　聖母昇天

註18　佩魯吉諾　本名 Pietro Vannucci，生於基塔·德拉·佩維，15世紀溫布利亞派的純粹代表者，在翡冷翠爲維洛基奧的門生，長於表現透明而柔和的情緒，製作過很多溫雅的宗教畫，1483年到羅馬，畫過西斯丁禮拜堂壁畫的一部份。

之畫家佩魯吉諾 (Perugino 1446～1523)；或富於簡明故事式的描寫才能之屏特利吉奧 (Pinturicchio 1454左右～1513)(圖444)(註19)；或如明朗穩靜作風的梅洛佐・達・佛利 (Melozzo da Forli 1438～1494) 皆爲溫布利亞畫派的代表者，不用說，翡冷翠、羅馬、以至北義大利都留下他們活動的足跡。

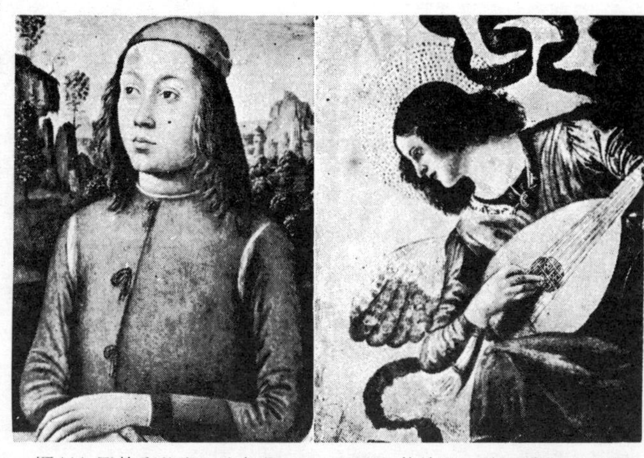

圖444 屏特利基奧　青年像　　圖445 梅洛佐・達・佛利　天使

圖446 比沙尼羅　埃斯特侯像

中部義大利地縱使可以說繼承西耶納系統，但與十五世紀完全在翡冷翠的影響下發展者廻異；非拉拉、帕多瓦、威尼斯等北部義大利即使從翡冷翠的活力得到很多刺激，却仍可看到自己的面目，這就是以弗蘭德爾爲中心的北方文藝復興（詳後述）所帶來的非常精緻的寫實描寫，與翡冷翠的古代復興趣味比起來，更加屬於世俗的現實趣味。並且這些地方大多數諸侯或豪族力量特別强大，由於他們是新藝術的保護者，自然會喜歡

註19　屏特利基奥　本名 Bernardino Betto di Biagio，據說是佩魯吉諾的弟子，兩者同爲溫布利亞派的代表者，具有幻想的趣味及明朗的色彩，其宗教畫中洋溢著現實生活的喜悅，從梵蒂岡的波爾吉亞諸室開始，爲教廷畫過許多作品，西耶納主教堂的圖書館壁畫亦以他的傑作知名。

註20　梅洛佐・達・佛利　生於烏比諾，在翡冷翠求學，在溫布利亞式的穩靜傾向中加以翡冷翠的所謂理智風格，作品明朗而輕快。

一些描寫羅馬史實或戰爭等的作品來裝飾居城，故有明顯的王侯趣味。

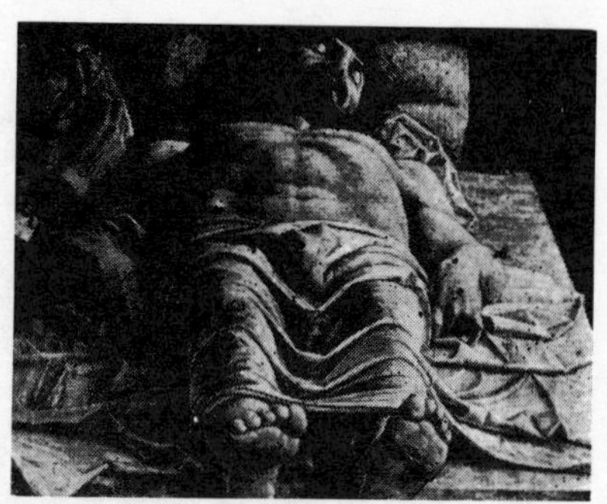

圖447 曼特納 聖悼

在這樣的北義大利最早出現的大畫家是比 薩尼羅 (Pisanello 1395 左右～1455) (圖446) (註21)，他亦以金屬彫刻出衆，在繪畫上，則以細緻正確的筆觸與深暗色彩的光輝產生了帶有風俗畫傾向的個別樣式，特別是對於動植物具有深愛，它們在他的畫中擔任重要的角色。其活動地點遍及味羅那、威尼斯、非拉拉、米蘭、羅馬各地，隨着廣佈的足跡所致而帶給各地以深切的影響。堪與之匹敵的是帕多瓦的曼特納(Andrea Mantena 1431～1505)，他從彫刻家唐那太羅學到寫實主義，同時強調遠近法的原則，以彫刻似的雄大感正確有力地從事繪畫，另外他還以銅版畫家在文藝復興繪畫史的發展上完成了重要的使命。

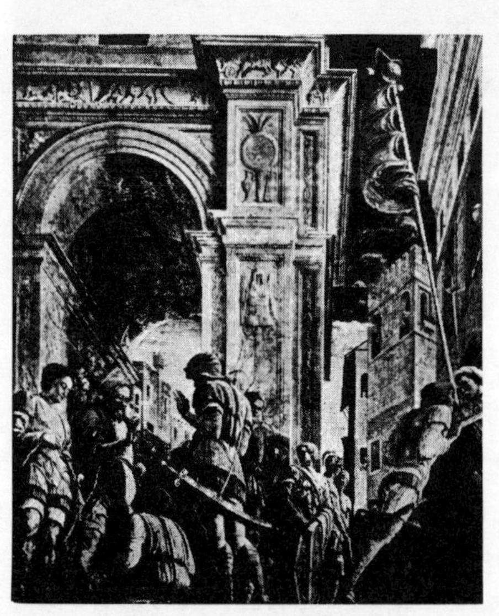

圖448 曼特納 聖雅各的殉教

再如在翡冷翠或溫布利亞派影響下展開較溫和的風格者爲非拉拉的克薩 (Francesco del Cossa 1435～左右

註21 比薩尼羅 本名 Antonio Pisano，生於比薩，深受法布利亞諾的影響。

註22 曼特納 生於維千扎，早年到過帕多瓦，深受在該地工作的彫刻家唐那太羅之影響，20年代在帕多瓦的耶列米塔尼的禮拜堂所作壁畫是他的傑作，1459年成爲曼特瓦侯的宮廷畫家，其後在此畫過很多作品，其堅硬的彫刻式線條、雄壯的構想及基於短縮法的透視畫法具有獨特的味道，其影響亦波及德國。

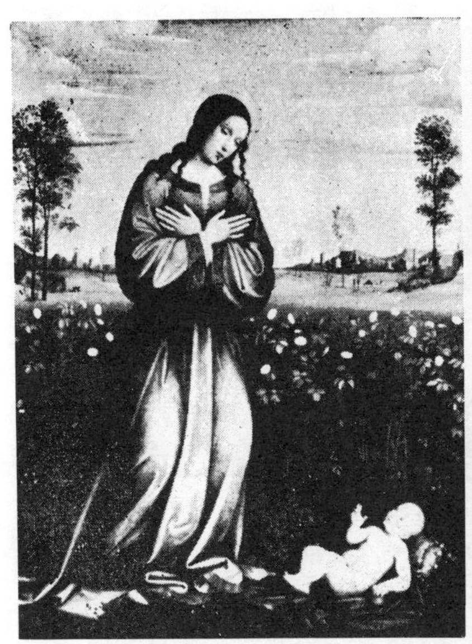

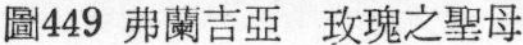

圖449 弗蘭吉亞　玫瑰之聖母

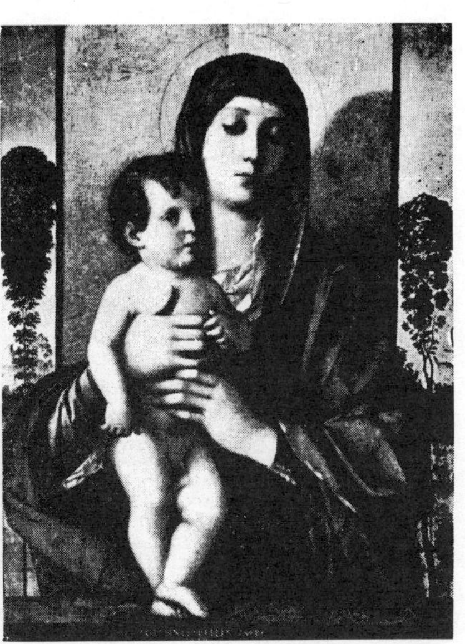

圖450 貝利尼　聖母子

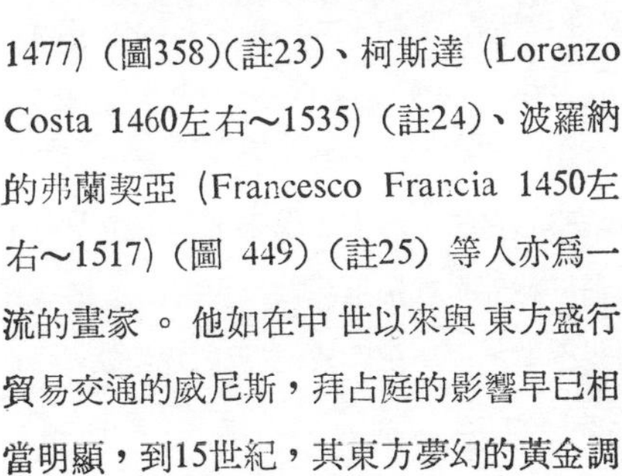

1477)（圖358)(註23)、柯斯達（Lorenzo Costa 1460左右～1535)（註24)、波羅納的弗蘭契亞（Francesco Francia 1450左右～1517)（圖 449)（註25）等人亦爲一流的畫家。他如在中世以來與東方盛行貿易交通的威尼斯，拜占庭的影響早已相當明顯，到15世紀，其東方夢幻的黃金調

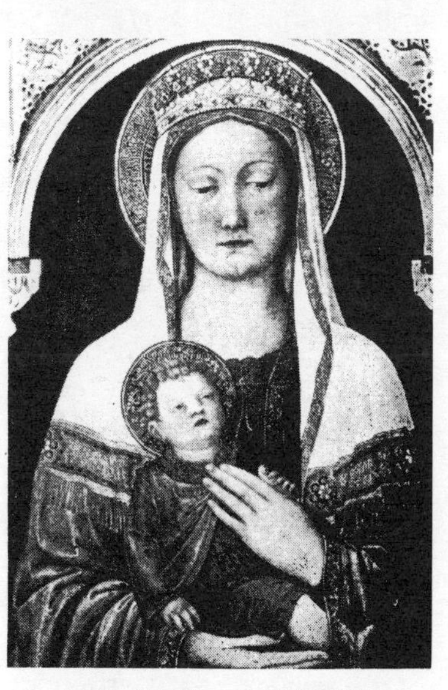

圖451 雅可波・貝利尼聖母子

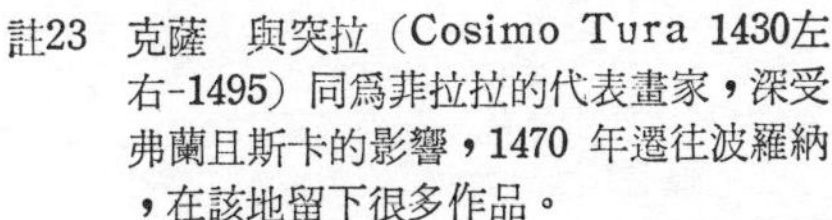

註23　克薩　與突拉（Cosimo Tura 1430左右-1495）同爲非拉拉的代表畫家，深受弗蘭且斯卡的影響，1470 年遷往波羅納，在該地留下很多作品。

註24　柯斯達　生於非拉拉，與弗蘭契亞同在波羅納活躍。

註25　弗蘭契亞　最初爲金工及銅版畫家，受到在波羅納工作的曼特納影響而有志於繪畫。

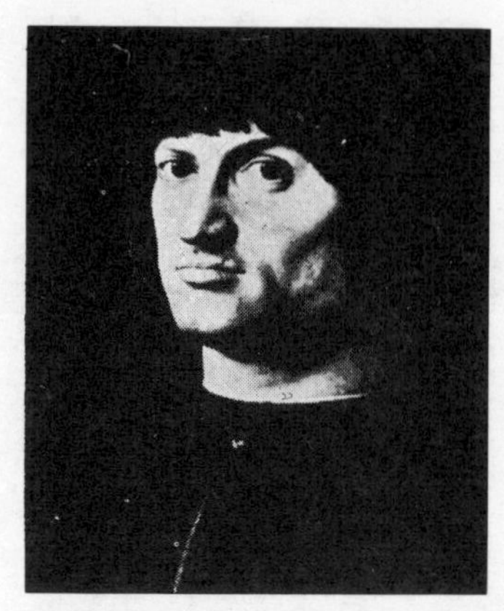

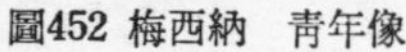
圖452 梅西納　青年像

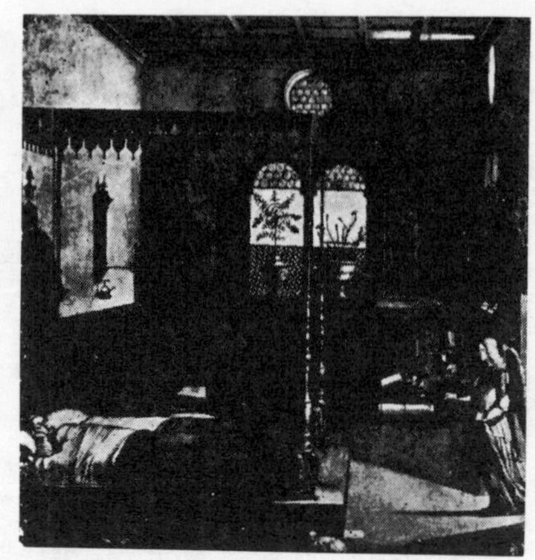

圖453 卡帕基奧　烏斯拉之夢

與北義大利的現實調加上翡冷翠的刺激，便產生了獨自的華麗風格。畫家之中最重要的是貝利尼（Gioovanni Bellini 1430～1516）（圖450）（註26），至於被視爲最初從弗蘭德爾傳入油畫技法的明朗色彩畫家梅西納（Antonello da Messina 1430左右～1479），及以精密的寫實力製作風俗畫式的、或一種獨特的浪漫的宗敎畫與歷史畫之卡帕基奧（Vittore Carpaccio 1450左右～1525左右）（圖453）（註28）皆爲這時代的傑出畫家。

綜觀15世紀的義大利繪畫，雖是極約略的說法，然大致說來，以翡冷翠爲中心的風格其形線之美較明顯；在北義大利、特別是威尼斯派則以色彩的鮮麗爲其特色。此二種特色不久由以下16世紀的翡冷翠·羅馬派與威尼斯派所完成。

註26　貝利尼　生於威尼斯，他的家族畫家輩出，其父雅克波（Jacopo 1400 左右—1470）（圖451）、其兄兼提列（Gentile 1429 左右—1470）與他三者較出色，其中以貝利尼最突出。他在父親的畫室工作，早年與曼特納交情甚篤，初期深受他的影響，隨著畫風的成熟，他便從初期充滿嚴肅的宗敎氣氛，逐漸地變成帶有現實感情的優雅風格，由明朗豐富的潤飾與色彩展開了新的繪畫樣式，特別是背景自然描寫的巧妙在這個時代的翡冷翠派是看不到的，晚年聲名鵲起，遂以威尼斯派的領袖而培養許多徒弟，吉奧喬尼、提香等其後威尼斯派的全盛期可以說是從他的畫室產生的。

註27　梅西納　生於梅西納，在弗蘭德爾學畫，是個明朗柔和的色彩畫家，他的新畫法給威尼斯派以極大的影響。

註28　卡帕基奧　跟貝利尼學畫，是個更爲幻想化的澄清的色彩畫家，在宗敎畫、歷史畫之中精密地描寫當時威尼斯的市民生活與牧歌內容，構成奇異的風格。

第2章　16世紀的美術

時代概觀

15世紀以翡冷翠爲中心而盛行的新時代運動透過自我的發現及現實的再認識，促進了自由才能的活潑競爭。不久從自由才能的活潑競爭之中逐漸被少數或一個才能出衆的人所統一與制御。此誠爲近代個人主義的完成之道，義大利世界進入此一過程之時，便完成了與它本來個性不同的社會。亦卽15世紀末翡冷翠由於激烈的政治鬪爭及其本身勢力的衰落、乃至代之而起的敎廷爲中心的羅馬之强大，美術亦與此種社會情勢之變化與傾向不無關係。16世紀義大利文藝復興的美術中心已離開翡冷翠而走向羅馬與威尼斯，而以羅馬爲中心的許多美術家却是誕生於翡冷翠、養育於翡冷翠的人物。

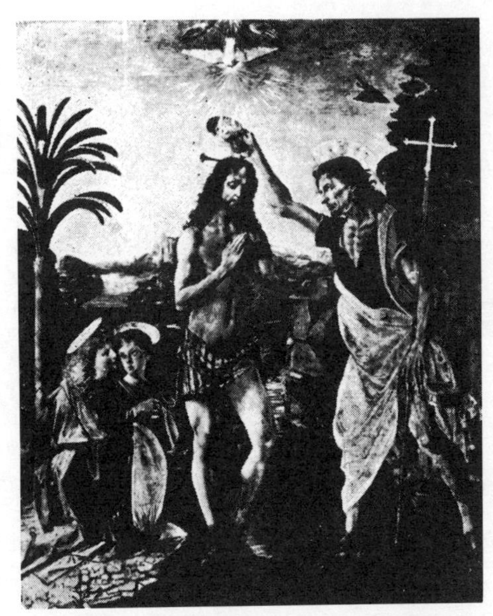

圖454 維洛吉奧與達•芬奇　基督洗禮

羅馬當然是古來基督敎根據地所在的宗敎中心，然由於14世紀以來敎會權力的失勢與人文主義的發展，它已變成像敎廷失去過去中世時代的絕對權利一般，代之而起的翡冷翠及米蘭便以新時代政治、經濟、文化的中心而繁榮。惟此新興都市的代表者翡冷翠到15世紀末亦屢在政爭之中露出衰退之狀。這時一方面卽使宗敎改革運動劇烈，震撼羅馬敎廷，其對抗之熱力亦隨之增加，再等到西班牙與法蘭西等擁有商業力量的强大王國興起，便巧妙地與此勢力聯合，羅馬敎廷本身甚而形成具有一個王國之力，如是隨着新時代的來臨，羅馬便成

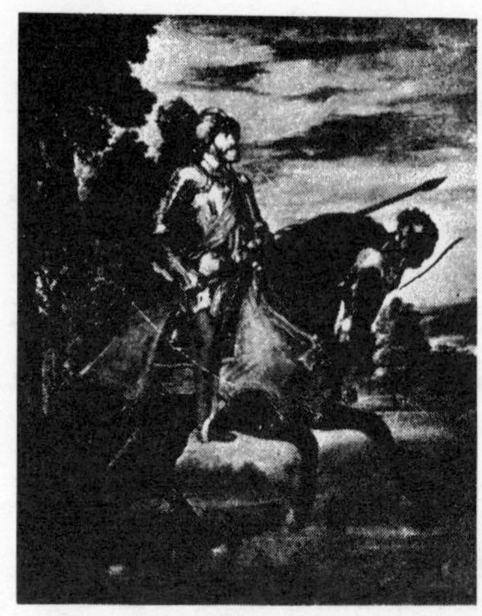

圖455 提香　查理5世

義大利社會任何方面的核心。這如前面所說，亦有時代的自然發展之狀，然把羅馬帶到這種狀態之中最有力的是兩個强力的教皇朱力烏斯2世（Julius II 13～1503在位）及利奥10世（Leo X 1513～21在位）。

他們懷着把古希臘全盛時期的雅典市再現於羅馬之夢，於是從內亂之都翡冷翠乃至義大利各地，許多有才華的學者便蜂湧至羅馬；同時基督教的教皇本身亦夢想着過去的雅典，至此，古代趣味、異教趣味遂熱門起來。在美術方面亦追求着古代式的理想完美，且不是15世紀樸素的客觀主義，亦有追求偉大性的時代思潮之忠實反映。

習慣上我們把15世紀文藝復興稱爲前期文藝復興，把16世紀稱爲盛期文藝復興，視爲文藝復興的完成期。文藝復興美術達到15世紀以來發展的頂點者在16世紀的前半，一到16世紀後半，便明顯地具有不同於文藝復興的時代性格，所以說16世紀文藝復興的美術也指世紀的前半，由生於15世紀後半的人製作出

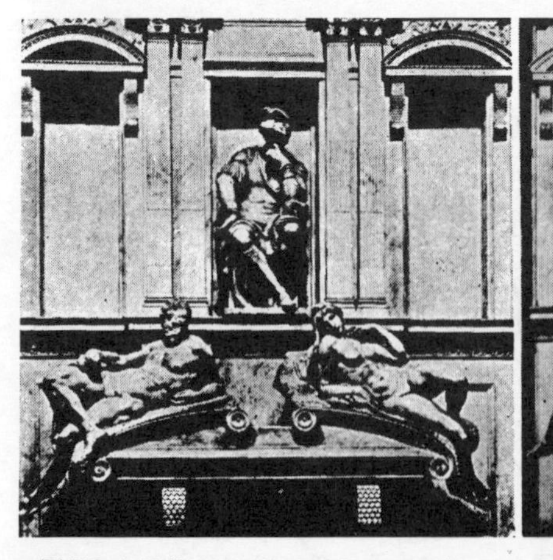

圖456 米開蘭基羅　羅倫佐之墓　翡冷翠

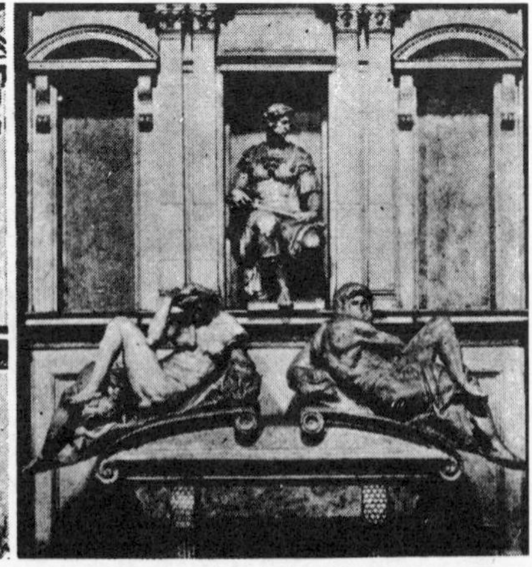

圖457 米開蘭基羅　朱利亞諾之墓　翡冷翠

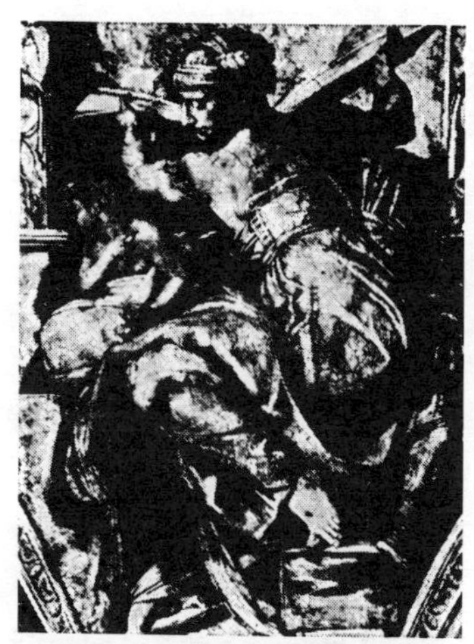
圖458 米開蘭基羅　西斯丁教堂
天花板壁畫（部份）

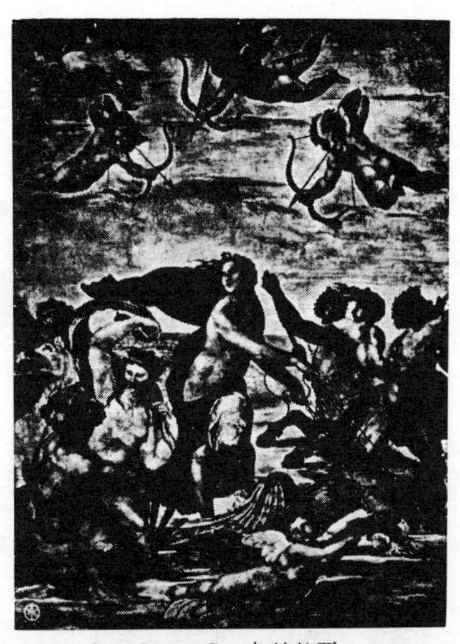
圖459 拉非爾　加拉特亞

來的美術品，祇是這裏也接觸到16世紀後半的美術。

第1節　建　　築

作爲美術品的建築

文藝復興初期以來，最明顯地以古代復活爲鵠的之建築對古代遺物的研究愈發熱烈，其樣式不但利用爲建築物的裝飾，整體的構成亦盛行採用。亦卽在15世紀的建築中，雖採用古代樣式的柱子或穹窿，然其處理仍是表面的，中世風格的纖細性等仍未摒棄。一到16世紀，全體的構成上便利用了古代的量的秩序（註1），部份與全體取得統一的雄大單

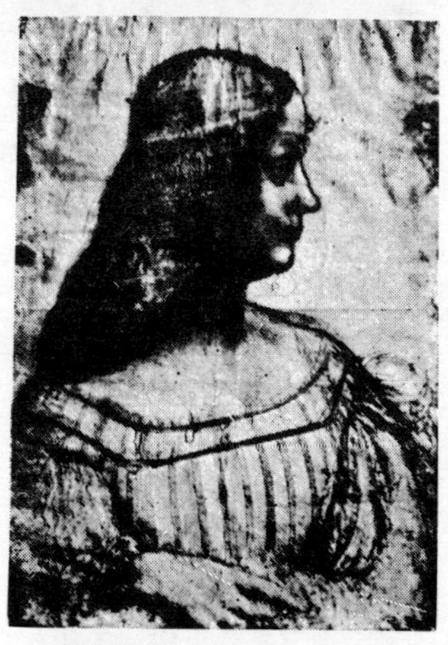
圖460 達・芬奇
伊沙貝拉・蒂斯特像

註1　例如在教堂建築的平面圖上亦有很多希臘十字型。

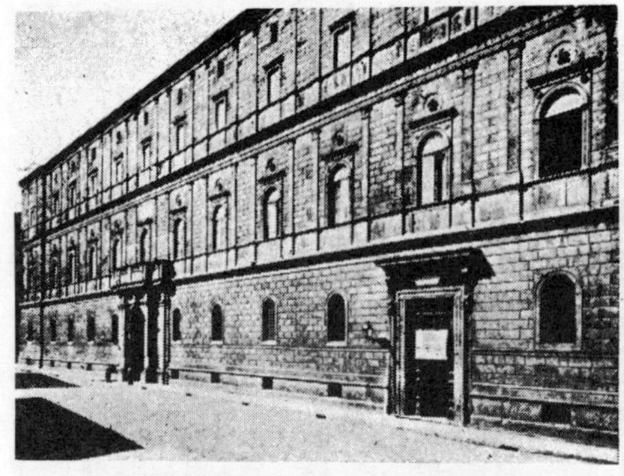

圖461 布拉曼特 康旦利亞宮 羅馬

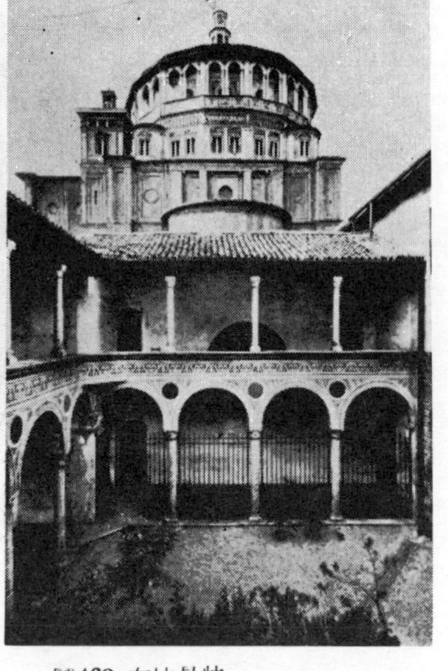

圖462 布拉曼特
聖瑪利亞·格拉兹埃教堂

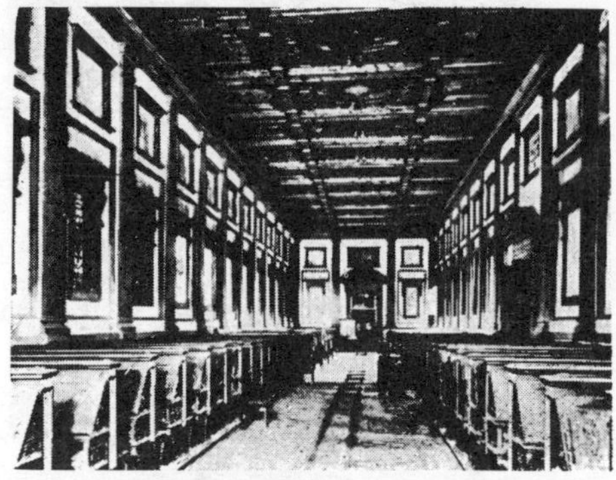

圖463 米開蘭基羅 梅底契圖書館

純、及調和的勻稱與平衡——即美的效果業已獲致。且這些進展與其說把建築根據其用途而合適地製作，不如說推展了一種作爲美術品之美的風氣。

同時，其中心地在於教廷力量增大了的羅馬，在羅馬的建築活動的發展若從另一方面來說，最大原因當在教廷權力的擴大中不僅利用建築，甚且及於美術範疇的一切活動，同時藝術家亦不像中世那樣奉獻於神，而將之視爲偶然的工作

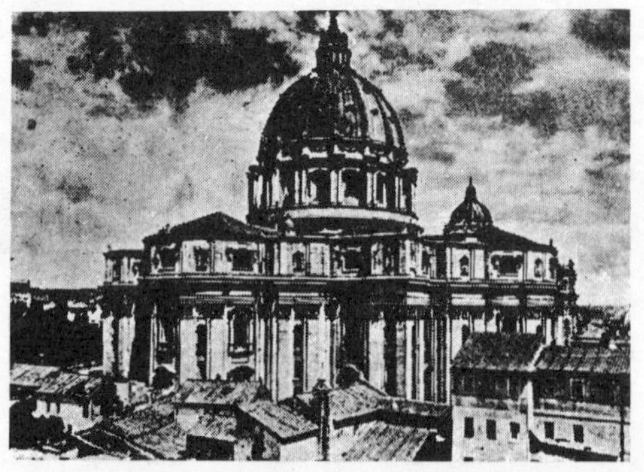

圖464 聖彼得教堂 正面 羅馬

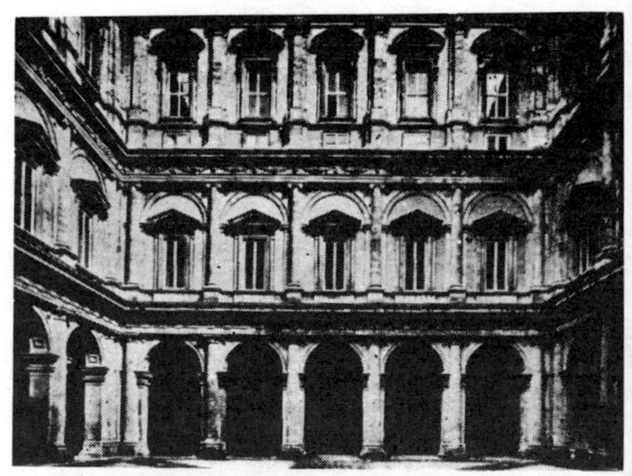

圖465 法尼斯宮　中庭　羅馬

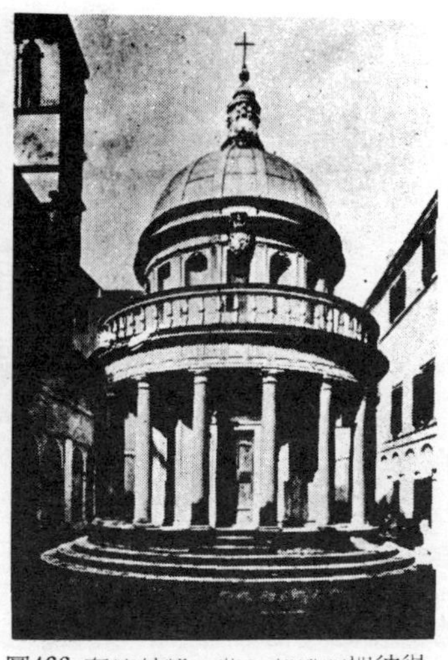

圖466 布拉曼特　家特利奥的聖彼得教堂　小神殿　羅馬

，並在上面追求自己的理想。

進而在材料上，各種自然石亦採用得最多，以增進美感，再如鐵材亦作爲補助料而漸被使用，磚塊過去在義大利被用得不太多，然自這個時代起，不論在普通的建築物或紀念的建築物中皆被利用上，且爲着製造美感效果還集中了形形色色的工人。這16世紀的義大利建築以布拉曼特及米開蘭基羅的作品最具代表性，他們帶來了建築上巨型的樣式化及理想化，其作品中帶有貴族的性格，及對於厚重、莊嚴、宏大的熱望。再重複地說，一方面是教廷的權力對它的要求，他方面是藝術家內在的理想與古代的典型合一而產生了這樣的典型。這種傾向與特色決不限於建築，可以說是十六世紀文藝復興全美術的特質。

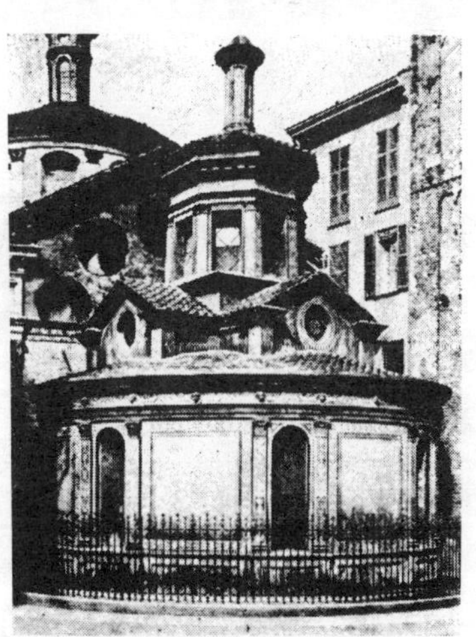

圖467 布拉曼特　聖薩提馬教堂彼耶塔禮拜堂　米蘭

主要的建築家

16世紀的建築始於由米蘭搬到羅馬的布拉曼特 (Donato Bramante 1444左右

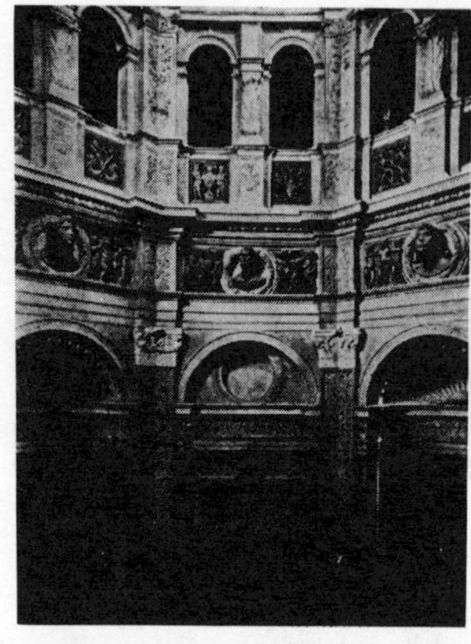

圖468 布拉曼特　聖薩提馬教堂　內部

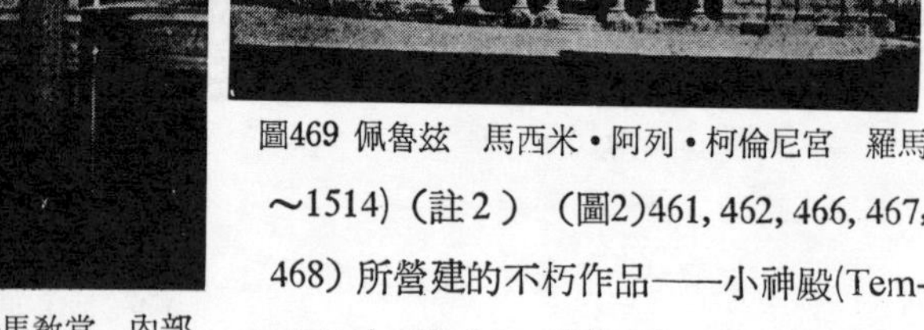

圖469 佩魯玆　馬西米·阿列·柯倫尼宮　羅馬

～1514)（註２）（圖2)461, 462, 466, 467, 468）所營建的不朽作品——小神殿(Tempietto)（註３）（圖466)，他喜歡單純明快的風格，使建築物的各個部份妥貼地從屬於整體，創造了十分統一的雄大形式。著名的羅馬大寺院聖彼得教堂雖不是眞正由他完成，然最初的設計者（圖471)却是他，在此設計圖把古代羅馬的偉大建築物——萬神殿賦予新的解釋，實現了他所得意的十字型中央堂形式之最大規模。

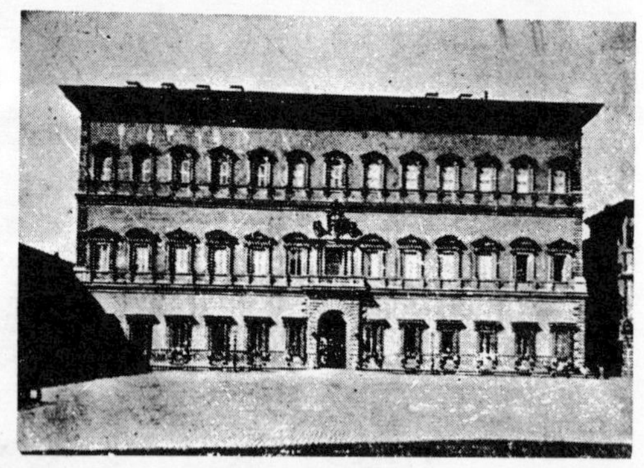

圖470 法尼賽宮

惟這世紀的代表作聖彼得教堂在他死後，便委身於16世

註２　布拉曼特　生於烏比諾近郊，1476-96 在米蘭，以後在羅馬活躍，代表作除本文中所舉之外，米蘭時代的聖薩提羅教堂（圖467、468）之外廳及聖器室、聖瑪利亞·古拉玆耶（圖462)；羅馬時代則有聖瑪利亞·帕傑的修道院（1504）等。他雖亦以畫家身份活躍過，然無確實的作品留傳。

註３　Tempietto (1502) 一般譯爲小神殿，乃建於羅馬蒙特里奧的聖彼得僧院中庭的小圓堂，爲 Tempietto 樣式的典型建築物，由細部裝飾的單純化、比例的明確化、嚴格的對稱產生的統一感，加上其中心穹窿的形式、給與16世紀的建築家以極大的影響

紀的代表性大畫家拉非爾、以及布拉曼特的後繼者們之手，拉非爾把布拉曼特的希臘十字型改成拉丁十字型的大會堂式，然實際上他則在幾乎不曾着手之際便已謝世。繼其後的

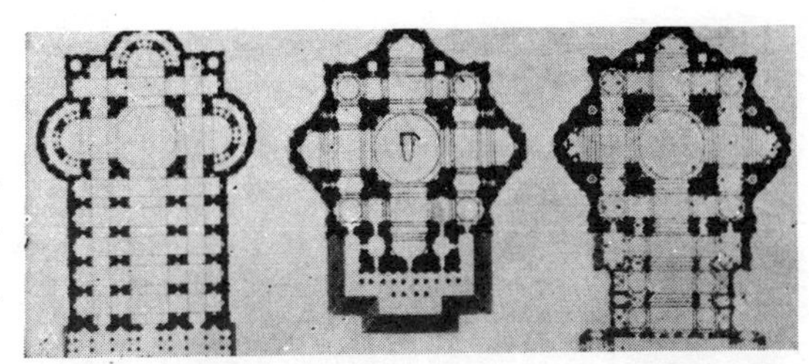

圖471 聖彼得教堂的設計 (左)布拉曼特(中)米開蘭基羅(右)以馬德納爲根據的米開蘭基羅之補充設計。

建築主任爲佩魯芝 (Baldassare Peruzzi 1481～1536)（註4）(圖469)，他再度遵循布拉曼特而取中央堂形式，並將模型作成。惟在1536年中只製作了4根支柱及跨越其上的四個拱。

自他死後37年以來，雖有安東尼奧・達・山加羅(Antonio da Sangallo 1485～1546)（註5）繼承，然完成這個大建築物的決定

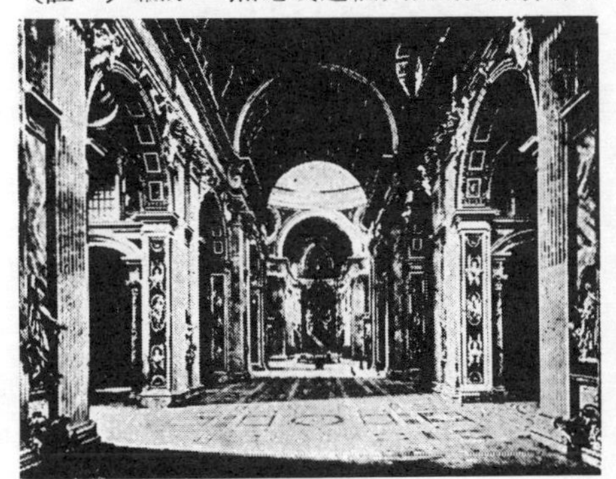

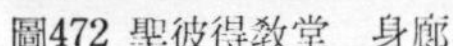

圖472 聖彼得教堂 身廊

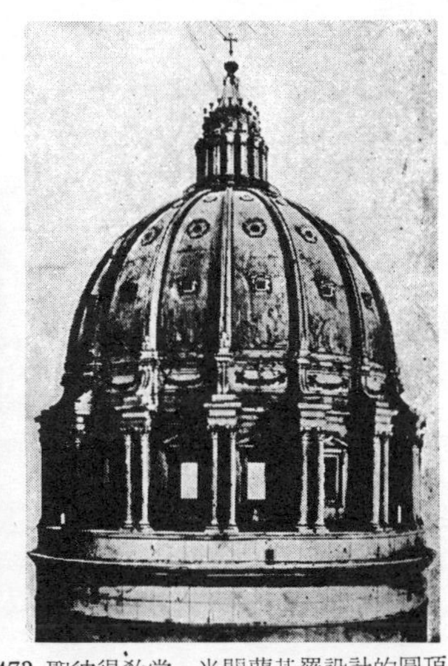

圖473 聖彼得教堂 米開蘭基羅設計的圓頂

註4 佩魯芝 生於西耶納，死於羅馬，1503年以後成爲布拉曼特的弟子兼協助者，與拉非爾亦有深交，代表作有羅馬的馬西米・阿列・科隆尼宮殿(1535)，他在繪畫上亦頗活躍，羅馬聖奧諾非里奧教堂的「聖母加冕」極其有名。

註5 山加羅 爲15世紀的代表建築家裘利亞諾・達・山加羅之甥，及布拉曼特的弟子，除聖彼得的建造之外，被稱爲16世紀宮殿代表的法尼賽宮（圖470，1514年開工)在1517年以來委託他指導，至逝世時完成了第二層（其後由米開蘭基羅、維諾拉完成）。其後建薩提宮，並以教皇的築城主任而活躍於安可納、翡冷翠、帕爾瑪等地。其法尼賽宮的儼然的壁面效果充滿了16世紀的雄大感。

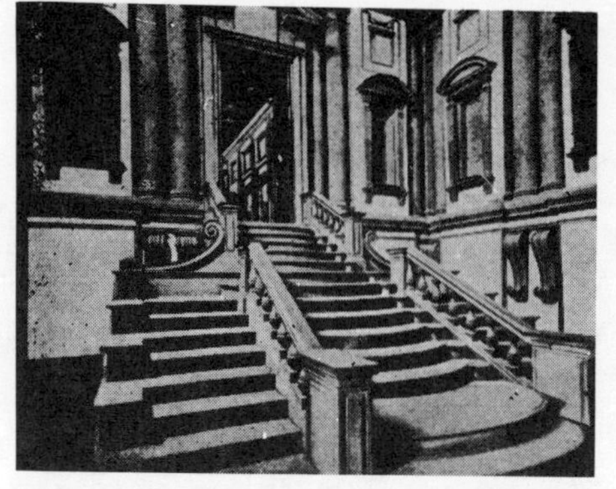

圖474 米開蘭基羅及瓦薩利　梅底契家圖書館前室

性任務則爲米開蘭基羅，他從47年至逝世的64年爲止全力以赴。今日以大穹窿而聳立於羅馬天空的聖彼得之偉貌大部份是根據他的設計與模型，在他死後由維諾拉（Giacomo Barozzi da Vignola）（註6）、波爾塔（Giacomo della Porta 1541～1604）（註7）及馮他納（Carto Fontana 1634～1714）（註8）等人所製作，一部份（廻廊）在17世由紀柏尼尼所完成（註9）。

以上是以羅馬爲中心而活躍的主要建築家，至北部義大利的味羅納與翡冷翠亦出現兩個優異的建築家，卽米克列・山米克利（Michele Sanmicheli 1484～1559）（註10）與雅

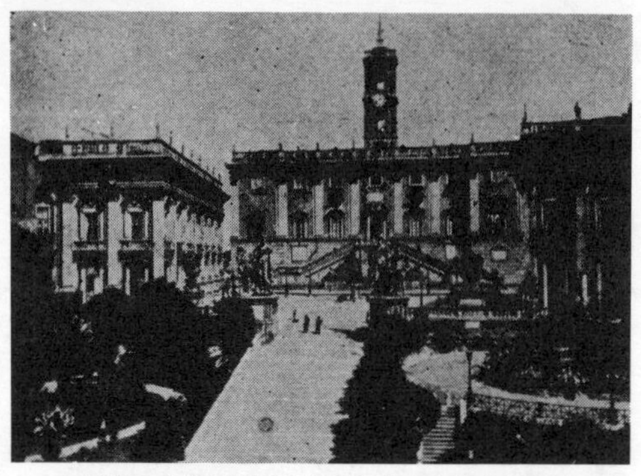

圖475 米開蘭基羅及瓦薩利　康彼多利奧

註6　維諾拉　起初活躍於波羅納，1530年以後改往羅馬。他研究過古羅馬的建築，其研究與帕拉底奧同樣給予下個時代極大的影響。再者被稱爲巴洛克樣式之萌芽的易爾・傑茲教堂亦爲他所設計。

註7　波爾塔　爲文藝復興到巴洛克之間過渡期的重要建築家，維諾拉的弟子兼協助者。

註8　馮他那　爲柏尼尼的弟子。

註9　米開蘭基羅　傳略後面還會談到，其建築上的業績始於1513年以後，1521至34年，把彫刻與建築合爲一體製作了梅底契家的禮拜堂，幾乎同時興工的勞倫茲亞納圖書館爲其藝術意志的特出發現，其雄壯有力的重量感中同時呼吸著文藝復興的典型以及不久由他發展出來的巴洛克產物，特別是給整個建築物以一氣呵成之感的柱之利用予人印象極深。及至1546年完成康比多利奧廣場計劃（市政府、康賽瓦多利宮、康比多利諾美術館）（圖475)並接受了由山加羅開建的法尼賽宮之建築。再如把巨大空間的量、光、影用到極限（卽非常巴洛克的）的波爾塔・匹亞也是他的設計。

註10　山米克利　來自味羅納，在羅馬從布拉曼特學，1528年以來，以翡翠冷的築城主任活

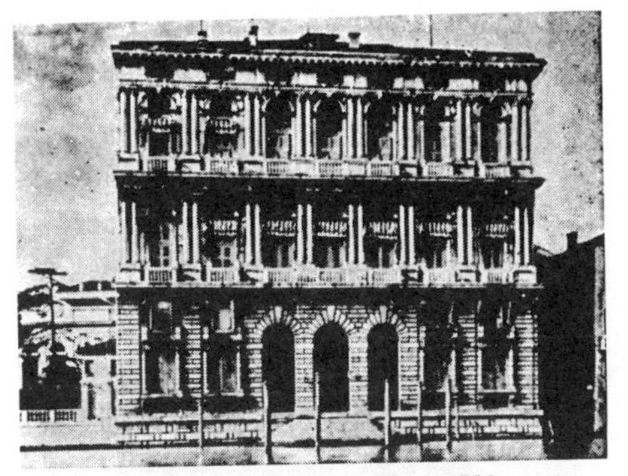

圖476 珊索維諾　卡·格蘭德宮　1532
威尼斯

克波·山索維諾 (Jacopo Sansovino 1486～1570)(註11)，皆和羅馬建築家同樣深受布拉曼特的影響，山索維諾的卡·格蘭德宮殿 (P. Corner della Ca Grande 1532)（圖476）、聖馬可圖書館 (Biblioteca di S. Marco 1536～48)（圖477）等極其聞名，特別是後者第二層由列柱構成的正面充滿着獨特的舒暢之美。

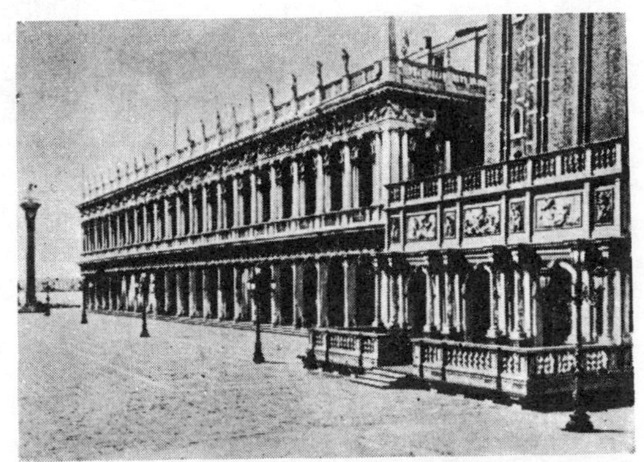

圖477 珊索維諾　聖馬可圖書館

此外，至今變成擁有文藝復興名作及極多美術品的世界有數的著名美術館——烏菲玆美術館，即烏菲玆宮 (P. Uffize 1560～14)（註12）其興建者瓦薩利（註13），亦爲這個時代值得一提的建築家。再如帕拉底奧仍爲十六世紀後半的重要建築家，到他手上，文藝復興明顯地可以看到不同的新特色，容後重述。

躍一時。從味羅那的貝微拉卡宮開始，建造過許多宮殿。

註11　山索維諾　生於翡冷翠，爲安德烈亞·山索維諾的弟子，學過建築、彫刻，其後在羅馬從布拉曼特學建築。1527年遷翡冷翠，在明朗的環境中確立了强調其獨特繪畫效果的樣式，君臨該地的建築、彫刻界。

註12　烏菲玆宮在今日用作美術館者並非全部，這美術館不只是文藝復興的寳庫，古代作品也收藏甚多，總數幾達10萬件。

註13　參閱237頁。

第2節 彫　　刻

米開蘭基羅的出現

在非常偉大的人物出現的時代或地域將全被這個人的光芒所覆蓋，16世紀——特別是在美術界的傾向更其明顯，亦爲這個時代義大利文藝復興的特色，而各型性格自由發展的15世紀義大利正是偉大人物所滙合的地帶。

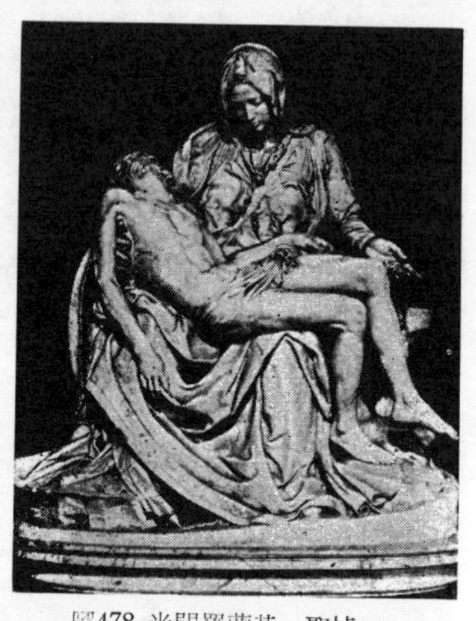

圖478 米開羅蘭基　聖悼
(聖彼得教堂)

彫刻世界在16世紀的代表者、統一者當推米開蘭基羅 (Buonarroti Michelangelo 1475～1564) (註１)，由於他的力量存在過於顯著，具有各型特質的彫刻家們可謂全在他的影響與存在的蔭影下黯然無光。米開蘭基羅誠爲16世紀義大利彫刻的總和與象徵。惟從時代上來說，他比繪畫的代表者達・芬奇稍晚，然本文以建築、彫刻、繪畫的順序，故比達・芬奇先提出論述。

一如前面再三敍述者，文藝復興時代是人類精神一齊自中世封建的世界覺醒、人類個人的力量與知性大有發展的時代，卽在某種意義上，展開著力與力的競爭，而對未知事物的發現，對中世時代被輕視的事物之再認識，其熱情與努力急劇地增高。易言之，乃是成熟的人類能力，對於壓制其發展的古代制度或組織的

註１　米開蘭基羅　生於翡冷翠附近的卡普列瑞，1488年成爲多梅尼可・基蘭台奥的弟子。不久他的優異才能爲羅倫佐・梅底契所賞識而受其照顧，研究古代藝術與古今著作。1496年赴羅馬，彫刻「聖悼」(羅馬聖彼得教堂)等作，1501回翡冷翠而製作「大衞像」，同時試作市政府大會議市的壁畫「比薩之戰」（未完成），爲達・芬奇的勁敵。1505年爲製作朱力烏斯二世之墓赴羅馬，然以事情紛紜而中止，1508年以後著手西斯丁教堂天花板壁畫。其後從事朱力烏斯二世的墳墓工作，製作「摩西像」等。1517年以後再回翡冷翠製作梅底契家墓碑，或在守城之際活躍一時，1534年永別翡冷翠而遷羅馬。西斯丁教堂祭壇畫從這年著手，晚年則傾其熱情於聖彼得主教堂的大圓頂。他與達・芬奇的完美、沈靜相反，性狷介在孤獨之中終其一生，人們常這樣說——達・芬奇可敬可愛，米開蘭基羅可敬可畏。

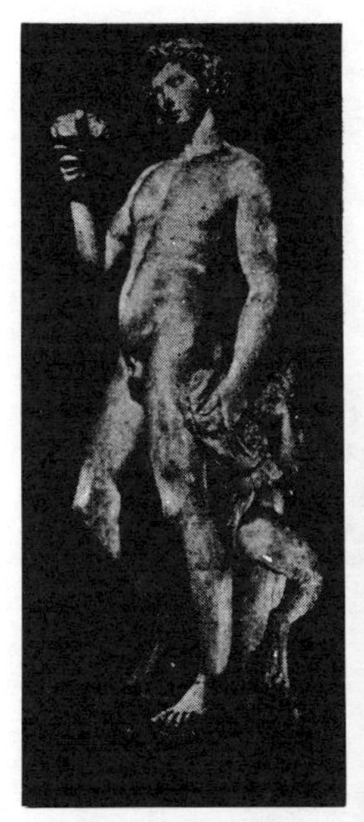

反動與自覺，人類力量從未有如此激動、如此强硬地進展的時代。人人懂得知與發現的喜悅，且確實體驗到諸多知與發現，文藝復興的理想在成爲儘多的事物、一切的事物的可能之人，即萬能之人。從這種蓬勃的人類發展中誕生的最大人物便是雷翁那多・達・芬奇及米開蘭基羅。

圖479 米開蘭基羅 酒神巴卡斯像

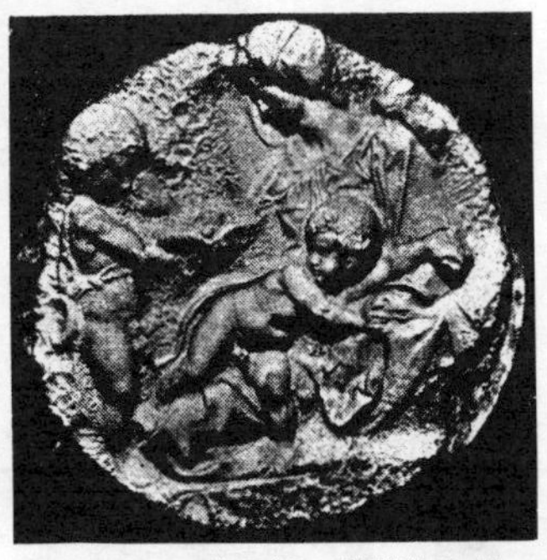

圖480 米開蘭基羅 塔蒂的聖母

至今若把米開蘭基羅完成的工作之任何範疇提出來，皆將充分地達到他的偉大性。例如後面將要提到的，他是梵蒂岡宮的西斯丁禮拜堂大壁畫之作者，是羅馬聖彼得教堂及翡冷翠梅底契家禮拜堂的建築家，更是個優秀的詩人，當故鄉翡冷翠被德軍包圍之際，爲着防衛作戰也出過極大的力量（註2）。惟米開蘭基羅的本事一如他自己所自負的，在彫刻世界中確是最偉大的、具壓倒性的，他的一切能力、一切特質不過是作爲彫刻家米開蘭基羅的一種表現方法。

這樣的米蘭基羅之彫刻中所見的是雄壯而嚴格的理想主義，是在力、熱情與巨大之中發現窮極之相的 人類彫像 （圖478, 479, 480）。惟其深刻的主觀性及激 烈的內在力 超越了由達 ・ 芬奇

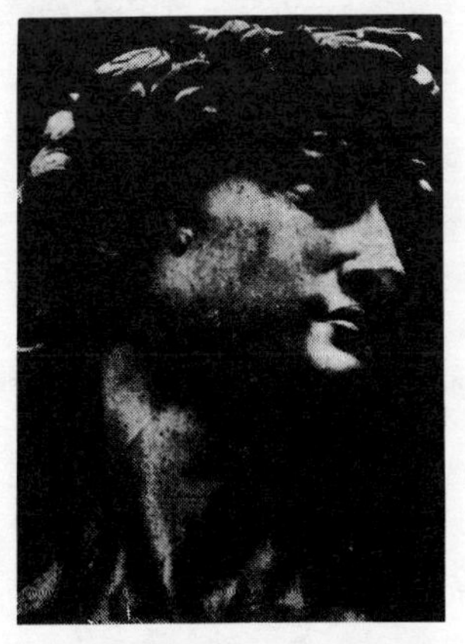

圖481 米開蘭基羅 大衛像(部份)

註2　1528年10月參加翡冷翠的防衛討論，翌29年1月加入軍事9人委員會，4月中任防衛工事的總督。

所代表的盛期文藝復興之古典利彫主義，直接與次一時代的藝術一脉相傳，並成爲16世紀義大刻的典型與支配力。作品有初期充滿宏壯與力感的「大衞像」卷首圖43、圖481)(註 3)，及中期到成熟期爲教皇朱力烏二世之墓(註 4)製作的在深刻智慧中寓悲憤之情的巨型「摩西像」(圖482)。複雜的肉體扭曲中寓有憤怒與斷念的「奴隸像」(圖483)，把生命的深度與現實的批判象徵爲 4

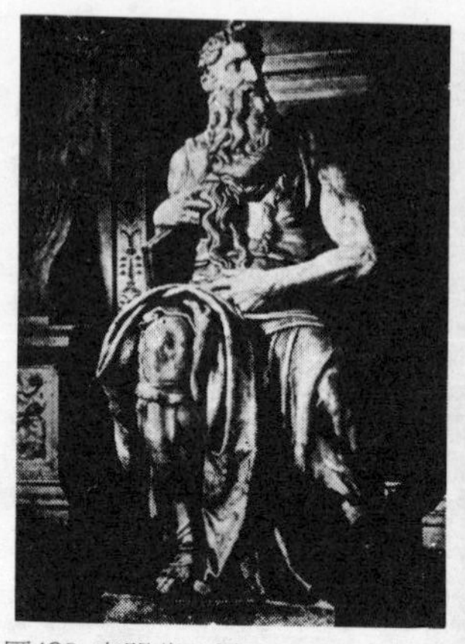

圖482 米開蘭基羅　摩西
羅馬聖彼得・溫可利教堂

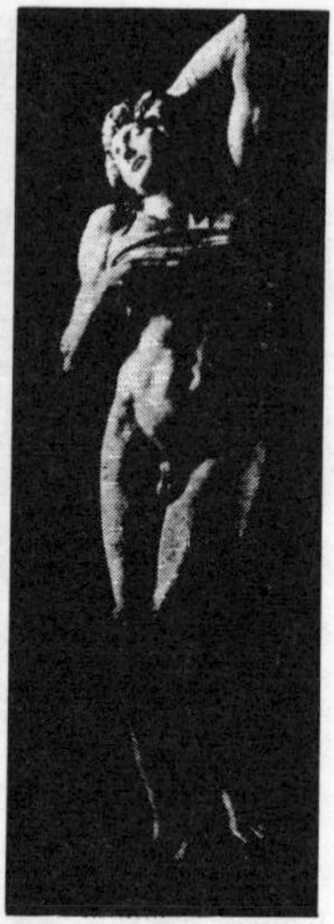

圖483 米開蘭基羅 奴隸 巴黎 盧浮宮

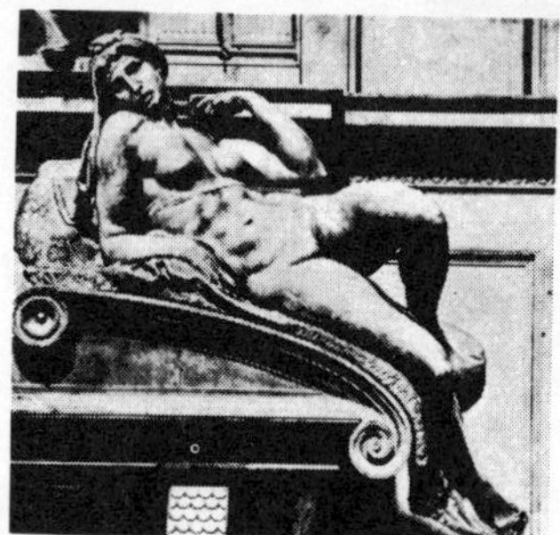

圖484 米開蘭基羅　朝

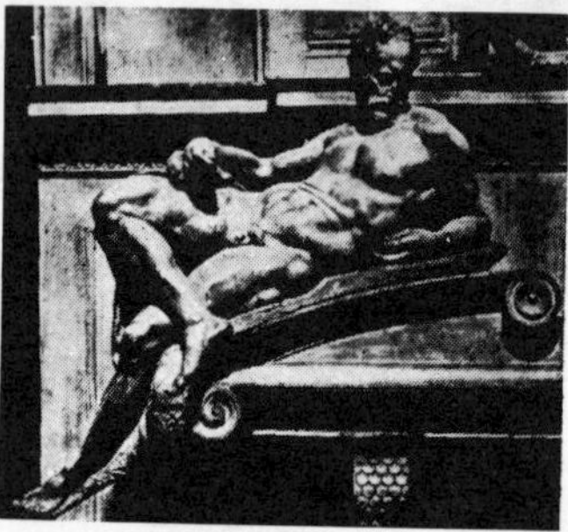

圖485 米開蘭基維　夕

註 3　1501–04 年之作。表現年青的大衞對著佩利西特的挑戰者加特的哥利阿特作投石狀的瞬間姿勢，爲全長 5m50 的巨像。這尊像本是守衞翡冷翠自由而成功的市政府爲著紀念此事，把35年前其他彫刻家彫壞了的大理石加以活用，打算製作象徵該市自由與正義的大衞像而委託米開蘭基羅作的。完成時關於設置的場所在委員會中曾有相當的紛爭，最後尊重作者的意向，放在翡冷翠全市民最重要的集會場所——市政府前之廣場。市民亦稱此像爲「巨人」，視爲自由都市的守護者而親近之。現爲學院美術館所收藏，廣場立的是複製品。

註 4　1513–16 年之作，在聖彼得・維恩可利教堂內的朱力烏斯 2 世墓上面，所謂朱力烏斯 2 世墓乃是這個教皇生前所計劃的雄壯陵墓，其上裝飾着米開基置的彫刻群像。其後碍於種種事物而幾度變更計劃，並被縮減。現在只矗立著最初製作的這尊巨像，他如未完成而散在各地的幾件「奴隸像」亦爲該墓的附屬之作。

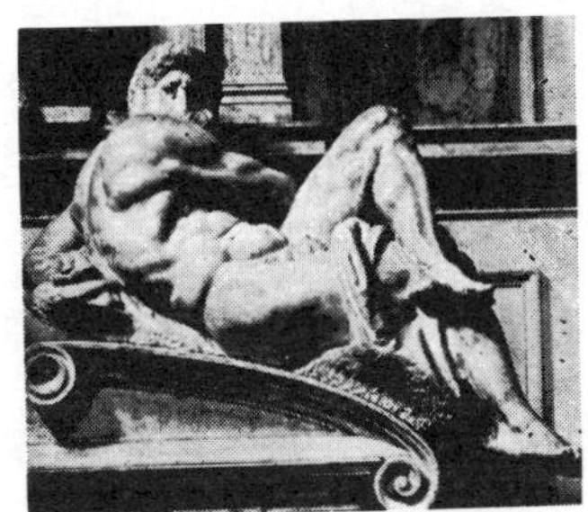

圖486 米開蘭基羅 晝

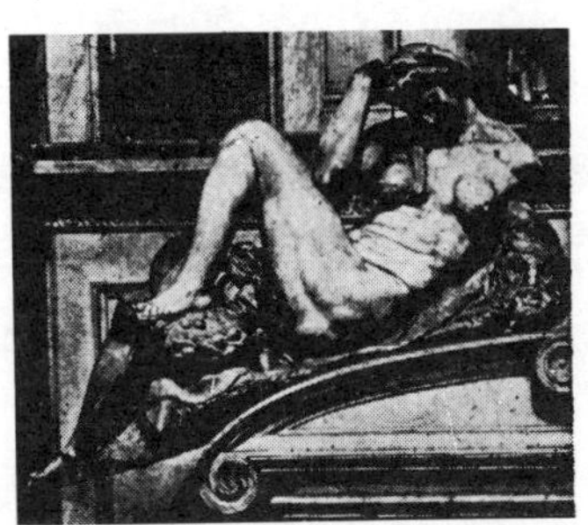

圖487 米開蘭基羅 夜

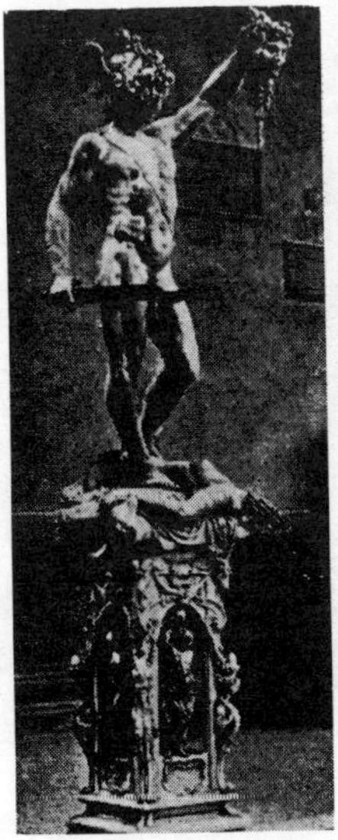

具梅底契家禮拜堂的男女裸像彫刻等（註5）（圖360, 361,484, 485,486, 487）皆爲曠世之作。

圖488 且利尼 佩賽斯

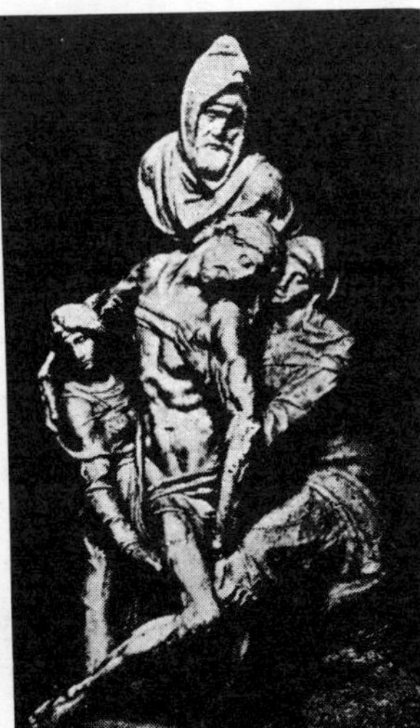

圖489 米開蘭基羅 聖悼 翡冷翠 都奧莫

由於米開蘭基羅的出現，使得其他許多彫刻家的存在在歷史上完全遜色，他們縱使爲米開蘭基羅所壓倒，縱使在意識上有所反動，然畢竟無法脫出米氏的影響。正如米開蘭基羅的風格在時代的推移中逐漸變爲激情的動勢，16世紀所有彫刻家亦遵循其道，從古典的明快變爲更現實的複雜與動態，這些人之中如邊貝奴特・且利尼

註5 1521–34 年作，爲其全彫刻中最優異的作品群，聖母子像、羅倫佐・梅底契像、裘利亞諾・梅蒂契像、晝、夜、朝、夕等爲其全部作品，特別是羅倫佐像(173頁）下的朝與夕，裘利亞諾像下的晝與夜四尊裝飾像雖未完成，然以象徵時間的悠久性與人類生命的深刻，可謂爲米開蘭基羅全精神及全技巧的表現。

(Benbenuto Cellini 1500～71)（註 6）(圖848)、班底內利（Baccio Bandinelli 1486～1575)（註 7）雅可波・山索維諾 (Jacopo Sansovino 1486～1575)（註8）等皆聞名一時。他們都出生於翡冷翠，但活動場所主要在羅馬（特別是後 2 者），其活躍的時代亦比盛期文藝復興的人更屬16世紀以後的時代，亦即下述的巴洛克之萌芽時期或文藝復興後期的人物，風格亦明顯地具有超越盛期文藝復興的激情傾向。

如比，彫刻亦必以米開蘭基羅爲界而給文藝復興時代打下終止符。

第3節　繪　　畫

雷翁那多・達・芬奇

自中世的束縛而解放人類的個性，並懂得現實的喜悅與生命的價值之文藝復興一方面信仰激烈躍動的生命力，在他方面追求超越個別生命的理想人類像，其典型出現於基督教精神與古代人類精神的

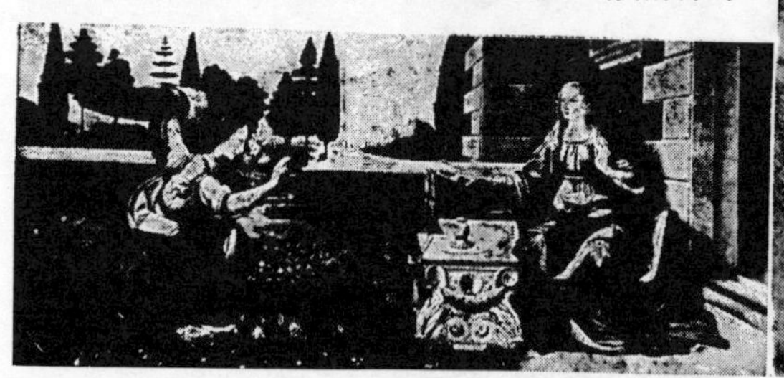

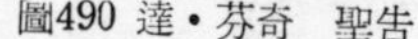

圖490 達・芬奇　聖告

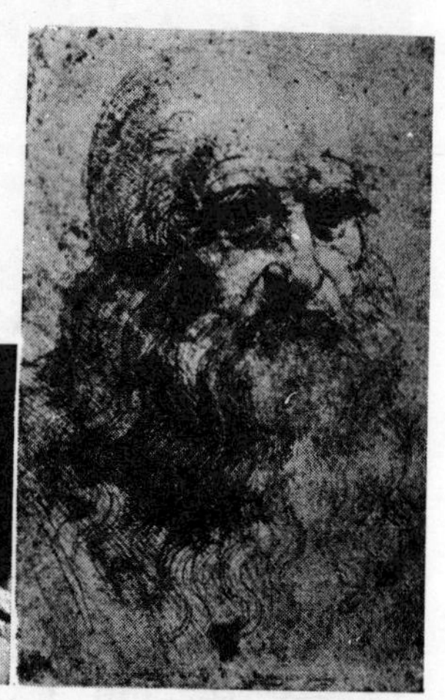

圖491 達・芬奇　自畫像

註 6　邊貝奴特・且利尼　生於翡冷翠，逝於同地，製作於義大利各地，亦曾以弗朗索亞 1 世之邀赴法。作爲彫刻家倒不如說是金工家來得恰當，亦以作家而活躍，特別是高潮迭起的自傳實爲當時的貴重資料，「佩賽烏斯像」「加里美底斯像」爲其代表作。

註 7　班底內利　對當時彫刻家時行的米開蘭基羅風亦不能免俗，然其意識則不斷與米氏對抗。代表作有今天立在烏非兹美術館前的「赫克力士與卡克斯」，亦爲對抗米氏「大衛像」的野心之作。

註 8　雅可波・山索維諾　爲安德烈亞・山索維諾的弟子，學習建築與彫刻，遷羅馬以後亦從布拉曼特學。1527年遷翡冷翠以來，在其土地的明朗美麗之環境中，確立獨特繪畫效果的强烈樣式，代表作品有羅馬可教堂聖器室的浮彫，及竇卡列宮中庭的「馬爾斯與內普丁」大理石像。

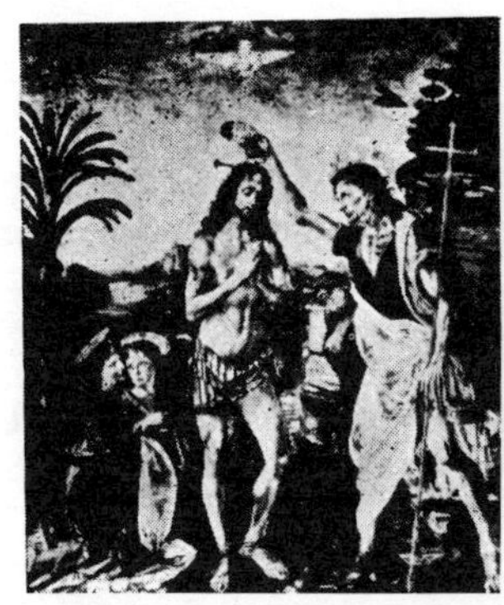

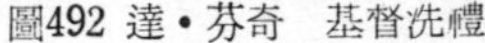

圖492 達・芬奇　基督洗禮

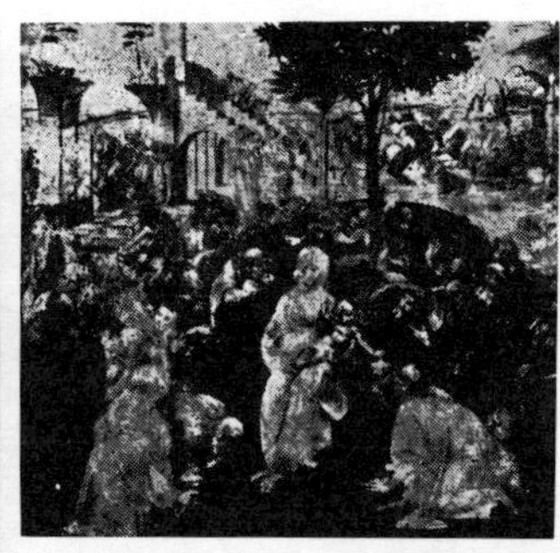

圖493 達・芬奇　三王朕拜

結合，更具體地說，乃是期望最典型的形相及最優異的行爲，並造成追求萬能風氣。

最能代表這種時代思潮的是那個天才雷翁那多・達・芬奇 (Leonardo da Vinci 1452～1519) (註1) (圖491)，他不只是世界最大的畫家之一，且恐怕沒有人像他那樣萬能，他長於彫刻、建築、音樂，而作爲數學家、解剖學者、植物學者、機械工學者、土木學者、天文學者亦爲第一流的人物，即最徹底達到萬能人的文藝復興理想，這一點那個米開蘭基羅大概遠不及達・芬奇。同時文藝復興的複雜性格由這兩人而顯出了靜與高貴、動與力量的兩個

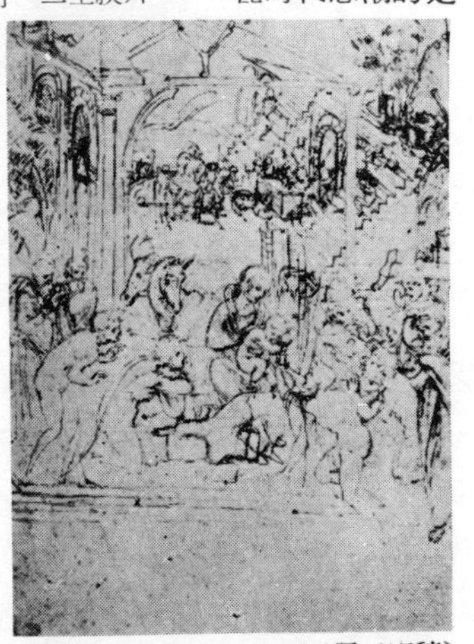

圖494 達・芬奇　三王朕拜（底稿）

註1　達・芬奇　生於翡冷翠近郊芬奇村，1466年進翡冷翠，從維洛基奧學，自幼有神童之譽，且孔武有力，1482年任職米蘭宮廷，1499年因米蘭侯爲法軍所逐，彼亦離開米蘭，自1500至06年在翡冷翠渡過，後復遷米蘭，13年入羅馬，遂於16年受弗朗索亞1世之請赴法，並在法王的別邸中逝世。他長於任何學問與藝術，曾首次設計過飛機。然要把每樣東西研究透徹却辦不到，繪畫亦有很多未完成者，玆將被確認爲他的繪畫作品者依時代順序列擧如下：

①（第一次翡冷翠時代，1466-82）——「聖告」（烏菲玆）（圖490）、「吉尼弗拉・邊契像」（瓦多玆）、「聖告」（羅浮宮）、「基督洗禮」（烏菲玆）（圖492）、「聖傑洛姆」（梵蒂岡）（圖493），

②（第一次米蘭時代，1482-99）——「岩洞的聖母」（羅浮宮）（圖495）、「最後晚餐」（米蘭）（圖498），

③（第二次米蘭時代1506）——「岩洞的聖母」（倫敦）（圖496）

④（法蘭西時代，1515-19）——「聖母與聖安娜」（羅浮宮）（圖501）。

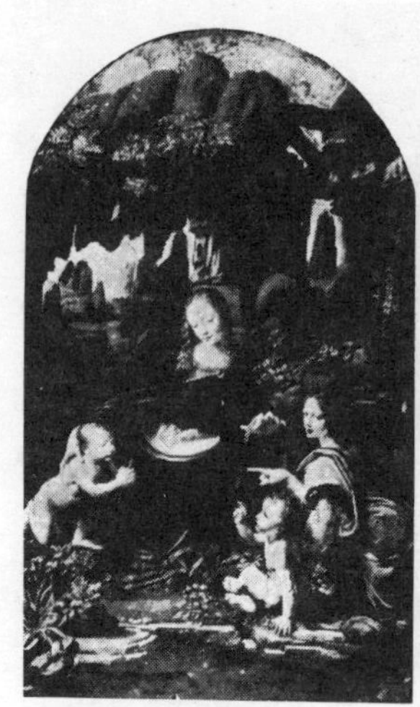
圖495 達・芬奇
洞窟的聖母

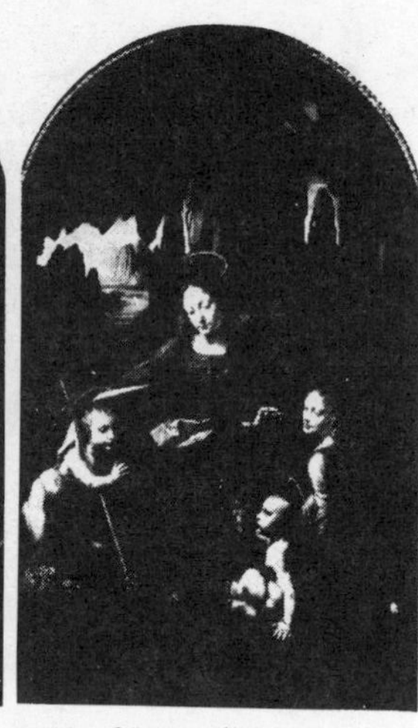
圖496 達・芬奇
洞窟的聖母

面，若把達・芬奇視爲文藝復興的完人之型，則米開蘭基羅是從此出發的新時代之動脈。

若把達・芬奇從他誕生與活動的時期來看，則大約與15世紀後半的代表者屬同時代，然這個天才超越了15世紀的寫實主義，完成了支配16世紀前半的古典樣式而爲其最大的指導者。換言之，若把盛期文藝復興的樣式說成達・芬奇樣式亦不爲過。他在繪畫作品上創造了不亞於古代的高貴理想美。不用說，15世紀的人亦憧憬於古代的理想美，惟達・芬奇像15世紀的畫家，把現實中獲知的喜悅，發現的美如實仔細地描寫進去，或更進而採用追求各個人物均衡美的方法，把觀者的注意力集中於繪畫的中心，與其說是描寫外在的動態與變化，不如說是表現深底滲出的人類精神美，及內在感動的深度，至

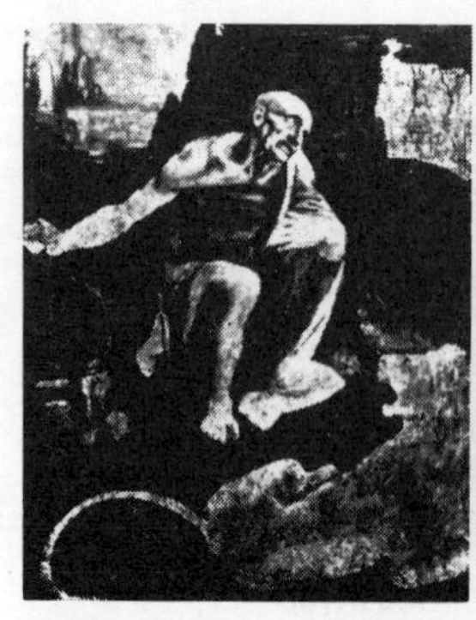
圖497 達・芬奇　聖傑洛姆

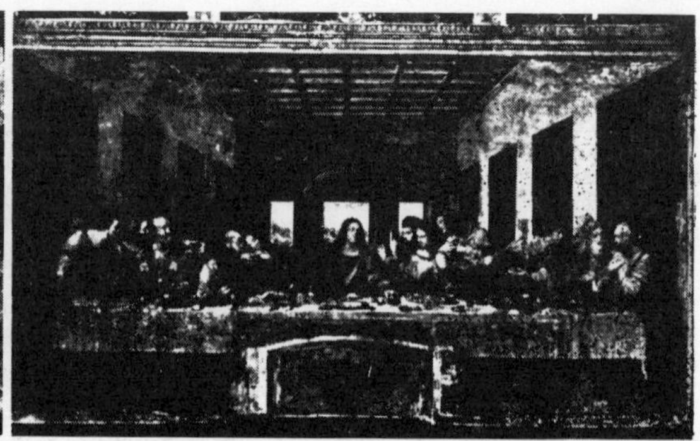
圖498 達・芬奇　最後晚餐

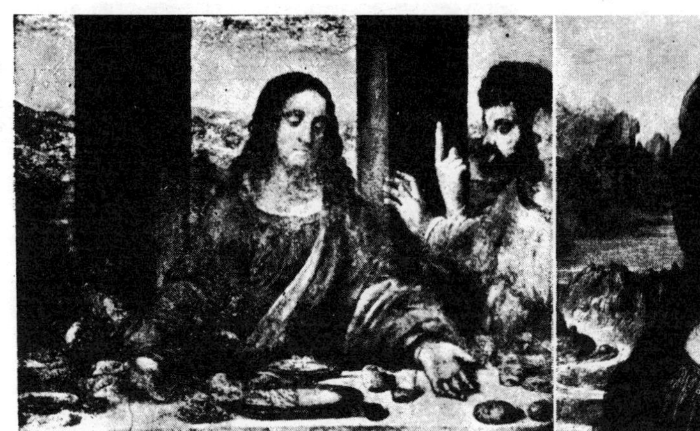

圖459 達・芬奇　最後晚餐（部份）　　圖500 達・芬奇　摩娜・麗莎(部份)

其理想的典型則在實際生存的東西的充分理解與研究中完成。所謂高貴的繪畫、崇高感覺的繪畫，只有達・芬奇的作品才最相稱。而爲達成此目的，故重視畫面的調和與均衡，喜歡穩重的等邊三角形構圖，並改變過去的幾何學遠近法，開始採用近代的空氣遠近法（註2），在畫面的深度與統一上賦予一層豐富與緊湊之感，再輔之以精神描寫的深度，產生了他所特有的神秘感。由這樣的達・芬奇所畫的作品被當今世界的人稱爲繪畫的模範，例如被稱爲文藝復興人文主義最高表現的「最後晚餐（註 3）(圖498, 499)「摩娜・麗莎」(卷首圖47，圖500)等等，作品多不勝數。再換言之，從對各個問題的着眼及對人類能力的自覺與自信出發的義大利文藝復興之意義被達・芬奇作爲基礎而發展爲一種理想主義，使他成爲最初及最偉大的存在，而最能代表達・芬奇的便是繪畫的世界。

拉爾及其他畫家

註 2　達・芬奇所用的空氣遠近法稱爲 Stumato，乃是將物體輪廓線以柔和調子弄模糊的描寫法。卽遠處的東西確像遠在彼方，模糊地現出周圍的空間感。

註 3　1495–98 年之作，畫於米蘭的聖瑪利亞・古拉玆耶僧院飯廳入口上部，此畫是他初次用油畫顏料所作的壁畫，惟其用法似未熟練，故完成後20年卽已開始剝落，加之後來拿破崙軍隊侵入米蘭之際亦有損害，再如第 2 次世界大戰轟擊更有影響，至今已極其斑剝。然這件傾全力與理論的戲劇性而壯重嚴肅之作品仍不失爲世界繪畫史上最大的傑作之一。

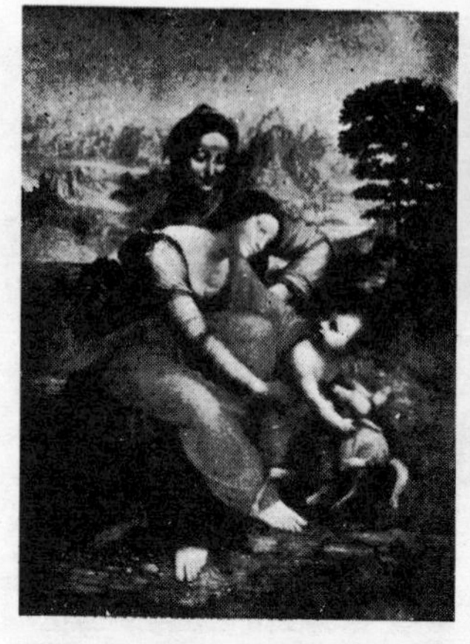

圖501 達・芬奇　聖母子與聖安娜

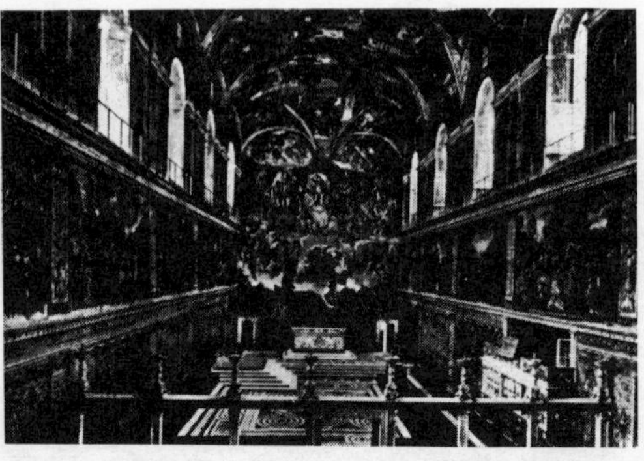

圖503 米開蘭基羅　西斯丁教堂天花板壁畫與祭壇畫

前面說過，由達・芬奇賦予指針的理想想主義便成16世紀繪畫的根基，其後的文藝復興畫家

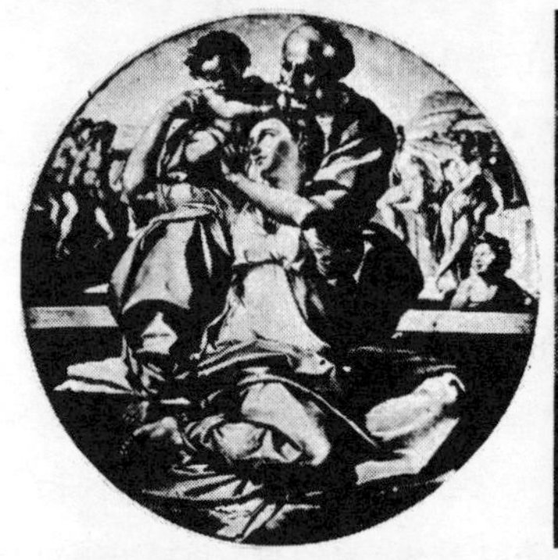

圖502 米開蘭基羅　聖家族

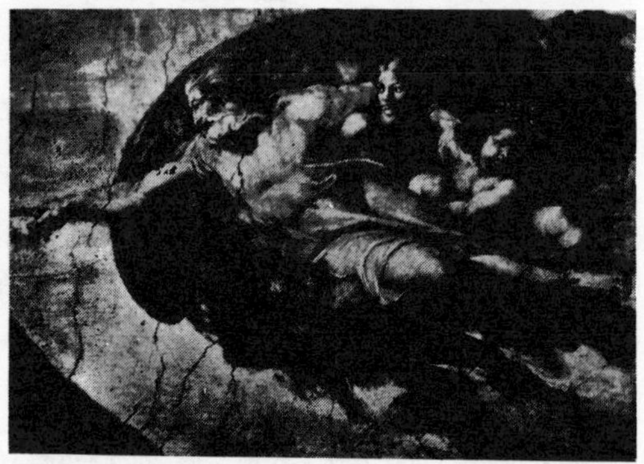

圖504 米開蘭基羅　西斯丁天花板壁畫（部份）

多少都受他影響。惟達・芬奇一生大部活躍於翡冷翠及米蘭，而與他同爲文藝復興代表者的米開蘭基羅及拉非爾則活躍於當時的新文化中心——羅馬。

米開蘭基羅作爲彫刻家要比畫家傑出，此事前屢述及，然其繪畫在充滿力感的雄壯描寫中，怎麼也不容許任何旁騖，這與達・芬奇的意向亦不相同，給予當代及下代影響不小。其代表作有被稱爲世界最大天花板畫的梵蒂岡宮內西斯丁禮拜基之作品（卷首圖49）及其大祭壇畫（圖503, 504, 505, 506）（註1），無不充滿

註 1　天花板壁畫爲1508–12 年之作，米開蘭基羅應教皇朱力烏斯 2 世之請時，曾以自己繪畫不佳謝絕。然最後仍推辭不掉，終在 1508 年 5 月著手作畫，12 年 10月完全以一人

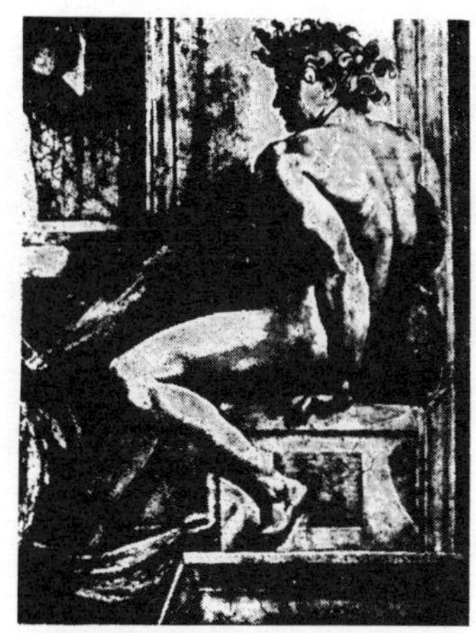

圖505 米開蘭基羅
西斯丁天花板壁畫（部份）

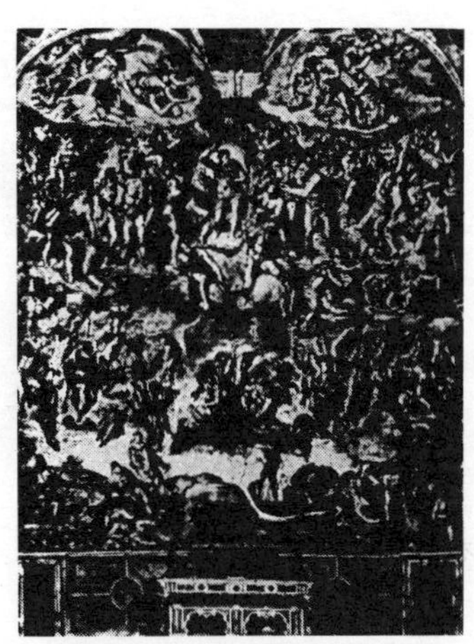

圖506 米開蘭基羅
西斯丁教堂祭壇畫

壓倒性的力量與熱情，特別是後者，其劇烈的律動及複雜的構結明顯地超越文藝復興的特色，並表現了下一個時代的特徵。

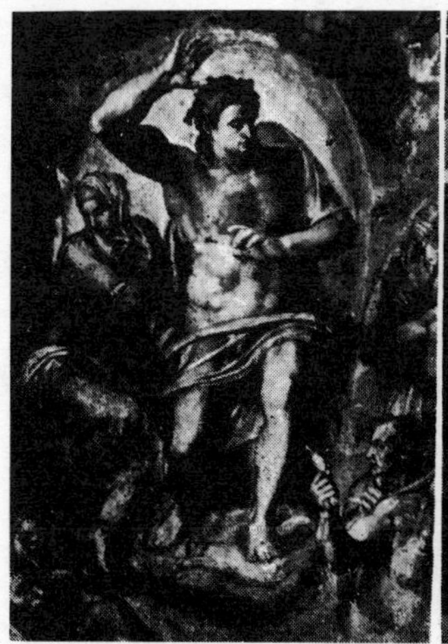

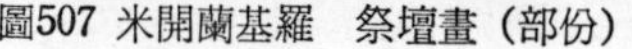

圖507 米開蘭基羅　祭壇畫（部份）

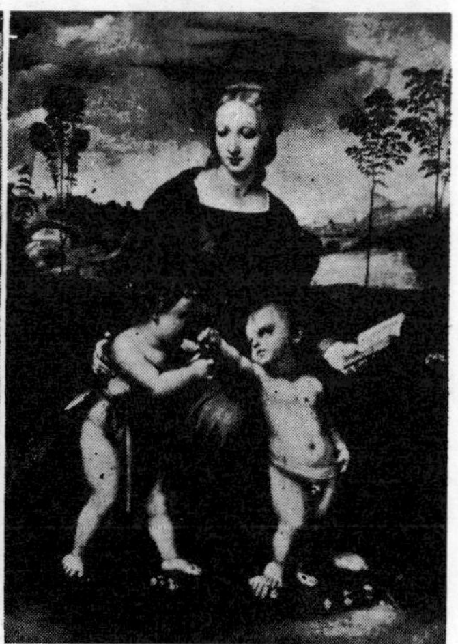

圖508 拉非爾　聖母

至於把達・芬奇、米開蘭基羅、前輩或同輩的各種特色與傾向加以充份的理解，巧妙的綜合，完美地具體化了文藝復

之力完成，在高 128 呎，寬 45 呎的天花板上以舊約聖經創世紀的 9 個場面爲主畫了 343個等身大的人物 。 祭壇畫「最後審判」則爲 153-441 之作，爲其最成熟時期的傑作。

興的調和精神者爲拉非爾 (Roffaello Sanzio 1483～1520)（註2)。隨着文藝復興的成熟而由梅底契家所培育的貴族趣味一到16世紀，便以羅馬教皇爲中心，變得更富於宮廷的豪華感。當時的羅馬教會已不同於中世教會，他們以希臘的理想及天主教的精神與調和爲宗旨，而把教廷爲中心的宮廷趣味及貴族趣味冶於一爐則爲拉非爾，其生命雖短，然生活幸運，弟子之數亦爲文藝復興畫家中最多者。許多描寫優雅聖母的作品曾深受教會與時人的贊歎，其優美的瑪利亞與幼兒基督之形姿以聖母畫（卷馬圖52）的典型而爲後世所承繼。其技巧極佳，亦長於將許多人物巧妙地處理於畫面上，有名的「雅典

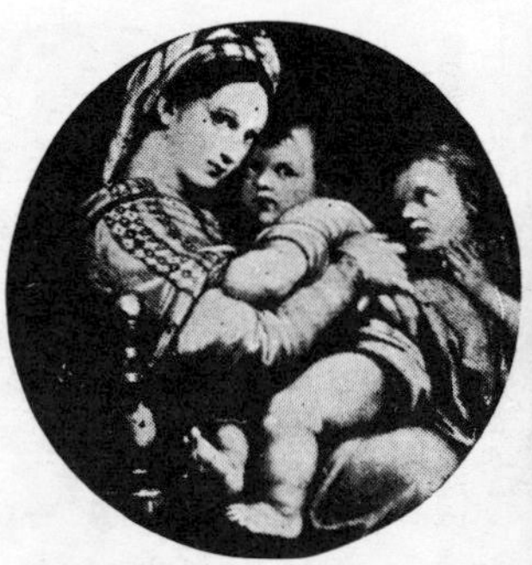

圖509 拉非爾　小椅上的聖母

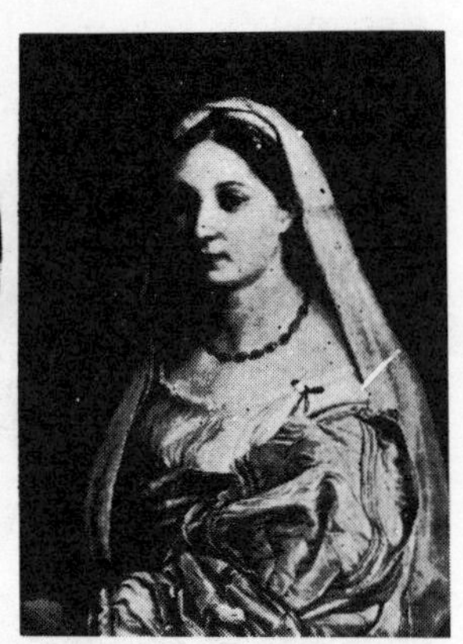

圖510 拉　非　爾
拉・敦娜・薇拉塔

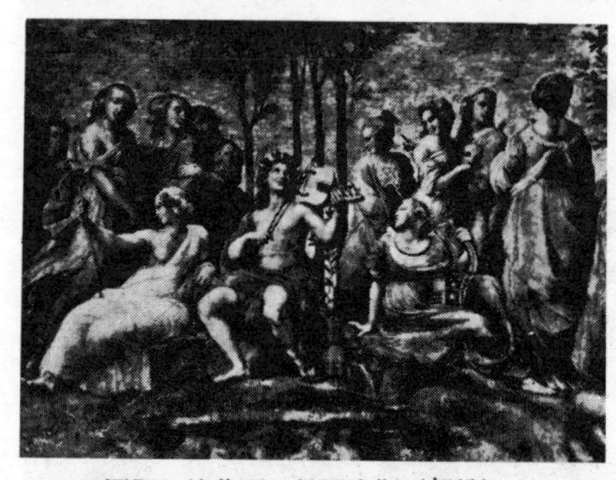

圖511 拉非爾　帕那索斯（部份）

註2　拉非爾　爲中義大利烏比諾畫家喬凡尼之子，父死後赴波斯從柏西諾學，早已表現其清純典雅的風格。1504年至翡冷翠以後，從馬薩基奧的作品乃至達・芬奇、米開蘭基羅皆有所教益，不但確立了獨特的風格，而且畫了「大公爵的聖母」等許多美麗的聖母畫、肖像畫。1509年進羅馬效忠於朱力烏斯二世，其後以羅馬最有人緣的畫家而從教皇署名室的天花板畫開始，及今日所見的梵蒂岡宮的許多天花板畫、壁畫乃至教皇顯貴的肖像畫及許多聖母畫，不斷地從事成熟的製作活動，其多方面的才能亦使他注意到建築，1514年由於繼其同鄉的前輩布拉曼特之後營建聖彼得教堂的關係，亦成爲古代遺跡發掘的監督者。作品除上述者外，「西斯提納的聖母」（圖154)、「小椅子的聖母」（圖509)、「花園的聖母」（圖366)、「朱力烏斯 2 世像」「卡斯提奧尼像」（圖514)、「拉・東娜・薇拉克」（圖510)、「帕爾那索斯」（圖511)、「基督變形」等特別知名。他在短期內畫下許多作品，特別是大壁畫曾受許多徒弟的協助。

學院」（圖512）（註 3）可謂爲此等人數衆多的成功的代表傑作。

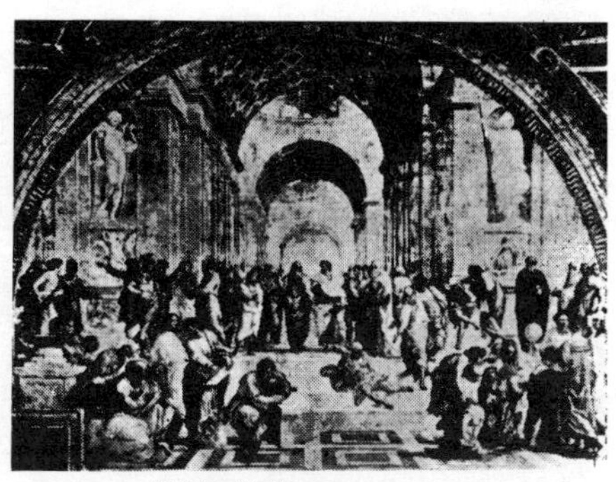

圖512 拉非爾 雅典學院

以上的達•芬奇•米開蘭基多、拉非爾三人是代表盛期文藝復興的所謂翡冷翠•羅馬派之大藝術家。他們每一個皆生於翡冷翠，或在翡冷翠而發展爲藝術家，然其活動的舞臺毋寧是在米蘭與羅馬。他們是15世紀翡冷翠的代表畫家，到世紀的後半在羅馬教廷的力量之下製作（註4）。如前面所屢曾述及，15世紀末翡冷翠之所以衰落，羅馬教廷乘勢而起之外，翡冷翠本身亦已失却往日那種自由都市的年青氣象而趨於爛熟，同時爲翡冷翠繁榮而竭力以赴的市民梅底契家亦趨王國化，這些俱爲極大的原因，薩沃那羅拉

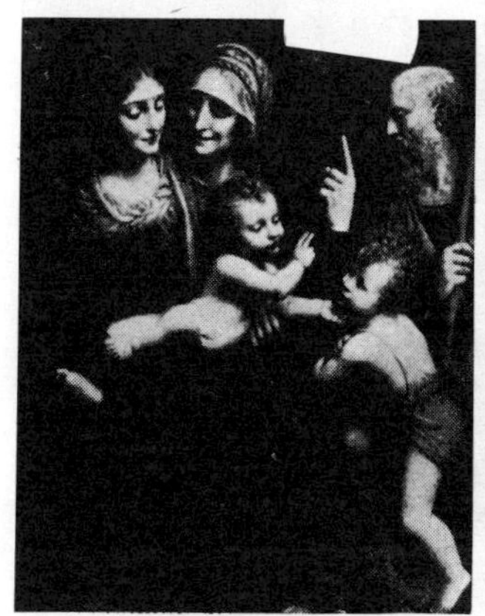

圖513 路易尼（達•芬奇的弟子）聖母與聖安娜

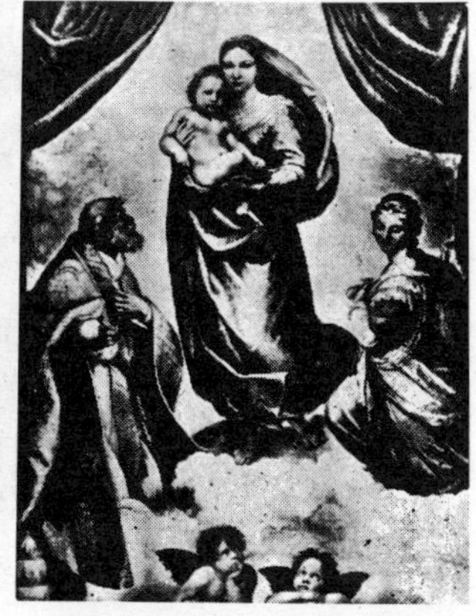

圖514 拉非爾 西斯丁的聖母

註 3 爲梵蒂岡宮的西尼特拉室之大壁畫，同爲他所畫的「聖體之爭論」的相對之作，「聖體之爭論」的主題是以救世主、聖母爲主的基督教聖者；此畫則描繪亞細亞、希臘、斯科拉的所有哲學家群集的構想。描繪寬濶的殿堂之中在阿波羅與米尼瓦兩巨像下面一切世間最偉大的人物齊集一堂的場面，其中有柏拉圖、阿里斯多德、蘇格拉底、畢達哥拉斯、赫克力士、阿基米德等人，而畫面最右端亦把他自己畫進去。

註 4 例如西斯丁教堂的壁畫等卽爲最好的例子。克西都斯 4 世所建的這座教堂，其天花板壁畫與祭壇畫雖由米開蘭基羅所畫，然壁畫於1480年在同一教皇的命令下，邀請了當時最負盛名的一流畫家，像波提且利、佩西諾、西諾列利、屏特利基奧、基蘭台奧、羅塞利等人到羅馬作畫。主題是摩西的故事，並帶上基督的故事。

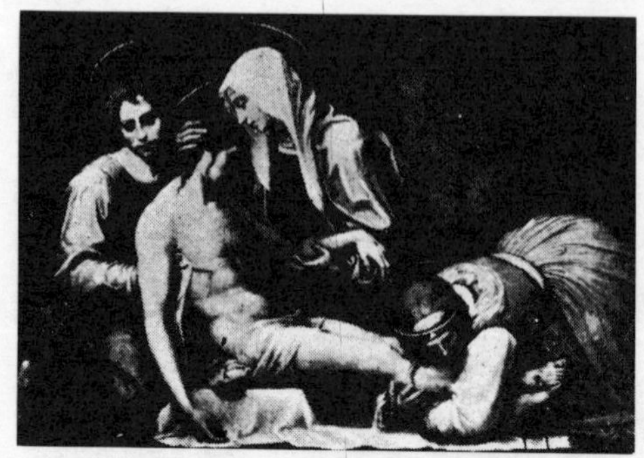

圖515 弗拉·巴特羅美奧 聖悼

(Girolamo Savonaroli 1425～98）（註5）的出現及法蘭西王亨利8世的侵入(註6) 俱非偶然。藝術家隨着這種權利的推移，其活動的舞臺當然亦移向羅馬，至其典型當推米開蘭基羅與拉非爾，於是以他們爲中心的許多畫家便羣集於羅馬。

都市本身即使已失去往昔的繁榮，但仍有誕生於翡冷翠、製作於翡冷翠的畫家，特別是弗拉·巴特羅美奧 (Fra Bartolommes 1472～1517）（註7）與安德烈·蒂爾·沙特 (Andrea del Sarto)（圖516, 517）（註8）在16世紀翡冷

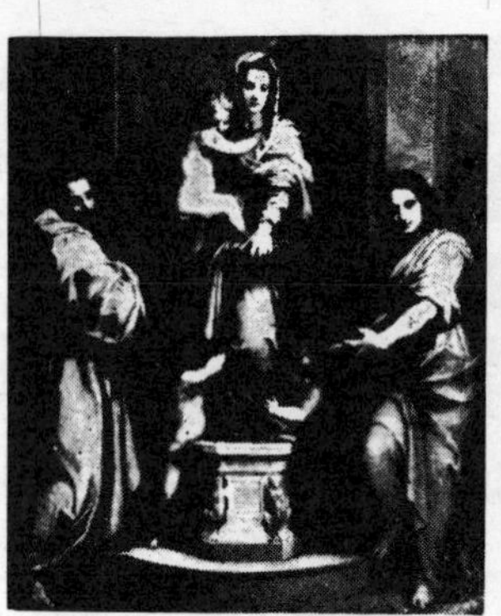

圖516 安德烈·蒂爾·沙特 阿爾匹的聖母子

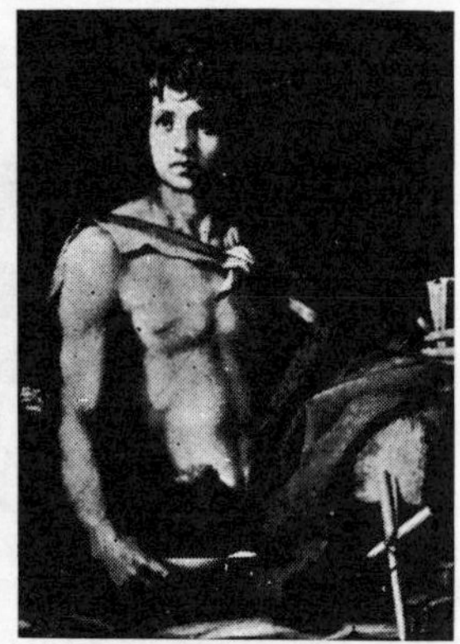

圖517 安德烈·蒂爾·沙特 施洗者約翰

註5 薩沃那羅拉　生於菲拉拉，初仕於耶斯特家，1475年進入波羅納的多米尼康修道院，不久以傳教士身份而活躍於翡冷翠，深痛世風之墮落，其攻擊梅底契家及羅馬教皇腐化的演說立即深扣翡冷翠的人心。其實他的言行過於偏激，由於把翡冷翠的奢侈品、美術品集中燒燬，引起了教廷及翡冷翠市民的反感，遂被處火刑。許多藝術家亦一時受其感化，其中以波提且利最深刻，其影響終以晚年强固的神秘宗教畫出現。

註6 1493年

註7 弗拉·巴特羅馬奧生於翡冷翠，最初以科西莫·羅塞利之許而從其學。惟其宗教信仰甚强，故崇奉把當時翡冷翠捲入其個人熱情的薩沃那羅拉。此際作品有描寫傳教的逼眞肖像畫。其後於1500年棄畫筆遁入多美尼可派的修道院，然不久又重操故技，繪製許多幽玄趣味的宗教畫。

註8 安德烈·蒂爾·沙特　本名 Andrea Domenico d'Agnolo di Francesco 因父親是裁縫師之故被稱爲 del Sarto，最初是彼也洛·科西莫的學生，1518-19 年留在巴黎。初期作品故事性的壁畫很多，其後典雅的聖母畫逐漸表露了新時代的動向，亦以色彩畫家見長，被稱爲「無缺點的安德烈」。

翠・羅馬派中乃是繼達・芬奇三大家之後的名匠，兩人都長於宗教畫，並巧妙地學到達・芬奇的明暗法，巴特羅美奧在單純與莊重及結實的構圖上最具特色，沙特則完成更世俗而柔美的一種典型。

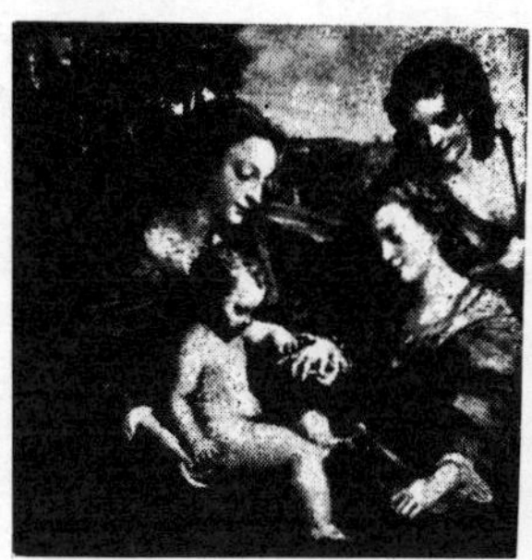

圖518 柯列喬　卡德麥柯的結婚

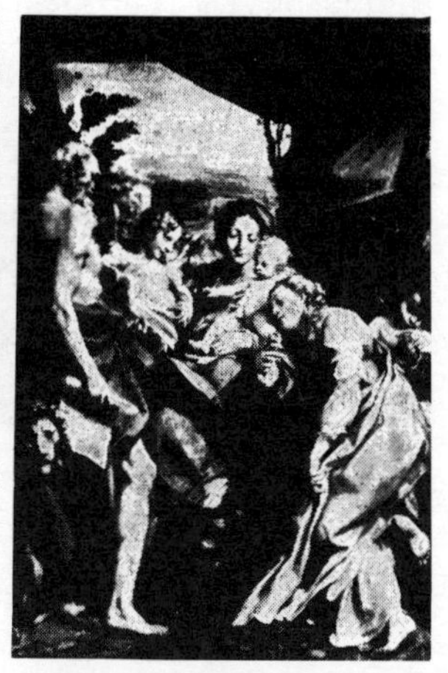

圖519 柯　列　喬
聖母子與聖傑洛姆

此外如彭特莫 (Jacops Carrucci Pontormo 1494～1556(註9)，布隆吉諾 (Angelo Bronzino 1503～72) (註10) 等人亦以16世紀中葉以後所謂的過渡樣式 (Manierismo) (註11)畫家而活躍於翡冷翠，爲文藝復興期最後出現的人物，再如與其說是畫家不如說是美術史家的瓦薩利 (Giorgro Vasari 1511～74) (註12)亦忽略不得。至於屬此系統而足與巴特羅美奧、沙特匹敵的巨匠則爲

註 9　彭特莫　最初從蒂爾・沙特學畫並忠於其風格，其後模仿米開蘭基羅而使樣式變得誇大，作爲肖像畫家在當時亦屬第一流，有爽朗的作品傳世。

註10　布隆吉諾　生於翡冷翠，爲彭特莫的弟子，及柯西莫 1 世的宮廷畫家。他是過渡樣式的主要畫家之 1 ，雖稍嫌冷峻，然其精確的描線使他畫下如「艾列奧諾拉及其子」般的傑作。

註11　過渡樣式　作爲樣式概念曾被作過相當煩瑣的解釋，這裏姑隨以下的觀點——盛期文藝復興到巴洛克之間的過渡階段，大致是1530~1600 年。首先它被用在相對於拉非爾及沙特死後以翡冷翠派爲中心的繪畫傾向，特徵是頭部細小、形體長伸極具動態、明暗變化極大，且好用不穩重的色彩。亦爲反宗教改革的緊張、不安、熱情的心理態度之表現——據岩波小辭典。

註12　瓦薩利　生於柯列佐，很早就來到翡冷翠接受多方面的人文主義教養，同時從米開蘭基羅處學到很多東西，其後在羅馬學古代建築，畫家兼建築家，特別是翡冷翠的烏菲茲宮之興建其功不可沒。然而眞正使他不利的則是最初的美術史著作「美術家列傳」之執筆（1550年初版），其中記述 14~16 世紀義大利美術家的作品與生涯，故至今仍是研究文藝復興的貴重資料，極被推崇。

帕爾瑪的柯列喬 (Correggio 1494～1534) (圖518, 519) (註13)，其風格或亦被視爲以下的巴洛克式之先驅者。達・芬奇的崇高被他一換爲一種官能之美，明暗的極端對比及構圖的流動性與米開蘭基羅後半期的作品相同，確實預告了下一時代的來臨。惟不論自其活動的時期來看，或自其一貫的理想主義來看都是充分具有盛期文藝復興特色的畫家。再如西耶納的索多瑪 (Sodoma 1477～1549) (圖520) (註14) 亦爲這時代的代表畫家之一。

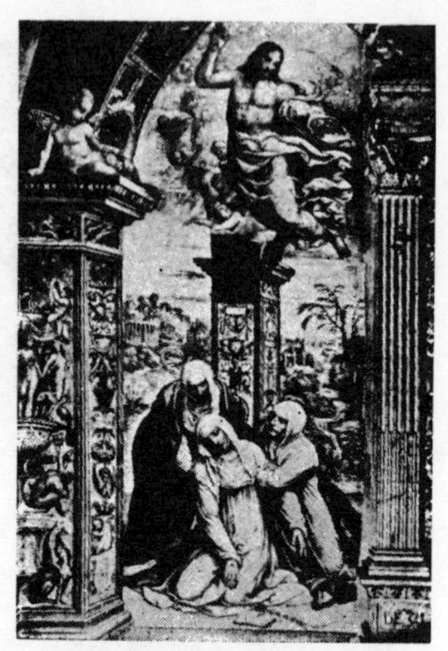
圖520 索多馬　聖卡德麗娜

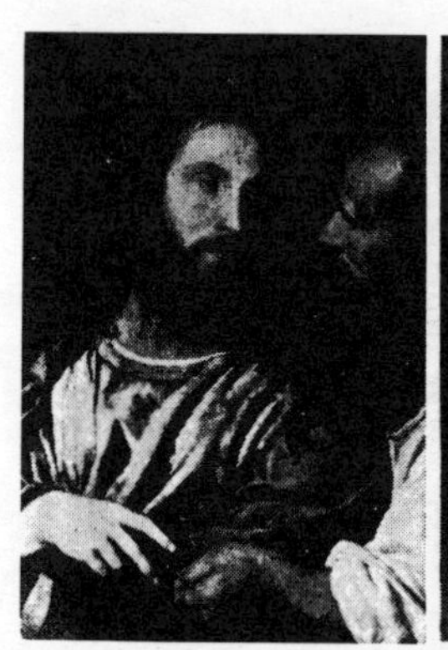
圖521 提香　自畫像

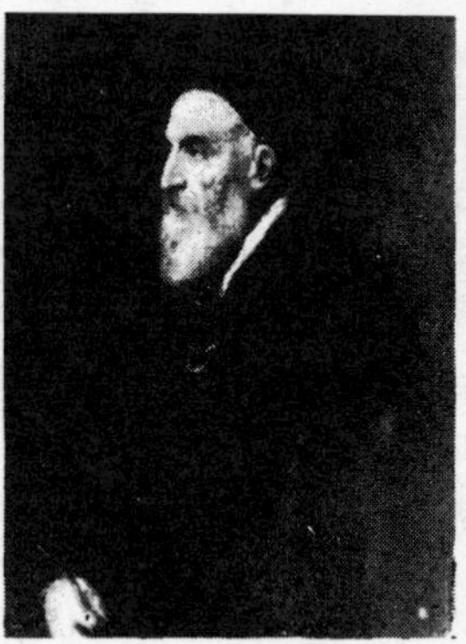
圖522 提香　諾佛克公爵像

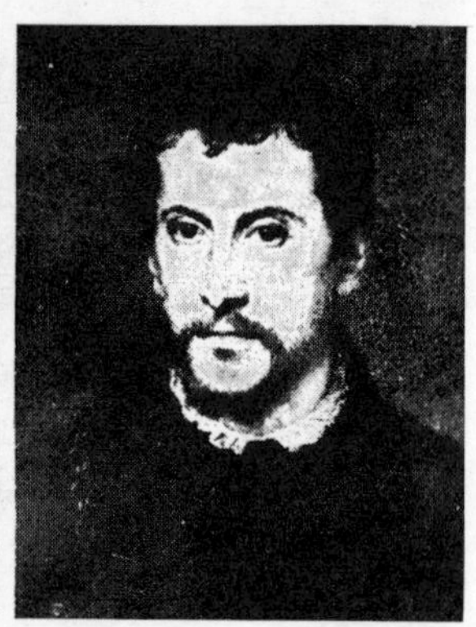
圖523 提香　貢金（部份）

註13 柯列喬　本名 Antonio Allegri，生於柯列佐，早就對曼多瓦地方的曼特納或柯斯達之畫發生興趣，特別是深受達・芬奇作品的感染，1518年以來，主要在帕爾瑪活動，以巴洛克繪畫的開拓者而受到很高的評價，同時也給予17-18世紀的義大利繪畫以極大的影響。他的作品在帕爾瑪主教堂天花板壁畫「瑪利亞升天」、德勒斯登的「聖弗蘭且斯柯之聖母」「夜」等特別著名。

註14 索多瑪　本名 Giovanni Antonio Bazzi 生於威且利、主要在西也納活動，受達・芬奇的影響，長於優美感情的表現。

威尼斯的繪畫

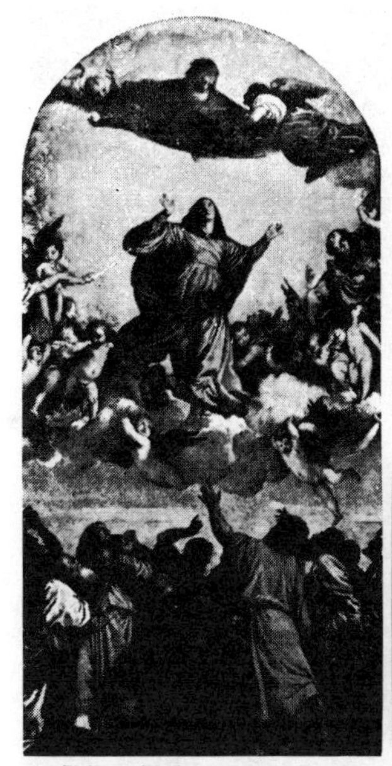

如前所述，翡冷翠與羅馬畫家輩出，活躍一時，然15世紀義大利文藝復興繪畫最輝煌的成果則爲達·芬奇、拉菲爾、米開蘭基羅等的威尼斯畫家。與翡冷翠有幾分不同的意味，以商業都市、海港都市去發展的威尼斯在15世紀卽已出現過幾個傑出畫家，至16世紀則達於頂點。在這裏產生的繪畫以都市的氣度與富裕爲背景，是明朗開

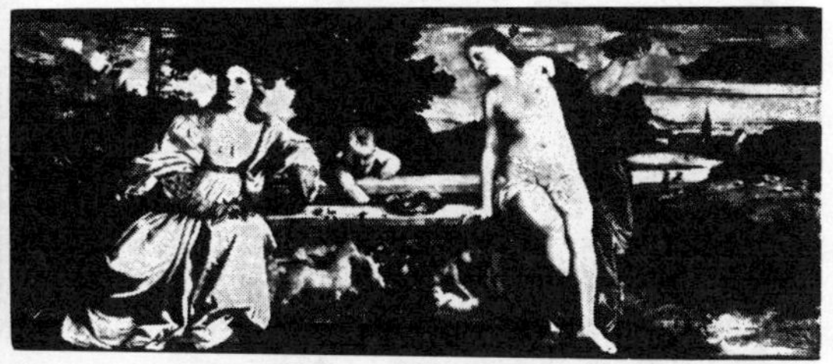

圖524 提香　聖母升天

圖525 提香　天上之愛與地上之愛

放的，是華麗世俗的，一反翡冷翠·羅馬系統的注重線條的嚴謹與形態的莊重、或端莊的氣質等特色，威尼斯的繪畫長於色彩的閃耀輝煌，是遠爲官能性的。

這種風格的代表畫家爲喬凡尼·貝里尼的弟子，擅作明朗富麗的肉體及火般豪華的色彩大師

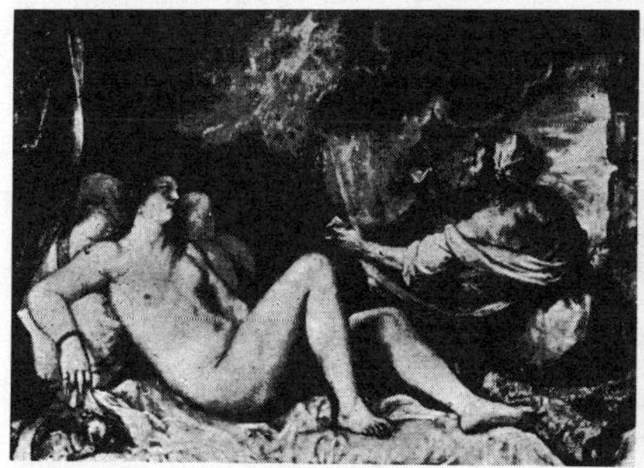

圖526 提香　達娜耶

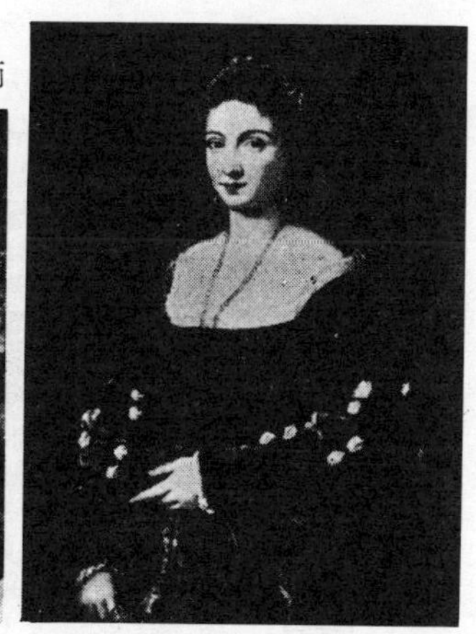

圖527 提香　拉·貝拉

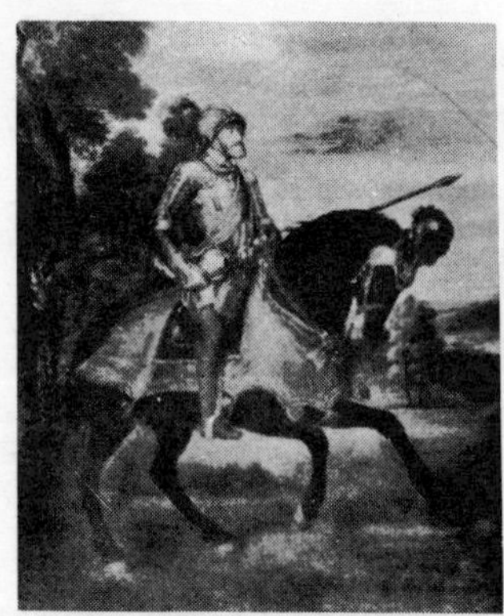
圖528 提香　查理5世像

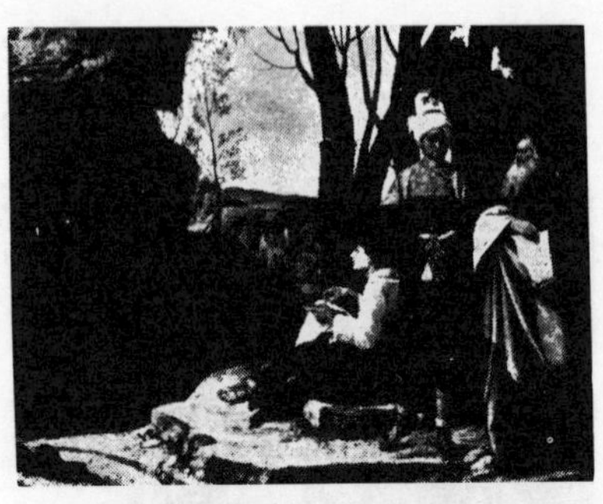
圖529 吉奧喬尼　3個哲學家

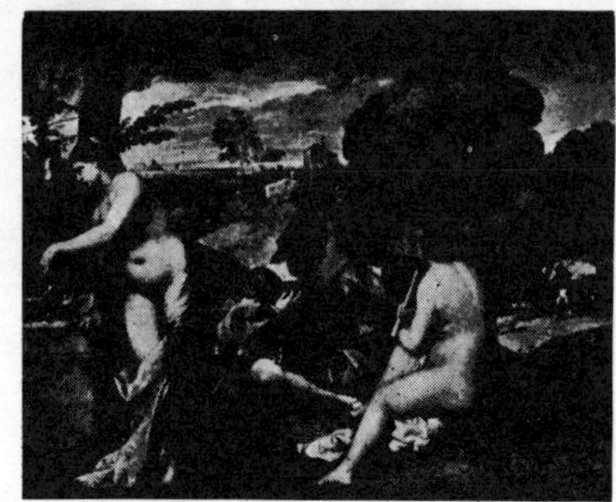
圖530 吉奧喬尼　田園的交響

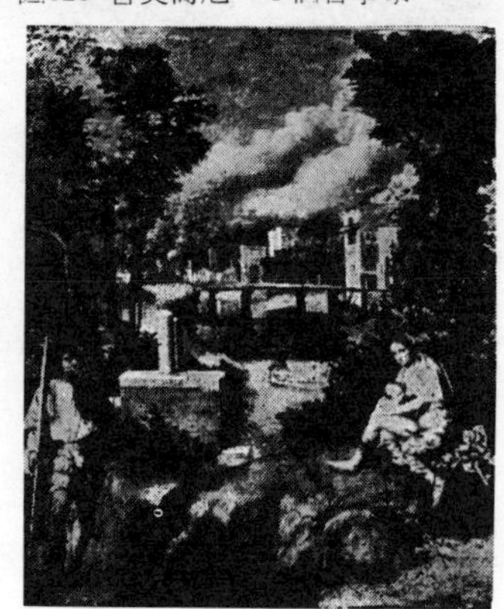
圖531 吉奧喬尼　風暴

提香（Vecellio Tiziano1476大約～1576（註1），他與達・芬奇或米開蘭基羅

註1　提香　生於佩威・卡多列，很早就來威尼斯跟喬凡尼・貝里尼學畫，同時亦受吉奧喬尼的影響，逐漸確立自己的風格。他的漫長一生大部在威尼斯渡過，晚年被市民引以爲榮，集名聲、勢力於一身，有王侯一般的生活與實力。其間亦應邀到帕多瓦、菲拉拉、曼多瓦、波羅納、米蘭、羅馬各地，留下無數的傑作。其帶有明快柔和之光的豪華色調左右了當時的威尼斯畫壇，亦給予17世紀繪畫的代表者——比利時的盧邊斯、荷蘭的林布蘭以極大的刺激。至其繪畫事業的發展則可以分成4個時期：(I) 1500—18年，代表作有「吉普賽的聖母」「天上之愛與地上之愛」(圖525)「弗洛拉」(卷首圖48)等。(II)1518-30年，「聖母昇天」(圖524)「酒神節」「維納斯的節日」「躺臥的維納斯」等，與初期的穩靜明朗色調相反，這時期進入了戲劇性描寫及强有力的筆觸。(II) 1530-50年，「帕烏斯3世」「查理5世像」(圖528)「自畫像」(圖521)「瑪利亞參拜寺院」「瞧這個人」等，特別在肖像畫與宗教畫留下傑作。(IV) 1550-76年，再度處理大構圖，達到獨特的戲劇性描寫之極致。代表作有「達娜耶」(圖526)「埋葬」「蘆芙與牧人」等，一到這個時期的作品，光線的處理、人物的動態等明顯地暗示了其後的巴洛克樣式。

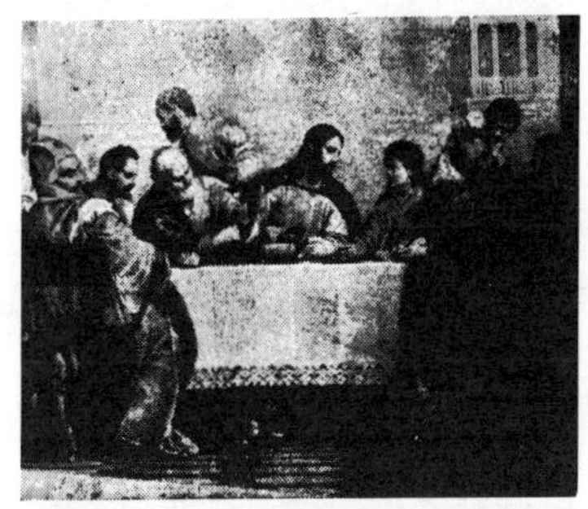
圖532 維洛尼賽　列維家的宴席(部份)

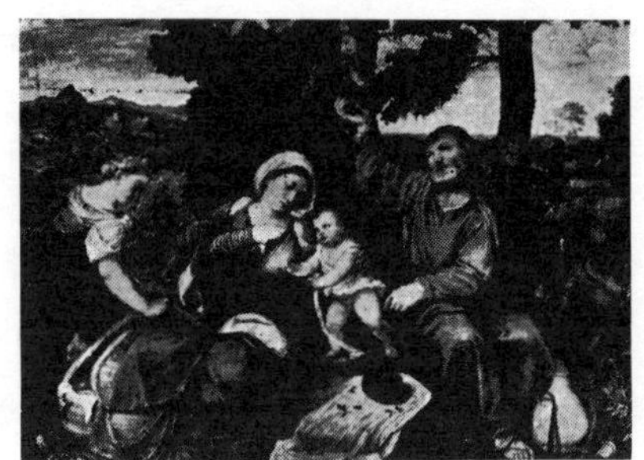
圖533帕馬・維喬　聖家族

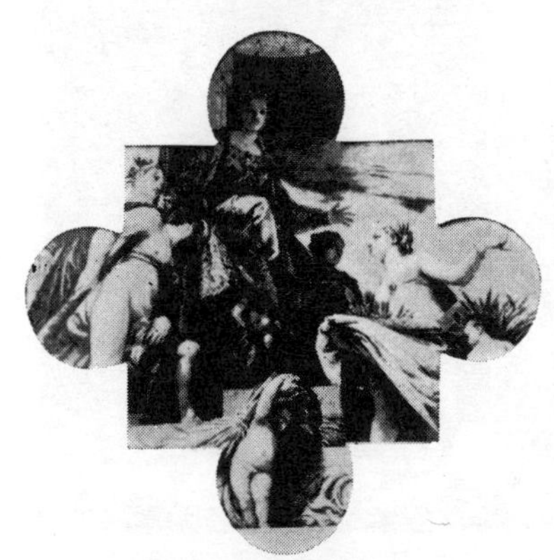
圖534 維洛尼賽　豐饒

等同爲文藝復興最大的畫家之一，其漫長一生皆爲威尼斯派的指導者與改變者。作品甚夥，種類亦廣被於宗教畫、神話畫、肖像畫各方面。若將他的作品與翡冷翠系比較，則風景的要素顯得相當多，這不止提香如此，可以說是威尼斯派的一般特色之一。

與提香同時出現，並在最近受到超過提香以上的尊敬者爲吉奧喬尼(Giorgione 1478～大約1510) (圖529, 530, 531)(註2)，他因英年早逝故作品不若前者之多，然不失爲所謂天才的畫家，其作品早已表現獨特之美，其色彩與人物或許不若提香那麼富麗，却充滿了提香所沒有的淸純而明朗閃灼的深刻詩情。提香初期的作品亦受過他的很多影響，從風景與人物的結合開始，16世紀威尼斯的繪畫可以說由吉奧喬尼而打開輝煌的門戶，並由提香來完成。過去被視爲吉奧喬尼的作品透過

註2　吉奧喬尼　本名 Giorgio Barbarelli 生於康斯特弗蘭克，1495年左右抵威尼斯，從喬凡尼・貝里尼學畫，如本文所述，其創作及一種文學性把繪畫弄得更加自由，與15世紀威尼斯派之以宗教的人類的情緒爲基調相反的，他在色彩的溫柔調和、人物與風景的結合、構圖的律動等等的畫面效果上求發展。代表作除本文所提之外有「3個哲學家」「風暴」(圖531)「所羅門的審判」等。他的死據說是由於當時在義大利蔓延的鼠疫造成，亦有說早先已罹有肺病所致。

近代的研究，很顯然的有很多是同時代其他威尼斯派畫家的作品，此乃他的深刻影響的證據。「田園的交響」「熟睡的維納斯」等與提香的「天上之愛與地上之愛」(圖530)等皆以代表作知名。

以這二者爲中心，還有在華麗之中巧妙使用生澁的銀灰色而製作「卡納的宴會」「列維家的宴會」等巨作的名家維洛尼塞 (Paulo Veronese 1528～88) (圖534)(註3)，有長於描繪明朗豐滿的女性之帕爾瑪・維基奥 (Palma Vecchio 1480～1528) (圖533, 535)(註4)，此外更有羅侖佐・羅特 (Lorenzo Lotto 1480左右～1556) (註5)，畢翁波 (Sebastiano del Piombo 1485左右～1547)(圖536)(註6)，波多尼 (Paris Eordone 1500～71)

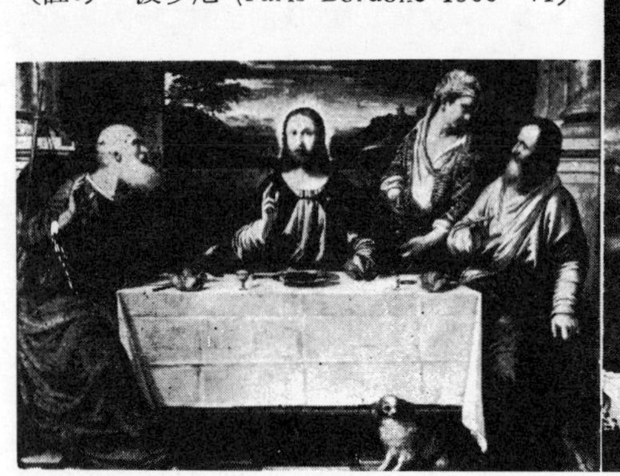

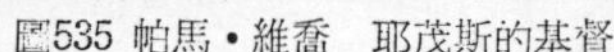

圖535 帕馬・維喬　耶茂斯的基督

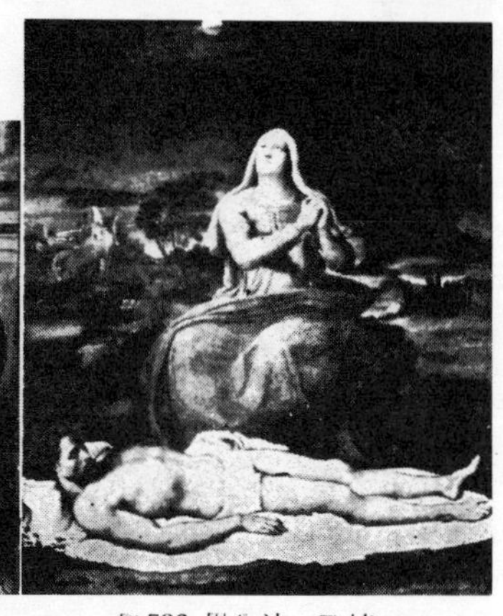

圖536 畢翁波　聖悼

註3　維洛尼塞　本名保羅・卡里阿利，生於味羅納，1553年遷威尼斯，受到提香及丁多列托的影響，其後與提香同爲威尼斯派的代表畫家及豪華壯麗的裝飾畫之開拓者，他的藝術在表現味羅納的銀色並以之爲基調，故反而顯露了華麗的明快色彩。擅長於畫「卡那的宴會」「列維家的宴會」「西蒙家的宴會」「威尼斯的勝利」等的慶祝節日之大畫面，這是脫離宗教熱情的明朗富麗之情景。在裝飾效果上，他是繪畫史中最大的畫家之一。

註4　帕瑪・維基奥　本名雅克波・內格列提，生於柏加莫附近，據說是喬凡尼・貝里尼的弟子，以華麗的色彩描寫田園的情景、豐滿金髮的威尼斯女性，追求現實的感覺之美

註5　羅特　生於威尼斯，死於洛列特，亦活躍於羅馬、柏加莫，影響他的人從維基奧開始，還有同時代各地方的許多人物。色彩上明朗的銀灰調及宗教畫所見的一種世俗情景的安祥爲其獨到之處，他亦以肖像畫見長。

註6　畢翁波　本名西巴斯提亞諾・魯契亞諾。與喬凡尼・貝里尼及吉奧喬尼學過畫，1511年遷羅馬，受到米開蘭基羅及拉菲爾的影響，31年任教廷的鉛質封印之保管職（畢翁

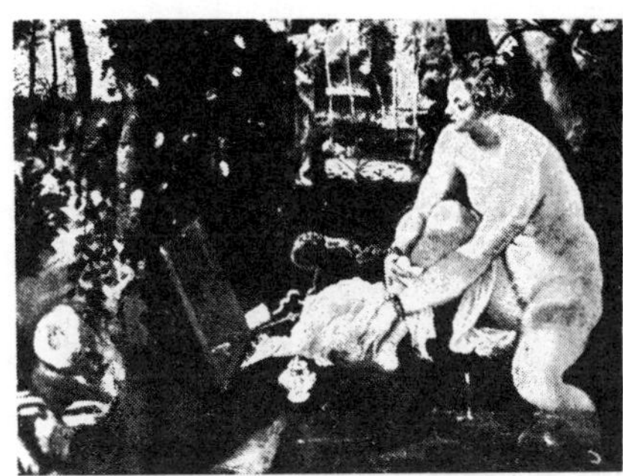

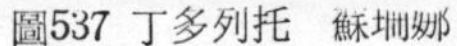

圖537 丁多列托　蘇珊娜

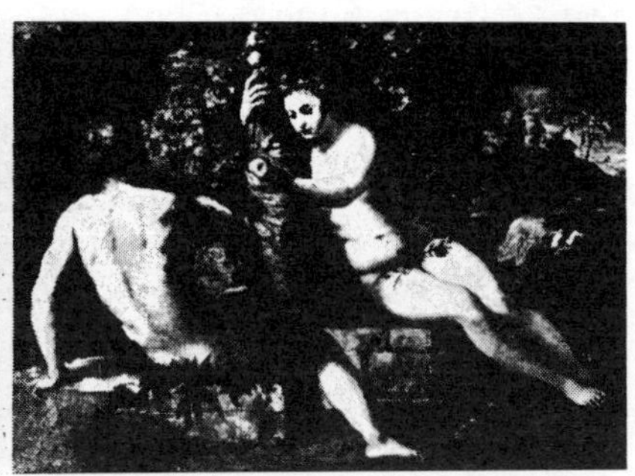

圖538 丁多列托　亞當與夏娃

(註7)等一流畫家陸續出現。至於威尼斯派的最後大師、義大利文藝復興的最後巨匠當推丁多列托 (Il Titoretto 1518～94)(圖537, 538, 539, 540, 541)(註8)，其人物

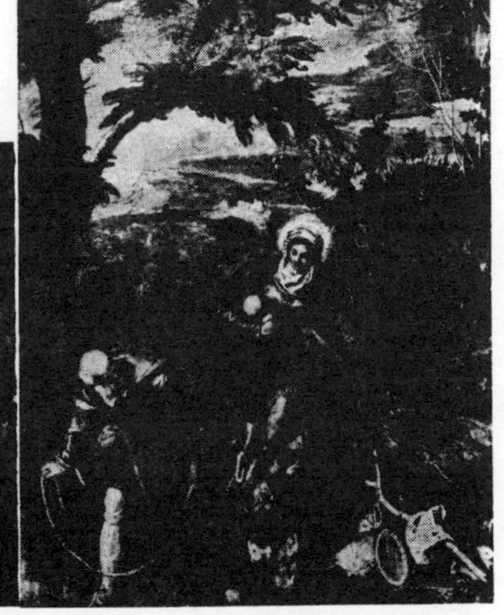

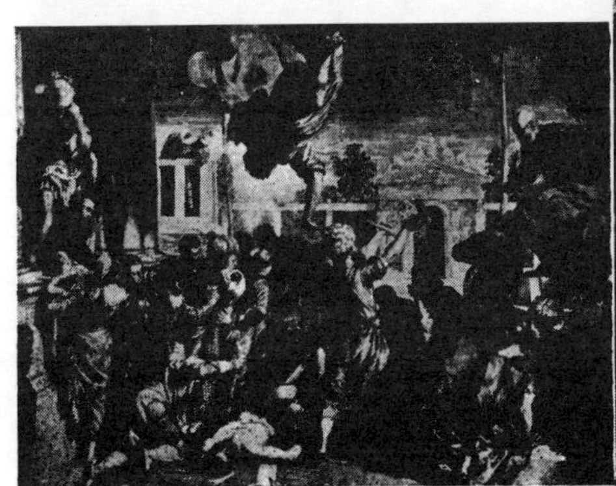

圖539 丁多列托　聖馬可的奇蹟

圖540 丁多列托　出埃及記

波＝鉛、故名）。他把華麗的色彩及學自米開蘭基羅的結構感情所表露的緊迫感加以結合。拉非爾死後，他便爲教廷所重用，開威尼斯派在羅馬握有勢力之端緒。作品有「基督變形」「達娜耶」等。

註7　波多尼　爲提香及吉奧喬尼的學生，1538年應弗蘭索亞1世之請赴法，在兩年的停留期間爲宮廷貴族們畫肖像。同時在宗教畫、神話畫上亦發揮過特出的才能。

註8　丁多列托　本名 Jacopo Robusti，生爲威尼斯染衣匠之子，故被稱爲小染衣匠（丁多列托）。17歲入提香之門，雖受其教誨，但不久便逐漸不滿足於單純的威尼斯傳統，追求堅實的素描之有力表現。銘感於米開蘭基羅的風格，他曾作如此的座右銘：「提香的色彩及米開蘭基羅的素描」，十分熱中於解剖學及遠近法。作品範圍很廣，有神話畫、歷史畫、肖像畫，數量亦多。從來威尼斯派所沒有的激烈明暗對比及對劇性的、幻想的運動感給予17世紀以後的近代繪畫以極深的影響。

的大膽動態與激情表現，明暗的自由激烈對比，明月、夕陽、風暴等的光線描寫及自然描寫之深度中所見的風景畫家之才能——其成熟期的許多作品中所表現的這種特色顯然是次一時代的先驅者之表現，下個時代可以說直接由晚年的米開蘭基羅和丁氏來開始。16世紀後半不論在羅馬或翡冷翠或威尼斯已非世紀前半那種崇高端莊的理想主義，在一切意義上都是動搖的時期，在此所顯現的東西乃是過渡樣式的風格，一方面亦行結合各大畫家之長的折衷主義。這個動搖的時期之中預告了以下17世紀的來臨，米開蘭基羅與丁多列托的作品則是催生者，惟丁多列托比下個時代的人來說，當屬文藝復興最後的大家，其藝術的根柢與發展亦培育於盛期文藝復興之中，並由此發展出來，這點在藝術性格上便與下章的卡拉發喬顯然不同。他主要從神話與聖經中找題材，畫在威尼斯聖馬可的「聖馬可的奇蹟」（圖539)及竇卡列宮大會議室的裝飾壁畫「天國」(圖54)(註9) 爲其非常著名的傑作。

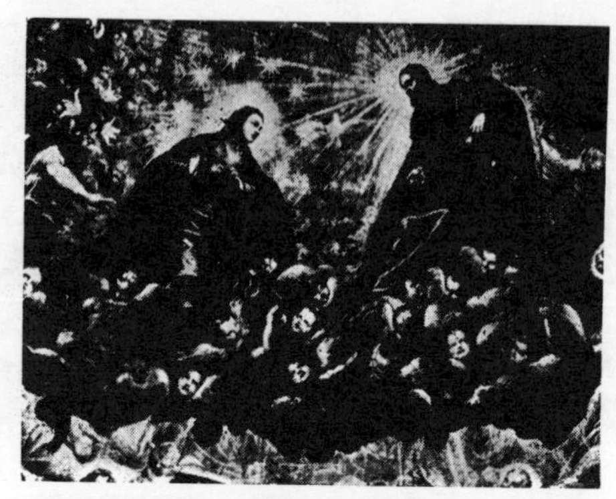

圖541 丁多列托天國（部份）

第4節 工　　藝

最後簡單地綜合敍述一下文藝復興時代的義大利工藝，這在15世紀尚未如其他藝術領域般地顯示獨立的發展，大體上發展於西歐或伊朗的中世風格具有支配性。當然，生活變得奢華，且當時優秀彫刻家之中亦有很多兼工藝家，故逐漸從中世風格推展開來。惟

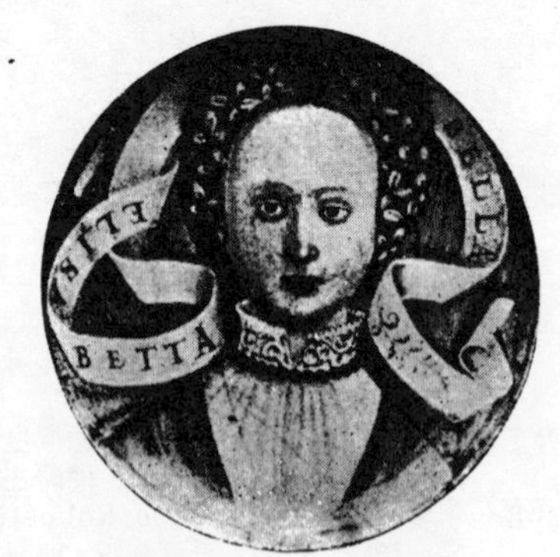

圖542 馬喬利卡陶器

註9　爲丁多列托最大的作品，完成於1590年，中央是基督瑪利亞，繞在四周的 700 個人物在巧妙的明暗中作完美的統一。

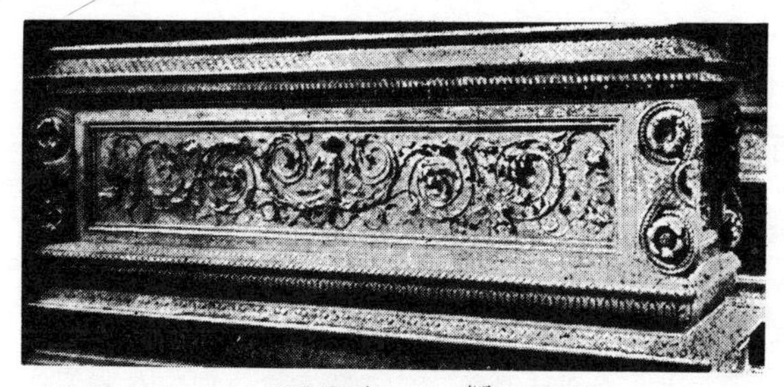

圖543 木　　櫃

眞正脫離中世趣味而具有文藝復興的明快性者當在15世紀末左右。

一到這個時候，由於經濟面的提高及一般生活的奢華，故其需要量亦增，以翡冷翠、威尼斯、羅馬及其他都市爲中心而急遽地發展下去。其特色在裝飾模樣中加强神話的要素，並形成以大花紋爲主，其他的美術品亦反映着時代的好尚與風氣。

首先就傢俱類言，16世紀義大利最大的中心乃是翡冷翠，自世紀中葉以後便盛行於羅馬。一方面在紡織品方面，早已向法國及近東地方學習，翡冷翠、威尼斯、米蘭等地便爲主要的機織業地帶，至15世紀末，便出現了華麗的石榴紋的錦緞或天鵝絨而達於頂峯。因限於技術，其後陷於一種硬化狀態，然亦有將拉非爾等的名畫作爲壁飾或絨氈的草稿，在圖案上產生一種更美觀的東西。

其次自14世紀以後逐漸爲世人所知的麥約利卡陶器亦以翡冷翠爲中心，自15世紀末到16世紀前半便進入最盛期。這個時期所見的精巧華麗與前一時代有顯著的差別，在這裏圖案亦有以拉非爾（圖632)等一流畫家的作品爲主題。與陶器一起在同時期有顯著發展的是威尼斯的玻璃工藝，自13世紀以來，威尼斯特產的玻璃工藝在15世紀中葉已完成吹氣玻璃的技法，於是捨棄過去單純的銀器之模仿，創造了吹氣玻璃的獨特技法之美形，這個時代優秀作品所見的薄輕優雅之形，及明朗爽快的網目模樣之美恐怕是史無前例的。此外，從東洋學來，並在義大利（特別是翡冷翠）有獨特發展的皮革工業亦爲出現於這個時代特有的明快作品。

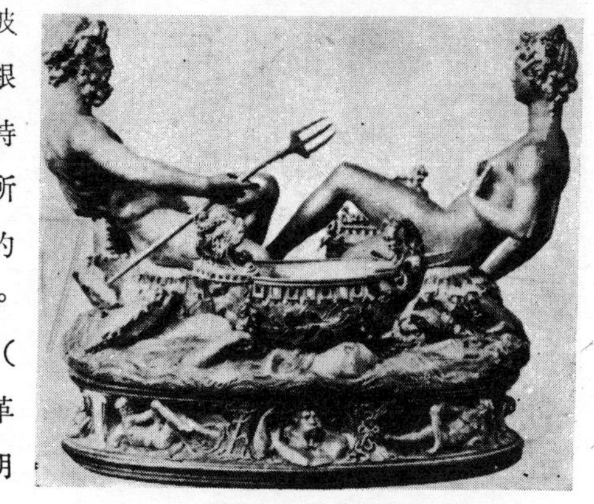

圖544 銀質裝鹽器

II 北　歐

第1章　弗蘭德爾

第1節　弗蘭德爾美術的性格

這裏所說的北歐並非現在地理區分上的北歐，而是指比利時、荷蘭及德意志，相對着發生於義大利的文藝復興文化（即所謂南歐的文藝復興），普通把上述3處爲中心之地稱爲北歐或北方的文藝復興。至於北方文藝復興之所以又把發生於比利時、荷蘭的新文化稱爲弗蘭德爾文藝復興者乃因該文化以現在比利時的弗蘭德爾地方爲中心之故。又這種文化之所以還被稱爲尼薩蘭(或尼德蘭)文化者乃因當時比利時與荷蘭尚非獨立之國，而爲布哥尼公爵的領地尼德蘭(註1)之故。他如法國之所以列於北歐文藝復興之中者乃因這種新藝術與弗之所蘭德爾具有密切的關係之故。若要進一步瞭解，還得讓我們先看看弗蘭德爾的文藝復興。

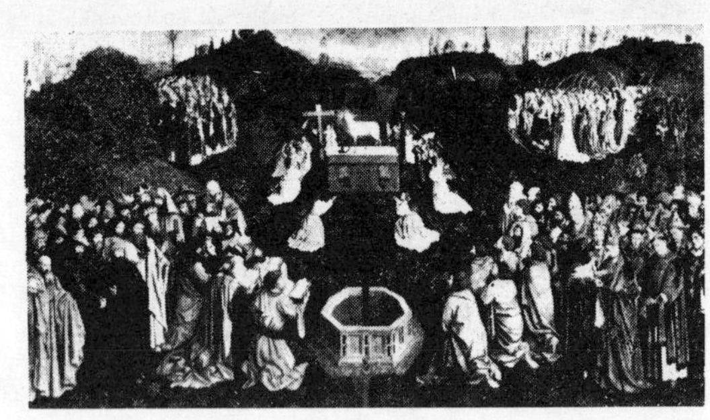

圖545 凡・艾克兄弟　祭壇畫部份（小羊的膜拜）加恩

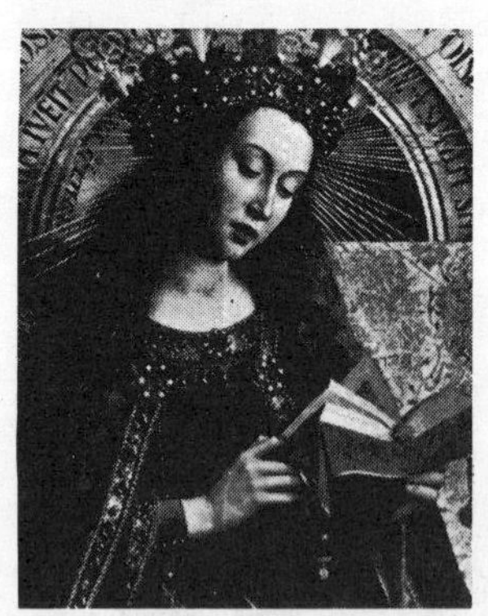

圖546 凡・艾克兄弟　祭壇畫部份（瑪利亞像）加恩

文藝復興的一般特色在於强調人類與自然的

註1　1384年法國布哥尼公爵腓力普・盧・阿爾底領有弗蘭德爾，其孫腓力普・盧・蒙更併有荷蘭北部，於是開始有尼德蘭這個區域。然1477年，由於奧國馬克西米里安與布哥尼公爵的女兒瑪麗結婚，故公爵死後，其統治權便爲他所繼承。及至1516年，此地又成西班牙的領地。

再發現，這當然是現實世界的再發現及其意義的自覺。在義大利這種自覺源於古代世界中楷模的發現，至北歐的弗蘭德爾則源於生活中自然成長的人生體驗，在文藝復興的特色之中，若古代風的理想傾向由義大利所代表，則忠實於生活及自然的自然主義之寫實傾向當由弗蘭德爾來代表。

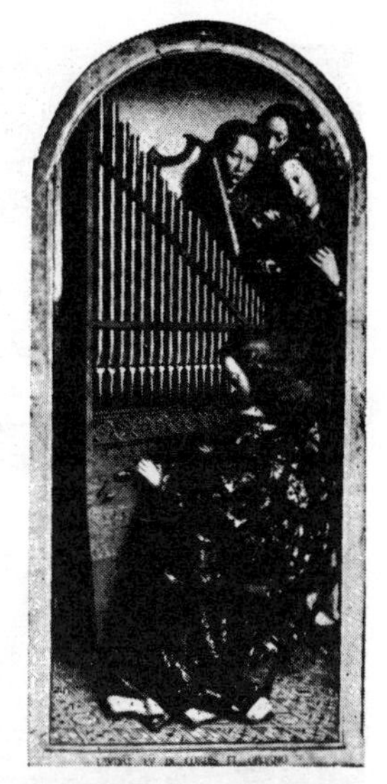

圖547 凡・艾克兄弟
祭壇畫 部份
（奏樂天使）加恩

此地畢竟缺乏希臘羅馬的古代文化傳統，只長期處於中世紀嚴格的基督教思想支配之下，就地理條件言，氣候既差，土地亦貧瘠，故居民生活困苦，他們大部份是非得不斷與嚴酷的大地博鬭的農民。在這種條件之下，當然使他們對氣候的變化及大地的狀況深寄注意，生活既純樸，思想亦注重實用，加上當地人民的勤勞（不勤勞便無法生活），不久自14世紀中葉以後，工商業亦繁榮得不亞於義大利。在美術上，歷代統治者自有十分關心者，居民亦有從事踏實的工藝工作，使得哥德式藝術急劇地進步。

至15世紀，他們亦受義大利的新局面之刺激，應運而生的天才隨之出現，以工商業重地布魯日、加恩、布魯塞爾、安特衞普、哈倫爲中心而出

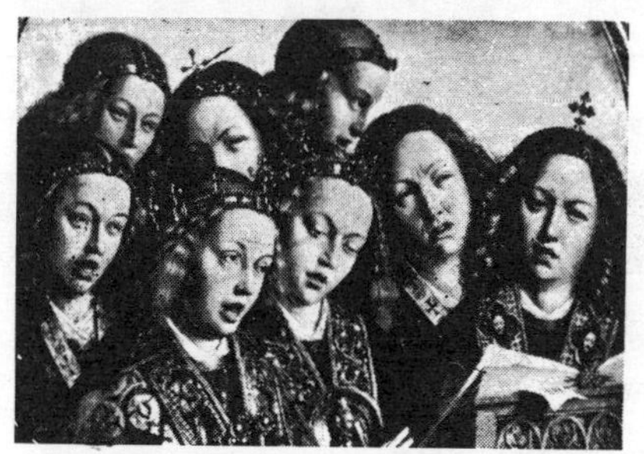

圖548 凡・艾克兄弟 祭壇畫 部份
（合唱的天使）加恩

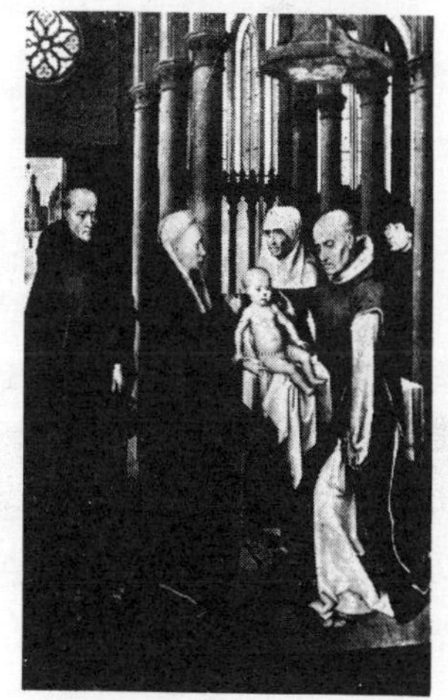

圖549 梅林 基督的獻出

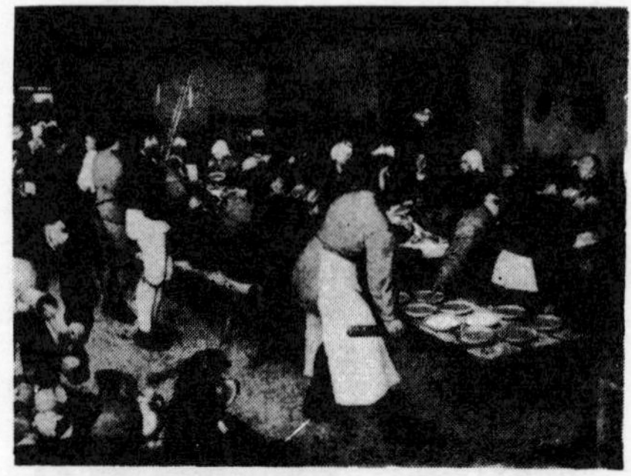

圖550 布魯各 農人結婚

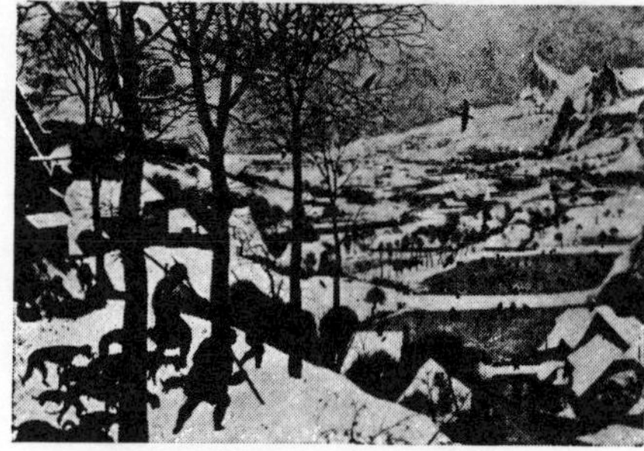

圖551 布魯各 雪中的獵人

現新生的美術。把人民的生活原原本本、坦率熱忱地加以描寫，實在是極其容易親近的繪畫，充滿健康的常識家那種溫暖愉快的家庭生活重於奢華的社交生活，洋溢着觀察家那種深入自然的情感與喜悅，這種忠實而穩靜地描寫人類生活與自然形相的寫實主義反而給當時的義大利畫壇以優良的影響。至如建築與雕刻（註2）仍長期根深蒂固地守住中世的傳統，至16世紀雖逐漸轉變爲文藝復興式，然亦只是部份的義大利模仿，不久已失其新鮮之感。故只有繪畫才是弗蘭德爾文藝復興的核心，於此吾人可見弗蘭德爾藝術的特質。

第2節 15世紀的繪畫

凡・艾克兄弟

包含弗蘭德爾、荷蘭及北部法國一部份等的布哥尼公爵領地正當西、北歐交通的要衝，自13世紀以來，已形成發達的工商業中心，特別是到了14世紀後半，隨着當時布哥尼公爵腓力普・盧・阿爾底勢力的擴增，致使弗蘭德爾地方的都市盛極一時，亦使建築與整個美術充滿着活力，且不祗弗蘭德爾地方，卽在法國亦以

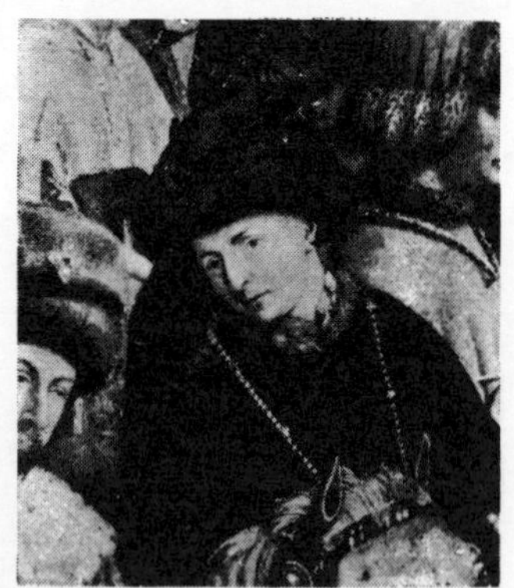

圖552 凡・艾克兄弟 祭壇畫部份（弗伯特像）加恩

註2 特別是建築上這種傾向最强，本來中世的哥德樣式在法國、德國或弗蘭德爾，由於適合其土地的氣候與風土而得以發展，故與義大利哥德式存在的理由大部份是不同的。

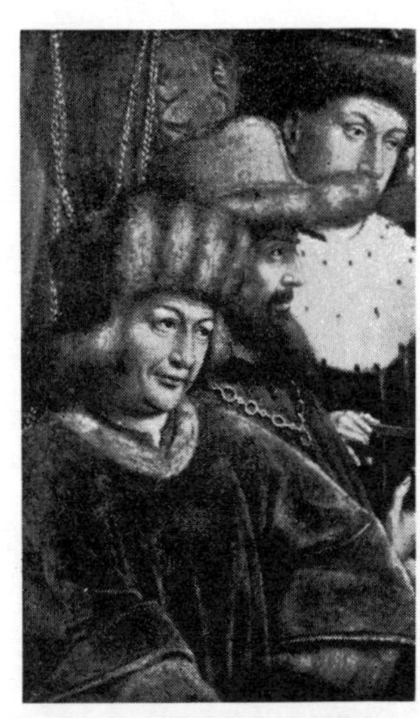

圖553 凡・艾克兄弟 祭壇畫 部份 （央的肖像）

他們爲中心。當時哥德藝術在整個歐洲已逐漸强化其自然主義的傾向，這個傾向復加上弗蘭德爾美術家們獨特的平民性，於是爲新的時代打下了基礎。

在這種情勢之中，爲新與近代繪畫跨出有力的第一步、並爲弗蘭德爾最大畫家的是胡伯特與詹兩位凡・艾克兄弟（註1），他們活動於布哥尼公爵根據地所在、並爲當時弗蘭德爾工商業中心的布魯日，其藝術與近代繪畫的直接關係可謂凌駕義大利的馬沙基奧之上，他們超越了過去各別自然的描寫，把自己眼睛所抓住的自然秩序如實地作爲繪畫的秩序，而且爲着實現這種新課題又創用了獨特的技法，此卽油畫顏料的改良或道地用法的發明。過去作畫乃是以 tempera 顏料爲主，他們把這種只用於工藝裝飾的油畫顏料加以改良，創用了繪畫最有效的材料，由此使色彩閃爍發光，造成光

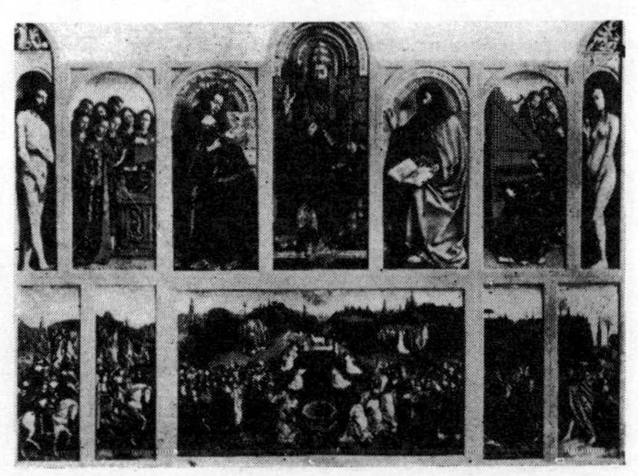

圖554 凡・艾克兄弟 聖巴芬教堂祭壇畫 加恩

註1 凡・艾克兄弟（Hubert van Eyck 1370左右–1426,及 Jan van Eyck 1390–1411，北方文藝復興繪畫的創始者及代表者，其中兄長胡伯特除加恩市的祭壇畫（後述）之簽名外，生平或作品已無確實的資料；然其弟（也是他的學生）詹則所知甚詳，他生於里葉日北方的麻賽克，1425年任布哥尼公爵腓力普・盧・蒙的宮廷畫家，31年以後在布魯日活躍，繼其兄之衣鉢，以深刻的自然觀察及端莊的寫實完成了北方文藝復興的樣式。除安詳親密的聖母畫之外，「畫家之妻」（圖560）、「阿爾諾菲尼夫妻」（圖558）、「持石竹花者」（圖559）等肖像畫亦給義大利文藝復興以極大刺激，形成近代肖像畫的一種典型。

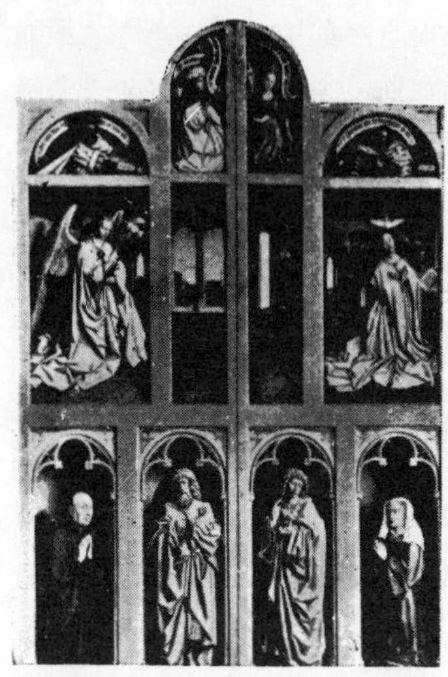

圖555 凡‧艾克兄弟 祭壇畫(外側)

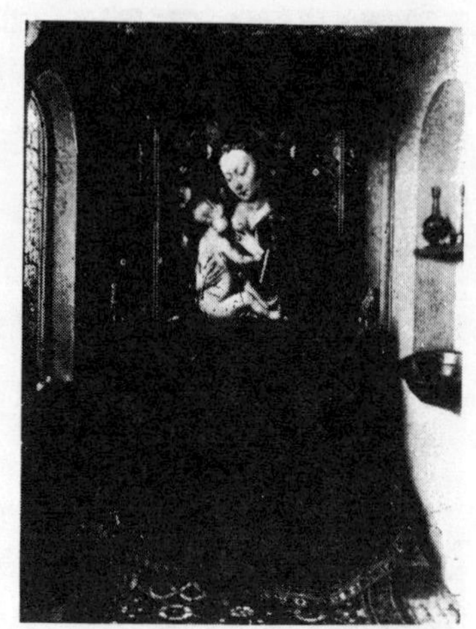

圖556 央‧凡‧艾克 聖母子像
法蘭克福

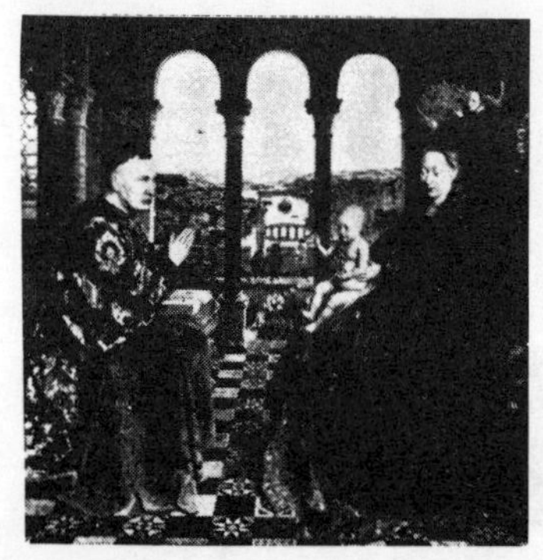

圖557 央‧凡‧艾克
聖母子與大法官 盧浮宮

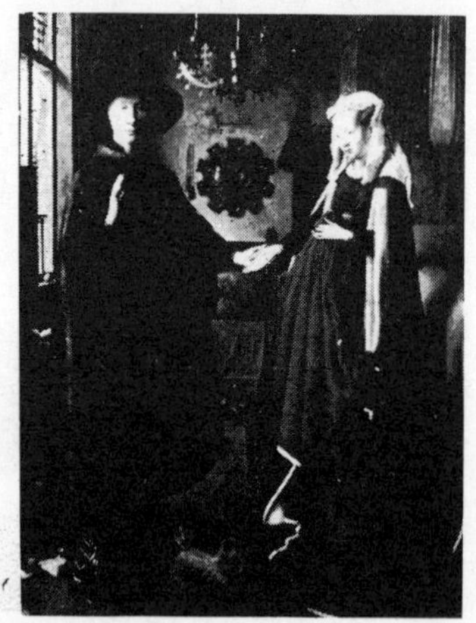

圖558 央‧凡‧艾克
亞諾菲尼夫妻像 倫敦

線顫動、大氣效果等微妙的感覺，不祇可以更精密地寫實，上色重疊亦得以自由，顏料亦乾得較快。油畫顏料由他們這麼用過一次以後便很快地傳遍各地，至15世紀末亦傳入義大利。

至於弗蘭德爾文藝復興最輝煌的成果正是他們兄弟倆所合力完成的加恩市聖

巴芬教堂的祭壇畫（圖545, 546, 548, 552, 553, 554, 555，卷首圖51）（註2），這是近代繪畫史上不朽的金字塔，雖然只有這點作品傳世，但吾人仍可以充份地了解弗蘭德爾文藝復興的功績與偉大。此外，以他們兄弟的製作活動爲中心，特別是把早逝的兄長之衣鉢更加以發展、並在製作很多宗教畫、肖像畫傑作的弟弟詹之刺激與影響下，又有許多北歐式的突出畫家出現於市民活動極活潑的各大都市。如是15世紀的弗蘭德爾與義大利同爲近代繪畫的發祥地。

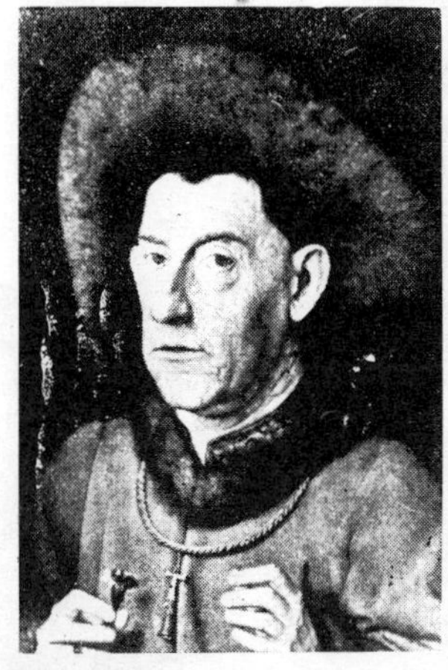

圖559 央・凡・艾克　持石竹花者

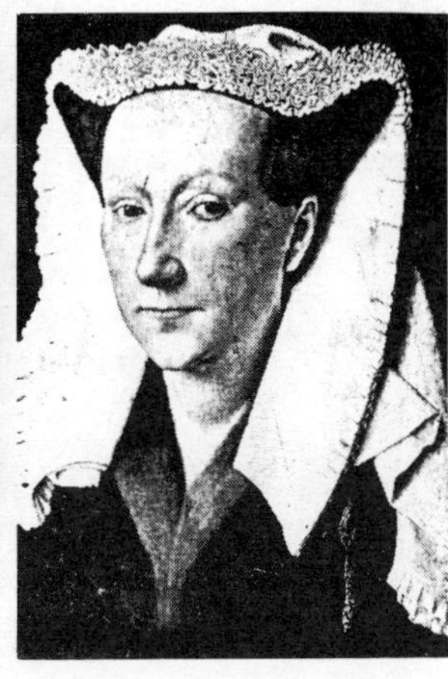

圖560 央・凡・艾克　畫家之妻

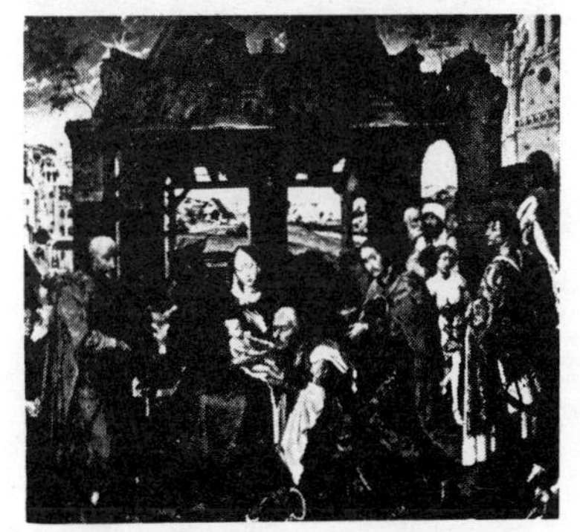

圖561 魏登　三王膜拜

其他的畫家

繼凡・艾克兄弟出現的大畫家主要有活躍於布魯塞爾、布魯日的羅亞・凡・德・魏登（Roger van der Weyden

註 2　聖巴芬寺的祭壇畫　被稱爲北方文藝復興的標幟，採取左右兩開的形式，其內側以啓示錄第 5 章「羊之膜拜」爲中心，上下段畫12幅畫，上段右起有夏娃、奏樂的天使、聖約翰、上帝、瑪利亞、合唱的天使、亞當；下段有神聖巡禮、隱者、羊之膜拜、基督的戰士、判官，門關上後的外側畫有聖告及奉獻此祭壇畫的德克斯・瓦易特夫妻像、還有兩個約翰等。據這部份的簽名來看，該祭壇畫當由胡伯特・凡・艾克著手作畫，他死後由其弟詹完成於1432年 5 月，這點是可以判明的。以徹底的寫實精神及充份發揮過的油畫顏料效果將人物、動物、植物、風景作美妙的調和，在宗教的內容中洋溢著深切的生之喜悅與豐盈。

1400左右～1464）（圖561, 562, 563）（註3）、罕斯・梅林（Hans Memling 1430左右～1494）（圖549, 564, 565）（註4）弗果・凡・德・固斯(Hugo van der Goes 1440左右～1482）（圖569, 570）（註5）等人。他們都確實具有個人的特質，例如魏登描寫瑪利亞或基督的作品便不同於詹・凡・艾克那種視覺的嚴謹，魏氏要遠比他更具故事性及敍述性；再如被稱為北歐拉菲爾的梅林之牧歌傾向、或如固斯的穩健明朗之技巧皆具有自己的風格。

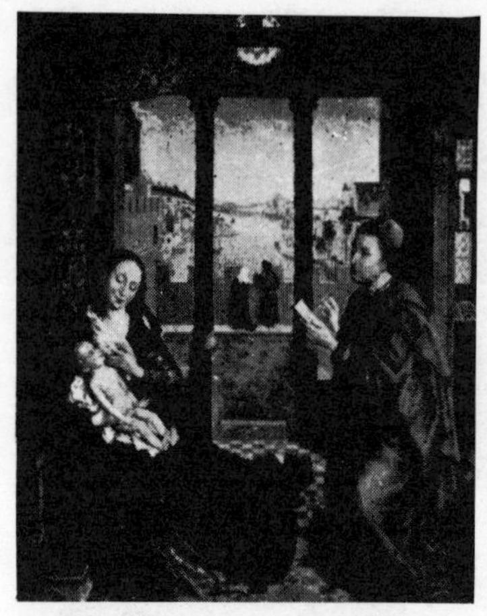

圖562 魏登　畫聖母子像的聖路加

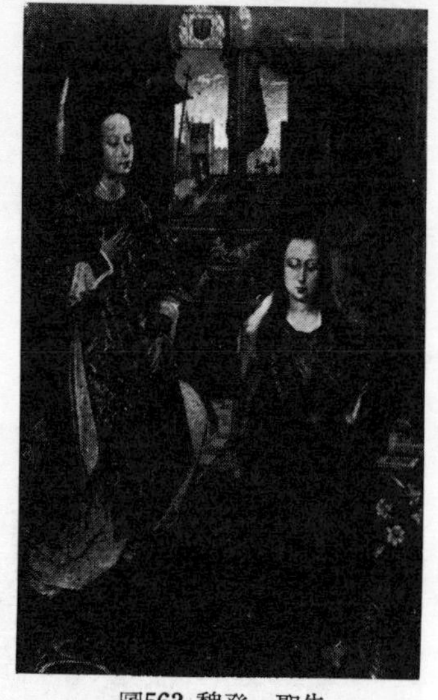

圖563 魏登　聖告

然而超越這些個性表現來看，他們具有的共通性乃是一種大地的香氣，這是來自大地生活之中的純樸信仰，及謙恭而親切的傳說之氣質，也是由凡・艾克兄弟所開拓的——與溫和朦朧的自然間之融合、及堅實的寫實之道。

註3　魏登　生於突爾尼，1436年為布魯塞爾市的畫家，為彫刻家之子，最初大概學過彫刻，他所畫的人物有一種彫塑的嚴密性。再如心理描寫的深度亦為其繪畫的特色。「十字架降下」「聖母與聖路加」等以其代表作聞名。

註4　梅林　據說出身於德國馬因茲附近，1466年以後定居於布魯日，與領導布魯塞爾畫壇的魏登不同，他使布魯日成為弗蘭德爾繪畫的中心之一。初期受魏登的影響甚大，不久在色彩幽深之中建立了具有穩靜調和的畫風。代表作如畫在布魯日約翰醫院的聖烏爾絲拉聖櫃上的聖女之傳記為北方文藝復興的傑作之1。

註5　固斯　大概生於固斯，1467年遷加恩，亦曾在布魯日制作，75年又遷布魯塞爾郊外的修道院，在此發狂以終。其作品富於北歐式的深切開放性及故事性。代表作有「牧羊者的膜拜」（烏菲兹）、「三王膜拜」（柏林）。

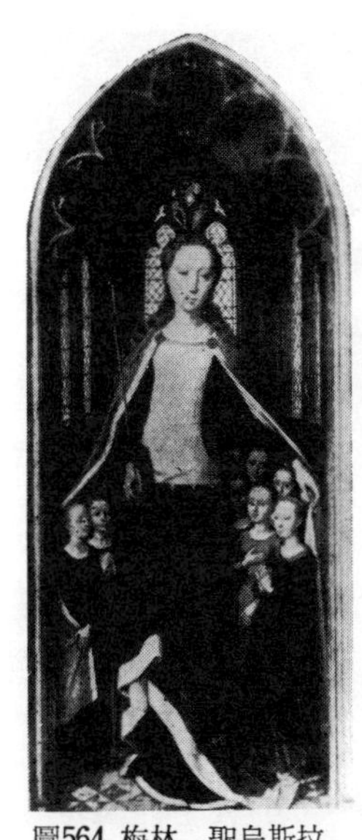
圖564 梅林　聖烏斯拉

以這批代表性的畫家爲中心，15世紀弗蘭德爾的美術便完成了大幅度的發展與成果。首先，當凡・艾克兄弟着手作加恩市的祭壇畫之際，活躍於突爾尼鎮的是康旁 (Robert Campin ?～1444)，從他的畫室出來的據說又有帕斯丘 (Rogelet de la Pasture)、達列 (Jacque Daret)，更有至今姓名已不可考，然因代表作之一「聖維羅尼卡」的發現地之故而被稱爲「弗列馬爾之畫家」(圖566) (註6)亦屬這一羣。他們的作品及上述魏登初期之作「聖告」(圖563)中所表現的風格乃是中世盛期北方哥德式雕刻的表現法及弗蘭德爾寫實主義中加上去的一種優美之感，可以說是凡・艾克樣式與中世末期法國產物的結合。不久他們之中的代表者魏登搬到布魯塞爾去，雖然他自己建立了屬於情的風格，但前述畫風却益發融入凡・艾克的樣式之中。

然自世紀的中葉以後，在弗蘭德爾畫壇又有與布魯日的梅林派並稱的畫家出現，他們都來自北部的荷蘭地區。如哈倫畫派的始祖歐瓦特 (Aebert van Quw-

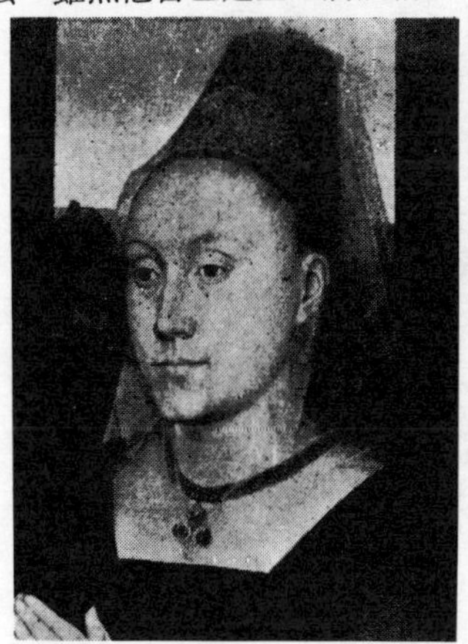
圖565 梅林巴巴拉　・凡・弗蘭登貝像

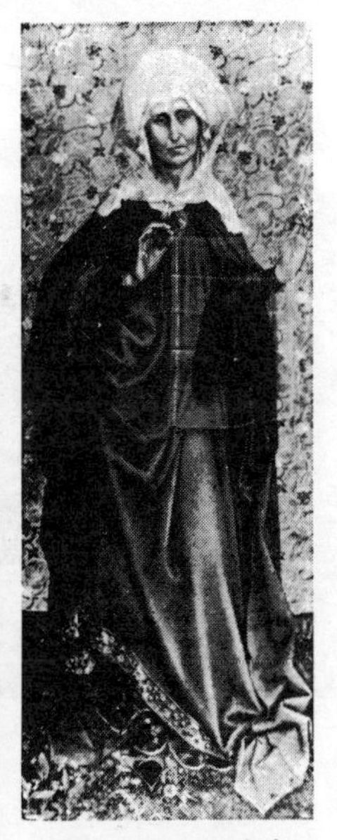
圖566 弗列馬的畫家
聖維羅尼卡

註6　這個時代此地有許多的作品的作者多不可考，這被稱爲弗列馬爾的畫家爲其中之1，再如前述的魏登亦生於突爾尼，亦有說他與康旁的弟子羅朱列爲同一個人，甚至亦有把弗列馬爾的畫家視爲康旁本身，或說爲魏登其人，說法不一。

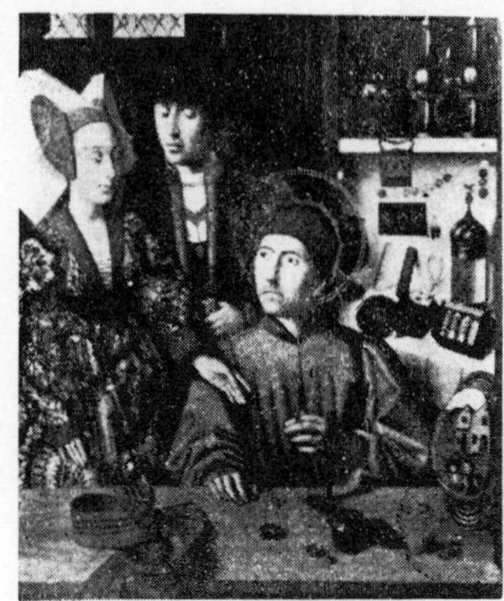

圖567 克里斯突斯
聖艾利朱斯的軼事

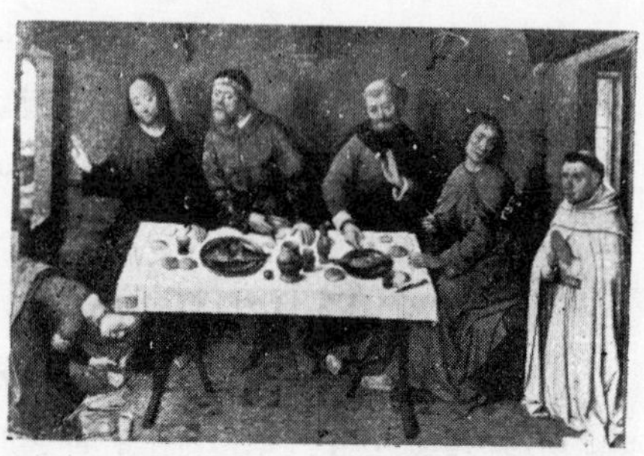

圖568 布慈 爲基督濯足

ater）主要的製作期間大約在1430～60年，他雖然也受凡・艾克的影響，但在不成熟的觀察力中亦表現了自己的風格；又如比他稍屬晚輩的克里斯突斯（Petrus Christus 約1420～72）（圖567）（註7）、布慈（Dieric Bouts 1415左右～75）（圖568)）註8)、前述的固斯(圖569, 570)以及大衞(Gerard David 1460左右～1523）（註9）等無不爲代表弗蘭德爾文藝復興的大畫家，他們皆出身於荷蘭地區，但使他們的藝術提昇並徹底完成者當在弗蘭德爾的中心地。因爲克里斯突斯很早就搬到布魯日從詹・凡・艾克學畫，又加上魏登的風格，雖稍嫌生硬，但擅於製作精巧的小品；出生於哈倫

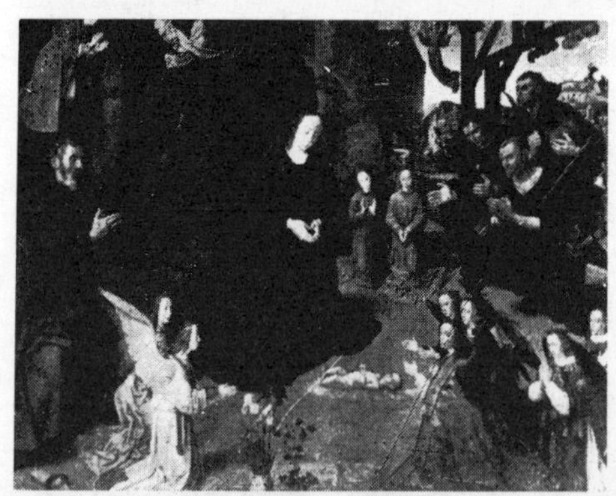

圖569 固斯 牧羊者的膜拜

註7 克里斯突斯 生平未詳，但布魯日聖路加協會會員有他的名字，作品有「聖告」「最後審判」等，始終作宗教畫。

註8 布慈 生於哈倫，遷弗蘭德爾跟魏登學畫以後，1445-60年左右定居盧凡，任該鎮的畫家，代表作有透視極佳的「最後晚餐」、市府大厦的「鄂圖帝之審判」及後期的「神的小羊，看見基督」等。

註9 大衞 生於荷蘭，長於哈倫，1483年遷布魯日以後，直接受梅林的影響，1501年任當地畫家協會的會長。

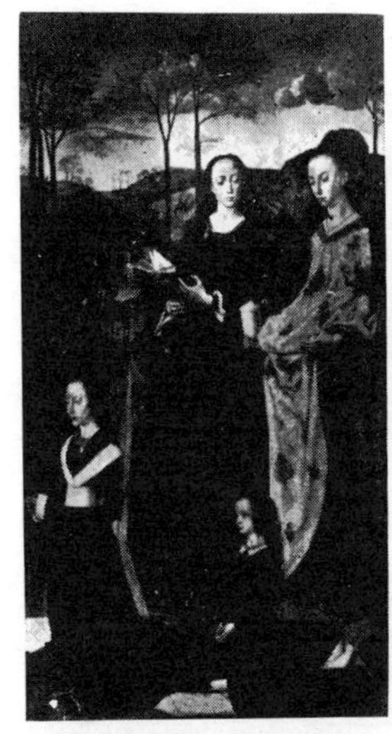

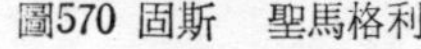

圖570 固斯　聖馬格利

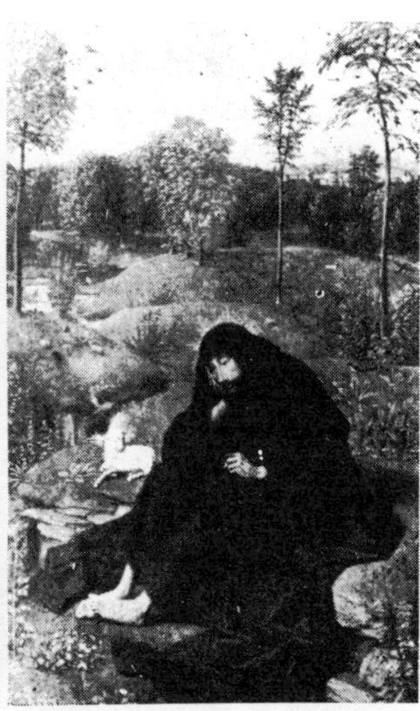

圖571 格爾特根　聖約翰

却定居於魯凡的布慈亦在布魯塞爾跟魏登學畫，惟在他常畫的聖經之戲劇性景象中，並無魏登那種悲痛，倒彷彿有黠鄉野之趣，好像在工藝的富麗色彩所感覺到的溫和純樸之感。

至於固斯則與梅林因爲15世紀後半最突出的畫家，他的主要活動領域在布魯日，他描寫的明朗暢快的形體及清爽的色彩更向統一的寫實前進一步，其風景的處理及人物的典型預告了布魯各的出現（參閱第 3 節）。再看大衞亦出自哈倫派，1843 年遷布魯日，不久在風格上或地位上皆成爲梅林的後繼者，變成16世紀末當地畫壇的支配者。惟在他存在的時代中，弗蘭德爾的繪畫中心已從布魯日遷至安特衞普，而滲入16世紀弗蘭德爾繪畫的義大利風亦逐漸在他的作品中出現。

最後尚有兩個活躍於世紀末的怪異而

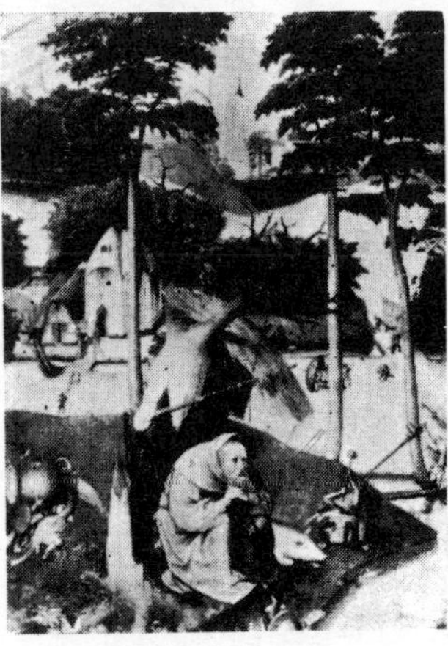

圖572 波許　聖安東尼

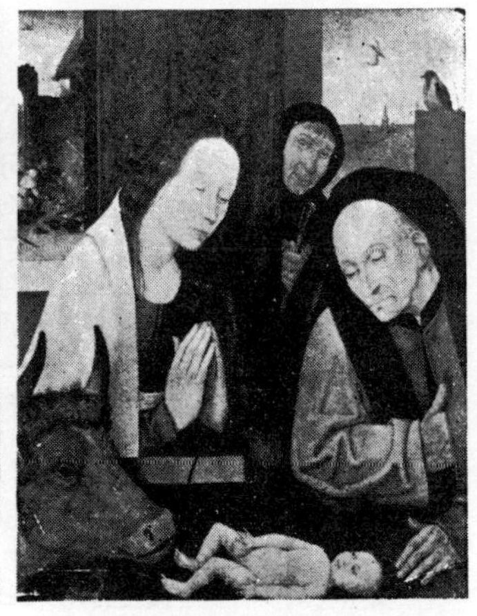

圖573 波許　聖夜

純北歐式的畫家亦不可或忘，其 1 是哈倫的畫家葛爾特根・(Geertgentot Sint Jans 1465左右～93)（圖571）（註10），另一個是南荷蘭的波許 (Hieronimus Bousch 1450左右～1516)（圖572, 573)（註11），葛爾特根浸在自然的廣度與深度中的純樸、乃至纖細典雅的神秘感及波許對自然與大地生活的深刻感情與怪異趣味，無不爲荷蘭地區特有的生活詩篇。特別是波許的風格更爲下述的布魯各所繼承並發展下去。

第 3 節　16世紀的繪畫

大利畫風的傳入

在15世紀的繪畫世界，欣欣向榮並誕生過親切的北方樣式的弗蘭德爾市民社會到了16世紀，逐漸接受南方義大利文藝復興的樣式，進入消化的時期，換言之，弗蘭德爾處於這個世紀獨特藝術發展期——15世紀與17世紀間的過渡期。這一方面由於本世紀義大利藝術發展得過於迅速，同時也因着伊拉斯莫斯 (Desiderius Erasmus 1466, 67～1536)（註1）那種傑出的人文學者對義大利新藝術的極力介紹，而北方人尋求南方明朗天空的

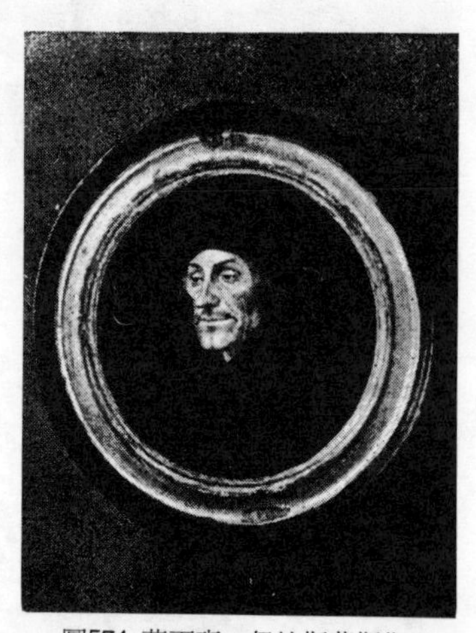

圖574 荷爾班　伊拉斯莫斯像

註10　葛爾特根　生於萊登，但住在哈倫，現存作品雖少，但「三王膜拜」「拉薩羅之復活」等極著名。

註11　波許　生於荷蘭南部赫特根波許，並死於該地，他的深受自然影響使畫面上的風景要素甚强，構成獨特的氣氛，其怪異趣味、惡魔趣味及光線調和、色調的新調和乃是異乎德國的幻想之美。他大概亦屬於戲劇團體，這從他所畫的民衆表情與動作可以推斷出來。「聖安東尼奥的誘惑」「愚者之舟」「魔術師」等在比喻之中充分發揮其特色。

註 1　伊拉斯莫斯　荷蘭人文主義者，生於鹿特丹，9 歲以後被養於修道院，1493年任康布列主教之秘書，因其資助得於95年赴巴黎，在巴黎大學的蒙特鳩學舍學神學，從此對當時的天主教制度持批判的態度。其後屢次渡義大利，與托瑪斯・摩亞交情甚篤，復又旅行歐洲各地，繼續其人文學者的工作（古代學藝的介紹、聖經的原義批判、教會制度的批評），爲全歐的人文主義學者之王。

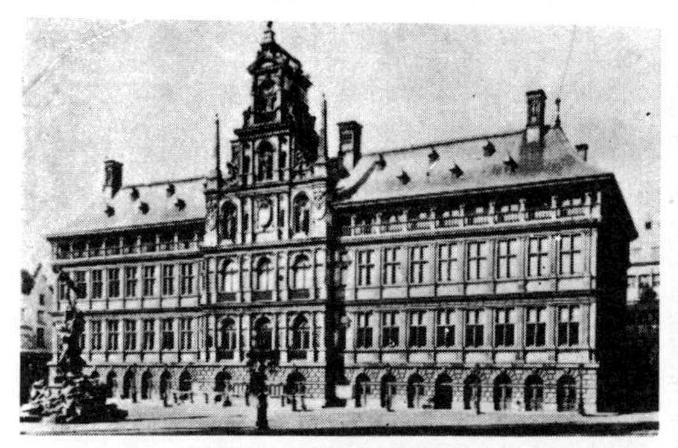

圖575 安特衞普市府大厦

心情透過義大利藝術的雄大及人文學者的知識更增强了他們的憧憬。至此許多弗蘭德爾的藝術家對義大利的理想美之響往要甚於他們從自然生活中獲得的藝術，而爲着求學更使他們越過阿爾卑斯山南下。

在長期守住中世樣式的建築界亦至1540年以後，有許多學自義大利的建築家相繼歸國，盛行了異乎過去弗蘭德爾風的古典樣式，其代表的建築物有弗洛里斯(Cornelis Floris 1514～75)(註2)所建的安特衞普市府大厦(1561～65)(圖575)，在巨石堆積的地下室上面利用古典式的圓柱，最上層繞以被義大利風吹開的凉廊(Loggia)，頂上覆以弗蘭德爾式斜度很大的大屋頂，顯然與義大利傳統結合，於此吾人可見16世紀弗蘭德爾建築的性格。不祗建築如此，重要作品幾乎不曾留傳下來的雕刻亦復如此，繪畫更不例外。由於結合之故，減弱了雙方顯著的特長，造成一種折衷樣式。

惟本世紀美術的焦點還是在繪畫。16世紀藝術的中心地已一改過去的布魯日、布魯塞爾而移到商業貿易都市的安特衞普，同時亦使北方的純粹性轉向義大利化。對當時的弗蘭德爾畫家言，達·芬奇或拉非爾的盛名與形式、乃至南歐明朗的天空與古典的趣味具有最大的魅力與壓力。前面亦已說過，如同建築家或雕刻家，有志爲畫家者亦放棄自然的傳統，轉而遊學於羅馬或威尼斯，於是義大利繪畫風格亦不斷地傳入。

第一個代表這種傾向的傑出畫家當推昆登·馬西斯(Quinten Massys 1466～

註2　弗洛里斯　安特衞普的建築家兼彫刻家，1530年代之初留在義大利學建築，不久創立了被稱爲「弗洛里斯標式」的獨特的弗蘭德爾文藝復興式。其代表作「安特衞普市府大厦」中亦裝飾著他作的浮彫「所羅門的審判」。

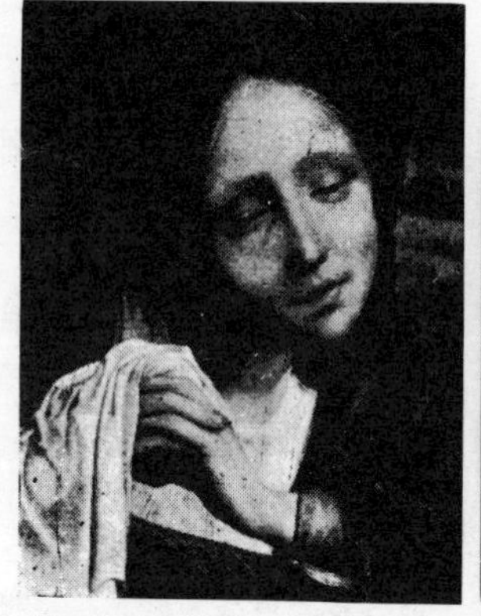

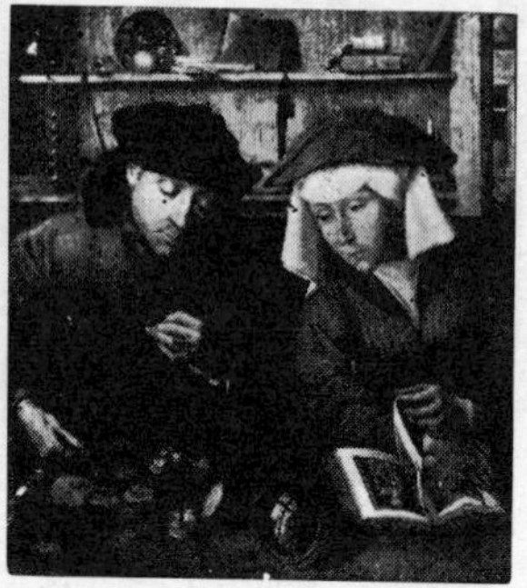

1530)（圖576, 577, 578）（註3），他一方面站在凡・艾克以來傳統的北方寫實主義，其寫實有如新興商業都市的畫家，或更趨寫實化的世代般的世俗，他方面，義大利風的理想主義文明亦明顯地出現於他的構圖與形相之中。馬西斯的這兩種傾向具有共存共榮的特色，再綜觀前述，這也是支配16世紀弗蘭德爾繪畫的風格。

圖576 馬西斯　馬格達拉的瑪利亞　圖577 馬西斯 兌款店夫妻像

且這種傾向——稱羅馬主義——逐年增高，例如繼馬氏之後的馬布斯 (Mabuse 1472～1533)（註4）、歐烈 (Bernard van Orley 1493～1542)（註5）等

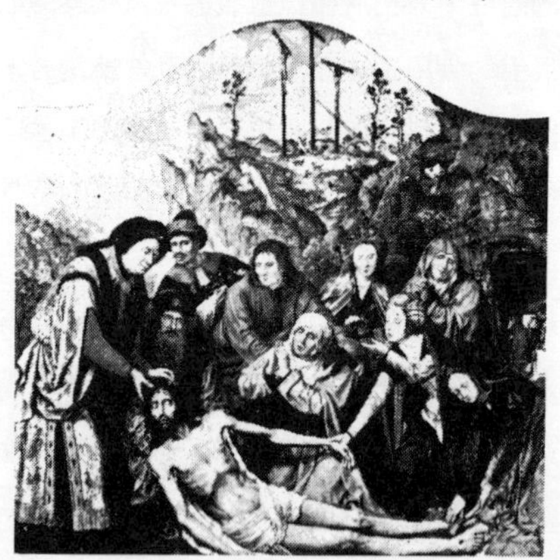

圖578 馬西斯　聖悼

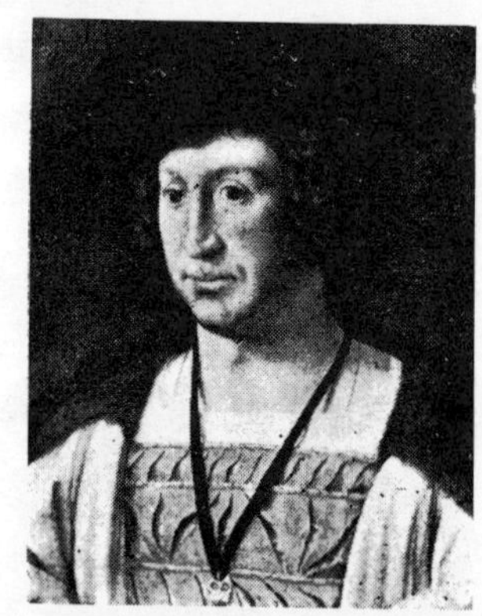

圖579 馬布西　布根特侯像

註3　馬西斯生於盧凡，1491年被登記在路加協會中，初受魏登、布慈的影響，遷安特衞普以後，傾倒於義大利派，特別是從北義大利派及達・芬奇學到雄壯的構圖及豐富的色彩。他與托瑪斯・摩亞・杜勒、荷爾班亦有交情。

註4　馬布斯　生於馬布斯，曾受梅林、大衞的影響，1508年赴羅馬，主要學達・芬奇的風格，歸國後在烏特勒支、密得堡製作，宗教畫甚多，肖像佳作更多。

註5　歐烈　生於布魯塞爾，1514年與26年左右赴義大利，受義大利影響的有翡冷翠派，特別是米開蘭基羅與拉菲爾的感染最深。

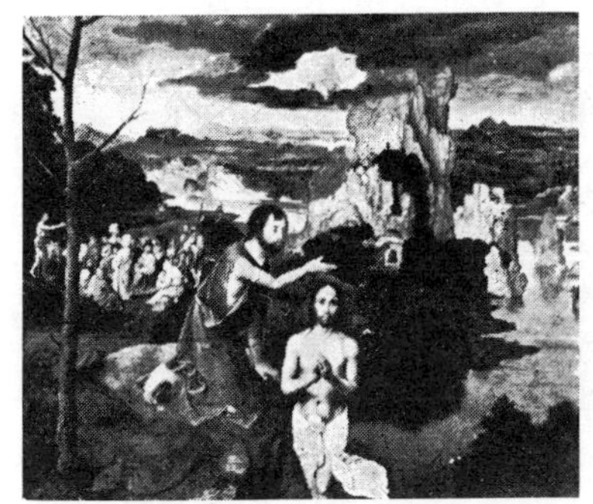
圖580 帕提尼 基督洗禮

人雖爲才華出衆的畫家，但由於流行的義大利模仿及義大利留學之故而盡失弗蘭德爾繪畫的韵味，同時亦無義大利繪畫的雄壯感與高貴性，徒陷於不調和的表面風格。同樣的性況亦適用於弗蘭德爾最初的風景畫家帕提尼 (Joachim Patinir 1485～1524) (圖580) (註6)，以及萊登的傑出畫家魯卡斯・凡・萊登 (Lucas van Leyden 1494～1533) (註7)，何況其後的小畫家更爲乾燥乏味，要打破這種悶局非等到17世紀的大畫家盧邊斯出現不可。

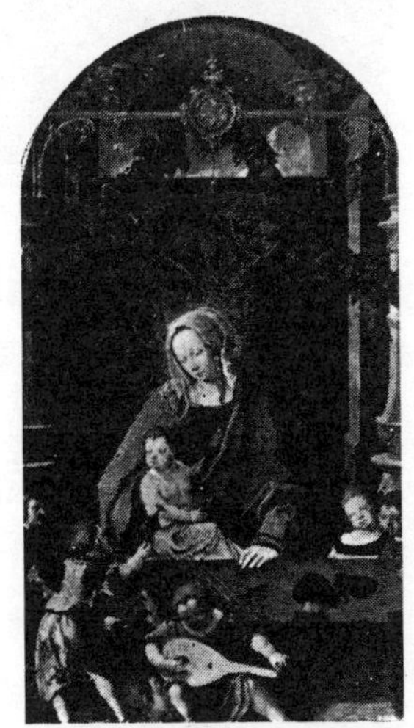
圖581 萊登 聖母子

彼得・布魯各

16世紀弗蘭德爾並不只有上述的小羅馬主義者

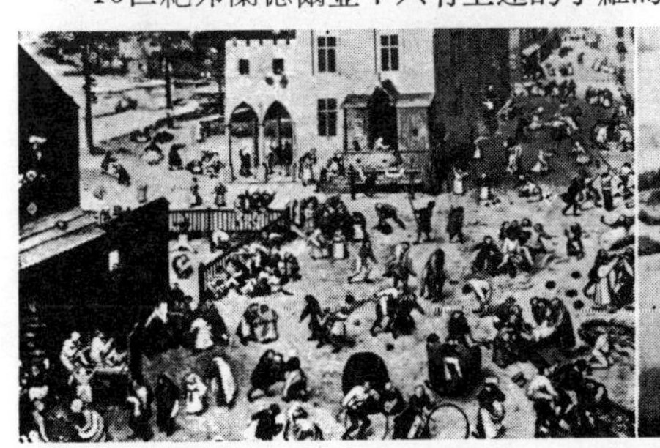
圖582 布魯各 兒童遊戲

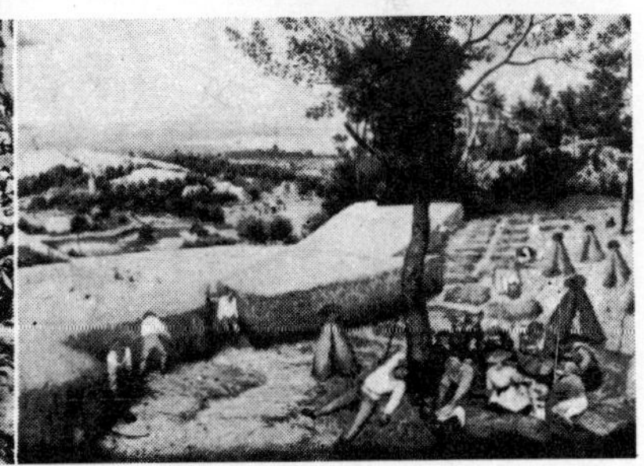
圖583 布魯各 夏

註6 帕提尼 他是第一個把風景看得比人物重要的弗蘭德爾人，他幾乎全作宗教畫，其風景中有點景人物，產生一種獨特樸素的神秘感。

註7 萊登 生於萊登，1521-22 年在安特衞普認識德國巨匠杜勒，他與其說是油畫家，不如說是版畫家，爲當代弗蘭德爾最重要的畫家，其後荷蘭發展出來的風俗畫可謂與他同時開始。其特色在於寫實的嚴謹技法及細心的修飾。

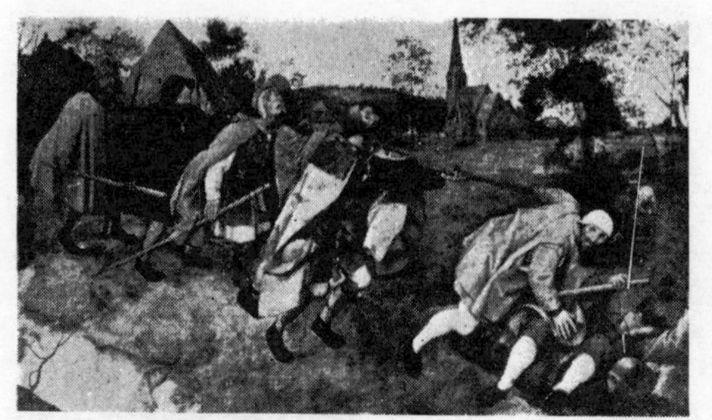
圖584 布魯各 盲者們

，即使時代的風氣對義大利繪畫十分關心，並熱中於學習，但立足於凡・艾克以來的堅固傳統與現實凝視之上，並積極表現其輝煌獨創性的畫家亦告出現。這類畫家主作肖像畫、風俗畫、風景畫，不論選取什麼樣的題材，即在宗教題材的情況亦都歸入北歐特有的大地生活，把握更現實及更平凡的現實形相，換言之，這類獨創的畫家縱使對宗教題材亦使它脫開宗教的感傷與圖像，進而帶入生活之中，同時在北歐一帶古來就根深蒂固的一種怪異趣味上面又加上現實生活的氣息與諷刺，這種畫家所愛畫的是以大地的自然與生活爲背景的農民生活。

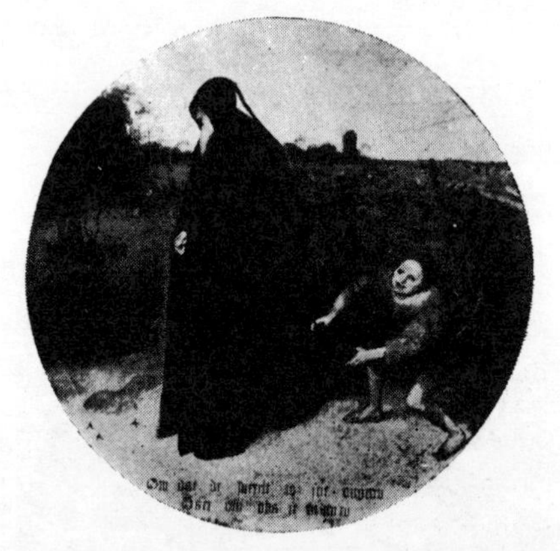
圖585 布魯各 僞善者及其錢包偷竊者

其朕兆早已見諸世紀後半的波許，一部份亦可見諸帕提尼或阿姆斯特丹的俄森 (Pieter Aertsen 1507左右～72)（註８），然其創始者當推因波許的畫大開眼界的彼得・布魯各 (Pieter Brueghel d. Ae. 1528左右～59)（卷首圖55)（註９）。他是

註８ 俄森 喜取材於聖經，但所畫的可以說是實際弗蘭德爾的自然界及農民的生活。

註９ 布魯各 生於荷蘭北部布蘭邦特州的斯赫亨突波斯，生爲農民之子，以其出生地名爲姓。53年被登錄於安特衛普畫家協會中，翌年到義大利旅行，歸國後仍在其啓蒙師希耶羅寧斯柯克手下作版畫的底稿，不久受波許的影響而大展才華。他經常注其犀利之眼於北歐特有的生活與風土人情，其作品與植根於大地的農民生活有深刻關係，他是最初以高度的人文主義精神來描寫農民的大畫家。63年遷布魯塞爾，這以前的作品多取材於民間傳說、俗諺、與迷信等，此後則常把時代的不安托諸宗教的題材。晚年趨向

弗蘭德爾惟一最重要的大畫家，爲結合16世紀凡·艾克兄弟及17世紀荷蘭繪畫的歷程中之奇葩，在他描寫的農民生活情景（圖550, 551, 582, 583, 584, 585)中實已超越單純忠實的實態描寫，近代的人文主義與社會批判之眼業已昭然若揭(註10)。他才是誕生於弗蘭德爾大地，並只在那裏才能成長的畫家，16世紀弗花德爾的繪畫史由於擁有這個布魯各而得以在世界美術史上佔着不可或缺的一頁。

第2章 德 國

第1節 德國美術的性格

在義大利與弗蘭德爾充滿文藝復興的蓬勃朝氣之15世紀，德國與鄰國法蘭西同樣，應屬中世藝術復活的成熟期。從13世紀的罕薩同盟起，14至15世紀的工商發達與都市繁榮一改過的去封建社會，步入了市民社會的充實與發展，谷騰堡ohann G. Gutenberg 1397左右～1468)（註1）的發明活字印刷，及改變爾後戰術的火藥發明卽在這種社會機構與氣氛中誕生。

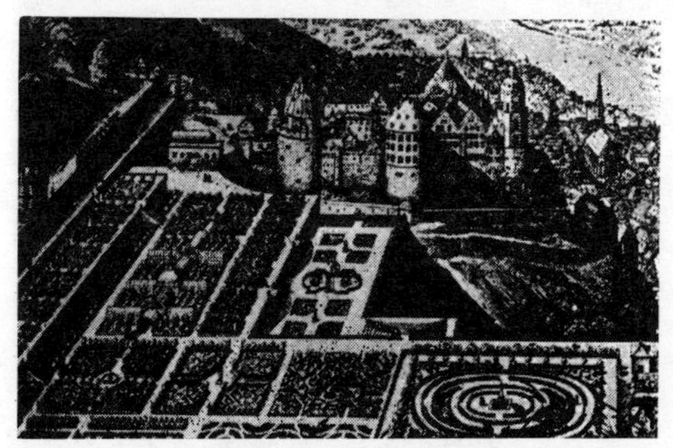
圖586 海德堡城全景

美術亦脫離過去奉獻於武士或僧侶的性格變成自由團體的都市之公物去發展，美術家已非附屬於敎會的工人，而以享有市民法律中的權利與義務之自由市民去滋長。

純粹的寫實，如「農民之舞」「鄉下的婚禮」(圖550）等是，但他任何時期都不忘在北歐的自然中蘊含著和藹可親之感，其子孫亦畫家輩出，且亦同名者多，故把他通稱爲大布魯各或莊稼布魯各。

註10 例如晚年的傑作「三盲者」（拿波里美術館藏）卽其佳例，觀衆若無一點預備知識，很容易看成一種滑稽畫，其實他顯然是取材於馬太傳上：「棄之不顧，變成爲盲人引路的盲人，若盲人也爲盲人帶路的話，2人都會跌入坑裏去」，這與其說爲聖經的教訓畫，不如說是對統治弗蘭德爾的西班牙政治、及民衆的反感之犀利諷刺。

註1 谷騰堡 生於德國梅因斯，1434年以後住斯特拉斯堡，在此劃時代地發明了活字印刷術，促進了印刷與書籍的普及，對近代文化的發展貢獻極大。

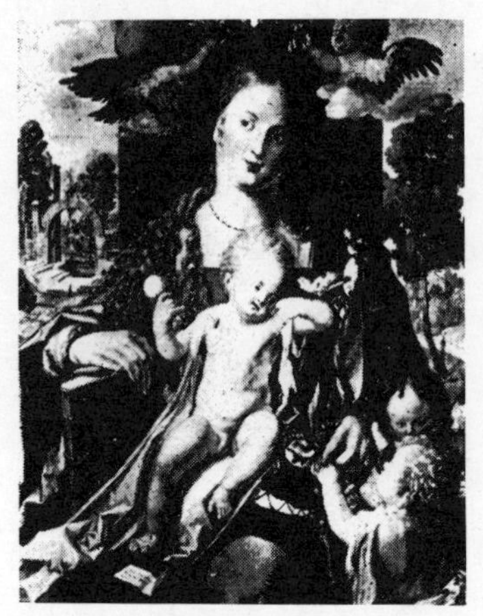

圖587 杜勒　聖母

如是，德國哥德藝術不論在規模上或技巧上皆益發成熟，至其成熟中所見的市民性格可見於自然主義傾向的增大，換言之在15世紀的意大利及弗蘭德爾，哥德式在各種意義上都仍未完成地步入文藝復興，但在哥德式中心之一的德國，則其哥德樣式內部首先已充實至最高的極限，再融入新的要素便進入了文藝復興。所謂「新要素」在美術直接的一面乃是義大利及弗蘭德爾的刺激，他方面乃是馬丁・路德(Martin Luther 1483～1546)（註2）在宗教改革中最具體表現的——「積極地」主張非中世的人類自由之新時代思潮與生活感情。再從另一個角度看，德國文藝復興並非義大利意義上的否定哥德式，而是哥德式的自然發展，其發展的刺激物乃是義大利與弗蘭德爾的新藝術，這點它和弗蘭德爾立於同樣的基礎，惟其對哥德式的充實比弗蘭德爾更深一層。

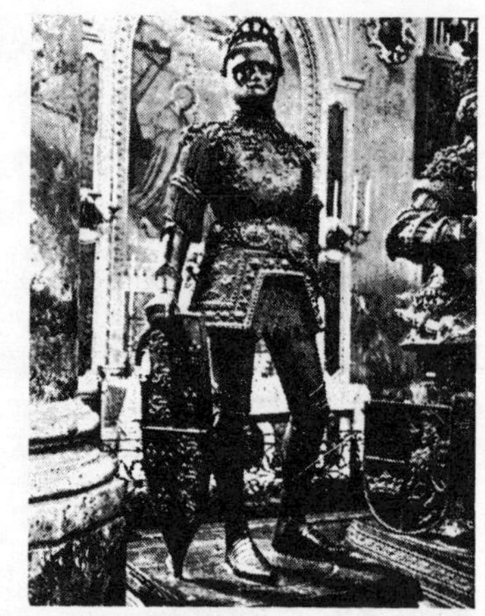

圖588 腓舍　亞瑟王

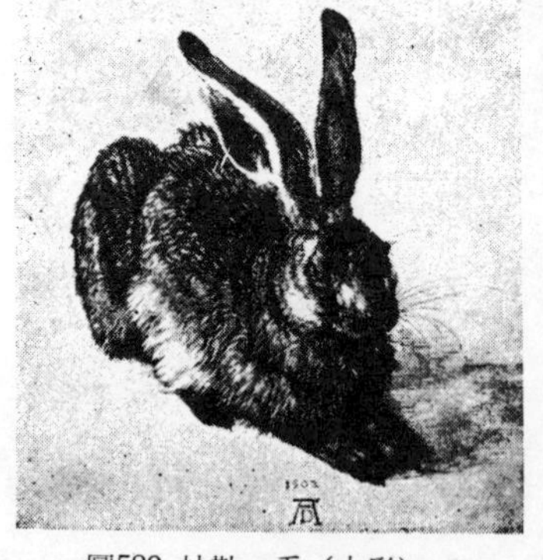

圖589 杜勒　兎（水彩）

註2　路德　德國偉大的宗教改革家，創始新教，他曾因入僧籍而於1511年被派往羅馬，一時驚訝於教廷乃至教會的腐敗，特別是在當地獲悉教廷爲著增加財政收入而大舉發行赦罪券時，便於1517年在威登堡公開宣佈激烈的反對案，變成了宗教改革的直接動機，不久基督教即2分爲舊教與新教。

此種德國的文藝復興美術至世紀開始可見其眞正的開花，在此地新樣式仍以繪畫爲中心，並與弗蘭德爾相同，其基礎在於北歐特有的寫實風。同時德人性格中所見的思辯傾向及神秘性亦使他們的風格遠異乎義大利、乃至弗蘭德爾的繪畫。惟在論述繪畫之前還是先看看當時的建築與彫刻。

建築、彫刻

德國的建築與彫刻之進入文藝復興乃是更晚的事，且其樣式在未發揮義大利那種華美的特色及藝術性時便結束了，亦卽當地的風土與生活中產生的哥德建築樣式卽使採入新的文藝復興樣式，亦只是部份的結合。由於都市的發達及市民活動的充實，故建築物的種類在過去的教堂或城堡之外，加上許多市民自己的建築物，如會議廳、公衆集會廳、市場等是，同時許多教堂或城堡之類的建築卽使欠缺哥德式的獨立性與高度藝術性，却完全具有合乎新時代的明朗之感，逐漸改變過去的强調垂直線與複雜性，追求水平的優美比例與單純。再如一般市民的住宅在中世社會多爲木造建築，現在則由於生活的改善而趨向石造建築。

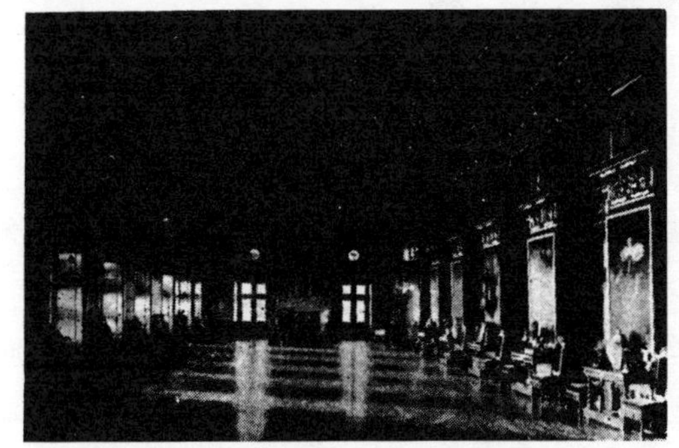

圖590 米哈耶教堂　內部　慕尼黑

這16世紀最能表示文藝復興風格的教堂建築當推慕尼黑 的米哈耶教堂（圖 590），其正面玄關具有淺淺地展開的桶形天花板及把觀衆的眼睛導向中央的美的調和。惟德國文藝復興建築中都市建築要比教堂建築更能見其特色 ，代表建築有海德堡城（圖586,

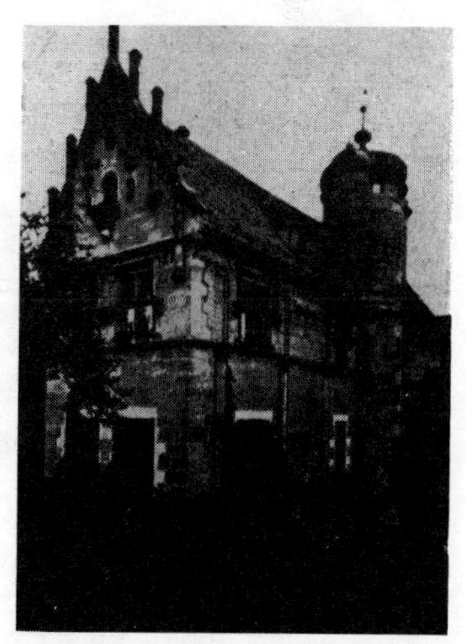

圖591 紐倫堡的城館

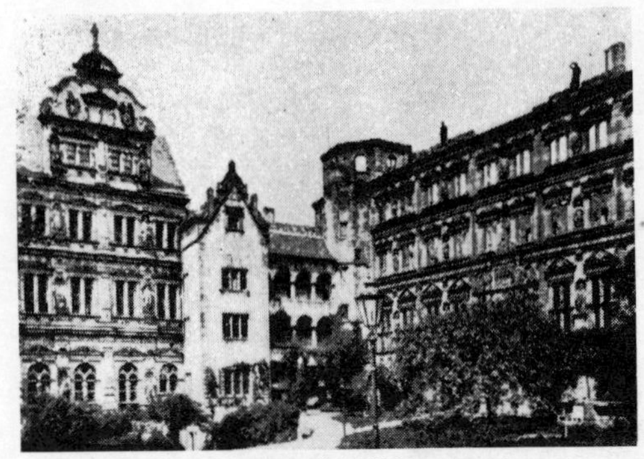
圖592 海德堡城

592)與奧古斯堡市議會大廈（圖593），無不具有明快的形態，前者巧妙運用愛奧尼亞式柱頭，後者不像哥德建築那樣把視覺引導向上，很自然地向左右擴展，其建築物把視覺導向中心。此外，紐倫堡、不來梅、魯貝克等各都市的建築亦各具有地方的特色，轉入近代的實用建築。

彫刻方面至15世紀已達到德國哥德式的頂點，其中一種純樸的自然主義不久以 16 世紀活躍於紐倫堡的 2 個彫刻家爲中心，脫離中世的固定形態 ，進入具有文藝復興式調和之寫實主義 ，這兩人是亞當 · 克拉夫特 (Adam Kraft 1455～1509) (圖595) (註 3) 與彼得 · 威舍 (Peter Vischer 1460左右～1529) (圖596, 597) (註 4) 。及至進入本世紀，德國彫刻亦脫離過去教堂建築的附屬地位，而

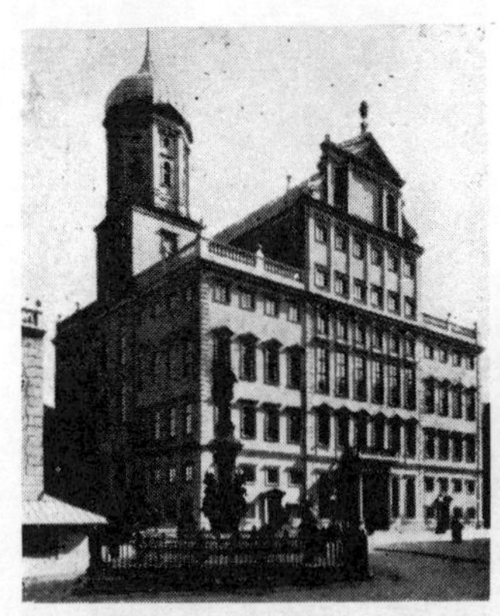
圖593 奧古斯堡議會大厦

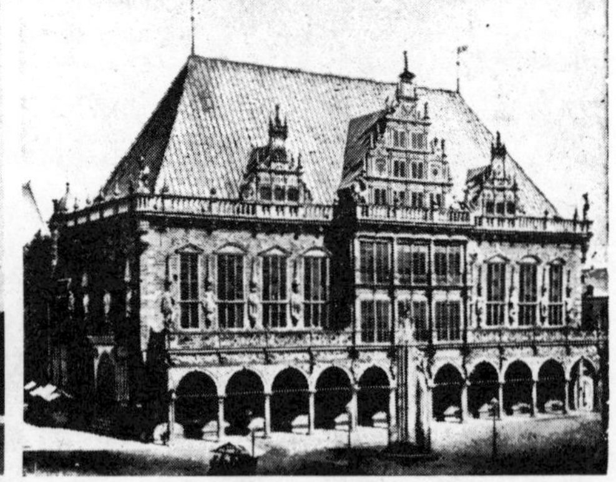
圖594 不來梅議會大厦

註 3　克拉夫特　活躍於紐倫堡，作品悉爲石彫，其寫實風格予人以一種粗獷的印象，顯示著剛强的表現力，代表作有聖賽巴德教堂的蘇萊耶之墓碑及聖侖佐教堂的聖體安置塔。

註 4　威舍　出身於紐倫堡，德國文藝復興最大的銅像彫刻家，其風格爲後期哥德式及文藝復興式的巧妙結合，表現了自我的高貴品格，代表作有馬哥德堡主教堂的埃侖斯特大

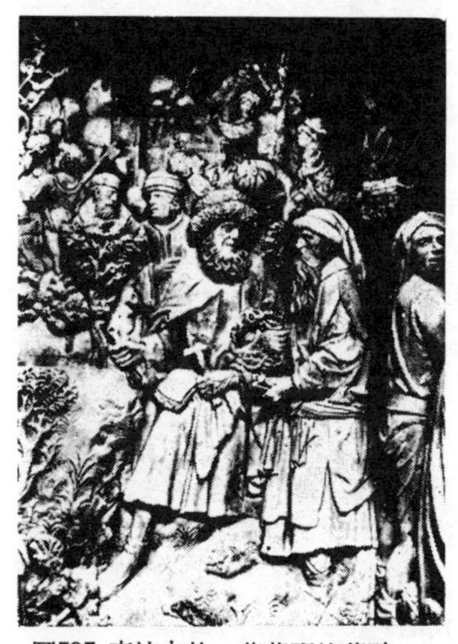
圖595 克拉夫特　蘇萊耶的墓碑
(部份)　聖西巴德教堂

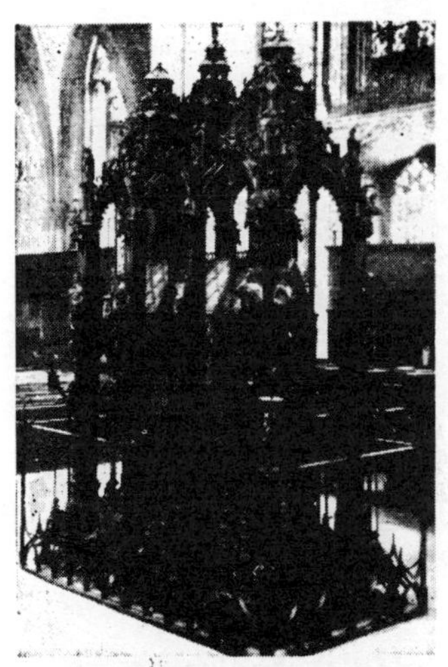
圖596 腓舍　西巴都斯之墓
紐倫堡

擴展至一般建築物的正面彫刻、彫像及紀念章，卽使教堂用的彫刻亦在祭壇彫刻、奉獻彫刻中使人感到自由的動態與統一的生命。特別是威舍，與其說是這個時代新文藝復興的代表者，倒不如列爲德國彫刻史上最大的彫刻家之一。

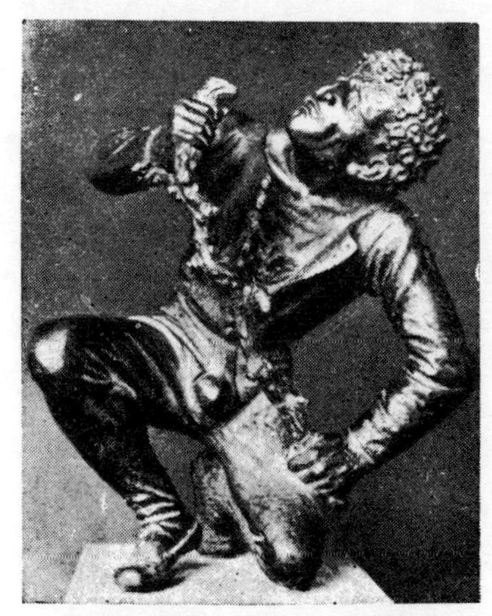
圖597 腓舍　折枝者　慕尼黑

但前面說過，德國的文藝復興彫刻並沒有義大利那種燦爛的發展，繼克拉夫特與威舍之後的彫刻家逐漸工藝化而墜入裝飾的彫刻。

第2節　繪　　畫

今日吾人所體認的德國文藝復興藝術幾全在繪畫，它到16世紀業已有其輝煌的成果，並與義大利或弗蘭德爾的情況相同，亦與

主教之墓、賽巴都斯教堂的聖賽巴都斯之墓及因斯布路克的馬克西米里安帝之墓的彫刻。

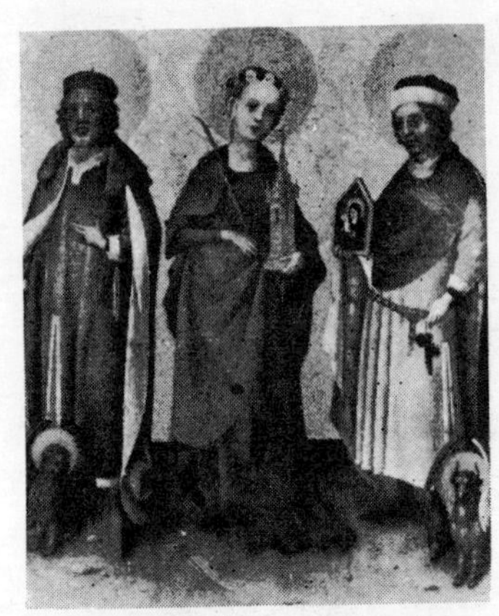
圖598 羅希納　三聖者　科隆

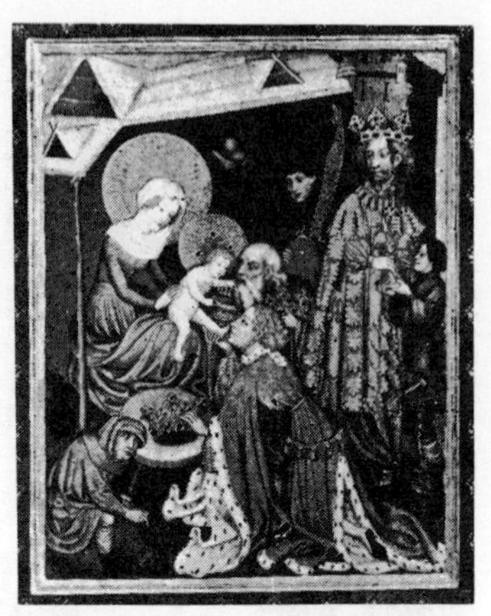
圖599 三王膜拜　達姆蘇塔特

建築或彫刻的情況一致，它的發展舞臺在於市民活動極其頻繁的紐倫堡與奧古斯堡。當然，它並非在16世紀突然地掀起文藝復興之風，而是早在15世紀已見其萌芽。

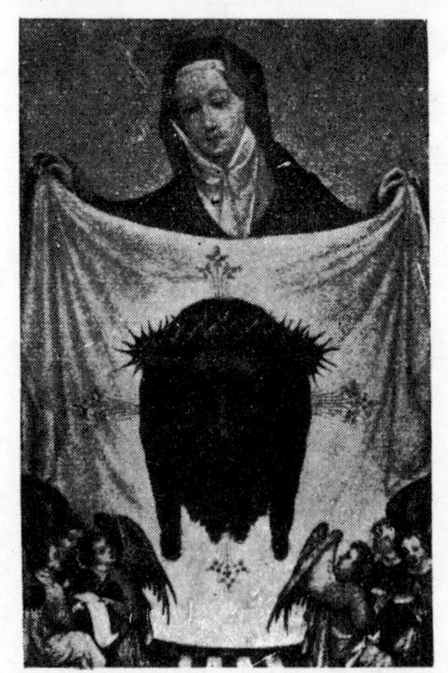
圖600 科隆派　聖維羅尼卡

畢竟哥德式建築很少北方那種壁面，故壁畫幾乎毫不發達，德國繪畫以所謂的板畫作畫（這點與法蘭西相同），至15世紀亦受南北兩面的刺激，一部份開始有新的蠕動，此即以被稱爲德國弗拉・安吉里柯的司特凡・羅希納(Stephan Lochner 1410左右～51）（圖598）（註1）爲中心的科隆派（圖599, 600），他們大部份不但沒有傳記，甚且姓名多不可考，只各依現存的作品定名，例如「瑪利亞生涯的畫家」等是。他們的風格仍有中世式的結構（例如無深度的空間描寫），同時顯然地表現了逐

註1　羅希納　出身斯瓦比亞，其藝術在科隆派特有的神秘主義中加上北歐的自然主義而產生優美之感。代表作如畫在科隆市政府禮拜堂、現藏科隆主教堂的祭壇畫，以科隆派的最高傑作聞名。

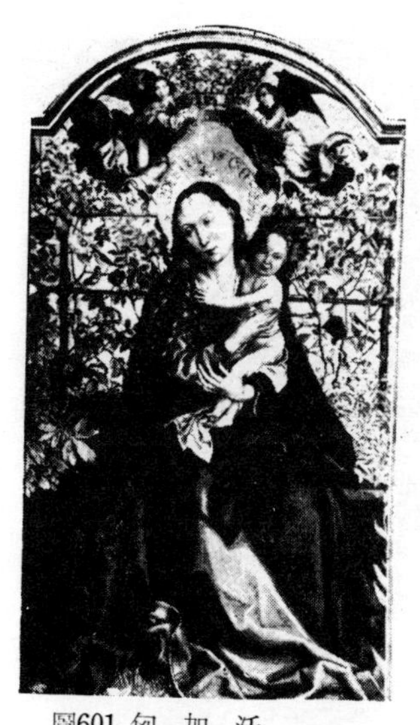

圖601 匈 加 沃
薔薇籬邊的瑪利亞

漸提高的市民之新現實感及有個性的人類感情。至15世紀後半，弗蘭德爾的繪畫，特別是魏登、布慈的影響十分明顯，於是宗教畫中便有趣地反映了繁榮的商業都市科隆的生活樣式。惟15世紀後半尙有一個不屬科隆派的畫家匈加沃 (Martin Schongauer 1445左右～91)（註２），他同樣地接受並同化弗蘭德爾的技巧與風格，發揮了自我的個性，他才眞正是德國文藝復興繪畫最初的天才，其代表作「薔薇籬笆的瑪利亞」有精密的自然觀察及神經的最纖細手法或深刻的內面性，此乃16世紀德國文藝復興的啓幕之作。至於由此準備期與基礎面中誕生的畫家則是杜勒與荷爾班。

杜勒及荷爾班

紐倫堡的畫家阿布勒支·杜勒 (Albrecht Dürer 1471～1528) (卷首圖53)（註４）是德國文藝復興的象徵、德國繪畫史上最大的畫家。當時的德國不論在社會上或一般文化上皆承受了由南至北吹入的新風氣，不斷急遽地邁向蓬勃的近代化，路德的宗教改革精神節節地滲入德人之心。生於這個時代的杜勒旅行過義大利及弗蘭德爾，到處學其所長，並將自己民族的長處及其強有力的確實線條托諸形體，以路德的新精神作畫。他不只是偉大的畫家，也是傑出的思想家，其宗

註２　匈加沃　生於奧古斯堡，73年以來在科馬爾工作，88年以後還不來薩哈，據說與魏登學過畫，其油畫的現存作品甚少，其銅版畫初次給德國銅版畫賦予藝術的內容，至今評價甚高。

註３　杜勒　紐倫堡的金工之子，最初入沃格木特畫室，1490-94年到科馬爾、巴塞爾旅行，翌95年初次到義大利旅行，1505-06年再度造訪，並於20-21年到過弗蘭德爾各地。其作品主題遍及宗教、肖像、風景、動植物各方面，犀利的寫實力及精深的藝術觀可在其思索性格之博大中找到明證，委實遠比其他的德國畫家高出一籌，代表作有「三王膜拜」「聖母」(圖587)、「四聖者」(圖604)、「自畫像」(巴黎)「荷玆修亞」(圖603)等特別有名，版畫有木版「約翰啓示錄」「瑪利亞的生涯」，銅版「受難」「騎士、死、惡魔」等，著作方面亦有遠近法、人體均衡論等研究書籍、及傑出的旅行記。

教畫或肖像畫以取自深刻思考的有力技法而具備了極端莊重的畫格。他作爲木版、銅版（圖605）畫家亦屬歐洲繪畫史上的第一人，這些技術更因他而登峯造極。他作爲版畫家的長處卽使在油畫上亦使他成爲線條畫家要甚於色彩畫家。至於作爲寫實家的傑出才華在水彩畫（圖589）上則表現得最爲透徹，在這個領域他也是近代繪畫最初的偉大開拓者。

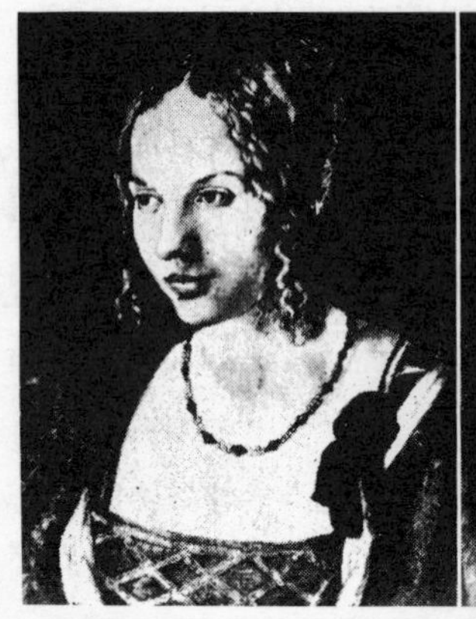

圖602 杜勒　年青的威尼斯女郎

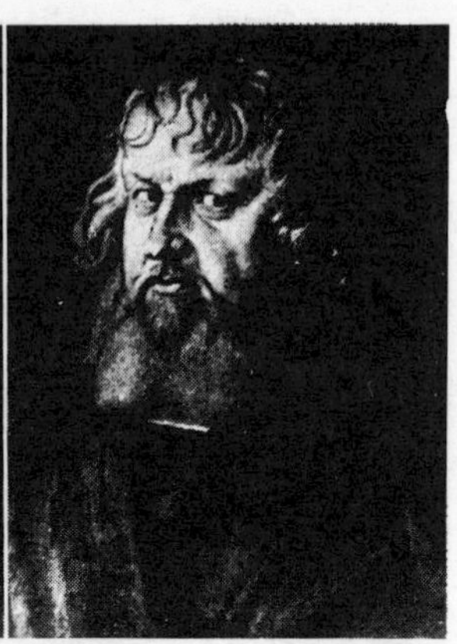

圖603 杜勒　荷玆修亞像

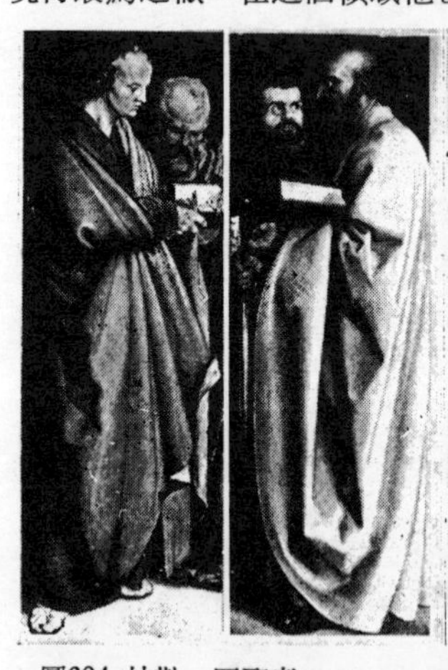

圖604 杜勒　四聖者
慕尼黑舊繪畫館

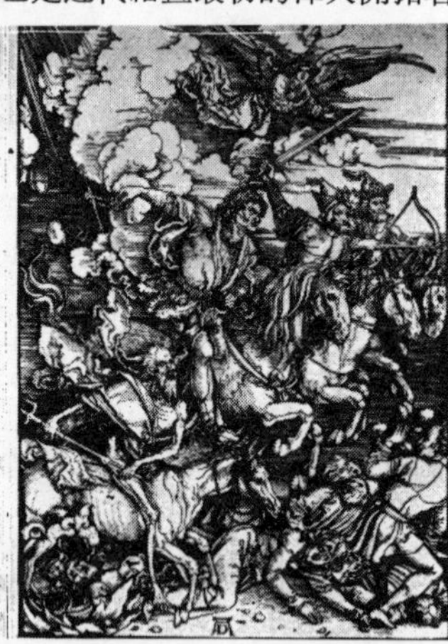

圖605 杜勒　啓示錄的四騎士
（版畫）

與杜勒並稱爲這時代德國代表性的大畫家者爲奧古斯堡的罕斯・荷爾班（Hans Holbein d. J. 1497左右～1543）（圖606, 607, 608, 609）（註5），他畫過很多宗教畫，特

註5　荷爾班　與其父同名，生於奧古斯堡，歿於倫敦，1515年以後往巴賽爾，26年到倫敦，29年歸巴塞爾，32年再到英國定居倫敦，以英王亨利8世的宮廷畫家而製作甚豐（主要爲肖像畫），其交際範圍亦廣，自伊拉斯漠斯、乃至摩亞、奧立佛・克倫威爾等當代一流人物皆有交情。除許多肖像畫、宗教畫之外，如巴塞爾市府大厦的壁畫、或如木版畫「死之舞」（圖609）乃至織畫皆有特出的成績。

以肖像畫像聞名，當時他的肖像畫被喻爲「鏡中人的翻版」，他善於人物的個性的描寫，而且在色彩上遠比杜勒豐富、優美，這點他或許比杜勒更屬純粹的畫家。

不管怎樣，杜勒與荷爾拜因乃是德國的二大指標，特別是杜勒的繪畫超越了

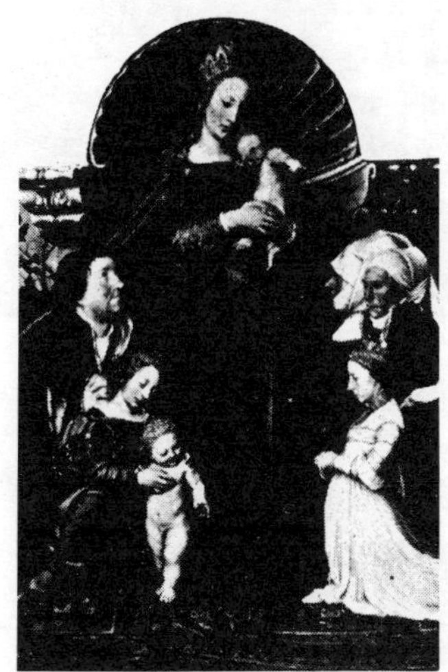

圖606 荷爾班　麥雅市長的聖母子

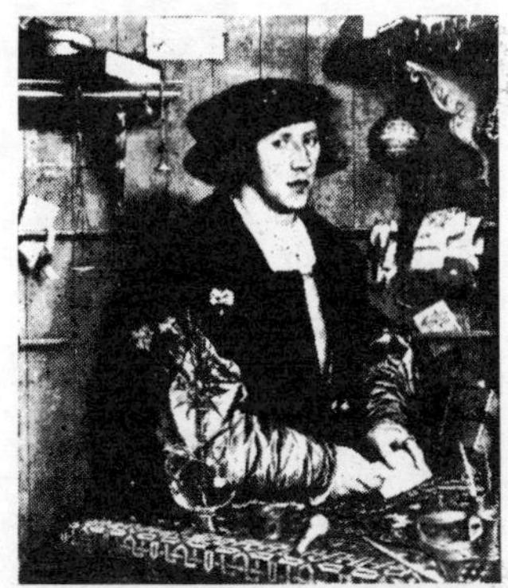

圖607 荷爾班　格奧・濟茲像

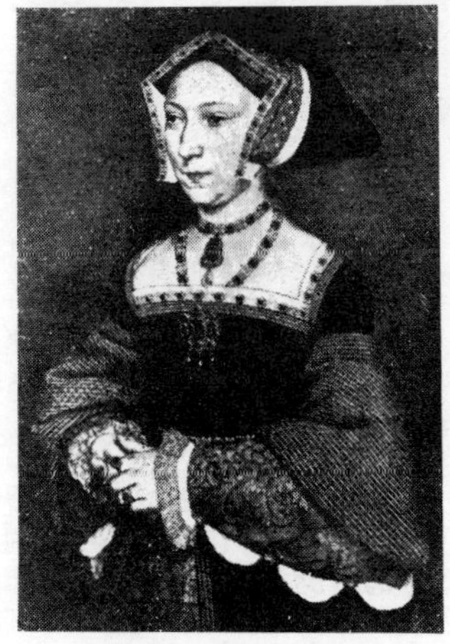

圖608 荷爾班　賽莫像

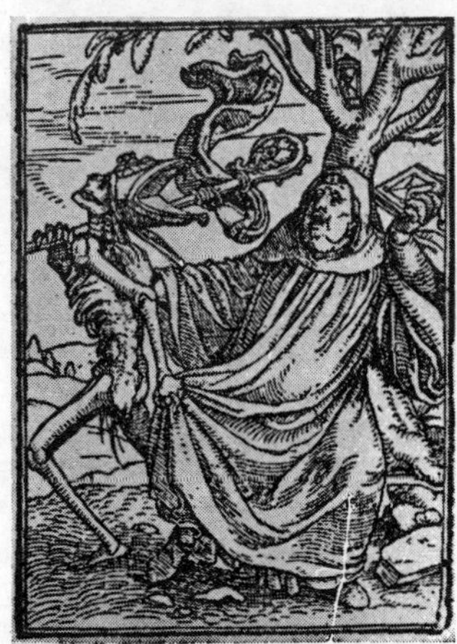

圖609 荷爾班　死之舞（版畫集之一部）

紐倫堡的狹窄領域，成爲同時代乃至後代德國繪畫的最大泉源。惟16世紀的德國在這兩個大畫家之外，尙有幾個極富個性，且只生長於德國風土格與形態作正常的一流畫家。

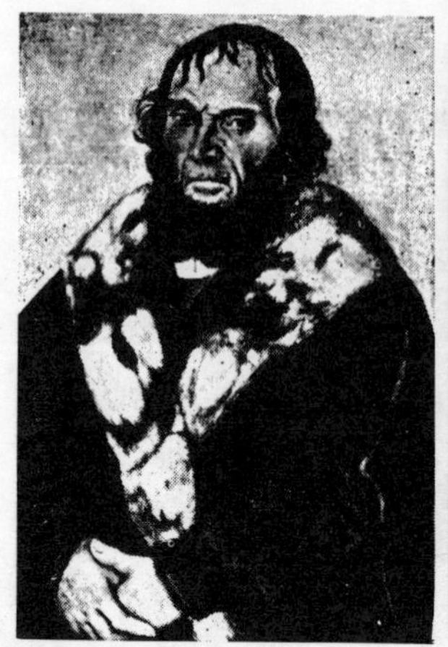

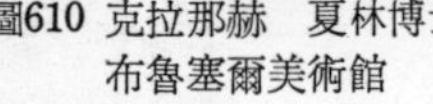

圖610 克拉那赫　夏林博士像
布魯塞爾美術館

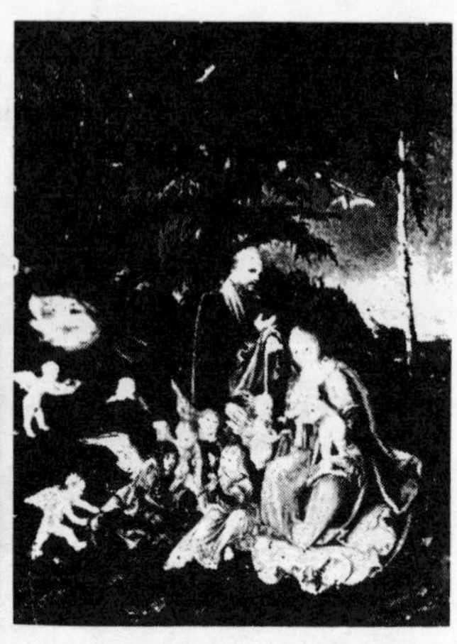

圖611 克拉那赫　出埃及記

其一爲薩克森的克拉那赫 (Lucas Cranach 1472～1553) (圖610, 611)(註6)，他初期受杜勒的影響，其風格最具風俗性，其故鄉山地的針葉樹風景與人物的結合中具有獨特的抒情味。再如以易森罕祭壇畫的畫家知名的哥侖尼沃 (Grünewald 1455 左右～1528) (註7) 與杜勒及荷爾班同爲德國最傑出的畫家，其充滿神秘而怪異的瞑想熱情之風格完全閃爍

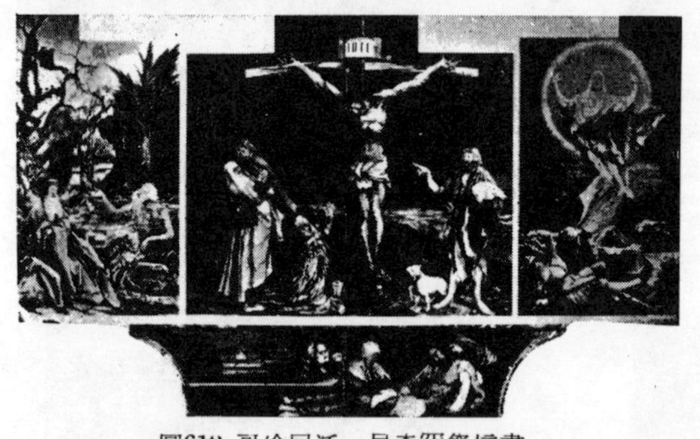

圖612 哥倫尼沃　易森罕祭壇畫

註 6　克拉那赫　生於克拉那赫，1503–04年住維也納，翌 65 年任薩克森公爵的宮廷畫家，他以路德的朋友而支持宗教改革。初期作品兼有强烈的激情及牧歌的優雅之感，其後逐漸平靜下來，且使後期哥德式的一種神秘性產生的淸幽感變成了他的獨特風格。肖像畫、宗教畫之外，在版畫方面亦很活躍。

註 7　哥倫尼沃　本名 Mathias Gohart-Nithart 生平未詳，但知生於弗爾玆堡，曾到過斯特拉斯堡、科馬爾各地，1503年定居賽林根斯塔特。今日藏在科馬爾美術館的易森罕之安東尼教團飯廳大祭壇乃是1513以後製作的，其瞑想、喜悅、怪異及悲痛宛如雄壯的宗教交響樂。晚年捲入農民戰爭的旋渦之中，因農軍失敗而奔走哈爾列，在此孤獨以終。

着獨自的美感，近年學術界對他的認識與評價大增。

此外，尚有德國多瑙派的畫家亞特多佛（Albrecht Altdorfer 1480～1538)(圖614, 615)（註8)，亦爲這個時代的一大異彩，他對於環繞在這山與森林中的鄉土風景之深愛全托諸幻想主題的宗教畫，據說他很早就與杜勒合作過，然其風格完全是多瑙派的典型與代表。

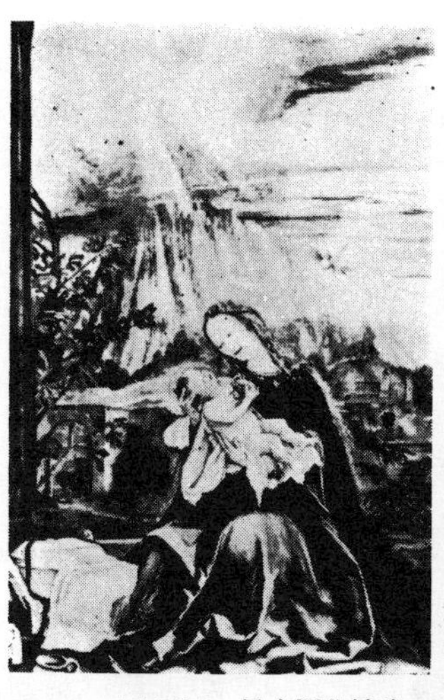

圖613 哥倫尼沃　易森罕祭壇畫（部份）

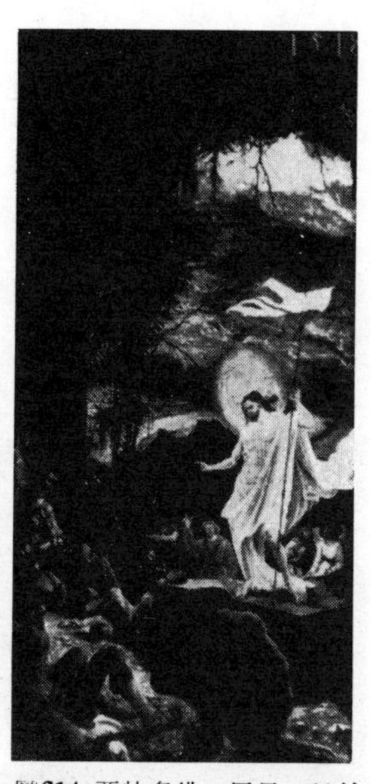

圖614 亞特多佛　風景　柏林

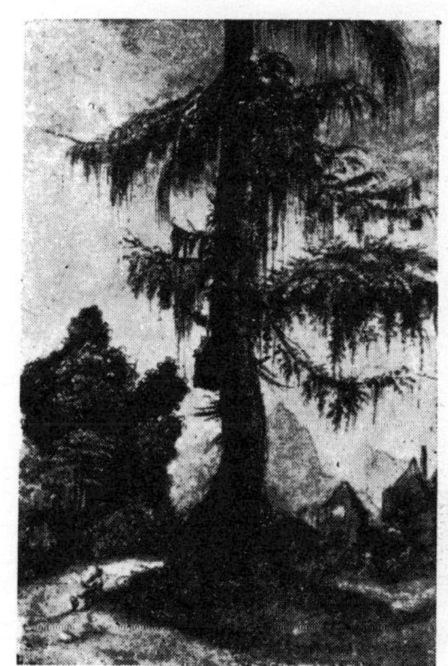

圖615 亞特多佛　基督復活

如是，16世紀前半的德國已爲該國的繪畫史創下一個最輝煌的時代。惜至1528年，杜勒與哥侖尼沃相繼謝世，荷蘭班初次的巴塞爾訪問亦告結束轉道英倫，自這年以後德國畫壇便逐漸走下坡，至1553年克拉那赫死爲止德國文藝復興的繪畫遂告閉幕。及至17世紀初頭，即使亦有1～2個值得記憶的畫家出現，但直到19世紀爲止，德國畫壇並無特別值得注意的表現。

註8　亞特多佛　生於雷根斯堡，在當地的聲望與日俱增，1526年以後身兼市參事會員及市建築家，作品富於多瑙派獨特的內在深度，至於銅版畫、木版畫亦有諸多傑作傳世。

第3章　法國與北歐工藝

第1節　法　　國

法國在今日地理上的觀點來看，它並不意謂着弗蘭德爾、德國、或北歐，然自15～16世紀的藝術文化（或政治上亦然）觀點言之，若從北方文藝復興方面來着眼要比從義大利方面更能正確地理解該國的性格或成果，至少在文化上，它顯然從北方的性格去發展。

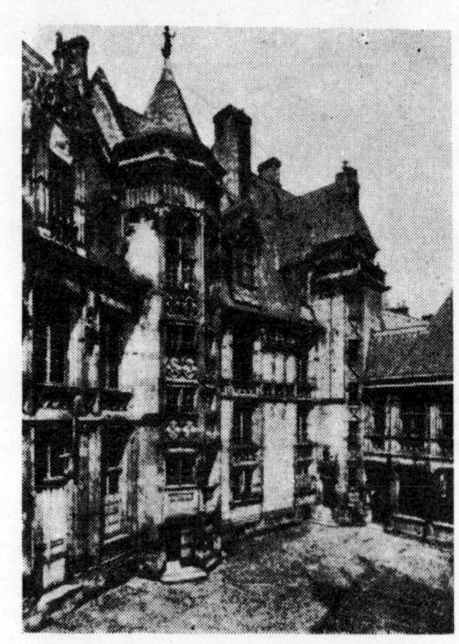

圖616 賈克·庫爾之家　布魯日

建築、彫刻

15世紀的法國，特別在建築與彫刻上與弗蘭德爾或德國同為哥德藝術的全盛時期，當然，南方義大利的年青氣息亦時有吹入，惟並無具體的影響，他們都為着中世漫長歲月所逐漸發展下來的哥德藝術而獻身。

至於文藝復興的傾向出現於建築之上當在夏魯8世侵入義大利（註1）以後，其中首在住宅與公共建築上見其端倪，屋頂仍舊保持極大的斜度，尖頭拱全然消失，變成方形之圖而與天花板平齊，這種建築的端倪首見於王侯貴族的城館（Château）（註2），故義大利文藝復興樣式顯然為這種階級所第一個接受，這是早在夏魯8世侵入義大利以前就存在的建築，亦

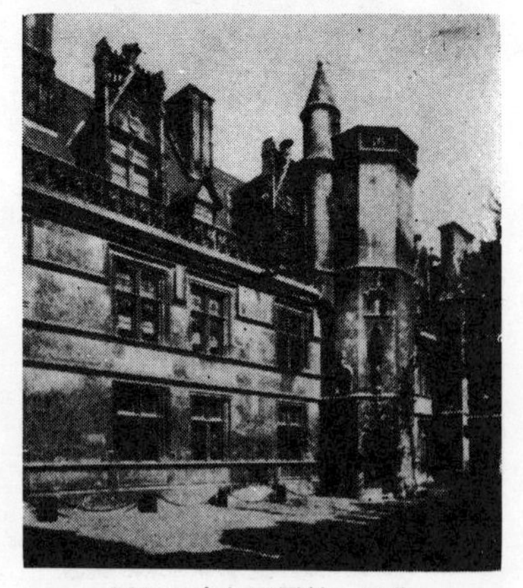

圖617 克魯尼居館　巴黎

註1　夏魯8世侵入義大利是在1493年。

註2　城館乃是國王或貴族的住宅。

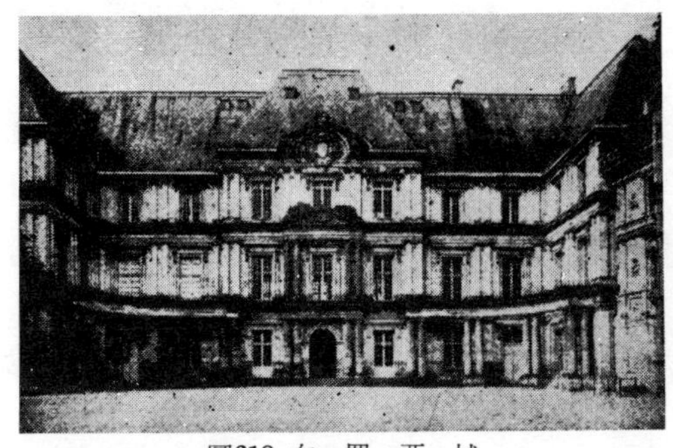

圖618 布　羅　亞　城

可見諸15世紀文藝復興中心地布魯日的賈克・庫爾之家（圖616）或巴黎的克魯尼館（圖617），至進入16世紀的最初30年間，這種城館更如雨後春筍，特以布魯日或突爾爲中心的羅瓦河流域最多，如布羅亞城（圖618）的弗蘭蘇亞1世館，夏波爾館（圖619），亞瑟・魯・里多館等爲其代表。

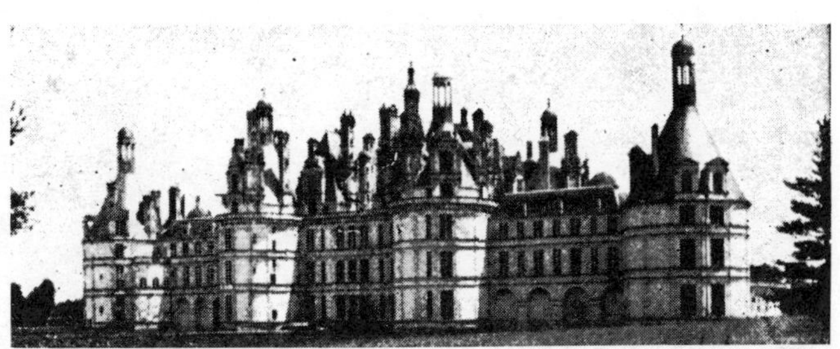

圖619 香　波　爾　館

及至世紀的中葉，建築中心地移到巴黎以後，法國逐漸眞正地理解義大利的古典樣式，並巧妙地使用了圓柱及平屋頂，其代表如巴黎盧浮宮的西南角（圖621）（註3）等是。但法國的新樣式即使逐漸成長，其後却碍於宗教戰爭而一時發展中斷，直至17世紀發展出雄壯的巴洛克樣式爲止，它一直是歐洲建築界的2流之國。

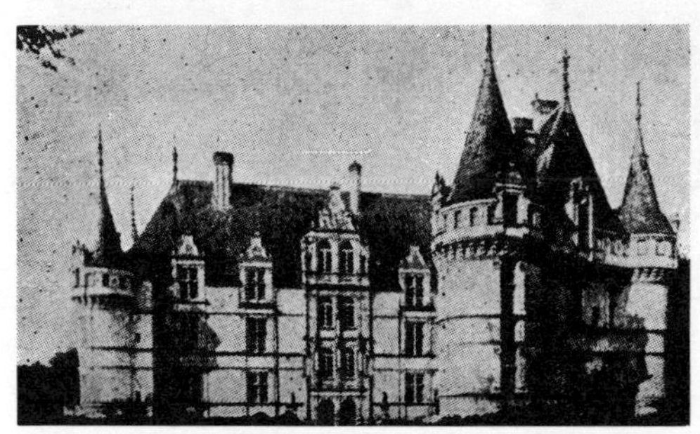

圖620 阿賽・盧・里多館

彫刻方面亦至16世紀而超越了前代的細部描寫，不久又採入義大利文化的古代樣式。

註3　1546年興工，由當時法國的代表性建築家彼埃爾・列斯克（Pierre Lescot 1510左右-78所建。

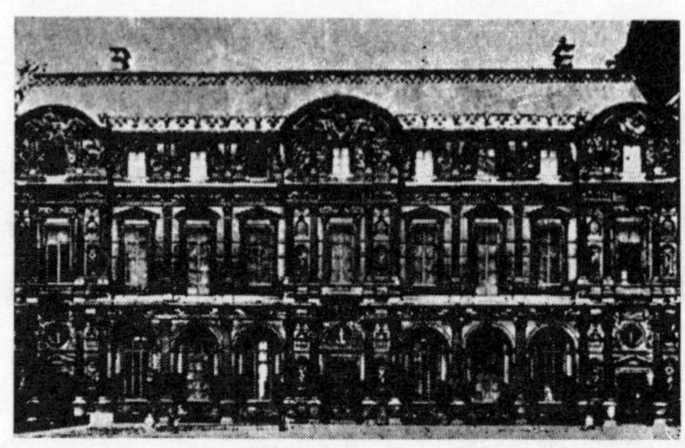
圖621 盧浮宮　西南側正面

至於彫刻在新藝術的導入言，亦全靠宮廷及其周圍的貴族，他們的義大利趣味在古代異教神話中發現自己的憧憬，而獻身的彫刻家亦在追求優美理想的人類像或勻整的裸體女性美，這種傾向亦表現於許多聖母子像或聖者像，不久便產生了「路易12世夫妻之墓」般的新形式，於是彫刻家便出現了典雅的古典樣式的姜・葛瓊 (Jean Goujon 約1515～68) (圖622,623)(註４) 及深刻的熱情與寫實的日耳曼・畢隆 (Germain Pilon 1535 左右～ 90) (註５)，卽使有這些彫刻家，但就美術史上的價值言，把法國比諸義大利文藝復興的彫刻還是不得略遜一籌。

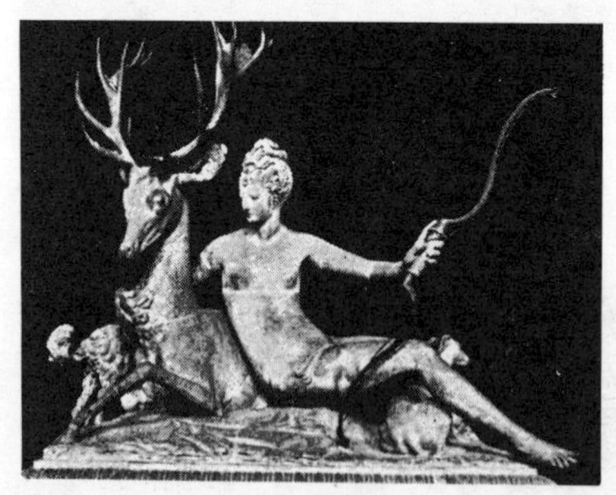
圖622 葛瓊　黛安娜

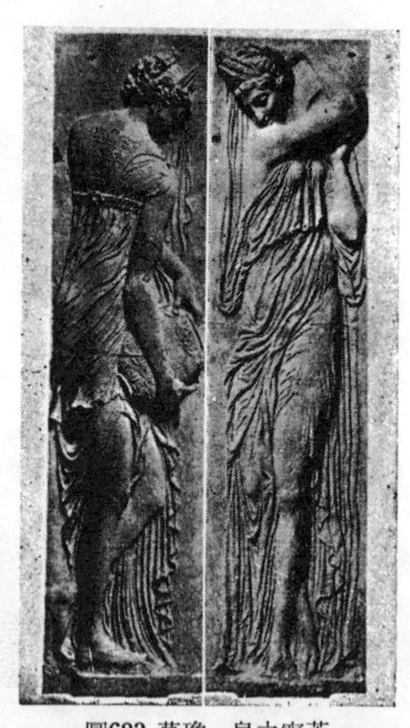
圖623 葛瓊　泉之寧芙

註４　葛瓊　生於義大利波羅納，在法國盧浮宮的裝飾彫刻上大展才華，甚至被稱爲法國的菲底亞斯，並與列斯克共同從事盧浮宮的建築。

註５　畢隆　生於巴黎，1571年以後任宮廷彫刻家，作過亨利２世及弗蘭索亞１世及其他的墓碑彫刻，並爲凡爾賽及芳丹布露宮殿製作大理石像。

繪　　畫

繪畫一至15世紀，便顯現出脫離哥德式的新時代之萌芽，惟15世紀法國繪畫的特色之一在隨着權勢中心所在的王室與豪門之盛衰而使各流派分散到各地去發展，其次是流傳的作品非常之少。當時法國繪畫的中心地在北方有布魯日、突爾，在南方是以阿維儂爲中心的普洛文斯，以及布哥尼、姆蘭等地，北方深受弗蘭德爾的影響，南方多受義大利的刺激，且這些影響與刺激又與法國傳統的優雅及宗教情緒結合產生了一種特別的趣味。

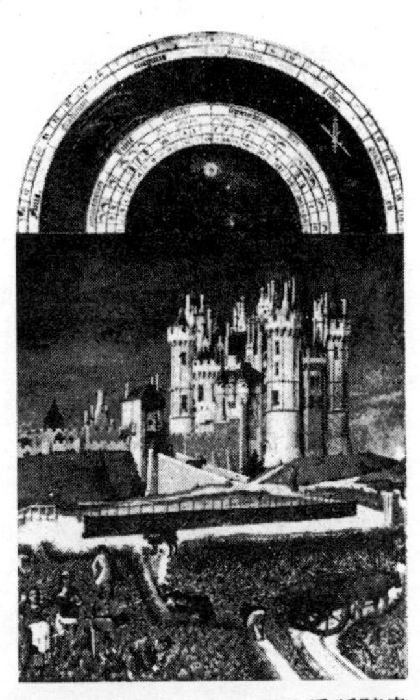

圖624 蘭布兄弟　貝利公爵祈禱書

首先值得一提的是活躍於布魯日的蘭布 (Le fréres de Limbourg) 兄弟（圖355, 624），他們畫的是清新、緻密寫實的纖畫，它與其說是哥德式最後的花果，毋寧是澄澈的透視法被深加考慮的風景描寫及人物動態，顯然是屬於新時代的作品。然15世紀法國繪畫史的最大畫家之一應是姜・佛克 (Jean Fouquet 約1415～80)（圖625, 626)（註７），他知悉蘭布兄弟的作品，亦作與他們相同的明快纖畫。亦至義大利接觸新的近代繪畫空氣，然其最大的特色還在於不可思議的靜謐與美感，及徹底寫實兼性格

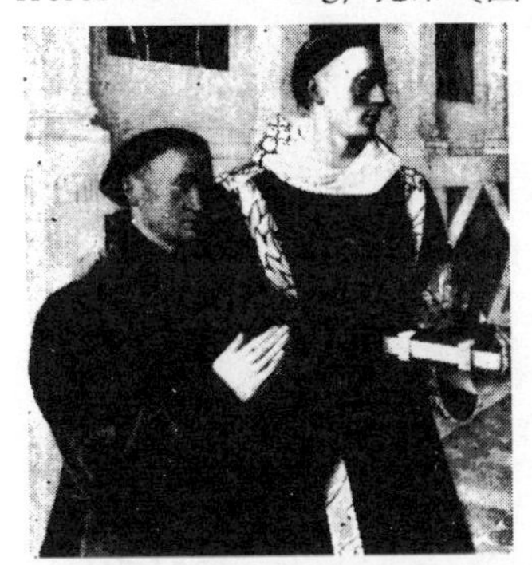

圖625 姜・佛克　埃提安奴・蘇瓦里埃與聖斯特芳　柏林

註６　蘭布　以纖畫作者而爲15世紀法國最重要的畫家，波爾(Pol)、因尼康(Hennequin)、艾爾曼 (Hermann) 三兄弟中以波爾最突出。出身比利時的蘭布地方，自幼生長於法國，任職於布魯日的姜・德・貝利公爵之宮廷，1410–16 年製作的所謂「貝利公的祈禱書」（圖355，624），在精妙及優美上堪稱代表性的名作。

註７　姜・佛克　生於都爾，在巴黎求學，1443–47 年應教皇朱格尼烏斯４世之邀赴義大利，其後任法國的宮廷畫家，製作過很多肖像畫。

描寫的肖像畫，佛克的寫實性才是法國文藝復興的明顯端倪，及由深固的中世傳統發展下來的新生命之呼吸。換言之，它並非義大利文藝復興般的否定中世及接受古典以進入近代化，而是從中世發展的百尺竿頭再進一步的近代化，這是一種生命的自覺。

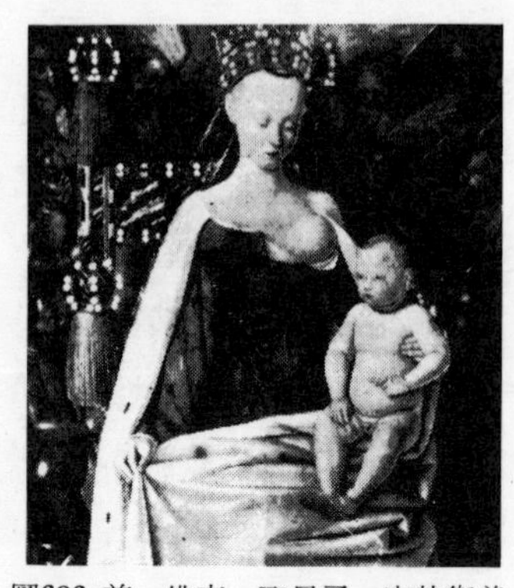

圖626 姜・佛克　聖母子　安特衛普

與佛克同時開拓藝術的獨特境界者爲阿維儂的畫家，他們在地理上靠近義大利而深受其影響，但反而把中世傳下的信仰托諸嚴謹的寫實，內部深度的追求重於外在的調和，現藏盧浮宮的名作「阿維儂的聖悼」（圖627)雖作者已不可考，然屬代表性的傑作，爲15世紀歐洲繪畫史上的怪異作品之一。此外，在世紀後半以阿維儂爲中心的洛奴河流域，亦出現深受義大利特別是米蘭影響的優美風格，再如在北方——不如說中央部以姆蘭爲中心，又有深受弗蘭德爾派影響的清純繪畫時行着，逐漸脫離了中世的風格。

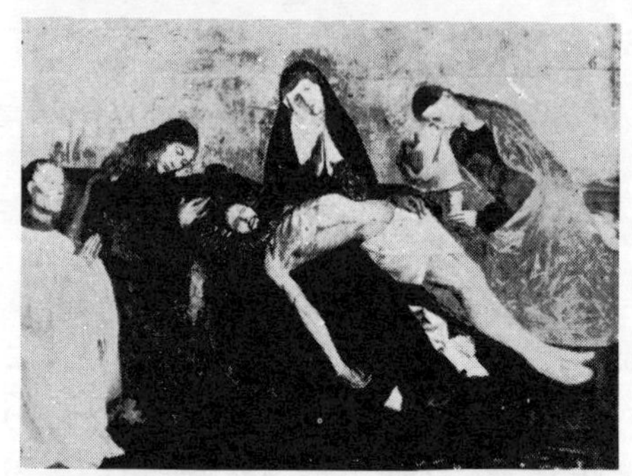

圖627 阿維儂的聖悼　巴黎盧浮宮

至16世紀法國亦如弗蘭德爾一般，完全被義大利文藝復興的風格所壓倒，特別是今日被稱爲芳丹布露派的一羣畫家，喜歡取材維納斯及其他希臘神話，卽使尙保存一黠法國特有的優雅與淸淡之美，但他們還是熱中於官能的靜態裸像。所幸一如弗蘭德爾有布魯各出現以維護並發展弗蘭德爾獨特的風格，在

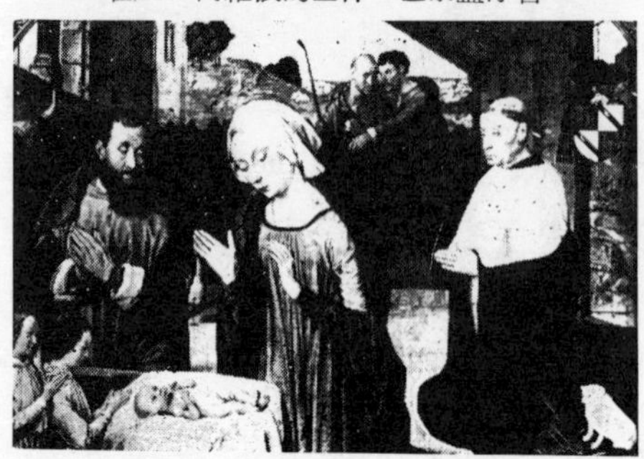

圖628 慕蘭的畫家　基督誕生

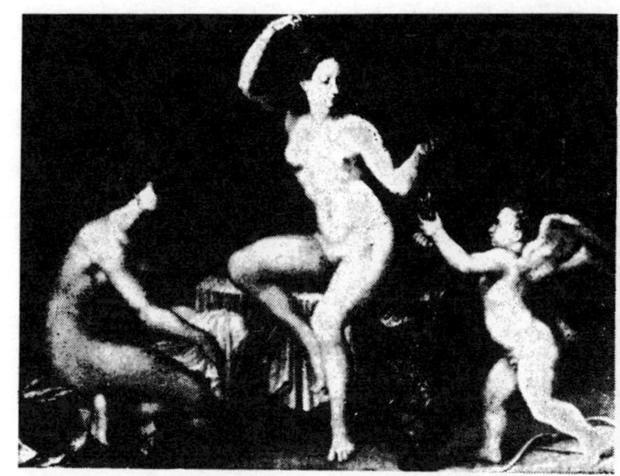

圖629 芳丹布露派　維納斯化粧

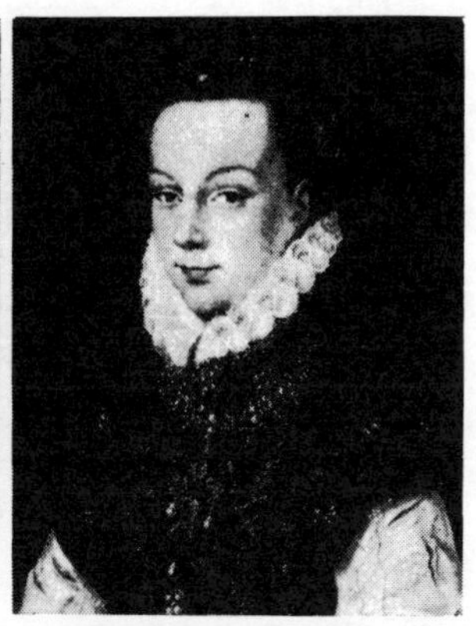

圖630 克路埃
伊麗莎白・德・巴羅亞像

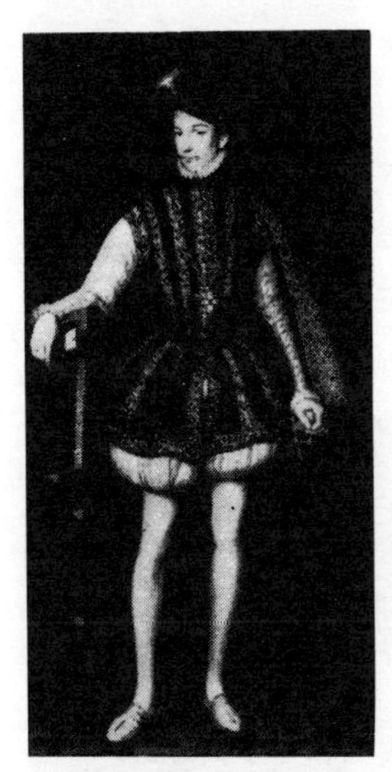

圖631 克路埃　夏魯9世像
維也納

法國亦有克路埃(Jean Clouet 1485左右～1540)(圖630, 631)(註8)父子的肖像畫出現以補救這個時代的單調，在他們父子傑出的肖像畫中有濃厚的弗蘭德爾影響，然又有異乎弗蘭德爾的獨特的精練味道，他們與15世紀的佛克可以說是法國新繪畫最初的代表畫家。

第2節　北歐工藝

在上述地區之外，歐洲各地皆有文藝復興的朕兆出現。整個來講當然有各自的國家與居民的自覺，但給予他們以強烈刺激與影響者應是義大利及弗蘭德爾。惟西班牙或義大利皆只有徵候出現，遠不及義大利、弗蘭德爾及德國，故此，吾人將略去一些國家不談，最後只就弗蘭德爾及法國的工藝加以簡單的論述。

註8　克路埃　出身布拉邦多，1516年以後任弗蘭索亞1世的宮廷畫家，活躍於都爾，然聲望在他之上並有傑作傳世者却是他的兒子弗蘭索亞（Francios 1510左右-72），他繼其父爲宮廷畫家，其細密的畫風之中所見的明快素描及精妙色彩，特別是女性像中所見的深刻觀察與高貴威嚴在以後的法國繪畫形成極大的影響力。

北歐與繪畫同在文藝復興有過輝煌發展的便是工藝，當然，正如中世之被稱爲建築與工藝的時代，曾出產過獨特優秀的工藝品，然至15世紀便展開了與其時代相稱的類型與性格。如在義大利紡織業鼎盛的翡冷翠誠不失爲開過文藝復興最初的花朶，北歐文藝復興的中心亦首先起自紡織業發達的弗蘭德爾，不用說，此事並非由於紡織業的進展直接關係到文藝復興的勃興，而是在那種工商業活躍的地方，亦卽在市民活動頻繁而具有自由空氣的地方，新文化較易於發生之故所以紡織業與文藝復興的發生有密切關係。

其後隨着文藝復興文化的成熟，以今日的比利時，特別是布魯塞爾爲中心的紡織品益加進步，這與刺綉及花邊編織的優異製作實非他國所能望其項背。現藏梵蒂岡宮的西斯丁教堂中由拉非爾下過底稿（圖632)的著名壁毯便在布魯塞爾織成，其他金工、陶器、玻璃工藝等亦採用符合新時代的明朗大方圖案及形態。而隨着與各國交通的頻繁，其需要量亦增，以是益加發達。至陶器與玻璃工藝的中心地則在荷蘭，德國繼其後亦發達起來。

法國在前面說過，其他的美術在這個時代尚多停滯於中世風格，工藝在中世時代亦屬一大中心地，技術十分進步，故15世紀以後，義大利的清新風氣便首先出現於此工藝方面，且金屬、木材、大理石諸工藝亦在各地興起，特別是陶器與紡織

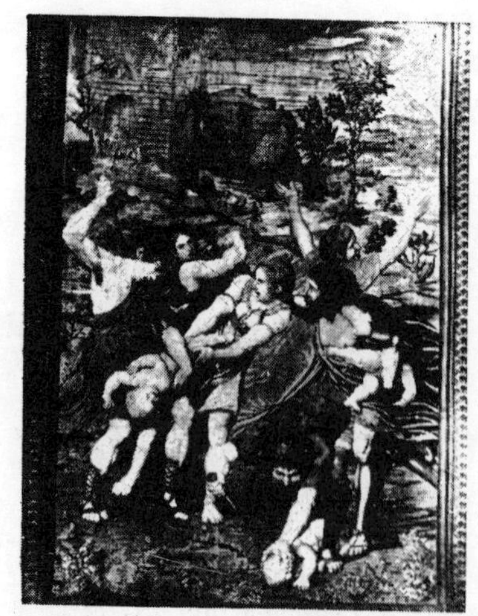

圖632 拉非爾　殘殺幼兒（壁毯）
羅馬　梵蒂岡美術館

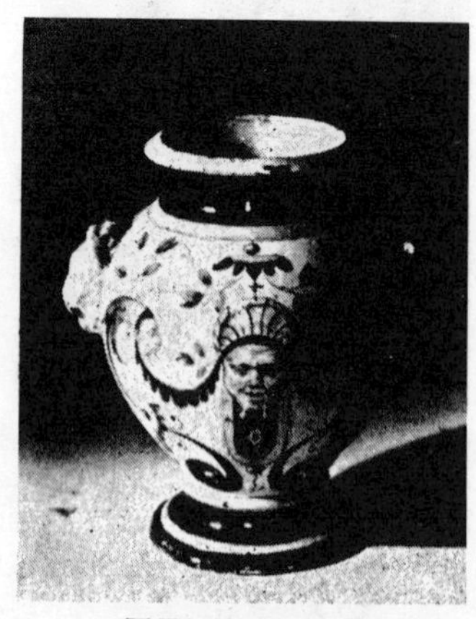

圖633 法　國　壺

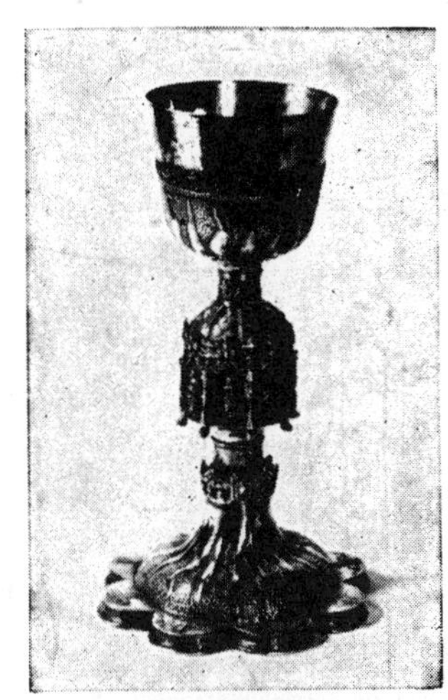

圖634 法國　聖餐杯

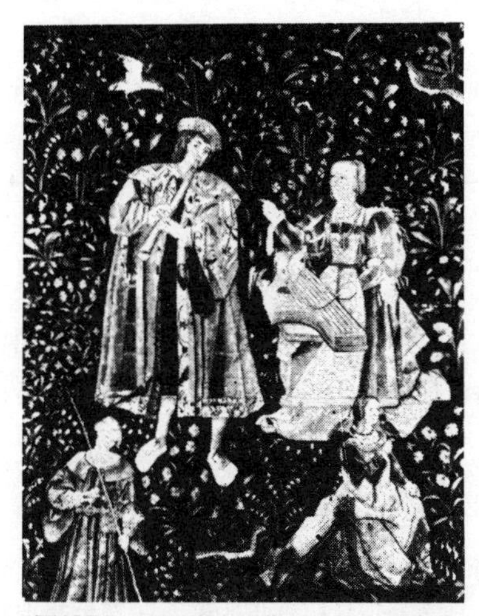

圖635 法國壁毯　巴黎　克魯尼美術館

品更表現了法國特有的優雅之感，用作壁飾的織錦至16世紀主要在芳丹布露製作，此芳丹布露製作室製的紡織品至今還比繪畫上的芳丹布露派更重要，不久便有葛布蘭的花壁毯出現。

如是，在文藝復興時代的北歐，各種工藝越發提高其藝術性，同時生產上亦趨活躍，爲17～18世紀工藝的全盛期跨出了第一步。

5. 近　　代 I

17.18世紀（巴洛克與洛可可）

17世紀的性格

17門世紀的歐洲初次把文藝復興開拓的近代精神更加以具現，不久導出了宣告近代勝利的法國革命及英國產業革命之第一步；從另一個角度來看，截然宣示中世告終的地理大發現、謳歌現實的文化之誕生、宗教改革下來的近代性等等，這些爲與今日直接造成一脈相傳的性格，17世紀恰成爲它的過渡期，新舊雙方的力量與思想以極複雜的形態相尅，同時也引發了確固近代化基礎的强烈運動。

隨着17世紀脚步的接近，過去歐洲文明領導者的義大利便逐漸衰落，同時曾因大量的銀、銅生產而使經濟大爲繁榮的德國亦在世紀後半的經濟變動及其後發生的30年戰爭(註１)之中消失了一切的繁榮。重新成爲社會上文化上的世紀中心者當在前世紀末握有强大殖民地的西班牙及其屬地，乃至繼續爲工業中心的比利時（當時西班牙領地的尼德蘭）以及新從西班牙獨立，並立卽擁有世界海上貿易霸權的荷

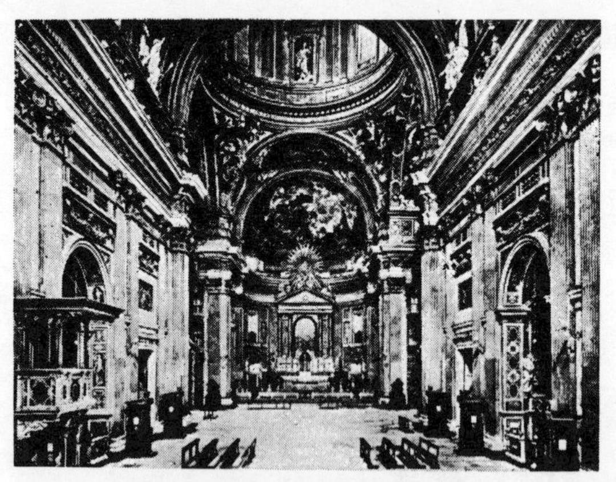

圖636 易爾•傑斯教堂內部　羅馬

註１　德國及歐洲宗教戰爭中最後且最大的戰役，自路得宗教改革以來，在歐洲——特別是德國不斷有新舊兩派的對立，30年戰爭經歷1618–48 年，以德國作戰場，歐洲各國皆有參加，本來這次戰爭亦開始於德國的一種內亂，不久宗教問題便複雜地跟德國及歐洲的政治利害關係糾纏在一起，結果形成當時歐洲最大勢力的奧國、西班牙兩哈布斯堡家與法國波旁家之相互抗爭，使德國爲中心的歐洲各地陷於荒蕪，並造成哈布斯堡家的沒落及波旁家的興隆。

蘭。

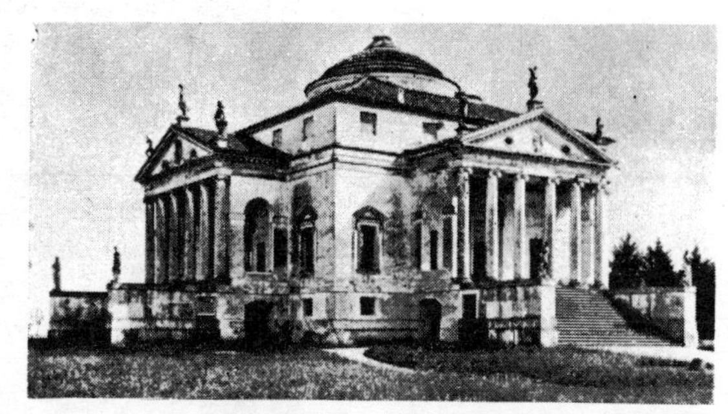

圖637 維奧宮 維拉・羅東達

前面曾經提過，對於已經失掉中世權威、教會制度極端俗化與墮落的基督教而言，德國馬丁・路德的宗教改革實爲一大衝擊，其後北歐（比利時例外）大致信奉新興的新教，南歐照舊，仍信以羅馬爲中心的舊教。時勢所趨，一度失勢勢舊教（天主教）大本營——羅馬教廷便再度奮起力挽狂瀾，此即所謂反宗教改革，其運動的中心是熱心的耶蘇會，這個宗教運動的活躍不論在新教區或舊教的的力範圍皆使一般社會再度充滿基督教的熱情，同時這些宗教及宗教運動亦與勾結商業力量的强大王權、或商業力量本身保持密切關係，步人極其現實的方向，使文藝復興以來科學的發達及人智的發展帶來了許多的發明發現，在物質上亦趨富有，特別是非洲及南北美殖民的開拓。與東方交通方便的結果，使過去不知道的財寶、物資得以輸入，一般社會對現實亦深切關心，一切的活動、思想亦與之一致，變得更加自由。

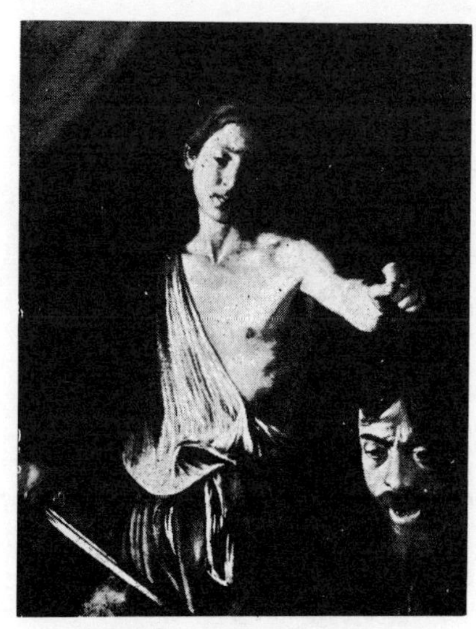

圖638 卡拉發喬 大衛像

一方面文藝復興在義大利所見的都市勢力已失，作爲國家勢力的王權便以强大的商業力量爲背景而大爲伸張，隨着對現實的力量與豐盈之謳歌，這些大國之間便互競其力，同時大國間的勢力之爭又與新舊教之爭糾纏在一起，宗教運動亦變成了實際的政治運動。

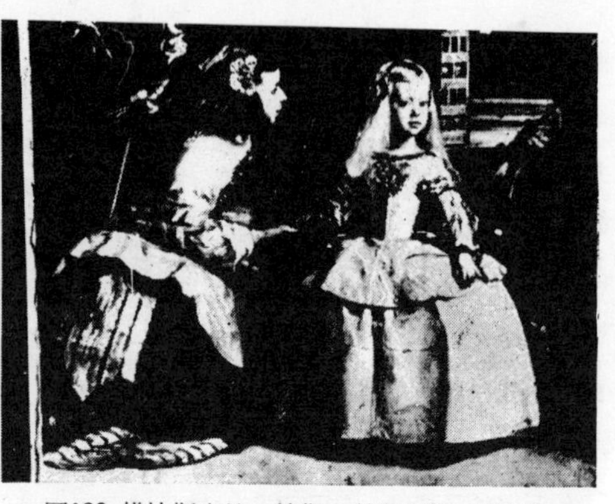

圖639 維拉斯貴玆　拉斯・美尼阿斯（部份）

至於這個時代在知識、藝術方面亦反映着這種傾向而有獨特的產物，且與國勢的消長有密切關係。若大略分開來說，在新教盛行的國家，以尊重自由的精神及尊重時行的物質之風氣爲基礎，一概發展自然科學及其新發明。至於在自己的市民社會組織下以商業國去繁榮的荷蘭，其活潑的新繪畫之盛行應屬例外。反之，在與專制王權勾結、教義廣佈於全世界且擁有絕對權威的舊教盛行之地則以宮廷與教會爲中心，誕生了極其雄壯華麗的美術，這種美術正符合誇示強大世俗權力的宮廷趣味、及因狂熱而莊嚴的威儀而引人側目的舊教儀式，更符合那種在現實中追求一切力量、一切富足的時代精神。

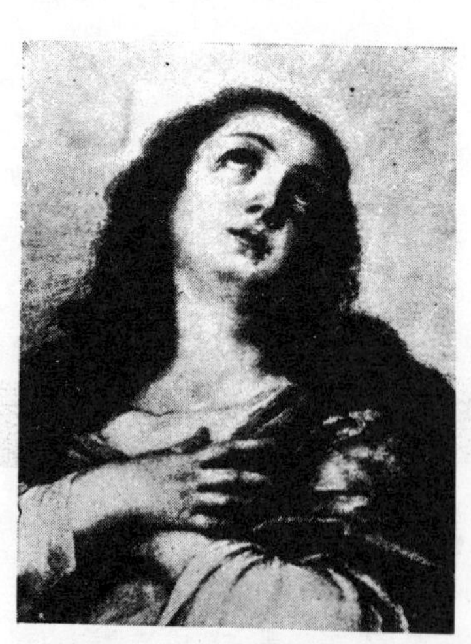

圖640 慕里羅　處女懷孕
普拉多美術館

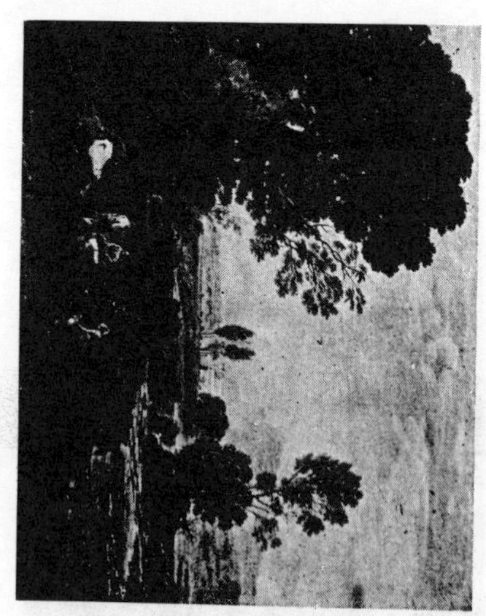

圖641 克洛德・羅南　出埃及記
德勒斯登繪畫館

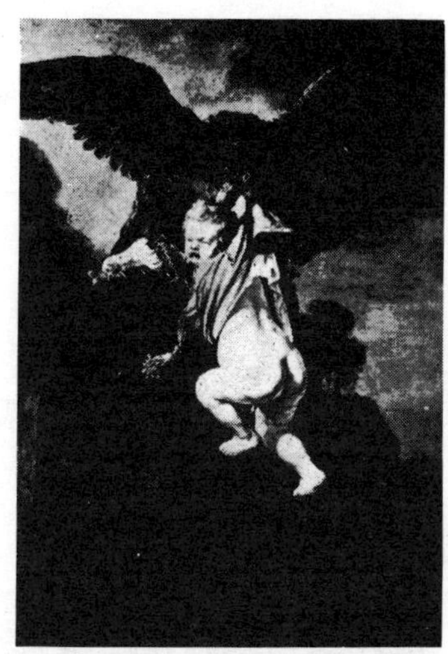
圖642 林布蘭　被鷲攫走的加紐美得

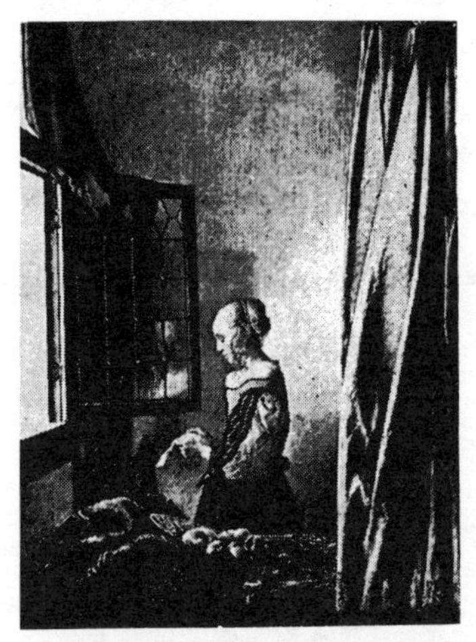
圖643 佛梅爾　讀信的少女

如是從整個被稱爲巴洛克（註２）的17世紀美術來看，不論在生活的日常性中發現美感的荷蘭繪畫，或以壯麗的貴族文化去發展的西班牙及比利時美術皆不

註２　巴洛克　Baroque（英法），Barock（德）自1580年左右至18世紀初頭的非古典的，追求感覺效果而充滿動感的繪畫美術樣式，並意謂著這個樣式流行的時代。語源據說來自意謂著「歪曲的眞珠」的西班牙語或波特加語，一般說來，在18世紀後半的法國，常被用以形容輕視曲線甚多、裝飾過份的建築或裝飾，有不規則、異常、不合奇妙高雅的趣味……等之意義。至19世紀的德國，才首次用以稱呼繼文藝復興之後的17世紀美術樣式，本文曾一度談到它的特性，若從美術詞典來摘要地描述，當是：「充滿豐足與活力者，强烈的動勢、燃燒的感情、莊重、徹底的現實主義傾向等」例如「文藝復興建築不管任何部份都處理很得勻想，接合關係舒暢自由，亦卽各部份皆具有自己的生命；但巴洛克建築雖也採用同樣的形式系統，却賦予全然廻異的效果，亦卽並無明確的形體之感，而是難以捕捉的變幻印象，不是完成與圓滿，而是運動生長。」

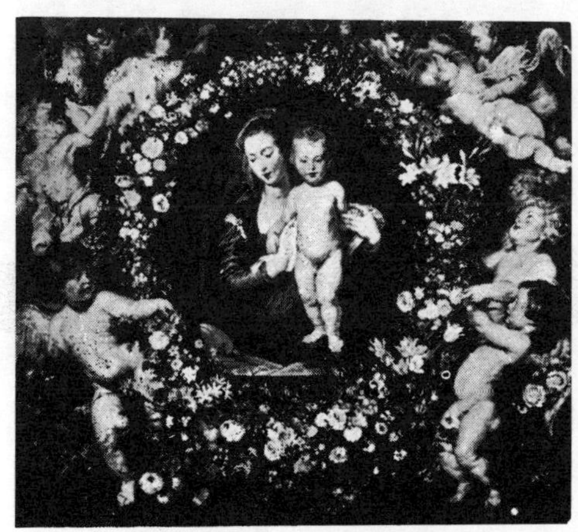
圖644 盧邊斯　花環的聖母子

外是現實的謳歌。至本世紀美術的核心則在上述諸國的繪畫、建築與彫刻方面，若說文藝復興作品富於彫刻性，則這個時代的作品大多具有繪畫的特質。

第1章　建築與彫刻

第1節　建　　築

義大利

不祗建築，巴洛克美術亦首先發生於義大利，宗教改革的浪潮及法、西等大侵襲下的義大利都市勢力之衰落亦與美術的世界若合符節，米開蘭基羅及丁多列托後期作品業已出現的動態劇烈複雜的結構與熱烈感情的表現實爲巴洛克樣式的泉源，其後雖在各種美術上以各種形態萌芽，但義大利可以說僅止於萌芽階段便告結束。在建築的範疇上，前述先由

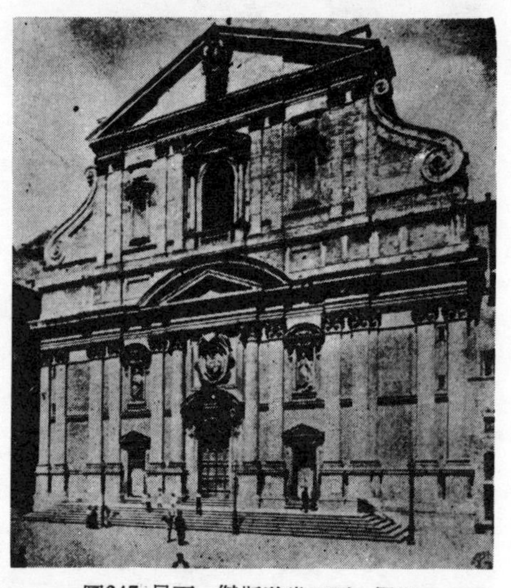

圖645．易爾・傑斯教堂正面　羅馬

威諾拉設計，他死後由坡爾塔完成的羅馬易爾・傑斯教堂（圖636, 645）（註2）乃是巴洛克最初的具現，這座耶穌會據地所在的建築物建在羅馬的鬧區，本身已有一種世俗性，以17世紀的特色已歷然可見，構造上亦非盛期文藝復興建築那種安定感及完整的空間，而是具有强烈運動感的裝飾意匠之複雜性及樓上兩端渦卷形式的利用；同時各部份互相關聯的效果重於各部份獨立的價值，顯然是新藝術意志的表現。這種新樣式的發端亦可見諸威諾拉的法尼賽宮及坡爾塔繼米開蘭基羅設計而將之更加橢圓形化、動態化的羅馬聖彼得教堂之大圓頂（圖649），他們

註1　易爾・傑斯教堂（Il Gesu）1516年由威諾拉著手，坡爾塔完成其正面是在1584年。

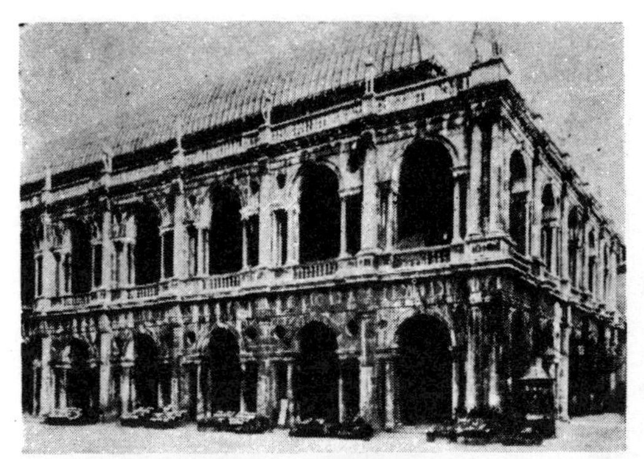

圖646 帕拉底奧 帕拉底安大會堂

和北義大利的帕拉底奧(Andrea Palladio 1508～80)(圖646, 647)(註2)同爲文藝復興與巴洛克的橋樑，卽所謂過渡樣式的建築家。至眞正確立巴洛克作風的最初建築家當推卡羅・馬德納(Carlo Maderna 1556～1629)(註3)，他的代表作羅馬聖蘇珊納教堂(圖648)已無傑竑教堂的沉重之感，其流動感、複雜曲線及渦卷的裝飾委實更爲生動，更爲明朗華麗，凹凸面上的明暗效果亦更具繪畫性。

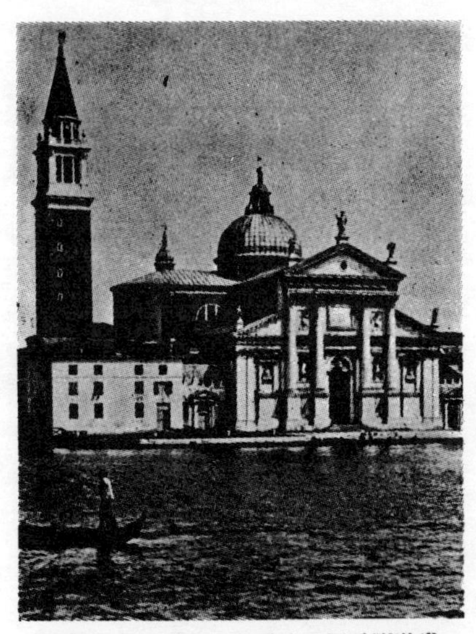

圖647 帕拉底奧 聖喬治・馬喬烈教堂

馬德納更於坡爾塔死後繼任聖彼得教堂的建築師，他把米開蘭基羅的中央會堂式計劃改成長形會堂式，將前面的雄壯前廊與正面建築合而爲一，這雄壯的正面建築上下兩層都貫以巨大的列柱，且至兩端至中央部依半露柱、半圓柱、圓柱的順序逐漸加强立體性，中央入口强調爲整個建築物的中心部。這種正面的重視是巴洛克建築的一大特色，在提高建築物的壯

註2 帕拉底奧 生於威千扎，活躍於該地及威尼斯，在羅馬硏究古代建築，寫過有名的「建築論」4卷，他的主要作品有威千扎的帕拉底安納大會堂、蒂拉・拉吉奧尼宮、威拉・羅頓達，及威尼斯的聖喬治・馬喬烈教堂、易爾・列登特烈教堂。

註3 馬德納 出身倫巴底，在羅馬住於伯父多美尼可・馮他那家，1592年以後已成獨立的建築家，上述作品之外，有巴貝里尼宮等傑作。

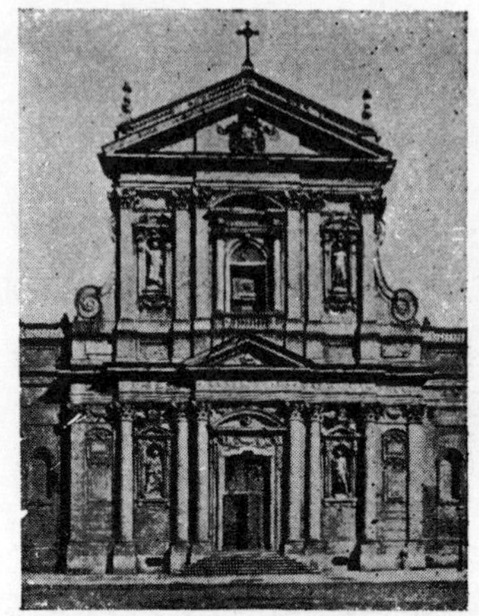

圖648 馬德納　聖蘇珊那教堂

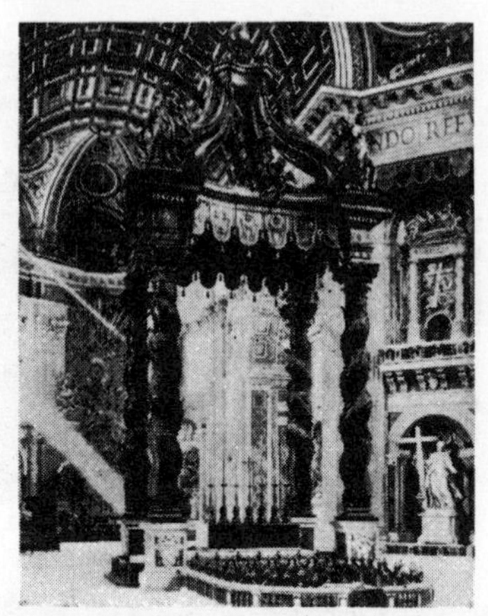

圖649 柏尼尼　聖彼得教堂的大圓頂

麗感上最具效果。

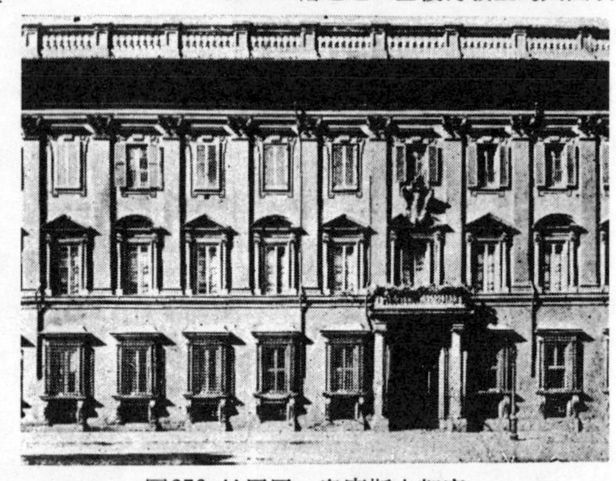

圖650 柏尼尼　奧底斯卡契宮

繼馬德納之後，17世紀最大的彫刻家兼建築家當推柏尼尼(圖649, 650)(註4)，他擔任聖彼德教堂前面廣場圍繞成橢圓形的柱廊之設計，巧妙運用視覺透視圖的伸展；及至設計羅馬聖坦多列亞・阿爾・基利那烈教堂時，更以富麗的建築裝飾及這種透視圖的方法提高了建築物本身深刻的空間效果，其後宮殿建築的一種典型亦由他所創建（註5)。此外，馬德納的弟子，亦爲柏尼尼的勁敵勃羅米尼(Francesco Borromini 1599～1667)（註６）、或威尼斯的隆格納（Baldassare

註４　參閱286頁。

註５　17世紀宮殿建築的正面不用羅馬極常用的柱子裝飾，與室內的豪華比起來，它是較無變化、穩重單純，反映了當時尊重沈重儀式的貴族生活態度，至於別墅則爲不拘形式的明快建築，初次給羅馬的巴洛克宮殿賦予眞正巴洛克式的明快活潑之豪華正面者爲柏尼尼，1665年的奧底斯卡契宮實爲其後宮殿建築的範本（據平凡社・美術全集）。

註６　勃羅米尼　出身倫巴底，活躍於米蘭、羅馬，作爲建築家之外，亦以彫刻家而與聖彼

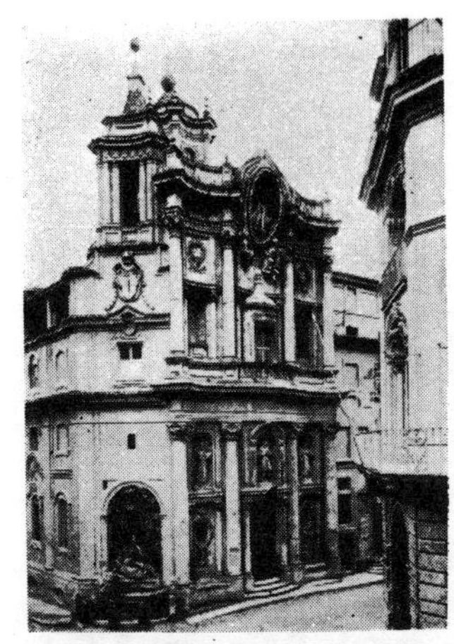
圖651 波羅米尼　聖卡羅教堂

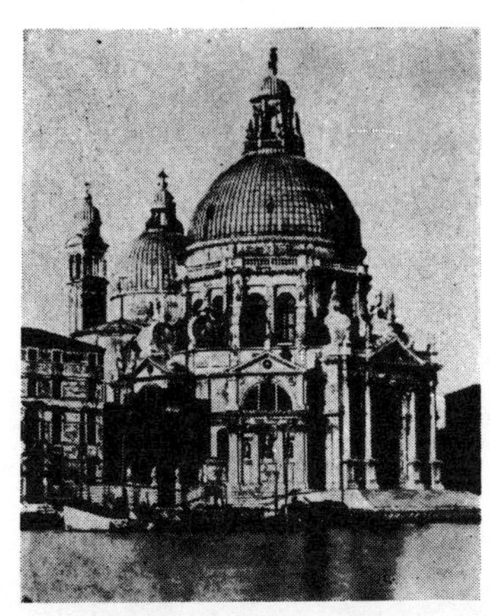
圖652 隆格納　聖瑪利亞教堂
威尼斯

Longhena 1598～1682)（註７）皆爲本世紀的代表建築家。

法　國

前已述及巴洛克建築起於義大利，然其最豪華的典型則製作於法國。在16世紀國力逐漸充實的法蘭西王國，依次把義大利文藝復興樣式、巴洛克樣式及義大利式加以採用與消化，至路易13造成歐洲最繁榮的國度時，隨着國民意識的高昂及專制帝政下新文化的出現，儘管當時流行義大利的美術，但他們仍創立了自己的巴洛克藝術，特別是建築與工藝尤能見其特色與風行，建築亦如王室勢力的象徵，宮殿與都市居館（hotel）要比宗教建築來得重要。

自路易13至路易14初期，卽17世紀前半的代表建築家當推弗蘭索亞・曼薩爾(Fransois Mansart 1598～1666)（圖655)(註８)與路易・盧・沃（Louis Le vau 1612～70)（圖656)（註９）。在他們之前杜布洛斯（Salmon Dulrosse ～1626

得教堂、巴貝里尼宮有關係，其建築作品中彫刻的扭曲之感甚强，不論內部外部，其純視覺現象之美或繪畫之美重於結構的堅固，他這種風格給後來的法德建築影響極大，代表作有聖卡教堂等。

註７　隆格納　代表作有聖薩路底的瑪利亞、佩薩羅宮等・

註８　曼薩爾　他把義大利帕拉底奧式的古典主題與法國的傳統樣式加以巧妙的調和，創造了獨特的典雅而富於流動性的樣式・

註９　盧・沃　作品除凡爾賽宮及佛・盧・威康特館之外，在巴黎市內的居館建築亦留下傑出的業績・

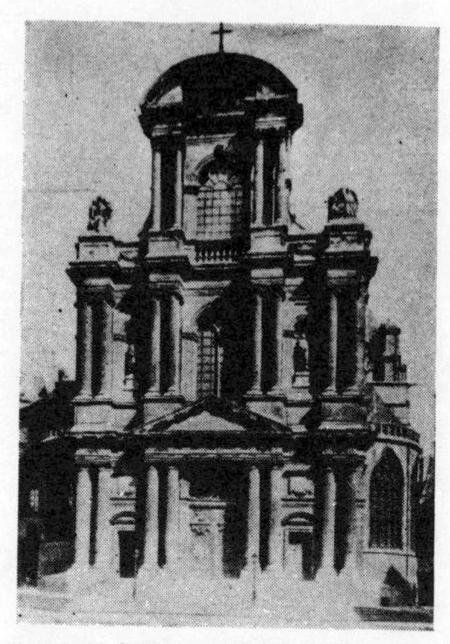

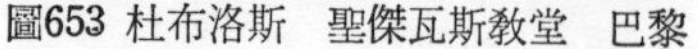

圖653 杜布洛斯　聖傑瓦斯教堂　巴黎

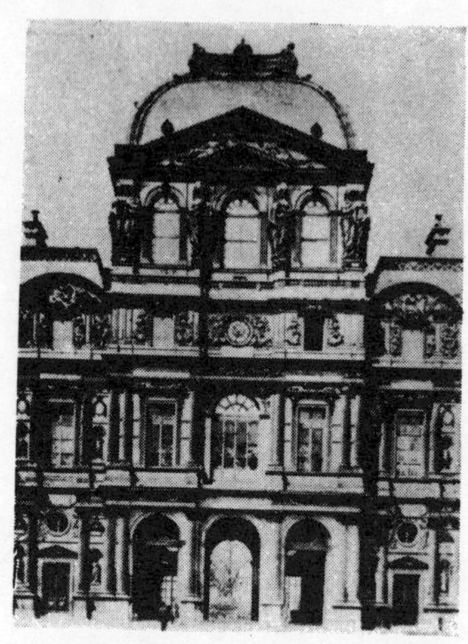

盧654 盧莫瑞　盧浮宮（部份）

（圖653）及其弟子盧莫瑞（Jacques Lemercier 1585～1654）（圖654）曾留學過義大利，然未陷於模仿，却產生了復興法國傳統的典雅的巴洛克樣式，至曼薩爾與盧・沃則使法國巴洛克完全成熟。曼薩爾的代表作拉菲特邸（圖655）之巧妙配置及大斜度屋頂中所見繁複之美及莊重典雅的空間統一，盧・沃的傑作佛・盧・威康特館（圖656）的曲線與橢圓形很多的突出部及利用富麗裝飾的較複雜較豪華之構造卽為最佳的例子（註10）。

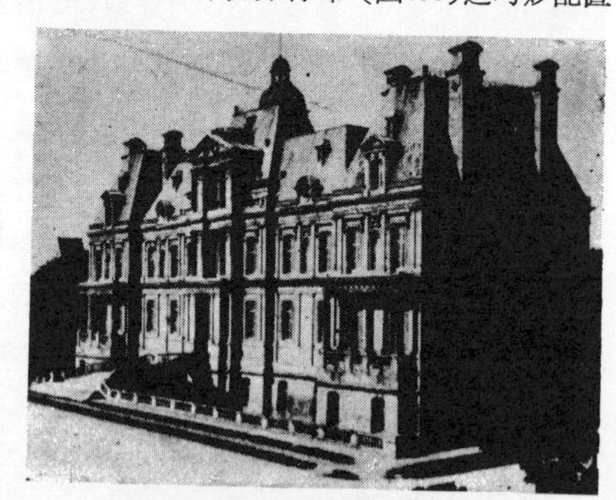

圖655 曼薩爾　拉菲特邸

然不僅法國，卽全歐的巴洛克建築中最雄壯且最輝煌豪華的建築物當推凡爾賽宮（卷首圖60，圖657）（註11），它是最具代

註10　裝飾主題常用邊緣有裝飾的框子、棕櫚或月桂的交叉、面具、象徵富足的盛具、有翼的天使等，其曲線極端複雜。

註11　凡爾賽宮（Palais du Versailles）建在巴黎西南約18公里的凡爾賽，本為1620年盧梅修所設計興建的離宮，路易14時由盧・沃及其後的阿德安・曼薩爾加以擴建，宮殿的中心有盧・諾特爾設計的大庭園，興工於1662年。

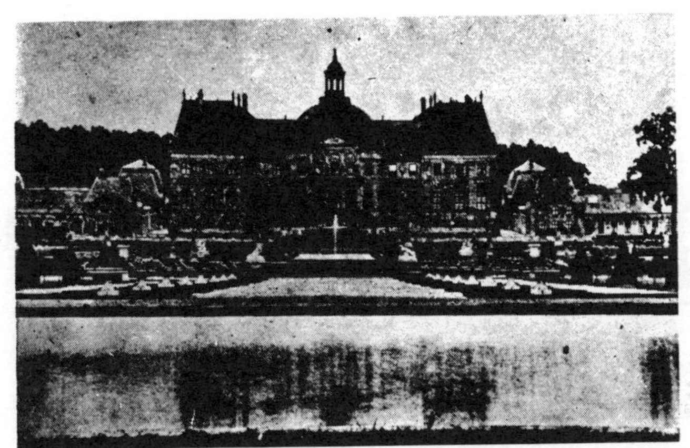

圖656 盧沃　沃・盧・威康特館

表性的巴洛克建築，奉太陽王路易14之命而建於巴黎外，在此把現實生活的絕對力量的專制君主加以象徵化，把宣揚威望所需的一切雄壯、裝飾予以實現，可謂爲巴洛克最大特質之所在。換言之，在這個時代建築有助於生活的裝飾化，不祇美術，即就其他範疇的美術亦與建築合爲一體作爲生活的裝飾，這種統一了的裝飾企劃之最大典型可見諸凡爾賽宮（圖658, 660）（註12），特別是宮殿內部裝飾

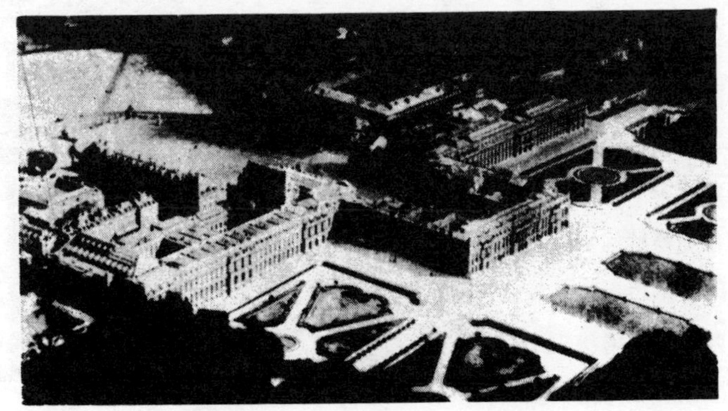

圖657 凡 爾 賽 宮 鳥 瞰 圖

註12　此裝飾集團的代表設計者爲畫家夏爾・盧・布南，他的裝飾企劃在凡爾賽宮的計劃上亦有極大的力量，有名的「鏡屋」之設計等便在他的揮與計劃下完成。

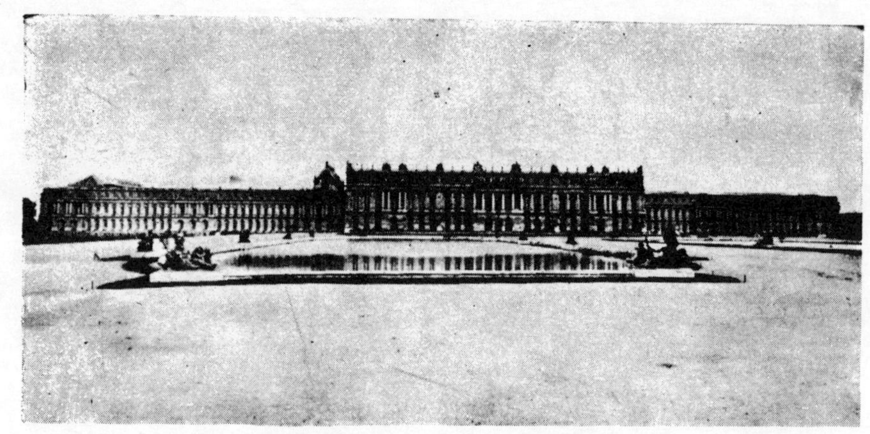

圖658 凡 爾 賽 宮 殿

的豪華、貫串二、三樓的圓柱、半露柱的巨大柱列（圖659）（註13）等構造的雄壯，及與安德烈・諾特爾（André Le Notre 1613～1700）設計的大庭園之完美結合中當有更大的意義。

這座亦可稱爲一首大空間交響樂的凡爾賽宮首先由盧・沃着手興工，他死後由阿德安・曼薩爾（Jules Hardouin Mansart 1646～1705）（圖662）（註14）所完成，故祇有盧・沃與曼薩爾才是17世紀後半路易統治下所發展的法國巴洛克之最大建築家。阿德安・曼薩爾更在凡爾賽庭

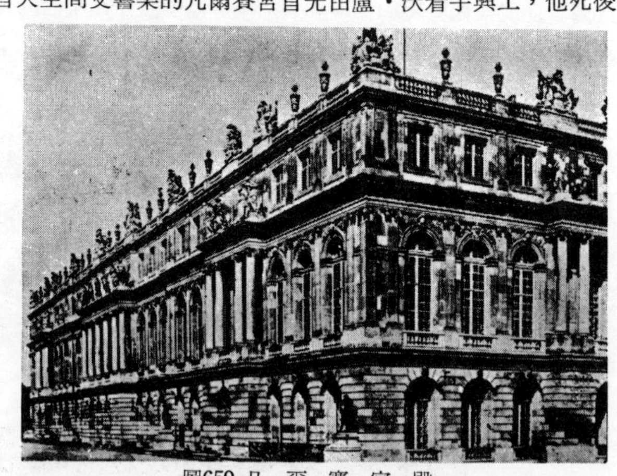

圖659 凡 爾 賽 宮 殿

註13 這種形式稱巨大式(Colossal Order)，盛行於此一時代。
註 4 阿德安・曼薩爾 其作品除凡賽宮及 Grand Trianon 之外，巴黎榮民醫院的圓頂亦爲他的名作。

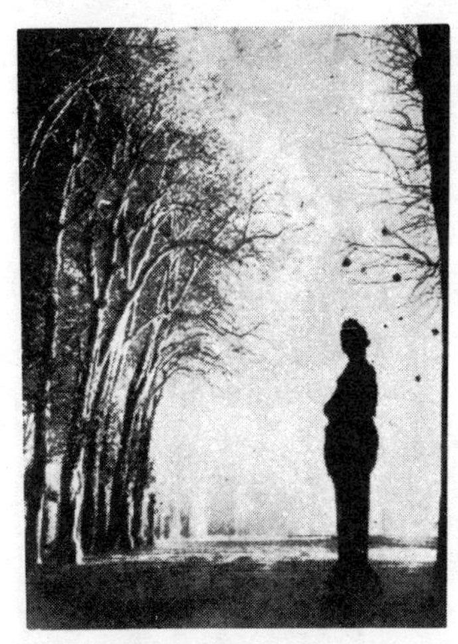

圖660 凡爾賽宮庭園之一部

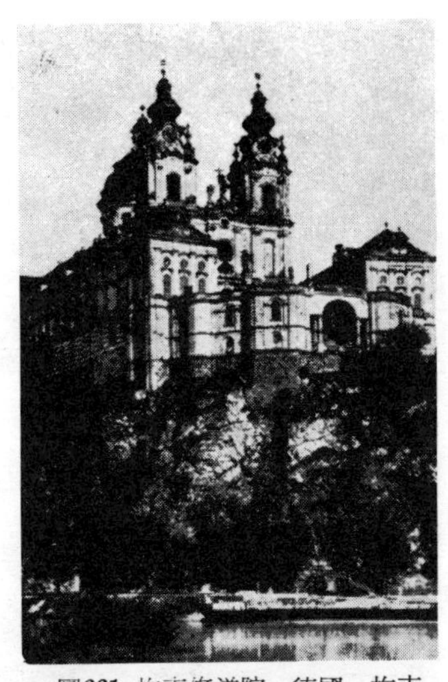

圖661 梅克修道院　德國　梅克

園中，在與庭園的同等密切關係上興建格朗・特利亞隆，此外以巴黎爲中心，他還建過許多豪華的居館。

巴洛克建築不限於法國及義大利，在其他的歐洲諸國亦極盛行，留傳至今的壯麗建築更指不勝屈。諸如德國的情況，在德人特有的激烈表現意志之下，即使作相當自由的表現，要之在某種意義上仍可列入那發端於義大利並全盛於法國的樣式之各類型。

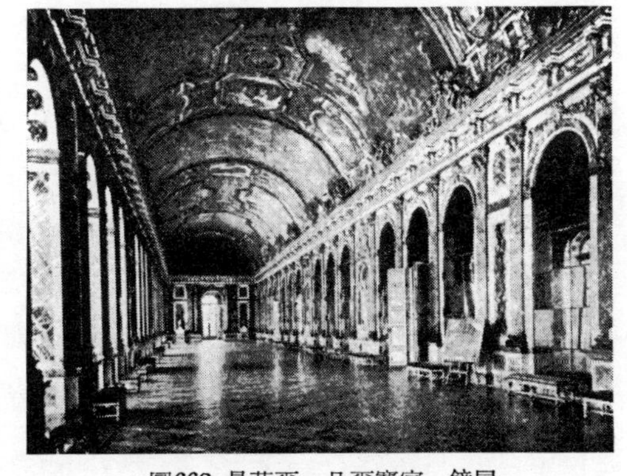

圖662 曼薩爾　凡爾賽宮　鏡屋

第2節 彫　　刻

義 大 利

在巴洛克樣式中，彫刻逐漸變成建築的裝飾，已失去獨立的機能，自米開蘭

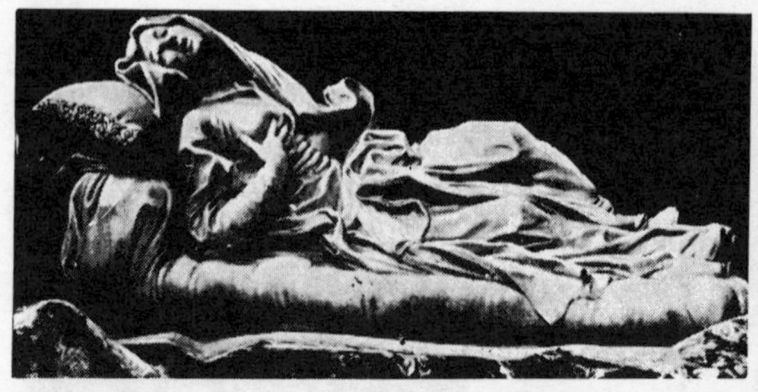

圖663 柏尼尼　天之嬌女亞貝特娜

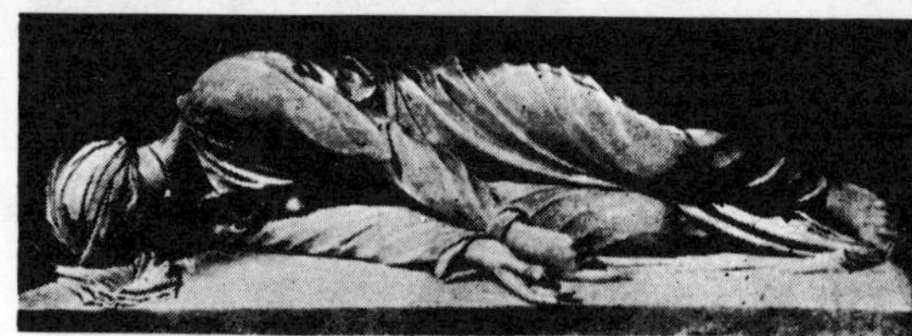

圖664 馬特納　聖且契里亞

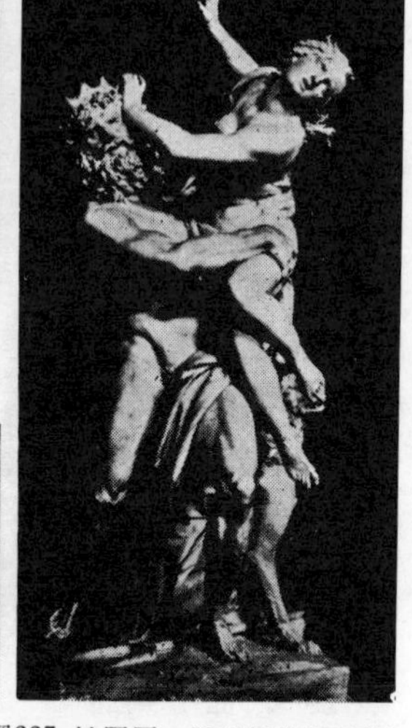

圖665 柏尼尼　黑地斯與波賽楓

基羅以後至19世紀間彫刻異才的輩出之中惟一的偉大彫刻家便是義大利的柏尼尼(Giovanni Lorenzo Bernini 1598～1680)（圖663, 665, 666, 667）（註1）。

柏尼尼才是確定巴洛克的時代精神與方向的金字塔。當然，早在他以前，自16世紀末以來其他的美術範疇亦首先結合耶穌會的神秘瞑想與熱情去發展，從文藝復興的勻整完滿之美進入流暢複雜的繪畫效果，這早在米開蘭基羅晚年的作品已可見其端倪，至17世紀，斯特法諾・馬德納 (Stefano Maderna 1576～1636)與亞加底 (Algardi 1602～54) 便截然揭示了巴洛克的旗幟，及至柏尼尼出現更達於藝術的頂點，這個柏尼尼最初的傑作乃是爲樞機官所作的4件大理石像（註2）——「艾尼阿斯與安基賽斯」「大衞」「黑地斯與波賽楓」（圖665）

註1　柏尼尼　以彫刻家彼埃特羅之子生於拿波里，1605年全家搬往羅馬，早在1629年便充任聖彼得教堂的建築技師。深得烏巴諾8世爲首的歷代教皇之信任，在教堂、宮殿、彫刻、靈廟、噴泉裝飾等發揮過多方面的才華，69年應法王路易14之請赴巴黎，製作法王的胸像，及設計盧浮宮東側正面，歸國後在克列門斯9世跟前渡過幸福的日子，17世紀的建築與彫刻可以說全在他的影響及風格下求發展，代表作有烏巴諾時代的「倫基諾斯」（聖彼得教堂）、因諾千特10世時代的「聖特列莎之陶醉」（瑪利亞・維多利亞教堂）、克列門斯10世時代的「天之嬌女亞貝特娜」（聖弗蘭且斯可教堂）。

註2　這四件作品大約是1622年左右他24歲時的作品，現藏羅馬波各賽美術館。

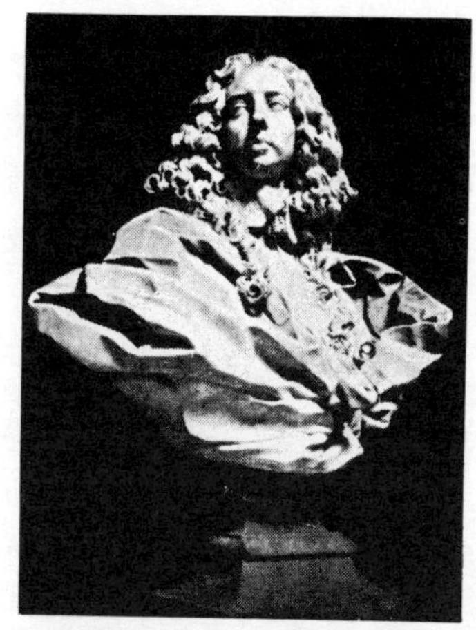

圖666 柏尼尼　弗蘭且斯可・達・耶斯特像

「阿波羅與黛芙尼」，其中「黑地斯與波賽楓」顯現了他圓熟期中益發强烈的流動結構、及一種神秘的幻想與華麗充塞於內的官能表現。其後柏尼尼在法皇烏巴諾8世 (Urbano VIII) 及因諾千特 10 世 (Innocento X) 的愛護之下益加成熟，遂產生了「聖特列莎之陶醉」 (圖667)那種幽幻與流麗、官能與優美在流動的韻律及無限的動態中完美統一的傑作。他在肖像彫刻方面亦以精細的觀察及確切的寫實抓住人物的性格與體質，此外在建築裝飾上亦表現其多才多藝，以17世紀義大利最具代表性的美術家而光芒萬丈。

另外，與他同時代或比他稍後尚出現幾個較好的彫刻家，他們雖然都在巴洛克彫刻的發展上多少有點貢獻，然皆遜於柏尼尼一籌或隱藏在他的蔭影之下。

法　國

16世紀以來，以義大利模仿爲基調的法

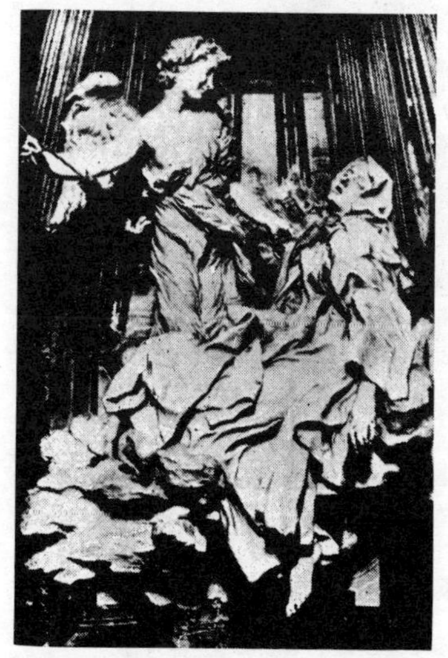

圖667 柏尼尼　聖特列莎之陶醉

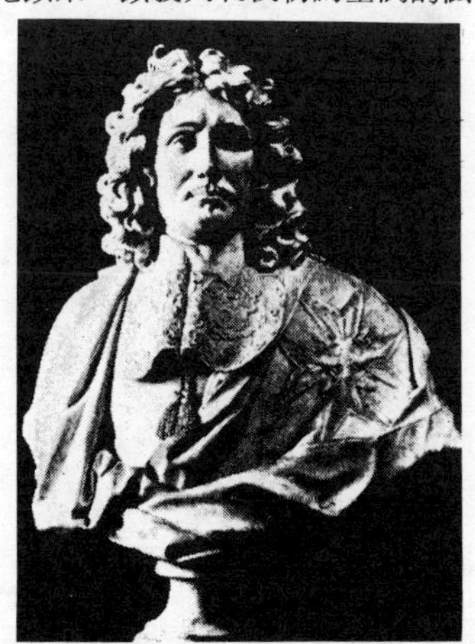

圖668柯斯沃克斯　柯貝爾像

國彫刻一進入17世紀便如建築般地走向巴洛克樣式，同時作爲建築裝飾的使命益發增大，許多肖像彫刻亦在建築與庭園裝飾的目的上重於紀念碑式的目的，特別是任職於路易14官廷，並爲凡爾賽宮而工作的當代代表性彫刻家，他們不論在肖像彫刻上或神話彫刻中這種傾向皆很明顯，同時亦多強調17世紀式的世俗權力及官能美。

彫刻家方面，前半期有布丹父子（註3），後半期卽路易14治下的官廷藝術家有彼埃爾·普傑 (Pierece Puget 1622～94)(圖669)(註4)，吉拉頓 (Frangois Giradon 1628～1715)（註5）、柯斯沃克斯 (Antoine Coysevox)（圖668, 670）（註6）等諸家舉出，不用說，他們也是裝飾彫刻家，即使同爲17世紀之人，但遠不及義大利的柏尼尼。

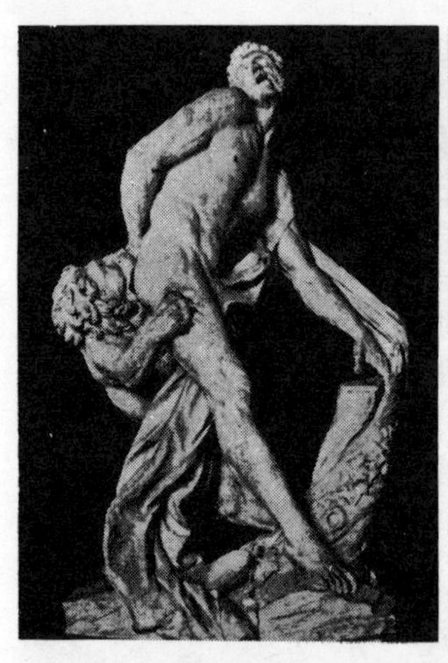

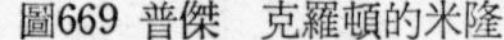

圖669 普傑　克羅頓的米隆

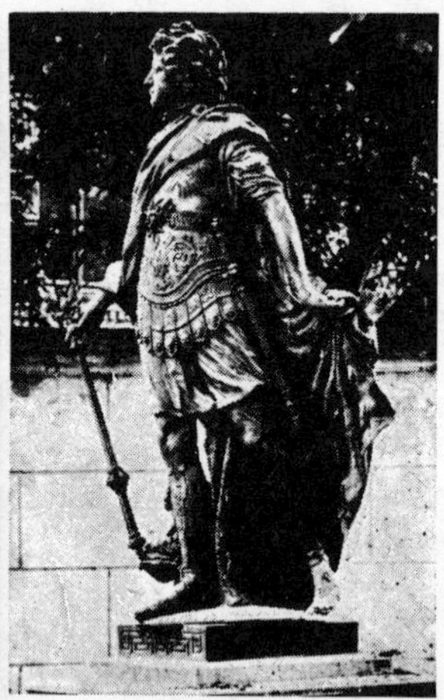

圖670 柯斯沃克斯　路易14像

最後，在義、法以外的國度，其建築的附屬性、裝飾性更強，加之流動性或感情表現甚至被推展到誇張的程度，如是在繪畫傾向顯著的17世紀，彫刻不祗走往繪畫的方向，作品上亦不得不說是成績較小的時代。

註3　布丹父子 Thomas Boudin ?-1610, Barthelemy Boudin ?-1637

註4　普傑　生於馬賽附近，在翡冷翠、羅馬求學之後，活躍於馬賽、突隆，「克羅頓的米隆」（圖669）爲其代表作。

註5　吉拉頓　生於特洛瓦，求學於羅馬之後，在盧·布南的監督下，擔任盧浮宮（阿波羅室）、杜易利宮、凡爾賽宮等的裝飾彫刻。

註6　柯斯沃克斯　生於里昂，17歲時至巴黎，37歲以後參加凡爾賽宮的彫刻製作，一生作過很多裝飾彫刻。

第2章 繪　　畫

第1節 義大利

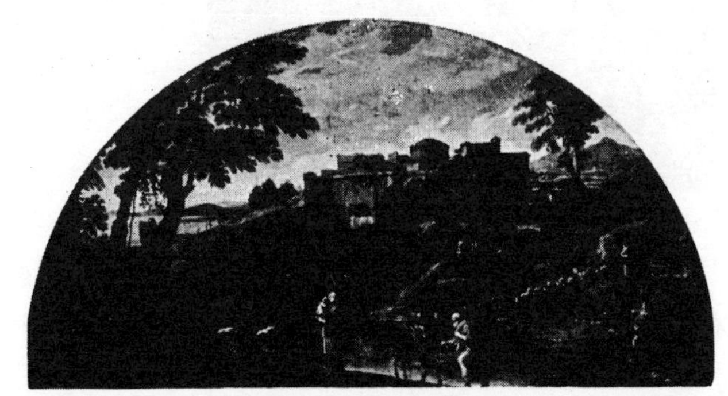

圖671 卡拉契　出埃及記

自盛期文藝復興的完美觀點來看，巴洛克美術誠爲墮落與衰退的傾向，其實文藝復興與巴洛克的藝術目的全然不同，它基於另外的藝術理念。概要地說，文藝復興在人世生活中見出生命的理想美及一種典型，巴洛克則在把握現實中所見的生命之生成與律動，當然，這種說法過於抽象，要之雖同樣着眼於現實，但所追求的是完成美與生成美的差異，此中有時代現象、潮流的諸種影響與反映，產生了文藝復興美術、巴洛克美術的兩種性格。且在某種意義上，巴洛克美術乃自登峯造極的文藝復興美術自然發展下來的過程，決不是文藝復興的墮落，應屬別開生面。

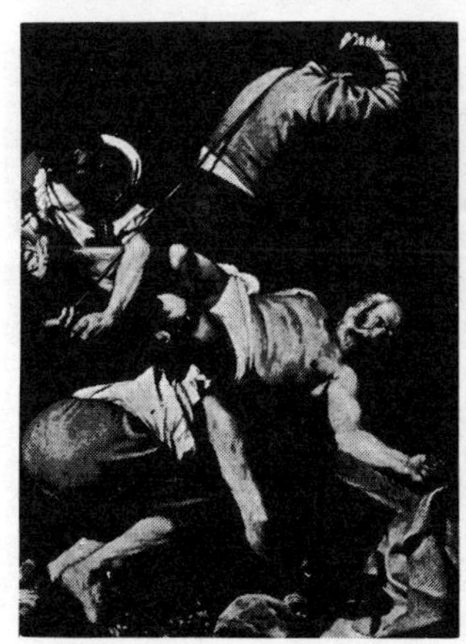

圖672 卡拉發喬　聖彼得之磔刑

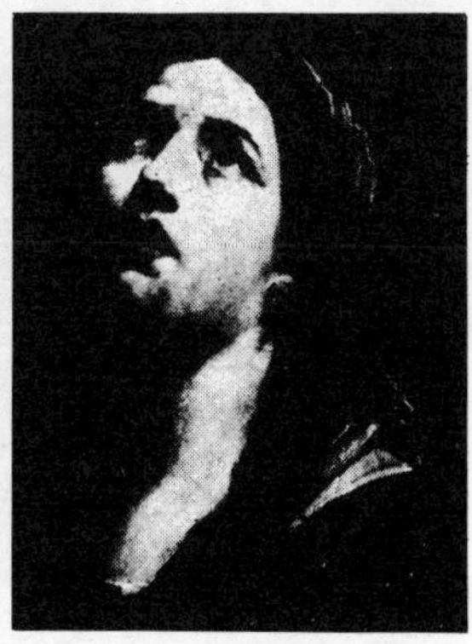

圖673 吉德・雷尼　幼兒殘殺（部份）

就繪畫世界言之，在繪畫內部的進展上又加入前述社會情勢及大衆嗜好、思想的變化，故如建築及彫刻的情況，其寫實追求

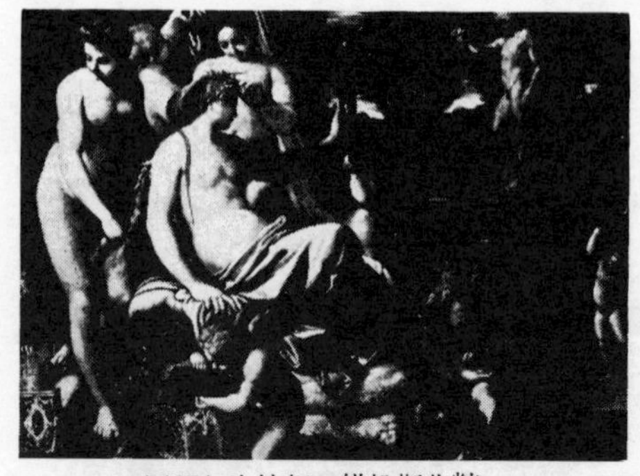

圖674 卡拉契　維納斯化粧

及現實主義更加深入，從靜的典型走向動的表現，而為統一這種動態表現又利用了明暗的對比，明暗問題自文藝復興以來，曾以自然寫實表現的重要因素而受注意，及至巴洛克時代，它不只用來模寫自然，且被用為統一畫面的結構物。

關於巴洛克藝術一般所見的其他特性與表現法已在建築及彫刻上說過，至於新繪畫的徵候則曾顯現於晚年的米開蘭基羅或柯列佐、丁多列托的作品中，至16世紀後半出現的畫家便完全走入非文藝復興的方向。

卡拉契及卡拉發喬

首先吾人可在活躍於波羅納的卡拉契一族（註１）之折衷派中看到此一傾向，羅威克・卡拉契曾以其堂兄弟亞哥斯提諾及安尼巴列（圖671, 674)的協助而在

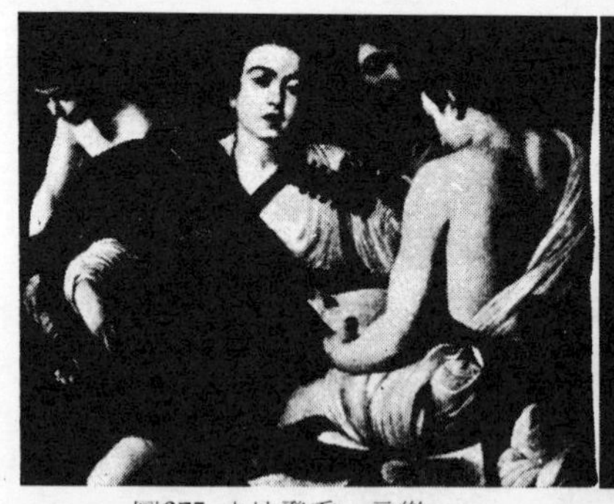

圖675 卡拉發喬　音樂

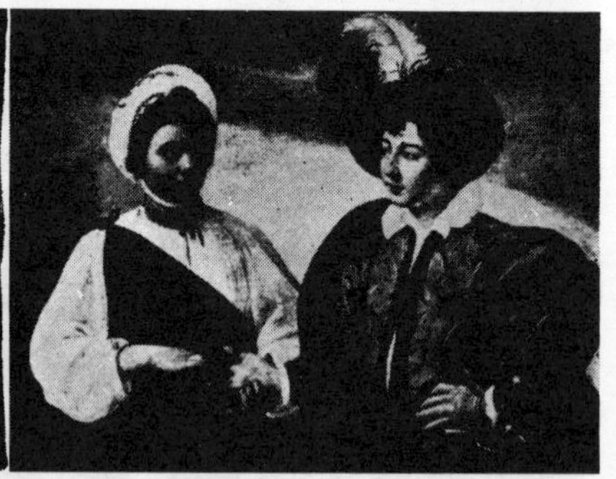

圖676 卡拉發喬　吉普賽人與士兵

註１　卡拉契(Carracci)這族畫家輩出，所謂折衷派的創始者羅德維克 (Lodovico 1555-1619)生於波羅納，亦死於該地，協助他工作的兩個兄弟中，兄阿哥斯廷 (Agostino 1557-1602) 以銅版畫見長，弟安尼巴列 (Annibale 1560-1609) 長於明快的裝飾壁畫，他折服於柯列喬及拉菲爾，作為畫家他是卡拉契一族中最傑出的一個，作品有畫在羅馬法尼賽宮的希臘神話情景，此外祭壇畫、肖像畫亦面目一新，風景畫方面亦能獨闢蹊徑。

波羅納開設畫院，從事組織性的繪畫指導，他們研究過米開蘭基羅、拉非爾、提香，乃至德爾·沙特、柯喬等文藝復興的大師而集其所長，並深切注意遠近法及明暗法，以理論重於直觀從事製作。一方面將文藝復興諸大師的精華加以消化，使之統一於時行的激情與動勢作風之下，但缺乏獨創性，其激情表現亦往往流於表面。惟在風景描寫上益發接近自然而具體，不祇在畫面上所占的比重提高，背景的風景亦作自然的表現。

對立於卡拉契一族的折衷派，並爲義大利巴洛克最具代表性的畫家當推自然主義者卡拉發喬（Michelangelo Caravaggio 1565左右～1609）（圖638, 672, 675, 676, 677)（註2），他對自然的態度已非追求一種典型，而是對現實本身的直觀，換言之，乃是現實形相的迫眞性之追求，他在喜作激情場面的宗教畫中又加上一種獨特而未加修飾的現實感與激動，並製作以粗野或純樸的市民生活原封不動地爲模特兒的風俗畫羣像（即使有幾分故事性亦無妨），或作肖像畫，他更在靜物畫上另闢蹊徑。至於使得他迫眞性更具效果的乃是有如舞臺照明似的强烈明暗對比，在此有巴洛克繪畫的明朗特質，同時比卡拉發喬之步入明暗法與現實性更重要

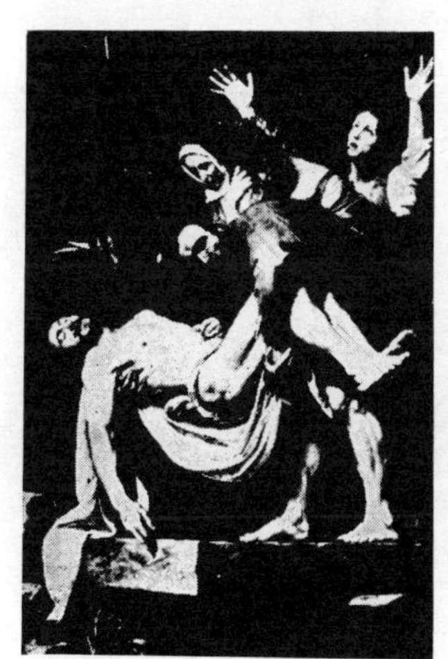
圖677 卡拉發喬　基督埋葬

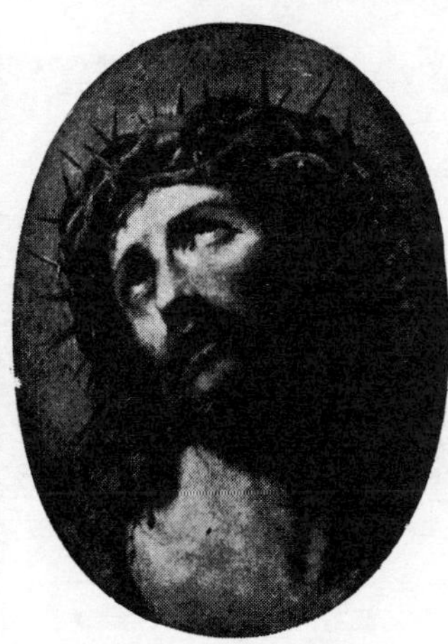
圖678 吉德·雷尼　荊冠基督

註2　卡拉發喬　本名 Michelangelo Amerighi，生於米蘭附近的卡拉發喬，活躍於羅馬及拿波里，1590年在羅馬時曾一度爲亞比諾（Cavaliere d'Arpino 1560-1640）的弟子，但不滿於其師之畫，轉入與之相反的寫實之道，作品遍及宗教、歷史、靜物，特別是他的寫實技法在風俗畫上曾發揮過自己的特色。

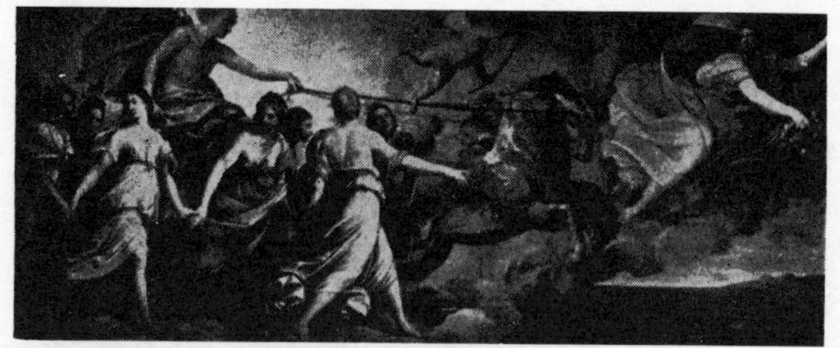

圖679 吉德・雷尼 奧羅拉

的，乃是對於爾後歐洲繪畫的鉅大影響力。

由於卡拉發喬的出現，使得卡拉發喬一派亦逐漸走入自然主義，此即在波羅納畫院求學的畫家，吉德・雷尼 (Guido Reni 1575～1642) (圖673, 678, 679) (註 3) 、亞班尼 (Francesco Albani 1578～1660) (註 4)、多美尼契諾 (Domenichino 1581～1641) (圖680, 681) (註 5) 、葛契諾 (Gu-

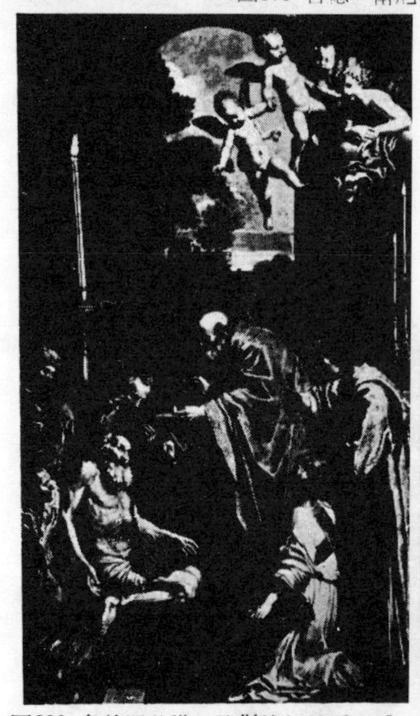

圖680 多美尼基諾 聖傑洛姆接受聖體

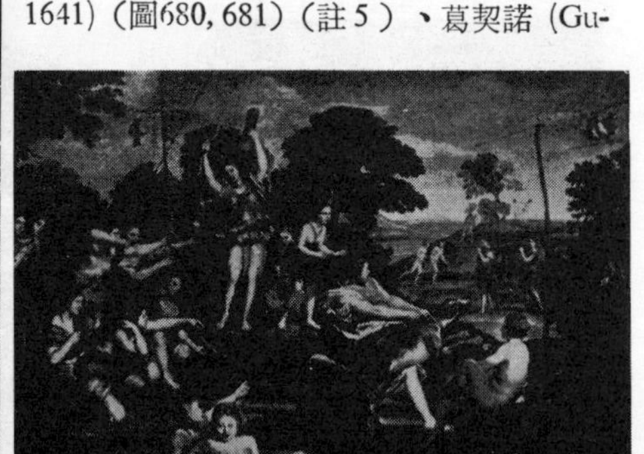

圖681 多美尼基諾 黛安娜與寧芙們

註 3 吉德・雷尼 生於波羅納附近的卡文扎諾，在卡拉契的美術院學過之後，1605年跟著工作於法尼賽宮的安尼巴列到羅馬，他在此亦受卡拉發喬的感染，曾在基里那列的聖瑪利亞・馬喬列禮拜堂壁畫及羅斯比利奧吉宮之天花板壁畫大展才華。1611年歸波羅納，羅德維克死來他繼爲波羅納派的畫家。惜至晚年，構圖已趨類型化，色感的溫暖盡失，風格上已無生氣・

註 4 西班尼 生於波羅納，從其師安尼巴列至羅馬，在維羅斯四宮的製作上聲名鵲起，並與吉德・雷尼共同作過事。代表作有波格賽賽的寓意畫，以明朗輕快的色調爲特色，

註 5 多美尼基諾 本名 Domenico Zampieri 生於波羅納，作過羅馬波格賽、法尼賽宮

ercino 1591～1666)（註6）等，其折衷主義即使亦逐漸甘美化，但仍被卡拉發喬的明暗法及戲劇性表現所左右。此外，在拿波里有同樣以卡拉發喬式的強烈明暗對比來描寫激清的戰畫及粗獷的自然景觀之羅薩 (Salvator Rose 1615～73)（註7），他在17世紀極少文藝復興那種傑出大畫家的時代中也是個重要的畫家之一，同時他的風景描寫即使空想的傾向極强，然已對地位逐漸提高的風景畫關心大增，作為風景畫獨立途上的開拓者是必須被重視的。

第2節　西　班　牙

17世紀在某種意義上是西班牙王國的時代，也是全盛的時期。世紀之初即使有荷蘭獨立，然在世界任何地方仍皆擁有殖民地，宣揚其世界第一强國的富裕與勢力。且這個民族是熱情的，故熱情且時爾

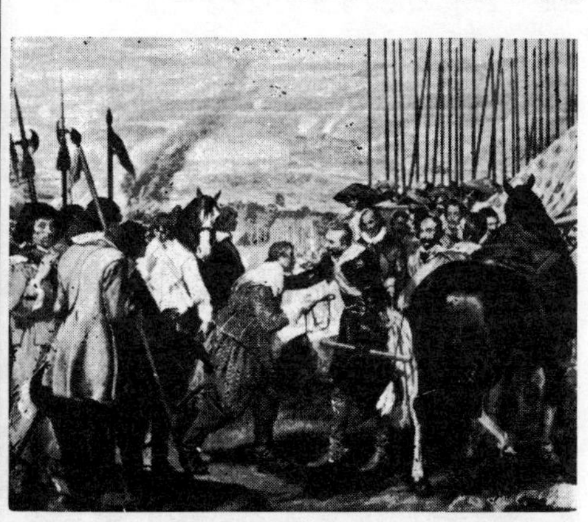

圖682 葛里柯　毛衣夫人　　圖683　維拉斯貴茲　布列達之獻城

的壁畫，以教廷畫家博得聲名，其甘美的戲劇性表現雖稍缺情感，但與雷尼同為波羅納的代表畫家。

註6　葛契諾　生於非拉拉的千特，死於波羅納。1610年以來在波羅納受卡拉契一家的影響，自16年作「聖母子與聖者」以後便採入卡拉發喬式的强烈光線之明暗，表現充滿量感的新鮮趣味。晚年定居波羅納受雷尼影響，其風格亦逐漸弱化。

註7　羅薩　生於拿波里附近的阿列尼拉，為里貝拉（見303頁）的弟子，亦深受卡拉發喬的影響，活躍於羅馬、拿波里、翡冷翠。作品取材於聖經及歷史，以犀利的明暗對比作激情的表現，特別在幻想的、浪漫的風景描寫及戰鬪場面中發揮過獨特的熱情。他也是個詩人、歌手，一生充滿坎坷的命運。

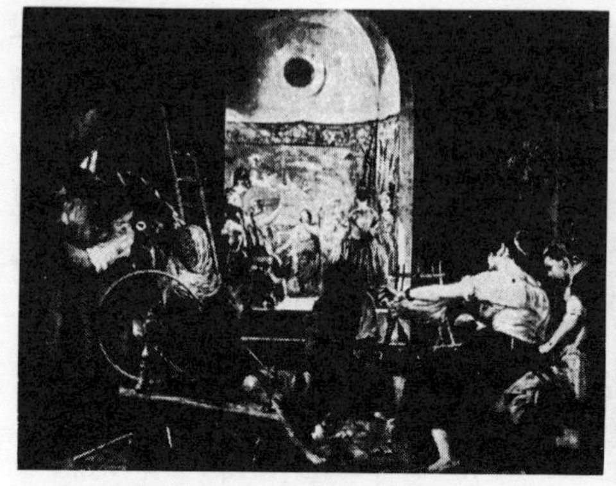

圖684 維拉斯貴玆　紡織女工

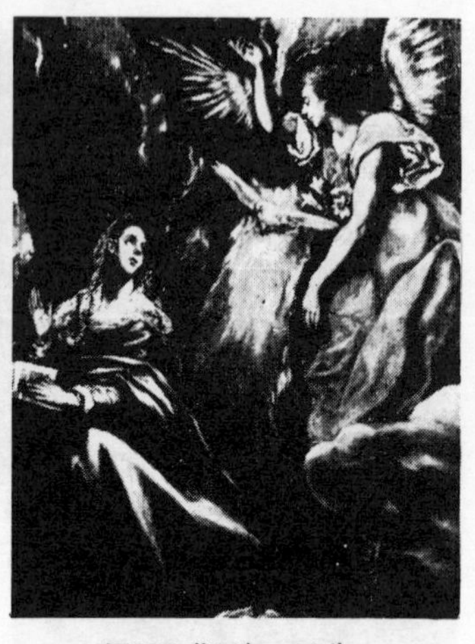

圖685 葛里柯　聖告

易陷於狂熱信仰的耶蘇會在這個國度最容易發展。自16世紀以後，美術與政治的合一及西班牙人的愛好對它亦有助益，同時又受到義大利——特別是特色在於豪華的世俗性與彩色中中的威尼斯派，乃至寫實的弗蘭德爾派兩面的影響，這些地方的名作多用來裝飾王室或貴族的邸宅。惟至16世紀為止西班牙仍未出現過傑出的美術家，不過是傳至該國的拜占庭式與新文藝復興式的表面混合，然一至17世紀，在官廷及教會的保護下，一時特別在繪畫方面美妙絕倫地畫家輩出，使西班牙變成本世紀歐洲畫壇最生氣蓬勃的一大中心地。

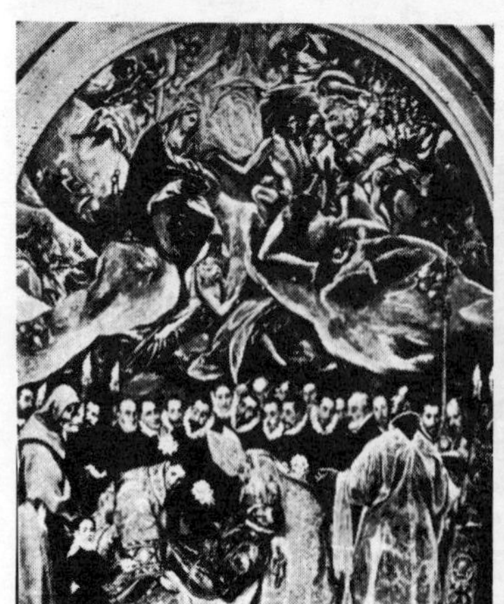

圖686 葛里柯　奧加斯伯爵之埋葬

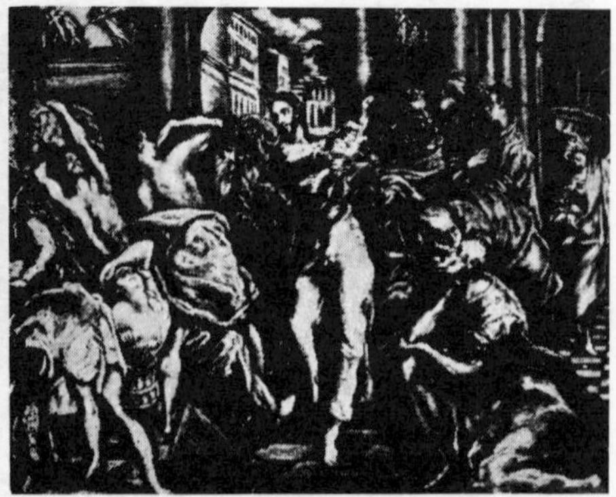

圖687 葛里柯　把奸商趕出神殿的基督

葛里柯及里貝拉

17 世紀西班牙最初的大畫家乃是生於希臘的埃爾·葛里柯 (El Greco 1541～1614) (圖582, 685, 686,687,688,689)（註1），他雖不是西班牙人，但一生完全融入西班牙，他把從威尼斯學到的大膽表現與強烈色彩透過流動性的明暗效果而更加以強調，雖以銳利的寫實為基礎，但在顯然

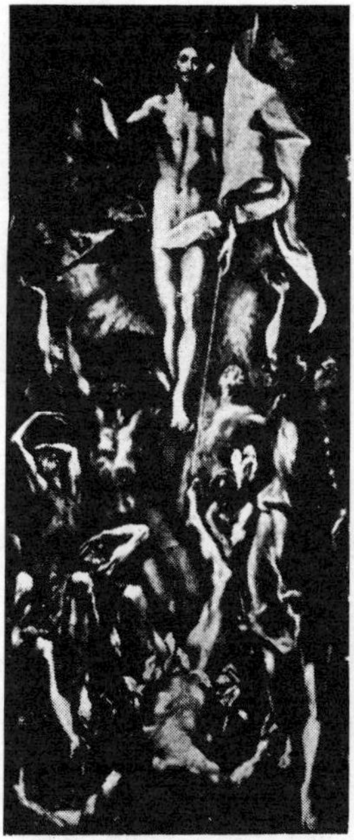

圖688 葛里柯　基督復活

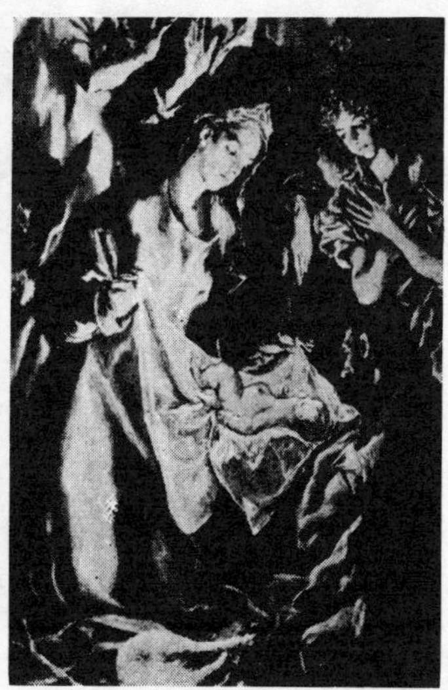

圖689 葛里柯　牧羊者的膜拜

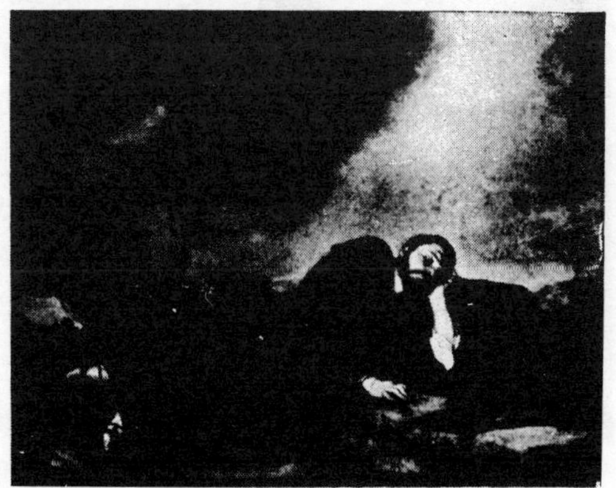

圖690 里貝拉　雅各的梯子

註1　葛里柯　本名 Dominicos Theotocopulos，生於克里特島附近的康底亞，很早就來到威尼斯師事提香，亦受丁多列托及米開蘭基羅作品的影響。1570年遷羅馬，77年以後定居西班牙托利多，變成西班牙最具代表性的畫家，他作畫題材幾全為宗教與肖像，由於特別的深刻明暗與色彩及十分細長的人體描寫，使畫面充滿了恍惚的興奮狀態。其代表作在雄壯的構圖及深刻動人的表現上，當推歐洲繪畫史上數一數二的傑作「奧加斯伯爵的埋葬」，乃至「聖馬烏利提的殉教」「基督磔刑」「瑪利亞加冕」等；他如肖像亦有很多具有嚴格寫實精神的名作。日本大原美術館亦藏有他的名作之1「聖告」（圖686）

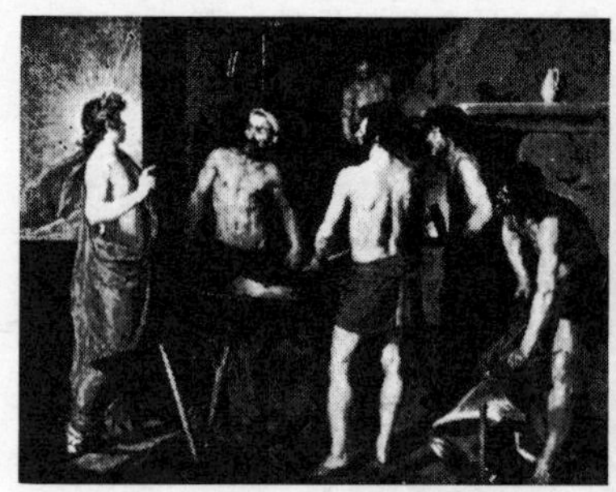

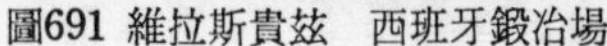

圖691 維拉斯貴茲　西班牙鍛冶場

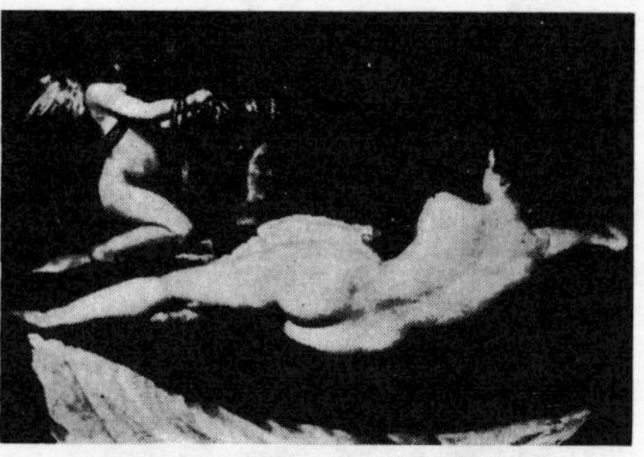

圖692 維拉斯貴茲　維納斯與邱彼得

忽略均衡的人物表現中確實充滿了西班牙人的熱情及耶蘇會的宗教神秘感，換言之，他才是最西班牙化的畫家，也是17世紀耶蘇會畫家之最大代表者。他的作品給19世紀的塞尙以極大的影響。

與葛里柯一樣對西班牙繪畫的確立有極大貢獻者當推里貝拉(José de Ribera 1588～1652)（圖690)（註２），他與葛里柯相反，儘管他是西班牙人，但一生大部份在當時西班牙勢力之下的拿波里渡過，變成拿波里派的代表者。他從卡拉發喬處學到自然主義——特別是强列的明暗對比深深地感動了里貝拉，並決定了他的方向，故里貝拉的作品大部是宗教畫。然其徹底的現實描寫之嚴肅態度卽使被當時一般人視爲醜物，他亦不放其自然主義者的態度，而且他這種强烈的寫實精神及卡拉發喬風給予本國西班牙乃至義大利以極大的影響，變成巴洛克美術的圭臬之一。

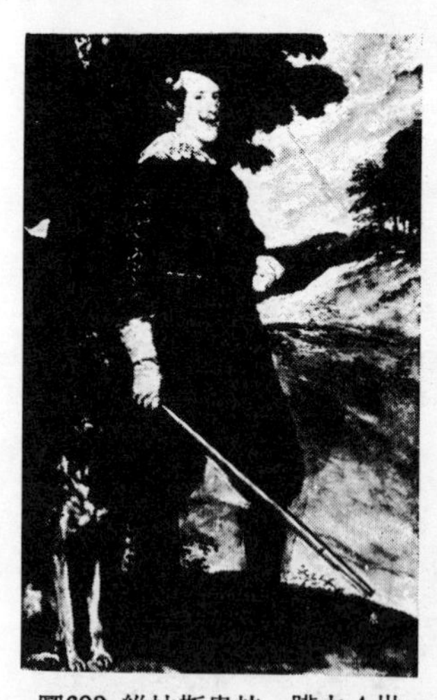

圖693 維拉斯貴茲　腓力４世

維拉斯貴玆

17 世紀西班牙 最大的畫家 、 並眞正代表這個時代西班牙繪畫風格之巓峯者當推維拉斯貴玆

註２　里貝拉　生於瓦倫西亞附近的哈提巴，在瓦倫西亞獲致繪畫的啓蒙，不久至義大利受卡拉發喬的影響。他在宗教題材之中特別好作殉教及懲罰的主題。至於在銅版畫方面亦自成一家。

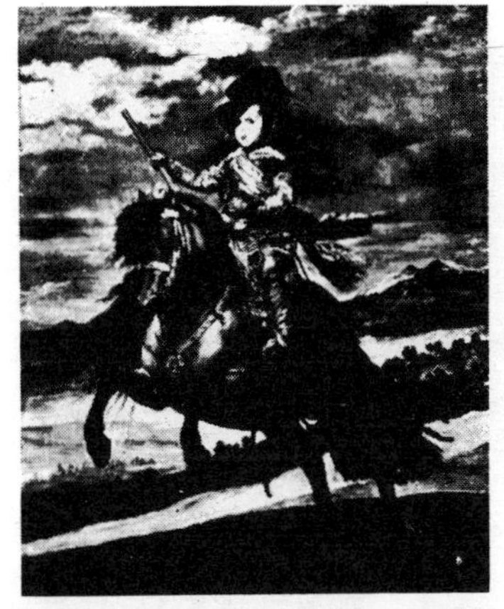

圖694 維拉斯貴玆　騎馬的頓・卡羅斯

(Diego de Silvay Velasquez 1599～1660)（卷首圖56。圖639, 683, 684, 691～699（註3)，他極力學習威尼斯派及里貝拉的畫風，並充份攝取弗蘭德爾的寫實主義，由此在空氣遠近法、明暗畫法、光線表現中達到空前的完美境界，他大概是凡・艾克以來使用油畫顏料最初最成功的近代畫家之一，對其後近代繪畫的發展直接有極大的意義，他的偉大在於雄壯結構下的畫格之博大，心理學家似的人物描寫之犀利正確及其主題的多樣性，肖像畫、歷史畫、神話畫、宗教畫、風俗畫、風景畫任何種類皆有製作，在任何範疇中皆可見到嚴格的寫實之眼，特別是1623年以後爲他所效忠的西班牙王及其族內宮廷人物、或是爲羅馬教皇所作肖像畫乃是歐洲繪畫史上最傑出的肖像畫，他好用銀灰色、灰紅色，其色調的優雅及穩重之美十分獨特。維拉斯貴玆的傑作除上述的肖像畫之外，尚有鉅作「布列達之獻城」（圖683, 697)亦不可或忘，不，這件作品才可稱得上是他的偉大之總和。

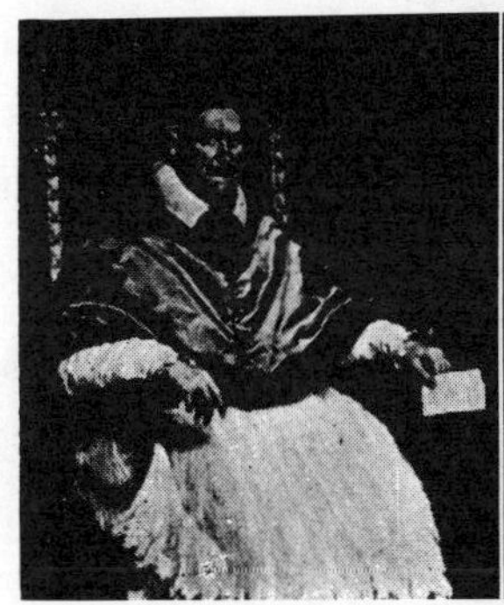

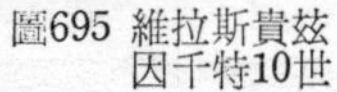

圖695 維拉斯貴玆
因千特10世

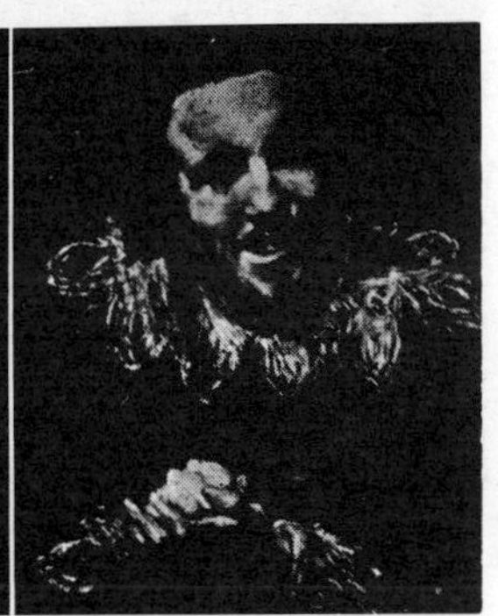

圖696 維拉斯貴玆
小丑（部份）

註3　維拉斯貴玆　生於塞維爾，1622年至首都馬德里，次年即已成腓力 4 世的宮廷畫家。21–31年初次作義大利之旅，41–51年亦留在義大利。初期作品仍感生硬，色彩貧乏，但在義大利接觸到提香、維洛尼塞、丁多列托等的傑作以後，作品便開始明朗化，筆觸亦趨舒暢爽快，變成了這個時代世界繪畫史上最大的肖像畫家之一。晚年對空氣遠近法及光線表現益趨嫻熟，其痛快的筆觸直令人想到印象派的畫。代表作如「布列達獻城」「瑪格麗特公主」「教皇因諾千特10世像（1656）等特別著名。其作品之多可見之於今日馬德里的普拉多美術館。

維拉斯貴玆誠不愧爲17世紀西班牙最大的畫家，他對當時畫壇有絕大影響力與支配力。

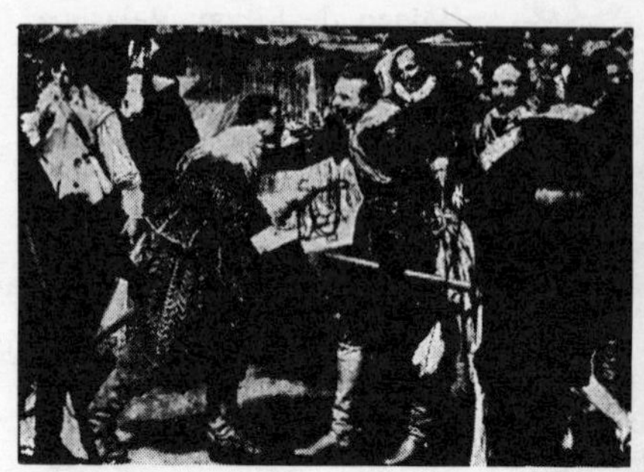

圖697 維拉斯貴玆　布列達之獻城](部份)

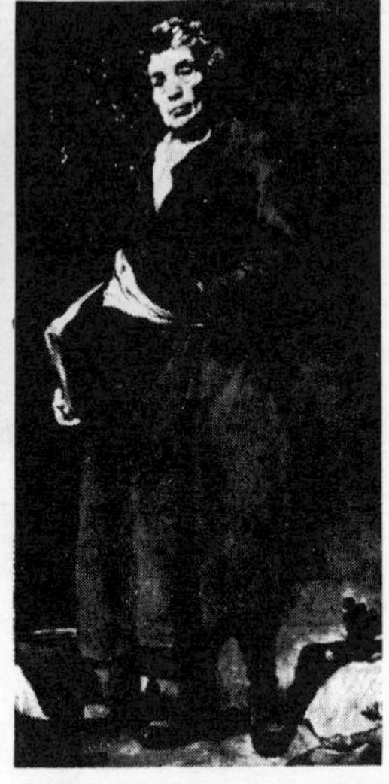

圖698 維拉斯貴玆　伊索像

慕里羅及蘇巴蘭

維拉斯貴玆之外，在全盛的西班牙尙有其他畫家存在，此卽慕里羅與蘇巴蘭。最傑出的維拉斯貴玆亦出身賽比利亞，此地是17世紀西班牙美術的一大中心，當維拉斯貴玆遷往馬德里時，慕里羅便君臨了賽比利亞的美術界。

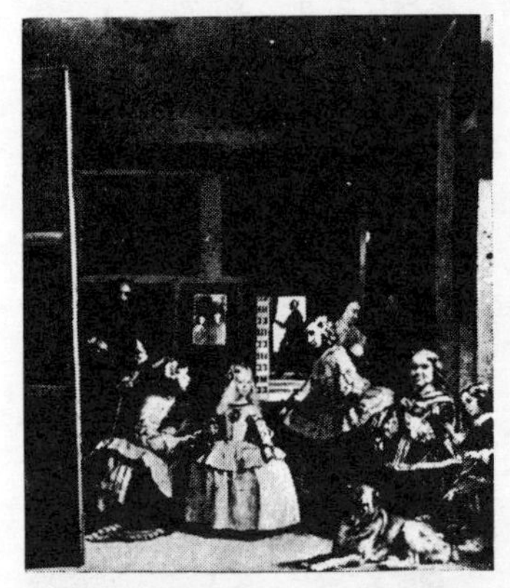

圖699 維拉斯貴玆　公主與侍女們

慕里羅 (Bartolomé Esteban Murillo 1617～1682) (圖640, 700, 701, 702)(註5) 年青時到過馬德里，與鄉先輩維拉斯貴玆學畫，並在當時西班牙宮廷所藏威尼斯派或弗蘭德爾的

註4　布列達之獻城　1634-35年作，主題是1625年在弗蘭德爾境內的西班牙與荷蘭之戰，布列達鎭在西班牙軍10個月的包圍之餘，遂告不支而淪陷，這幅就是畫的荷蘭將軍納索與西班牙的斯比諾拉將軍作城下之盟，把城門的鑰匙交給他之情景。這是歐洲繪畫史上最大的傑作之一，維拉斯貴玆的構圖之妙及人物表現的實在堪稱完璧，色彩上亦以他所特有的灰色調貫串整個畫面，林立的槍桿及遠景的調和亦完美到無以復加。現藏馬德里普拉多美術館。

註5　慕里羅　生於塞維爾，10歲孤，在教父的養育下很早就接受美術教育，1642年自弗蘭德爾歸來，透過友人處獲悉盧邊斯的新樣式而受感動，對其風格造成極大的決定力量。43年至馬德里，以維拉斯貴玆的介紹而知悉威尼斯派的名作。歸塞維爾後任60年新設的美術院院長。

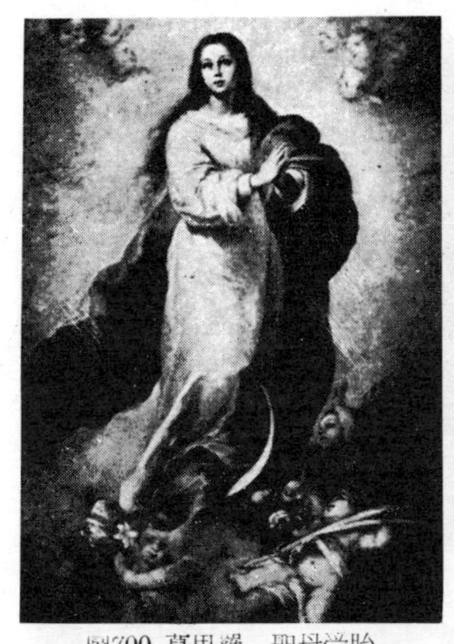
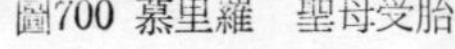
圖700 慕里羅　聖母受胎

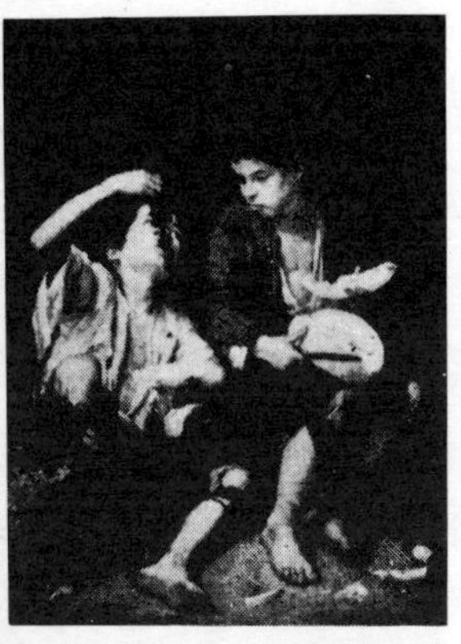
圖701 慕尼羅　吃甜瓜的小孩

盧邊斯（P. 308）等之作品中深受感動，但他並未定居於馬德里，亦求如當時許多畫家那樣到義大利求學，他很快就回賽比利亞，在此安頓下來以後所畫的作品既無當時一般賽比利亞派所見的灰黑調，亦非嚴格的耶穌會之自然主義，不是義大利或弗蘭德爾的黃金調，是柔和的宗教感情之溫雅表現。他畫過很多宗教畫，但不管瑪利亞或基督皆作溫和慈愛之貌，他也喜作取材於乞丐或流浪者的風俗畫，充滿着比犀利感更重要的和藹可親之情與慈愛氣氛。他或許不如維拉斯貴玆那麼博大精深，然在維拉斯貴玆及葛里柯之後的時代，他是個代表性的畫家，亦被稱為西班牙的拉非爾。

與慕里羅相反，蘇巴蘭 (Francisco de Zurbarán 1598～1664)(圖703)(註6) 是個最典型的賽比利亞派畫家，卡拉發喬的自然主義及明暗對比的描寫在此賽比利亞派畫家上更加深一層，色調進入了灰黑調，這種畫法對熱中於表現樸素而虔誠的僧院生活的蘇巴蘭最為明確，其後他的灰黃調明暗又逐漸走入白與黑的單色調，使畫面洋溢着獨特的嚴肅感及

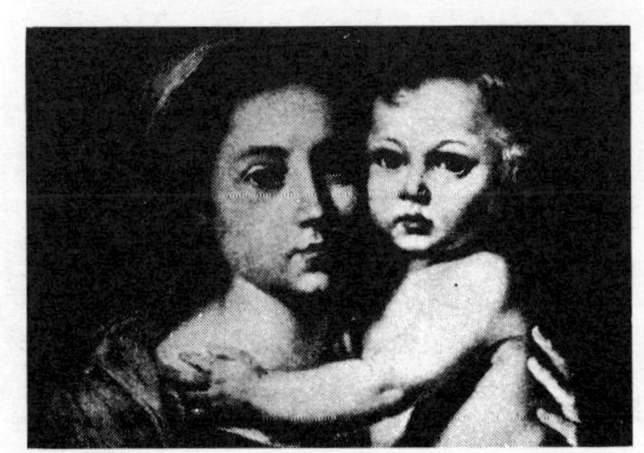
圖702 慕尼羅　羅薩利奧的聖母子

註6　蘇巴蘭　生於西班牙南部芬特·德·康特斯，活躍於馬德里、塞維爾，為腓力 4 世的宮廷畫家，塞維爾畫派的傳統是他藝術的基礎，好取材於聖者的生平。

神秘性，也爲爾後的西班牙畫壇創下一個傳統。

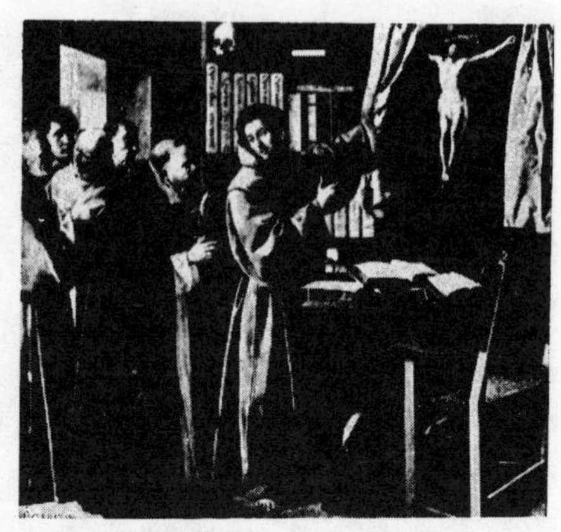

圖703 蘇巴蘭　聖波那邊特拉

第3節　法　國

普珊及羅南

前面說過，在中世文化的有力中心地法國，即使進入文藝復興時代亦無義大利或弗蘭德爾的變化那麼激烈，自16世紀開始以來，由於王朝勢力的擴大，中央集權國家宮廷的華美，在繪畫方面亦受南北新潮的滲透，特別是深受義大利的刺激，進而逐漸確立盛期的基礎。其後自16世紀後半至17世紀，義大利風不時活躍地吹入，尤其到路易14治世時代，繪畫彫刻院（Académie de Peinture et Sculpture 1663)、葛布蘭紡織品製作所(Manufacture des Goblins, 1664)、在羅馬的法國藝術院（Académie de France à Rome 1666)、建築院（Académie d'Architecture, 1971）等推廣美術的各種機構更如雨後春筍，顯然開始具備了近代的性格，即使深受義大利等國的刺激與影響，其骨子裏深藏的獨特的優

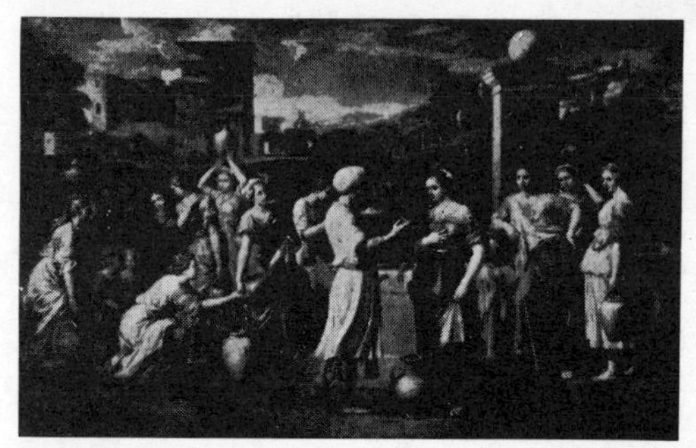

圖704 普珊　艾利埃塞爾與列貝卡　巴黎　盧浮美術館

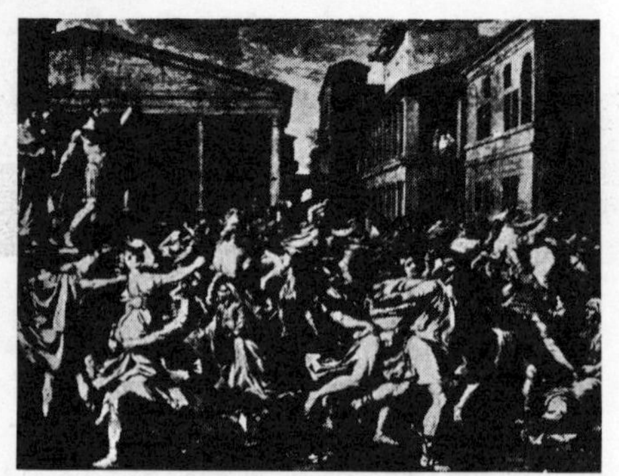

圖705 普珊　薩比納人的掠奪

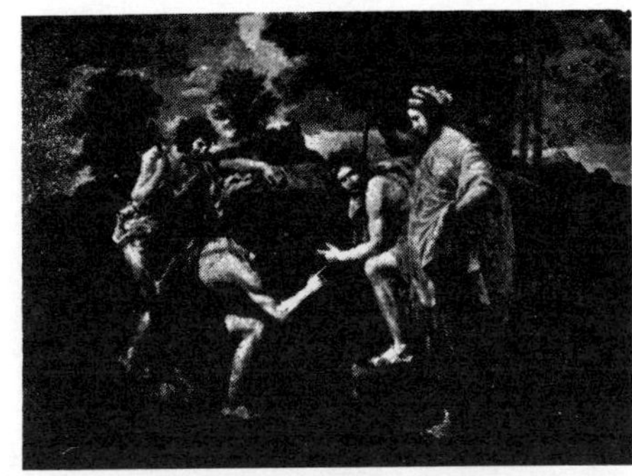

圖706 普珊 阿卡底亞的牧人

雅及簡樸的偉大已逐漸明確地顯現。這種風格的典型與代表當推法國近代繪畫之祖、世紀法國畫壇的巨擘尼可拉斯・普珊（Nicolas Poussin 1594～1665）（註１）及其直接的繼承人克洛德・羅南（Claude Lorrain 1600～1682）（註２）。

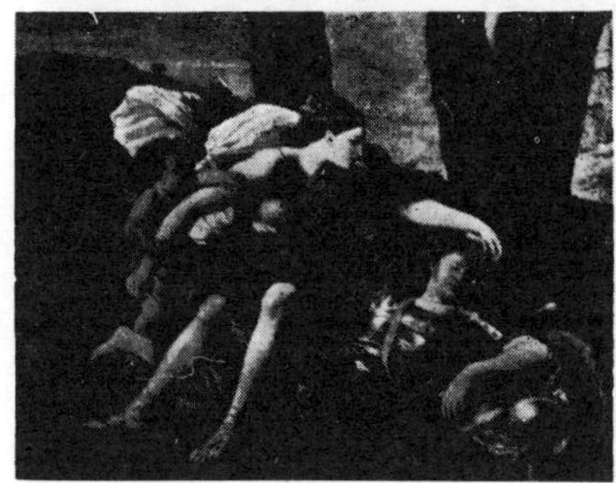

圖707 普珊 里那德與阿米納

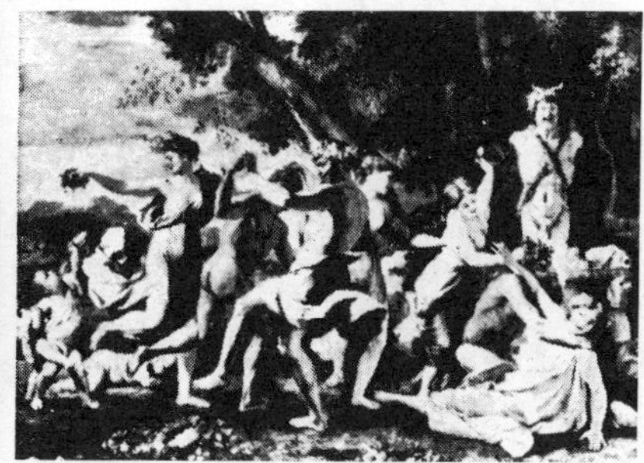

圖708 普珊 酒神巴卡斯節

註1 普珊 生於諾曼底的列・珊得，死於羅馬。18歲至巴黎，偶然的機會看到皇室收藏的拉非爾作品，遂被羅馬所吸引。1624年赴羅馬，學習卡拉契派的作品，並傾倒於文藝復興及古代，在羅馬或想像的古代風景中配以均衡及比例正確的古典人物。在羅馬他的聲名遠播至巴黎，1639年，路易13尊之為首席畫家而召他回國。然與巴黎的畫家不合，42年再回羅馬。以「阿卡底亞的牧人」「弗洛拉的勝利」等傑作聞名，被尊為法國近代繪畫之祖。

註2 羅南 本名 Claude Cellee，生於夏馬尼，年青時到過拿波里，其後到羅馬。1627年以後與普珊交情甚篤，並與耶斯亥莫及保羅・布列爾（見307頁）等光線派風景畫家結織，完成了自己的風格。25年一度歸國，但嫌棄法國畫壇，再回羅馬。他喜愛古代建築與海景，沈醉於霧靄中的太陽及光線效果，製作比普珊更抒情的古典歷史風景畫，其光線描寫開拓了走向泰納之道。

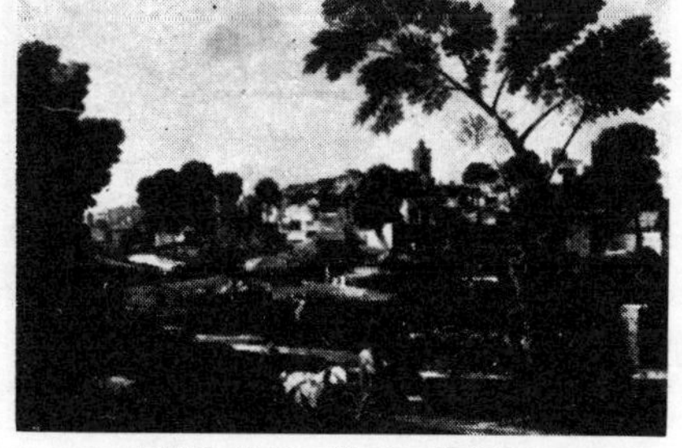

圖709 普珊 佛西恩之葬儀

畢竟法國亦屬熱心的舊教國家，它在民族上、地理上都接近於義大利，惟美術上即使完全受到影響——特別是在羅馬的法國藝術院之設立，國家方面常有計劃地派遣天才畫家赴羅馬深造——然對義大利或西班牙意味上的巴洛克、尤其是繪畫並不感到興趣，雖然同樣信奉舊教，但法國並非耶穌會國家，它亟需追求更理性的東西。故在這種氣氛下發展出來的繪畫與義大利或西班 牙比起 來將更爲單 純而穩重 ，走入取有均衡的畫風， 此乃 17 世法國繪畫的特色，其代表者正是普珊與羅南。

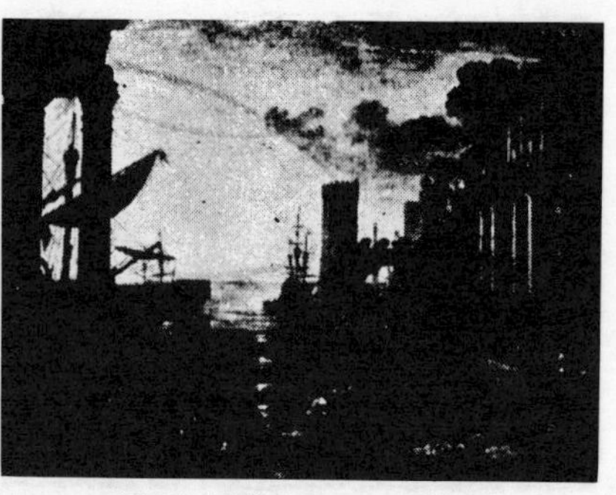
圖710 羅南　示巴女王搭船

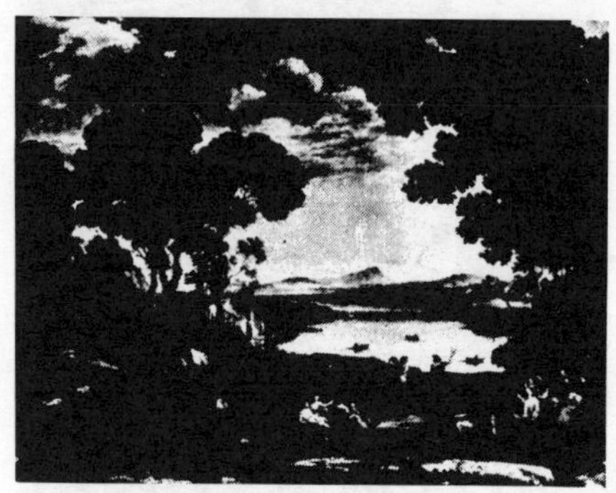
圖711 　南　伊沙克與貝卡結婚

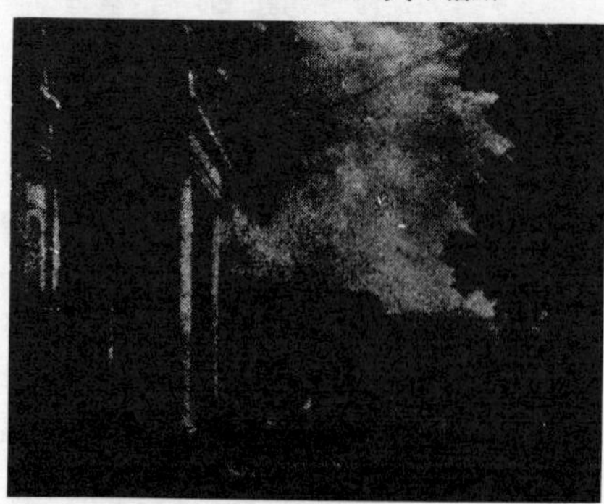
圖712 羅南　自薩姆埃接受王位的大衛

普珊（圖704, 705, 706, 707, 708, 713)一生大部份在義大利渡過，雖然深受義大利風的吸引，但他在義大利所發現的主要是文藝復興美術，其理想主義的風景描寫與神話表現當然是與義大利文藝復興繪畫不同的優雅與簡潔，例如人物的動感、明暗等顯然是屬於17世紀的藝術，由普珊的藝術更建立了路易14時代藝術院的理想。

至於稍稍後輩的克勞德・羅南（圖 641, 709, 710, 711, 712 ）亦以畫家身份一生幾全在羅馬渡過，雖然同樣學習古典，但不同於普珊的知性藝術，羅蘭是遠爲直觀的，特別是在理想主義的風景畫上貢獻極大，雖然缺乏

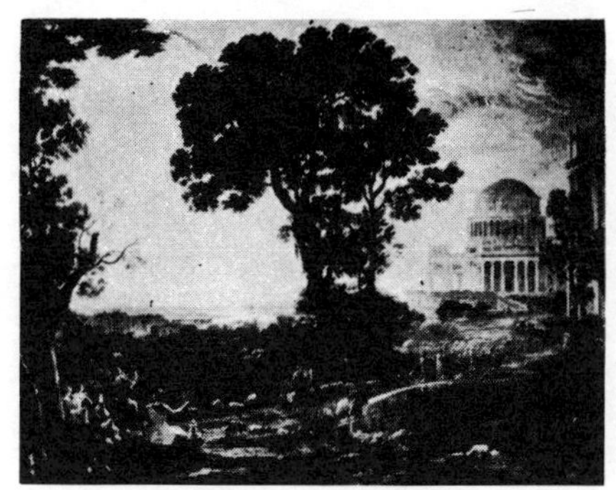
圖713 羅南 阿波羅的供品

普珊風景畫上的確實、嚴謹或秩序，但在充滿着自由、率眞且微妙的光之韻味。羅南這種光與大氣的描寫到19世紀新風景畫勃興的時候，便被視為源流而重新予以極高的評價。

繼此二人之後，世紀前半有西蒙・沃埃 (Simon Voret 1590～1469)（圖714）（註 3），後半的中心人物則為夏魯・魯・布朗 (Charbs Le Brun 1619～90)715)（圖715）（註 4），他們都是以法國宮廷為中心的畫家——即所謂古典派的代表畫家，特別是魯・布朗甚至意謂着路易時代藝術的總和，博得๑大的名聲與領導地位，當時不論王宮、

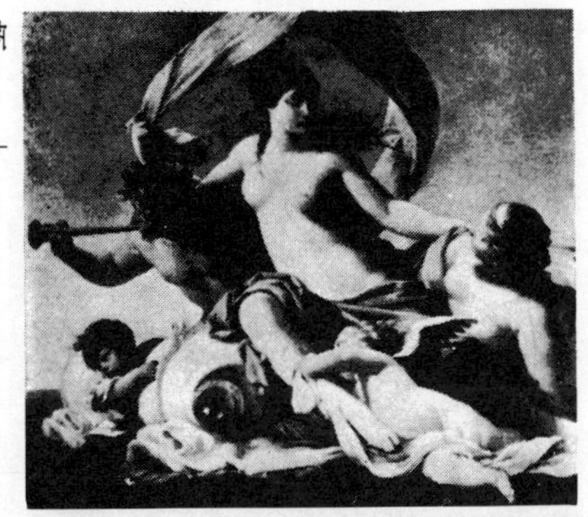
圖714 西蒙・沃埃 水上的加拉特亞

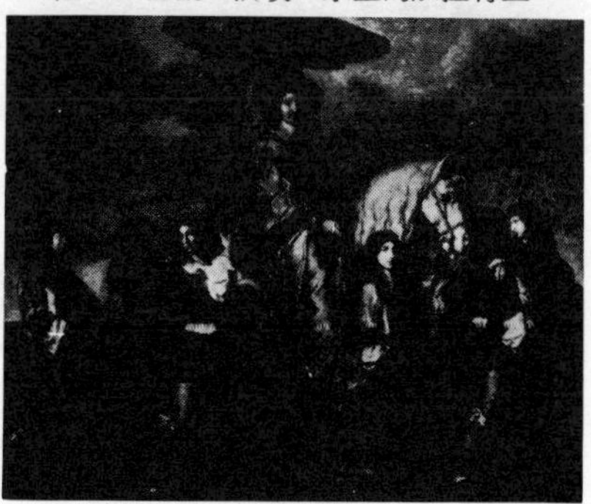
圖715 盧・布南 大法官

註 3 西蒙・沃埃 為巴黎的畫家之子，14歲被邀至英國畫肖像，1611年至君士坦丁堡，次年又至義大利，在威尼斯、熱那亞從事製作，深受教皇烏巴諾8世及詩人馬利尼之愛護，23年任羅馬聖路加美術院院長。在卡拉發喬及威尼斯派的影響下發展出明快的裝飾風格。27年回法國，成為路易13的首席畫家。其門下的學生有盧・布朗及盧許爾 (Eustache Leueur 1616-1655) 等畫家。

註 4 盧・布朗 生於巴黎，沃埃門人，到羅馬時在普珊的指導下研究古代美術。歸國後得柯貝爾之知遇，並深受路易14之寵，開始從事盧浮宮及凡爾賽等的皇室裝飾，左右了整個路易14時代的藝術活動。48年與柯貝爾共同努力於皇家美術院的設立，62年列為貴族，翌年任皇家葛布蘭紡織品製作所所長，64年為首席宮廷畫家。風格上若比之雄壯的形式，則尚覺缺乏深度，然在構想上則極其突出。

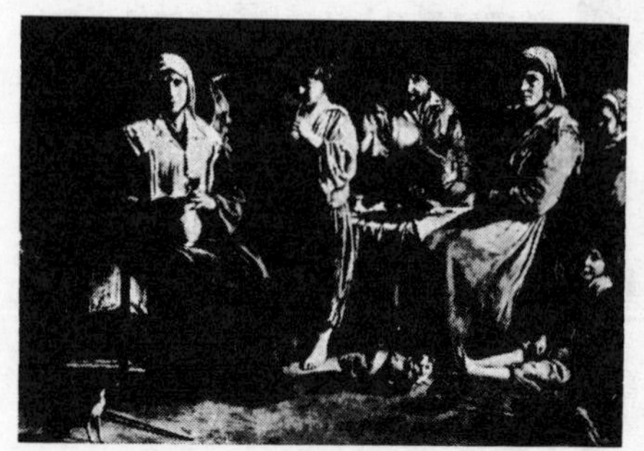

圖716 盧・南　農人的家族

城館、或教堂皆莫不在他的手下或指導下從事裝飾，並賦予權威性。

與這種以宮廷為中心並建立所謂學院派的新法國傳統畫家相反的，尚有一羣在藝術精神及表現方法上雖同樣表現法國特色，然却於平民生活的描寫中開拓獨特境界的畫家。他們是盧・南兄弟 (Le Nain) (圖716, 717) (註5)、拉・突爾 (Georges de La Tour 1593～1652) (圖718)(註6) 及以諷刺版畫聞名的卡洛 (Jacques Callot 1592～1635) (註7)。他們一方面即使也作宗教畫，但對農民或小市民生活的純樸深情及其確實描寫仍是一種民

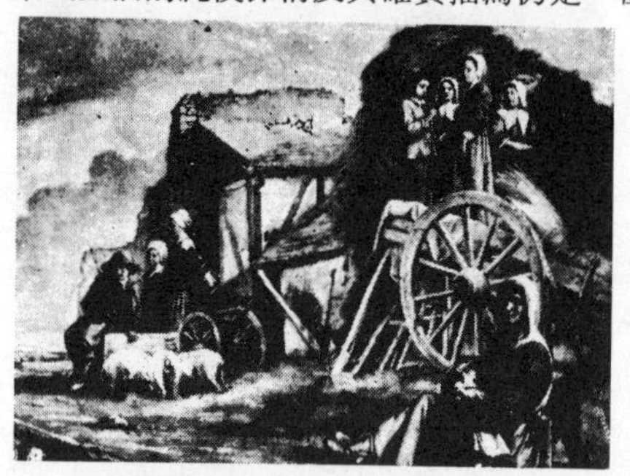

圖717 盧・南　坐乾草車同來

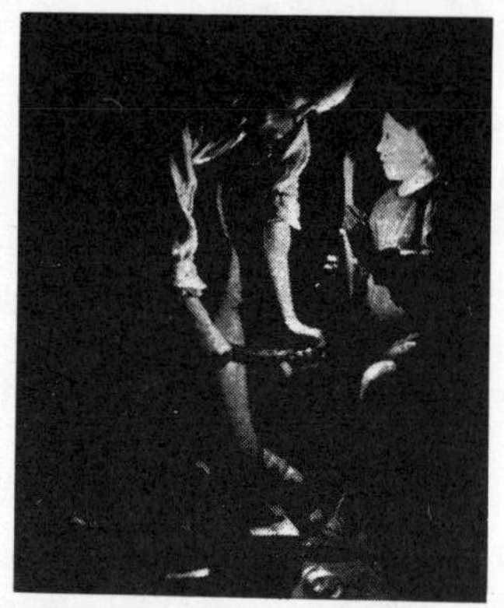

圖718 拉・突爾　木匠聖約瑟夫

註5　盧・南　為來自南地的3個兄弟畫家，長兄為安特瓦奴 (Antoine 1588?-1648)，居中為路易 (Louis 1593-1648)，么弟為馬提烏 (Mathieu 1607-1677)，他們在1629年左右至巴黎，48年皇家美術院創立之際，前2者成為會員，不久么弟亦占會員之席。生平不詳之處甚多，作品亦不易分辨，盧浮宮的「鍛冶匠」「農人們進餐」「農人的家族」等最有名。

註6　拉・突爾　生於羅倫，在羅馬與吉德・雷尼學畫，並深受卡拉發喬樣式的影響，他的深刻宗教熱情創出了獨特的風格，「聖西巴斯提安之殉教」「木匠聖約瑟夫」等傑作最聞名。

註7　卡洛　生於南西，1609-32 留在羅馬，歸國後主要活躍於南西，以富於機智的獨創手法把現實的風俗、風景、宗教題材、歷史事件處理在銅版畫上，特別是戰爭的慘劇之寫實描繪最為著名。

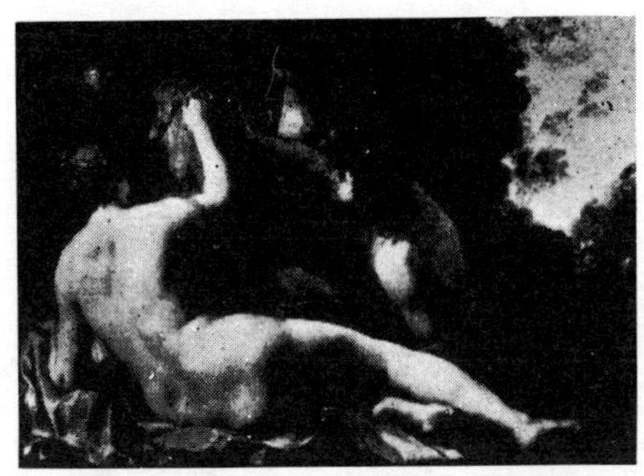
圖719 布蘭夏爾　安格利卡與美多爾

族的法蘭西味，可以說是15世紀以來的北方傳統。這種傾向縱然對17～8世紀的法國畫壇無法構成支配力，然其健康的寫實精神亦支撐了普珊或羅南的藝術，延至近代自有其新的發展。

除以上的畫家之外，布蘭夏(JacquesBlancnard 1600～38)(圖719)(註8)、香佩尼(Philipe de Champaigne 1602～74)(圖720, 721)(註9)亦各有其特色。

17世紀法國的繪畫已逐漸發揮其獨立性，並確立其後發展的基礎，然如本章一開始就屢次說過的，它還不能成爲歐洲繪畫的中心，法國要能眞正以歐洲繪畫的代表者去發榮滋長尙得等到下個世紀以後。

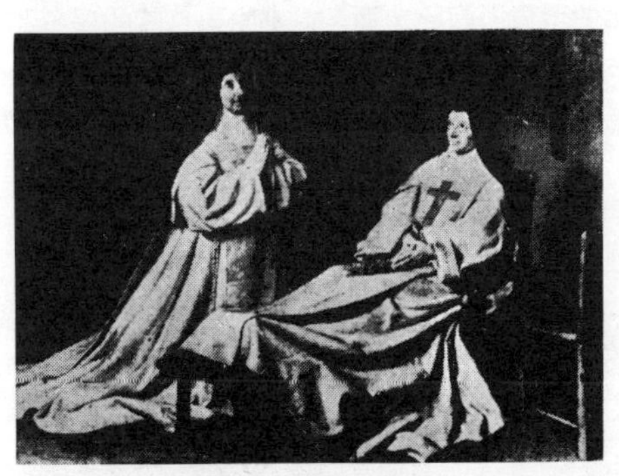
圖720 香佩尼　凱莎琳·亞諾德與修女

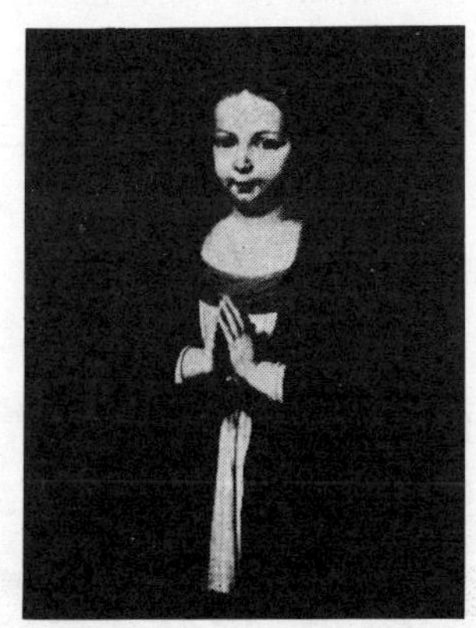
圖721 香佩尼　合掌的女孩

註8　布蘭夏　特長於女性的裸體描寫，其官能性表現成爲下一世紀的基礎。

註9　香佩尼　生於布魯塞爾，1621年至巴黎，29年入法籍，從事流克珊布宮的工作，28年任王妃梅底契的瑪麗亞之御用畫家，其後爲皇帝的畫家，42年爲皇家美術院的創立會員。參加過羅瓦雅宮、索孟奴教堂的裝飾，主要作宗教畫，亦長於肖像畫，畫過很多高官顯貴的肖像。

第4節 比 利 時

17世紀初頭在尼德蘭地方之中，北部7州獨立而成荷蘭，南部其後仍爲西班牙領地。美術方面在16世紀前半即使有布魯各那種獨特的畫家出現，但大多數人都摒棄傳統的自然主義傾向，接受了當時達於巔峯的義大利樣式，被所謂羅馬主義者的枯燥乏味作風所支配。自相對於義大利的北歐人一般的憧憬、乃至美術家們，特別是畫家們仍將義大利風引以爲榮並深感興趣，這種義大利式的理想主義乃至採入的新羅馬畫風又與他們傳統的純樸寫實精神勉强結合，結果產生了一批徒具形態的空虛而冰冷的作品。換言之，本來他們並沒有娛悅人體的環境與體驗，而是從事物與自然的深刻關心與喜悅中孕育繪畫，故一旦被義大利的輝煌理想所壓倒，便只作表面的模仿。故此羅馬主義者的作品幾乎感覺不到新時代勃興的徵兆。

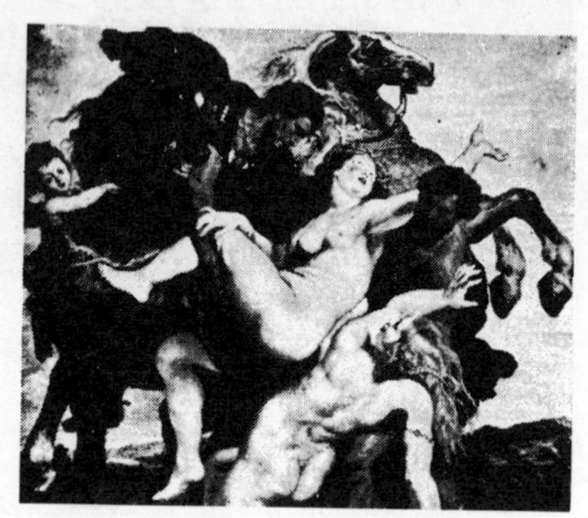

圖722 盧邊斯 誘拐列奧基坡斯的女兒

然一過16世紀的中葉，弗洛利斯 (Frans

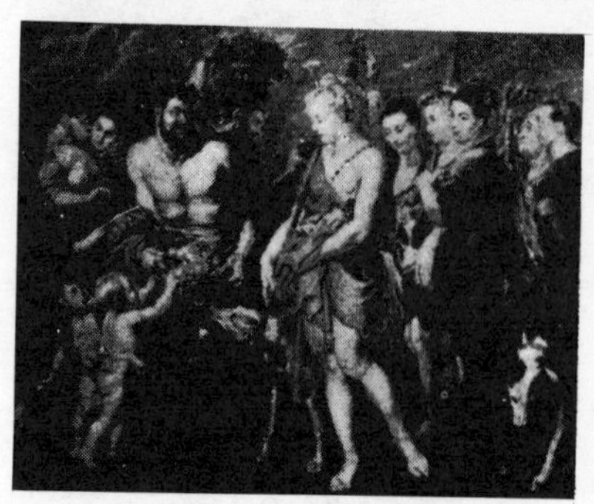

圖723 盧邊斯 狩獵歸來的黛安娜

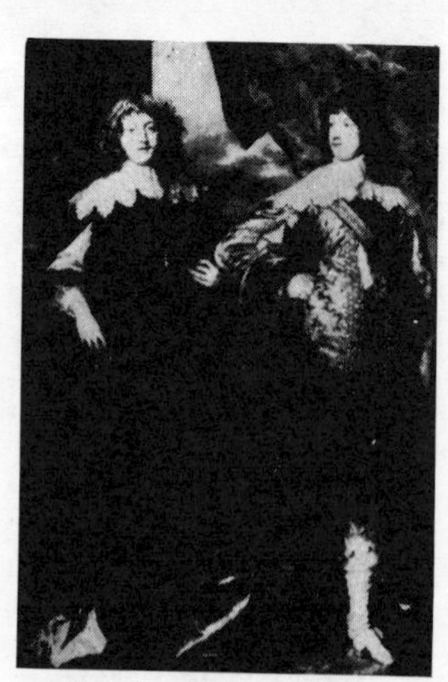

圖724 凡・戴克 青年貴族

Floris 1517左右～75）與蘇布蘭格（Bartholomaüs Spranger 1546～1611)（註 1 ）便相繼出現，在不自然的肉體描寫之同時，與前半的羅馬主義者比起來，義大利的影響已與傳統的國民感情融合無間，具備了一種獨自性。至如風景畫早自16世紀初葉已有獨特的發展，倒反而給義大利文藝復興的巨匠以相當的影響，且在世紀行將結束之際，又有柯林克斯洛（Gillis van Coninxloo 1544～1607）（圖725）那麼突出的畫家出現，他可以跟來自義大利的耶斯亥莫（Adam Elsheimer 1578～1610）（圖 727）（註2）及用明暗對比去描寫一種浪漫式風景畫的保羅・布利爾（Paul Brill 1554～1626)（圖726）（註 3）分庭抗禮。

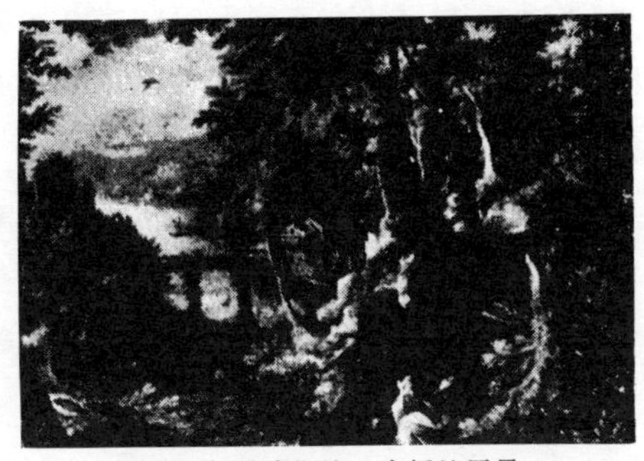

圖725 柯林克斯洛　有橋的風景

上述的風景畫及人物畫中有一種始於凡・艾克並爲布魯各所繼續的北歐特有的寫實主義，它未必消失而有如伏流，繼續仍

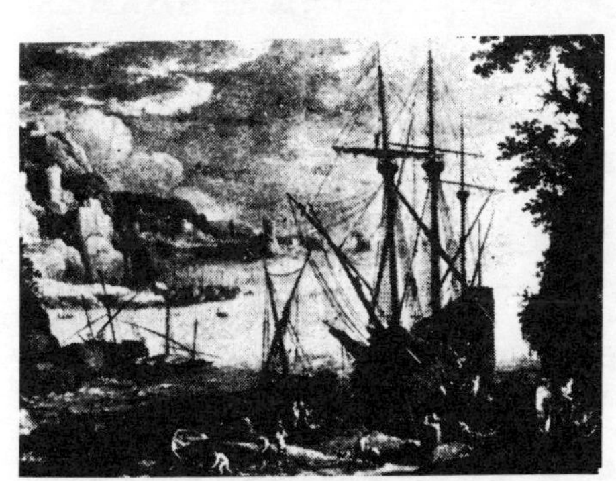

圖726 布里爾　海　　景

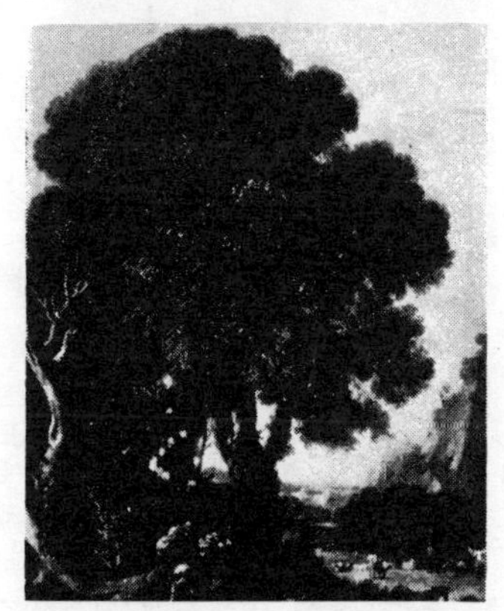

圖727 耶斯亥莫　有牧羊人的風景

註 1　蘇布蘭格　生於安特衛普，遊學於羅馬之後，在維也納、普拉格任宮廷畫家。

註 2　耶斯亥莫　生於德國的弗蘭克・安・齊，早年至羅馬，深受教皇保羅 5 世的愛護，長於以聖經或神話人物爲點景的理想化風景畫。

註 3　保羅・布利爾　在羅留學，作畫於梵蒂岡宮。

在世紀末給其後發展於荷蘭的獨特風景畫、風俗畫帶來新的氣息，儘管如此，當時整個畫壇的形勢仍舊深爲義大利的卡拉契或卡拉發喬之折衷主義與自然主義所影響。

另外就一般社會環境來說，獨立了的荷蘭信奉新教，其後以商業與貿易的市民國家去發展；反之，繼16世紀之後，在以舊教與强大貴族勢力爲背景的西班牙統治之下的比利時地方，不論是社會機構方面或趣味方面，本國西班牙的潮流皆具有壓倒性的勢力，而在這種社會與畫壇中誕生的大畫家正是彼得・保羅・盧邊斯。

盧 邊 斯

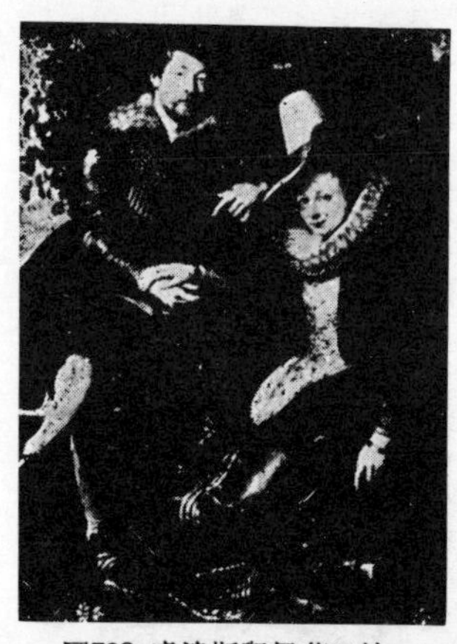

圖728 盧邊斯與伊莎貝拉

不論埃爾・葛里柯的宗教熱情表現，或維拉斯貴玆嚴謹的個性描寫皆與巴洛克繪畫之一特徵有異，但較成熟的巴洛克美術中最典型的綜合特色之完成者當推盧邊斯（Pieter Paul Rubens 1577～1640）（卷首圖54 圖644, 722, 723, 728～737）（註４），他立足於北方民族特有的寫實風及南方義大利式的肉體讚美之兩種傾向而予以統一，創立了宮廷趣味所代表的巴洛克獨特的雄壯華麗樣式，這是明快豐潤的肉體、豐富的色彩及雄壯的結構之美妙調合，也是充滿生命的現實氣息與

註４　盧邊斯　生於父親的亡命之地紀根（德境），1587年回安特衛普，98年入安特衛普畫家協會。1600–09 至義大利留學，此間主要與羅馬的畫家結識，並向文藝復興的巨匠（特別是米開蘭基羅及威尼斯派）學習，對古代學問亦感興趣，無所不學。回國不久任弗蘭德爾總督的宮廷畫家，並與名門閨秀伊莎貝拉結婚，這個時期的風格混有在義大利學到的各種要素，至 1615–16 年以後，其特有的明朗健康雄壯豪華的風格便逐漸成熟，大壁畫「梅底契的瑪麗亞之生涯」即爲此成熟期的一大傑作，此後以比利時畫壇之王的姿態出現，益發圓熟。1623年又任外交官，訪遍荷蘭、西班牙、英國及法國。26年與伊莎貝拉死別，28年與年青健康的耶麗尼・達露曼結婚，在許多弟子與讚美者的包圍中渡過充滿光榮與幸運的一生。他在安特衛普的壯麗住宅如今仍原封不動地保存爲盧邊斯美術館，其作品多達2000件，因訂購者多而應接不暇，是以其中常只草稿是親自動筆，著色則由弟子們加以完成。

古代的情趣之愉快融合。他製作的範圍遍及宗教畫、神話畫、肖像畫、歷史畫、風俗畫的一切領域，他的偉大有如雄壯的管弦樂團之指揮者，他把各類型的繪畫予以綜合，並由生命的喜悅及健康肉體的輝煌宴席所展開的構想與描寫力的卓越，更予人以强烈的印象。卽使是描寫基督的受難史，也只是生命的韻律及雄大色形的交響，例如他的歷史畫中把希臘神話與當時宮廷風俗巧妙結合了的傑作「梅底契的瑪麗亞之生涯」（圖732, 733）（註5），乃是世界最大的壁畫之一，也是他的宏大風格的典型之作，更爲世紀巴洛克精神最輝煌的紀念碑。

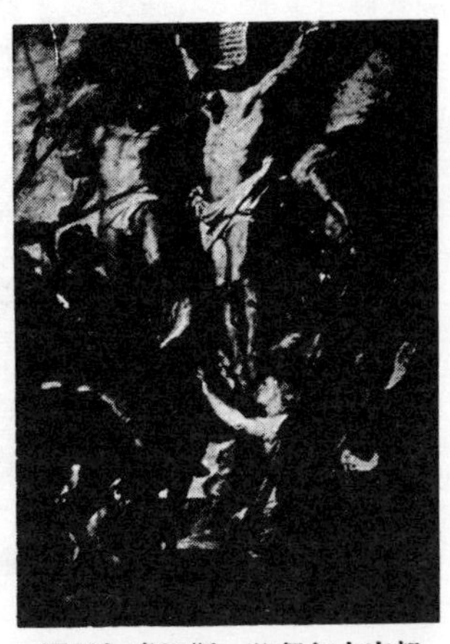
圖729 盧邊斯　基督釘十字架

他的人如其畫，一生充滿幸福，他任職的弗蘭德爾公爵的宮廷不用說，同時爲歐洲各國的宮廷及教會尊敬並讚美爲最大的畫家，他在外交官的工作上亦以完美的品格及畫家的實力而完成鉅大的功績。他也像文藝復興時代偉大的義大利人一般多才多藝，由於他

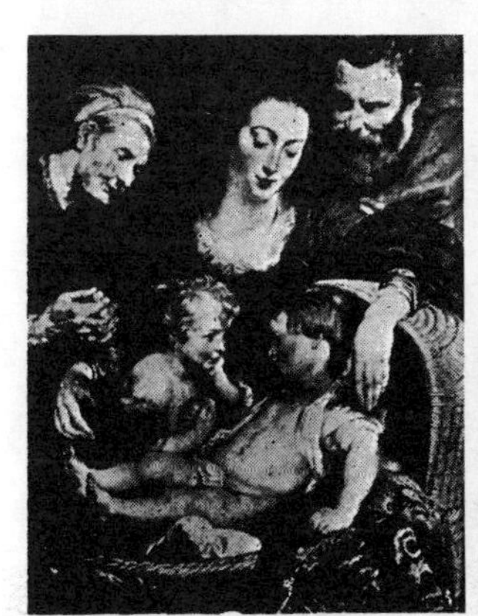
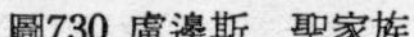
圖730 盧邊斯　聖家族

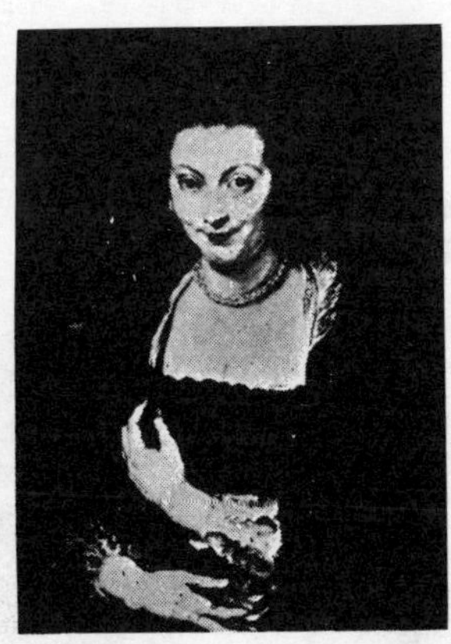
圖731 盧邊斯　伊莎貝拉・布蘭特

註5　梅底契的瑪麗亞之生涯　製作於1621-25 年的大壁畫，內容是把法皇亨利4世妃——翡冷翠梅底契家出身的瑪麗亞——之生平與希臘神話巧妙地結名。合計21幅，王妃親自委託繪製，以應新建的流克珊布宮大廳之裝飾。這件作品至1802年爲止存於流克珊布宮，同年因該宮殿闢爲上議院，故壁畫被搬往盧浮宮以至於今。這幅連作以他的底稿爲本，由許多弟子分擔製作，當然最後的修飾還是盧氏親自動手，這是他全作品的代表傑作。

的過於突出與偉大，使當時比利時的畫家大多直接受他的影響，大多非要他的指導與援助不可。不祇這樣，他對後世的影響亦不亞於任何其他的大畫家，特別是對於19世紀法國巨匠德拉克洛瓦具有決定性的影響。

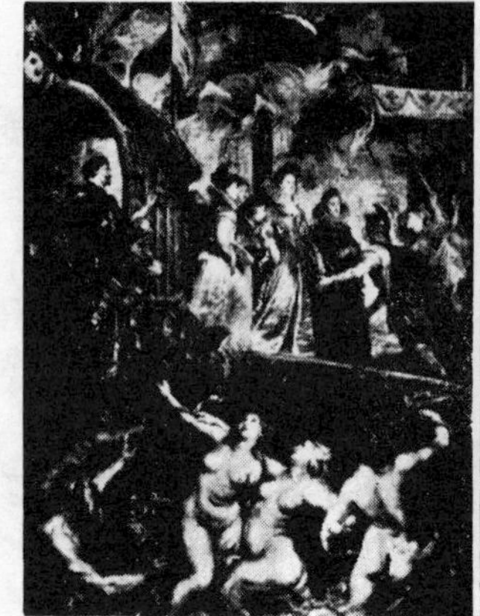
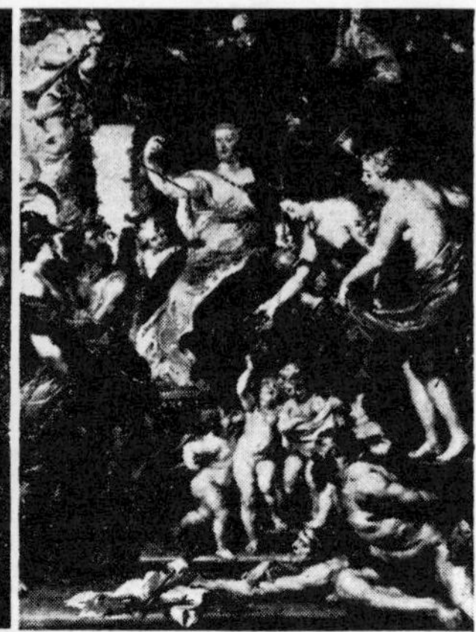

圖732　733　盧邊斯　梅底契的瑪麗亞之生涯

凡・戴克及其他

盧邊斯在17世紀比利時的畫壇是名符其實的絕對者，他的畫室的一切可以說就是當時比利時的畫壇，像一般有才華的畫家那樣的，與他的畫室有關的人物相當多，那與盧邊斯同爲17世紀比利時繪畫代表者的凡・戴克（Anton van Dyck 1599～1641）（圖 724, 738, 739, 740, 741, 742）（註 6）亦不例外。

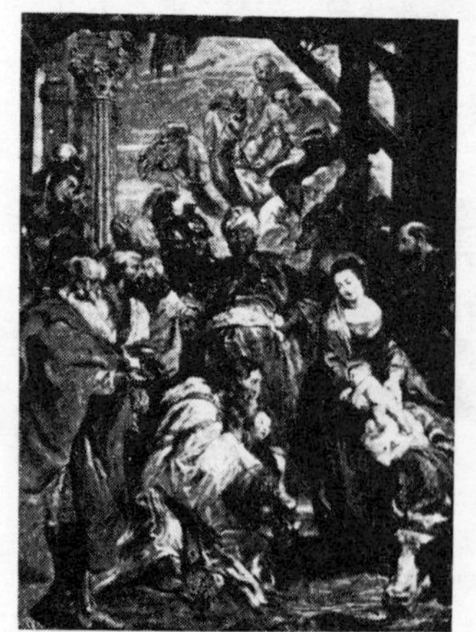

圖734 盧邊斯　三王膜拜

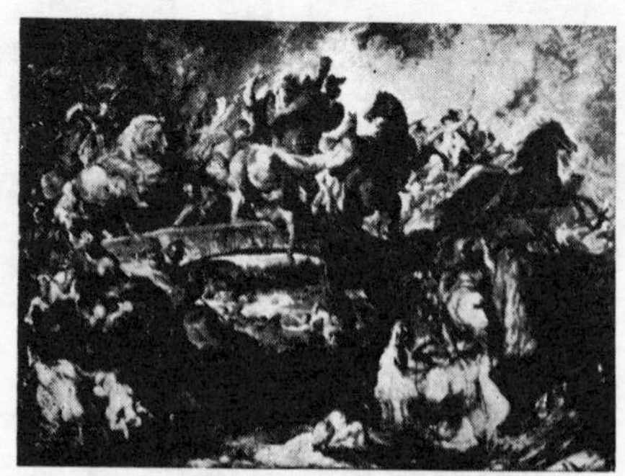

圖735 盧邊斯　亞馬森之戰

註6　凡・戴克　安特衞普的富商之子，16歲爲盧邊斯的弟子兼助手，極受其師之愛護。他

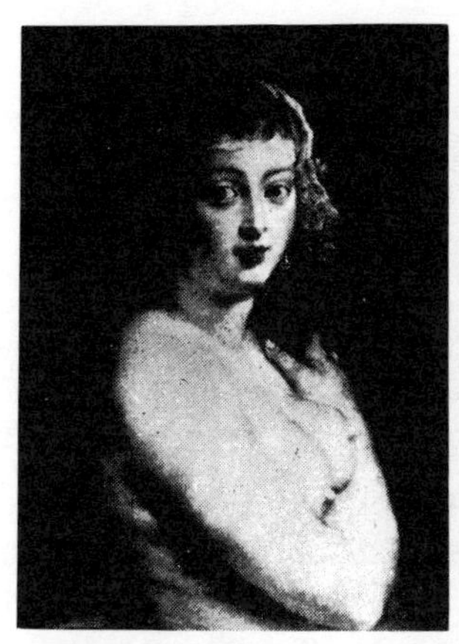

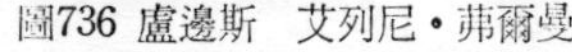

圖736 盧邊斯　艾列尼・弗爾曼

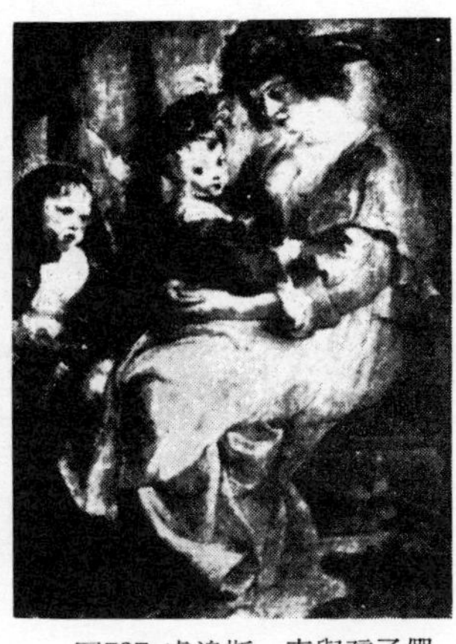

圖737 盧邊斯　妻與孩子們

他是盧邊斯的弟子中最傑出的畫家，他從盧氏獲得最多的藝能與愛護。然凡・戴克在性格或才華等一切方面都與其師構成對比，他不同於盧邊斯多方面而調和的豐足，他是個神經質而易感之人，他不同於盧氏富麗色彩下的博大藝術，他的特色在於優雅之形及纖細之感。當然，在初期只因比別人加倍敏感，故其作品幾乎被錯看成盧邊斯之作，其後隨着自我特色的成熟，便截然地與他老師涇渭分明。

他運用纖細的筆觸及幾分感傷的風格創造了味道獨特的宗教名作，如內容與他性格相符的「基督的磔刑」「聖悼」等已充份表現其才華。但不管怎樣，他最大的才華還是在肖像畫，特別是

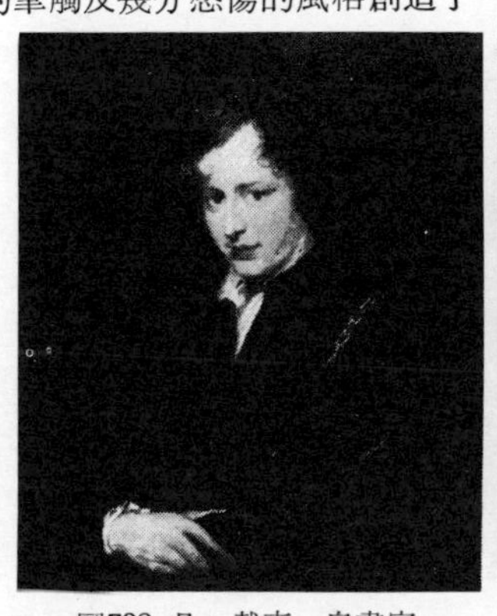

圖738 凡・戴克　自畫家

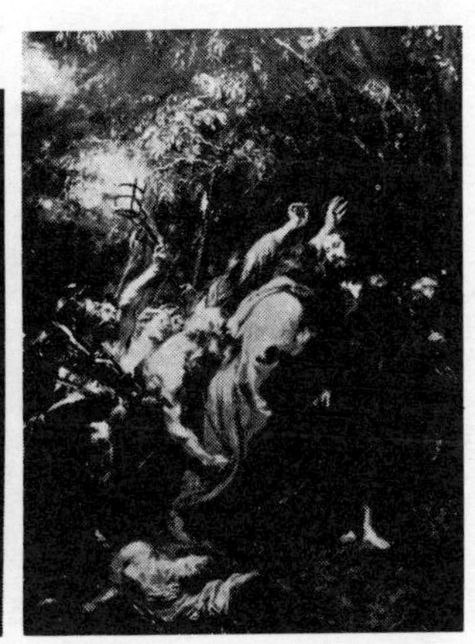

圖739 凡・戴克　猶大的反叛

雖無盧邊斯那種雄大的獨創性，但對於來自外部的强烈印象却極其敏感。1620年受英王詹姆士一世之請渡倫敦，不久受其師之慫恿動身往義大利，22年一度歸國，翌年復往，在此深受提香的影響。27 年歸國後便樹立了獨特的優雅風格 ，特喜作肖像畫 。1632年渡倫敦定居，任查理 1 世的宮廷畫家，婚姻聲名皆甚得意。

繪製當時優雅的宮廷貴族之肖像更使他博得至高的聲名，但他這種聲名的獲致及才華的施展並非在故鄉的安特衞普，而是在後半期搬到倫敦以後的事，在安特衞普，他只隱蔽於偉大的盧邊斯之蔭影下黯然失色。1632年他應邀爲英國的宮廷畫家西渡英倫，不但發展了自己獨特的風格，更左右了當地的畫壇，他的風格在爾後的大約1個世紀間，完全決定了英國繪畫的性格。

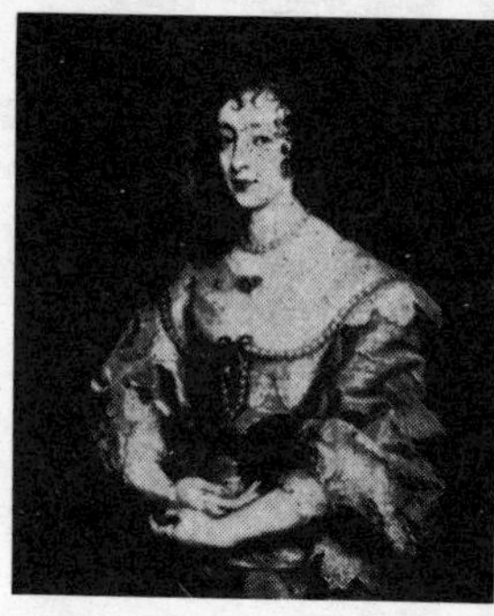

圖740 凡・戴克　恩麗耶特像

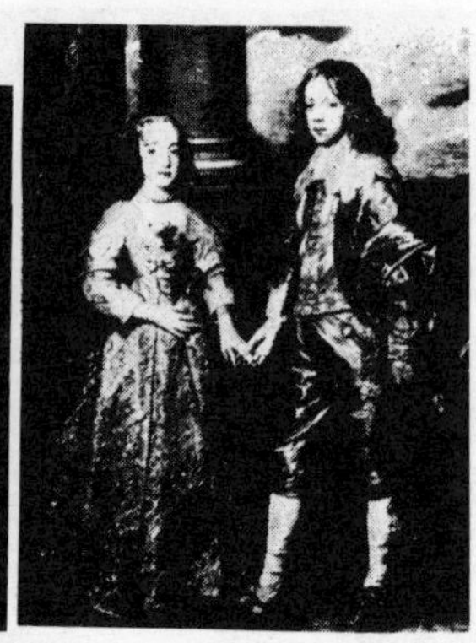

圖741 凡・戴克　奧拉尼恩公爵及其未婚妻

繼凡・戴克之後，在偉大的盧邊斯四周的畫家中首推約旦斯 (Jocob Jordaens 1593～1678) (圖743, 744) (註7) 與柯尼里・德・沃斯 (Cornelius de Vos

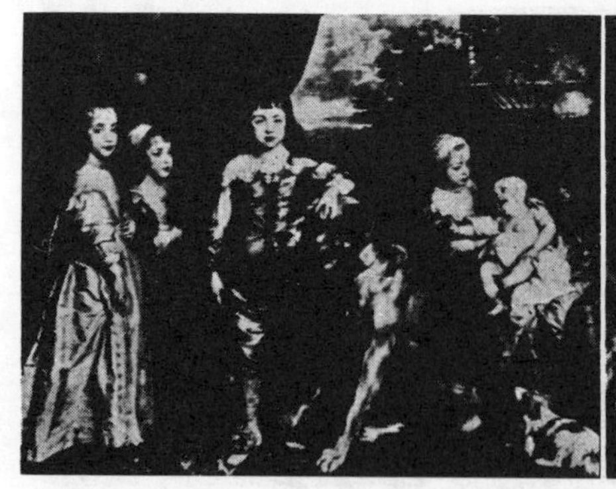

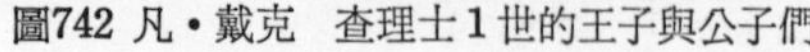

圖742 凡・戴克　查理士1世的王子與公子們

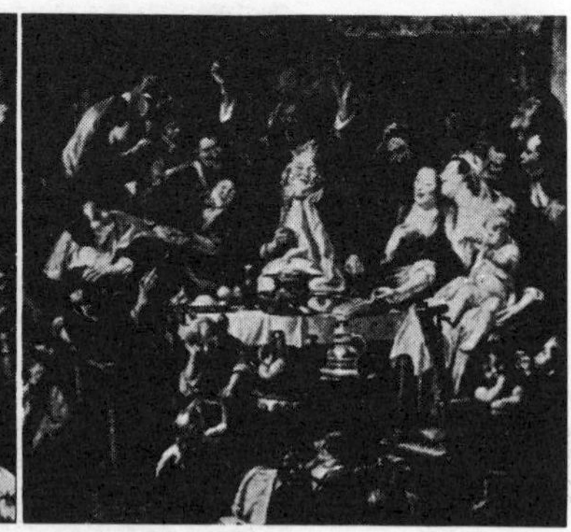

圖743 約旦斯　酒　　宴

註7　約旦斯　生於安特衞普，師事盧邊斯之師匠亞當・凡・諾特 (Adam van Noort 1562-1641)，後認識盧邊斯而深受其影響。受瑞典王及奧蘭茱的阿瑪麗亞公主之愛顧，生前聲名大噪。代表作有「薩提兒與客人」「酒神巴卡斯節」「復活節的慶祝」「納索王弗力多里希之凱旋」等。

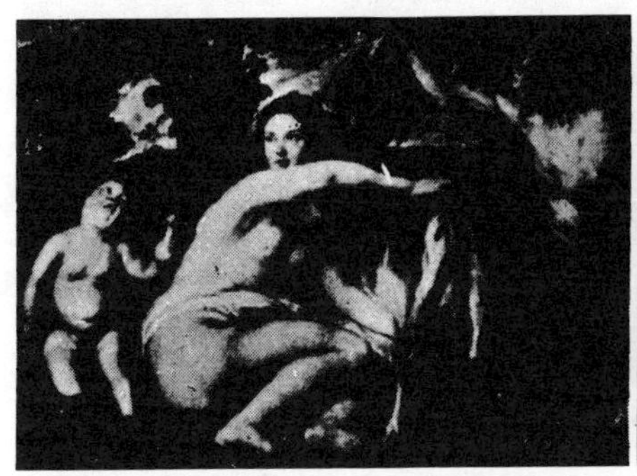
圖744 約旦斯　牧神與河精

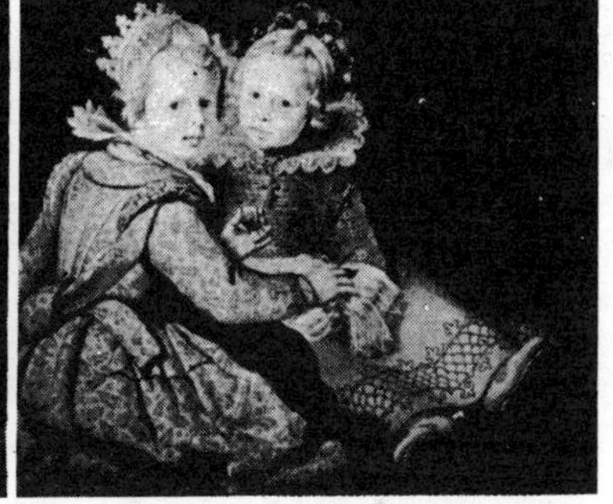
圖745 沃斯　畫家的女兒

1585～1651)（圖745)（註 8)，他們的作品不論在規模上、深度上都遠不及凡・戴克，然在約旦斯的稍嫌粗野與卑俗之神話畫或宗教畫中，乃至他所愛畫的率樂式風俗畫中可以看到弗蘭德爾傳統的純樸寫實；至於沃斯在肖像畫的踏實工夫亦可看到民族的特性。

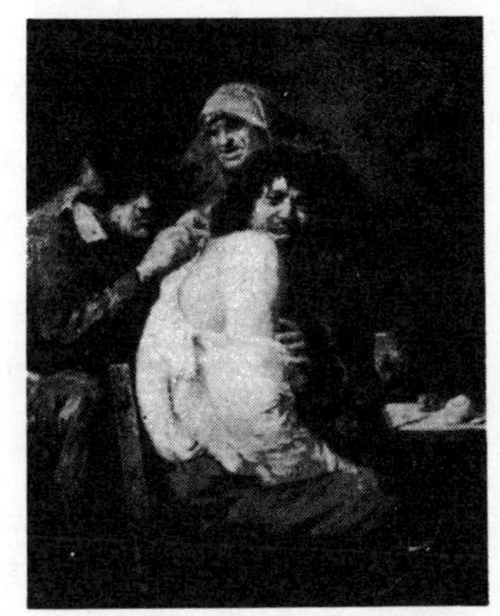
圖746 布魯沃　背上的膿腫

這些特色當然亦可見諸盧邊斯藝術中之要素，但在當時被他的風格壓倒性地風靡了的比利時，更由幾個不過份受他感染的風俗畫家清晰地表現出來，他們是布魯沃 (Adriaen Brouwer 1605～38)(圖746)(註 9)與特尼額斯 (David Teniers 1610～90)(圖747)(註10)，他們所畫的是質朴無華的下層階級或農民日常生活的原貌，同樣的情況亦可用以說明靜物畫家赫姆 (Jan Davidsz de

註 8　沃斯　生於弗斯特，歿於安特衞普，在盧邊斯門下時才華始被發現，其師作品被訂購過多應接不暇時，便由沃斯承擔下來，以正確溫和的風格製作穩靜的作品，柏林的「兩少女」，舊松方收藏的「少女像」等爲其代表作。

註 9　布魯沃　生於奧德尼，歿於安特衞普，深受彼得・布魯各的影響，在哈倫認識哈爾斯。其後歸安特衞普，作品內容幾全爲農民的生活，亦長於風景畫。

註10　特尼額斯　安特衞普的同名畫家之子，1637年與喬・布魯各的女兒結婚，44—45任列奧波德・威廉大公的宮廷畫家，亦有幾分受盧邊斯的影響，長於農民生活的描寫，銅版畫亦製作不少。

Heem 1606～1683/4)（圖748）（註11）及盧邊斯的弟子而專門描寫花卉或果物的詹·布魯各。

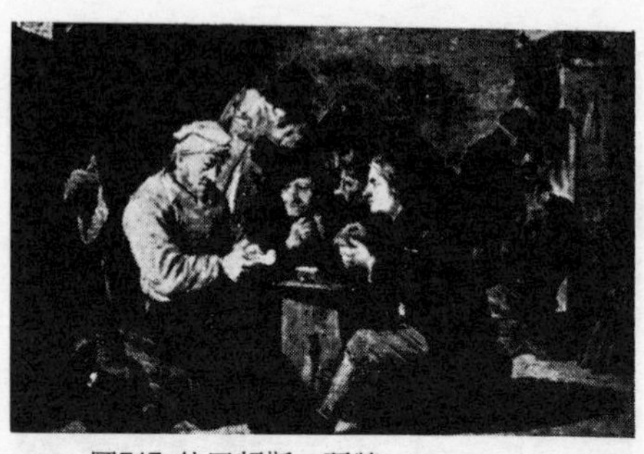
圖747 特尼額斯　玩牌

然這種風俗畫或靜物畫、乃至與之同時發端於比利時而描寫生活周遭自然界的風景畫，三者在鄰國荷蘭才獲得眞正的發展。惟不論比利時地方或荷蘭地方都有相同的傳統，然至17世紀的荷蘭才具備了合乎它成長的條件。

第5節　荷　　蘭

在本世紀之初，荷蘭解脫西班牙的長期壓制，以自己的力量建立自由的資產國家，他們由傳統的勤勉與堅毅不拔的生活態度及獨立戰爭（註1）中的不屈精神一下使他們變成世界第一的貿易國與商業國，在此旣無貴族階級之必要誇示自己的威勢及禮節所需的裝飾，其宮廷亦不存在，宗亦信奉新教，故無裝飾舊教教堂的雄壯豪華的宗教畫。加之繼承原本自然條件欠佳的農民的教長期傳統，故自中世末期以來，因努力與勤勉而逐漸繁榮爲商業國，至17世紀其繁榮雖達於頂點，但是整個國民的生活仍很純樸，沒有外觀堂皇的建築物或繁文褥節的社交活動，再換言之，思想方法與生活態度亦極實用極現實，愛好清潔、自由與和平，由自己的能力與努力而建立現實生

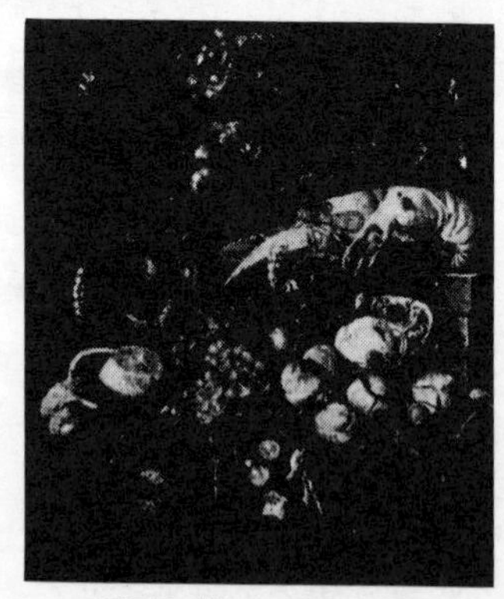
圖748 赫姆　蝦與水果

註11　赫姆　荷蘭烏特勒支的畫家之子，有一時期住萊登，1636年遷安特衞普，以比利時的畫家而活躍，作品極忠實於物體，始終描寫花、果物、食器等身邊的靜物。

註1　尼德蘭之中北部7州在1581年對西班牙宣布獨立，1609年及12年的締結停戰條約便完成實際的獨立，據1648年的威斯達法里亞條約，它已成名符其實的獨立國。

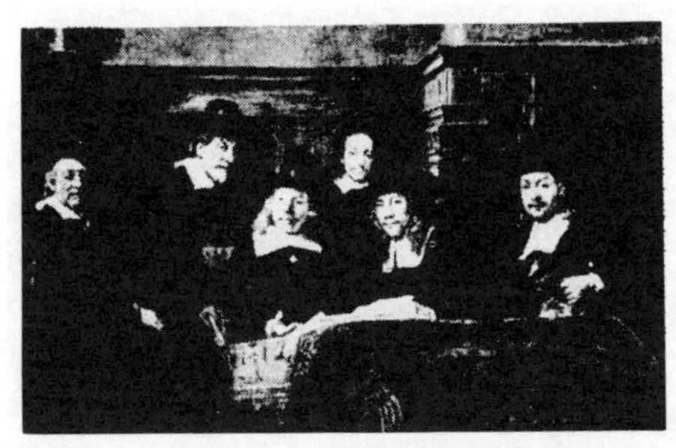
圖749 林布蘭　製絨公會會員

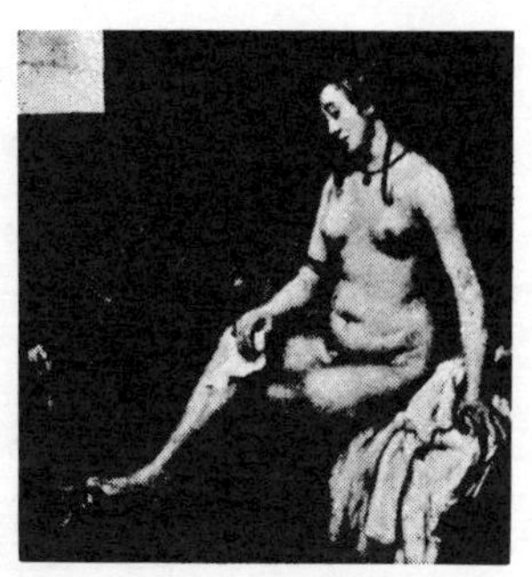
圖750 林布蘭　沐浴的芭特西巴

活的幸福，促進愉快的家庭生活安慰之出現，故這個國家一切社會生活的基礎在於最資產化的家庭生活。

如是荷蘭在15世紀凡・艾克以來的寫實傳統下所產生的藝術便是描寫實際的生活環境或平安的日常生活的獨特風俗畫，以及把生活四周的自然界（這是由祖先傳下來、讓他們穩實地站在上面的生生不息的豐饒大地）原原本本畫下的風景畫，以及描寫他們現實形相的肖像畫。至於公共建築——例如同業公會的建築之裝飾亦用公會成員們的團體肖像畫或有功者的肖像畫。他們由這些東西而意識到生活的幸福，並作自己的紀念，對於留傳後世之事懷着無限的熱中與滿足。他們也作宗教畫，但不是爲着教堂裝飾或膜拜之用，乃是取材於宗教題材的觀賞畫。

以上是17世紀荷蘭繪畫及其背景的概況，至其發展則使同時代歐洲繪畫史所具的近代性格更加明顯深刻，特別是獨立的風俗畫及風景畫之所以能在歐洲展開，這17世紀的荷蘭確能開風氣之先，不久便成爲19世紀以後的近代繪畫之直接泉源。

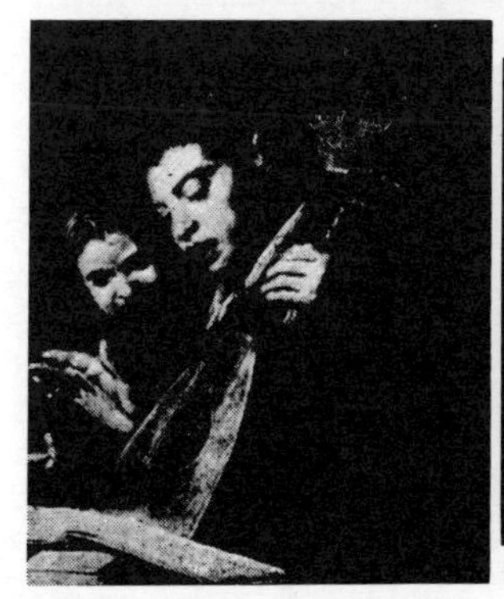
圖751 哈爾斯　彈琴的兩少年

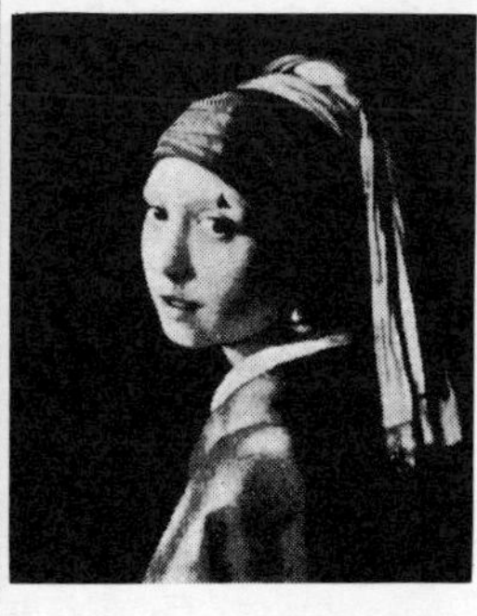
圖752 佛梅爾　少女

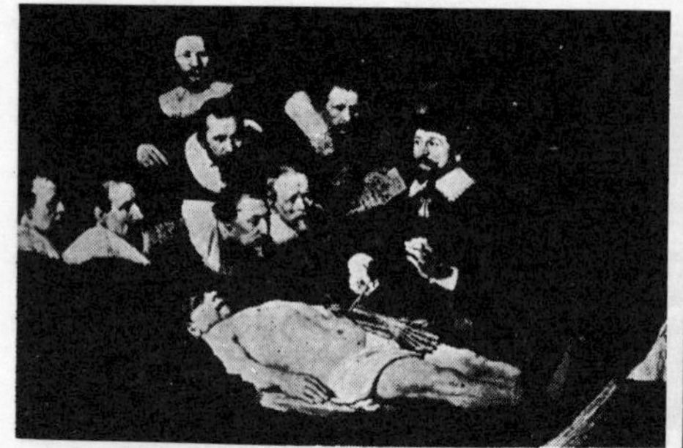

圖753 林布蘭　突爾普博士的解剖講解

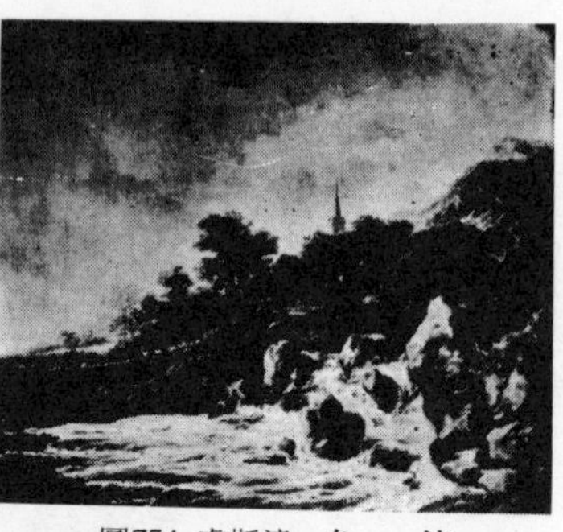

圖754 盧斯達　急　流

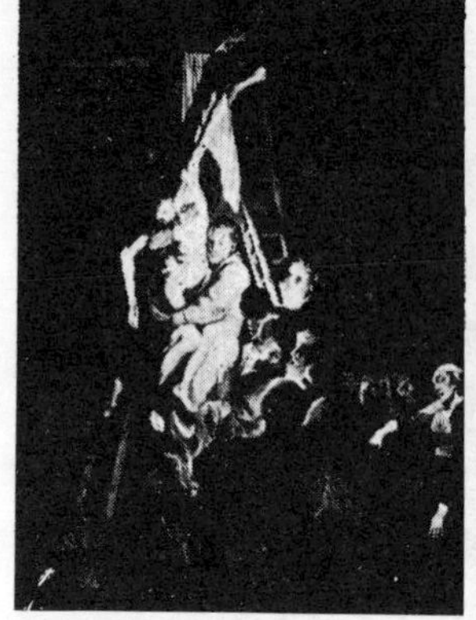

圖755 林　布　蘭
十字架的降下

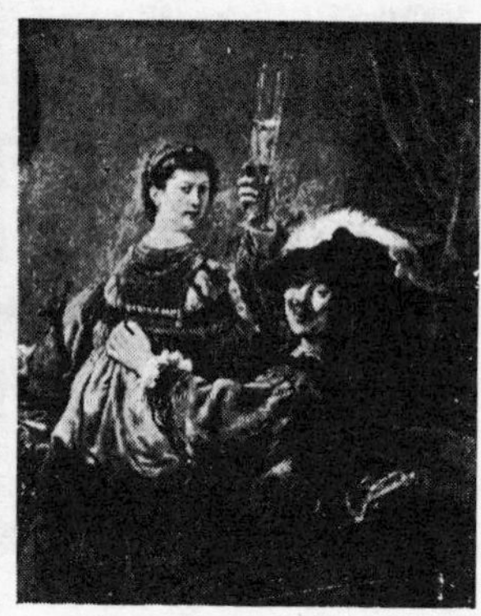

圖756 林　布　蘭
莎士姬亞與自畫像

林布蘭

至於誕生於這樣的世界、並在世界繪畫史上留下不朽之名的巨匠乃是林布蘭・凡・萊因 (Rembrandt van Rijn 1606～1669) (卷首圖58, 圖642, 753, 755～766) (註2)，他至今一

註2　林布蘭　萊登的麵粉師傅之子，14歲入萊登大學，半年輟學入畫家斯瓦寧堡之門，1623年至阿姆斯特丹師事拉斯曼(Pieter Lastmann 1583-1633)，25年春回萊登自開獨立的畫室，其後他獨自勤學，製作明暗對比强烈的作品，特別是肖像畫早就受人重視，32年遷居阿姆斯特丹製作「突爾普博士的解剖」，聲名鵲起，34年與莎士姬亞結婚，其畫評價益高。然隨其藝術的進境，於是內心深度的探究便重於表面之美及形似，這點頗不爲世人所了解，終以42年那件「夜巡圖」而聲名狼藉，人緣盡失，同年莎士姬亞又告去世。但被稱爲靈魂畫家、光之靈魂的林布蘭之傑作幾乎全在此後產生，即由人緣的殞落造成生活的困頓，另一方面他的藝術則益加深化而徹底成功。45年以後則與第二個妻子亨得麗

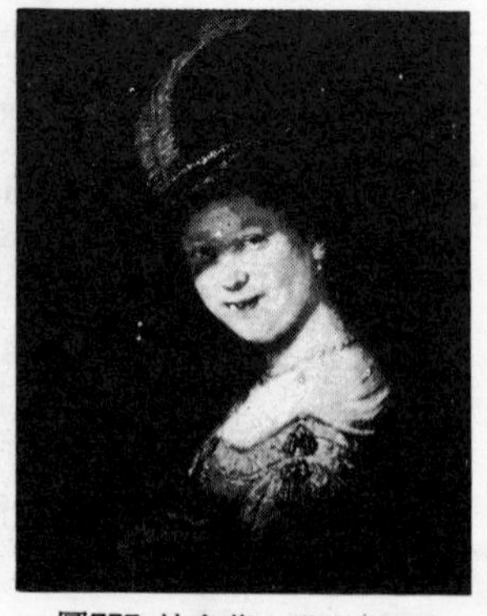

圖757 林布蘭　莎士姬亞

如人們所說：「卽使不說林布蘭誕生以前世間沒有繪畫，但繪畫恐怕是由他發明的。」極受世人的讚歎與尊敬。他的藝術或許既無達·芬奇的理想的崇高之感，亦無

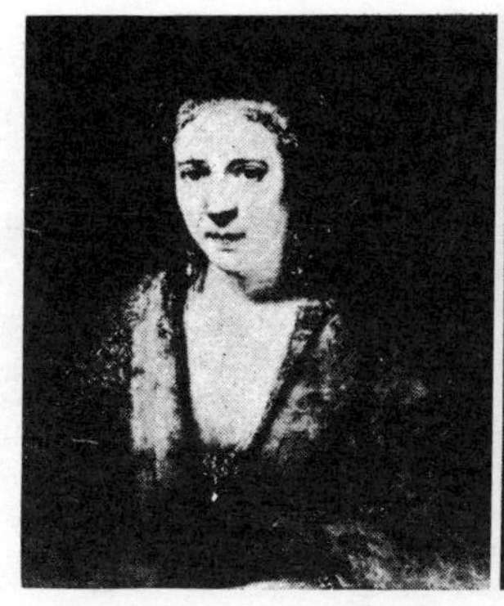
圖758 林布蘭　亨得麗姬

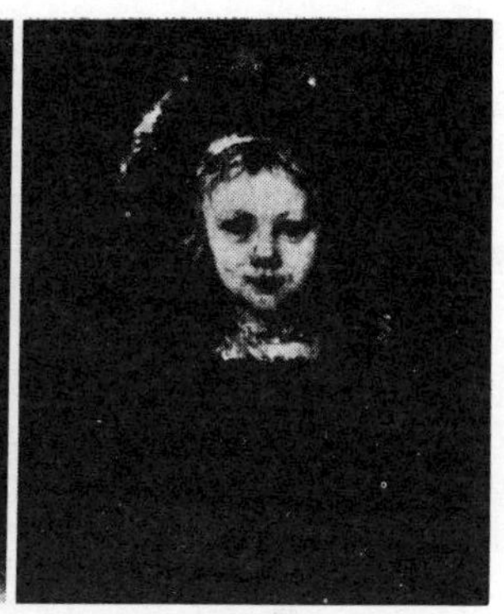
圖759 林布蘭　泰塔絲

盧邊斯的華麗的生之喜悅，但無人如他這般純粹徹底的畫家，亦無人如他這般注無限深愛之眼於現實生活中的生命之泉源。

林布蘭是17世紀荷蘭繪畫的總和，不，應該超越此限而等於世界的繪畫，作爲北歐人他是徹徹底底的寫實畫家，他所描繪畫人物與景象全是他四周實際營營逐逐於日常生活的人羣與自然，他賦之以靈魂，透過貧乏的北歐人之形態與心胸，直接把聖經的精神傳給我們的便是他那無以估計的人類愛及獨特的光與影之深度，不論色彩、形態、大氣或精神皆由此獨特之光而提昇並純化爲靈魂之聲，對於對象他是最徹底的寫實主義者，對於光他是

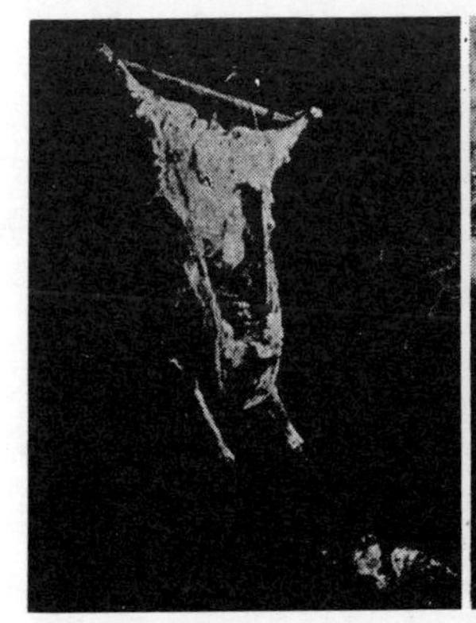
圖760 林布蘭　肉　　舖

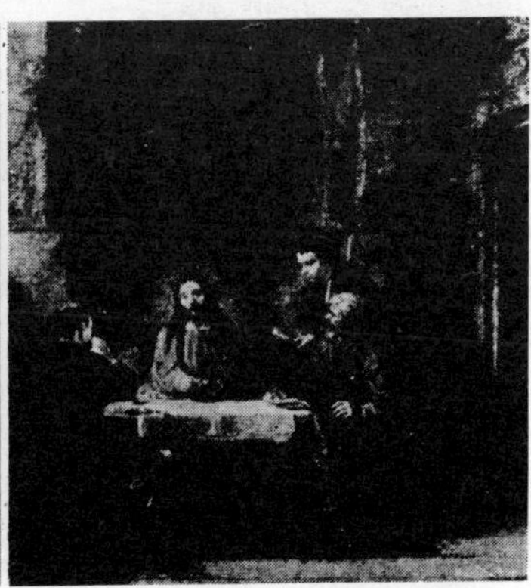
圖761 林布蘭　耶茂斯的基督

姬結婚，在亨得麗姬與莎士姬亞的遺兒泰塔絲之溫情下畫出很多自畫像及妻子像，乃至「艾默士的基督」「3個十字架」（銅版）等傑作。然生活則於56年破產，61年亨得麗姬死，68年泰塔絲又死，翌69年便在完全孤獨中死於貧困的猶太人區之陋室中。

最大的理想主義者，故林布蘭正如德國傑出的美術史家波德 (Wilhelm von Bode 1845～1929) 所說，他是精神美重於古代形式美的最近代化畫家，「新教亦仍在他身上禱祝最大的勝利，宗教繪畫亦全在他身上發現最後純粹的、最感人的表現。」（波德語）。

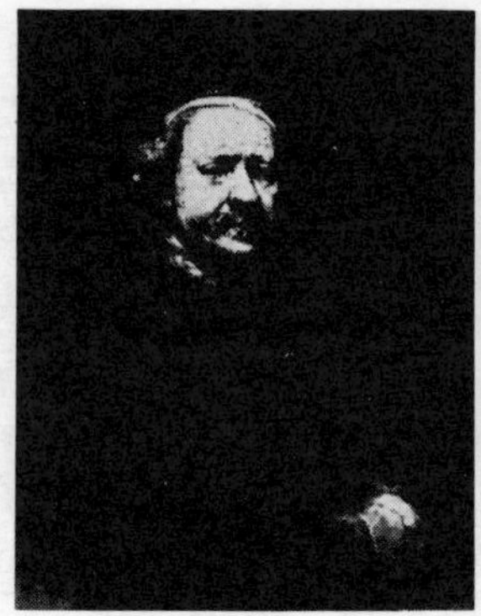

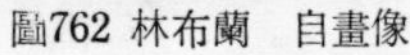

圖762 林布蘭　自畫像

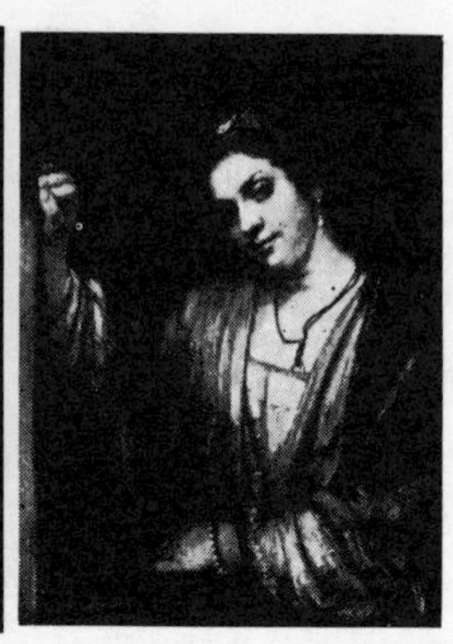

圖763 林布蘭　亨德麗姬

他畢竟是劃時代的大畫家，作畫種類遍及宗教畫、神話畫、肖像畫(註 3)、風俗畫、風景畫的一切領域，當時的荷蘭畫家即使在風俗畫或風景畫上發揮過獨特的光芒與成就，然皆侷限於狹窄的世界，至林布蘭的才華則涵蓋一切的領域。

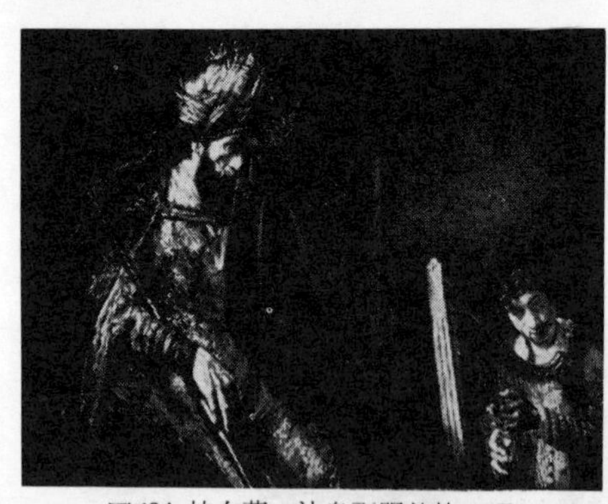

圖764 林布蘭　沙烏爾跟前的大衛

惜至後半生已爲畫壇及世人所遺忘，竟至遭時不遇，但是他的風格與技法仍多多少少滲入當時許多荷蘭的畫家身上，例如以佛梅爾爲首，許多傑出的風俗畫家皆在他的影響下生長、成熟。至於把巴洛克風格、或把由義大利文藝復興所廓清的東西加以理解消化，則荷蘭的畫家沒有一個比得上林布蘭，是故時代

註 3　肖像畫中自畫像特別多，他有如作日記般地作自畫像，自畫像的總數包括油畫、銅版畫、素描至今共存 100 餘件。至於有名的集體肖像「夜巡圖」乃是阿姆斯特丹自衞團訂購的，即爲著裝飾自衞團會館而被委託把17名團員畫在一圖之中，然當時的風尙、人們期望的是把他們作紀念攝影式地並排、或者作會餐的場面，但林布蘭則將之處理成一個流動的情景，故畫面上有異常的震撼力，巧妙地發揮了他特有的明暗法，儘管如此，人們還是處處加以非難，致使他的聲名一敗塗地。現在是阿姆斯特丹國立美術館最重要的作品。

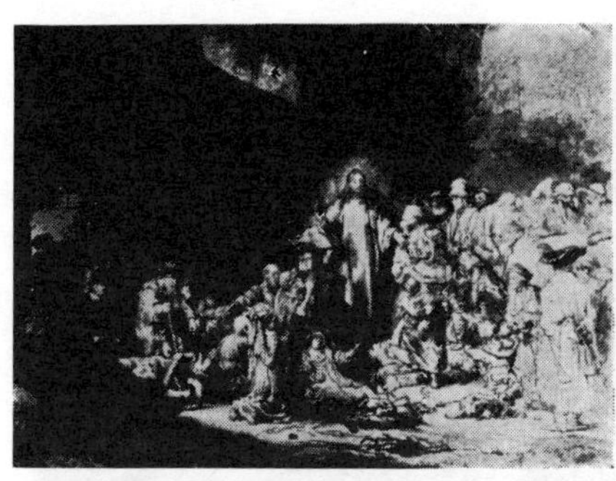
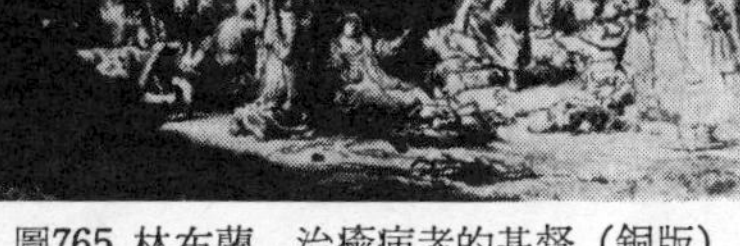

圖765 林布蘭　治癒病者的基督（銅版）

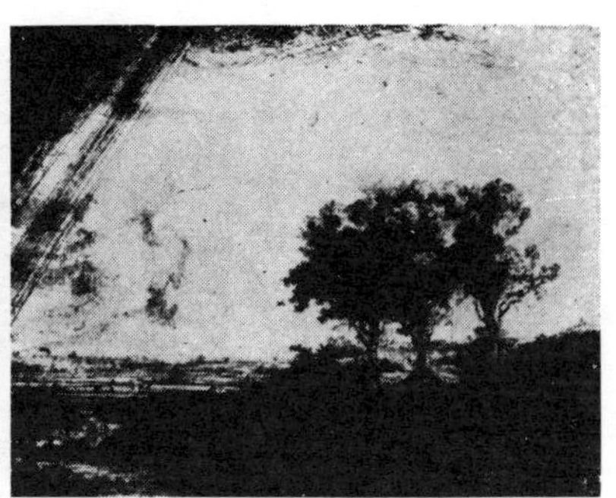

圖766 林布蘭　三棵樹（銅版）

精神與民族特性全凝集在他一身，由此產生了最荷蘭化的、或者只能在荷蘭看到的繪畫，儘管如此，他的藝術所具有的超越時代性與民族博大性對當時的人來講乃無法理解。

林布蘭在銅版畫方面也是世界最大的畫家，銅版畫的一切技法與技術由他一手完成，而版畫特有的色調之深度及線條之韵律亦由他特有的微妙光線及優越的素描而達於極限，這還是由許多研究者所說的：「恐怕卽使他連一幅油畫都沒有留下來、卽使單以這種銅版畫便堪稱世界最大的畫家之一而光芒萬丈」事實上林布蘭確實與達·芬奇及盧邊斯同爲世界繪畫史上最大的巨匠。

風俗畫及風景畫

與偉大的林布蘭出現於同一時代，並在歐洲近代繪畫史上大放異彩的是許多的風俗畫家及風景畫家，把現實生活或自然再現的獨立風俗畫及風景畫在這個自由的市民世界開始純粹地發展，並提高爲藝術的地位，風俗畫畢竟要盛行於市民生活充實、並以自由市民爲社會生活基礎的民族或時代。例如日本江戶時代，特別是元祿時代以後，表面上

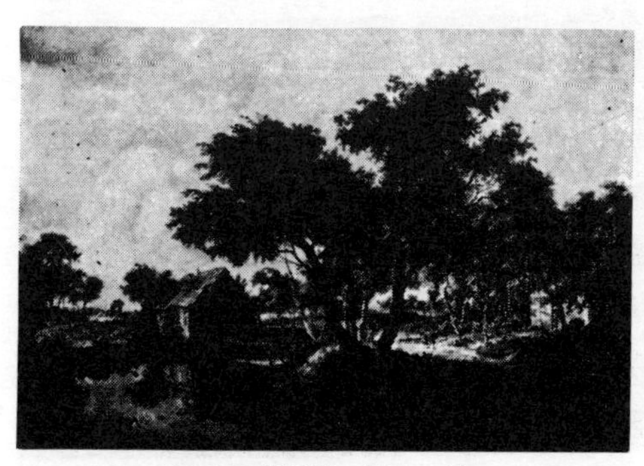

圖767 盧斯達　風　　景

縱使武士具有最高的權力，實際上支配社會的都是江戶或大阪一般市民的經濟能力，自這種社會中發展出來的便是稱爲浮世繪的風俗畫；再如威尼斯的繪畫卽使還不至於被稱爲純粹的風俗畫，但風俗畫的要素極多，當時的威尼斯亦爲商人之國，他們的經濟能力及生活態度造成時代的潮流。同樣的，在15世紀翡冷翠的繪畫遠比 16 世紀者更屬風俗畫 ，至其最典型的表現當可見諸17世紀的荷蘭。

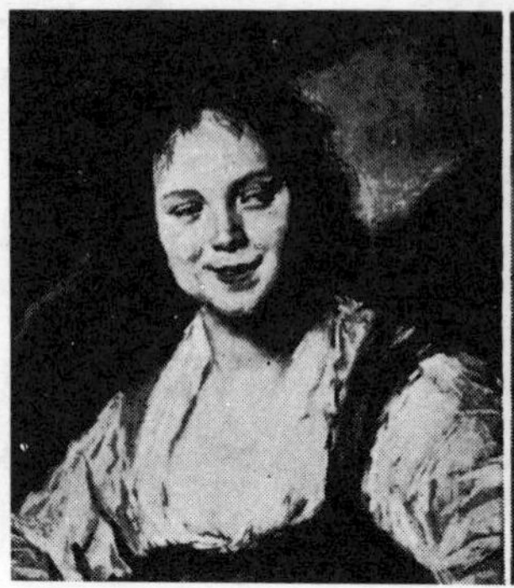

圖768 笑臉騎士

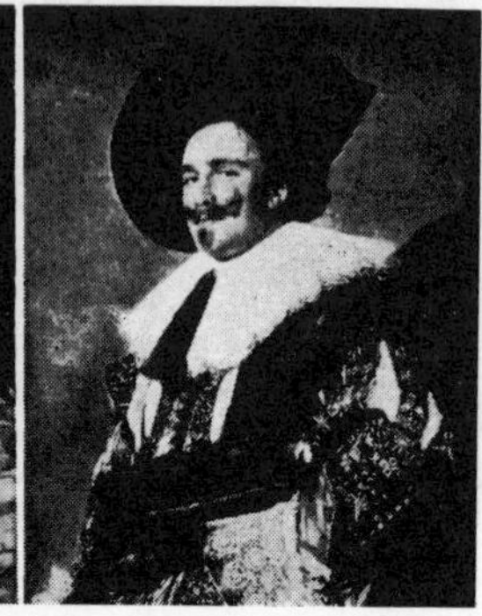

圖769 哈爾斯　哈爾斯吉普賽少女

在荷蘭首先有哈倫的哈爾斯 (Frans Hals 1584左右～1666)(圖 751,768,769)（註 4），他是17世紀繼林布蘭之後的荷蘭代表性畫家，他運用後來法國印象派那種大膽明快的筆觸巧妙地畫出人物瞬間的表情。然其作品大部份是肖像畫，或者肖像畫要素極强的作品，特別是他曾被稱爲「笑的畫家」，把笑的種種形相巧妙地表現過。

註 4　哈爾斯　生於梅赫倫，從卡列・凡・曼德學畫，在阿姆斯特丹製作一段時期之後，在哈倫落足，他是把荷蘭的肖像畫眞正提昇爲充滿人性的藝術之功臣，其作品中洋溢的一種幽默感實爲他的特色。平生嗜酒、經常酩酊大醉，事故時起，晚年苦於債台高築，死前兩年曾由該市出錢200 盾而把他收容於養老院。

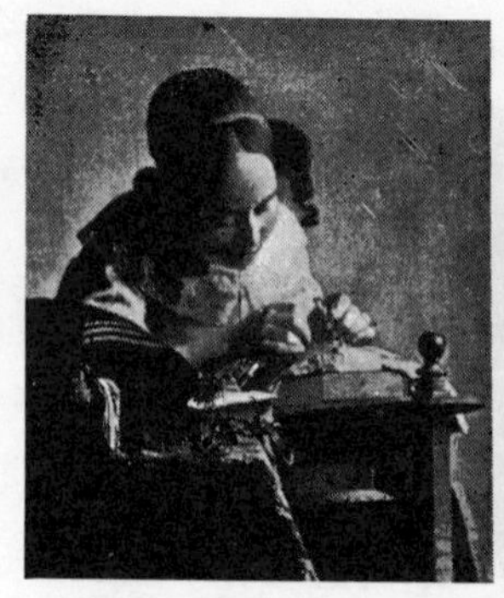

圖770 佛梅爾　織花邊者

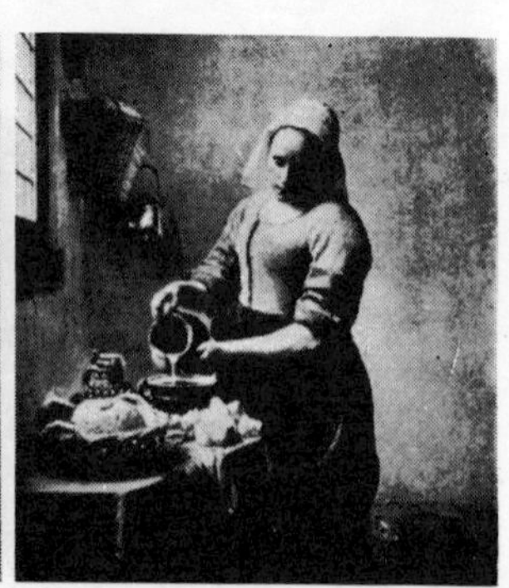

圖771 佛梅爾　倒牛奶的女傭

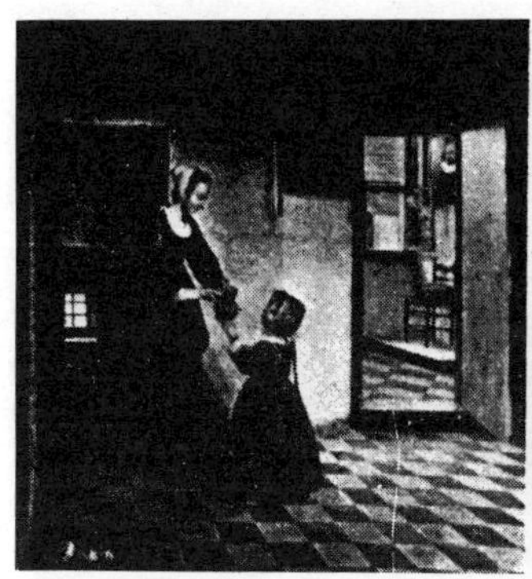
圖772 胡佛　母子

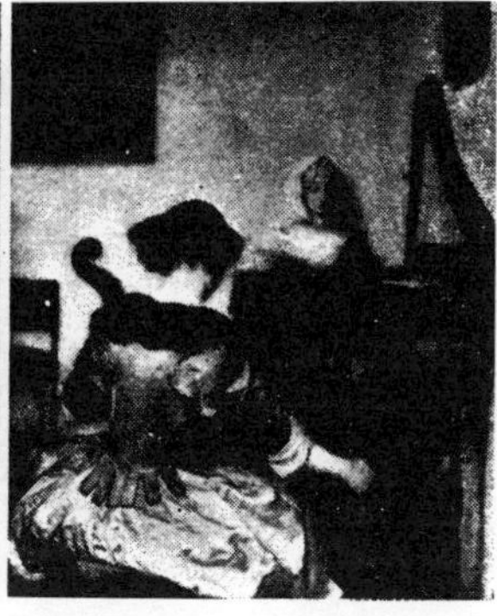
圖773 特・波克　練琴

與哈爾斯同等或超過他以上的傑出風俗畫家當推德弗特的佛梅爾(Vermeer van Delft 1632～75)（卷首圖圖643, 752, 770, 771）（註5），他的才華在於表現明淨的大氣及光線之中穩靜安詳的荷蘭市民之家庭生活氣氛，近年他的作品重被提高評價。此外，與佛梅爾同樣好作中等家庭的安詳愉快氣氛者有特・波克 (Gerard Ter Borch 1617～81)（圖773）（註6）、梅慈 (Gabriel Metsu 1629～67)（註7）、彼得・德・胡赫 (Pieter de Hooch 1629～83/84)(圖772)（註8）、尼可拉斯・梅斯 (Nicolas Maes 1632～93)（註9）等畫家，作風稍嫌粗獷，再如題材廣泛的詹・斯丁(Jan Steen 1629～79)（圖774）（註10），或

註5　佛梅爾　生於德弗特，並死於該地，現存的作品不足40件，然爲荷蘭風俗畫家中最傑出者，其作品的深刻靜謐感直叫人想起早晨的空氣，描寫的是清澈的柔光及充滿色彩的寧靜的室內情景。1653年入德弗特畫家協會，其後任該會會長。

註6　特・波克　主要活躍於哈倫及阿姆斯特丹，肖像畫之外，好作市民社交的集會、家庭生活的情景，長於絹、緞衣著的描寫。

註7　梅慈　生於萊登，師事林布蘭的弟子道 (Geard Dou1613-75)，並受特・波克及林布蘭的影響，其特色在於新鮮的色感及平易近人的優美氣氛之描寫。

註8　胡赫　生於鹿特丹，主要活躍於德弗特及阿姆斯特丹，他在光的效果中表現自己的特色，然後半生已逐漸失却生氣。

註9　梅斯　生於德特勒支，活躍於阿姆斯特丹，16歲至20歲直接師事林布蘭。

註10　斯丁　生於萊登，從哥恩學畫，其後至哈倫與A・奧斯塔學，並受哈爾斯影響。54年遷德弗德從事釀造業，57年又開旅店。好作農民及下層階級的遊樂場面，亦作中流家庭的風俗、肖像或宗教的題材，任何畫中皆帶有幾分諷刺的滑稽味。

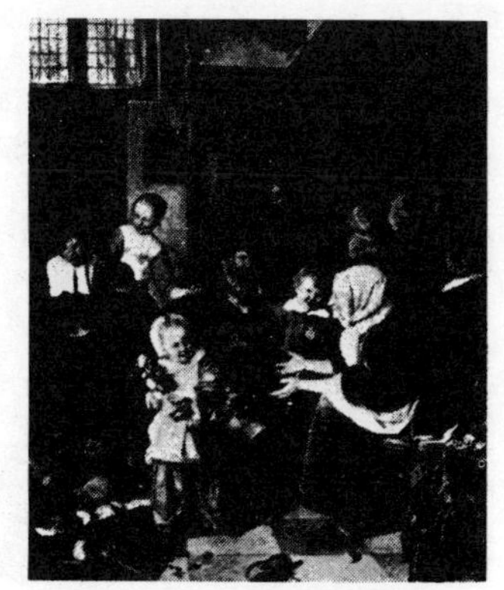
圖774 斯丁　聖尼可拉斯節

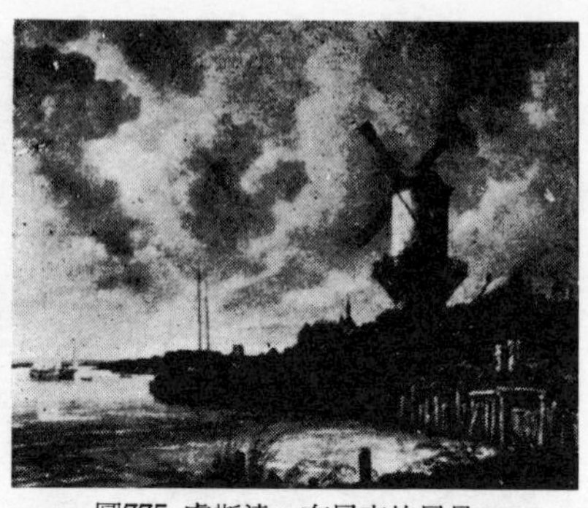
圖775 盧斯達　有風車的風景

描繪農民及下層社會的樸實生活或娛樂的歐斯塔德(Adriaen van Ostade 1610～85)(註11) 等各具特色的畫家更絡繹不絕。

風景畫方面，從深刻觀察荷蘭大地形相的雅各・盧斯達 (Jacob van Ruisdael 1628/9～82) (圖754, 767, 775)(註12)開始，有哥恩 (Jan van Goyen 1596～1656) (註13)、荷貝馬 (Meindert Hobbema 1638～1709) (圖775) (註14) 、尼爾 (Aert vna der Neer 1603～1677) (註15) ，或如長於作有動物的風景畫的保羅・坡特 (Paulus Potter 1625～1654) (圖777) (註16) 、好作海景的契普 (Aelbert Cuyp 1620～1691) (註 17) 及建築物畫家魏提 (Emanuele de Witte 1617～1692)(註18) 等畫家，把原封不動的荷蘭自然與大地生活

註11　歐斯塔德　生於哈倫，從哈爾斯學畫，後亦受林布蘭影響，長於銅版畫及水彩畫。

註12　盧斯達　生於哈倫,並死於該地,父親伊薩克 (Izaak-1667)、伯父薩羅門 (Salomon 1600左右-70) 皆爲風景畫家，他本人則是荷蘭最大最傑出的風景畫家。初從伯父學畫，59年至阿姆斯特丹，不滿於穩靜的自然描寫，他注嚴謹之眼於自然的力量及自然的深沈，故逐漸脫離世間的風尙，最後終於寂寞地死於養老院。

註13　哥恩　生於萊登，1634年以後住赫格，好作河岸及村里風景，長於表現光、空氣、遠景的微妙調子。

註14　荷貝馬　阿姆斯特丹畫家，以純樸的觀察力不斷描寫荷蘭的自然風景，初期曾受盧斯達的影響，代表作有「水庫」「鄉路」等，晚年在貧困中死去。

註15　尼爾　阿姆斯特丹畫家，長於荷蘭低地平線的獨特穩靜風景，特別是常在河岸、夕陽、月光等風景之中釀出微妙的光線效果之豐富情趣。

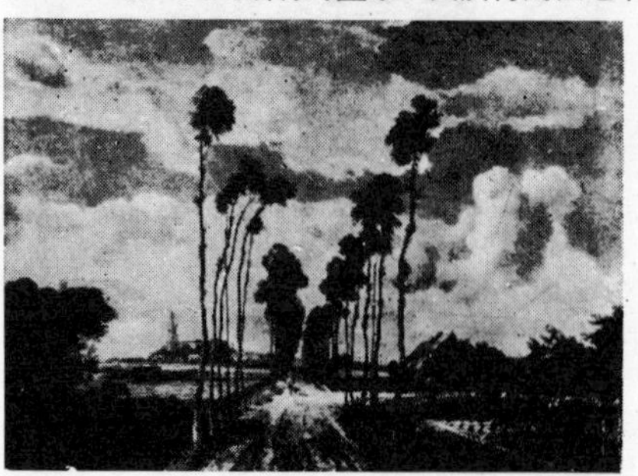
圖776 荷貝馬　鄉　路

註16　保羅坡特　在德弗特、赫格、阿姆斯特丹從事製作工作，以細密的觀察在風景中的牛、馬、羊之生活狀態中畫出新鮮的感覺。

註17　契普　生於德特勒支，受哥恩的影響好作配有人與動物的穩靜群像之風景畫，畫面上充滿了明快的柔，和與大氣。

註18　魏提　主要活躍於阿姆斯特丹，長於描寫教堂的內部情景。

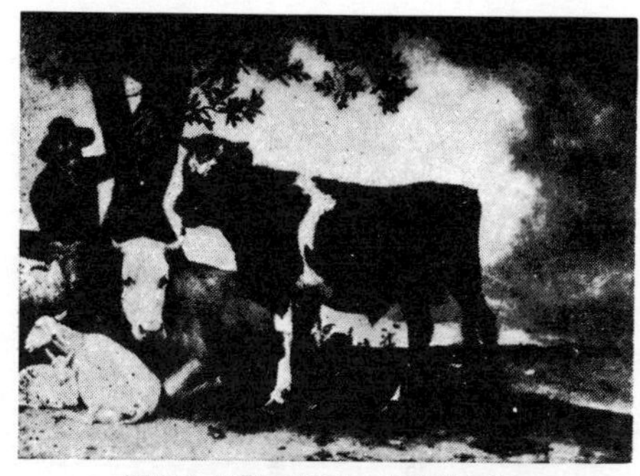

圖777 保羅・坡特　有牛的風景

隨其喜好與性格而舒然踏實地表現出來，使風景畫與風俗畫同在歐洲繪畫史上佔有奇特的地位。再如獨立了的專門靜物畫家如前述活躍於比利時的赫姆，本來亦生於荷蘭，荷蘭當地亦出過卡爾夫（Willem Kalff 1622～1693）等畫家。

如上所述，在獨特的繪畫全面展開的荷蘭一過世紀中葉，一旦國運逐漸失其朝氣，整個社會又在法國貴族文化的強烈影響之下，繪畫便隨之慢慢失去活潑性及獨立性，一如當時的其他國家，繪畫並非由特定的後援者所支撐，而是作爲自由市場的商品去發展，故荷蘭社會趣味的變遷就直接影響到繪畫的消長，如是在1669年林布蘭謝世之時，可以說同時也是具有獨自新鮮味及活潑性的17世紀荷蘭繪畫之閉幕。

第6節　工　　藝

17世紀在工藝上亦有豪華複雜的意匠與製作，在某種意義上言，工藝的世界才能最淸楚地看出這個時代的好尙與流行，巴洛克的代表建築物即是一種巨大的工藝品，其裝飾於內外的彩色彫刻與繪畫全部作爲建築的一部份，其室內的什器類亦爲複雜建築物所不可或缺的附屬品。至其典型的表現則可見諸太陽王路易14及其佐相柯爾貝(Jean Baptiste Colbert 1619～1683）治下時，由裝飾天才盧・布南所構想裝飾的凡爾賽宮，特別是有名的「鏡屋」（圖662），不祇從室內的門鎖乃至把手都

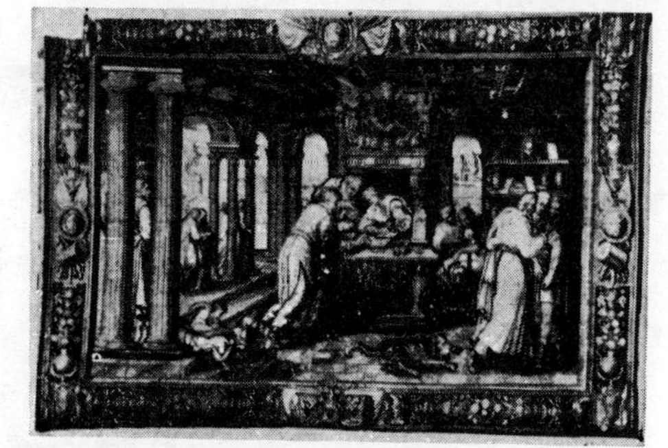

圖778 葛布蘭紡織品

註19　卡爾夫　阿姆斯特丹畫家，擅於在水壺等器物上用金、銀作畫。

施以精巧的模樣及意匠，那用作圓形天花板裝飾的許多繪畫與彫刻都捨棄繪畫及彫刻的機能，完全作成整個天花 板 裝 飾之一部份、一要素。

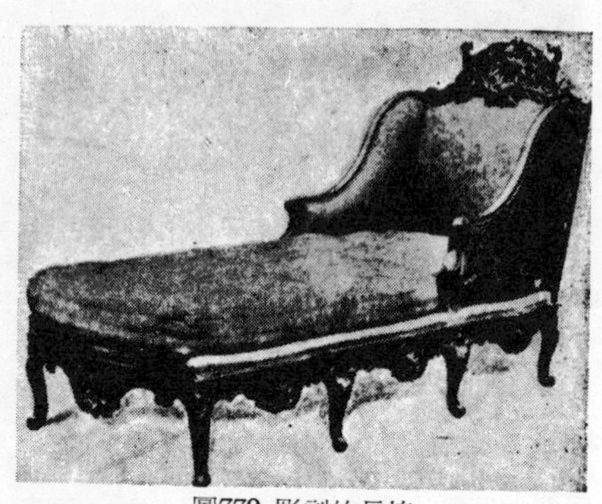
圖779 彫刻的長椅

在此17世紀的工藝世界，首先觸於吾人之目者，在義大利當推玻璃工藝，其中特別是威尼斯的玻璃，其彫花玻璃細工及鏡子的製作風靡全歐，上述凡爾賽的「鏡屋」便鑲以這種威尼斯的玻璃。

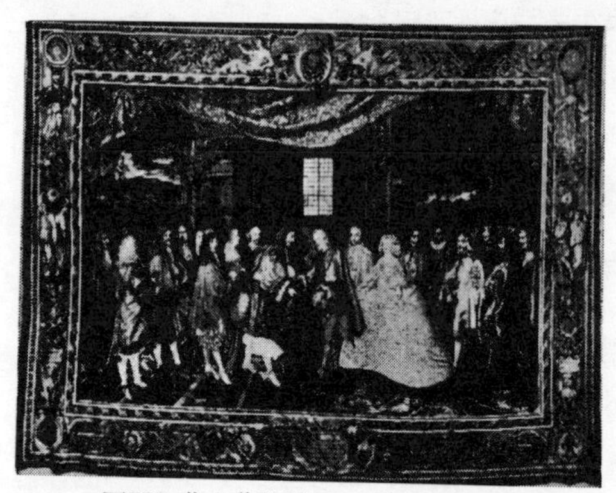
圖780 葛布蘭紡織品　路易14的歷史

巴洛克的裝飾趣味及造形趣味由於溺愛彫刻性物品的結果，促進了木材彫刻——不如說木彫工藝的發達，即在椅子（圖779）、桌子等傢具所見的過於華麗的彫刻裝飾，這些東西又加上鑲金，加上彩色大理石的嵌瓷，或裝飾以鑲嵌工藝，其形體本身則更趨複雜，種類上言，今日意義上的長椅子或休息用床的出現亦在這個時代。

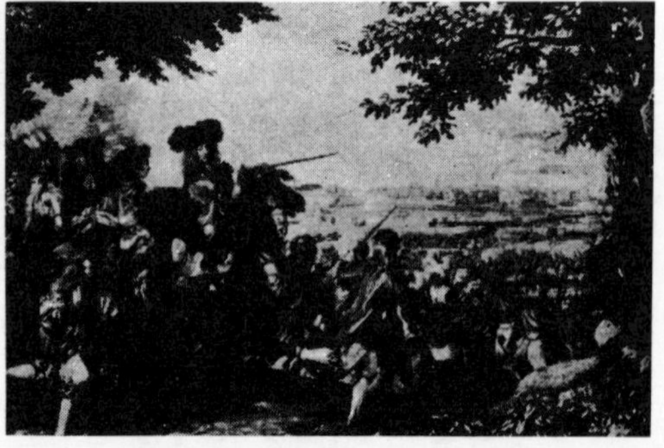
圖781 葛布蘭紡織品　路易的歷史

然最能表現這個時代工藝的豪華絢爛之極致者當以法國的葛布蘭皇家紡織品製作所爲

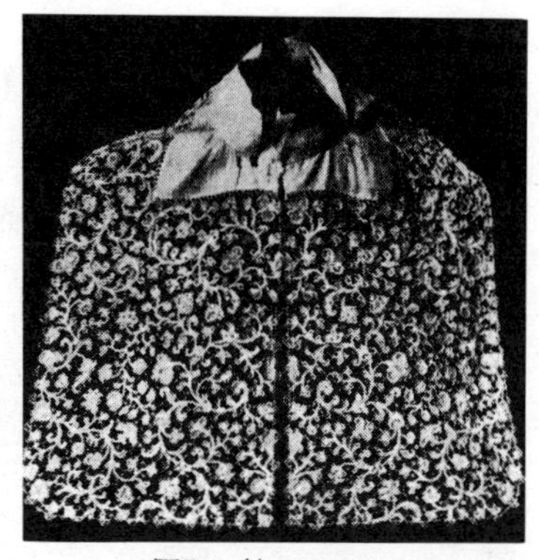
圖782 鑲 邊 布

首的翡冷翠、弗蘭德爾等地之壁毯紡織物，尤其是盧・布朗的設計與指導下在葛布蘭製作所出品的「亞力山大故事」、「路易14故事」(圖780, 781）可謂爲大壁毯連作的最大傑作。

所謂的葛布蘭紡織之繁盛當然與刺綉的發達有密切關係，沒有一個時代的衣服刺綉像這時候那麼多，這是17世紀法國工藝的最大特色。再如花邊的編織（圖782)亦在路易14治下的法國大爲盛行，它最初亦以威尼斯及弗蘭德爾爲中心，但因兩個地方的優秀工人都被路易14請來的結果，法國便成爲最大的編製工藝地帶。

此外，當時法國鍛鐵工藝的發達亦不可忽略，再如從義大利傳入馬喬利卡燒法而發展於鹿特丹及哈倫的陶器，及德弗特（亦在荷蘭）的深受西納塗花磁器刺激的所謂德弗特燒製品（圖783, 784)等亦爲17世紀歐洲工藝的特色。

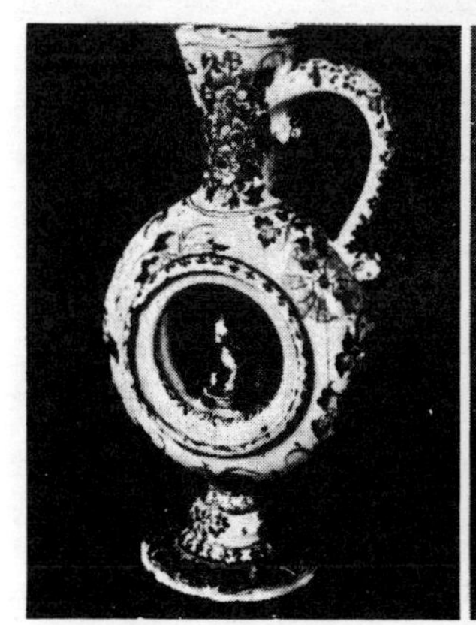
圖783 德弗特陶器

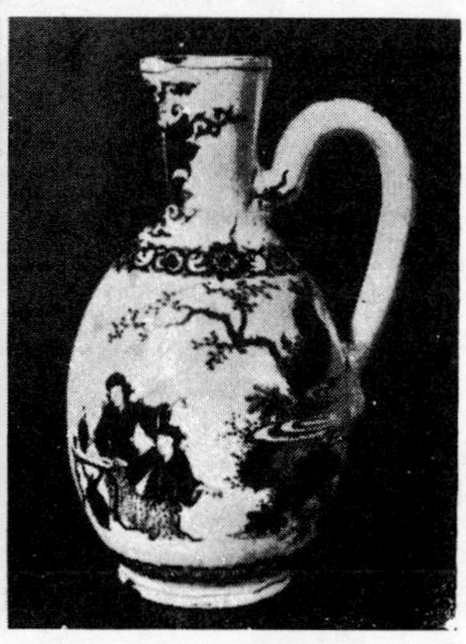
圖784 德弗特壺

II 18 世 紀

第1節 總 論

這個世紀在任何方面都是近代的出發點。

一言以蔽之，18世紀在思想上是理性萬能的時代，社會上是享樂追求的時代，兩者相輔而使理性成爲人類成功的最大武器，由理性而解決一切的問題，產生營建較佳世界的樂觀主義。

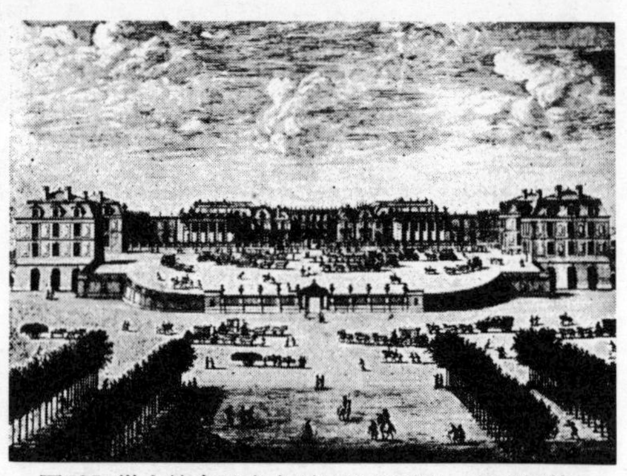

圖785 從大並木道中央所見的凡爾賽 西威斯特

由於17世紀重商主義的結果，有錢階級與貴族階級變成同爲統治階層的一員，其背景簡言之，乃是與名譽傳統相對的財富力量，這個新階級變成本世紀最大的原動力，使思想與社會皆趨於近代化。

然這種變革當然不是同時開始於歐洲的任何國家，其異乎傳統的財力（這當然產生個人意識）之對立只發生於重商主議進展較大的地方，最早當在法國及英國。至於18世紀的代表者首推法國的啓蒙主義，即以孟德斯鳩(Claude de Seconde, baron de Montesquieu 1689～1755) 爲首的服爾泰 (Voltaire, Frangois-Marie Arouet 1694～1778)、盧騷 (Jean-Jacques Rousseau 1712～78)、底德羅 (Danis Diderot 1713～84) 等人的活動。

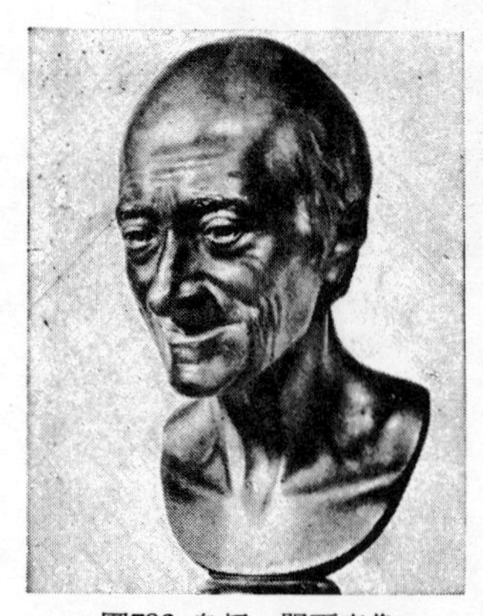

圖786 烏頓 服爾泰像

蓋自文藝復興以來，以理性爲人類活動基礎的科學自然觀已被確立，惟這種態度大致仍爲靜態的觀照，至於知識被積極運用於人類的社會生活應是18世紀以後的事。啓蒙主義運動卽以科學的自然觀爲基礎，它在科學上與技術上追求人類形成原理的人文主義（它是動態的、實踐的）之充分表現。在底德羅領導下，許多啓蒙主義者協力所編的「百科全書」（1751～80）曾有如是的副題：「科學與技藝的合理詞典」，由此可以概見這個時代的精神。啓蒙思想不是單純的教養，身體力行才是它的本質。其哲學的新方向不在形而上學，而在實證主義乃至唯物論，與其憧憬來世的幸福，不如以現世享

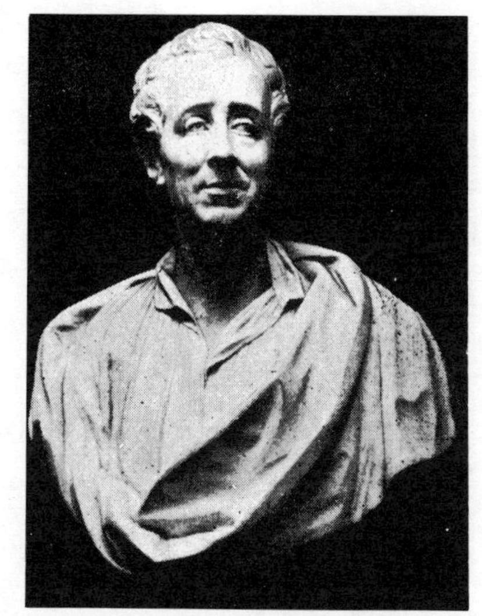

圖787 盧莫瓦奴　孟德斯鳩像

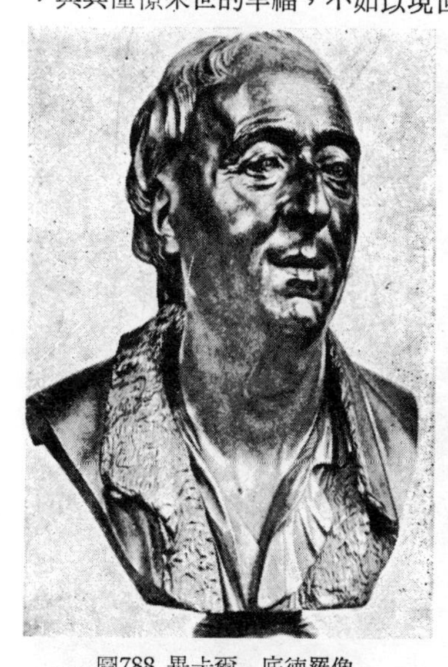

圖788 畢卡爾　底德羅像

樂的追求作爲人生的主要目的，把學問與人類幸福的結合視爲必要。

這種態度給予束縛人類思想行動自由的絕對主義及先驗的超絕權威以一種激烈的反動，它直接是17世紀絕對主義及天主教反動的否定，溯而上之，更使殘留至今的中世遺風趨於終結。這些思想經歷18世紀而逐漸成長，不久便產生了世紀末橫跨政治經濟兩面的法國革命（1789～99）及英國產業革命（1780左右～1830）。

美術方面亦如本世紀思想的代表者之爲啓蒙主義，其代表者當爲洛可可美術。

以「洛可可」（註１）這個悅耳的聲音

註１　洛可可 Rococo 這個名稱來自路易15時代常用於建築的裝飾紋樣，由於其貝殼狀的形態類似巴洛克時代喜用以裝飾庭園洞窟的人造石 rocille，故不懷好感的古典主義者便稱之爲洛可可。

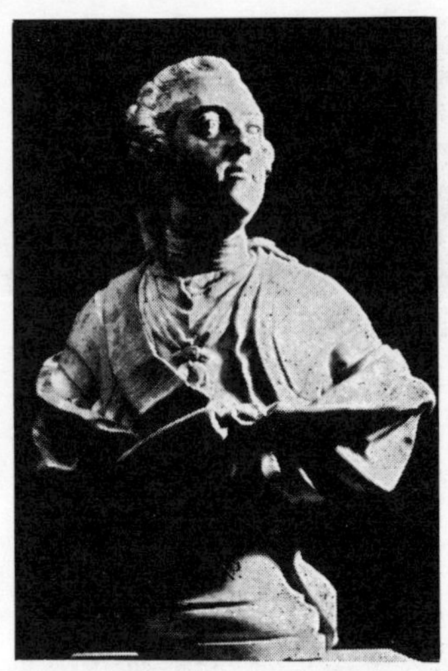

圖789 盧莫瓦奴　路易15像

爲名稱的美術產生於法國，法國至本世紀的15～20年代繼承前一代的巴洛克樣式，並於60年代中使古典樣式再度復活，故洛可可樣式展開於期間極短的路易15時代，由於它的短命，以及在法國（樣式的發祥地）以外只爲德國所接受，故對其他的歐洲諸國幾乎不發生影響，它常被視爲巴洛克末期或法國巴洛克美術。然而我們必須在此局部而短命的洛可可美術上看出一個劃時代的表現形式。

蓋洛可可美術在人類的實際生活中，爲增進生活的愉快而積極地活動，正如理性的力量被用爲能充實人類的生活，它被視爲享受現實的有力工具。故洛可可美術的大部份在現代若特別加以檢視的話，它實已發揮了歐洲最後的華美創意，如此一個以人類快感爲目的的美術委實少見。

例如在左右對稱故意被打破的形態中，吾人可知其對文藝復興以來知性的及構築性的強剛之美不同，洛可可美術的目的在確立異乎知性的感情立，乍看之下，其態度或許與這個時代的啓蒙主義運動之趨向於對理性的樂觀信賴等社會機運相反，但洛可可美術仍是時代精神的一種必然產物與具

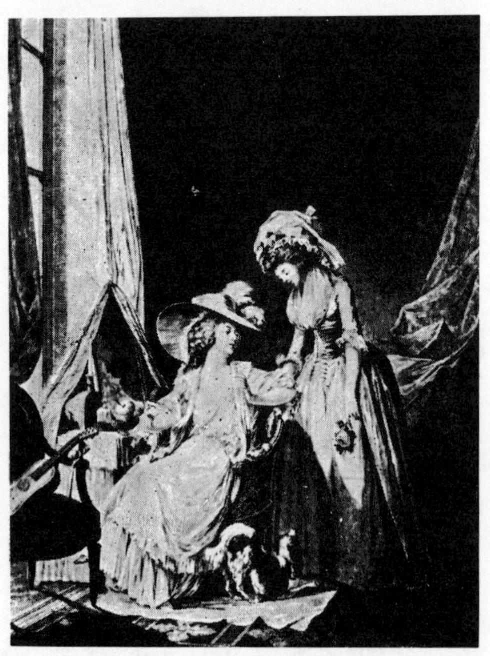

圖790 賈尼內　難言的告白

體表現，因爲前面說過，洛可可美術的特徵最重要在追求自由——人們在美術中追求快感的自由，一心以達成本身的美感效果爲念，是以在脫離某些對象束縛的「非對象藝術」如舞蹈、音樂、裝飾藝術、建築中，洛可可便首先發揮其特性，這所以近代音樂的創始者巴哈(Johann-Sebastian Bach 1685～1750)、韓德爾(Georg Friedrich Händel 1685～1759)得以活躍，而洛可可美術中不需描寫對象的裝飾紋樣及其受用者的建築首先得以表現，就此追求自由之點而言，與法國革命及美國獨立並無衝突，同時與尊重人類理性的啓蒙主義及探求美與科學的美學之誕生（註2）亦無矛盾。

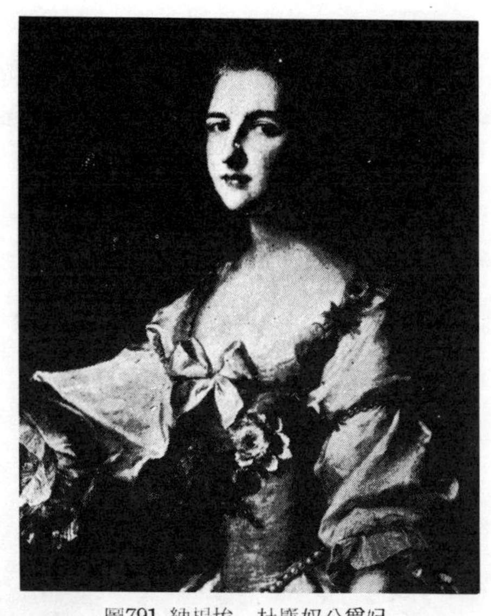
圖791 納提埃　杜廉奴公爵妃

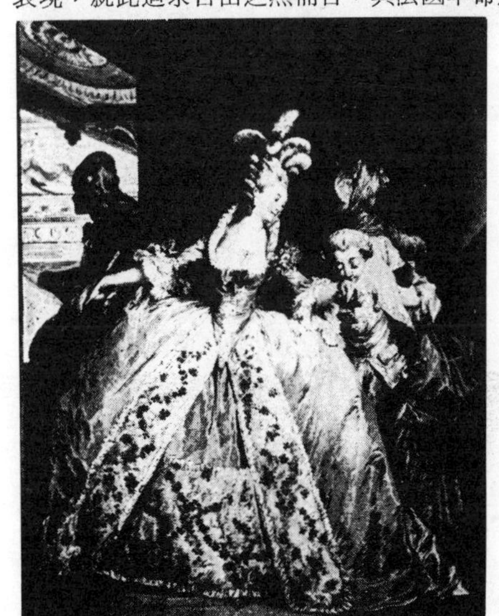
圖792 尼可拉·德洛尼　訣別

前已言及，本世紀的開頭是巴洛克的延長，其後古典主義便開始抬頭，這巴洛克與古典主義二者經過17世紀而成爲相拮抗的勢力，歷18世紀而不變，其骨子裏自屬反古典主義，同時亦與巴洛克廻異——與巴洛克權威主義性格相反的實利主義性格——洛可可由是得以開花。

職是之故，在18世紀這一章，吾人在美術上將以洛可可爲中心來論過。

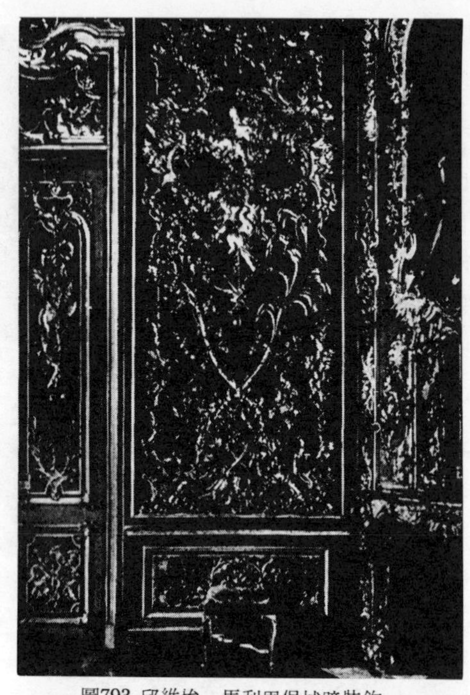

圖793 邱維埃　馬利恩堡城壁裝飾

第2節　建　　築

法　　國

洛可可的名稱來自建築裝飾，故此種美術的代表者亦爲建築。自前述的巴洛克美術以後，建築乃至一切美術的方向是從彫塑的靜態性走向繪畫的動態性，這種傾向至洛可可仍舊照樣被繼承着，它與巴洛克不同的觀點只見於建築製作之前，亦即是說，巴洛克美術主要追求的是建築外部的有機結合及動態表現，洛可可則轉向建築的內部，建築外觀與巴洛克並無多大差異，然內部則加上諸多創意。

在17世紀巴洛克時代，美術活動的資助者全是絕對者的教會及王室，其舞臺則在宮廷。至洛可可時代，人的價值並不基於個性的人格，而以在宮廷的地位爲判，這點與巴洛克相同，但17世紀發展下來的重商主義的結果，

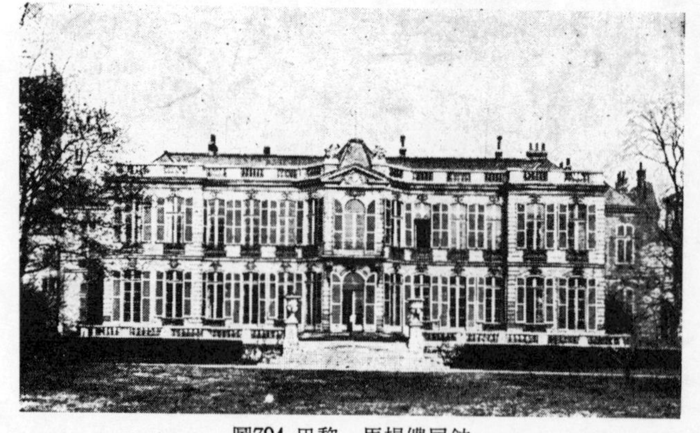

圖794 巴黎　馬提儂居館

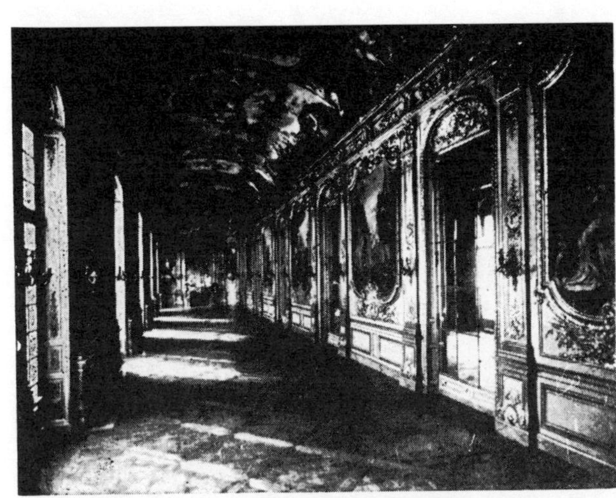

圖795 黃金室　突盧斯居館　1713-1719　柯特作

其價值基準又加上經濟的能力。故與巴洛克時代不同，貴族與富豪便以資助者的資態出現，其沙龍便與宮廷同時提供美術活動的舞臺。這種變化當然亦表現於美術的樣式，人們關心的已非過去巴洛克的威表現，而是對合乎個人生活的愉快表現，與前者厚重的量感及結構美的表現相反，它的表現走向權取代量感的輕快、取代知性構成美的感性官能美。前面說過，洛可可追求的是快感與自由，具體地說，其建築內部已從强調整體的雄壯結構而使每個房間都釀出愉快的氣氛，故製作上亦各自獨立，私人的居室甚至寢室都比公家的大廳更易於發揮建築家的技能，以是洛可可建築的眞髓只表現於建築物的一部份，如「黃金間」(圖795)、「音樂室」(圖796)或「樓梯間」等，此乃建築史上彌足珍貴的事實，且建築物本身的重點亦從過去的王宮或教堂轉向個人的私邸 (hotel)。

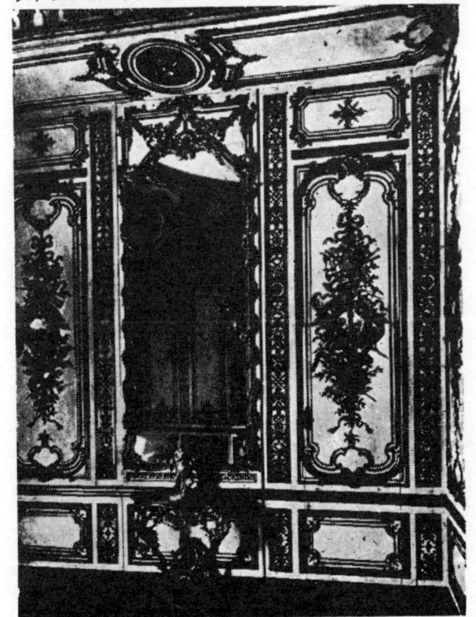

圖796 凡爾賽宮殿　音樂室

初期的作品被稱爲攝政樣式，時當路易 14 (Louis XIV 1643～1715

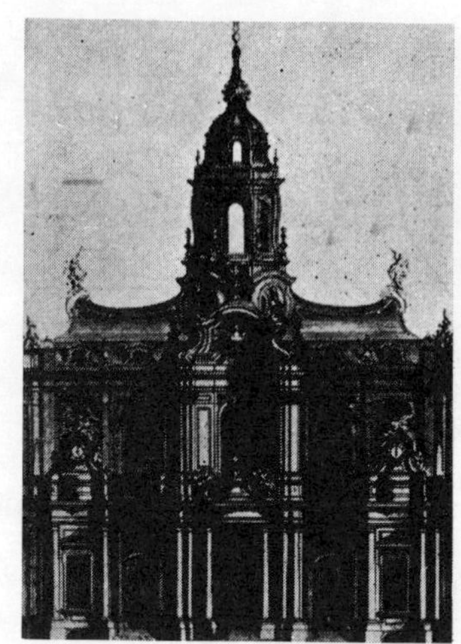
圖797 梅索尼埃　聖蘇比斯教堂
正面（設計案）　1726

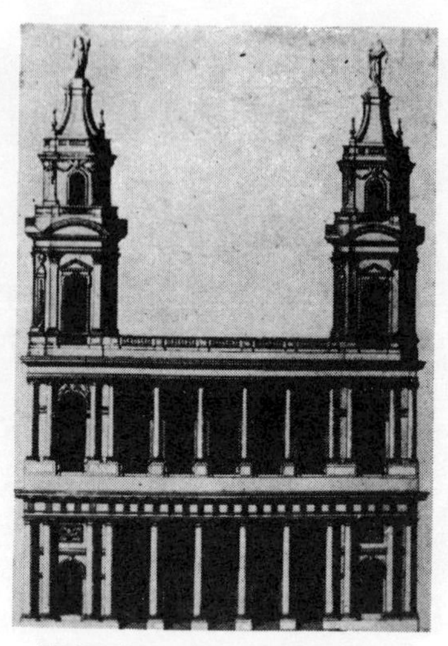
圖798 塞凡德尼　聖蘇比斯教堂
正面（設計案）　1732

在位）死後，爲當時五歲的路易15 (Louis XV 1715～74在位）攝政的奧列安公爵非力浦的時代(1715～23)。實際上是把路易14末期萌芽的後期巴洛克特徵——統一建築、繪畫、彫刻爲一個裝飾集團——再加以推展，其拓展者爲巴黎特魯斯邸（註1）「黃金室」的設計者羅勃·德·克特 (Robert de Cotte 1656～1735)。在「黃金室」幾乎不見路易14時代的雄壯感，輕快而易於接近，增進構築意志的直線要素變少，曲線的使用增多。這種室內已減去建築的（構築的）要素，代之以裝飾性的加强，並從厚重之感而轉入輕快的華美。此傾向由梅索尼埃 (Juste-Aurèle

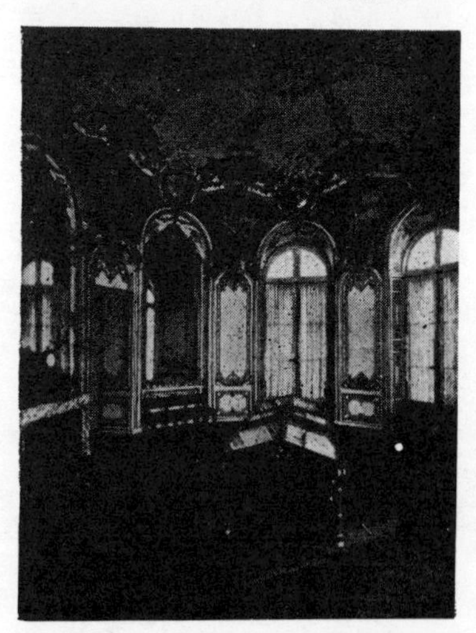
圖799 蘇必斯居館　樓上沙龍

註1　特魯斯邸 (Hotel de Joulouse) 爲 Hotel de la Vrilliere 的一部份，現在的國立法國銀行。

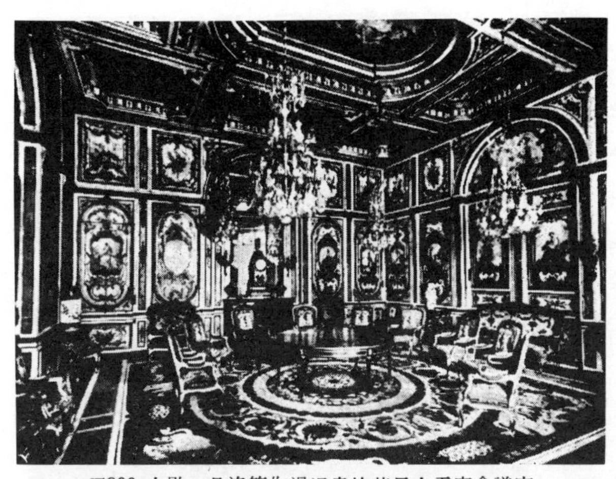

圖800 布歇、凡洛等作過過畫的芳丹布露宮會議室

Meissonier 1693～1750)(註2）一舉完成，他打破了文藝復興以來的鐵則——左右勻整的裝飾樣式，造成洛可可裝飾特徵之一的左右不勻稱。

喜歡「親密感」(intime) 的風氣亦使房間的形體改變過去直線效果極强的四角形，產生許多橢圓形、八角形乃至圓形的房子。窗框的裝飾彫刻與牆上的繪畫呼應，繪畫再度與支撐天花板的簷板木彫裝飾及天花板浮彫相連（圖799)，盛行塗彩縷刻裝飾，使牆壁及天花板的華美更形顯著。如此洛可可建築內部被處理成與彫刻、繪畫、乃至傢俱、絨氈模樣、窗框裝飾等紋樣合爲一體的裝飾集團，有如中世教堂內部並不使諸種美術孤立、爲着强調其宗教性而處理成統一集團，只是中世教堂的統一理念是奉獻給天上的神，洛可可的沙龍則變爲效用於現實人生的快樂；同時比諸巴洛克之奉獻於王權，洛可可毋寧是致力於個人的快樂，其現實化實更爲徹底。故

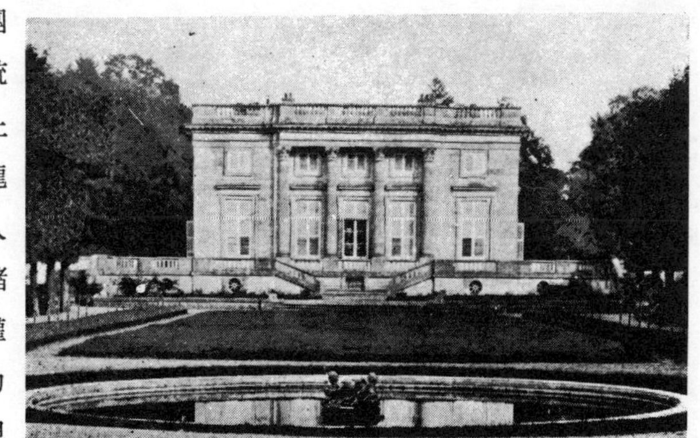

圖801 加布里埃　小宮殿1762-36　凡爾賽

註2　梅索尼埃　其代表作有聖西畢斯教堂的正面之設計。

洛可可亦可視為中世美術的翻版，畫家、彫刻家及其他藝術家協助建築家而完成一種室內藝術的新樣式，於此吾人可見歐洲美術上劃時代創意的最後姿態，此即繼攝政時代之後的路易15樣式（1725～1760左右）（芳丹布露宮的會議室圖（800）是最好的例子）。

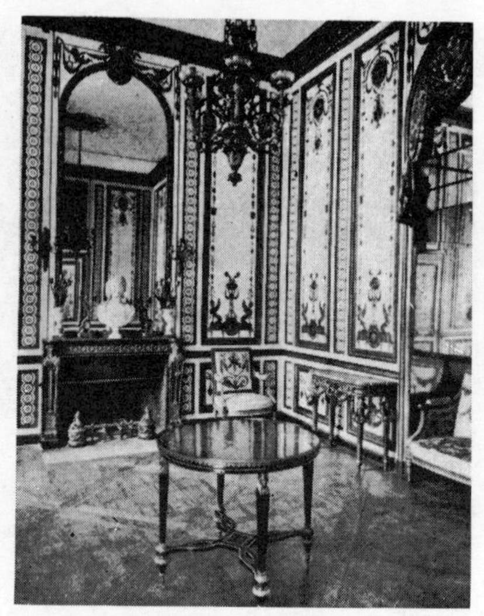

圖802 凡爾賽宮 馬利・安特瓦尼特的房間

然自1750年以後古典趣味又趨普遍，此即路易16世樣式，亦稱龐帕多爾(Madam Pompadeur) 樣式，其起源之一為當時義大利赫克拉寧（1738以後）及龐貝的發掘，更因路易15的寵妃龐帕多爾夫人（圖815)的古典趣味而使之傳佈開來。史弗洛（Jacques-Jermain So-ufflot 1709～80）設計的聖裘奴維埃弗(Sainte Jeneviève 1764～81)——現在的萬神殿（詳後）、加布里埃（Ange-Jacques Gabriel 1698～82）設計的凡爾賽的小宮殿（Petit Trianon)（圖 801)為其表，摒除前一代的曲線，使線的單純結構美復活，古典代義的問題在建築外部，其室直構成仍保持洛可可樣式（路主易 15樣式），只是直線的使內用較前增加。

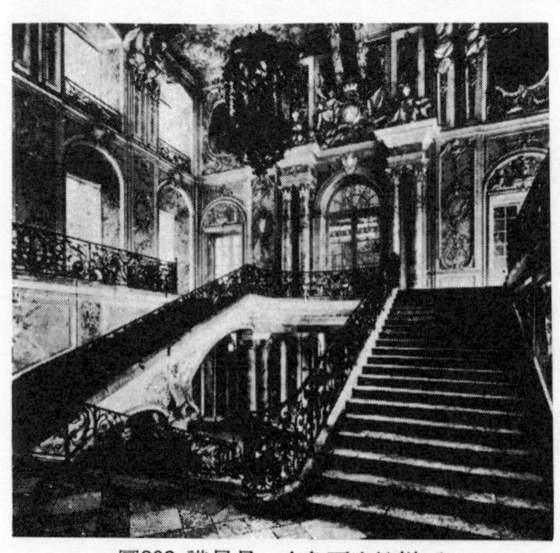

圖803 諾易曼 布魯爾宮樓梯間

法國的洛可可建築隨路易16的下臺而沒落，誕生了更嚴格的古典主義，其面目可見於後述夏格朗、威儂所共同製作的埃特瓦爾凱旋門（圖843)。

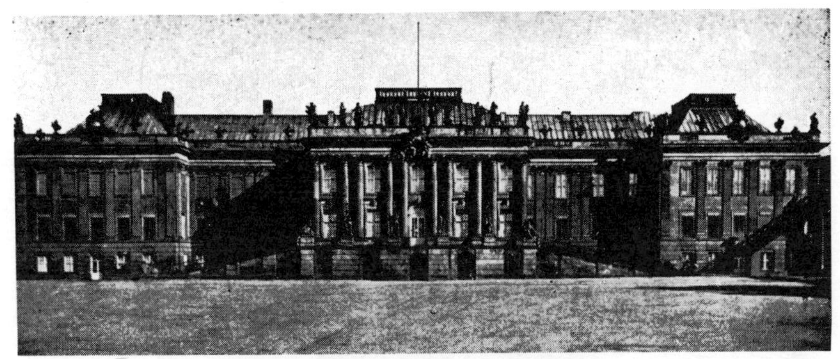

圖804 波丹宮殿　庫諾貝斯多夫　1745-47

德國及其他

與貴族及富豪的沙龍文化極發達的法國廻異，在其他的歐洲諸國，其宮殿幾全繼承前代而爲文化的承擔者，故就美術的主要動向言，18世紀前半屬後期巴洛克，後半屬古典主義，對新誕生的洛可可美術之培育並無作用。但德國把洛可可樣式採入後期巴洛克之中而產生德國洛可可，德國人的性格對動態懷有强烈的憧憬，他們對洛可可樣式的興趣在裝飾性所產生的幻想要重於親密的沙龍性格，故在最完美的德圍巴洛克——諾易曼 (Johann Balthasar Neumann 1687～1753)的布流爾城之樓梯間扶手等處，其巴洛克色彩仍極顯着，惟其後庫諾貝斯多夫 (Georg W. von Knobelsdorff 1697～1753) 建的坡達姆宮殿 (圖804)業已走入古典主義。大約同時，英國有千伯斯 (William Chambers 1723～96) (註3) 出現，他當過船員，曾到過中國數次，有「中國建築、傢俱、服裝、器具的設

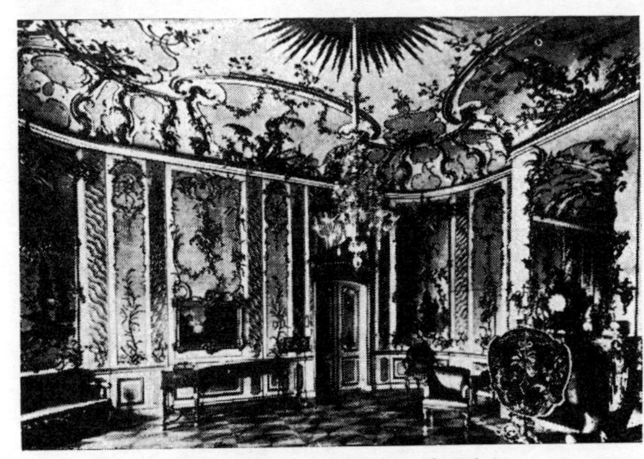

圖805 音樂室　納爾裝飾　波丹皇城

註3　千伯斯　代表作有倫敦的薩馬賽特大厦。

計」（1757）一書問世，給18世紀後半造成東方趣味的流行，然其本人的風格仍屬古典主義。

第3節　繪　　畫

法　國

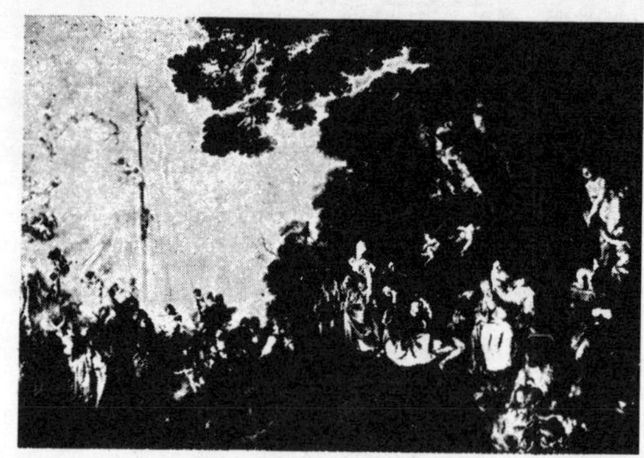

圖806 華都　向西特島出航

17世紀的法國畫壇晚其他歐洲諸國1世紀形成義大利文藝復與影響下的古典主義，當時以皇家美術院爲背景的普珊等人着重素描與構圖，他們把大樣式的「歷史畫」視爲繪畫的主流。不久隨着路易14死後的攝政時代之來臨又誕生新的機運，當資助藝術家的帝王死後，王室財產一空，主權勢必轉向日漸抬頭的貴族與富人所辦的沙龍，於是自由享樂的人類感情比權威更受尊重，在這潮流之中確定其新方向的畫家當推華都（Jean Antoine Antoine Watteau 1684～1721）（註1）。他在1717年以「向西特爾島出航」一作博得美術院的激賞，並使新洛可可跨出了第一步，由於這幅畫的問世，亦使對立於普珊派而重

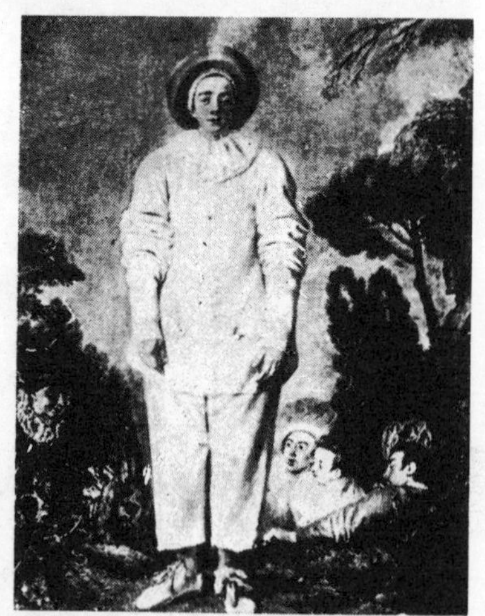

圖807 華都　丑　角

註1　華都　生於比利時邊境的瓦郞辛奴，及長至巴黎，因窮困而被雇作聖畫的模寫。後從庫洛德．紀列學，並成爲奧德朗的助手，然因不滿而歸故里。其後再來巴黎時認識收藏家庫羅薩，臨模遍庫氏所有的收藏品，並傾倒於盧邊斯及維洛尼塞，逐漸確立自己的風格。1717年加入美術院，1719年赴英，翌年歸國以肺疾病逝。

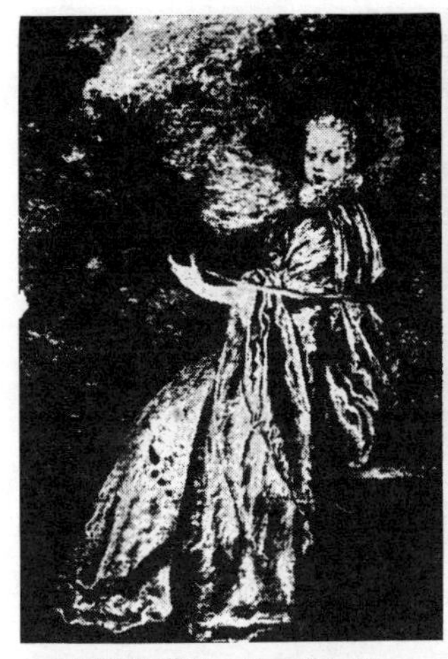

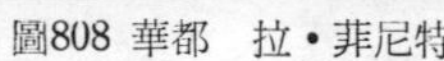
圖808 華都　拉・菲尼特

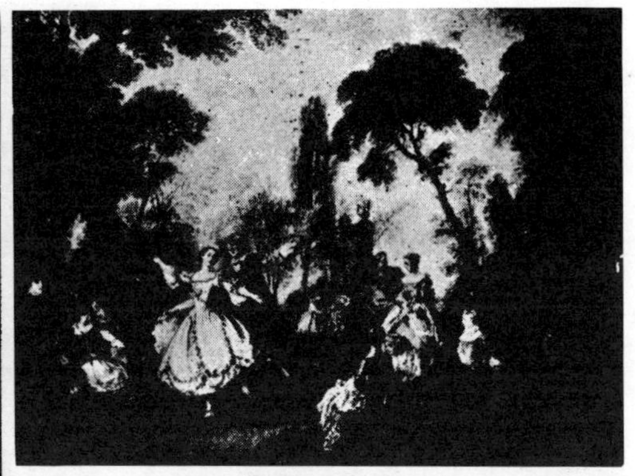

圖809 蘭克列　舞　　蹈

視色彩的盧邊斯派獲致決定性的勝利，亦卽相對於普珊（義大利派）的盧邊斯（弗蘭德爾派）之勝利，從此一反過去的歷史畫，盛行以風俗畫爲主題來表現。

華都在超越的素描能力之外，又以輕快而優雅的色彩作畫，作品有取材於連續的戲劇場面（卷首圖62、圖807)或貴族的戀愛遊戲——卽所謂的「雅宴」(Fêtes galantes)。

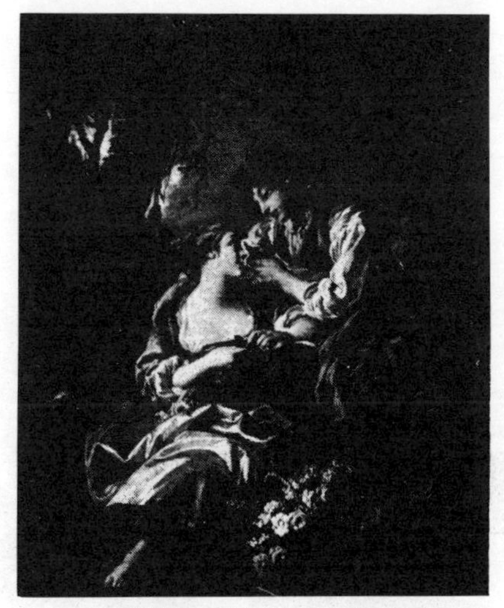

圖810 布歇　鳥　　籠

其後「雅宴」題材爲布歇（François Boucher 1703～70）（註２）及其弟子弗拉哥納（Jean-Honoré Fragonard 1732～1806）（圖811, 812)所繼承，繼續描寫當時沙龍的享樂甘美氣氛，然已失華都那種技巧上的新鮮之感，已陷於完全興趣本位的卑俗風

註２　布歇　魯莫亞奴的弟子，但傾倒於華都，1765年任美術院的會長，並成隨侍國王的首席畫家。

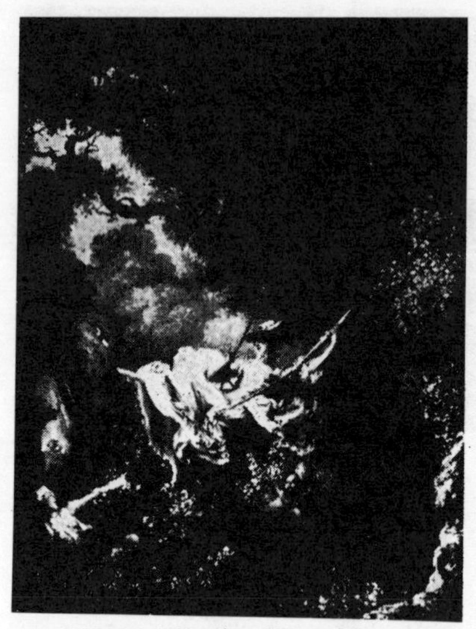

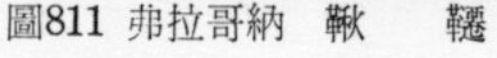

圖811 弗拉哥納　鞦　韆

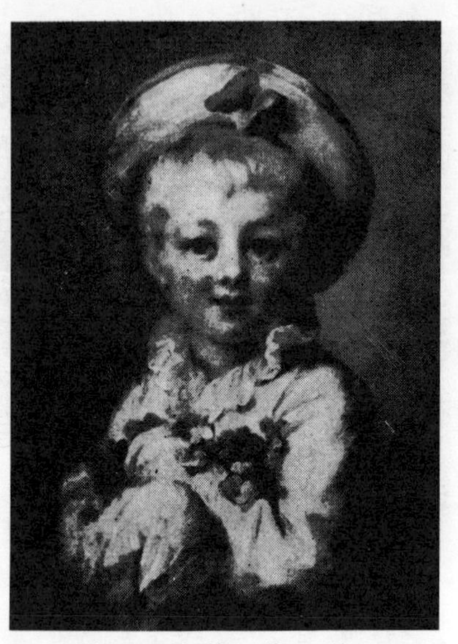

圖812 弗拉哥納　微　笑

俗畫之危境。

惟布歇（圖810, 813, 815）在風俗畫中再穿挿以神話——17世紀的主題，使室內裝飾畫又進入新的境界，這點很重要，使繪畫具有的機能——恰如中世紀色玻璃所具有的地位——重被發現，繪畫並不爲說明一個對象而存在，只依色、形、線而造成美的調和，這種思想當可見諸布歇的繪畫之中，他之所以製作很多葛布蘭式花壁毯的底稿原因在此，晚年又任葛布蘭的所長。

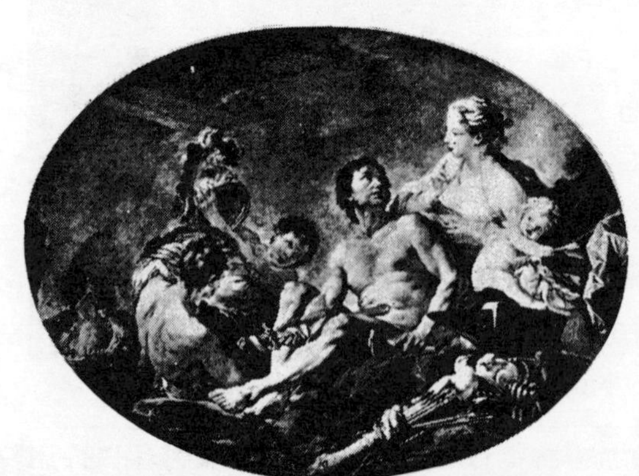

圖813 布歇　瓦爾康鍛冶場的維納斯

在熱中於追求個人生活享受的18世紀之中，肖像畫需求的增加自爲理所當然，因爲它是某特定人物的風俗，肖像畫要求的是寫實性，但當時法國的畫家很少對寫實性具有洞察力，往往只依訂購者的喜歡而作漂亮的畫面。

在法國只有夏爾丹 (J. B. S. Chardin 1699～1779)(註5）是忠於寫實性的畫家，雖然當時的風氣常侷限於華都那種「雅宴」的題材，只求表現甘美的色彩與氣氛，但夏爾丹則取材於既非貴族生活亦非神話的第三市民的生活（卷首圖61、圖816, 817)，他從荷蘭派學到的精密描寫不祗使表現的內容、同時亦使色感、質感等繪畫本身的問題儘力趨於近代化，這點委實功不可沒。

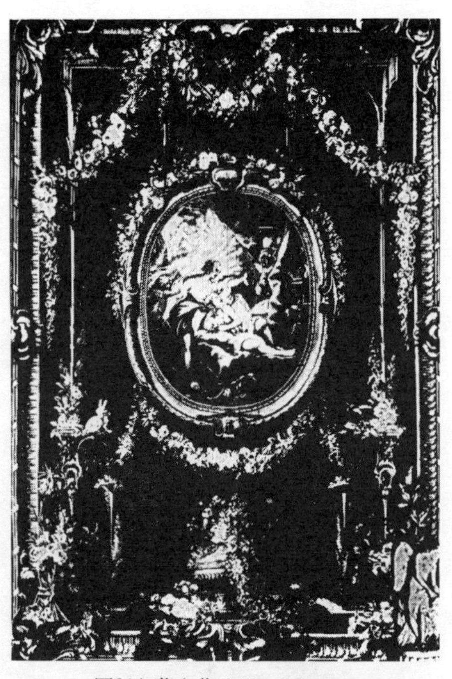

圖814 葛布蘭壁毯　布歇原畫

與夏爾丹同樣對立於享樂的繪畫者尚有葛路斯 (Jean-Baptiste Greuze 1725～1805)，他擅長於所謂的教訓畫，其甘美的通俗表現頗受時人的歡迎，對後來的普流東與大衞亦有影響

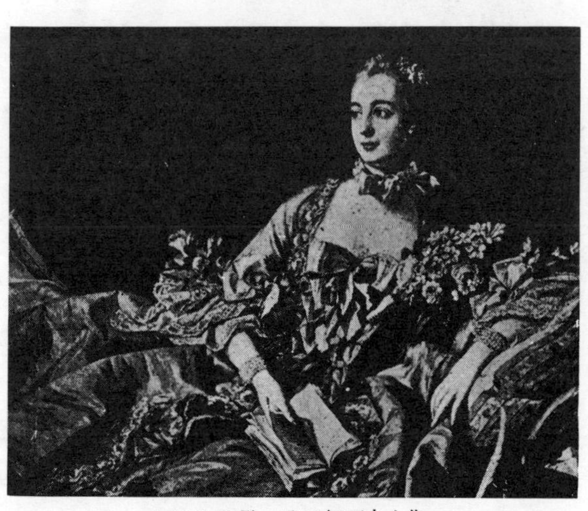

圖815 布歇　龐巴都爾夫人像

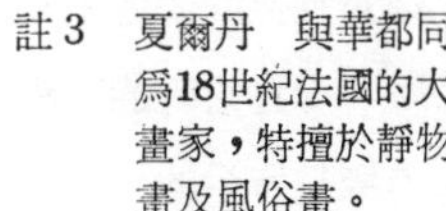

註3　夏爾丹　與華都同爲18世紀法國的大畫家，特擅於靜物畫及風俗畫。

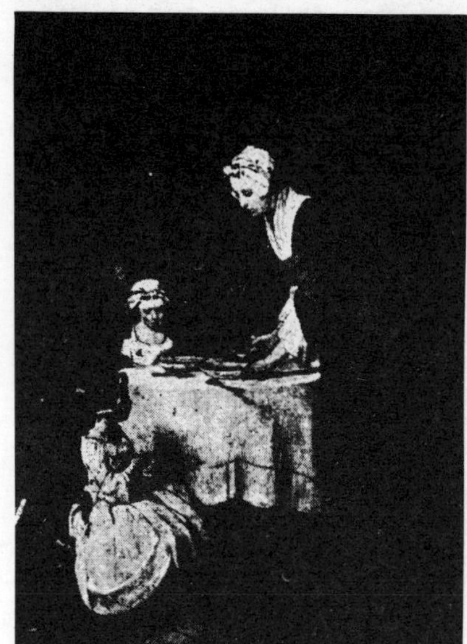

圖816 夏爾丹　食卓上祈禱

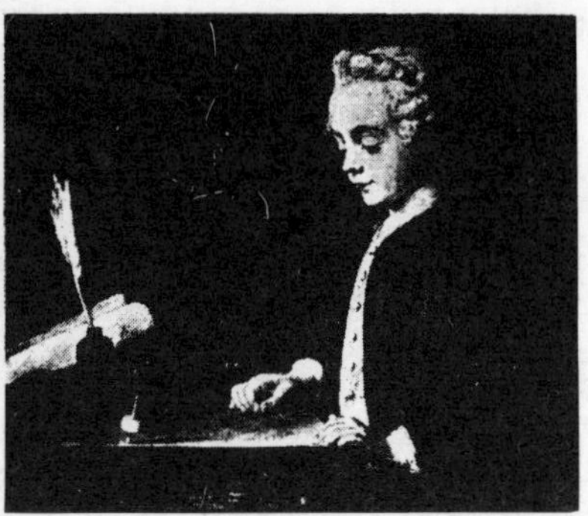

圖817 夏爾丹　玩陀螺

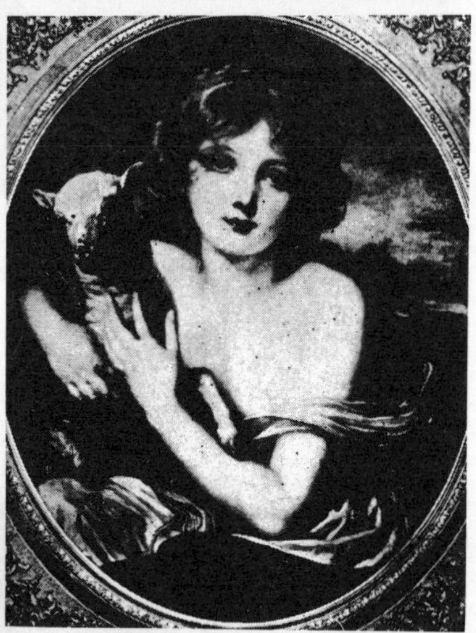

圖818 葛路斯　少女　倫敦

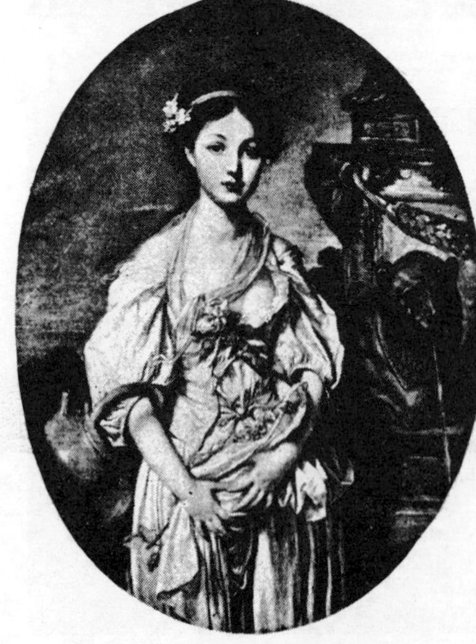

圖819 葛路斯　破　　瓶

，作品富於感傷味。

英　國

把法國畫壇欠缺寫實性的問題引爲殷鑑者爲英國的畫壇，因爲當時的英國誕生了以新興中產階級爲背景的文化，這些異乎貴族社會而較少虛飾的中產階級所要求的繪畫當然現實性較强，而對現實性的關注不久便走入近代繪畫的方向。

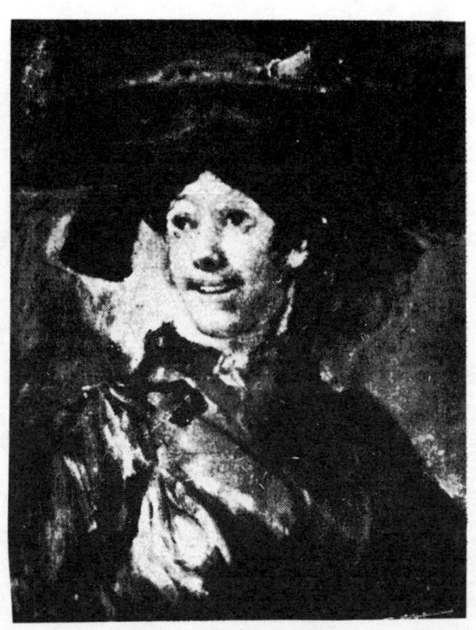
圖820 荷加斯　賣蝦女

首先給荷蘭影響下的英國畫壇帶來新生命的是荷加斯 (William Hogarth 1697～1764)（註 4），他描寫人物是遠離甜美與矯飾的性格描寫，也是畫筆的人性分析，這點他與夏爾丹同爲本世紀畫壇的雙璧。

英國人與容易陷入理想主義的法國人相反，他們是對現實極端關心的民族（註 5），特別是與當時人物畫沒落的法國畫壇截然不同，他們同樣在描寫憧憬牧歌式生活的作品中，亦常對風景本身深懷興趣，這種風景畫的完成者當推根斯勃羅 (Thomas Gainsbourgh 1727～88)，「肖像畫爲錢，風景畫爲愛」是他的名言。然他還是以肖像畫家聞名，他的肖像畫有如以燭光作畫，極重視神韻，這點他是比同時代的雷諾茲 (Sir Joshua Reynolds 1723～92)（註 6）、勞倫斯 (Sir

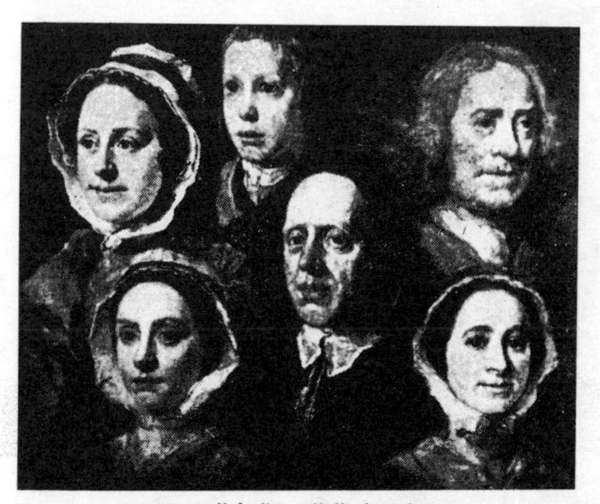
圖821 荷加斯　藝術家的佣人

註 4　荷加斯　理論家，1753年著「美的分析」，立新寫實之說。

註 5　17世紀荷蘭盛行的風俗畫亦爲此種民族性的表現。

註 6　雷諾茲　以宮廷畫家、美術院會長在社會上亦極負盛名。

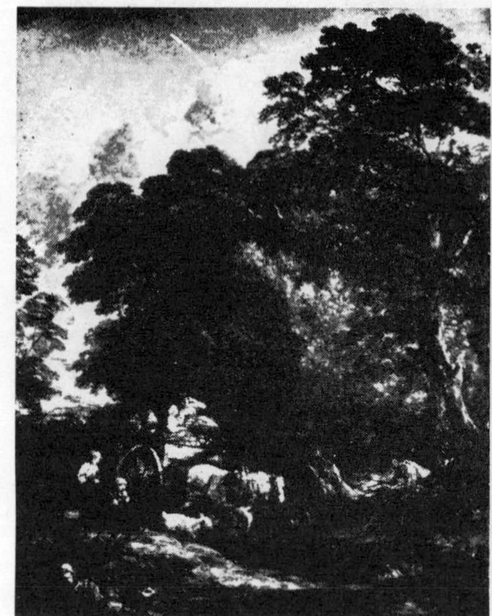

圖822 根斯勃羅　到市場去的馬車

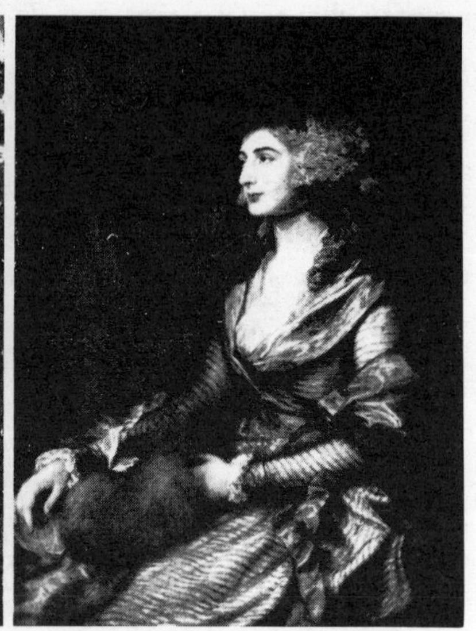

圖823 根斯勃羅　粉墨登場的
西頓夫人　1784

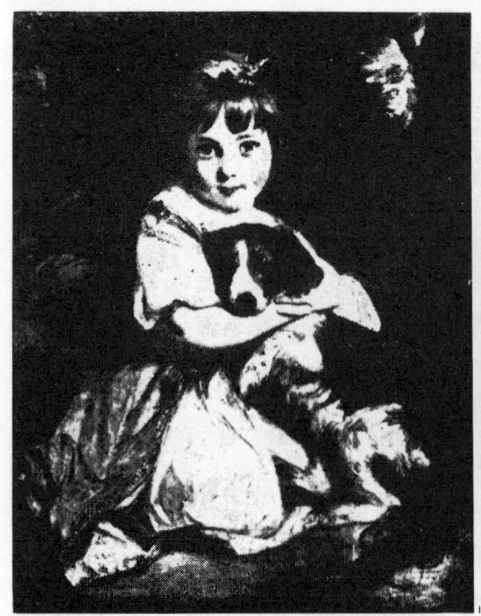

圖824 雷諾茲　幼年的波烏斯姑娘

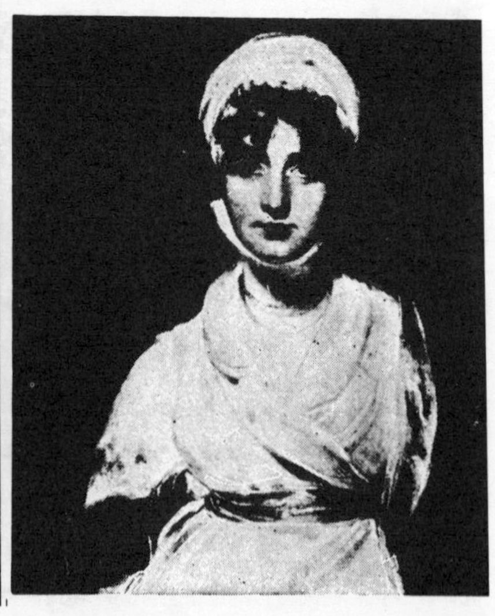

圖825 勞倫斯　西頓斯夫人

Thomas Lawrence 1760～1830)（註7）更近代化。

這個時代的英國還出現過一個怪異的畫家——布列克 (William Blake 1757～1827)（註8），他一向獨來獨往，絕不作風景畫與肖像畫，他把自然的再現或描寫視爲藝術的墮落，故直至他死後40年仍舊全不爲世人所知。他把哥德式藝術尊爲「有生氣的形態」，把與它相符的描線視爲繪畫的本質。其作品的價值現在雖有種種的說法，但前面說過，法國興起的洛可可美術乃是中世的翻版，由此看來，他對中世憧憬意欲的骨子裏與其說是浪漫主義，不如說是積極的創造使洛可可的精神造型化，並非使洛可可的快感造型化，在布列克的裝飾性 (圖826)佔優勢之美術中，我們觀點業已改變，在本質上可以看到與洛可可相通的特質。

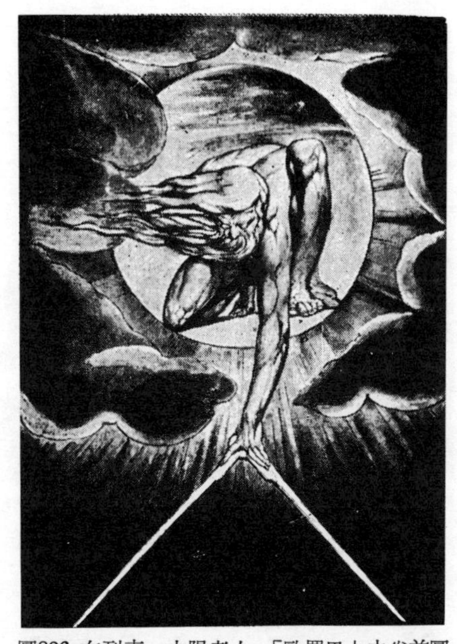

圖826 布列克　太陽老人 「歐羅巴」之卷首圖

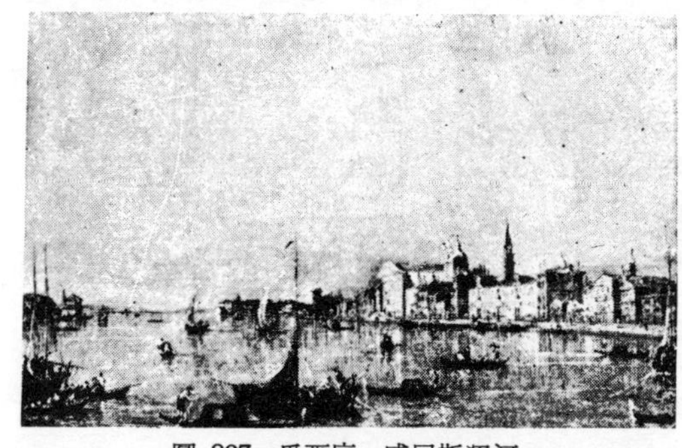

圖 827　瓜爾底　威尼斯運河

其他諸國

繪畫方面在英、法以外的其他各國，如義大利有長於神話畫的提坡羅 (Giovanni B. Tiepolo 1696～1770)、有長於畫威尼斯海景的卡納列特 (Canaletto 1697～1768) 及瓜爾底 (France-

註7　勞倫斯　繼雷諾茲死後爲宮廷畫家、美術院會長。
註8　布列克　他的長處應見諸書籍的挿圖，亦以詩人活躍，並熱心於但丁的研究。

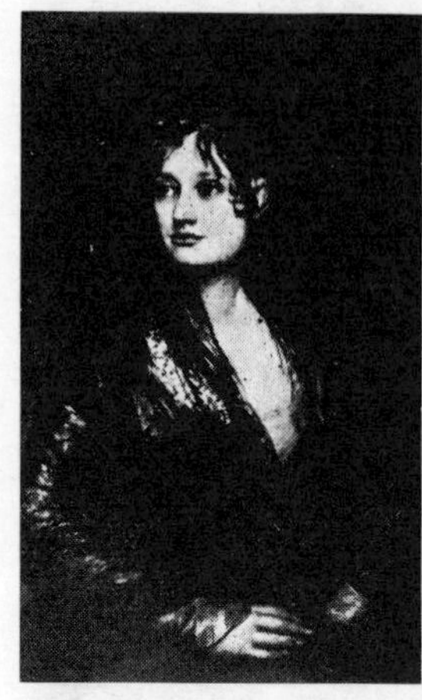

圖828 哥耶　伊莎貝拉・可波斯像

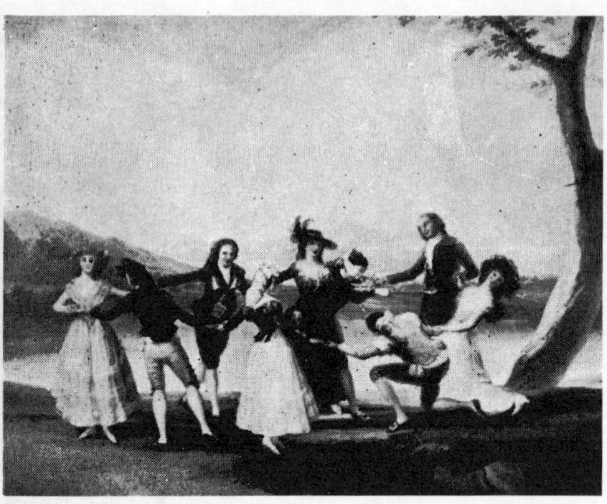

圖829 哥耶　遊戲　馬德里

sco Guardi 1712～1793）等人稍能揚眉吐氣註（9）。但本世紀最光芒四射最突出的天才畫家要推西班牙的弗蘭西斯可・哥耶（Francisco Goya 1746～1828）（卷首圖63圖17）（註10）他深受維拉斯貴兹及林布蘭的影響，其熱情的性格及犀利的寫實在穩靜而似乎高雅、並在某種意義上稍嫌馬虎的18世紀繪畫界，使人感到格外突出、新鮮與熱情。其色彩強烈，特別是黑白的對比美麗絕倫，他在極富個性的肖像畫、諷刺的風俗畫、或描寫粗獷動態及殘忍場面的油畫之外，亦以版畫家而

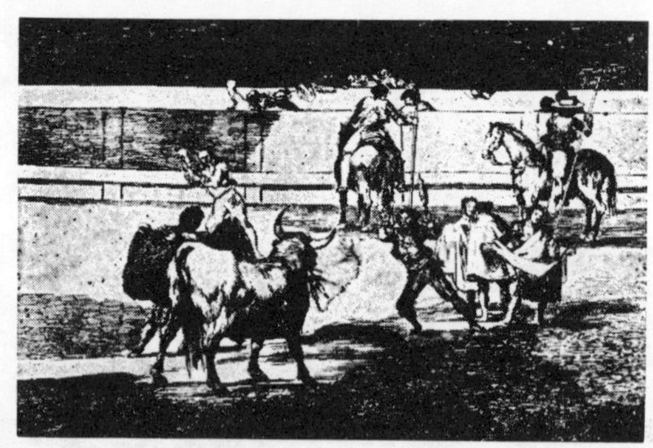

圖830 哥耶　鬪牛（銅版）

註 9　這些人活動的中心地皆在威尼斯，與提玻羅明快而稍帶甘美的風格相反，卡納列特的風景極其確實，至其弟子瓜爾底則長於大氣的優美表現，其描寫威尼斯的建築物或運河洋溢著詩情，在歐洲近代風景畫的發展上是劃時代的。

註10　哥耶　生於沙拉哥薩州，性格極其熱情，一生曾有數度受傷事件，他自己也是個鬪牛士。作爲畫家在當時的西班牙畫壇格外突出，曾以宮廷畫家而備受尊崇，晚年厭棄西班牙的政治情勢，後終老於法國的波爾多。

爲林布蘭以後的巨匠，其中以取材於鬪牛（圖830）或戰爭的殘酷之銅版畫最具代表性。他的作品之新鮮、特別是色彩的鮮明及畫法的爽快給次一世紀的法國畫壇以極大的刺激。

第4節　彫刻、工藝

這個時代的彫刻值得一看的可以說沒有，蓋自17世紀以來，人們對於美術的要求動態繪畫性要重於靜態彫刻性，故18世紀彫刻是巴洛克的延長，卽在古典主義出現時眞正意義的彫刻亦未誕生。18世紀的纖細感覺及對於韻律之戀執走入了音樂或裝飾那種「非對象藝術」，在彫刻上亦只考慮給予繪畫的效果。若有特別值得一提的彫刻家，那祇有法國的烏頓 (Jean-Antoine Houdon 1741～1823)，他的近代性作品可謂抓住彫刻具有寫實意味。

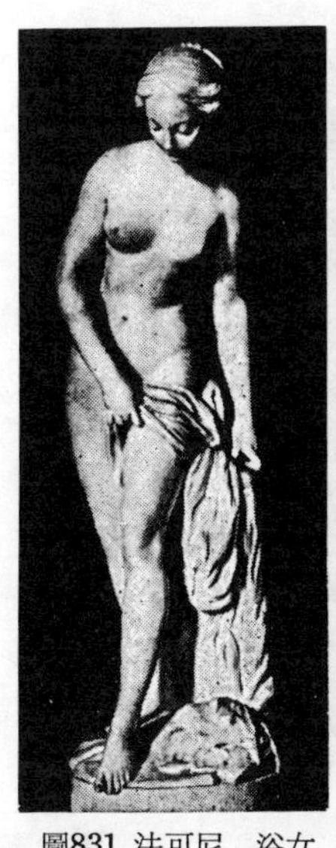

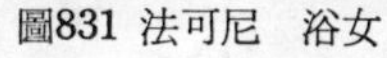
圖831 法可尼　浴女

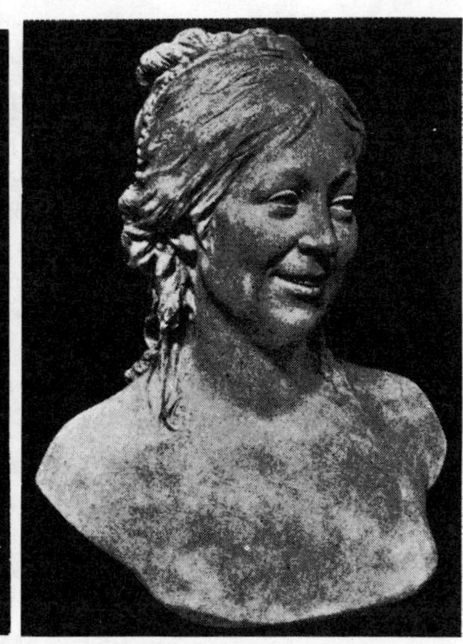
圖832 烏頓　女性胸像

與彫刻的貧瘠相反的，工藝正走向驚人的盛期。在熱烈追求個人享樂的18世紀，當然會熱心於製作有助日常生活的傢俱或用器，如是工藝的黃金期於焉開始。

18世紀的工藝作品反映着眷戀於人生的享樂、官能快感的滿足等時代的空氣，不祇重視用途上的機能，亦求滿足機能外的裝飾效果及使用者的官能幻想，被

註1　烏頓　以製作肖像彫刻爲主，曾作過許多同時代的名人之肖像。

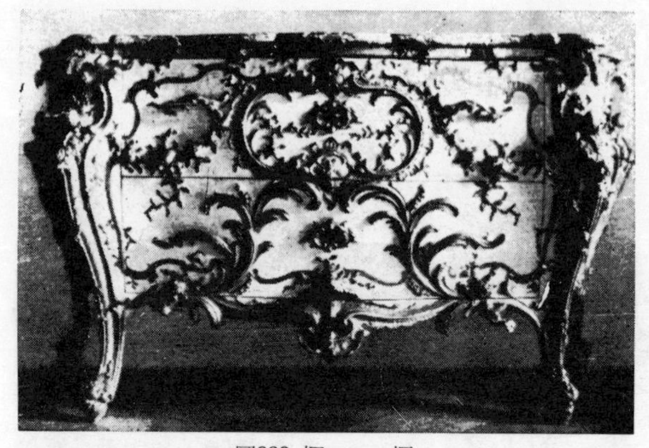

圖833 櫥　　櫃

冠以「洛可可趣味」的許多作品由是誕生，惟其方向與現代工藝完全相反。

就這種工藝的設計而言，在建築上把室內表現爲裝飾的統一集團那種精神被表露無遺，如桌椅的脚部、時鐘的邊緣頗有建築細部的縮影之感，加之當時由於遠東貿易的活躍，亦反映了中國（或日本）趣味的流行，巴黎的馬爾丹 (Martin) 塗漆卽其一例。

至於中國、日本工藝最大的影響應是歐洲磁器的完成。當時歐人對來自中國、日本的磁器之美瞠目而視；於是羣起模仿，在前世紀荷蘭首先有德弗特窯 (Delft) 成立，不久經法國的盧昻窯 (Rouen)（圖 835）、賽弗爾窯 (Sevres)（圖836），以至18世紀初德國由貝提格 (Fohann Friedrich Böttiger 1682～

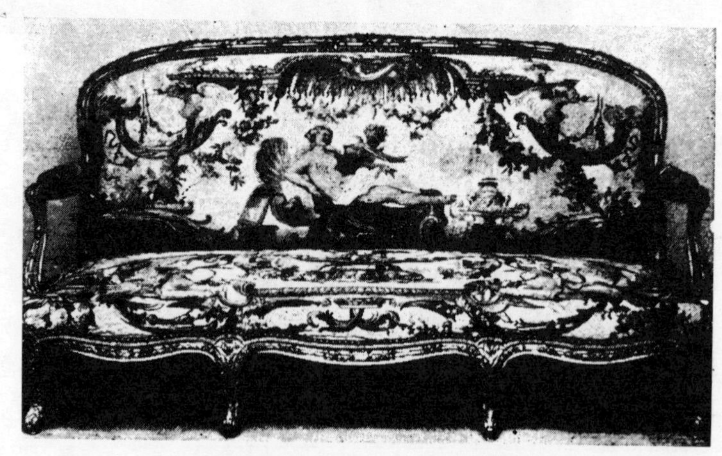

圖834 初期洛可可長椅的葛布蘭紡織品裝璜

1719）開創的曼森窯（Meissen），歐洲從此一改過去的軟質磁器，完成硬質的磁器。

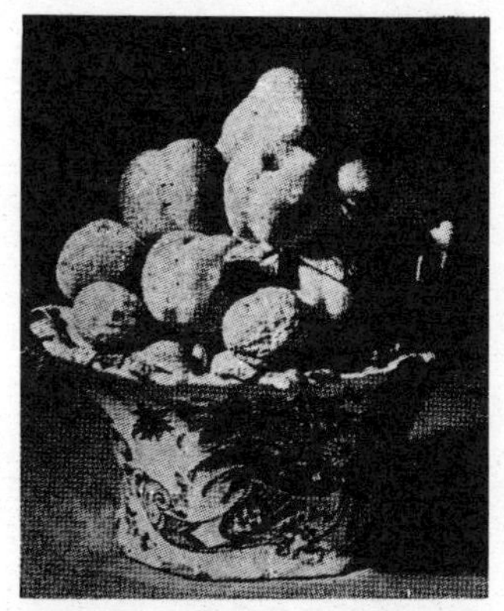

圖835 盧昂陶器　拉・美特里賈底尼埃

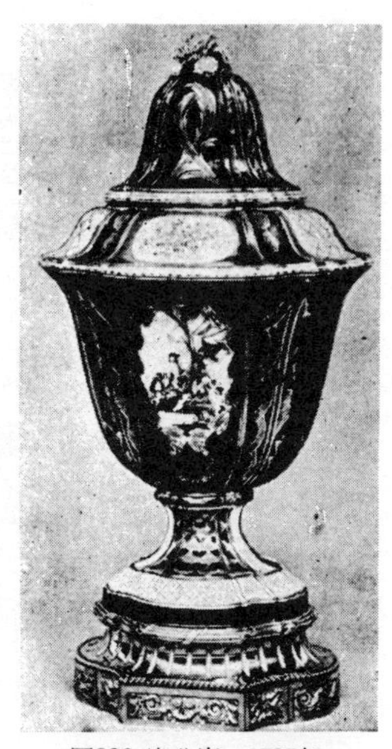

圖836 賽弗窯　1785年

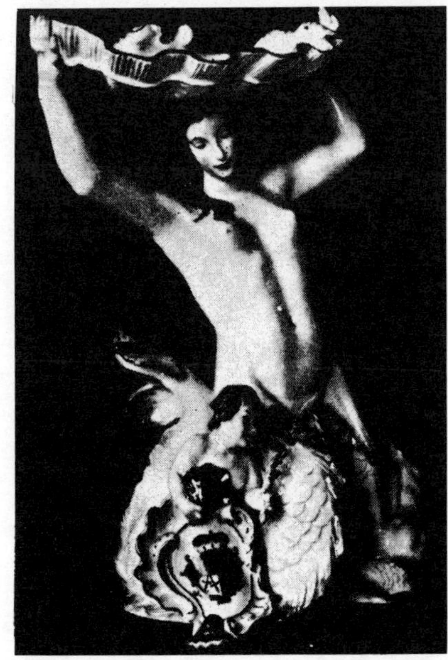

圖837 艾柏來因　麥森窯

葛布蘭式花壁氈在法國政府的保護之下，達到波斯紡織品的境界，同樣的，本世紀歐洲的工藝亦逐漸可以接近遠東的工藝。

最後尚有不同於世紀前半華麗的遠東趣味者，蓋自世紀後半以降，由於隨着龐貝發掘而來的龐帕多爾樣式的影響，又萌生了希臘、羅馬趣味，並在2者之間醞釀了美妙的調和。

以上是18世紀的概觀，今日世界美術的中心地、特別是巴黎一入18本世紀便開始在歐洲美術上形成其領導地位，在這個意義上亦可把18世紀視

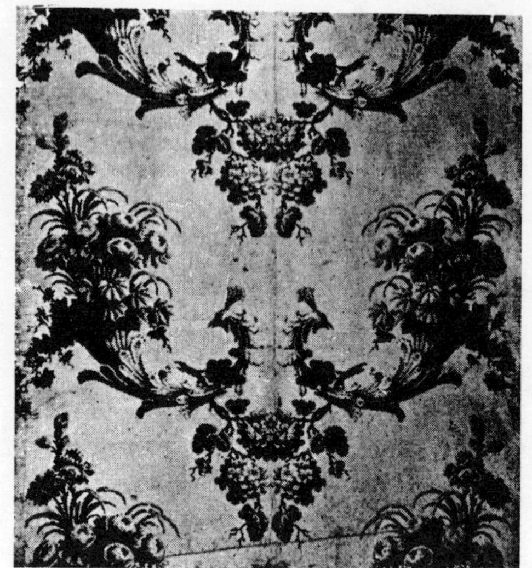

圖838 路易15時代的紡織品

為走向近代的新出發點，再換言之，由文藝復與所發現、並於17世紀略具體制的「近代」亦至本世紀而確立其地 位。

6. 近　　代 II

I 19 世 紀

美術的背景

18世紀法國大革命（註1）不只是政治社會上的大變革，亦直接給予整個人類活動以極大的刺激與影響。自17世紀至18世紀以法國爲首的各國王權因强大的武力與財富而建立專制的基礎，隨着地位的確立一方面也從盛期走入下坡逐漸失却健全與民心。同時由於智識的進步、科學的發達及伴之而來的社會之複雜化、專門化，使得18世紀後半日甚一日地改變過去的產業經濟結構，思想上亦產生自由主義、社會主義等近代思潮以批判並對立於當時的世態與生活。以這種時代爲背景與溫床所迸發的便是法國大革命及首見於英國的產業革命（註2）。

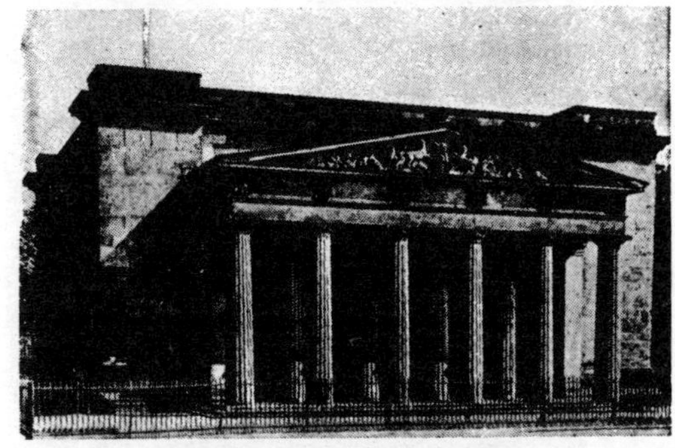

圖839 辛克爾　柏林主衛兵所

這些生活上思想上的變革在文學與美術上亦造成極大的動盪，在駭人聽聞的法國革命以後，特別是文化上已不像過去那樣支配於宮廷或教會等一部份權力階

註1　貴族社會、特權階級的專制、獨占與墮落，及社會的不平等、國家財政的窮困諸點由於啓蒙思想啓發的自由主義思想之普及，使18世紀法國不安的空氣幾乎達於頂點，1789年5月召集的三部門會議之混亂乃是革命爆發的直接導火線；同年7月14月，死力抵抗政府鎮壓的一部份市民襲擊巴士底獄，在自由的名義下要求解放入獄者，這一般被視爲法國革命的開端。

註2　並非法國革命似的政治變革，雖無法確定發生在何年何月，要之乃由於自然科學的進步、科學知識對現實生活的應用等導致機械工學的發達、商業及農業的資本主義化，即所謂產業的合現化。這種變革給國民生活及社會組織帶來極大的變化，並不容分辯地挾雜着所謂的近代社會。

級的嗜好與偏愛，而是直接走向以國民大衆爲依歸的方向，隨各種目的而作自由的發展。在美術上亦然，這種時代思潮與社會實況强烈地刺激着藝術家，藝術家個人的特色被自由地發現，建築、彫刻、繪畫等各領域亦强調着各別的特性與機能以完成各自的發展。

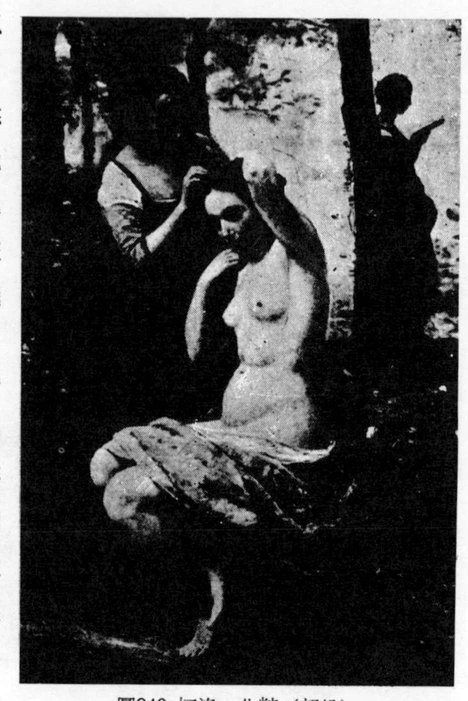

圖840 柯洛　化粧（部份）

結果使建築、工藝更趨向於實用本位，使彫刻與繪畫逐漸發揮其眞正的獨立性，並追求自己的純粹性。其次，自19世紀以降，使法國益發强固其爲歐洲美術重心的地位，誕生於其他各國的藝術家們亦在某種意義上與法國，特別是其中心所在的巴黎有密切關繫。可以說19世紀以後的美術全以巴黎爲核心，並由此使歐洲美術更廣被及影響於世界各國。

第1章　古典主義與浪漫主義

第1節　古典主義

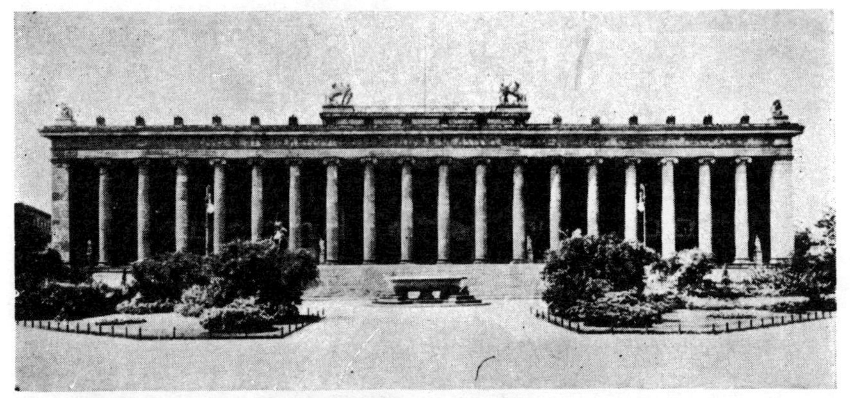

圖841 辛克爾　柏林舊美術館

對於希臘羅馬的古典藝術滿懷憧憬與尊敬的是文藝復興以來的傳統，不論是17世紀的巴洛克美術或18世紀的洛可可美術皆不曾中斷，不祗如此，凡是優秀的藝術家都把古典的偉大吸收爲他們的養料，進而構築自己的藝術——亦即時代的樣式。自18世紀後半至末期，洛可可的優雅趣味便逐漸褪色，藝術上最大要素的感動全然消失，代之而起的一種藝術運動便是古典主義（註1）。當然，古典主義太過官能化，雖是對於逐漸沒落的洛可可藝術的反動，然其直接的動機與刺激都來自古代世界的具體發現，因自18世紀中葉以後，以赫克拉寧 (Herculaneum)（註2）、龐貝 (Pompei) 爲首的希臘羅馬時代之遺蹟發掘盛行一時，不久又有溫克爾曼 (Johann Joachim Winckelmann 1717～68)（註3）的「古代美術史」

註1　古典主義 Classicism (英) Classicisme (法) Klassizismns (德)

註2　赫克拉寧　1719年左右以後曾引起一部份人的注意，實際的發掘則始於1738年，約1757年以後其發掘結果曾開始以報告書出版。龐貝的最初發掘在1748年，有組織地發掘則始於1755年以後。這兩個古羅馬遺蹟的發現成爲歐洲世界流行古典熱的直接動機。

註3　溫克爾曼　生於北德的窮人之家，刻苦勤學，曾進過哈爾列、耶納等大學，不久熱中於古代研究，特別是希臘、羅馬美術的研究，1754年他的不朽名作「古代美術史」問世，這本書不祗是當時古典主義風潮最突出的烽火，亦是確立學術性美術史之最初紀念碑。

問世，不祗使美術界，還使整個社會對古代的關注與憧憬大為提高。至於法國大革命乃是爆發於對當時法蘭西王朝及社會狀態的不滿，亦為一種新思想的表現，惟實際上革命的完成及社會建設的方向則來自對古代世界的注目（註4），是故以法國革命為關鍵而盛行古典主義的最大理由在此。

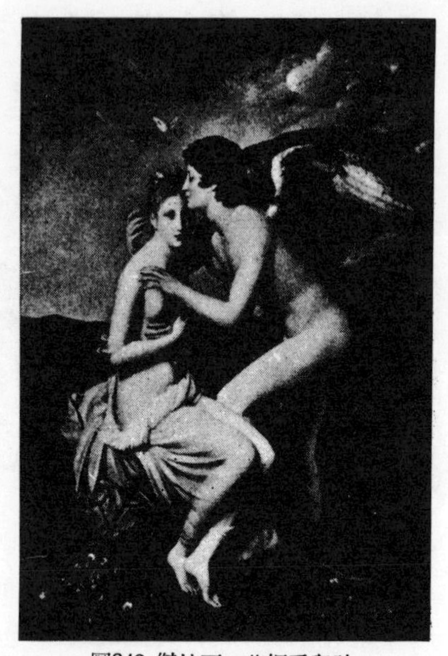
圖842 傑拉爾　沙姬愛與神

然一般說來，當時不論是一般社會或美術界，比起文藝復興時代那種創造性的强韌生命力及對古典的再認識來說，大多還只是形式上的模仿與追隨，加之尚未完全脫離洛可可的優美趣味，而不斷地動盪、不斷有激情事件的社會本身也沒有給古典主義或趣味以長期徹底發展所需的平靜。

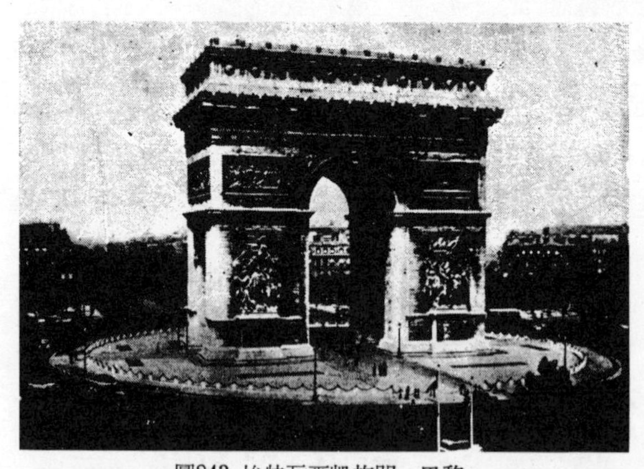
圖843 埃特瓦爾凱旋門　巴黎

法國的建築

建築上的古典主義亦與其他的美術領域相同，其中心地在法國與德國。法國在以古馬羅再現為理想的拿破崙時代，由於拿氏强烈的專制意志與支配欲，所謂

註4　最具體之例當推拿破崙 (Napoleon)，法國革命由拿氏暫時敉平，他的努力則集中於古典羅馬的全盤再現，其理想人物乃是古羅馬的皇帝，理想的文化仍是羅馬文化。拿氏的尚古思想及汎世界主義使整個社會傾向古代風，特別是導向復古的文藝復興風格。

的皇帝式（註 1）最爲盛行，其古代羅馬的趣味首見於凱旋門的興建。如佩爾歇 (Charles Percier 1764～1838)（註2）與馮特奴合力建在盧浮宮與邱伊麗公園間的卡露西爾凱旋門(1805～06)等是。又如耗費1806至30年的歲月、並裝飾着盧德的浮彫「進軍」(圖843)之艾特瓦爾凱旋門(註 3)更爲有名，這是奉拿破崙皇帝之命興建的大規模紀念建築，更明顯地繼承古羅馬的典型，門的設計者爲夏格朗 (Jean Frangois Chalgrin 1739～1811)。這個時代巴黎的代表性古典建築乃是古典樣式最初的大紀念物，諸如以羅馬萬神殿爲範本而興建的萬神殿（完成於1780年)(卷首圖69）、及採取希臘神殿樣式的馬多列奴教堂（1806～42)(圖844)等是，特別是威儂 (Barthelé-myVignon 1762～1808）設計的馬多列奴教堂乃是古典主義樣式的建造物中之極致，有明快雄壯的偉大風貌。

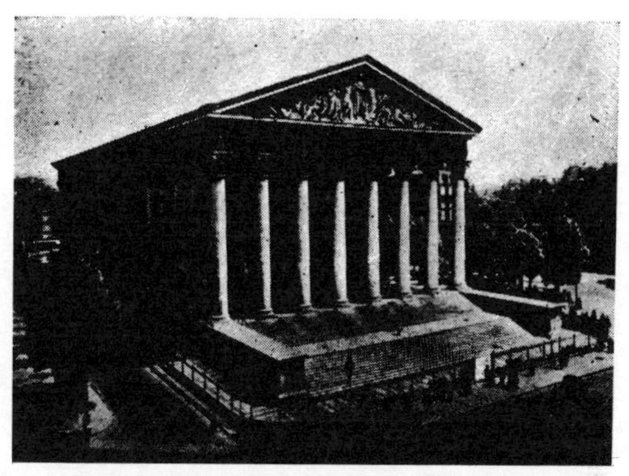

圖844　馬多列奴教堂　巴黎

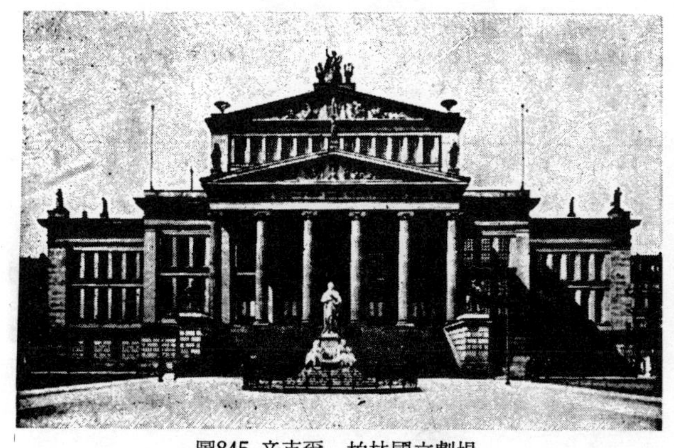

圖845 辛克爾　柏林國立劇場

德國的建築

德國建築家之中具有特出才幹及

註 1　法國的古典主義建築稱爲皇帝式 (Empire)。

註 2　佩爾歇　與馮特奴 (Pierre F. L. Fontaine 1762-1853) 同爲佩爾 (A. F. Peyre) 的弟子，在終生不渝的友情之下，任何工作皆由兩人共同完成，並同爲拿破崙皇室的首席建築家。

註 3　艾特瓦爾凱旋門高 50m、寬 45m，曾因拿破崙的失勢而使工事暫時中斷，最後假多人之手完成於1836年。

領導能力者當推柏林的辛克爾 (Karl Friedrich Schinkel 1781～1841) (圖839, 841, 845) (註1) 及慕尼黑的克林哲 (Leo von Klenze 1784～1804) (註2)，他們對古典主義具有凌駕法國以上的鉅大發展。辛克爾與大詩人哥德及丹麥彫刻家特瓦森同爲代表北歐古典主義的 3 大巨匠，辛氏設計的柏林國立劇院 (1818～21) (圖845)、柏林舊美術館(1824) (圖841) 並非古典形式的照抄，而是穩固地抓住古典精神並使它在近代的機能中復活。至於克林哲亦以古典精神的理解者而在天分上不亞於辛克爾，他的作品很多，特別是林根斯堡的瓦哈拉殿 (1830～40)、慕尼黑的格利普特克彫刻館 (1816～30) 實爲德國古典主義建築的代表作。惟德國古典主義建築亦曾受惠於他倆以前存在的優異作者與作品，其中南岡斯 (Karl Gotthard Langhans 1733～1808)(註1) 是這種傾向最初的大建築家，他設計的柏林布蘭登堡門 (1788～91) (圖846) 巧妙地調和了羅馬凱旋門的厚重及希臘神殿列柱的明快之美，爲極其著名的雄大傑作。

此外19世紀最初30年間，在德國以柏林、慕尼黑爲中心尚有許多建築家出現。惟這種古典主義不止於法國及德國，亦普及於中歐各國及英國等廣大領域，同時隨着古典主義的盛行，在世界各國的公共建築亦逐漸增多。

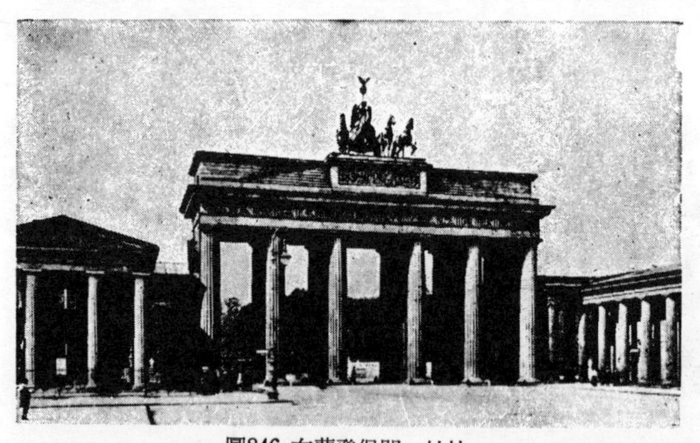

圖846 布蘭登堡門　柏林

註1　辛克爾　他的老師是初期德國古典主義的代表建築家、並與朗岡斯並稱於世的基里父子 (David Gilly 1748-1808, Friedrich Gilly 1772-1880)，1803-5 年往返於義大利、法國，進一步充實其才能。辛克爾爲建築家的同時，亦爲卓越的古典派畫家，不久亦成爲浪漫派的建築家兼畫家。

註2　克林哲　他深得熱心的古代讚美者巴發利亞王盧德維希 1 世之信任，由此得以自由地發揮其才能，代表作除本文所列舉者外，尚有慕尼黑的繪畫館等。

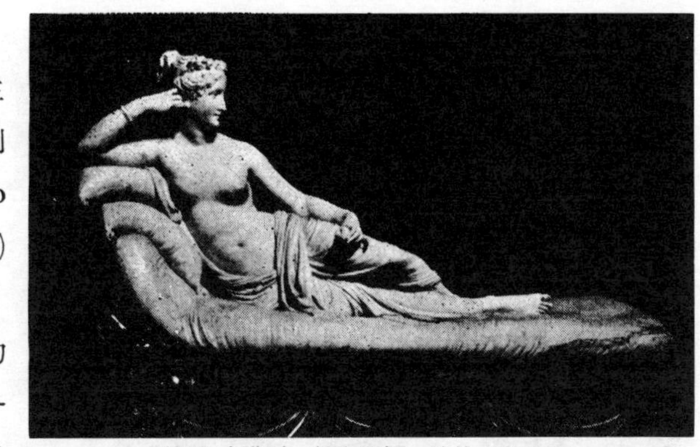
圖847 卡諾瓦　帕奧麗娜　波格賽美術館

彫　　刻

彫刻上的古典主義藝術家有義大利的卡諾瓦 (Antonio Canova 1757～1822)(卷首圖67, 圖 847, 848)(註2)、德國的夏斗 (Gottfried Schadow 1764～1850)(圖851)(註3)、但尼卡 (Johann Heinrich von Dannecker 1758～1841)(圖852)(註4)、丹麥的特瓦森 (Barthel Thorwaldsen 1770～1884) (圖849, 850) (註5)、英國的弗拉克斯曼 (Johan Flaxman 1755～1826)(註6)、法國的波修 (Frangios Bosio 1769～1845) (註7)、蕭德 (Antonio Denis Chaudet 1763～1810)(註8)等，皆以代表性彫刻家知名。他們大多確實不失爲古典主義者，在義大利

註1　朗岡斯　1788年任當時普洛森宮廷的皇家建築局長，作品除布蘭登堡門之外，完成赫克列士教堂（柏森）、宮廷劇院（夏羅登堡）等諸多與皇家有關的建築物。

註2　卡諾瓦　生於威尼斯附近的坡沙尼，3歲喪父，母親改嫁，由祖父撫養長大，自幼在石工跟前渡過，早已顯露其作爲彫刻家的才華，後進入威尼斯彫刻家特列提門下，22歲到羅馬。其後，他在當時古典研究的聖地羅馬熱心地學習，至30歲時已成時代潮流的中心。然卡諾瓦所得到的是古代式的氣氛及形式的概念，他的許多作品製作於羅馬，並於1802年以後再度受拿破崙之邀，在法國亦有作品傳世。代表作有「阿莫爾與普西克」（盧浮美術館）、「拿破崙像」（米蘭布列拉美術館）、「赫克力士與索卡斯」（國立羅馬美術館）、「阿非利紀念墓碑」（翡冷翠聖克羅且教堂）、「帕奧麗娜・波拿巴特像」（羅馬波格塞美術館）等。其中拿破崙之妹帕奧麗娜被比作維納斯，爲靠在長椅子上之彫像，在波格塞美術館極有名的作品，不論長處與短處都可以說是他的古典主義之典型。

註3　夏斗　生於柏林，在巴黎、羅馬求學，不久在柏林成爲宮廷彫刻家及學院的教授。他的作品雖同屬古典主義，但彷彿可見柔和自然的官能性，其後逐漸從浪漫主義走入寫實的傾向。作品有柏林布蘭登堡凱旋門上「駕馭四馬馬車的勝利神」、修特丁的「腓德烈大帝像」(Friedrich)（圖851）、柏林的「路易塞皇后姊妹像」(修洛斯美術館)等。

註4　但尼卡　生於華爾登堡，在巴黎、羅馬求學之後，活躍於修透特加特，爲古典主義彫刻的代表者、創立者之一。代表作有「阿利亞多尼」（弗蘭克弗特）、「席勒胸像」（魏瑪圖書館）、「自刻像」（修透特加特美術館）（圖852)等，特別是後二者的胸像乃是古典形式與寫實之完美統一，比卡諾瓦的這類作品更勝一籌。

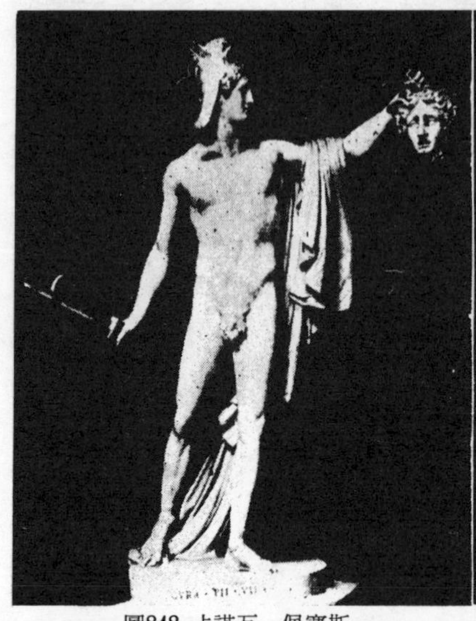
圖848 卡諾瓦　佩賽斯

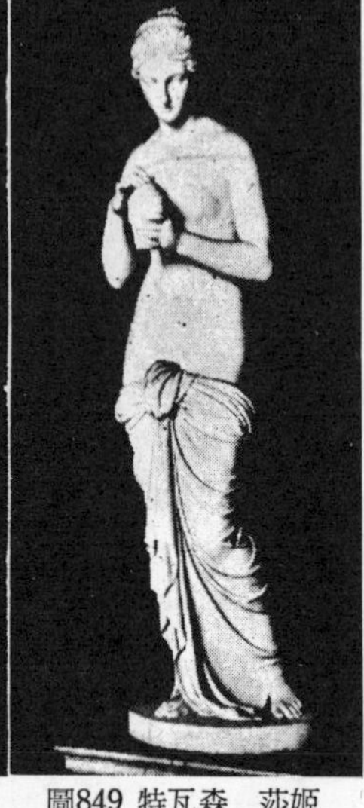
圖849 特瓦森　莎姬

註5　特瓦森爲丹麥第一個世界性彫刻家，在哥本哈根美術學校求學，得羅馬大獎後赴羅馬，以後幾全停留在羅馬，醉心於古代彫刻，與卡諾瓦同爲古典主義彫刻的双璧。創作之餘亦努力於古代彫刻的修補，其作品大多取材於神話，很少取自聖經或肖像。代表作有「晝與夜」（拿波里國立美術館）、「阿多尼斯」「鷲與加尼美底斯」（圖850）（皆藏哥本哈根的特瓦森美術館）等。

註6　弗拉克斯曼　生於約克，遊學於羅馬，學習古代的優美與均衡，他也以揷畫家出名，模仿希臘陶畫的輪廓線而作揷圖。

註7　波修　生於莫那可，很早就到巴黎，以卡諾瓦的崇拜者而終身爲其追隨者，且很少人像他這樣長期受拿破崙宮廷的眷顧。代表作有「路易14騎馬像」。

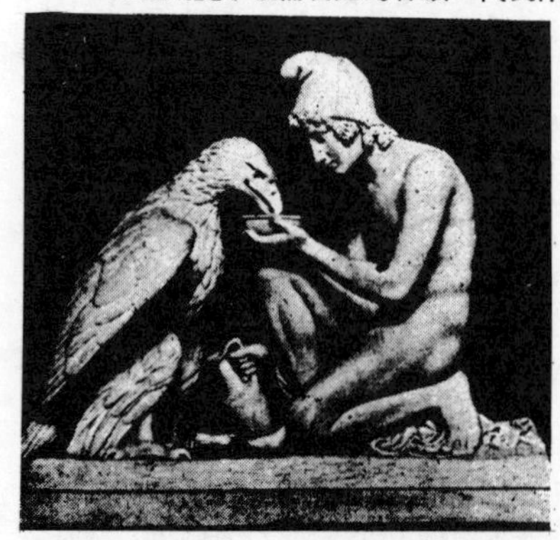
圖850 特瓦森　鷲與加尼美底斯

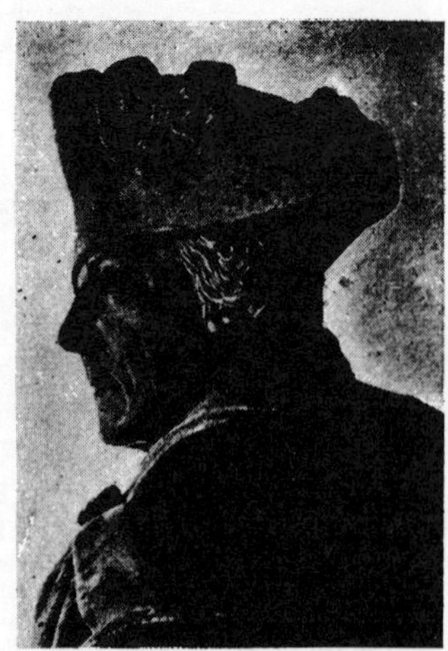
圖851 夏斗　腓德烈大帝像

，特別是羅馬他們學習希臘羅馬時代的作品，並為其古典美所啓發。在此彫刻亦與建築一樣，甚至超過建築以上地顯露着19世紀古典主義的最大缺點，即為着學習古代彫刻的完整的形式美，故整體的感覺很冰冷，缺乏人類的溫情與自主性。

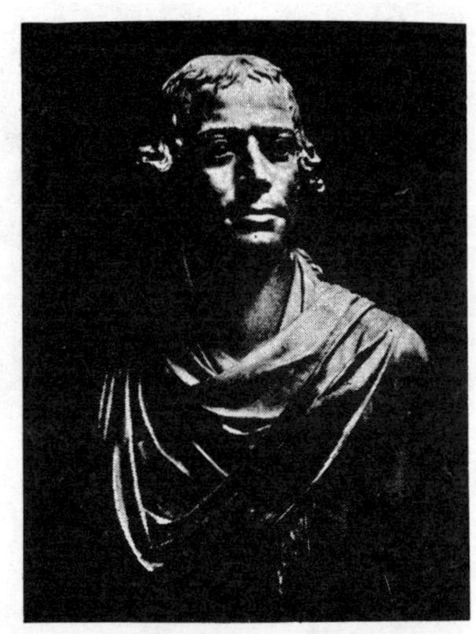

圖852 但尼卡　自刻像

原因是雖然很寫實，但與裝飾小趣味極明顯的18世紀彫刻比起來，這種形態勻整的理想式古典主義作品亦使當時的人感到一種新的光榮。就中以卡諾瓦最有名，他才是古典派的創始者與代表者，他第一個解放長期支配彫刻界的柏尼尼傳統，在古典世界中心地的羅馬及其氣氛之中，他很貪婪似地研究並模仿古代彫刻，一時在羅馬聲名鵲起，不祗給來到此地的彫刻家們以極大的影響，同時也是絕大的權力與强烈復古思想的中堅，深得時行的古典主義之最大鼓舞者拿破崙之知遇，完成許多傳世價值極高的作品。卡諾瓦在彫刻史上的地位可媲美於繪畫的大衞（後述），其影響使全歐的彫刻界失却個性的特徵，在理想美的名義下，但求形態勻整，然而缺乏生氣，結果使稍嫌冰冷的肖像彫刻及取材於神話的作品到處氾濫。

與卡諾瓦並稱者當推丹麥的特瓦森，他亦以古典主義彫刻家而有很多取材於希臘神話的作品。以優異的技巧表現勻整的均衡與韻律，但感覺上過於嚴整與冰冷。惟其技巧頗有助於古代作品的修補，至今由他手上修補過的希臘羅馬彫刻相當多。

法國的繪畫

繪畫至19世紀益發以法國為中心去發展，以法國大革命及拿破崙帝政時代的復古思潮為背景，法國在古典主義繪畫上亦表示出最顯着的領導性，至其原則與

註8　蕭德　生於巴黎的彫刻家兼畫家，得羅馬大獎後赴羅馬，得波修等之助製作凡德姆廣場圓柱上著羅馬式服裝的拿破崙像，名噪一時，此像隨拿破崙下台而遭破壞。

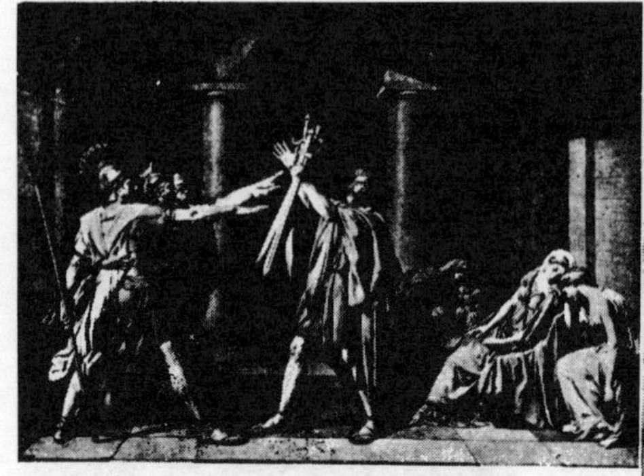

圖853 大衞　荷拉底的宣誓

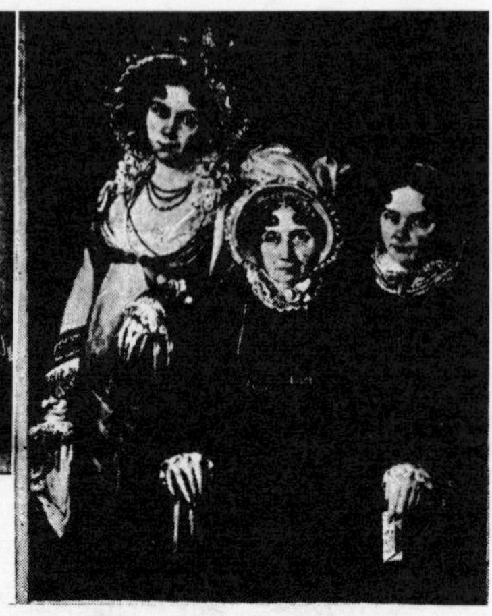

圖854 大衞　加恩的三婦人

方法的最初表現及法國畫壇的泰斗當推賈克・路易・大衞 (Jacques Louis David 1748～1825)（卷首圖66)圖853, 854)（註１）他在法國革命前後的動盪時代中，穩固地與起伏的權力勾結，以徹底的古典醉心者與信奉者而製作很多很多愛國的歷史畫與肖像畫，特別是獻給大革命家、古典崇拜者的拿破崙之熱情，及拿破崙對他的信賴使得具有威勢的大衞儼然成爲畫壇的拿破崙。他的「荷拉底的宣誓」(圖853）、「拿破崙加冕儀式」「馬拉之死」等諸多巨作不祗備受非議，而且使當時大多數的畫家都成爲他的追隨者與模仿者，故不論在藝術上或政治上他都是畫壇的支配者。這些作品中歷史畫雄壯而富於理想，但稍嫌缺乏動人的生命感，然其肖像畫則在古典的形式美之中閃耀着寫實的新生之感。卽使同是歷史畫，但「拿破崙加冕儀式」却巧妙地結合了上述兩個要素，成功了19世紀初頭紀念碑式的巨作。

繼大衞之後有普魯頓 (Pierre Paul Prud'hon 1758～1823)，他的神話作品具有白皙柔美的肉體及使它浮現的光線明暗法的魅力，他在肖像畫上亦發揮過堅實

註１　大衞　生於巴黎，1774年獲羅馬大獎，75至80年留在羅馬，繼續作古典美術的研究，因巨作「荷拉底的宣誓」一舉成名。法國革命時，他以賈柯黨員參加革新之列，羅貝斯比埃爾失勢時他亦被俘，其後爲拿破崙所重用而成爲美術界最大的權力者，帶給畫壇以極大的影響力。拿破崙下台後他也跟著被逐，1811年亡命於布魯塞爾，一去不返。本文揭示的作品以外，如「薩比尼之女」「拿破崙肖像」「列卡米埃夫人像」等亦爲其代表作。

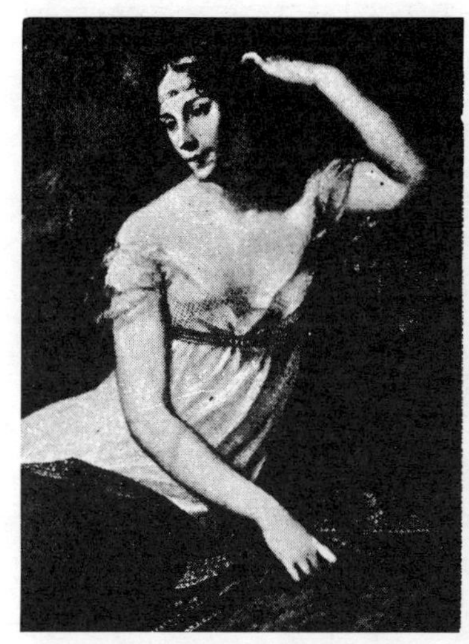

圖855 普魯頓　約瑟菲奴皇后像

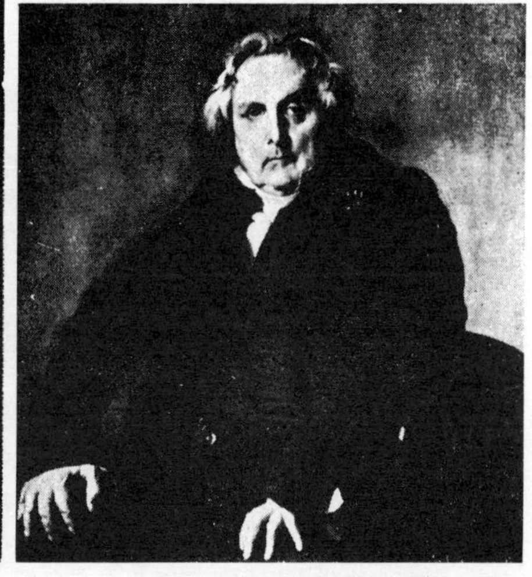

圖856 安格爾　貝爾丹氏像

的技巧，殊如「柯匹亞夫人像」「約瑟菲奴皇后像」(圖855) 等是。此外，同時代的畫家有葛朗 (Pierre Narcisse Guérin 1774～1833)(註 3)、傑拉爾 (Francgis Gérand 1770～1837) (註 4)、波瓦利 (Louis-Leopold Boilly 1761～1845) (註 5)，每人都具有自我的特色，同時亦多少受大衞古典主義的影響。

繼大衞而爲古典派的泰斗、並爲19世紀前半代表法國的巨匠之一者當爲多米

註 2　普魯頓　生於克流尼，爲大衞亡命後的古典主義代表畫家之一，1782年赴義大利，學習達•芬奇、拉菲爾、柯列佐的格調，與彫刻家卡諾瓦交情亦篤。他在藝術上雖極成功，但不幸的婚姻使他一生慘澹陰沈，上列作品之外尙有「普修克」等。

註 3　葛朗　生於巴黎，盧紐的弟子，深受盧紐及大衞的影響，古典主義的性格極强，好作戲劇性的場面，與大衞取對抗的立場。不久在他的門下又出現浪漫派的大師吉里柯、德拉克洛瓦。

註 4　傑拉爾　父親爲大使，他出生於父親出使所在的羅馬，1786年以後成爲大衞的弟子。1790年到義大利留學。其後爲著養家而畫很多挿圖，入帝政時代以後以肖像畫家揚名，其風格表現優雅的貴族性，代表作有「伊莎貝拉及其女兒」及萬神殿的 4 幅壁畫「死」「祖國」「正義」「光榮」等。

註 5　波瓦利　生於巴賽；學畫無師自通，雖受古典主義的影響，然其才能當在寫實的細密描寫，好畫日常的平民生活，代表作有「公共馬車到站」等。

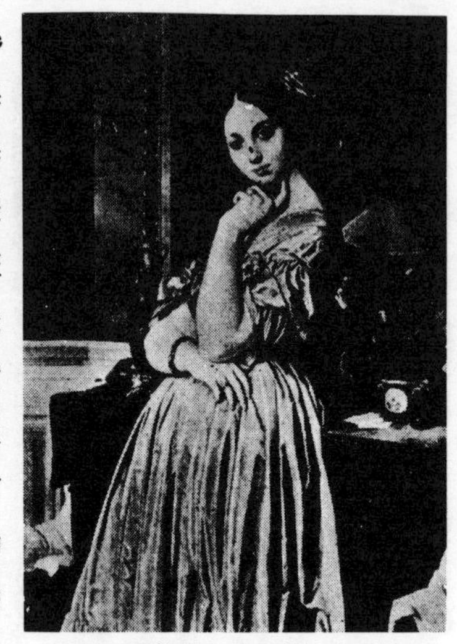
圖857 安格爾　德松維爾夫人像

尼克・安格爾 (Jean Auguste Dominique Ingres 1780～1867)（註6），他是大衞的學生，但長期住在義大利，從拉菲爾的繪畫學到很多東西，特別是作爲素描家，他乃是美術史上第一流的巨匠。擅長於婦人的裸體畫與肖像畫，其肌理細緻有如上等大理石的美麗裸婦或明快確實的精練線條所畫的肖像實爲無上佳品。他並擁有大衞所欠缺的優美性，可以說是古典派最優秀的成功畫家。惟有如此一位古典派最卓越的畫家方能與當時勃興的浪漫派巨匠德拉克洛瓦凡事皆持對立的立場，此2者之爭鬪與對抗甚至令人有宿命之感。惟安格爾穩健的描寫及典雅的形體乃是法國繪畫史上的一種壯觀，給後來的竇加、雷諾亞影響極大。

德國的繪畫

與建築同樣，繪畫的古典主義之發生於德國亦比法國爲早，18世紀中葉，在誕生偉大的古典主義美術史家溫克爾曼的德國更由雷辛格及其一派所强調，自18世紀末至19世紀初，可以說是古典主義完全勝利的時代。18世紀末的德國未必只有這種傾向，它已經有新興的風俗畫或風景畫在萌芽，然一切在此古典主義之前便不得不遭受挫折，因爲在新世紀之初，席勒與哥德的創作與聲望已達於頂點，成爲對於代趣味的輝煌指針。且畫家不祇讚美希臘的詩及美術，其形式與內容才是最後的目標，對它的模仿便是他們最大的課題。換言之，畫家並不依自己的觀察作畫，而是如何依據希臘的形式去努力表現其文學內容，在這個意義上，德國

註6　安格爾　生於蒙塔班，16歲到巴黎從大衞學畫，自1806年起的18年間留在羅馬學習古典繪畫，受拉菲爾的影響特別多。大衞被祖國放逐以後，他被迎接回國，貴尊爲古典派的代表者。代表作有「後宮」「土耳其俗」「泉」等描寫裸婦之作，肖像如「利比埃爾夫人像」「西諾奴夫人像」「德・沃賽夫人像」「德松維爾夫人像」「貝爾坦像」特別著名。

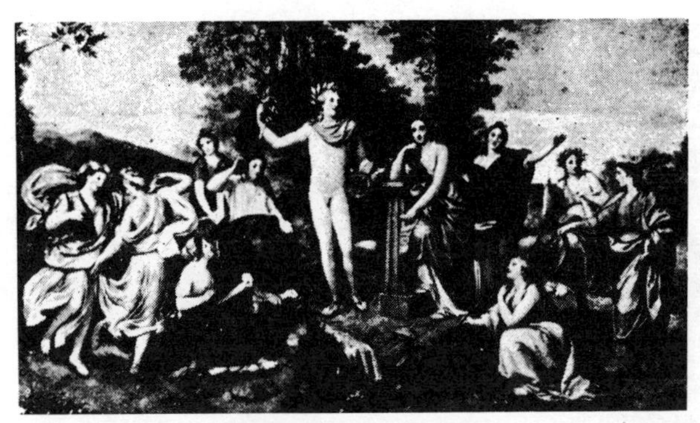

圖858 門格斯　帕那索斯

繪畫可以說是從屬於美術史與文學的存在，儘管這使他們陷於極端的古典熱，但不曾產生像法國那樣優異的畫家與作品。

這種傾向首見於溫克爾曼的朋友亞當・弗利多里希・葉薩（Adam Friedrich Oeser 1717～1779)（註1)，至拉非爾・門格斯（Anton Raphael Mengs 1728～79)（圖858)（註2）及安格麗卡・考芙曼（Angelika Kauffmann 1741～1807)（圖859)(註3）手上則更形顯著。然如建築上的辛克爾，在繪畫上成爲徹底的古典主義之代言人及當時德國畫壇的支配者爲耶克布・卡士登

註1　葉薩　生於普列斯堡，最初從維也納的東納（Donner）習畫，後於1739年遷德勒斯登，在此結識溫克爾曼而相互影響。1759年赴萊比錫，成爲新成立的學院院長，至於認識哥德而爲此文豪的繪畫之啓蒙者亦在這個時候。葉薩在理論上非常古典，作品上則不見得有如此明顯的古典傾向。

註2　門格斯　生於奧希，1741年以後定居羅馬，其間亦時返德勒斯登，61—75年之間亦到過西班牙的馬德里從事製作。由於古代作品的影響及與溫克爾曼的交遊，使他早在18世紀便形成德國的古典主義繪畫。代表作有阿巴尼離宮的天花板壁面，然他寫的「繪畫論」比作品更爲有名，給當時的人影響甚大。

註3　考芙曼　爲生於庫爾死於羅馬的女畫家，1782年以後定居羅馬，用幾分感傷的古典主義筆調表現希臘神話、宗教畫、寓意畫，但表現最佳的還在於對哥德等的名士肖像及高貴教養之謳歌。

註4　卡士登斯　生於修列斯威希的冉庫特・尤根，在哥本哈根求學，92年以後定居羅馬並在該地從事製作，由於疏忽自然的研究，故稍嫌冰冷，其風格形成德國古典主義繪畫的畫風。

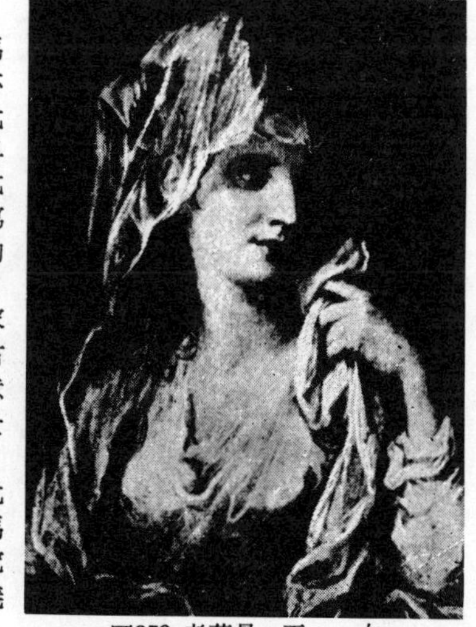

圖859 考芙曼　巫　女

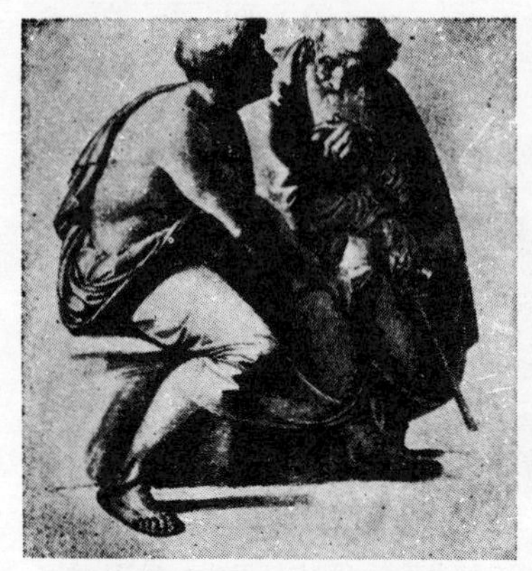
圖860 卡斯登斯　兩個旁聽者

斯 (Asmus Jakob Carstens 1754～98)（圖 860）（註 4），他以溫克爾曼倡言的「給予繪畫 以鉅大價 值者 並非色彩 與明暗，而只是高貴的輪廓」爲信條，捨棄色彩，用古代彫刻作品的線條之美畫出希臘神話或古典風的文學主題。故不久他便在羅馬定居下來（1792年以後），而以卡士登斯爲中心，羅馬便成爲德國古典主義畫 家 的 集中地，這些畫家及其繼 承 者 如威 希 特 (Eberhard Waechter 1762～1852)（註 5）、傑內利 onaventure Genelli 1798～1868)(圖861)(註 6）、柯赫 (Joseph Anton Koch 1762～1839)(註 7)、提修班 (Joh. Heinrich Wilhelm Tischbein 1751～1829)(註8)、溫特哈特 (Franz Winterhalter 1809～73)等是。

註 5　威希特　生於巴林根，歿於修特加爾特。1780年以來在巴黎從大衞學畫，更到羅馬受卡士登斯的影響，98年以降主要活躍於維也納及修特加爾特。

註 6　傑內利　生於柏林，折服於卡爾斯登的理論，1822年以後住羅馬，1831年回德國、在萊比錫、慕尼黑從事製作，39年遷魏瑪，晚年漸轉向浪漫主義。

註 7　柯赫　生於奧貝基貝侖，大部活躍於羅馬，好作理想的風景畫，他亦逐漸走入浪漫的方向。

註 8　提修班　生於海納，1779-90 年在義大利渡過，其間與哥德的交情很有名。其家族畫家輩出，他的軼事亦有一名稱爲哥德・提修班 ，他以康帕納爲背景而坐在長椅上的「哥德像」特名著名。

註 9　溫特哈特　生於聖布拉吉冷近郊，歿於法蘭克福。長於理想化的肖像畫，爲法國、義大利各國宮廷所作肖像畫特別多。

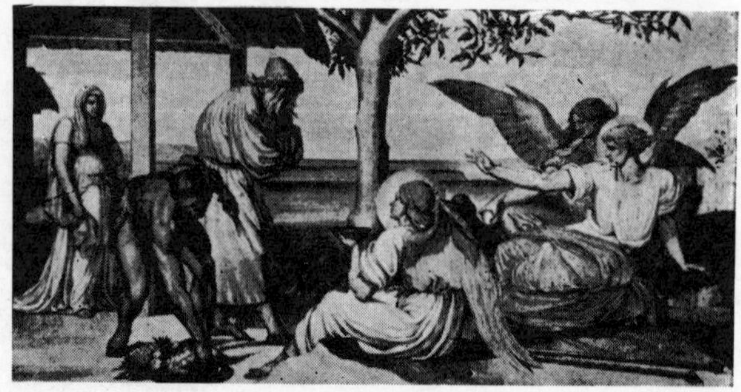
圖861 傑內利　亞伯拉罕與天使

第2節 浪漫主義

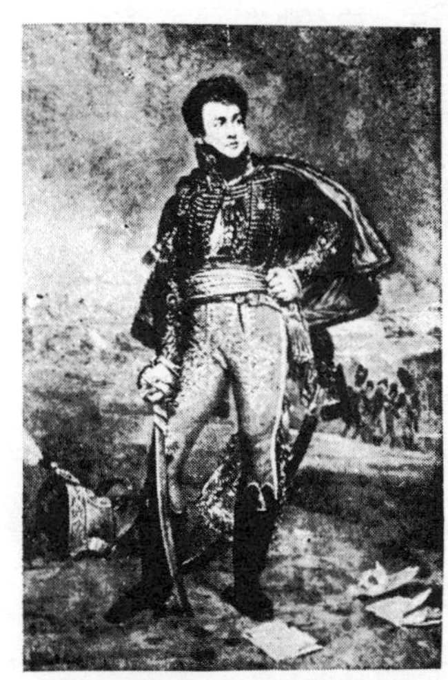

圖862 葛洛　沙羅威斯肖像

自法國革命以來，整個歐洲陷於激烈的動盪，打破過去的因襲，相繼發生非常新鮮而動人的事件。在這種時代中長大的青年都嚮往自

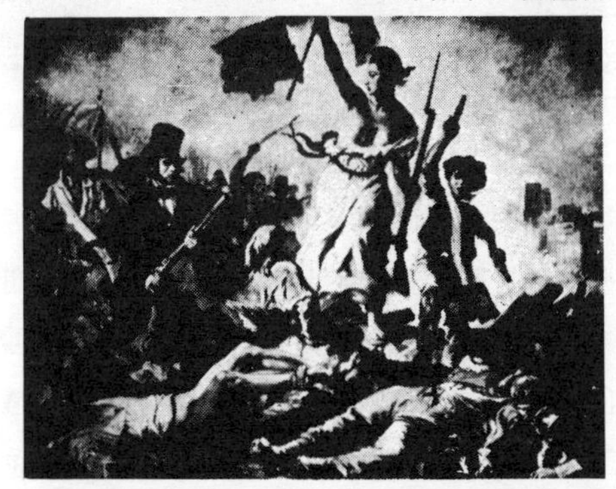

圖864 德拉克洛瓦　率領民衆的自由女神

己的主張與自由，一時對18世紀宮廷文化起了反動，對古代希臘羅馬閃灼着憧憬之瞳。當時古典主義的過份概念化的冰冷形式主義令人無法忍受，正如社會本身的激烈動盪，他們亦期望動人的自由發現，有的人反抗古典主義，並在與之完全對立的、且是他們民族文化之母的基督教中世的讚美中找到出口，有的人則注熱情於現實的動人事件而使自己投注其中，並將此感動越過現實而提昇爲想像的世界，甚至有熱中於近東地方的異國風景與情調。當時的這種風潮便被稱爲浪漫主義，它首先出現於文學的世界，在美術的領域，特別是給法國的繪畫則帶來了最輝煌的成果。玆依順序先從建築、彫刻說起。

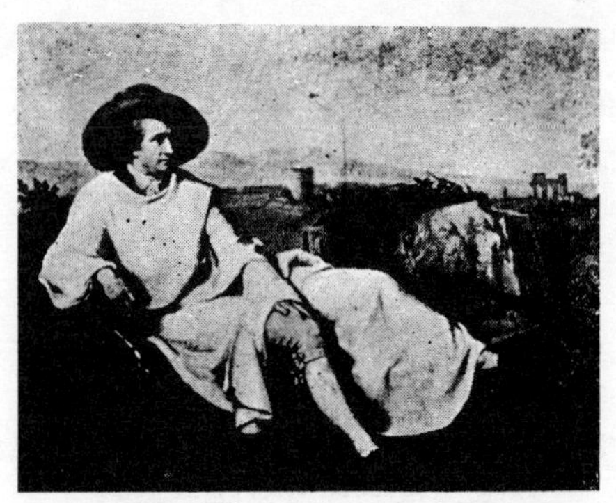

圖863 提修班　在康巴納的哥德

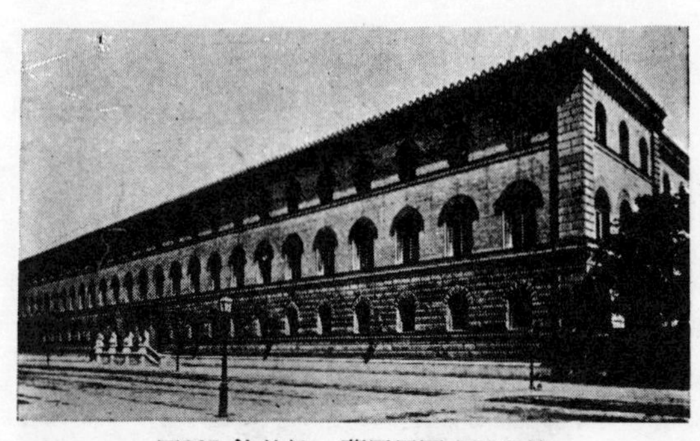

圖865 格特納　慕尼黑國立圖書館

建　築

隨着法國革命而盛行的古典主義雖因拿破崙而得到大體的成功，然在政治上、思想上對於專制的反抗及民族精神的自覺使他們再度尊重自己民族孕育出來的中世宗教精神，將其文物視爲他們生存的新時代之理想。在建築上這種思想與追憶變成以基督教堂的大規模修復而出現，亦成爲重新具有中世建築的形式內容之公私建築興起之機運。浪漫主義建築自19世紀初頭以來，大體上至世紀中葉爲止發達於德國、法國及英國，然非先有古典主義的盛行再有浪漫主義的勃起，在古典主義發展之際，這種新趨向業已同時出現，當然，就主流而言世紀初是古典主義，接着才是浪漫主義。

首先一看德國浪漫主義的建築，古典主義的第一人辛克爾同時亦爲浪漫主義的大師，他在法國、義大利所見的許多優異的中世建築使他深受感動，特別是哥德樣式所具有的一種熱情之感深扣了他的心弦。繼辛克爾之後出現者爲慕尼黑的格特納(Friedrich von Gaertner 1792～1847)（註1）、布爾克萊因 (Friedrich Buerklein 1813～1872)、柏林的奧爾特 (August Orth 1828～1901)（註2）；在奧國有維也納的菲斯特爾 (Heinrich von Festel 1827～1883)（註3）及維也納市府大厦的作者蘇米特 (Friedrich von Schmidt 1825～1891)（註4）等。而

註1　格特納　生於科布冷玆、歿於慕尼黑，在慕尼黑學成之後，輾轉於義大利、法國、希臘各地識多見廣，1820年以後成爲慕尼黑學院的教授，41年又成爲盧德威希1世設立的皇家美術研究所所長，作品有盧德威希教堂、圖書館、大學等，巧妙地採入初期文藝復興及中世建築的要素。

註2　奧爾特　生於布拉溫修瓦克的溫特豪森，主要製作於柏林，被列爲學院的教授。

註3　菲斯特爾　生於維也納，在義大利求學，特喜哥德式建築，其後變成他的基本樣式，代表作有維也納的沃提夫教堂。

註4　蘇米特　生於弗利根霍芬，死於維也納，住過科隆、柏林，1858年遷維也納，並在該

且不止這些人，浪漫主義者（德法皆然）亦如古典主義者之不侷一型，對過去的解釋與選擇上各取自由的立場或態度，可以說祇有這樣才能接近現代。

其次在法國亦有幾個名匠，在法國的情況與其着眼於浪漫樣式的新建築之建造，倒不如注意它對中世以來的大教堂之修復，至其最特出的人物則爲杜克(Eugéne Viollt-le-DuC 1814～1879)（註5），在巴黎的聖母院及羅珊奴教堂的復原上，他曾傾其畢生豐碩的知識，同時他在寫作上亦有過輝煌的表現。至於用筆墨給浪漫主義建築以偉大啓發的更重要人物應推英國的拉斯金（John Ruskin 1819～1900)（註6），他並非實際的建築家，而是美術及建築的批評家，隨着他對哥德建築的熱愛及瑰麗文章的發表，給予當時英國的建築家刺激非常之大，那著名的倫敦英國國會大厦（卷首圖70)之興建者貝利（Sir Charles Barry 1795～1860)（註8）即全然在拉斯金的思想下發展英國的浪漫主義建築。

彫　刻

刻彫界的浪漫主義具體出現於1820年左右。浪漫主義運動之最明顯最閃耀的指導者——德拉克洛瓦的「但丁出航」在沙龍展出而造成狂熱的浪漫主義之導火線便在1822年。這種狂熱不久亦波及至彫刻界，古典主義徒具形式美的冰冷及混雜其中的洛可可以來的纖細柔弱畢竟無法滿足年青彫刻家的製作欲，他們一反形式美，追求生命的跳躍，一反類型化及空虛的理想主義，期望個性的運動與昂揚。惟彫刻在當初不過是二流彫刻家的一種反抗，必俟盧德（Frangois Rude 1784

地從事很多製作，上述的市府大厦之外尚有幾座教堂的興建。

註5　杜克　生於巴黎，曾到法國及其他各國旅行，擔當大教堂的修建。

註6　拉斯金　生於倫敦，經牛津大學，遍訪瑞士、義大利，研究繪畫、建築，1867年以後任劍橋大學講師繼而成爲母校的美術史教授，著作甚豐，特別是「建築七灯」及「威尼斯之石」探究哥德式建築之美，强調對中世紀的禮讚，給學術界、建築家影響極大。再如「近代畫家論」更以19世紀最傑出的美術批評之一而聞名。晚年關注社會問題，並在多方面活躍。

註8　貝利　曾在義大利、希臘、土耳其、埃及旅行，爲倫敦皇家建築學會的會長。然其功績仍在於英國國會大厦的設計，及採用哥德樣式而確立浪漫主義樣式。國會大厦由他的兒子艾多瓦(1830-80)及普京（Augustus W. N. Pugin 1812-1852）的協助而完成於1857年。

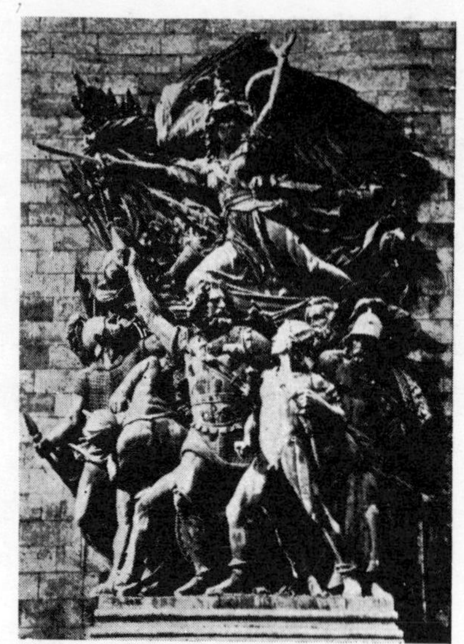

圖866 盧德　進　　軍
（埃特瓦爾凱旋門的浮彫）

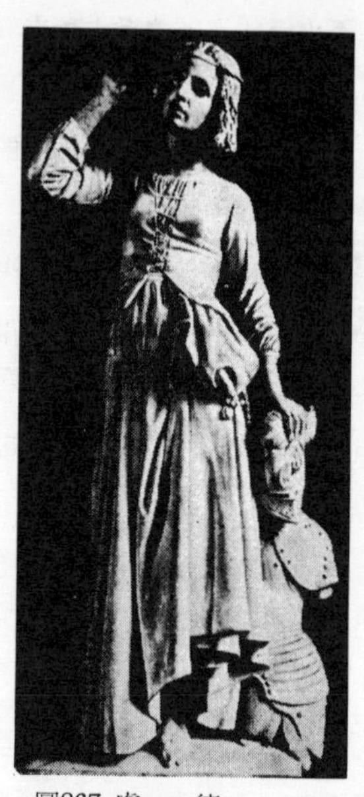

圖867 盧　　德
聽到叫聲的貞德

～1855）（圖866, 867）（註1）出現，彫刻界才獲致浪漫主義的勝利，以他的傑作而馳名者乃是裝飾有名的艾特瓦爾凱旋門右脚部的浮彫——被稱爲「進軍」（圖866）的「馬賽進行曲」（註2），其戲劇性的人物結構與激情表現使彫刻久被遺忘的生命與熱情再度復活。

盧德的出現與成功給予19世紀中葉的法國彫刻界帶來一種活力，當時古典主義雖仍具有勢力，然如曼多隆（Hippolyte Maindron 1801～84）（註3）、巴利（Antoine-Louis Barye 1796～1875）（註4）那麼有能力的彫刻家都屬於浪漫主

註1　盧德　生於底匂，1807年到巴黎入卡特里埃之門，爲其凡多姆廣場大圓柱裝飾的助手，與當時的許多青年同樣，他也是拿破崙的崇拜者，拿氏下台後，他亡命於比利時，1830年回巴黎的翌年，以在沙龍展出的「戲龜的小孩」一舉成名，其嬌嫩的生命感令人叫絕。代表作除「進軍」之外，尙有「聽到喊聲的貞德」「數學家蒙修像」「尼易將軍像」等。

註2　盧德完成這件作品時52歲，主題是以法國國歌出名的1792年馬賽革命軍進行曲。

註3　曼多隆　生於香特索，擅長於柔和清新、文學味道甚濃的作品，代表作有立在巴黎流克桑布爾公園的「威烈達」。

註4　巴利　生於巴黎，爲著名的動物彫刻家，最初爲金工匠，從波修及格洛學習彫刻及繪

義的陣營，至於卡爾破（Jean Baptisie Carpeaux 1827～1875）（卷首圖68．圖5（註5）則是由這種傾向產生的最大彫刻家，也是羅丹眞正完成近代彫刻以前最突出的彫刻家，其作品以裝飾盧浮宮另一幢名叫弗洛爾亭的建築物上的「花神」（1866年）（圖869）及

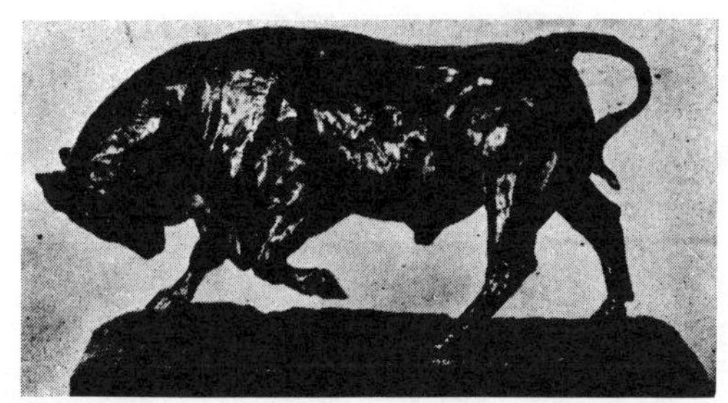

圖868 巴利　博鬪的公牛

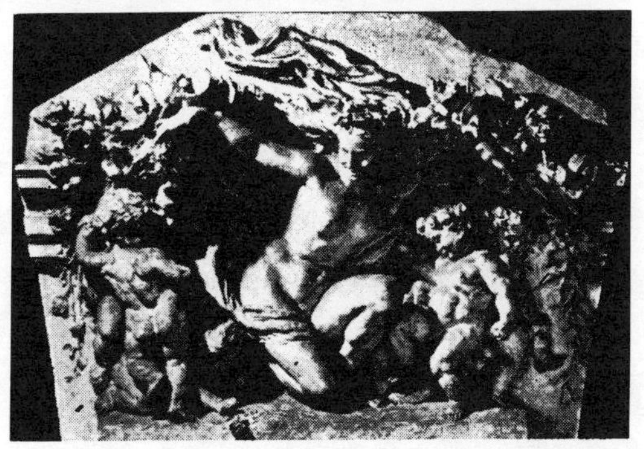

圖869 卡爾破　花　　神

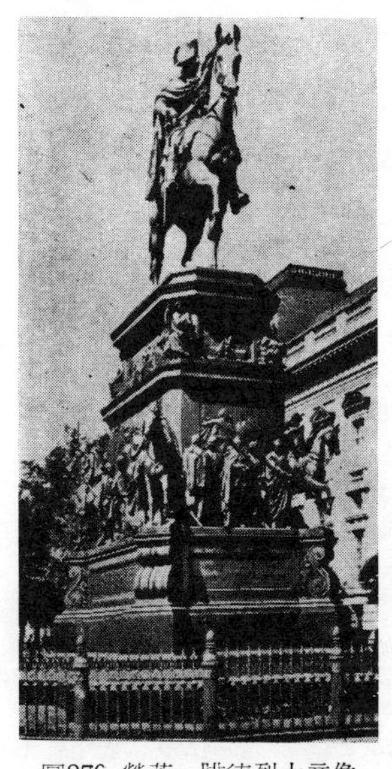

圖870 勞芙　腓德烈大帝像

歌劇院的浮彫「舞」最爲膾炙人口。他繼承浪漫派的熱情作風，同時明朗活潑的人物，特別是婀娜多姿的女性實有過去彫刻看不到的自然的現實感覺。這種與現實的結合，亦卽加上寫實的生命誠爲浪漫派的一大特色，亦爲走向近代彫刻的橋樑。

浪漫派彫刻在法國以外仍然風行，如德國的夏斗到晚年這種傾向轉强，其門下則有勞芙（Christ-

畫，特別擅長於表現動物的生活狀態，其細密而豐富的表現正表示著對於自然界一切創造物的浪漫熱情，代表作有「人牛怪與拉匹泰人」「獅子與蛇」。

註5　卡爾破　生於瓦朗先奴，15歲到巴黎，苦學的結果於1844年進入美術學校，其後從盧德學彫刻，54年獲羅馬大獎而赴羅馬。歸國後得拿破崙3世之知遇，製作很多貴族的肖像彫刻，並有本文所列的作品問世。惜於72年患神經痛，竟逐漸惡化，3年後歿於巴黎近郊。

ain Daniel Rauch 1777～1857)（圖870）（註６）出現；再如以製作「哥德與席勒紀念像」馳名的利歇爾 (Ernst Rietschel 1804～61)（註７），或如修旺塔勒 (Ludwig Schwanthaler 1802～48)（註８）等比比皆是。可是若從整個美術史來看，這個時代法國以外的彫刻家卽被列入第２、３流亦無話可說，因爲浪漫主義雖擴展於世界各國，但又僅止於產生新的寫實主義傾向。

法國的繪畫

如要極簡單地談19世紀的浪漫主義，則敍述法國的繪畫已足，因浪漫主義以巴黎爲中心而在繪畫上有顯著的發展。大衞與安格爾的古典派不論色、線、形皆在追求古代式的調和、形式之美與高貴，爲着有意識地對於動態較少的東西及彫刻上的美質作理論地描寫，經常變成理知的、無感的作品。相反的，强調「描寫的喜悅」、並自由發揮熱情與感動的則是浪漫主義的繪畫，更具體地說，儘管反復描寫希臘神話或羅馬人的德行乃至現實之物，特別是在雄壯的、古代紀念碑式的或靜態的表現之中，對於具有年青的生命脈博之人不得不感到厭倦與束縛。同時把驚心動魄的歷史或現實事件之激盪處原封不動地、熱烈地描寫出來，並運用與這種表現相符 的激動强烈的色彩 ，與其嚮往過去的偉 大美術或古代的彫刻，不如注目於色彩 豐富的 16 世紀威尼斯派或盧邊斯 所畫的豐滿華麗的肉體。至於對現實注意的增强，及追求感動的鮮味與强度之心情亦受東洋的異國風俗風物所引誘，如是浪漫主義的繪畫遂告誕生。前面說過，浪漫主義首先並不出現於繪畫的世界，在繪畫藝術上最初的顯現可見之於大衞的弟子葛洛(Antoine Jean Gros 1771～1835)（圖862, 871）（註１），他在年畫的「渡阿柯拉橋的拿破崙」（盧浮

註６　勞芙　生於阿隆森，爲夏斗的弟子，屬古典派與浪漫派過渡期的彫刻家，代表作有「腓德烈大帝紀念像」，是一件寫實有力的作品。

註７　利歇爾　生於布斯尼妶，爲勞芙的弟子，其後在羅馬求學，不久成爲德勒斯登派的指導者。他在肖像彫刻中表現熱情有力的長處，代表作除上述羣像之外，尙有「列辛像」「盧特像」

註８　修旺塔勒　生爲慕尼黑彫刻家之子，在羅馬硏究古典藝術，後逐漸轉入浪漫的傾向，因他而使德國浪漫主義彫刻達於頂點。

註１　葛洛　最初以大衞最忠實的弟子而爲古典派的畫家，不久傾倒於盧邊斯，成爲浪漫派的先驅者。1793年至義大利，1801年回國因作「阿爾可拉的拿破崙」而爲這個英雄所

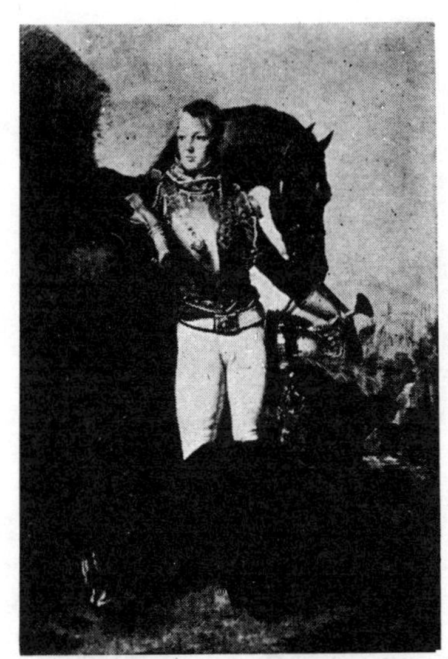

圖871 葛洛　盧格蘭中尉像

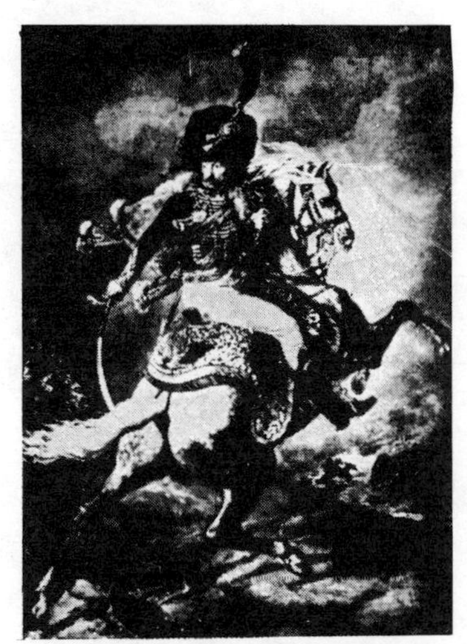

圖872 吉里柯　獵騎兵的士官

宮）已非古典主義者的戰畫、歷史畫所見的壓制感情的形式美之表現，而是把洋溢於心的感動原原本本生氣勃勃地表現出來。其後他受拿破崙的眷顧而製作「也洛的拿破崙」「夏法的鼠疫患者」等諸多戰畫，每一件的技巧皆學自大衛，不只表現古典風格，更顯然地熱烈使用感情的激動。至若截然標榜浪漫主義並意識地加以强調的第一人乃是特奧多爾·吉里柯 (Théodore Gericult 1791～1824)（註2）。他的初期作品「獵騎兵的士官」(1812年)（圖872）所見的戲劇性動態及强烈的色彩明暗之中業已顯出對古典派的反抗，不久在1819年發表的「美杜玆號

重用，其後雖製作甚多，然在古典派與浪漫派之間左右爲難，最後投塞納河自殺。

註2　吉里柯　生於魯昂，與沃爾尼同爲葛朗的弟子。不滿於古典派的風格，在盧浮宮學古代名畫，受盧邊斯的影響尤大。1816年赴義大利，歸國後作的「美底玆號之筏」發表不久便到倫敦去，製作很多英國風景的石版畫。他亦喜歡馬，尤喜疾走的動物之速度，將其動作犀利生動地加以描寫。22年自倫敦歸來，這時已罹肺病，加以墜馬之故，竟以33歲之英年歿於巴黎。

註3　「美杜玆號之筏」爲浪漫派最初的偉大導火線之作，描寫1816年夏發生的艦艇美杜玆號沈沒的事件，即觸上北非暗礁而沈沒的同航 149 名船員分乘木筏而在海上漂流12天，但得救生還者不過15員，吉里柯在此轟動一時的事件之取材上已顯出新的態度，至於畫面的戲劇性表現更是古典派畫家夢想不到的。

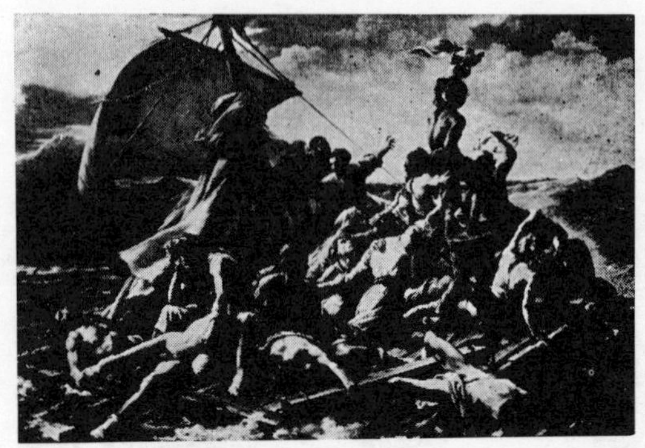

圖873 美杜茲號之筏

之筏」正是決定性的浪漫派宣言及19世紀繪畫史上的紀念性傑作。他與當時一般畫家的平面安靜之構圖相反，他選取三角形構圖，整個畫面由光與陰影造成戲劇性的效果，其跳躍的熱情充滿驚人的震憾力。社會對他這種直率奔放的繪畫在驚奇之餘更加非難，但對於厭棄古典派表面之美的年青畫家來說，吉里柯的作品正是一大刺激與感激，這些年青人中有一個後來集浪漫派繪畫之大成並確立新繪畫之道的偉大畫家便是吉里柯的友人兼後輩攸傑奴 · 德拉克洛瓦 (Ferdinand Victor Eugine Delacroix 1798～1863)(圖874)(註1)。

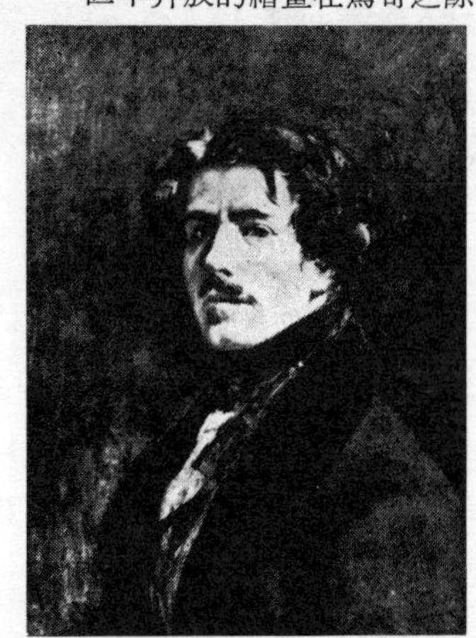

圖874 德拉克洛瓦自畫像

德拉克洛瓦的藝術

德拉克洛瓦是法國繪畫史上的巨匠之一，至今仍然極受世人尊敬。他不祇有繪畫的天賦，亦富於文學、音樂的情操，從小就喜歡莎士

註1 德拉克洛瓦 生於巴黎附近的夏蘭頓之名門，16歲入格朗的畫室，1816年進國立美術學校，此後常在盧浮宮模寫盧邊斯、維洛尼塞等的作品，更因吉里柯的影響而趨向現實描寫。22年發表其最初的浪漫主義繪畫「但丁的小舟」，接著於24年發表「開奧斯島的殘殺」，備受世間的酷評，然其有力的律動與激情使其浪漫主義變成決定性。當時在沙龍同一房間有英國康斯太勃的風景畫展出，其明朗的色調使他很受刺激，於是把自己的作品明快地重塗一次，藉以表現更強烈的印象。翌年至倫敦結識波林頓，色彩的明度與深度益增，32年又隨莫尼伯爵 (Comte de Morney) 率領的外交團體至摩洛哥旅行，途中近東的強烈色彩及風俗使他深受感動，不但表現了藝術的新境界，並開浪漫主義繪畫的東方趣味之先河。此外對動物，特別是獅子、馬最感興趣，終生不斷以牠們爲題材作畫，繪畫之外，亦有藝術論、日記傳世，皆以美術史上的貴重文獻而評價極高。

比亞、拜倫、哥德等的作品，亦與當時著名的文學家「如喬治・桑），音樂家（如李斯特）過從甚密，這些交遊使他的藝術更趨豐足。德拉克洛瓦的作品完全與當時古典派取激烈的對立，高呼繪畫的自由，充滿强烈的色彩及燃燒的熱情，其內容與題材有極濃的書卷氣，在此亦可窺其繪畫的特質及浪漫派的特色。我們可以在他1812年的「但丁出航」（圖875）（註2）看到他的第一件傑作及浪漫主義遒勁的第一步。接着在取材於24年希臘獨立戰爭的「開奧斯島的殘殺」(註3)便截然宣告浪漫派的勝利。這幅畫中憎惡殘暴的人道主義及瀕死的人類執着，激憤與燃燒的情感以大戲劇面展現出來。其後又有以貞德爲主題的作品，有對希臘獨立 深寄同情而製作的「薩達納帕爾之死」，或取材於目前法國的現實事件的「率領民衆的 自由女神」（圖864）（註4）等，無一不爲追求自由與解放的精神所燃燒，實爲充塞熱情與想像的激烈動人畫面。但他的天才與堅實的製作力並不限於這種題材，他亦懂得來自英國新風景畫的光與色之閃灼，或者由於摩洛哥旅行而從近東方的風土人情獲致耀眼

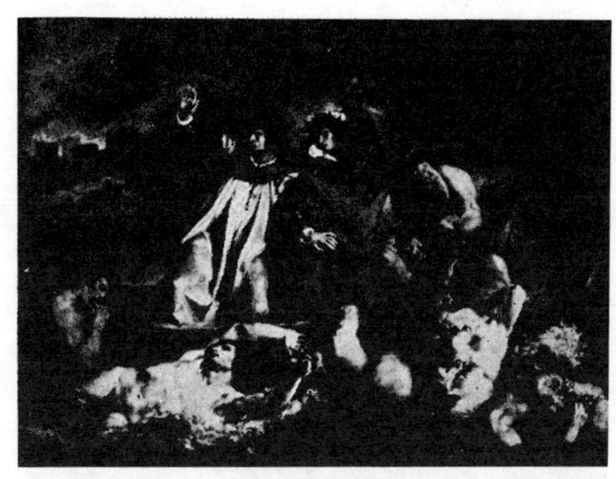

圖785 但丁出航

註2　「但丁出航」以但丁神曲地獄篇第8歌爲主題，描寫但丁與味吉爾同登弗列基阿斯之船，渡過環繞地界四周的底拉城牆之湖。黑暗的地獄、悲痛的感情、恐佈的戰慄——如此一個强烈的激情與興奮的旋渦似的畫面。

註3　「開奧斯島的殘殺」　開奧斯島在1820年希臘獨立戰爭之際，遭受土耳其軍殘不忍睹的暴虐，島民房子被燒，生命被絕、妻子被虜，這種殘暴引起歐洲人的恐佈與憤怒，德拉克洛瓦亦把惦念希臘的熱情與憤怒强有力地表現在此畫面上。

註4　「率領民衆的自由女神」（1831年作）亦被稱爲「1830年7月28日」，即1830年7月激憤於波旁王朝高壓政治的市民在其共和黨員的領導下捲入革命的風暴之中。經過3日的激戰，使法國的歷史大爲扭轉，這幅畫便是由此7月革命的激動情景所構想而得。

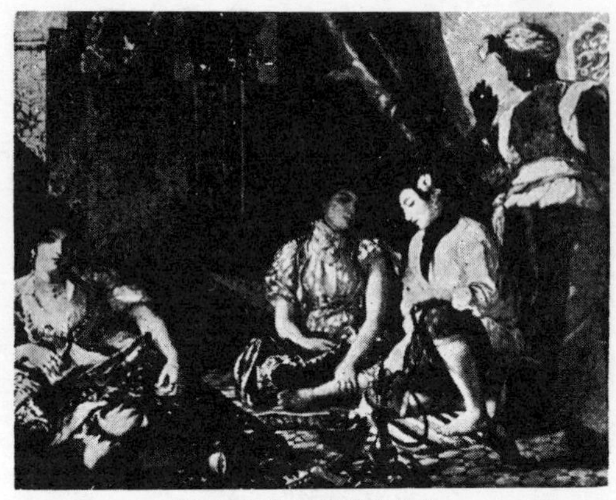

圖876 阿爾及爾的少女們

的色彩及異國的情緒，給浪漫繪畫打開新的風俗畫之領域（圖876）（註５）。此外，在取材於肖像畫或聖經的作品中，亦有動勢較少的靜態情景（卷首圖72.圖877）（註６），連這種作品可亦在色彩的深度及情感的脈博中感到一種戲劇性。至於對他影響最大的是16世紀的威尼斯派、米開蘭基羅、盧邊斯及哥耶，特別是盧邊斯最爲他所傾倒。德拉克洛瓦在受前輩影響之上，更爲後輩開下康莊大道，他是肇始於印象派的近代繪畫之拓荒者，竇加與雷諾亞便直接由他的作品學到很多東西。

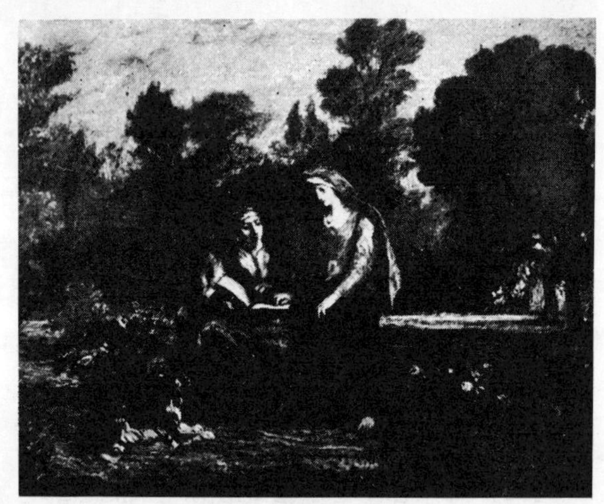

圖877 德拉克洛瓦　聖母的教育

德拉克洛瓦及同時代的畫家

浪漫主義繪畫已成當時畫壇的主流，給予許多畫家以刺激與影響，惟德拉克洛瓦最爲特出，浪漫主義可以說由德拉克洛瓦１人而培育、成熟與勝利。然古典

註５　他的這類代表作有「阿爾及爾的少女們」（1834年）（圖876）「猶太人的結婚」等。

註６　日本收藏的「聖母的教育」（1852年）（東京國立博物館）（圖877）亦爲這類的代表作之１。

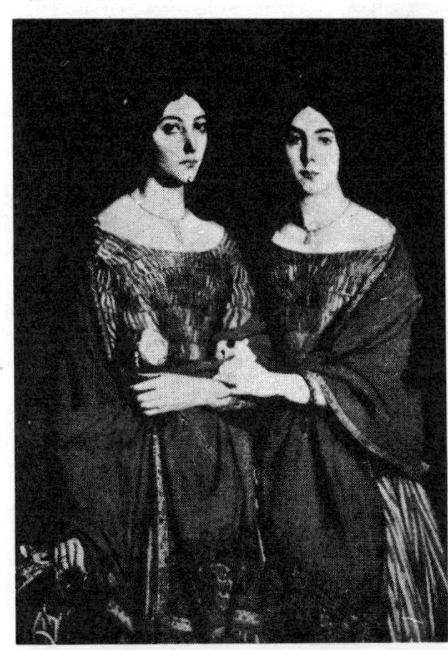

圖878 夏塞里奧　畫家的女兒

派對他的攻擊亦烈，特別是安格爾與德拉克洛瓦的反目實爲這個時代畫壇形勢的縮影與宿命。此外由這兩人的對立中更產生一種折衷派，首先有出自古典派系統並爲安格爾門下的夏塞里奧 (Théodore Chasseriau 1819～1856)(圖878, 879)（註 1）、有葛洛門下的歷史畫家多拉洛修 (Paul-Hippolyte Delaroche 1797～1856)（註 2）、及多拉洛修的學生傑洛姆 (Jean-Léon Gérome 1824～1904)(註 3）等屬之。即如夏塞里奧亦非純粹的古典主義者，他因受到德拉克洛瓦的感染，故在色彩與光線的處理上皆明顯地採用浪漫主義的方法；至於浪

註 1　夏塞里奧　生於南美沙馬納，2 歲隨母親來到巴黎，10歲入安格爾門下，16歲在沙龍入選，1840年到義大利旅行，46年又去阿爾及利亞旅行，此後德拉克洛瓦對他影響極大。然他的作品並無德拉克洛瓦的熱情，不如說是瞑想的世界，再配以古典風的明確構圖。代表作有「水浴的蘇姍娜」「畫家的女兒」「和平」（皆藏盧浮宮）。

註 2　多拉洛修　生於巴黎，代表作有「愛德華王子們」「吉斯侯的暗殺」等。

註 3　傑洛姆　代表作有「鬪鷄」「伊麗莎白之死」，亦從事彫刻製作。

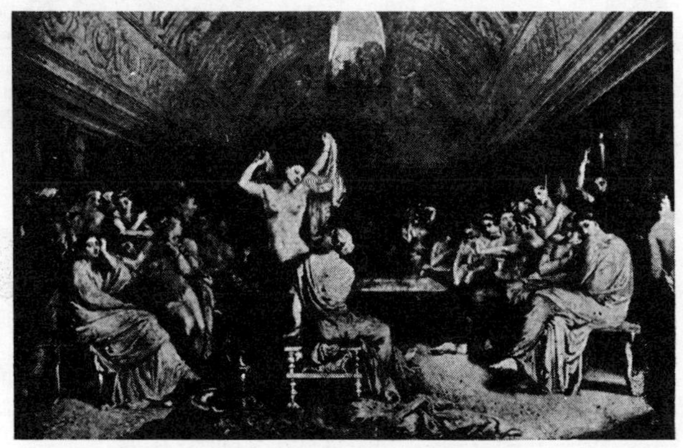

圖879 夏塞里奧　羅馬的微溫浴室

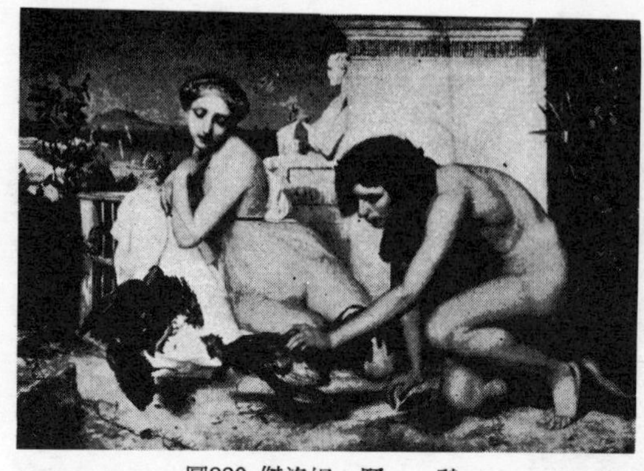
圖880 傑洛姆　鬪　　鷄

漫派亦有諸多畫家出現，例如善作戰畫的沃爾尼（Horace Vernet 1789～1863)（註4）、梅索尼埃（Jean-Louis Ernst Meissonier 1815～91)(註5)、或如好畫近東風土人情而被稱爲東方派的弗洛曼坦（Eugène Fromantin 1820～79)（註6）、多康（Alexander Gabriel Decamps 1803～60)（註7）等是，他們既學安格爾，又學德拉克洛瓦，但怎麼也比不上，徒作表面的模仿，墮入軟弱的通俗甘美之途，倒是安格爾與德拉克洛瓦的生命反而鼓動着他們，並讓下個時代的年青畫家繼承下去。

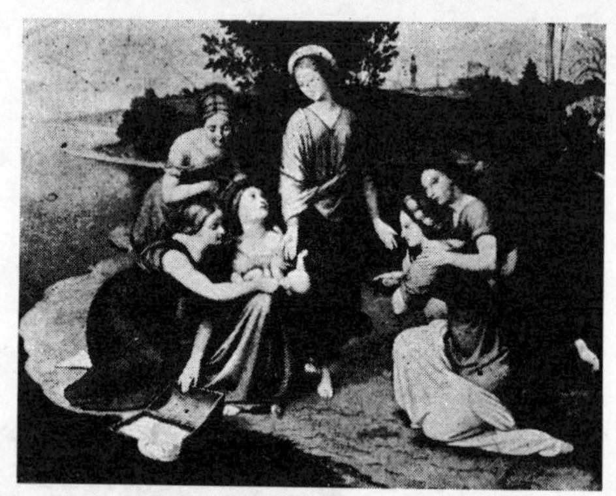
圖881 歐沃貝克　摩西的救濟

拿撒勒派（德國）

德國亦在古代模仿及古典風達於高潮時，業已有强烈的反動存在着，且這種新的傾向亦來自文學，此卽出現於耶納及柏林的浪漫主義羣，他們從偏袒的古代

註4　沃爾尼　他的家族自18世紀至19世紀間畫家輩出，如奧拉斯之爲法國首屈一指的大畫家至今殆無疑問。

註5　梅索尼埃　生於里昂，15歲到巴黎學畫，最初以荷蘭式的細密畫風而頗受歡迎，亦長於畫馬。他在1859年拿破崙3世的義大利遠征中從軍，一躍而爲戰爭畫家。19世紀後半的許多小歷史畫家多直接受他的影響。

註6　弗洛曼坦　1840年以還常到阿爾及利亞與埃及旅行，描寫該地的風俗極多，有「獵鷹」「熱風」等代表作，除在這些地方的旅行記之外，他在比利時、荷蘭地方旅行的印象記「往昔的巨匠」爲研究盧邊斯、林布蘭的名著。

註7　多康　生於巴黎，開始祇畫動物，1827-28 年近東地方旅行之後好作該地的風俗畫，此外亦有獨特的特神秘傾向之戰畫，爲浪漫派的傑出畫家之一。

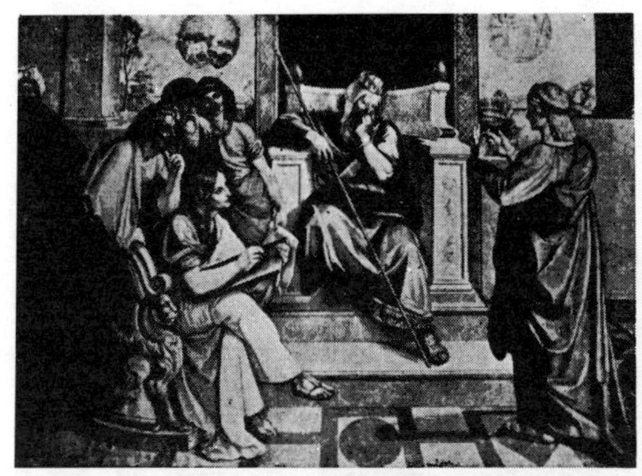
圖882 柯尼流斯　出現於約瑟夫及兄弟們之夢中

讚美中尋求自由。當文學及建築上的浪漫主義憧憬宗教與藝術渾然合一的中世哥德樣式時，在文學刺激之下迸發新的繪畫當然要反對古典主義，並將其宗教的熱情轉向義大利的初期文藝復興，他們抵制古典主義的線條或構圖的理論，强調具有生氣而直接訴諸感覺的色彩之感情表現，這與宗教熱情的結合可見諸初期文藝復興的繪畫。

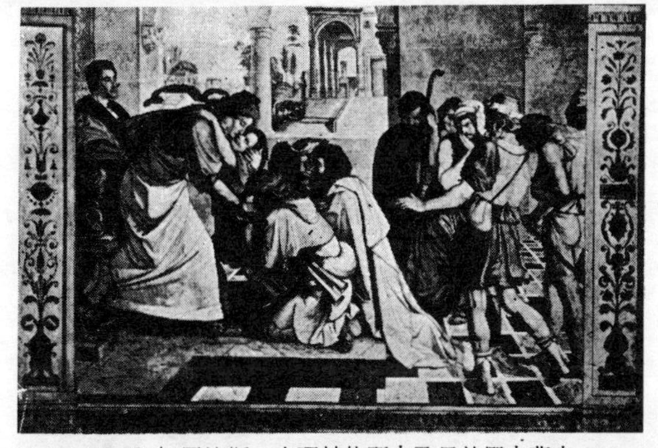
圖883 柯尼流斯　出現於約瑟夫及兄弟們之夢中

此種趨向起自德國各地，他們一如過去德國的古典主義者，首先聚集於一切古代文化的都市——羅馬，如自1810年以來，歐沃貝克 (Johann-Friedrich Overbeck 1789～1869) (圖881) (註1)、弗蘭玆・佛爾 (Franz Pforr1788～1812) (註2)、柯尼流斯 (Peter von Cornelius 1783～1867)(圖882, 883)(註3)、夏斗 (Wilhelm

---

註1　歐沃貝克　生於流貝克而死於羅馬，爲拿薩列派的創始者，代表作爲畫在羅馬卡沙・巴爾特底的壁畫「聖約瑟夫傳」(現藏柏林國立美術館)。

註2　佛爾　主要製作古代德國的歷史題材。

註3　柯尼流斯　生於杜塞多夫，最初進該地的美術學校，1811年以後遷羅馬，成爲拿薩列派的中心人物。歸國後任杜塞多夫、慕尼黑、柏林的美術學校校長，對於德國浪漫主義運動功績極大，初期的作品爲哥德「浮士德」的挿圖，其後製作慕尼黑彫刻館及盧德威希教堂的壁畫。

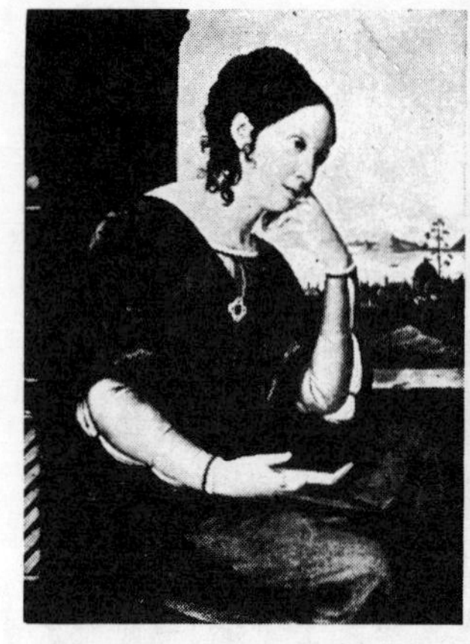

圖884 夏斗　卡羅麗奴・馮・芬波特像

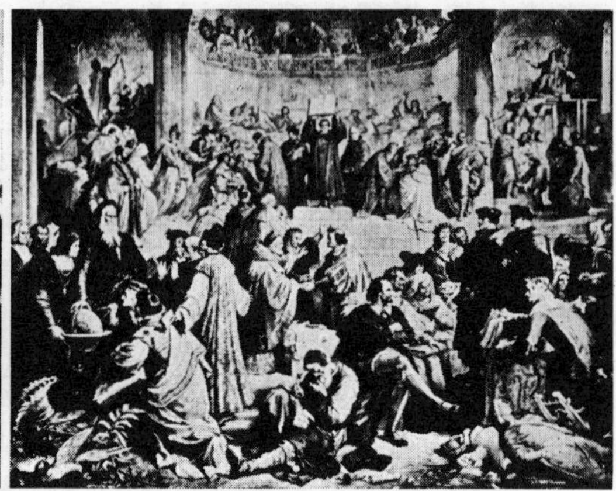

圖885 考爾巴哈　宗教改革時代

von Schadow 1789～1862)（卷首圖71.圖884)(註 4）等人便住在羅馬聖易希德洛的廢寺中，實際是開始過其嚴格的修道僧生活，並從喬托以至佩基諾等的初期及前期文藝復興畫家學習。古典派的畫家對他們這種過份嚴謹的修道態度有點輕視，故稱之爲拿撒勒派，但不久他們的繪畫便壓倒古典派，特別是柯尼流斯以德國浪漫派最大的畫家而在歸國後以慕尼黑爲據點，製作極多的宗教畫，同時由此慕尼黑派又出現考爾巴哈 (Wilhelm von Kaulbach 1805～74)（圖885, 886)（註5)等畫家。此外相對着慕尼黑派的杜塞爾多夫派之中心人物爲夏斗，他擅畫德國的傳說與故事，其後更揷手於肖像畫及風俗畫。出自夏斗門下的

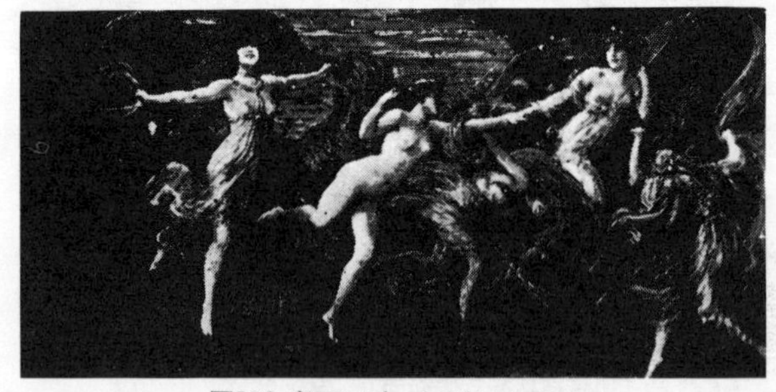

圖886 考爾巴哈　酒神巴卡斯節

註 4　夏斗　以彫刻家夏斗之子而生柏林，主要作宗教的畫，1826年任杜塞多夫美術學校校長。

註 5　考爾巴哈　生於阿羅森，最初在杜塞多夫美術學校從柯尼流斯學畫，後成爲慕尼黑美術學校校長。

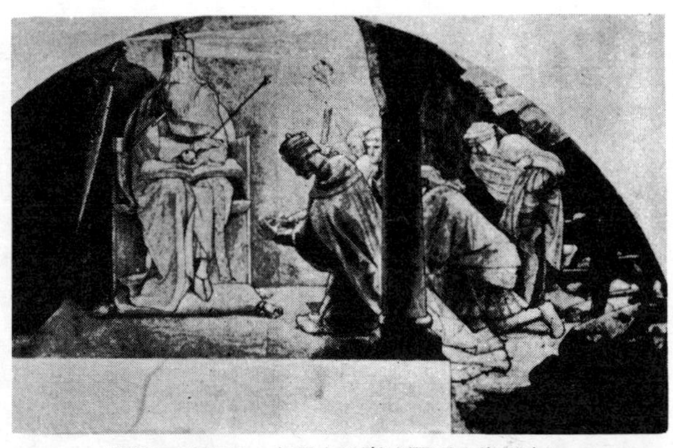

圖887 列特爾 查理大帝廟的鄂圖3世（上）

更有希德布蘭特、列特爾(Alfred Rethel 1816～59)（圖887, 888)（註6），至於在德國各地自然還有一些令人難忘的畫家出現（圖889, 890, 891)（註7）。雖然畫家輩出，但浪漫主義繪畫的中心畢竟還在法國，德國畫家乃走上他們特別盛行的理想主義傾向之寫實主義。

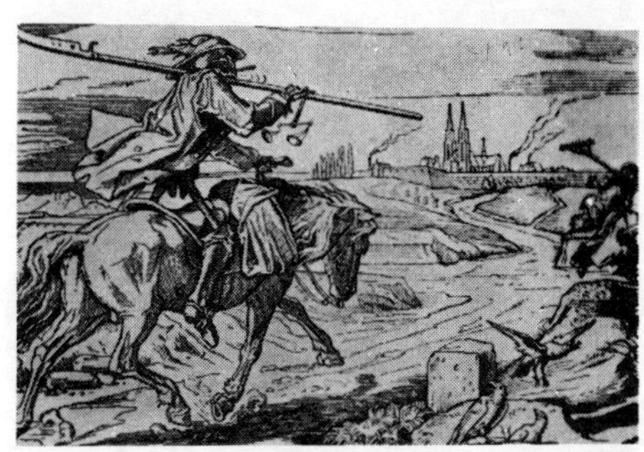

圖888 列特爾 死騎士（下）

法、德之外，浪漫主義繪畫一時亦支配着各國的畫壇，前面說過，他們大多受法國影響而缺乏獨創性，特別是浪漫主義最盛行的西班牙（註8），可以說仍舊全屬法國傾向，至其對下個時代的影響與刺激而言更無足輕重。

註6 列特爾 生於阿亨附近，在杜塞多夫美術學校求學，他畫在阿亨市政府大廳的「理查大帝史」極爲有名。

註7 例如後來成爲德勒斯登美術學校教授的李希特 (Ludwig Richter 1803-84)，或畫維也納平民生活及德國童話的詩趣或森林傳說的修汶特 (Moritz von Schwind 1804-71) 等是。

註8 西班牙浪漫派之中，活躍於馬德里的畫家以盧卡斯 (Eugenio Lucas 1842-70) 爲著。

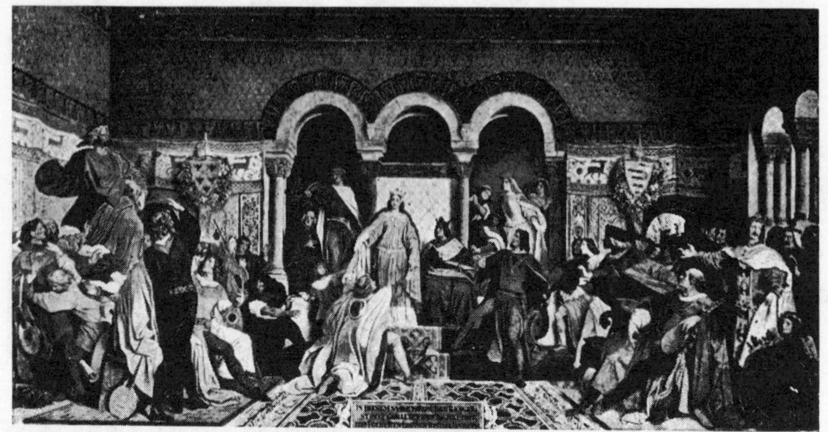

圖889 修汶特 瓦 特 堡 的 歡 唱

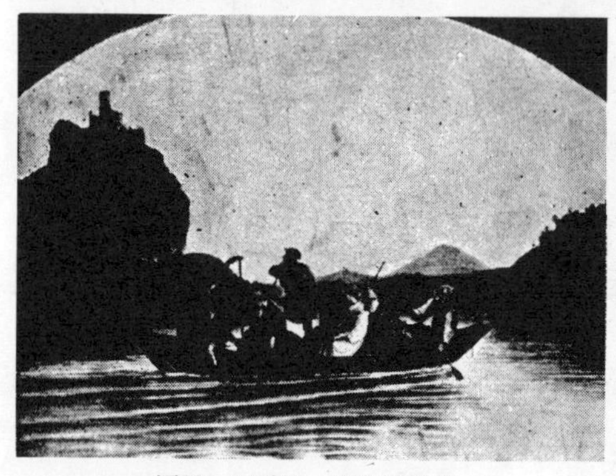

圖890 里希特 渡過恐怖巖

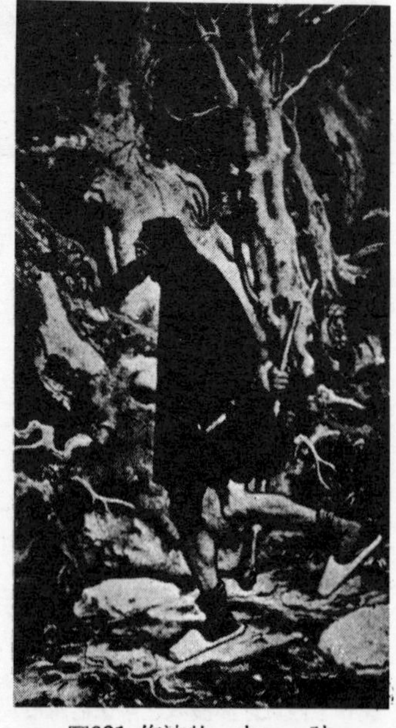

圖891 修汶特 山 神

第2章　自然主義與寫實主義

第1節　自然主義

浪漫主義以後的美術界逐漸明顯地走向以作者爲中心的傾向，基於近代精神，自由解放的個人分別取得自我的藝術表現，同時無顧於教會或宮廷的背景，於是美術之產生於美術家的自由活動之傾向益趨強化，這顯然是近代的一大特色，並與20世紀直接有密切關係。自德拉克洛瓦出現以後，法國畫壇雖有古典派與浪漫派各據一方，但他們並非都是左右一世的巨匠，在這個風潮之中，又有一羣與德拉克洛瓦並駕齊驅，而且面目一新的風景畫家。本來法國自17世紀的普珊以來，風景畫的基礎不錯，雖因19世紀初頭的古典主義而一時遭受壓制，但德拉克洛瓦的熱情及對自然的新感覺之覺醒，外加英國風景畫的刺激，不久使浪漫主義的風景畫得以再現。至於受英國風景畫影響最多並形成法國新風景畫的是被稱爲巴比仲派的畫家。

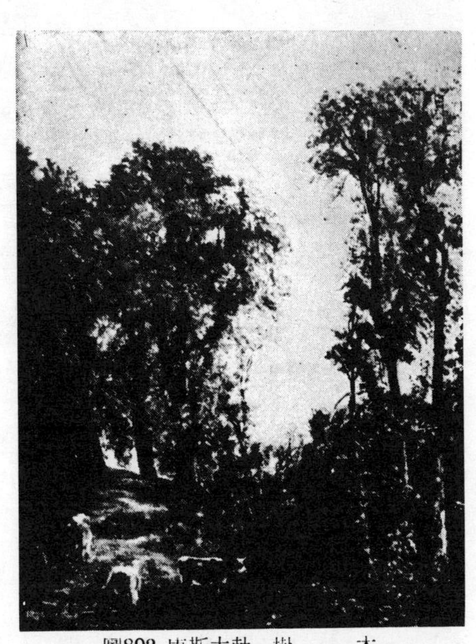

圖892 康斯太勃　樹　　木

英國的風景畫

英國曾長期接受北歐荷蘭、弗蘭德爾的風俗畫或風景畫的畫風，至19世紀初頭，即出現過幾個卓越的風景畫家。整個歐洲的時代潮流亦已不爲教會或宮廷而作畫，這一方面是爲繪畫而繪畫的近代空氣轉濃之故，也是19世紀初頭出現於英國的風景畫顯然具有清新的近代性格之一證據。如康斯太勃（Jhon Constable

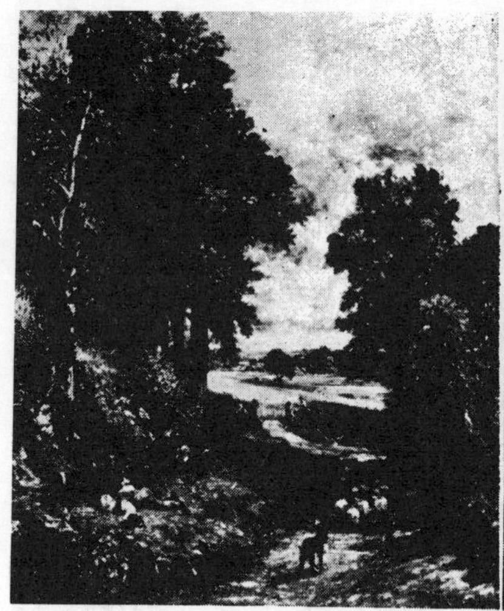
圖893 康斯太勃　麥　　田

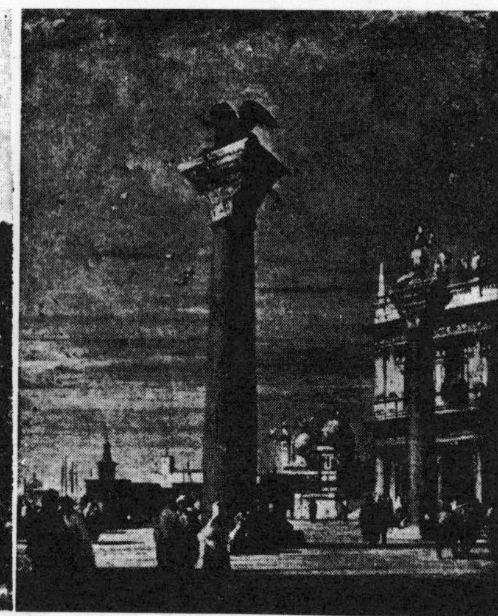
圖894 波林頓　威尼斯聖馬可的柱列

1776～1837)(圖15.892, 893)（註1）、波林頓 (Richard Bonnington 1801～28)（圖894）（註2）兩人皆以其對實際自然的深愛及對空氣的敏感，一改過去人物本位的繪畫，而在英國的自然本身深受感動，別開生面，特別是康斯太勃取材於田園安詳氣氛的風景畫予人以靜謐舒暢的印象。然比這2者更注意描寫光與空氣

註1　康斯太勃　生於易斯特·貝霍爾，最初進倫敦的皇家美術院，模寫古畫或荷蘭的風景畫，1802年以後致力於自然的直接寫生，終開新的風景畫之道。他喜畫英國特有的廣濶草原，顯露明朗的色感。1824年以後作品展出於法國的沙龍，刺激了德拉克洛瓦，同時對法國自然主義繪畫的勃興影響極大。

註2　波林頓　初與父親學畫，15歲到巴黎，不久以風景畫家聞名。他的作品亦於24年參加法國沙龍展出，他有很多突出的海景畫，描寫雲彩的飃盪及明朗的大氣。27歲時因中暑而死。

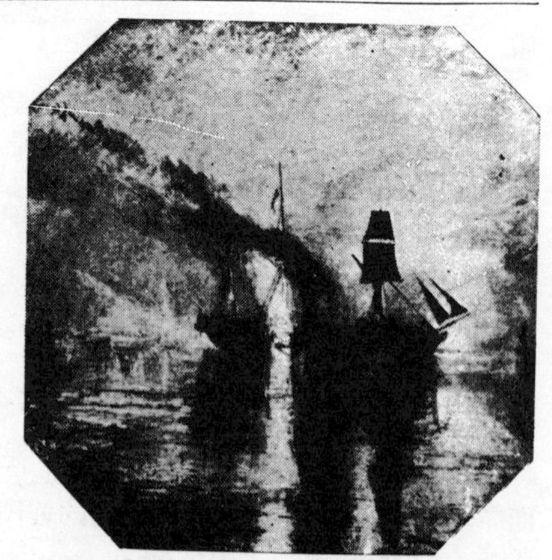
圖895 泰納　揚帆的威爾基號

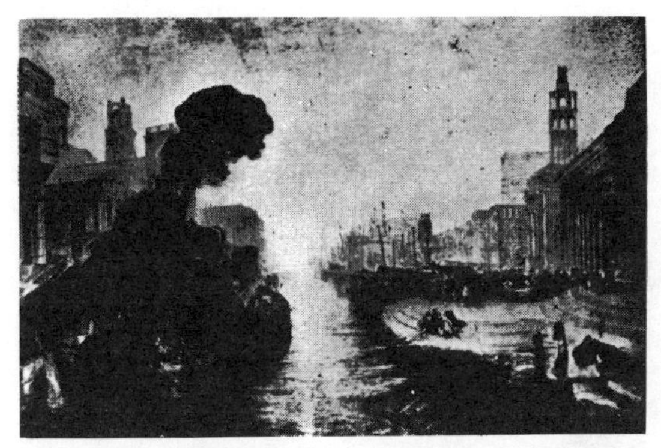

圖896 泰納 卡 塔 哥

的微妙變化的大家當推威廉・泰納（William Turner 1775～1851）（圖895, 896）（註3），他傾倒於法國風景畫的始祖之1的克洛德・羅朗，並私淑於17世紀荷蘭的風景畫家，充滿光與大氣的自然對他具有最大的魅力，他最喜歡海景或濃霧的泰晤士河，與好作田園風景的康斯太勃趣味截然不同，但2者皆在含光的大氣變化中懷有新鮮的感覺，並在平淡的自然中發現純眞的喜悅。

巴比仲派

以上的英國風景畫大體自1820年代之半以後逐漸爲法國人所注目，康斯太勃的「乾草堆的馬車」展出於沙龍之際，德拉克洛瓦頗爲其明快的自然描寫所心折，以是把自己所畫的「開奧斯島的殘殺」之背景重新畫過，是爲有名的軼話。當時浪漫主義者另有從英國的風景畫獲致更直接的感應，並自此銘感與影響之下重新檢視17世紀荷蘭的風景畫，他們自己又埋首於自然之中，崛起一羣新的自然主義畫家，他們了解自然之美及深度，遠離都市的喧囂而住到寧靜的鄉下，好作田園的風景，描寫森林河川的四時景觀。

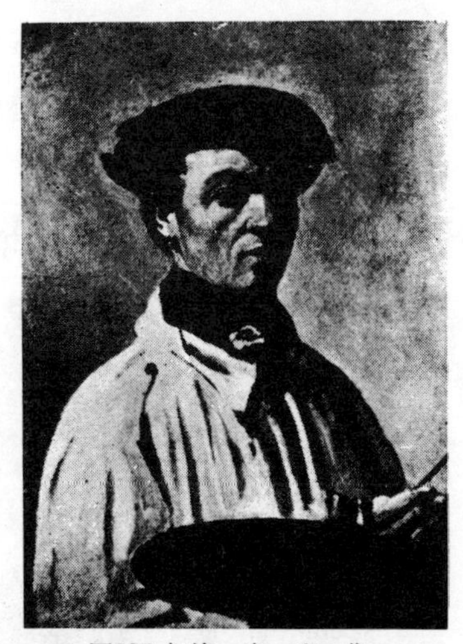

圖897 柯洛 自 畫 像

註3　泰納　生於倫敦，在皇家學院求學，1802年成爲該學院會員，最初以油畫及水彩忠實地描寫自然，後逐漸加上浪漫風格，特別是在1819年義大利旅行以後，這種傾向更趨强化。28年二度作義大利之旅，由此直至45年爲其最盛期，產生「海戰中的特美列亞號」（1839年）、「雨、蒸氣、速度」，及充滿閃灼的色與光的威尼斯風景等傑作多件

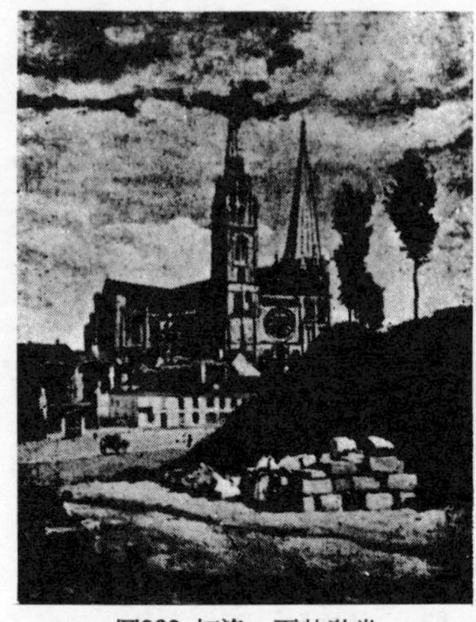
圖898 柯洛　夏特教堂

比諸法國的風景畫，他們所具有的新意義乃是對於現實風景的深刻觀察及堅實有味的處理方法。

這一派的代表人物爲柯洛 (Jean-Baptiste-Camille Corot 1796～1875)(圖840,897, 898, 899) (註1)、米勒 (Jean François Millet 1814～75) (圖900, 901) (註2)、特奧多爾·盧梭 (Théodore Rousseau 1812～67) (圖902) (註3)、德比尼 (Charles Francois Daubigny 1817～78) (圖903) (註4)、特羅勇 (Constantin Troyon 1801～65) (圖904)(註5) 等人，他們徜徉於巴黎郊外芳丹布露森林一端的巴比仲從事製作，故被稱爲巴比仲派。其中最有名最傑出的是柯洛，他在風景畫中點上小小的神話人物，雖未必爲新的處理方法，但畫面上洋溢着穩靜的詩情，其柔和澄澈的藍色、灰綠色、光與大氣的無上纖細表現誠爲衷心安詳地投身於自然的靜謐中之畫家。在人物畫上他亦表現出富於情趣的安詳格調 (卷首圖73) 。至如「晚

註1　柯洛　出生於巴黎婦女裝飾品店的家庭，在盧昂受教育，回巴黎後從事衣料生意。自26歲開始致力於畫業，1825年遊義大利，其後又於35年、43年共3度造訪義國，其間曾作古典的研究及義大利風景的描寫，確立了風景畫家的地位。至1830年以後則以巴比仲附近爲中心製作極多的風景畫，他的風景畫在古典的優雅表現之中含有細密的自然觀察，穩靜地畫出自然之光與大氣。爲人亦極溫和，曾給巴比仲派的窮畫家米勒以經濟上的援助。除許多風景畫之外，在人物畫方面如「眞珠夫人

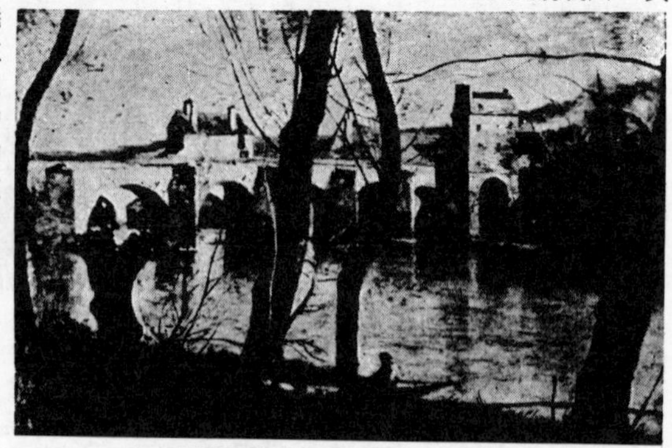
圖899 柯洛　曼特的橋

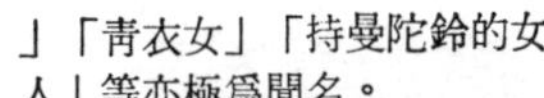

」「青衣女」「持曼陀鈴的女人」等亦極爲聞名。

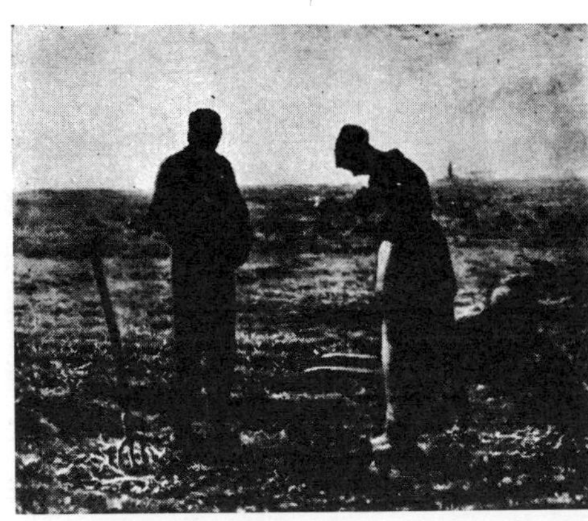

圖900 米勒　晚　鐘

註 2　米勒　生於諾曼底附近的歇布爾之農家，得地方上的奬學金赴巴黎，入多拉洛修門下。但逐漸趨向於自然的描寫，製作很多以農民生活爲題材的作品，在極度貧困及苦鬪之中作畫於巴黎及諾曼底，不久遷居巴比仲。1840年以後展出沙龍的作品雖稍被重視，但貧困却一直持續至晚年。他是個信仰極其虔誠的人，並喜愛文學，這些氣質一一表現於作品之中。他在67年的巴黎萬國博覽會中獲奬，逐漸確立畫壇的地位，然由於貧窮及長期的過渡勞苦，積勞成疾，終以61歲謝世。

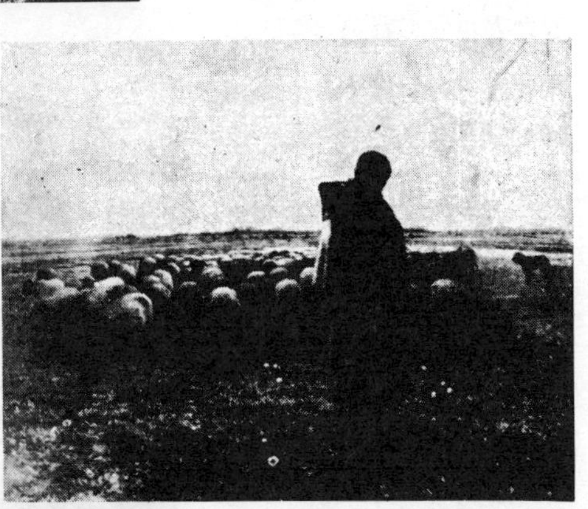

圖901 米勒　牧羊女

註 3　特奧多爾・盧梭　生於巴黎服裝社之家庭，曾從風景畫家的叔父學畫，不久共鳴於17世紀荷蘭的風景畫家，33年以後，在芳丹布露逐漸發展其才華。然終不得世人的承認。惟48年大革命以後，他亦成爲沙龍的審查委員。其風格質樸，表露植根於沈靜大地的畫家之堅毅及自然界的謹嚴。

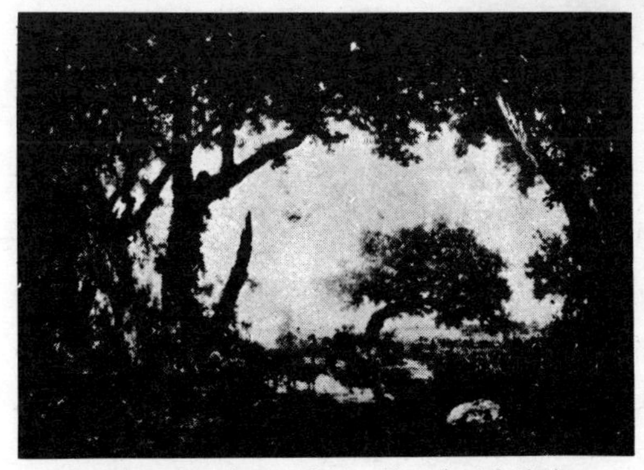

圖902 特奧多爾・盧梭　芳丹布露的池塘

註 4　德比尼　生於巴黎，最初從多拉洛修學畫，35年訪義大利。在巴比仲派中特喜作河川的風景畫，其簡樸的風格極爲人們所熟悉。

註 5　特羅勇　在巴比仲派中最早被承認，故生活優裕，長於描寫明朗的田園風景中之動物羣。

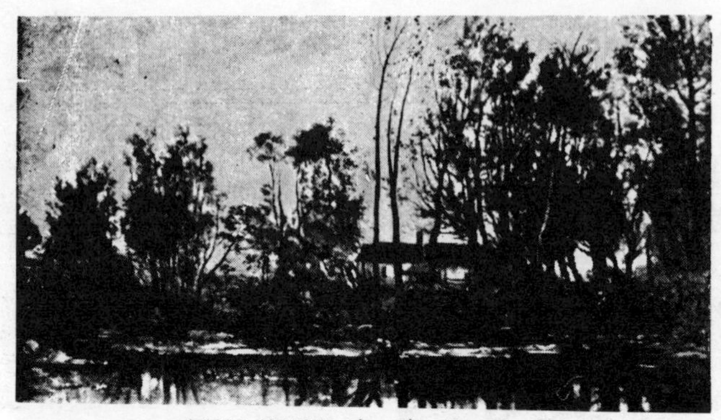

圖903 德比尼　有　鴨　的　風　景

鐘」(圖900)「拾穗」雖爲米氏對工作於自然之中的農民生活之描寫，但也流露出他對與大地結合的農民生活之深愛，及透過農民之眼所見的自然觀之表現。這種繪畫或許是對於過去都市的一種反動，對於都市煩燥生活的逃避，當初一些拘謹的畫家均視之爲過於平凡與通俗而加以輕蔑，然而這是法國繪畫上的自然主義確立的開始，對以後的美術界具有極大的使命，而柯洛的自然主義在彫刻上更衍生了達路 (Jules Dalou 1838～1902)（註 6 ）般的彫刻家。

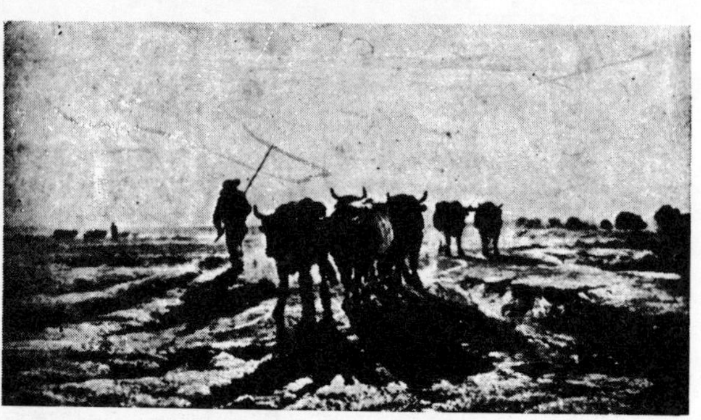

圖904 特羅勇　出去工作的牛群

第2節　寫實主義

繪畫既非歷史的說明，更不是神話或聖經的圖解，至於描寫特權階級的社交情景，或描寫異國風物及現實的奇特事件亦非繪畫的使命，美更不只存在其中，美無處不在，感於心、映於目的林林總總均得爲作畫的材料，原封不動的現實，不加美化、不加理想化，卽使原様再現亦得成爲美妙的藝術。從這種思想出發，

註6　達路　生於巴黎，羅丹的老師，長表現於强有力的平民生活。

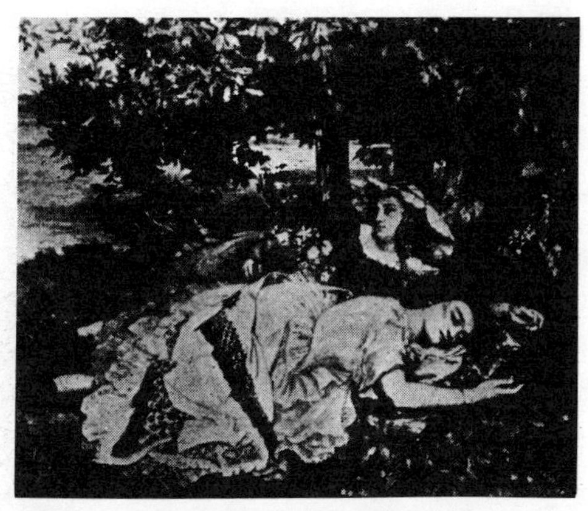
圖905 庫爾培　塞納河畔的少女

便出現一批畫家專門描繪更日常化的東西、現實的生活、或者過去避爲畫題的事物。當然，過去夏爾丹的風俗畫，及19世紀的巴比仲派風景畫亦爲其顯現之一，然至此19世紀中葉出現的寫實主義則更徹底地描寫現實生活，其代表者便是庫爾培，與他比起來，例如描寫現實的農民貧窮樸素的勞動生活的米勒，便仍有幾分浪漫主義的文學造作，至庫爾培便將現實原原本本地加以徹底表現。

大致說來，這種繪畫的產生與當時一般社會的傾向有密切關係。因法國革命而使舊有的貴族中心主義衰落，發展了自由平等的思想，同時科學進步一如英國產業革命之所見，生產組織趨向大規模，發達了近代的資本主義，並走向物質主義、現實主義。在社會思想上，不久從自由平等的思想而興起社會主義，提高對於一向生活困頓的農民、勞工之關心，並輔之以自覺而强調其開放向上。1830年法國的7月革命、1848年的2月革命畢竟是這種社會運動的一種表現，這種思想的活動與表現要之可以說是對現實的全然客觀之觀察，並由人權的尊重來開始。在此對現實亦起了批判，且由現實更發現了新的意義。

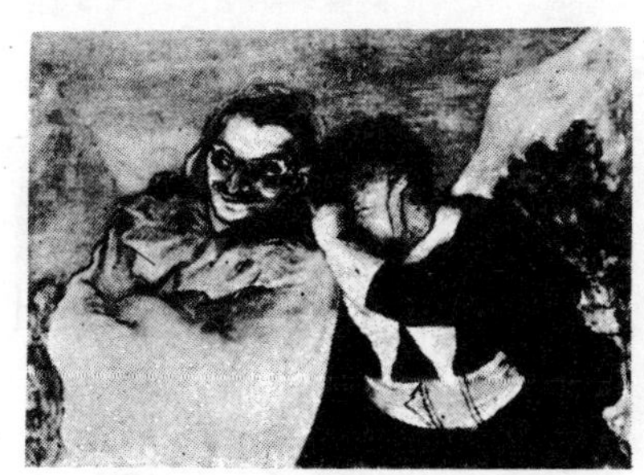
圖906 多米埃　克里斯班與蘇卡班

繪畫上對社會的批判亦早已見諸於奧諾列・多米埃 (Honoré-Victorin Daumier 1808～79) (圖906) (註1)

註1　多米埃　生於馬賽，5歲與父親同遷巴黎，15歲在公證機關打雜，以畫家姿態出現是在1829年以後即參予「藝術漫畫」(Caricature) 雜誌創刊而作石版漫畫以後，接著在夏利瓦利日報上畫石版畫，32年因諷刺菲力普王的漫畫被捕入獄。35年言論自由被嚴厲鎮壓以後，他便由政治諷刺漫畫，轉向風俗漫畫的連續製作。一方面以水彩或油畫表現市民的日常生活，以巧妙的明暗效果及表情描寫的生動而產生獨特的風格，一生與巴比仲派的畫家交情甚篤。

的作品，他用自己的畫激烈地諷刺當時的世態，作品已排除作者感傷的抒情，其基礎在於徹底對現實作冷峻的觀察。多米埃的這種社會批判與社會主義的思想不謀而合，惟思考方法有幾分差異；至若埋首於實際自然之中的自然主義畫家們，特別是描寫農民生活的米勒等人亦把繪畫擴展至生活本身之中，這點不得不說是繪畫上的現實主義之勝利。

庫爾培的繪畫

這兩種傾向由庫爾培 (Gustave Courbet 1819~77)（卷首圖 74，圖 905, 907, 908)（註2）一人所繼承，進而另闢蹊徑，他的作品不若多米埃似的意識地作深刻的社會批判，亦缺乏自然主義風景畫家的感傷趣味。他是個徹底的寫實畫家，思想上亦以社會主義者而喜歡取材於窮人或勞工，倡導為民衆而藝術，他對物體的看法與畫法亦沒有一點誇張或理想化，對實際存在的東西作極忠實的表現，同時對一般人視為不合於表現「美」的繪畫對象，如醜物、平凡之物——所謂不美的東西，卽現實所「能有」、所「能見」

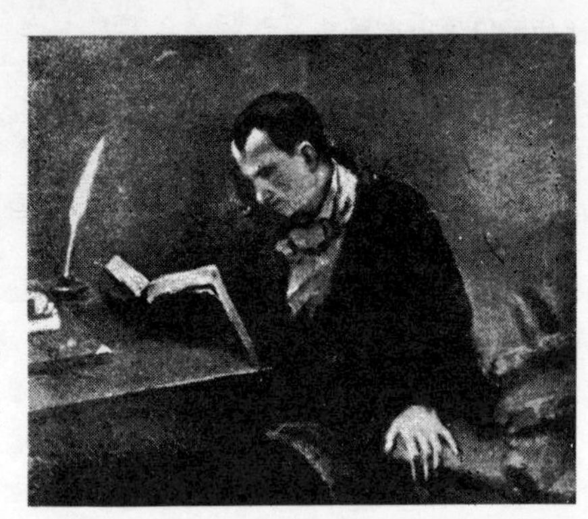

圖907 庫爾培　波特萊爾像

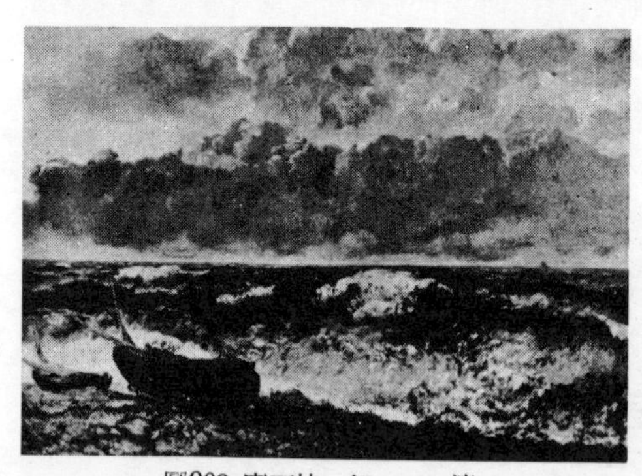

圖908 庫爾培　怒　　濤

註2　庫爾培　生於奧爾朗，1840年到巴黎學法律，不久轉入繪畫，特別共鳴於荷蘭、西班牙的寫實主義，47年到荷蘭旅行。此後至55年製作許多如本文所列「畫室」「邂逅」之類的名作。57年以後主要以風景畫家而活躍，留下很多鹿的風景、雪景、海景等作品。他在42年以降結交社會主義者，經過普法戰爭（1870年），在代拿破崙3世而起的法蘭西共和政府之下任美術監理委員長，翌年因巴黎地方自治體失敗而被捕入獄。至42年雖被釋放，然73年又逃瑞士至死未離列曼湖畔。

的對象都作忠實的描寫，這就是他的繪畫觀。

他這種徹底無飾的現實主義在美術史上稱爲寫實主義，爲一極大的運動。亦卽把現實的東西、實際生活周遭所見的東西原原本本地加以描寫，這種思想對當時的人確實是一種驚異、一種革命，顯然是繪畫上的市民性的强調。同時由於和當時一般的繪畫思想差異過大，故遭到極大的非難與批判，變成爾後孕育印象派的大根源。作品以描寫2個勞動者的「切石工」（註3）、描寫鄉下淒寂的葬禮的「奧爾朗的葬禮」（註4）爲著。惟最能表現庫爾培之偉大者當在風景畫，他把實際所見的風景作精細的觀察與認識，以高度的技巧畫出自然所具有的生命感，他這許多作品並非單純的照相似的自然描寫，而是有力的眞確寫實(註5)。他亦作神話與歷史故事，然不作美化過的理想化，而可以明確地看到現寫的趣味。

第3章　印象派及其時代

第1節　印象派的發生

繪畫上的新時代

19世紀的美術界是由繪畫所代表的時代，自亦如前所述，法國以整個歐洲美術的指導者而成爲其中心地。至這個世紀中葉，自然主義、寫實主義等新的領域已開拓出來，使繪畫益趨近代化。然當時一般的風氣並非在描寫現實的風景，或把實際的日常生活完全加以描繪，並非像柯洛或庫爾培般地理解繪畫，乃是把

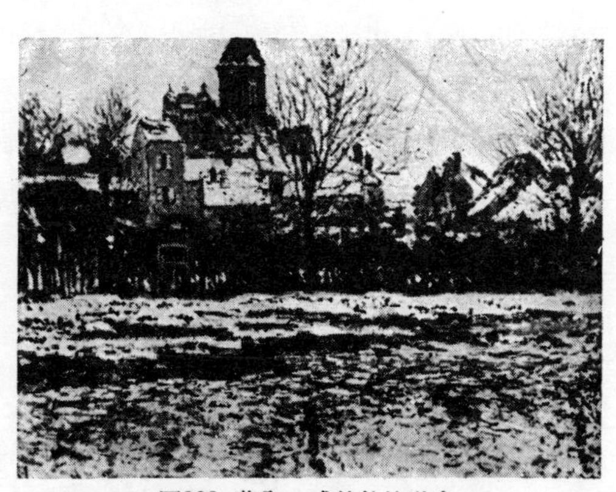

圖909 莫內　威特攸的教會

註3　1851年作，德勒斯登美術館藏。
註4　1850年作，盧浮宮藏。
註5　特別是1870年的「洶湧之海」（圖908）（盧浮宮藏）最有名。

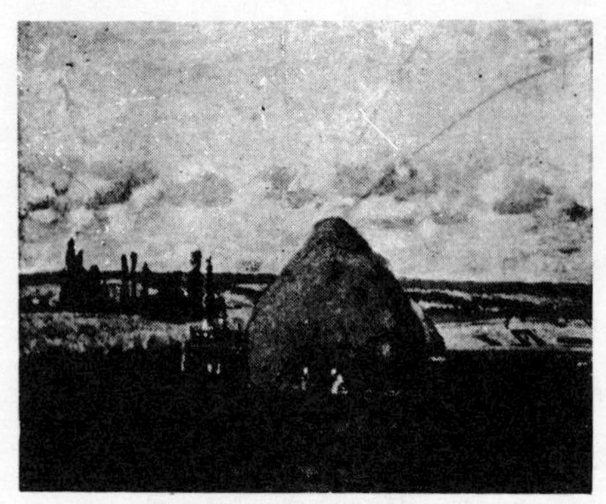

圖910 畢莎羅　乾　草　堆

古典派或東方派的二流畫家所作的歷史畫、把表面漂亮的或矯柔造作的東方趣味之繪畫視為偉大藝術或高尚繪畫。不只把庫爾培寫的作品加以嘲笑，即連17～18世紀荷蘭或西班牙的風俗畫亦視為未必價值很高的藝術。

此種古典派或浪漫派的末流畫家只模仿過去的巨匠或前輩的形式，不但全然沒有生氣，且亦感覺不到與現實生活的直接連繫；與此相反的，從現實生活之中把自己的眼睛所觀察所體驗到的描繪出來，這種新的自然主義與寫實主義的清新與活力對一部份人、特別是年青人產生極大的回響。換言之，他們懂得以柯洛與庫爾培的觀念自由地描寫對象的喜悅，並從現實活生生的自然及日常生活之中去發現美。這很顯然地乃是與時代思潮有關的人類精神之發展，加之科學的發達、特別是照相的發明不久深刻地影響到新繪畫系統的畫家，此即由攝影促進了過去沒有注意到的現實本身之美與價值的發現，也就是說，假如繪畫的目的只在現實表面，那麼比繪畫更能正確描寫物形的攝影便有壓倒性的勢力。其實繪畫有與攝影不同的使命，並有攝影無法表現的東西在，事實上過去卓越的繪畫就與攝影截然不同，例如攝影上辦不到的精神深度或歷史事物等亦只有繪畫能表現，更有甚者，過去繪畫不是仍有其可為之事、必做之事沒有發現嗎？這是什麼呢？——乃光與色的問題。

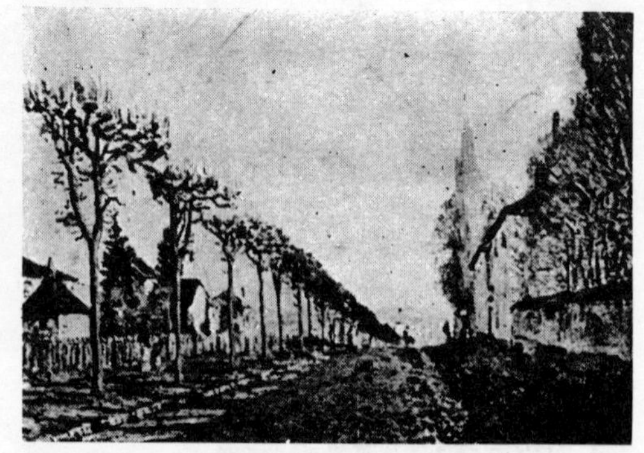

圖911 西斯來　路

當然，實際上思索這種道理的結果並不就能產生新繪畫，惟攝影的發明及科學的發達成爲極大的刺激乃是事實，這種刺激透過庫爾培的繪畫而懂得去「看」自然及現實，對知悉其意義與價值的年青一代則帶來更輝煌的發展支柱。

馬內的出現

若再詳細言之，則雖教以庫爾培等的現實描寫，然庫爾培的色彩處理法、對色彩的觀念仍舊是傳統式的，即爲着描寫物體的厚度、圓度、深度或與其他東西的區別而把重點置於陰影的部份，色與形亦依明暗而分別描寫，加之由於以中間色爲主，整個畫面便充滿茶褐色，形態雖完全像原物似的，色彩則有「做作」的感覺，大體上是陰沉的。此乃「視爲實際的自然」「實際似的自然」，並非「如能見到的、如映入眼簾的自然」。

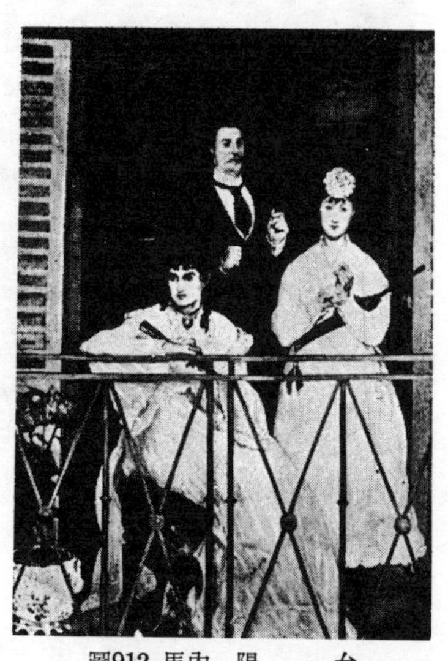

圖912 馬內 陽 台

同時實際自然物的顏色亦更爲複雜，依光線的情況而有非常微妙的變化，不止這樣，第一，實際的自然這時並不像一般的畫那麼陰沉，而是更爲明朗、顏色本身具有更生動的光輝。加之當時認爲若把黑與白那樣的對比色並排在畫面上，或把未調過的顏色——即色的强度未減、生硬的原色原封不動地塗上去便損害了畫的品質；同時在某色到他色之間必須放上這兩種顏色的中間色，此中間色便更具支配性。然實際上眼睛所看見的顏色未必作如此規則的顏色層次，而現實東西的顏色雖不是單純的原色，但任何複雜的顏色亦必具

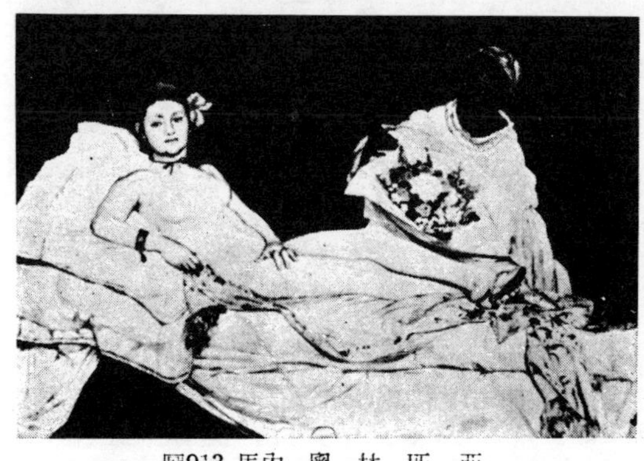

圖913 馬內 奧 林 匹 亞

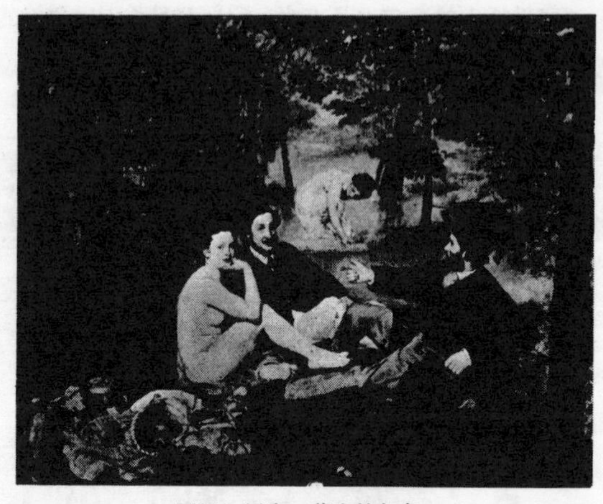

圖914 馬內 草上的午餐

有光采與亮度。至於它能變化爲種種的調子乃是光線的關係，人們眼睛實際所能見到的乃是由此光線所變化的顏色。這種光與色的金碧輝煌爲何不畫呢？不，不止顏色，形亦依光線而見其變化，這是眼睛可以看到的形與色，故此自己的眼睛可以直接見其變化的形象才是應該描繪的，換言之，比「畫什麼」更重要的是「如何畫」的問題，所謂「如何畫」就是「如所能見的」「如所感到的」去作畫。

從以上的想法發展出來的繪畫稱爲印象派，印象畫的畫家們把光的輝煌與色的亮度與純度加以强調，並如眼睛所見地去畫，亦卽重視視覺印象，由此，過去繪畫所忽視的極大意義遂被認識。印象派最初的開拓者是偉大的畫家艾多瓦爾•馬內(Edouard Manet 1832～83)（卷首圖76，圖912, 913, 914, 915)(註 1），被稱爲印象派的畫家便是以他爲中心而羣集的一羣。惟馬內並非一開始就像這裏所說的方法作

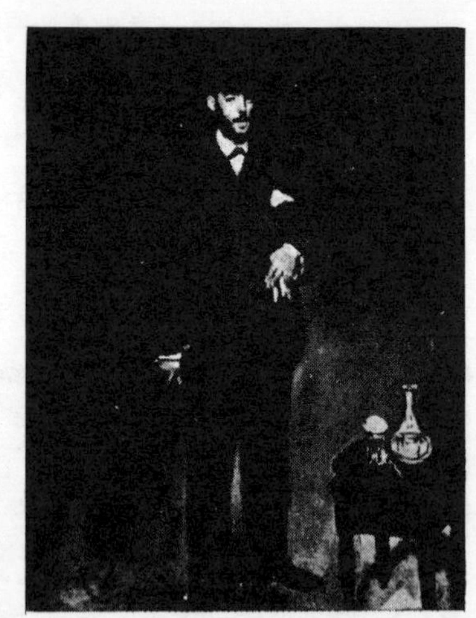

圖915 馬內 杜列像

註 1 馬內 以審判官的長男而生於巴黎的上流家庭，因父親的期望而悻然參加法學院的入學考試，結果名落孫山，至16歲時以商船學校的練習生而赴南美半年，歸國後始走入畫家之路。初從歷史畫家庫提爾學，已知有庫爾培的寫實主義。俟再度航海於南美時便注意到光的色彩變化、實際自然的明朗與清新，不久便脫顯而出，以後又在盧浮美

畫，只是給予顏色以金碧輝煌，亦卽庫爾培的寫實主義所未達到的色彩之清澄，進而不同於歷來畫家那樣地把表面磨平得不見筆觸，而是自由地舒然地以大膽的筆觸給予畫面以爽快清新的感覺，那種明朗自由的畫面感動了不滿足於古老方法的年青人，在繪畫上，被稱爲將色與光自由解放的第一人，他所畫的題材幾乎全是人物，亦多都市的中流人物之風俗，頗近於17世紀西班牙的維拉斯貴玆或荷蘭的弗蘭斯・哈爾斯等的爽朗明快之風俗畫，且不論是題材或色彩的亮度上，都特別從哥耶得到最大的影響。

馬內一面開始在巴黎畫壇確立其地位，同時使他一開始便列入不滿古老繪畫的年青畫家之林的「草上的午餐」（圖914）（註２）「奧林匹亞」（圖913）（註３）由於題材與處理法皆極具現實性 、 且感覺太生硬 ， 使得習慣於古老技法的一般畫家與觀衆不只從技法上加以非難，且大大地責備其道德上的卑俗。其所以會產生這種印象並不只因題材上的處理方法，也因着幾乎不用中間色而以強烈的色彩與明快的顏色效果作畫。其後馬內對於色彩的敏銳感覺逐漸成熟，以天才的大手筆畫下旋律似的，色彩之微妙與光輝。至1870年左右以後的作品亦分別畫以燦然普照的陽光之微妙變化。一看他的畫確有很強的近代感，其明朗舒然的筆觸亦誠爲妙筆。

術館模仿古典名畫獨自學習。1963年參加沙龍被落選的「草上的午餐」，及65年出品的「奧林匹亞」在當時的畫壇因爲風格太新，一般人無法理解，故慘遭惡評，這些作品才算年青的畫家找到新的繪畫方向，不久便成促進印象派發生的歷史性繪畫。不久，在他的周圍除了莫內等的畫家之外，亦圍繞著左拉、比爾提等的小說家與批評家而變成他的擁護者、贊同者。晚年他稍稍脫離印象派羣的交際，然其畫則更趨印象派化，留下很多名作。今日他的大名被尊爲近代繪畫偉大之父，從世界各國而獲致最大的尊敬，並爲法國繪畫史上最大的繪畫家之一。

註２　「草上的午餐」（巴黎印象派美術館藏），1863年在沙龍中落選。這年的沙龍由於當時的名畫家有許多落選而故發生問題，遂重開落選畫的沙龍展。當時最受人注意的便是馬內的這幅畫，然那時的人問題不在於作品的特出，乃因其自由的畫法及明快的色彩被人們視爲不懂畫法的粗暴製作，其非常新的現實描寫甚至被視爲非道德的。要之，雖惡名昭彰，然馬內亦因這幅畫而名揚巴黎。

註３　「奧林匹亞」（巴黎印象派美術館藏），出品於1865年的沙龍，馬內對新繪畫的熱情更加提高，他在此分別表現質地不同的白色，及黑白對照的趣味等純粹色彩之美，世人對此仍不理解，批評此處所畫的裸婦絲毫未加美化。

第2節　印象派的展開

外光派畫家

馬內開拓的繪畫之明朗世界由受其感動、並燃燒着製作合乎新時代的新繪畫之熱情而圍繞在他四周的年靑有為之畫家表現了更確實的發展。特別是在色與光的處理上，眞正確立印象派（註1）的輝煌表現法之庫洛德・莫內 (Claude Monet 1840～1926)（卷首圖77，圖909, 916, 917)(註2）眞正使得馬內所啓發的印象派繪畫得到實際的發展，並使其理論獲致確立，他專門描寫大氣與光的色彩變化，即就因太陽光線照耀而微妙變化的色調而表現其瞬間之形象，例如他不把樹葉一片片照實際的形狀細心地描寫，而是把所能看見的整體表現出來，很自然的，這所以莫內把英國的泰納視為先覺者而極加尊敬。

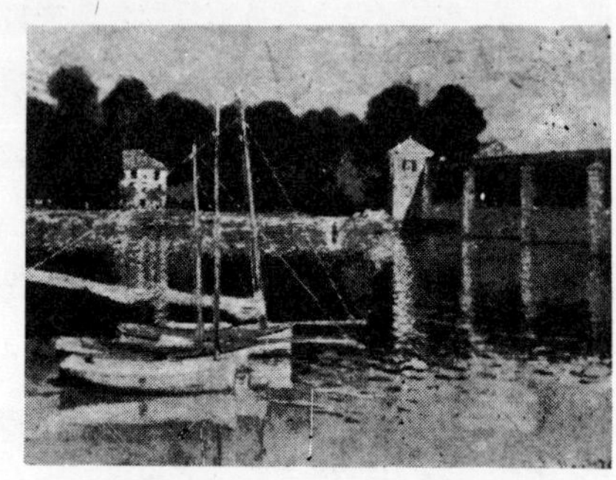

圖916 莫內　亞江特攸的橋

註1　印象派　這個名稱並非他們當初自己所取的團體之名，乃因1874年的沙龍曾為學院派畫家所獨佔，而不承認印象派的作品，於是他們便揭竿而起，借用攝影商那達爾的二樓，協同一志地只把自己的作品在「畫家、彫刻家、版畫家的匿名藝術家展覽會」之名稱下展覽出來。這時馬內曾展一幅畫題名為「印象・日出」，當時的美術記者因該作品之名稱而譏之為印象派，一般人亦隨之稱為印象派而意加輕蔑。然馬內則積極採用這個名稱，自第三屆畫展以後便乾脆稱為印象派展。普通在說印象派的情況下當然包含新印象派、後期印象派，然有時亦狹義地專指外光派。日本收藏的西洋名畫中可以說印象派的作品最多。

註2　莫內　生於巴黎，少年時代在貿易商的父親之魯・阿弗爾商店渡過，16歲時與善畫海景的布丹(Boudin 1824-98) 認識，乃其成為畫家的第一步，其後在巴黎又認識畢莎羅，再入格列爾之門下而與雷諾亞、西斯來相識。他最初雖受柯洛及庫爾培的影響，然至受馬內的感化，他便轉而熱心於明朗的外光之描寫。1871年普法戰爭之際，避難倫敦，接觸到泰納的作品時，與其畫友畢莎羅以更大的信心努力於自然外光的描寫。74年第一屆印象派展覽會開幕之際，不論技巧或理論皆成為該畫展的中心，其後屢次到荷蘭南法旅行，製作很多風景畫。晚年漸為世人認識以後遷居巴黎郊外的瑞弗爾尼，專心描寫邸內大池上的睡蓮、或岸邊的柳樹。代表作有睡蓮的連作、泰晤士河、威尼斯風景、盧昂大教堂等的畫面。其對浮世繪的興趣亦為衆所周知，莫內的作品在日本收藏有30件傑作。

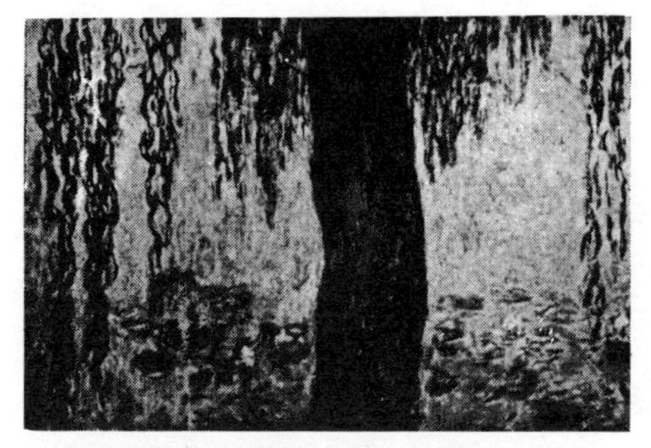
圖917 莫內　池　　柳

對如此的莫內而言，色與形也就是光線本身，在陰暗的地方所看到的成熟之蘋果該不能看到紅色，紅色的屋頂亦非只紅色一種，它反映着周遭物體的顏色，由所受的光線而分別使各個部份的調子不同，各處有各種顏色的要素在細緻的複合。再如茂密的綠色樹葉，不僅所有的葉子，卽使其中的一片葉子亦因部份關係而感覺完全不同，而且色彩因光而時刻在變化。卽使說是瞬間的全體之視覺印象，然這樣所看到的「物體」本身亦是因光線而變化的各種複合的複雜色之一現象，更易言之，茂盛的樹葉之所以能看到綠色，乃因一方面包含各種顏色的要素，同時整個看起來又覺得是綠色，這種現象才是眼睛實際所能看到的東西而必須加以描寫的，故他把幾個顏色的片段直接並排在畫布上而產生上述的效果，他塗色之前不調顏色，乃是經由細密的並排而不失色彩的光輝，並產生複雜顏色的調和。惟給予物體的這種微妙與調和之光線變化惟有在戶外的明朗陽光下可以有最純粹的追求——因此莫內把重點置於戶外寫生，題材亦幾乎全爲風景畫（註 3），也因此使得以他

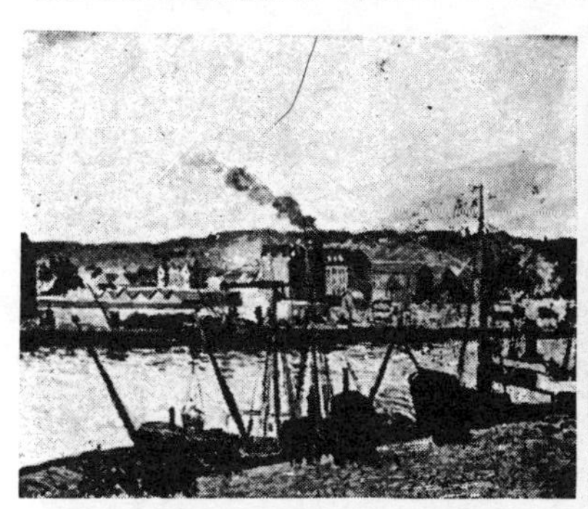
圖918 畢莎羅　盧昂港

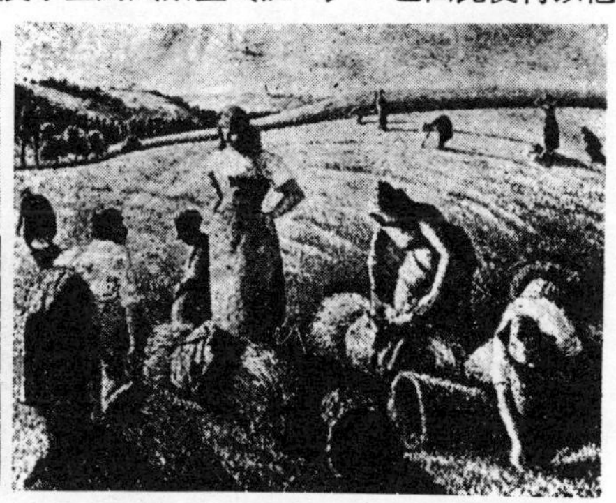
圖919 畢莎羅　收　　獲

爲中心的初期印象派畫家又被稱爲外光派。

如是，以莫內爲首，傾倒於馬內的新意而羣集的畫家便不顧世間的非難，創造了明朗的顏色、溶化於光的顏色。此卽富於厚重感的畢莎羅(Camille Pisarro 1831～1903)（圖910, 918, 919）（註4）、富於溫雅而淸純的大氣之感的西斯來(Alfred Sisley 1839～99)（卷首圖78，圖911, 920）（註5）、乃至塞尙、雷諾亞(Auguste Renoir 1841～1919)（圖921, 922）（註6）、竇加 (Edgar Degas 1834～1917)（圖923, 924）（註7）、女畫家貝爾特・摩麗梭 (Berthe-Marie Pauline Morisot 1841～95)（圖925）（註8）等畫家，而馬內晚年的畫亦受莫內的影響。這批畫家在1874年以後便擁有自己的獨立展覽會——這並不是說他們的畫在世間已被承認，相反的，一時責難反而愈加激烈，然而，隨着他們的畫之被看得習慣，更隨着描寫光線變化的意義之改變，那些非難者、口出惡言者亦逐漸受光與色的處理法所啓發，同時那些古典派的畫家亦採入印象派的觀點與畫法，不久臨

註4　畢莎羅　約1855以後深爲柯洛的作品所感動，開始描繪巴黎近郊的風景，但對他作決定性的影響者爲馬內的「草上的午餐」。普法戰爭結束回到英國以後定居彭特亞斯，主要描寫取材於田園生活的純樸的農村風景，與莫內、西斯來都有外光派的代表作留傳後世。他亦給其後的塞尙以極大影響，進而逐漸加强其點描趣味。其風格與秀拉、西涅克等有密切的關係。

註5　西斯來　爲英國人而生於巴黎，一生幾全在法國渡過，故美術史上將他視爲法國畫家。在格列爾的畫室中認識莫內及雷諾亞，與畢莎羅、塞尙亦熟，儼然印象派的中心人物之一。初期作品曾受柯洛、庫爾培的影響，但逐漸轉向明快的色調，特別是在大氣的澄明及柔光的韵調中表現獨特的味道。他在印象派畫家中畫塞納河畔的風景畫得最多，同時在印象派的大畫家之中，祇有他一生沒沒無聞，遭時不遇，然至今自當與莫內及畢莎羅並稱於世。

註6　雷諾亞，生於法國中部里摩西的貧困裁縫師之家，4歲隨全家遷巴黎，13歲至17歲在塞維爾的工廠當陶畫的學徒，此工作便成爲他後來作畫時獨特的光滑風格之根源。20歲入格列爾畫室。不久成爲印象派的一員。初期作品受德

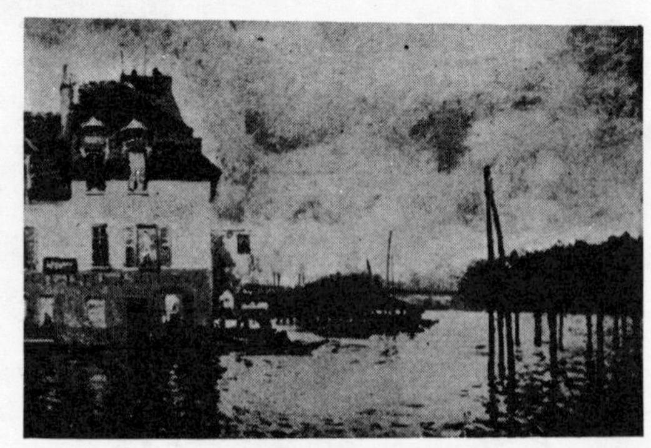

圖920 西斯來　洪　水

近19世紀結束之際，印象派便確切地變成繪畫的主流，不止法國，作爲2000年來歐洲繪畫大革命之價值便充份被認識。

這批人之中，莫內、畢莎羅、西斯來乃是初期印象派，卽所謂的外光派之最

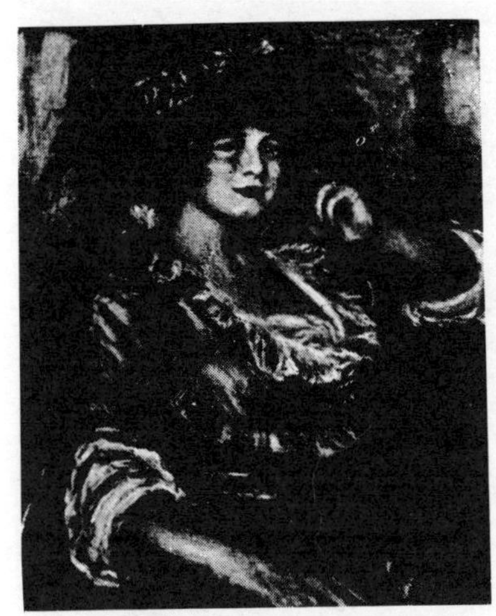

圖921 雷諾亞　少　　女

拉克洛瓦及庫爾培的影響，自與畢莎及羅塞尙成爲深交的1870年以後，便出現了全屬印象派風格的筆觸。他喜歡把巴黎小市民的風俗或風景托諸明快豐富的色彩，表現於十分健康的畫面。肖像畫亦多，並由此肖像畫而使他脫離貧困。79年到阿爾及利亞旅行，畫面益發明朗，81—92年的義大利旅行給他的風格帶來一個轉機，使他對文藝復興的嚴格線條之追求持續多年。其後將重點放在色彩的對比，越發像個色彩畫家，甚至被稱爲「色彩的魔術師」。晚年爲風濕病所困，遷居南法的卡尼，惟繪事未曾稍廢，繪畫之外，彫刻亦有佳作（圖982）留傳。

註 7　竇加　生爲巴黎的銀行家之子，初學法律，1855年入美術學校，接著到義大利留學，沈迷於文藝復興，並對前輩的安格爾最爲欽佩。隨著自然主義文學的勃興而接觸到左拉，逐漸走入現實直觀的方向，不久因馬內關係加人印象派。其實竇加作品中一種獨特風格應屬印象派的譜系。他與其說是色彩家，倒不如說是素描家來得恰當。中期以後對洗衣匠或售帽女、乃至賽馬、舞女作犀利的觀察，將其瞬間的動作巧妙地表現出來，油畫之外，在粉彩畫家上亦爲最佳畫家之一，他不厭其煩地描寫的芭蕾女卽爲此種粉彩畫的佳作。他亦長於彫刻、晚年幾全失明，據說用摸索製作彫刻。

註 8　摩麗梭　爲生於布爾西的女畫家，最初作柯洛式的風景畫，1816年與馬內認識以後成爲印象派的一員，74年與馬內之弟烏傑奴結婚，在女性式的甘美中充滿纖細與淸新。作品有「舞廳之女」等。描寫人物的佳作，並成爲馬內「陽台」「休息」諸作的模特兒。

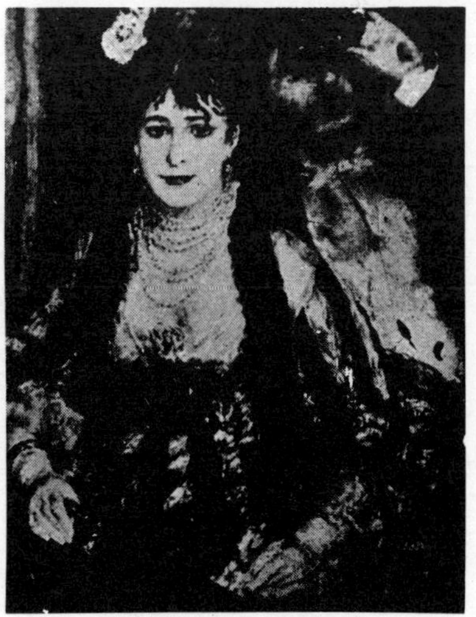

圖922 雷諾亞　包廂內

具代表性的畫家，他們主要畫的是風景畫。至於雷諾亞雖也畫風景畫，然又以其溫暖的、熔於光而燃燒似的豐潤華麗色彩畫出很多肌肉豐滿、健康快樂的裸女、乃至玫瑰花，自魯邊斯以後，大概沒有像他這種富麗色彩的天才。再如竇加以畫舞女出名，他把舞蹈的韵律產生的肉體或衣服之快速微妙律動及其氣氛巧妙地表現出來，此外，他所畫的大體上多爲動態的人或馬，繼馬內而爲風俗畫的畫家。

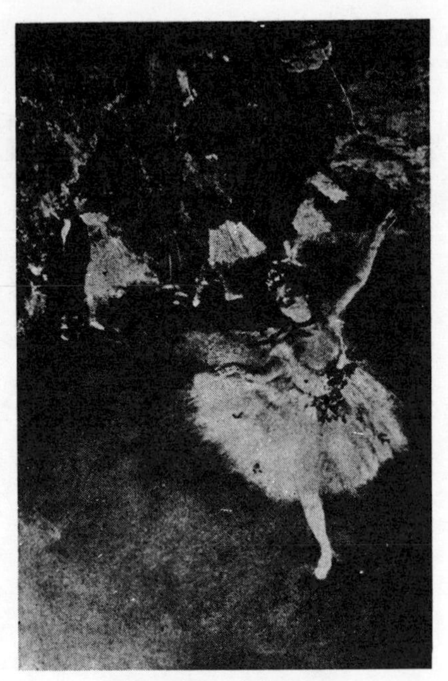

圖923 竇加　舞台的舞者

這些印象派的巨匠每一個都從馬內或莫內的刺激與理論出發，惟皆順應自己的個性而有獨特的發展。例如成熟了的雷諾亞決不是莫內、畢莎羅、西斯來的意義上之外光派，他不久超越外光派的技法，並在對安格爾再認識的同時發現了自己的道路。至於上述 3 個外光派的中心人物亦各有富於個性的作品。不用說，對印象派而言自我乃是中心，「自己的眼睛能看見什麼」「自己感覺到什麼」——這就是他們的重點，可謂極端地强調個性。並如屢次所提到過的，這裏面才能看到近代精神的特色及與20世紀繪畫的直接關聯。再者對印象派的發展影響極大的有科學發達下的光線 7 色論——三稜鏡原理及日本的浮世繪版畫。光線由 7 色形成之發現對於描寫

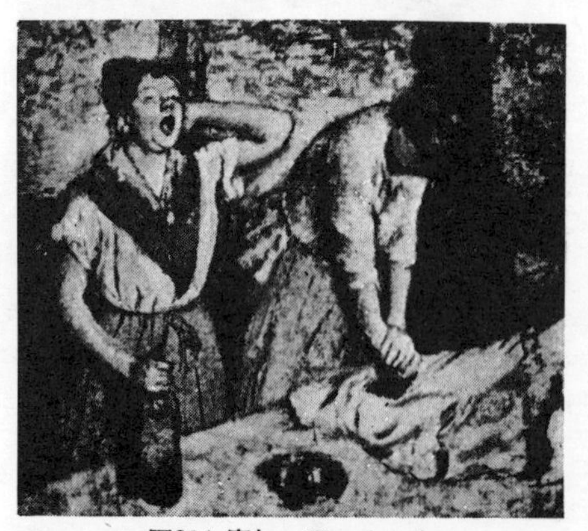

圖924 竇加　燙 衣 女

陽光下的色彩變化之畫家而言，等於給他們以科學的證據。一方面，這時浮世繪開始被介紹至法國，故其描寫物體的形態之暗示性省略，及沒有中間色與陰影的乾脆明快之裝飾性著色法使他們感到極大的魅力，特別是馬內、莫內、竇加最爲喜歡，他們對浮世繪技法的大膽、清新及明快亦極感動與深愛，至其表現法的眞正採用則要等到後期印象派的哥更、梵谷，乃至印象派最後的巨匠羅特列克。

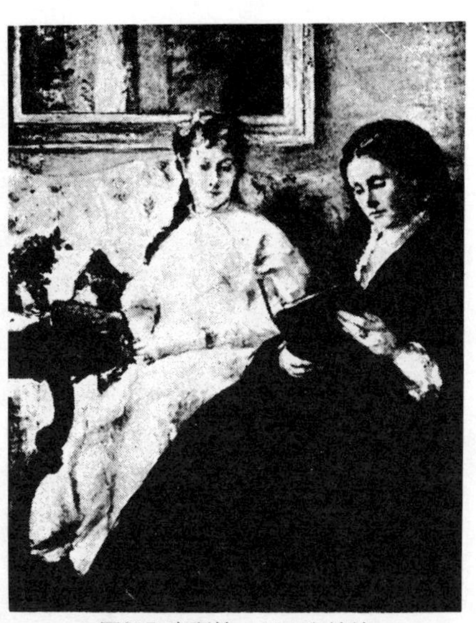

圖925 摩麗梭　母親與妹妹

新印象派（點描派）

由光線所釀出的色彩變化，及包含在一個顏色之中的各種色彩要素之微妙複合與結合要言之，乃是經由色彩斷片的並排而獲得調和、調子及色調，眼界到此爲止者爲莫內等的印象派之思考方法。這種方法又被極端地科學化與理論化，亦卽外光派的畫家以自己肉眼的感覺而綜合各種色彩斷片並追求某種效果，在對色彩的感覺方法中，自己的各種感情或個性便强烈地表現出來，更有過份執着於光、時而使色彩混濁的情況。與此相反的，運用這種新方法的畫家又有採用當時盛行的科學色彩論——色調分析的法則，爲着更能保有色彩的純度與光采而機械地分析

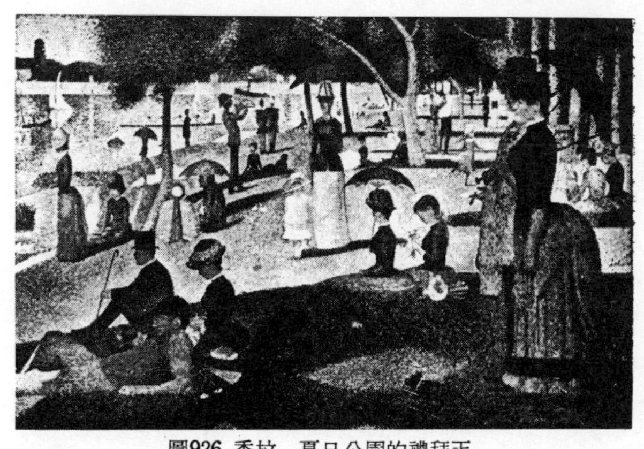

圖926 秀拉　夏日公園的禮拜天

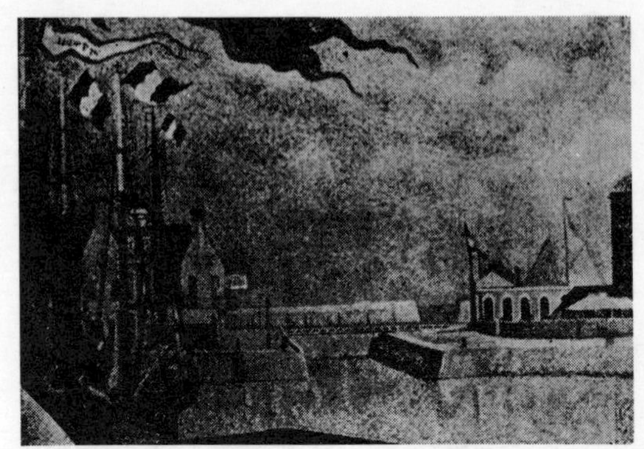

圖927 秀拉　星期日的港口

色彩。更詳細地說，例如紫色調產生於某色與某色在某種比例下如嵌瓷似地並列，如是以大小相同的顏色點子散布在畫布上。這種方法確能保持色彩的純粹，但由於過分依賴科學，並由外光派畫家直接映入自己眼簾的印象加以綜合的方法而變成劃一的色彩分析方法，故繪畫便帶有科學實驗的危險性。

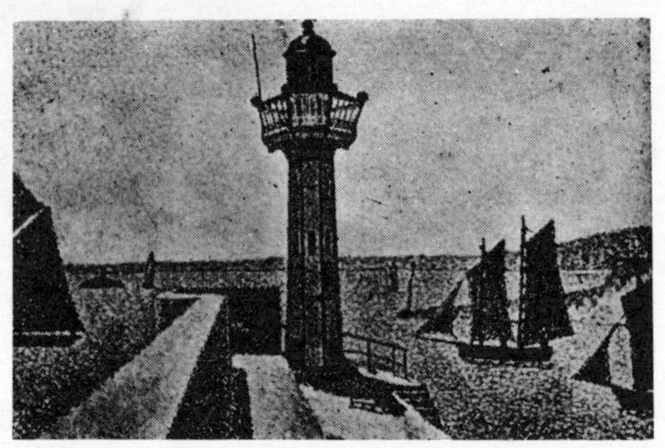

圖928 西涅克　港

這種畫法大體上在過了1880年左右以後便明確地出現，這批人遂便稱爲新印象派或點描派，其領導者爲秀拉 (Georges Pierre Seurat 1859～91)（圖926, 927)(註１）與西涅克。然秀拉對古典的研究亦極透澈、且雖以新印象派的理論爲基礎，但由於抓住太陽光線下變化的形相深處的不變實體，故製作的是具有固堅結構的裝飾而優美的作品，如其「夏日公園的禮拜天」（圖926)（註２）便具有堂皇的構圖及美麗豐潤的色調。至於西涅克 (Paul Signac

---

註１　秀拉　生於巴黎，16歲入美術學校，不足２年退學，在盧浮宮繼續古典的研習。其後對色彩及光學產生興趣，讀過很多著作，同時在德拉克洛瓦及威尼斯派作品中熱心地研究色彩問題。84年，他被稱爲點描法最初作品的「水浴」在沙龍中落選，及至將之展出於獨立美展時，便引起多方的反響，特別是引起西涅克的注意，導至以後共同努力於色彩理論的實現。雖以32歲英年早逝，然在上述作品之外，尚有「作姿勢的女人」「馬戲之馬」等傑作。

註２　在1886年印象派第八屆畫展中展出，爲新印象主義最完滿的代表作，現藏芝加哥美術館。

1863～1935)（圖928）（註 3 ）在技巧上雖全屬新印象派理論的推進，然透過其藝術的才華，到底充滿了藝術的趣味與美感。與他相反的，那些理論上只一味模仿他的法則者，其繪畫便成爲平板乏趣的嵌瓷式的東西。

第 3 節　後期印象派

印象派如今已成爲繪畫的正途，任何畫法與趣向的畫家都無法忽略印象派所發現的光線問題，惟亦有使印象派更科學化的新印象派畫家出現，其實印象派至此已走進一種僵局，只以透過感官（視覺）而獲知的外界爲眞實形相，只追求光線的變化，這亦受19世紀極端發達的自然科學之影響，置重點於光與色的分析，不久便使人對這種只依賴視覺、只依賴科學分析的畫法感到不滿，而這種不滿與僵局又使人再度反省繪畫的本質並重新開始探討。這種轉變雖來自印象派畫家，然世紀末一般社會上則改變過去分析的科學精神而追求綜合，對內在（精神）的憧憬甚於外界的現象，這種風氣實有其影響力。於是被稱爲後期印象派畫家的塞尙、哥更、梵谷便陸續出現。

塞尙的意義

前面已常提到，印象派一開始便以光與色爲重，捕捉光所造成的瞬間之形與色，忽視物體的基本形與固有色，換言光之，過於信賴一時的視覺及瞬間之眼所見的色與形，故脫離了事物本質的表

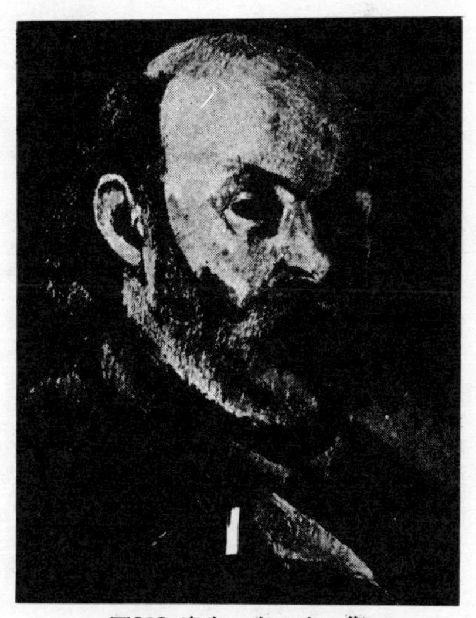

圖929 塞尙　自　畫　像

註3　西涅克　生於巴黎，在印象派大師之1的喬曼（Armand Guillaumin 1841-1921)門下學其技法，亦受塞尙、哥更作品的影響，足跡遍及義大利、荷蘭、瑞士各地，特別喜歡海港的風景。1884年獨立美展中展出的秀拉作品「水浴」很被西氏所感動，其後發展新印象派的理論與技法，1908年成爲獨立美展的會長。作爲理論家他亦有著作「從德拉克洛瓦到新印象主義」一書問世。

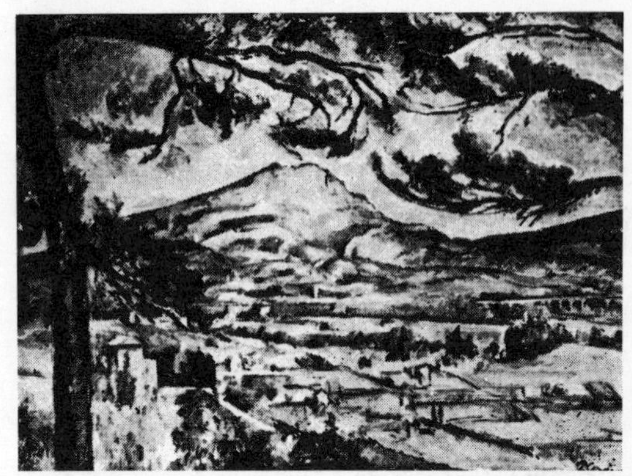

圖930 塞尙　聖維克多瓦爾山

現。例如蘋果確因光線而使色或形都覺得不同，然不論在任何光線的條件下去看，蘋果不仍是蘋果嗎？再如一個人卽使因各時期健康狀態迥異而使其顏色與樣子看來起有幾分不同，這祇是一時的現象，與那個人的本質與本身的眞相並無關係，如此，把多餘的附屬物或表面的一時現象除掉，把最富蘋果之相、最具其人之貌，亦卽把恆常不變的本來之相（本質、性格）確實加以描寫豈非最重要之事？故非把蘋果或人物最基本的東西（卽單純形相）確實抓住不可，例如構成成熟蘋果的基本物乃是圓形與紅色。

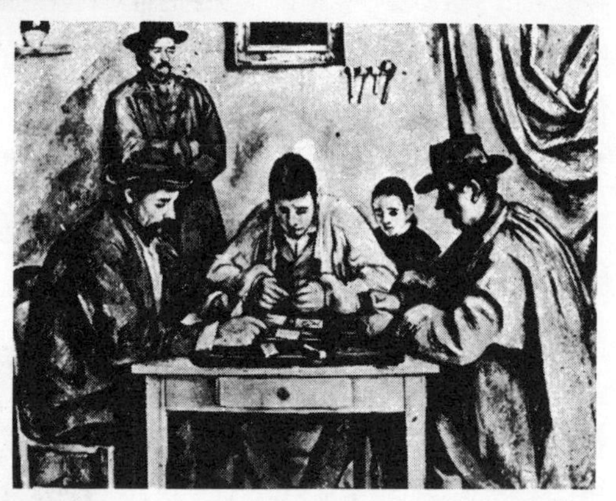

圖931 塞尙　玩 牌 者

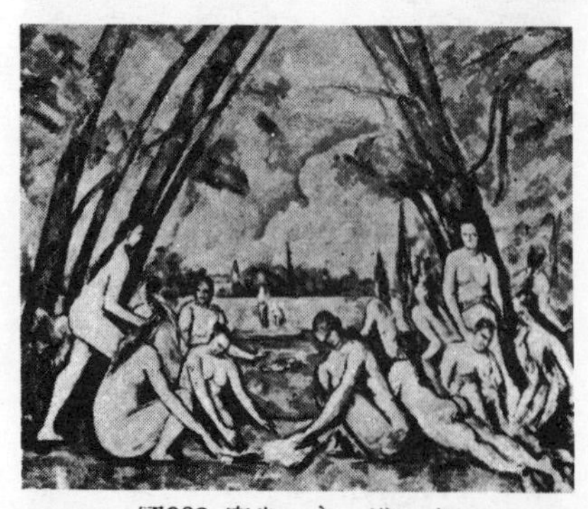

圖932 塞尙　水 浴 者

在這樣的反省下，於是產生了後期印象派，再重復地說，這並不是印象派的否定，毋寧是印象派的頂峯，因此才被稱作後期印象派，其創始者及中心人物爲大畫家保羅，塞尙（Paul Cézanne 1839～1906）（卷首圖79，圖929）（註1），他以本質的

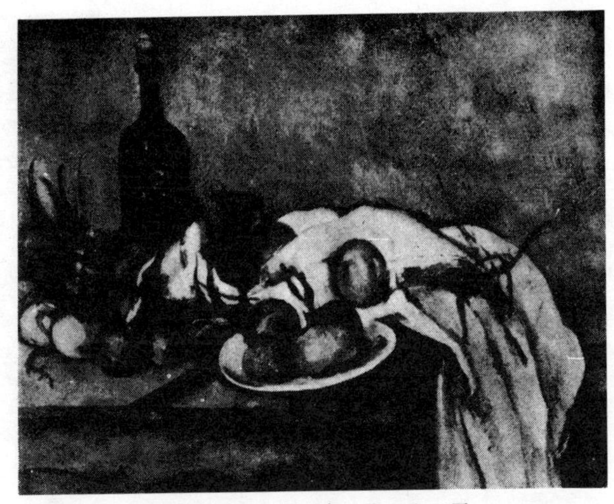

圖933 塞尙 洋 忽 與 瓶 子

東西爲主而追求形的一面，隨着對古典以來的傑作之重加深究而看透構成一切事物的最基本之形，更由基本的單純化形態之組合（註2）而畫下永恆不變的空間或立體的自然形象、內涵、及其獨特之色彩（如熟透的蘋果以紅色爲基本色）。且如印象派畫家所說，由於光線而會使眼睛所見的形與色產生變化，這點他亦毫不馬虎——要之，乃是以單純化的面與色作最有效果的描寫。如其所愛畫的故鄉的聖維克多瓦爾山風景，經由有限的一點線與色便很確實地畫出此山的特徵，同時亦可感覺到崇峻之山的某種精神深度。

註1　塞尙　生於南法國的艾克斯，因銀行家的父親之期望，1856年進艾克斯的法學院，逐漸熱中於繪畫，22歲至巴黎進入瑞士學院。在此認識畢莎羅、喬曼，並得以與印象派同人結合無間。其後考美術學校失敗，回艾克斯，再至巴黎時作品屢在沙龍落選，益發決心獻身爲印象派的一員。其初期强勁有力的塗色方法在印象派畫家中亦很獨特。在印象派畫家中他與畢莎羅交情甚篤，然至1874年他便逐漸遠離這批人，亦遠避其中學的同學左拉，在孤獨之中不斷製作。96年以後完全脫離巴黎的生活而在故鄉落脚，從此展開他眞正的藝術生命。但是此後他的藝術本身却頗不爲世人所承認。至今塞尙雖被尊爲畫聖或20世紀繪畫的發現者，然皆爲寂寞的死後之名。他的作品在日本的收藏亦有近30件之多。

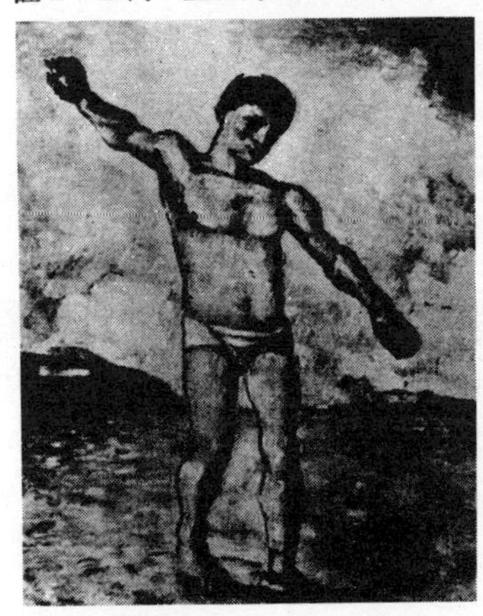

圖934 塞尙 水 浴

註2　塞尙的思想在「一切物體成於圓形、圓錐形及圓筒形」之名言中表明得最清楚。

同樣的道理亦可用在人物畫與靜物畫之上，繪畫並非單純地把自然的一部份照抄出來，乃是以自然爲素材而創造繪畫的一種新秩序與調和的世界，由此必須儘量把自己想描繪的東西作有效果地表現，這裏畫面的組織特別重要，故素材上能任意自由配置的靜物畫（圖933）他最喜歡。更進而爲着對象特質的表現，不論風景或人物（圖931, 932, 934)都自由地將其一部份予以省略或變形。這種繪畫思想其後變成20世紀繪畫的大根源。

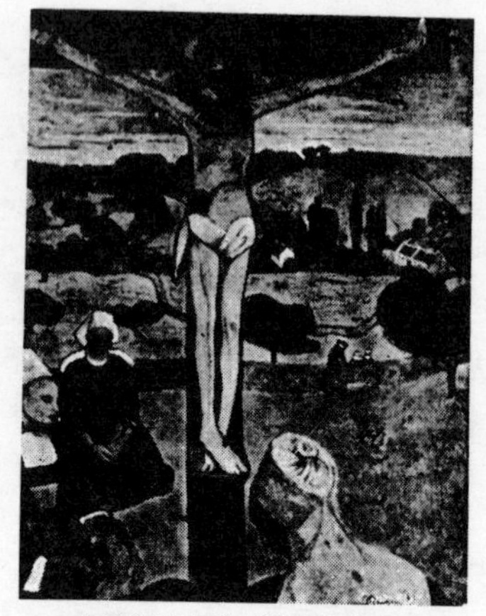

圖935 哥更　黃色的基督

哥更與梵谷

另外，深受塞尙的思想與畫法所刺激，主要從色彩的單純化而追求其本質者爲哥更（Paul Gauguin 1848～1903)（圖935, 936)（註 1），他並不分析色彩，而利用色的特質——不是因光與空氣而變化的現象中之色彩，並活用色的純度，以其調和的組合而組織畫面。一如其名言「1 平方英呎的紅色遠比 1 平方英吋

註 1　哥更　生於巴黎，曾爲船員、證券公司職員，至35歲開始專心作畫，初從外光派的影響下出發，再逐漸私淑塞尙，搬到布列塔尼以後發展其獨 特的裝 飾技法 ，給予塞爾瑞（Poul Serusier 1864-1927)、莫里斯•德尼等先知派畫家以極大影響。再回巴黎便結識了梵谷、羅特列克，特別是與梵谷成爲深交。1887年初次到南太平洋的馬爾提尼克島，翌年歸與梵谷同在南法阿魯渡過，然因無法互相妥協的性格致使不久有悲劇的產生。他再度到布列塔尼時益加發展開其自己的風格 ，浮世繪的影響愈深 。惟因其性格厭惡歐洲的文明世界及都市的病態生活，遂於1891年遁入大溪地島，其後他只一度重回巴黎，與土人結婚，輾轉於大溪地島及多明尼克島，這時他的藝術更具獨特性，甚至變成一種脫離印象派的象徵主義，終在貧病與孤獨中寂然長逝。

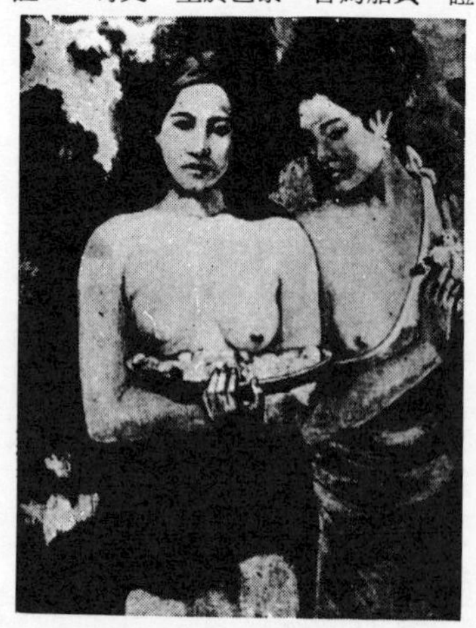

圖936 哥更　大溪地女郎

的紅色更紅」所示，若看見紅色屋頂而要使此紅色能儘量純粹地現出紅色，便除去光的微妙變化而將整個屋頂用相同調子的紅色來畫，其目標在色面的裝飾效果。對於這樣的哥更，日本浮世繪版畫的單純明快之平塗法要遠比其他印象派畫家有更多的影響。

哥更對於19世紀過份科學分析的文明世界懷有反感，他憧憬的是純樸的非文明，頗沉醉於法國偏僻的布列塔尼地方之鄉土藝術，1891年以後深入南太平洋的大溪地島或多明尼克島的原始人生活中，其原因之一亦爲對文明的反感，亦因爲對南太平洋强列陽光的單純明快色彩之光輝深具熱愛。

另一個後期印象派的大畫家乃是與塞尚、高更同樣對20世紀繪畫影響極大而生於荷蘭的梵谷 (Vincent van Gogh 1853～90) (卷首圖80，圖937, 938, 939)（註２）他曾被稱爲燃燒的畫家、太陽的畫家，深受塞尚、哥更乃至日本浮世繪明朗的色彩配列及大膽的平面描寫所影響而集其大成，其最大特色在於主觀感情的强調，他把得自對象的感動完全表現於畫面，亦即若感覺紅色便儘量强調紅色，採用最强烈的紅色，仲夏的太陽若感覺上是團團轉的火輪實際便照此表現，在其熱情的天性及對明朗的太陽的熱情之中亦可感覺到深刻的詩情，其簡潔的畫面構成及顏色數目的銳減，特別是以奇特而强硬的筆觸作爲所謂色線來描繪的方法

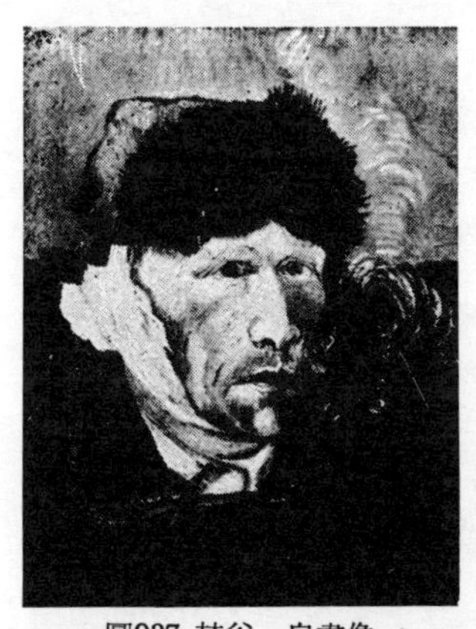

圖937 梵谷　自畫像

註２　梵谷　在荷蘭鄉下出生爲牧師的長男，16歲爲畫商的店員，住過海牙、倫敦、巴黎，25歲以牧師身份赴比利時的盧·波利那斯煤礦，在此他因熱烈的信仰而忍受一切的勞苦，結果失敗，27歲時遂選上畫家之途。首先在荷蘭、比利時各地學畫，至33歲到巴黎開始受印象派的影響，並從過去林布蘭或米勒式的陰鬱風格一躍而爲明朗的畫風，其後他全然狂熱不斷埋頭作畫，且因爲追求太陽的亮光及憧憬浮世繪的明快，故與哥更同遷南法阿魯。然到1888年末他已發瘋把自己的耳朵割下，後被送進山列米精神病院，雖一時恢復，結果仍在再度發作時，自殺於巴黎近郊的奧維爾。他的作品今日留傳極多，大部份是1886年到死前的４年間之作，至今是最受人讚賞的作品，然其狂熱而異常的風格在生前却不爲人們所理解，生活亦全賴畫商的弟弟的獻身式援助。其1903年的遺作展給人以極大的感動，並成爲20世紀初野獸派的最初的大指標。

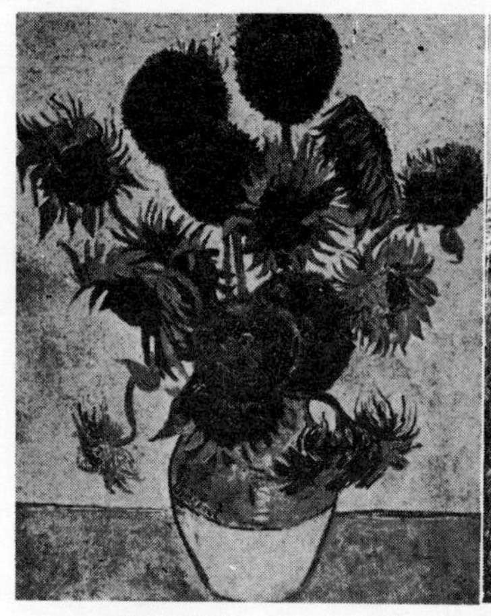

圖938 梵谷　向　日　葵

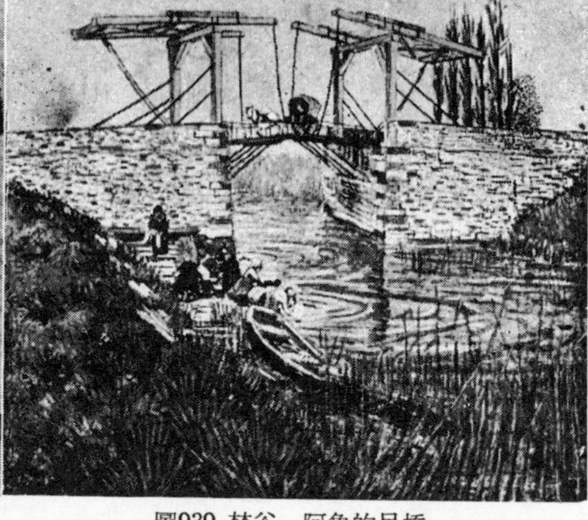

圖939 梵谷　阿魯的吊橋

可謂獨步千古。

走筆至此，我還須把屬於19世紀法國印象派系列的最後巨匠、同時風格又極其獨特的一個畫家提出來，他就是特魯斯•羅特列克 (Henri de Toulouse-Lautrec 1864～1901)（圖940, 941）（註 3），在當時主要聚 集着藝術家與勞動者的巴黎

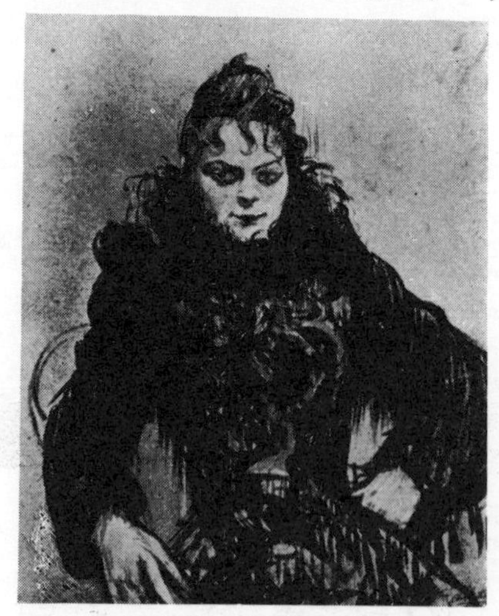

圖940 羅特列克　婦人習作

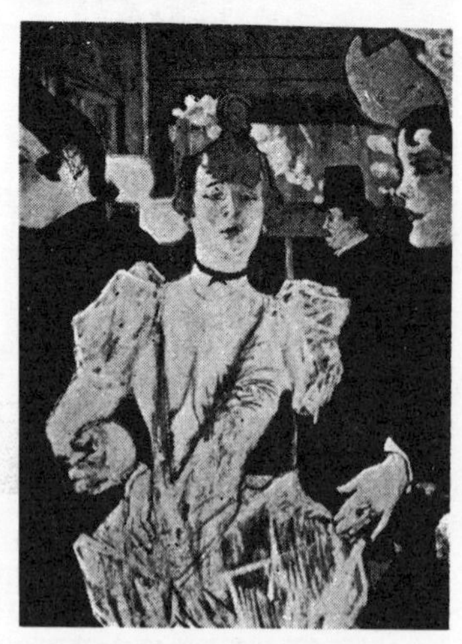

圖941 羅特列克　在紅磨坊

註 3　羅特列克　生爲南法國名門貴族的嗣子，幼年時代兩脚折斷終身殘廢。1882年到巴黎

郊外之蒙馬特，他浸淫在袒露人心的愉快及具有奇特魅力的空氣之中，把當時的氣氛與生活、或賽馬場的情景及雜劇等加以犀利地、且具幾分諷刺地描繪，技法大多學自馬內與竇加，畫面則全然富於獨特的情趣。至其畫面的裝飾傾向之受浮世繪影響亦不亞於哥更與梵谷，特別在石版畫上最爲明顯。在此透過石版畫的技巧，羅特列克誠爲將海報提昇爲藝術的第一人。

第 4 節　印象派以外的法國畫家及19世紀後半的各國畫壇

印象派直至實際受世人承認爲止經歷相當的時日，要之法國印象派才是19世紀後半繪畫的主流，且亦猛力地擴展於歐洲各地。至於印象派以外的畫家在光或色的看法與處理法不久亦深受印象派的啓發。只因在個性自由業已確立的時代中，一如印象派內部亦有各種不同的發展，印象派以外亦然，自法國至其他國家亦續出現許多優異而獨特的畫家，以下將列舉此中較重要的畫家（包括各國的印象派畫家）。

法國的畫家

印象派對光的發現雖爲繪畫史上的大革命，然這種傾向的畫家由於以光線描寫爲重點，故主要作風景畫，並有輕視思想或主題之傾向，而不滿於這種作法的畫家亦大有人在，他們在自己的愛好及傳統的新解釋中建立獨特的藝術。

，及至84年看到竇加的作品便深爲其嚴格的寫實精神所感動。其後爲自己所屬的貴族生活所煩惱，並反感於因自己的殘廢在世間所遭受的白眼，故整天泡在蒙馬特，以犀利的觀察眼光及其大手筆，把酒家、馬戲團、小酒館表現於油畫粉彩及素描中。其優異的才華亦發揮於石版畫上，自其石版名作「紅磨坊」的海報開始畫過很多招貼，爲今日的商業美術打下堅固的基礎。然其自虐式的生活不久使他陷於酒精中毒，終在1901年結束其短短的一生。

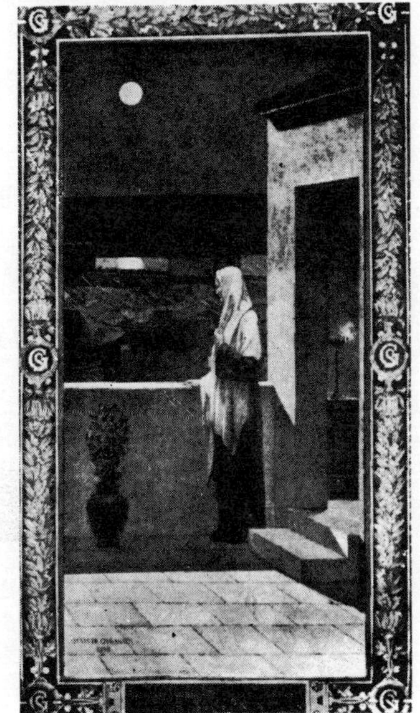

圖942 夏望奴　聖茱奴維弗

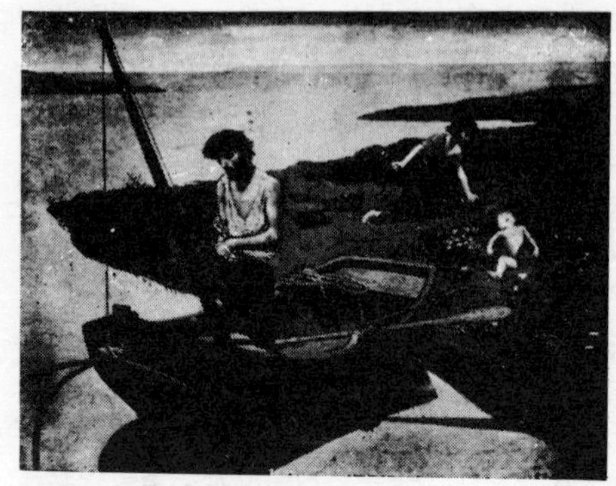

圖943 夏望奴　漁　　夫

首先，被稱爲新理想主義的畫家之中，有揮彩筆於諸多公共建築之內部裝飾的畢維斯・德・夏望奴 (Pierre Puris de Chavannes 1824～98) (圖942, 943) (註 1)，他是19世紀最偉大的裝飾畫家之一，其瞑想的作品給人以高雅的宗教氣質及充滿莊嚴與抒情的超俗之淸新印象。格斯塔弗・摩洛 (Gustave Moreau 1826～98)(圖914) (註 2)採用幻想的色彩，在神話、聖經或歷史中尋找題材，其作品被認爲受到東洋佛畫的影響，摩洛亦爲特出的美術教育家，出自其門下的有代表20世紀的大畫家馬蒂斯與盧奥等。再如喜歡空想與幻想、製作文學性的神秘繪畫的奥底隆・盧頓 (Adilon Redon 1840～1916) (圖945)(註 3)、或作品充滿靜謐情緒並

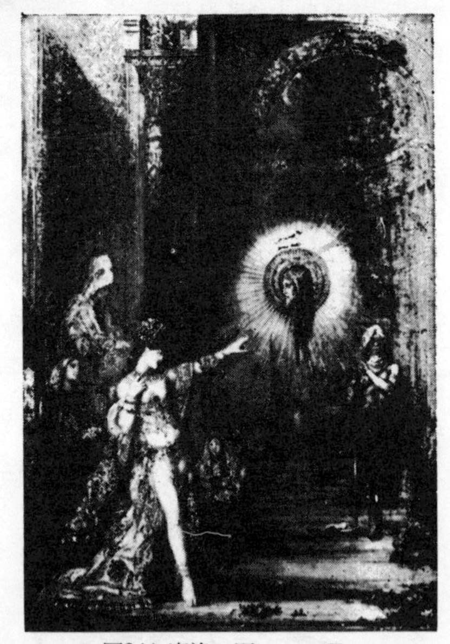

圖944 摩洛　顯　　現

註 1　夏望奴　生於里昂，在巴黎從德拉克洛瓦學畫，亦受夏謝里奥影響，兩度的義大利旅行深受龐貝及喬托壁畫的刺激，並可以說決定了他的藝術方向，40年間超然於時流，製作很多壁畫、裝飾畫，其中以索羅門奴大學、巴黎市政府、巴黎萬神殿的壁畫最有名。

註 2　摩洛　生爲巴黎的建築家之子，美術學校畢業後在義大利學習文藝復興繪畫，並在法國傾倒於夏謝里奥。其門下英才輩出，其一生作品近7000件，幾全不曾賣掉，這些作品與今日成爲摩洛美術館的他的畫室一起都捐給國家。

註 3　盧頓　生於波爾特，自幼身體衰弱，生長於鄉村的自然之中，爲花鳥的魅力所吸引，少年時代喜好音樂而耽於夢想。來到巴黎以後亦受德拉克洛瓦的浪漫主義及巴比仲派的影響，並逐漸走上自己的道路。一生愛好除音樂之外還有閱讀，曾爲波特萊爾、福

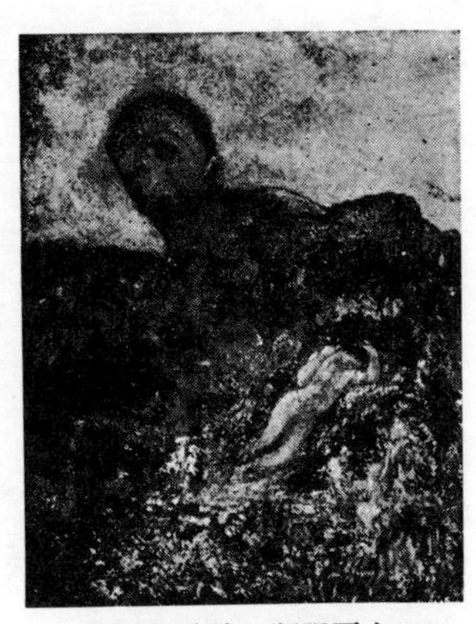
圖945 摩洛　獨眼巨人

長於描寫黎明的柔和情景之攸傑奴・卡利埃爾(Eugène Carrière 1849～1906)(註4)亦被列入此系統。再如既深受塞尙、哥更的影響，又受義大利文藝復興藝術所感動、長於富麗構圖的裝飾畫之莫里斯・德尼(Maurice Denis 1870～1945)(註5)、或如將生活於布列塔尼的沉鬱粗獷風物中之人物置於庫爾培式的寫實中，作品純樸地帶有幾分故事性的柯特(Charles Cottet 1863～1925)；乃至喜用輕快的筆觸富於情緒地描繪下流社會的生活或充滿此種氣氛的風景的拉菲利(Jean-François Raffaelli 1850～1924)(圖946)。此外尙有與羅特列克共同生活於蒙馬特、喜歡在石版與素描中描繪勞工與窮人的史當朗(Théophile-Alexandre Steinlen 1859～1923)(註6)，及用水彩畫巧妙地描寫巴黎風景的吉斯(Constantin Guys 1802～1892)。

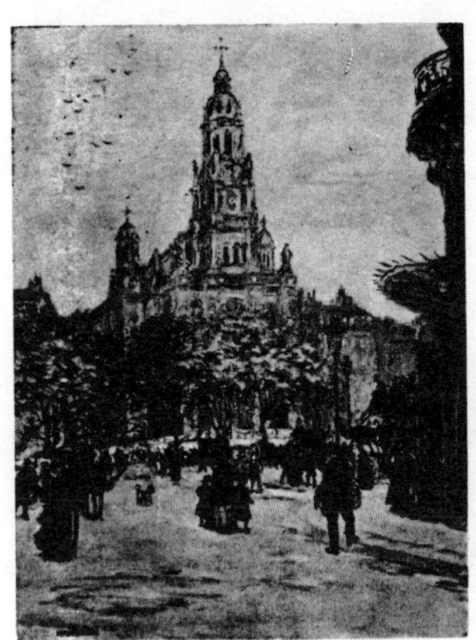
圖946 拉菲利　巴黎的特里塔尼廣場

德國的繪畫

法國的自然主義及寫實主義亦給予德國畫壇以影響與刺激，而對世紀前半

樓拜等人的著作作版畫，隨幻想所至，運用神秘的色彩與素描來描寫花、女人、兒童及宗教的題材。

註4　卡利埃爾　生於格爾內，歿於巴黎，先入美術學校，後入卡巴內爾之門，却脫穎而出，追求獨特的畫法，以褐灰等單色及帶有哀愁的獨特風格描寫人物，特別是母性之愛。

註5　德尼　生於格蘭維攸，活躍於巴黎，篤信天主教，製作很多宗教題材的壁畫，提倡新傳統主義，爲此亦有著作問世，如是以美術理論家、評論家姿態而活躍一時，對年青一代的啓發功績甚大。

註6　史當朗　生於瑞士洛桑奴，1901年入法國籍。

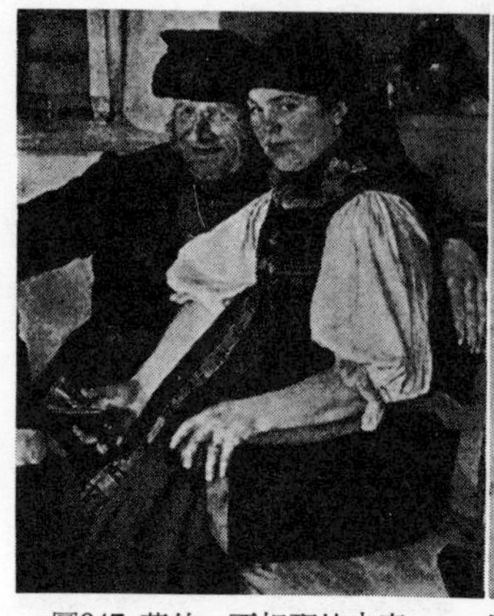

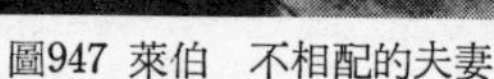
圖947 萊伯　不相配的夫妻

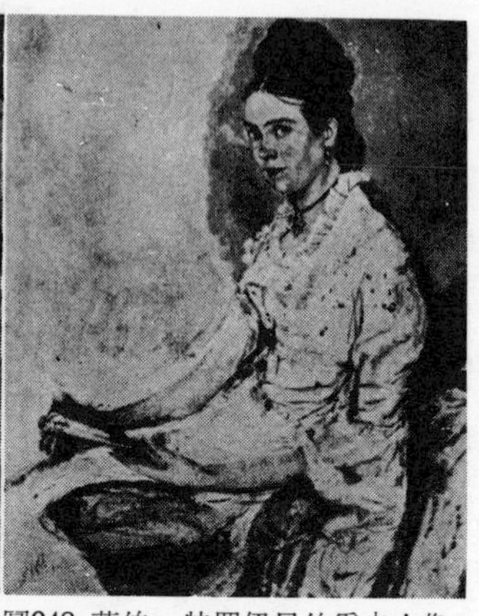
圖948 萊伯　特羅伊貝伯爵夫人像

的古典主義與浪漫主義之反動至此亦出現了描寫現實物體的寫實主義，盛行異乎傳統的簡明風景畫或描寫日常生活的風俗畫。代表畫家有稍具浪漫傾向的萊伯 (Wilhelm Leibl 1844～1900) (圖 947, 948) (註 1)，澈底寫實並追求德國人特有的理想主義的罕斯・特馬 (Hans Thoma 1839～1924) (圖949，950) (註 2)，其中以門哲爾 (Adolf von Menzel 1815～1905) (圖951) (註 3) 最著，他之所以有名乃因其用油畫所作的許多風景畫、風俗畫、肖像畫及特出的版畫，特別是歷史畫。其犀利的觀察及巧妙的羣衆描寫誠爲19世紀歐洲畫壇一大巨擘，畫面充滿光與影的畫法亦可說是次一世代印象派的先驅之一。

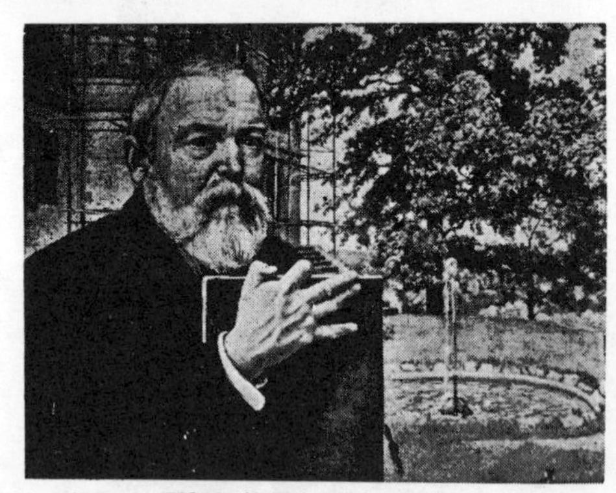
圖949 特馬　自　畫　像

繼寫實派以新風格出現的是

註 1　萊伯　生於科隆，特別愛畫農民的生活，作爲肖像畫家亦爲本世紀最重要的人物之一。代表作有「鄉村政治家」「敎堂內的婦人們」等。

註 2　特馬　生於修亞瓦特，其後成爲卡爾斯魯埃的美術學校校長。作品有很多風景、人物、靜物畫，亦長於銅版畫、石版畫。

註 3　門哲爾　生於布列斯勞的石版工之子，死於柏林。在其精緻的寫實及有風格的色調、乃至存在於作品的一種尊嚴之中不但可見其長壽，甚至可見其爲十九世紀德國畫壇的王者之趣。

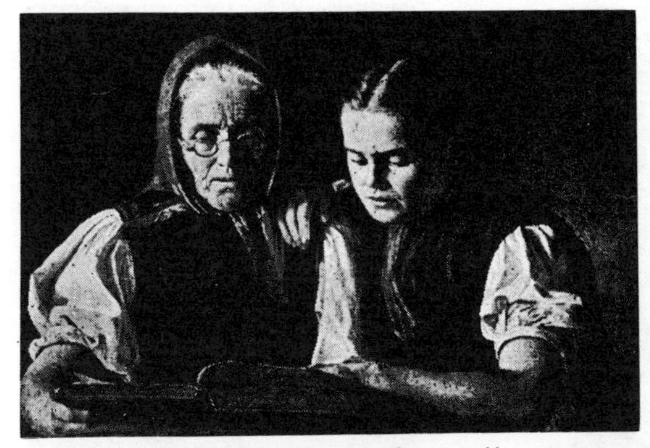
圖950 特馬　母親與妹妹

在1893年發生於慕尼黑的「分離派」運動。「分離派」的重點在脫離過去的學院派，主張個人的自由，對光的理論極感興趣，可以說是在法國印象派影響下而誕生於德國的印象派運動。這種新趨向的代表者兼指導者爲馬克思・里伯曼 (Max Liebermann 1847～1935)(圖952) (註4)。繼其後的柯林特 (Louis Corinth 1858～1925)(圖953) (註5)、史列弗克(Max Slevogt 1868～1931) (圖954) (註6) 亦不可或忘。不過寫實派也好、印象派也好，一如民族的差異，德國與法國便有相當的不同，門哲爾的歷史的懷古、特馬的理想主義、乃至與法國印象派之着重印象相反的，德國畫家具有知性與瞑想性，同時這個時代的德國畫家多已逐漸覓題材於工廠或勞工生活。

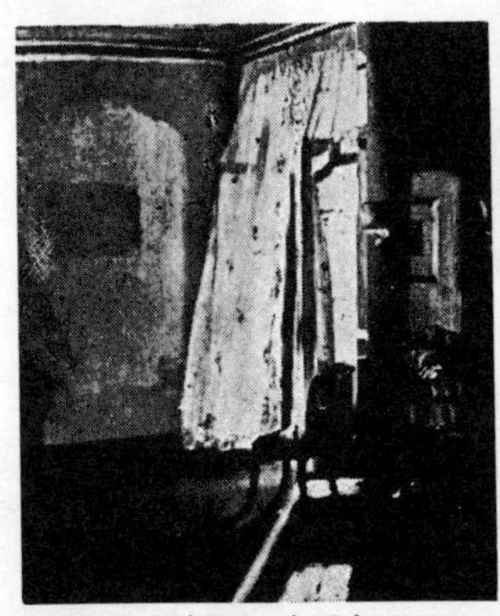
圖951 門哲爾　有露台的室內

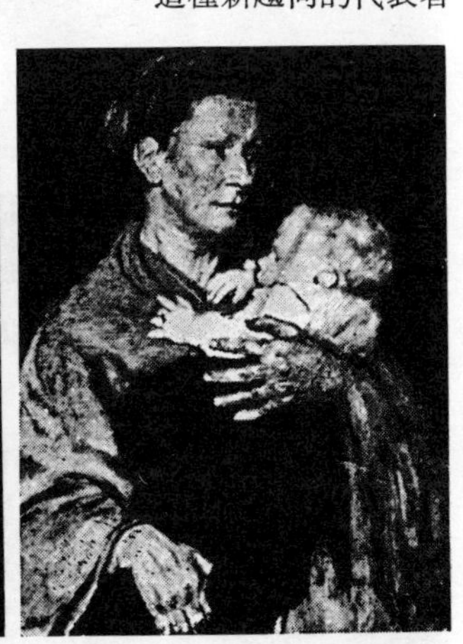
圖952 里伯曼　母　子

註4　里伯曼　生於柏林　30歲以後受米勒感染，接近1890年代時變成印象派風格，不久在1900年成爲柏林分離派的會長。亦就任普魯士學院的會長。至納粹時代，因他是猶太人而被奚落，遭時不遇以終。

註5　柯林特　生於東普魯士的塔匹，死於柏林。

註6　史列弗克　生於但澤，其作品特以明朗的色彩及戲劇、舞蹈的題材知名。

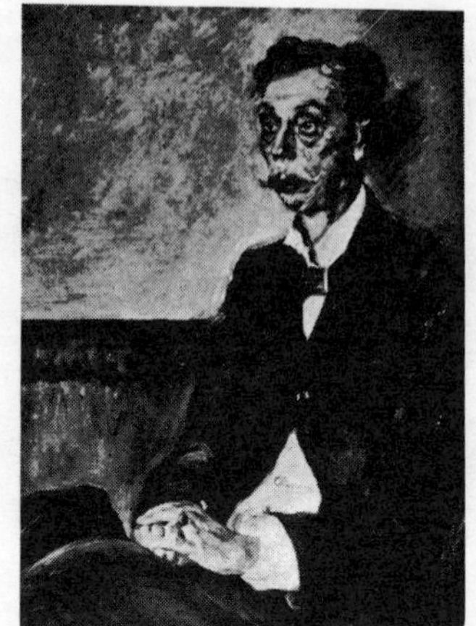

圖953 柯林特　克易賽林伯爵

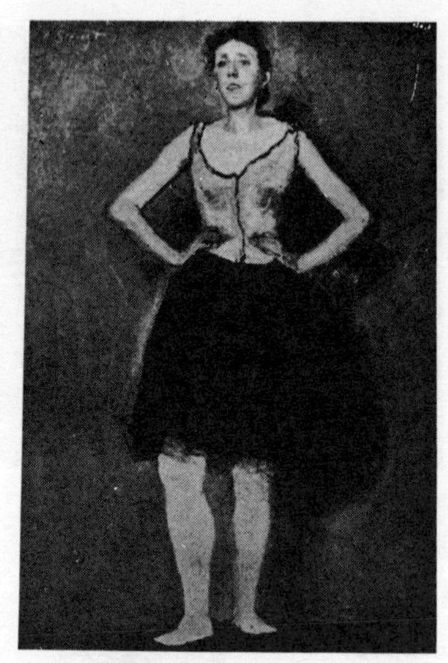

圖954 史列弗克　舞　者

惟上述的寫實主義與印象主義並未發展到法國那種程度，當然，包括印象主義的廣義的近代寫實主義至此乃是世界的潮流，德國繪畫對此寫實主義的技巧亦極有把握，同時將其特色更加發揚光大的是結合古代德國傳統的瞑想觀與觀念主義之畫家，即被稱爲理想派的一羣，他們亦可謂把19世紀前半的古典主義與浪漫主義繫上寫實派技巧的一羣。其中如富於莊重的古典主義的費爾巴哈 (Anselm Feuerbach 1829～80)（圖955)（註7）、醉心古代彫刻並强調神秘

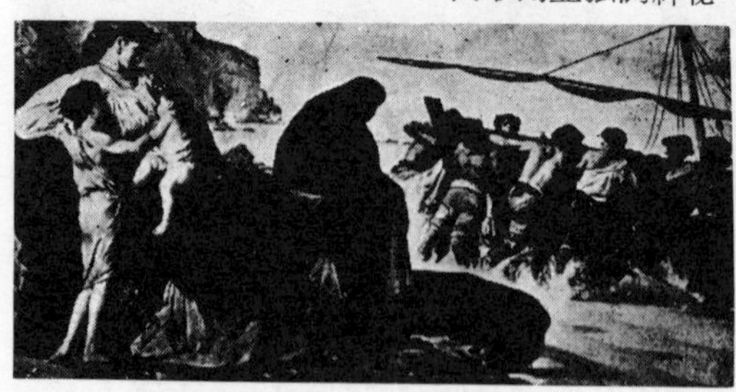

圖955 費爾巴哈　逃走的美底亞

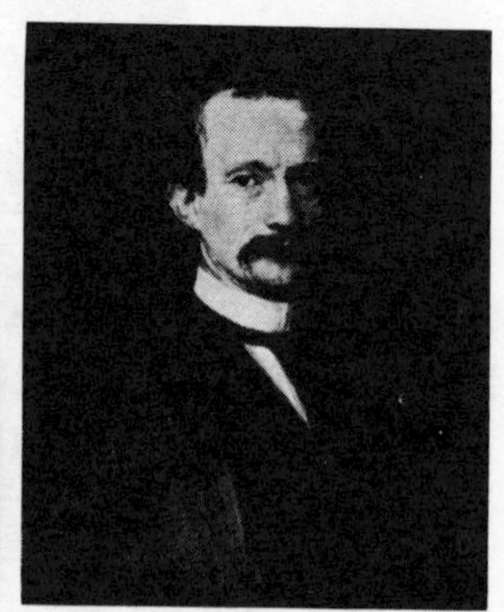

圖956 馬列斯　自畫家

註7　費爾巴哈　生於修拜亞，死於威尼斯，作品多取材於古典文學，「逃走的美底亞」爲其代表作之一。

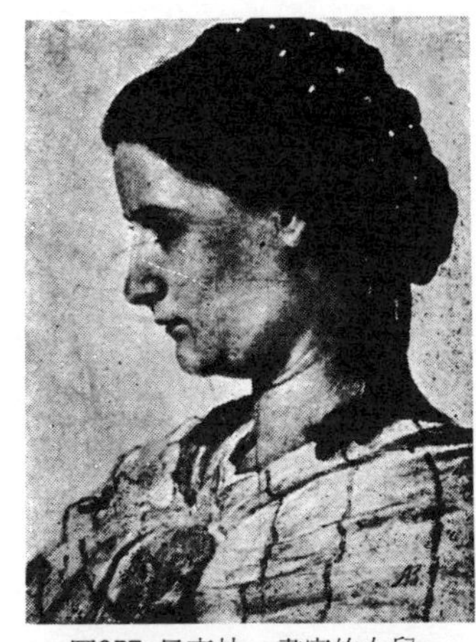

圖957 貝克林　畫家的女兒

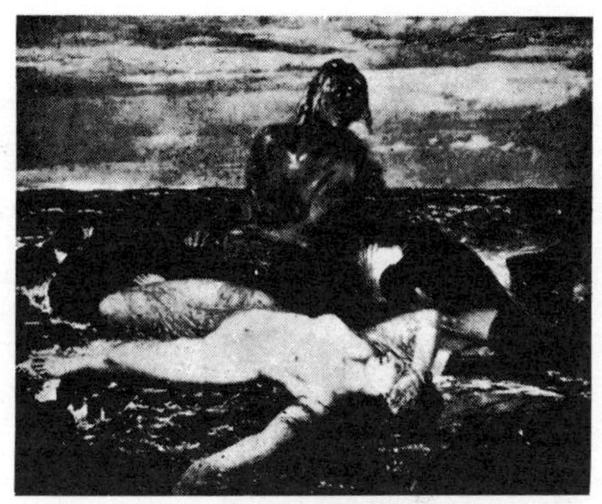

圖958 貝克林　海女與海之妖女

性的馬列斯（Haus von Marees 1837～77）（圖956）（註 8 ）、肖像畫巨擘的林巴哈（Franz von Lenbach 1836～1904)（註 9 ）、乃至庫林格等是，特別是貝克林（Arnold Boecklin 1827～1901）（圖957, 958）（註10）最爲著名，他喜歡描寫傳說或幻想的世界，其漂盪於非現實性中的一種現實感與象徵性極引人共鳴，亦可說是後來超現實主義的先驅者之一。

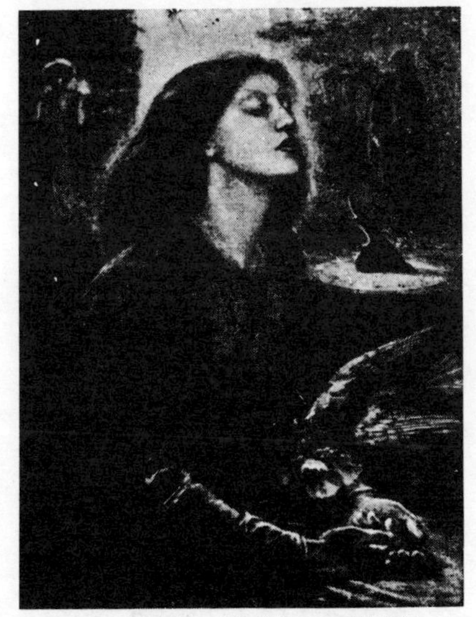

圖959 羅塞提　貝阿塔・貝阿特麗絲

英國的繪畫

英國曾出現過給法國印象派諸多刺激的康斯太勃爾與泰納，然至19世紀後半的所謂維多利亞王朝之全盛期，畫壇便爲前世紀末的學院派所把持，在這種空氣中、追求義大利文藝復興的拉非爾以前的，即初期文藝復興的或15世紀弗蘭德爾的樣式而興起新繪畫運動的是霍

註 8　馬列斯　以名門之子生於埃巴非爾特，1864年以來主要住義大利，死於羅馬。

註 9　貝克林　生於瑞士巴塞爾，學畫與作畫都在德國，
1893年搬到義大利翡冷翠，在郊外的聖多米尼可逝世。

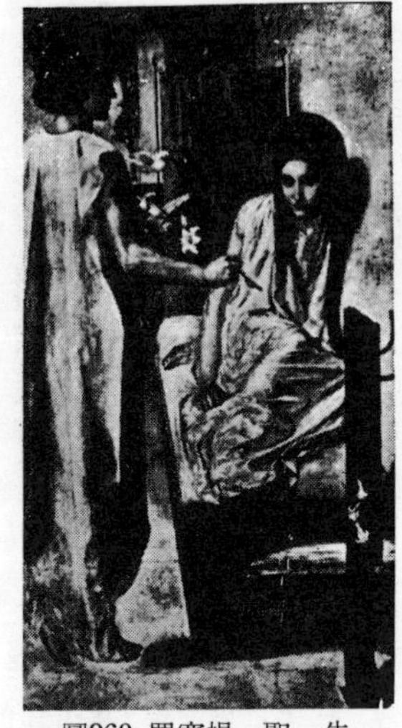

圖960 羅塞提　聖　告

爾曼・罕特 (William Holman Hunt 1827~1910)(註1)、米雷斯 (John Everett Millais 1829~96)(註2)、羅塞提 (Dante Gabriel Rossetti 1828~82)(圖959, 960)(註3) 等之拉非爾前派。他們喜歡描寫宗教的主題，並以他們的親近之人爲模特兒，即把宗教題材凡俗化，在英國由於初次將宗教繪畫平民化，故亦受一般人的輕視。所幸有美術史家拉斯金的衷心維護，遂逐漸被理解。拉非爾前派的另一特色乃是浪漫的傾向，此特爲羅塞提所代表，他亦擅於作詩，常取材於中世的傳說或但丁的文學，作品充滿浪漫主義的詩情，在羅塞提影響下更有班・瓊斯 (Edward Burne-Jones 1833~98)(註4)

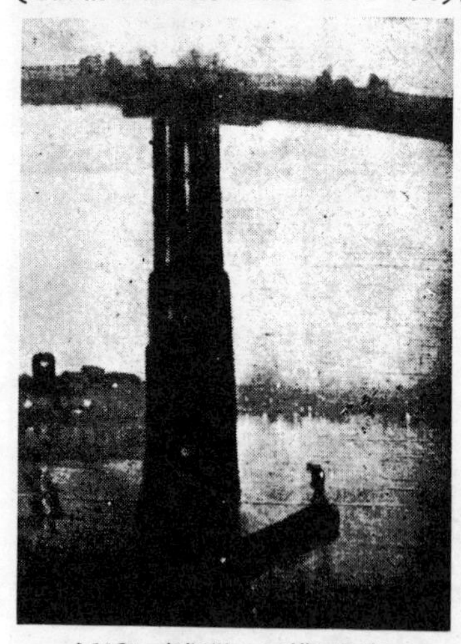

圖961 惠斯勒　巴塔西亞橋

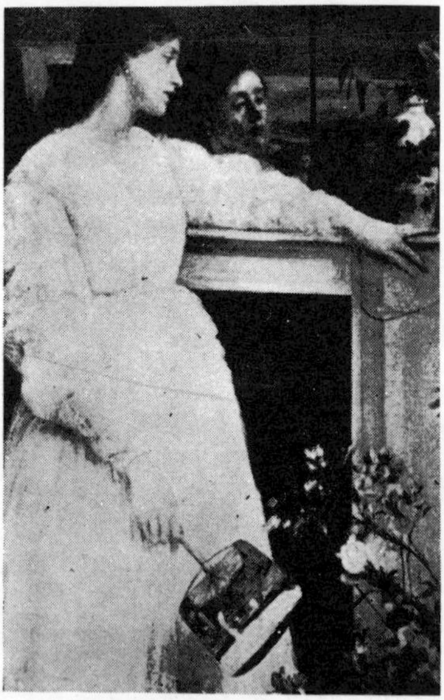

圖962 惠斯勒　白衣少女

註1　罕特　長於細密的描寫。

註2　米雷斯　生於沙桑普東，畫文學題材之外，亦以肖像畫家見長。

註3　羅塞提　以義大利亡命詩人之子而生於倫敦，其弟亦爲畫家，其妹以抒情詩人聞名。

註4　班・瓊斯　初有志於神學，爲羅塞提所識而成畫家。

的出現。惟這派人終在唯美主義的現實逃避中獸散。

與他們相對的，在世紀的終了又有受法國印象派影響的畫家出現，這批人都是求學於巴黎，不爲當時英國學院派所接受的畫家，其中以西可特 (Walter R. Sickert 1886～1942)、克羅森 (George Clausen 1852～1944) 爲著，更有美國人而一生幾乎全在英國渡過的惠斯勒(James Abbot Mac Neill Whistler 1834～1903)（註5）亦爲印象派的巨匠之一，同時是19世紀後半英國畫壇的偉大畫家，由於他的存在，使世紀末的英國在歐洲繪畫史上佔有重要的一頁。

其他各國的畫家

除以上諸國的畫家之外，19世紀後半各國亦有獨特才華的畫家輩出。首先，在挪威有20世紀表現派先驅者之稱的孟克(Edvard Munch1863～1944)(圖963,964)(註1）出現，他運用獨特的脈博似的線條，暗示地描寫社會的不安與孤獨，自19世

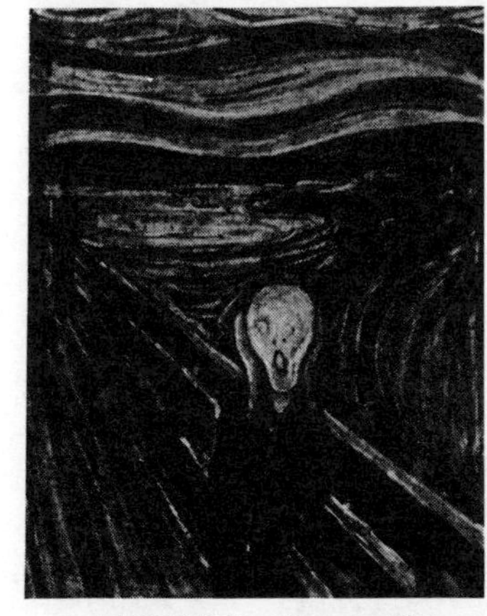

圖963 孟克　喊　叫

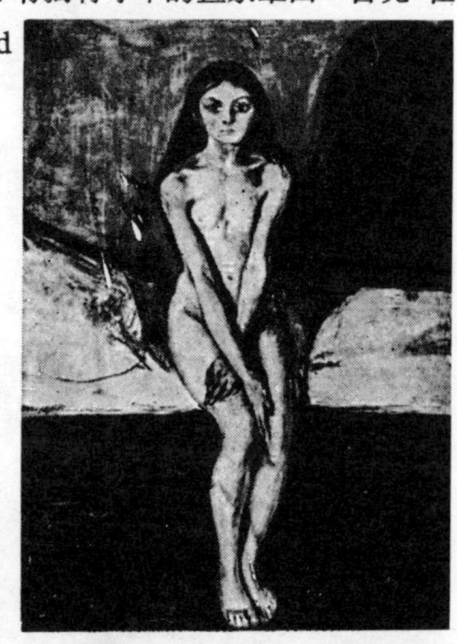

圖964 孟克　青　春

註5　惠斯勒　生於麻薩邱塞州，少年時代在俄國渡過，一度返美，1856年赴法，在此認識庫爾培、馬內、莫內、竇加，成爲印象派的一員。59年定居倫敦後與羅塞提兄妹結識。他對日本美術極爲注意，採入北齋的風格，禧畫日本和服的女性。其風格也許由法國印象派脫胎而來，在19世紀後半的英國畫壇算是革命性的存在。現在他的作品大部保存於華盛頓的弗利亞畫廊。

註1　孟克　以醫生之子而生於羅易登，在奧斯陸美術學校求學，受馬內風格的影響。1889年到巴黎留學，深受畢莎羅、哥更、梵谷的刺激。其後經柏林而於1909年定居哥本哈。生性病弱，作品亦呈現一種充滿哀愁的抒情詩體，更在象徵的形態中呈現北方的神秘性與幻想，不久伴著强烈的色彩表現，樹立了全然獨特的畫風。好作病與夜的不安及愛與死等幻想等恐怖感。作爲版畫家他也是近代的巨匠之一。

紀後半至20世紀可謂爲最奇特的畫家之一，至今評價甚高。其鄰國瑞典有在明朗的色與光之中顯露印象派風格的左侖 (Anders Zorn 1860～1920)(註2)

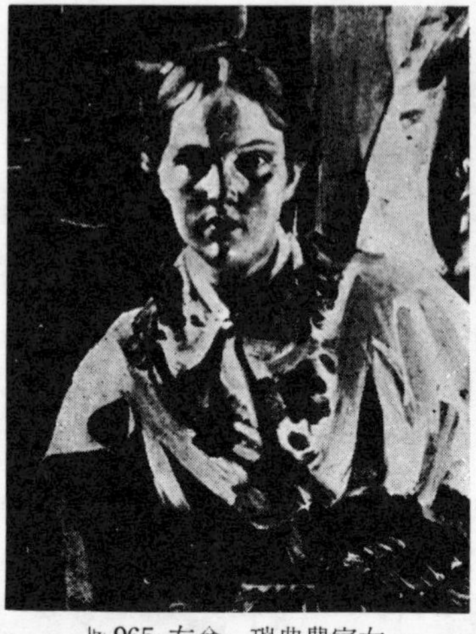

圖965 左侖 瑞典農家女

(圖965)；在荷蘭有擅長水彩畫、並並給印象派的莫內以極大影響的勇金特 (Johan Jonkind 1819～91)(註3)；在比利時有彫刻家兼畫家慕尼埃 (Constantin Meunier 1831～1905)(圖966)(註4)以寫實風格描寫勞工、又如屬於印象派，並在奔放的色感及奇怪的幻想中建立獨特

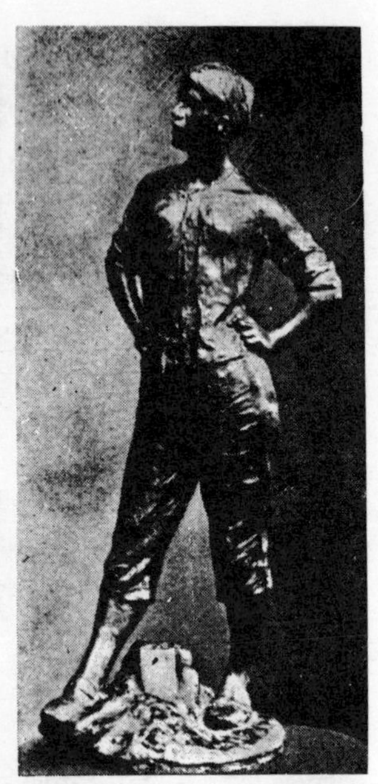

圖966 慕尼埃 礦 工

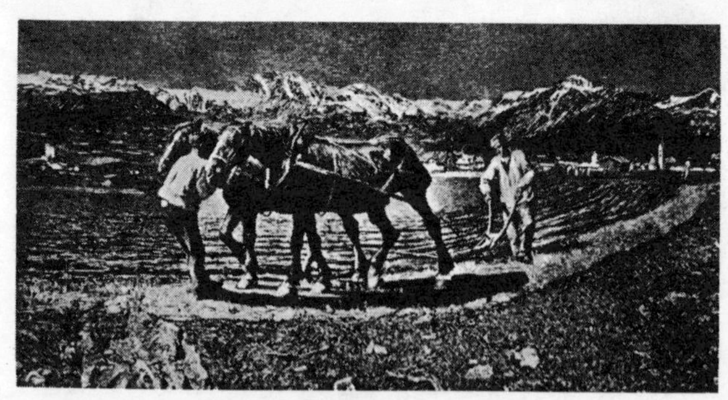

圖 967 塞康提尼 耕 作

註2 左侖 在巴黎學印象派，回故鄉以後以其輕快的外光派格調及優異的技巧而成爲瑞典近代繪畫的巨匠。長於描繪水邊或爐旁的裸婦，亦以銅版畫、彫刻見長。

註3 勇金特 1846年赴巴黎，接著加入柯洛等的芳丹布露派，爲近代法國風景畫最重要的畫家之一。

註4 慕尼埃 生於布魯塞爾，1880年以後在蒙斯的煤礦地區發現自己的創作領域，在有力的寫實筆觸及社會主義的感情之下，彫刻或描繪礦工等的勞動者。

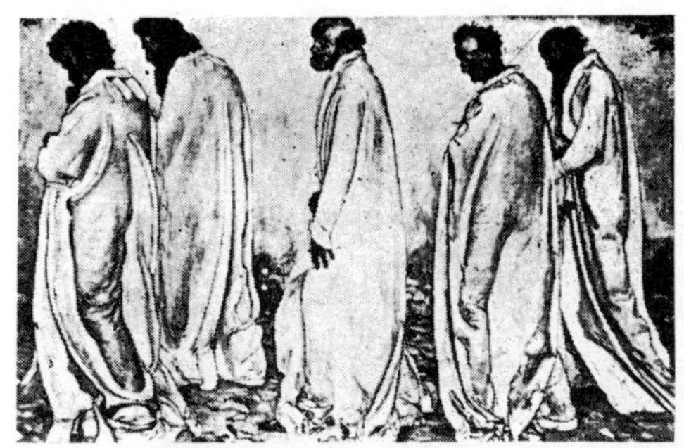

圖968 霍多拉　僧　侶

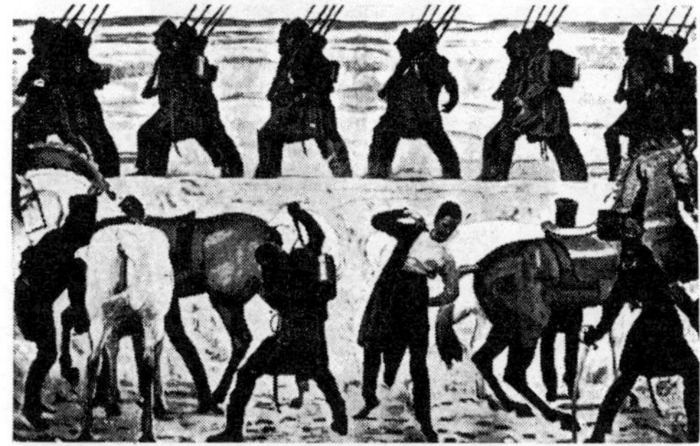

圖969 霍多拉　1813年耶納大學生的出發

風格的安索爾 (James Ensor 1860～1949)(註 5) 乃是近代比利時最光芒四射的畫家。

至於巴黎的印象派對義大利的影響則產生了阿爾卑斯高原的畫家塞康提尼 (Giovanni Segantini 1858～97) (圖967) (註 6)，他喜歡描寫清澄的阿爾卑斯天空底下眼花撩亂的閃爍色彩；在瑞士有初最從印象派走出來、並留下很多象徵的、理想主義的裝飾名畫的霍多拉(Ferdinand Hodler 1853～1918) (圖968, 969) (註 7)，他是瑞士繪畫史上的最大畫家；在美術經常落後的俄國此際亦有在結實的寫實中强調其風土性的列賓 (Llya Efimovitch Repin 1844～1930) (圖970, 971) (註 8) 與史

註 5　安索爾　生於奧斯登，在布魯塞爾美術學校求學，然因不滿於該校的學院作風，故逐漸轉向印象派，並追求大膽而奔放的色彩，及充滿一股哀愁的奇特形態，並將之加以諷刺地描寫。他和孟克一樣，與其說是19世紀的畫家，然其活動的大部份毋寧說是20世紀的，惟本書在叙述美術的歷史長流，故暫以19世紀來處理。

註 6　塞康提尼　生於阿爾可鎮，在米蘭學畫，然個性很强的他不久就揚長而去，——搬到瑞士阿爾卑斯山中的瓦爾達波拉村。其後他以點描風格明朗寫實地描繪山嶽或農村的風景與生活。阿爾卑斯山中生活14年，1899年登上夏夫貝爾希之巔，住在附近的小屋之中，於製作之際因病逝世。

註 7　霍多拉　生爲柏林細木器匠之子，死於日內瓦。最初學印象派，其後理想主美傾向逐漸加强，在巴黎亦受夏望奴、摩洛的感染，故其理想主義便使他强調裝飾的畫風。其作品中的象徵性及人工色彩實與日本畫一脉相通。日本大原美術館亦收藏有他的傑作「樵夫」。

註 8　列賓　生於丘克甫，在俄國畫壇與史利可夫同爲創立新寫實主義的最大畫家。亦卽與過去俄國衰弱的官學派相反的，作品結合了俄國的風土及民衆的生活。俄國革命後，他搬到芬蘭，今日俄國對他的穩固的寫實亦評價極高。作品以「伏爾加的縴夫」等最有名。

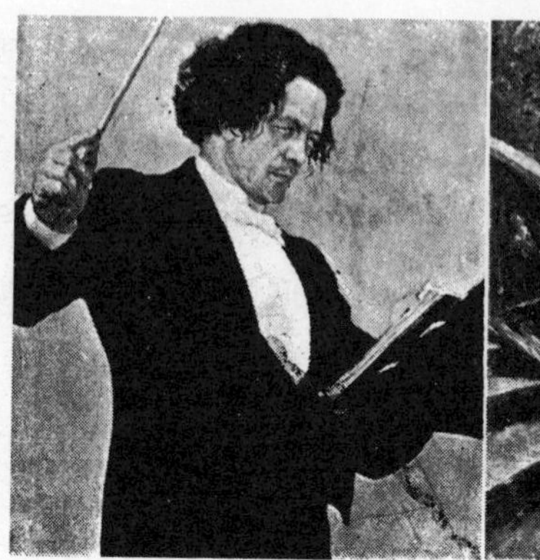
圖970 列賓 盧賓斯坦

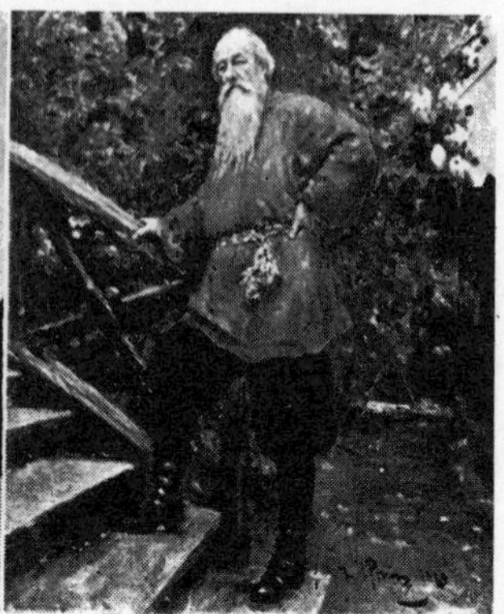
圖971 列賓 烏拉底米・斯塔梭像

利可夫 (VasilyIvanovitch Surikov 1848～1916)(註9)；在惠斯勒誕生的美國又有屬印象派而在爲數寥寥無幾的女畫家之中佔一席之地的瑪麗・卡莎特 (Mary Cassatt) (圖972) (註10) 。

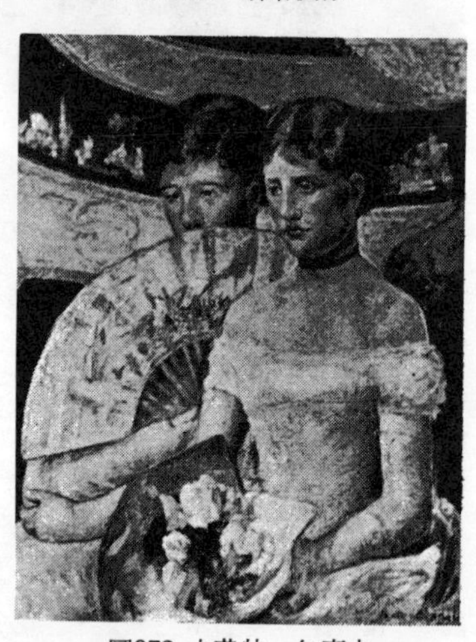
圖972 卡莎特 包廂中

這些人雖莫不爲點綴19世紀後半的畫家，然大部份至20世紀仍活躍過相當的時間，他們的初期作品除被列入19世紀繪畫之中，其本人又當在美術史上列爲19世紀最後的人物，因爲在以下的20世紀將有更不同的、更年青的畫風再度誕生。

第5節 19世紀後半的建築與彫刻

建 築

繪畫方面自本世紀開始以來卽已燦爛過，建築的發展則在古典派與浪漫派出

註9 史利可夫 生於西伯利亞的哥薩克之家，在列寧格勒美術學校求學，不久與列賓等發起移動派運動，强調新寫實主義。他在這批夥伴中特以激情與幻想的歷史畫家知名。

註10 卡莎特 生於匹兹堡，少女時代在巴黎渡過，其後留學於義大利、西班牙、比利時。

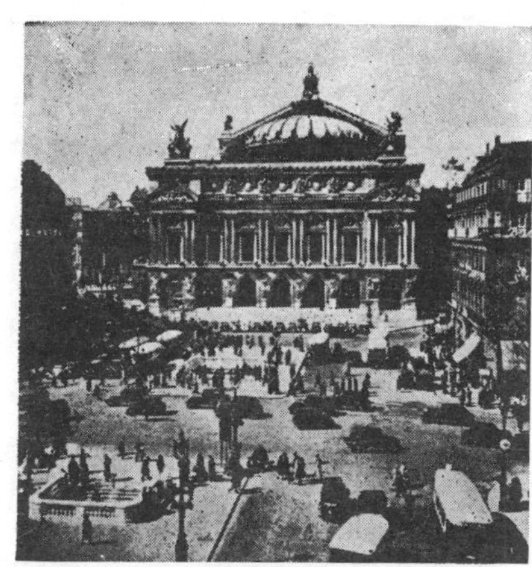

圖973 巴黎 歌 劇 院

現以後，兩個樣式仍以19世紀的風格而持續到20世紀，同時在世紀的中葉，亦出現過這兩個樣式的折衷形式，惟不論任何樣式皆為19世紀後半的東西，要之，乃是文藝復興以來諸樣式的部份之組合或反復。就各別建築物而言，雖亦有特出的作品，然欠缺作為系統的龐大力量，對這種建築界的實況自然亦有人懷着不滿，例如德國的任坡 (Gottfried Semper 1803～79) (圖974) (註 1) 或奧圖・瓦格納 (Atto Wagner 1841～1918) 便是，他們在社會及整個生活逐漸機械化近代化的時代中，深感合乎此生活或社會的能率的、合理的、實用的建築樣式之必要，一反過去裝飾的或宏偉的建築。加上工業的發達，使建築材料不再限於過去的石塊與磚塊，而增加了鐵與混凝土，此誠為建築界的一大革命，不久發生於19世紀並發展於20世紀的現代建築之內容與構造就此被劃定。這種新材料最初的表現可見諸 1889 年為巴黎萬國博覽 會而營建 的艾菲爾高塔 (圖975)或者美國都市中的高層建築 (圖976)。至於新建築運動及其作品將在

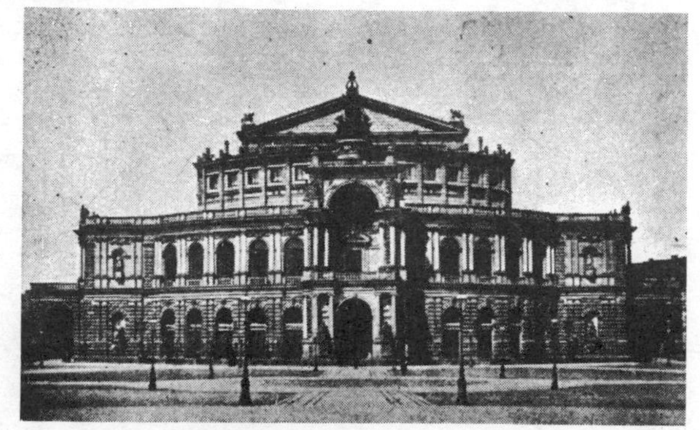

圖974 任坡 歌劇院 德勒斯登

註 1 任坡 最初學法律，後在慕尼黑修考古學與建築學，不久為德勒斯登美術學校教授。作品除設計德勒斯登歌戲院之外，亦以理論家活躍一時，强調藝術品乃是物質材料、技術及效用性所結合的機械生物產。

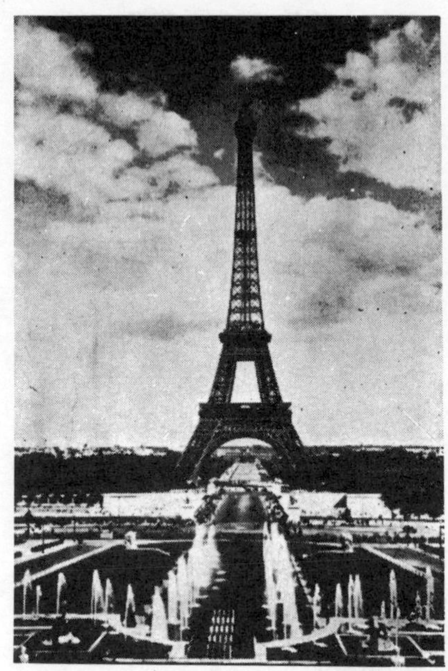

圖975 艾非爾塔　巴　　黎

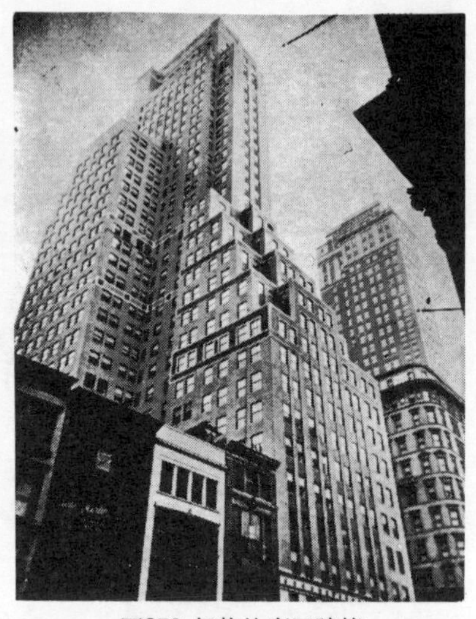

圖976 紐約的高層建築

以下的20世紀詳述。

彫　刻

自文藝復興時代出現過唐那太羅、米開蘭基羅等偉大彫刻家以來，彫刻一直萎靡不振。至19世紀的這塊園地，如前所述出現過幾個古典主義或浪漫主義的藝術家，如在論繪畫時亦曾提到的比利時的慕尼埃，他把農民或礦工等勞動者的形姿用有力的寫實風格表現出來。惟再

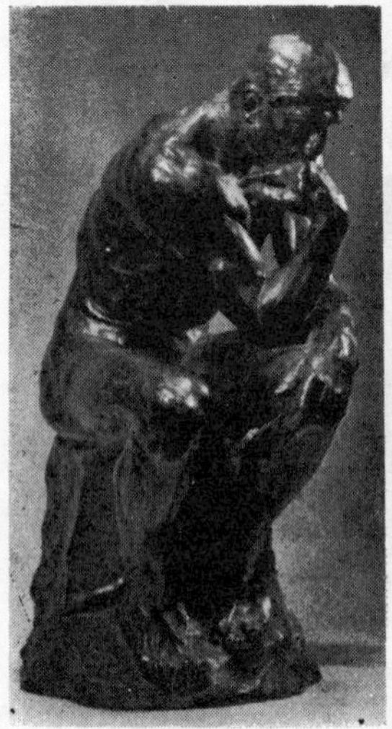

圖977 羅丹　沈思者

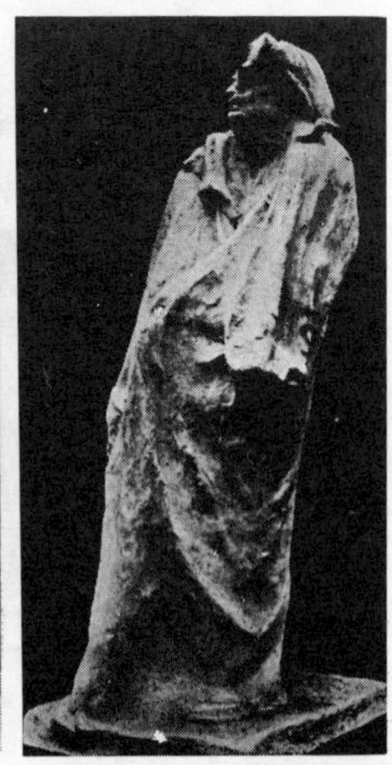

圖978 羅丹　巴爾扎克像

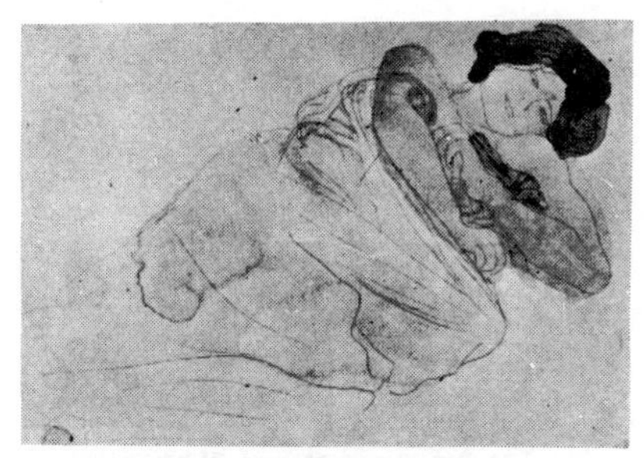

圖979 羅丹　女人素描

度給彫刻賦予生氣、並眞正吹入近代的新生命者爲本世紀後半出現於法國的彫刻大師羅丹(Auguste Rodin1840～1917)（圖979, 978, 979）（註 1 ）。

他從徹底的强而有力之寫實主義出發，一擧打破墮落於表面美觀的法國彫刻界。他依次觀察自由動作及走動的模特兒，走入捕捉瞬間之美的印象主義，脫離所謂觀念之美的形式，彫刻活生生的人物之美。這很明顯地與繪畫上的莫內不謀而合，他把彫刻從裝飾的造作物或建築的附屬品之任務解脫出來，確立爲自由獨立的藝術。至其印象派的技法則可見之於對彫刻面受光效果的着重。

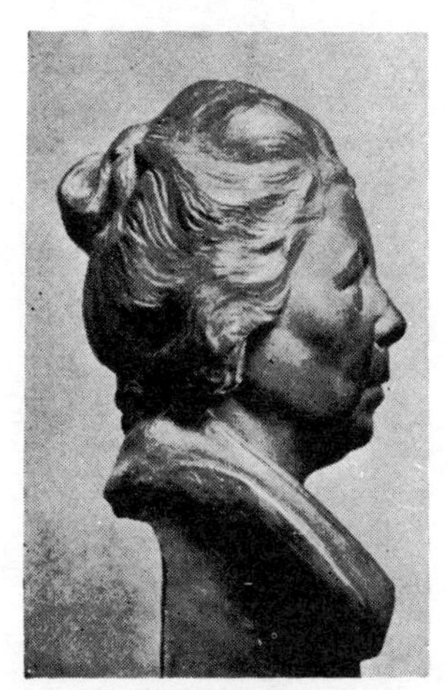

圖980 希德布蘭特
罕里埃提赫兹像

他更在這種技法與效果中探尋人類精神的深度，並將此深度用强勁之力來表現，可謂爲寫實表現的自由化、精神的深度及詩情的綜合。羅丹直至這種彫刻的完成爲止，曾傾倒於米開蘭基羅，並從中世的彫刻學習，或從同時代的文學家雨果及波特萊爾處亦得到教誨。如是羅丹以新彫刻的偉大開拓者而給20世紀的彫刻以絕對性的影響（註 2 ）。

註 1　羅丹　生於巴黎，14歲入工藝技術學校。其後在學院風很盛的美術學校入學考試中屢次落第，這反而促使他不走時流之型而自由去發展。特別是1875年的義大利旅行使他從過去的一切束縛解放，改從自然本身出發。其最初的成績乃是被懷疑爲直接自模特爾模印下來的「青銅時代」。其後逐漸轉向人類內在的强烈表現。現在他的住處及工作室仍原封不動地闢爲國立羅丹美術館，其一生的作品中，以「地獄門」「施洗者約翰」「巴爾扎克像」「接吻」「卡萊市民」「沈思者」「步行者」最爲著名，其傑作一般視爲存在於肖像彫刻中。日本松方收藏的羅丹作品爲羅丹作品的最大收藏之一。

註 2　羅丹之外，畫家竇加與雷諾亞等作爲彫刻家亦有很多好作品傳世，確實像畫家的彫刻，有與純粹彫刻家不同的優點。

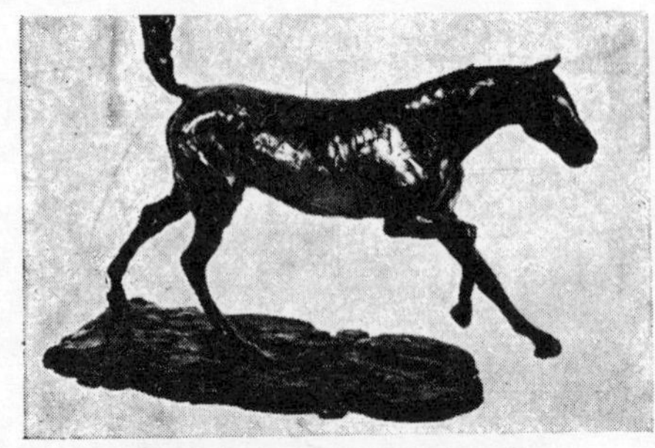
圖981 竇加 行 走 之 馬

與羅丹熱情而脈動的彫刻相反的，在德國有出發於古典主義的希德布蘭特 (Adolf von Hildbrand 1847～1921)（圖980）（註 3）。他强調從一定視點所見的形式之面，即把浮彫視爲彫刻的根本形式，且爲求單純簡潔，故從彫刻中除去文學的要素，純粹視爲空間造形的彫刻，此希德布蘭特的新趣向亦給予世紀彫刻界以不少的影響。

工 藝

最後簡單地敍述本世紀的工藝。過去精巧的工藝受所謂的上流階級之賞識而發達，然至世紀的前半，由於社會全盤的大變動，過去古典的裝飾工藝便逐漸平民化。儘管這種需要大爲增加，但製作則陷於庸俗化的大量生產，同時能適應這種需要的優異作者亦不太多。於是近代工業的發達使得過去的手工藝失却其長處而陷入一種混亂期。本來工藝乃是與生活關係最密切的藝術，生活方式的大變動當然亦造成工藝的大變動。在這個時期中，超越混亂期而將工藝本質上的藝術價值及實用價值加以結合、

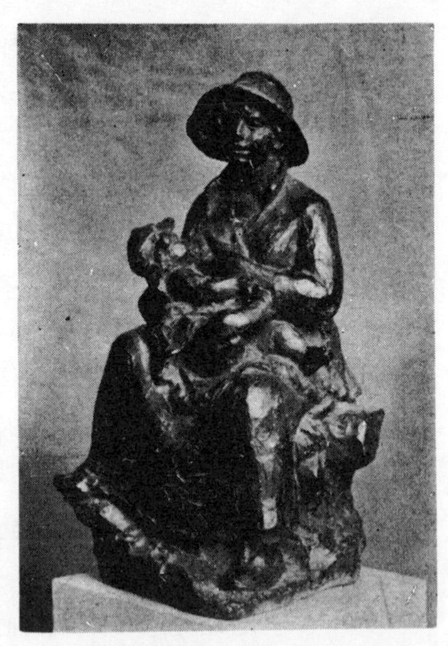
圖982 雷諾亞 母 子 像

註 3 希德布蘭特 生於馬堡，幼時在瑞士伯恩長大，他的藝術被稱爲所謂新古典主義，屛棄彫刻的思想性與描寫性，一心强調視覺的結構。作品以「維特斯巴哈噴泉」「裸男」等爲著，亦以理論家見長，特別是他的主著「造形美術上的形式問題」給不久的大美術史家威福林 (Heinrich Wölfflin 1864-1945) 影響極大。威福林生於瑞士，歷任柏林、慕尼黑、蘇黎世各大學教授。

並產生近代新工藝的第一人乃是英國的威廉・莫里斯（William Morris 1834～96）（註1）。

他反對當時充滿矯飾的樣式化及卑俗的工業化，創造簡素、優美、方便、有用的藝術品，即結合美與實用的工藝。這種的主張與實踐不久便從英國傳到歐洲、使傳統的工藝面目一新，成爲活用工業力量的20世紀新美術工藝的基礎。

註1　莫里斯　最初有志於神學，在牛津大學很快地對美術、工藝發生興趣。他對中世紀美術與工藝的密切結合懷有憧憬，並致力於現實生活的美化，不久設立莫里斯・馬夏爾・福克納商會，製作販賣種種的工藝品，亦在書籍的裝訂、印刷方面下過功夫，他同時也是個詩人。

II 現　　代

第1章　20世紀美術的特質

20世紀美術與前一世紀個人主義的性格相反，很顯然地加深了與社會的連繫，在思想上技巧上則反映了極貞其複雜的變動，並顯示極大的變革。

以再度爆發的大戰爲頂點的激烈變革與對立抗爭亦給予造形藝術以深刻的影響，現在亦時刻不斷地在轉變。換言之，現代美術實際上是我們生存的時代與現實，亦卽不屬於嚴密意義的歷史考察之對象。

同時在已過世紀之半的現在，我們把前一時代未知的許多理念與技巧加以綜合，形成許多表現强力發展的東西，在混沌的潮流之中亦可看到業已完成一度的歷史性藝術活動。

建築或工藝上的機能性與合理性的强調、彫刻上空間與團塊觀念的確立、繪畫上純粹造形性的追求、乃至抱括以上諸領域的生活造形環境之創造等，表現了一切新的理念。

特別是本世紀科學技術的發展給與人類生活以極大的改革，原子能的利用及人造衞星的出現，使得從來的古典人生觀與自然觀爲之一變，這種新世界觀的追求及其表現便成現代藝術的根本課題。

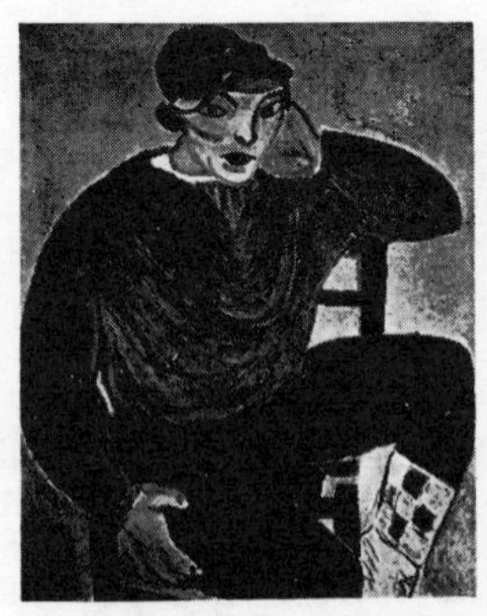

圖983 馬蒂斯　青年水手

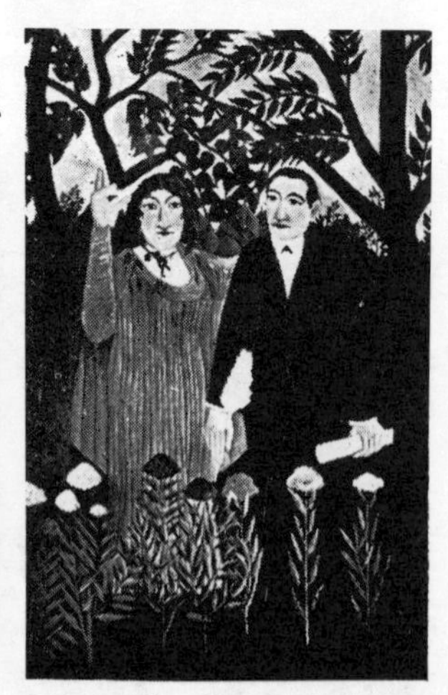

圖984 盧梭　給詩人靈感的繆司

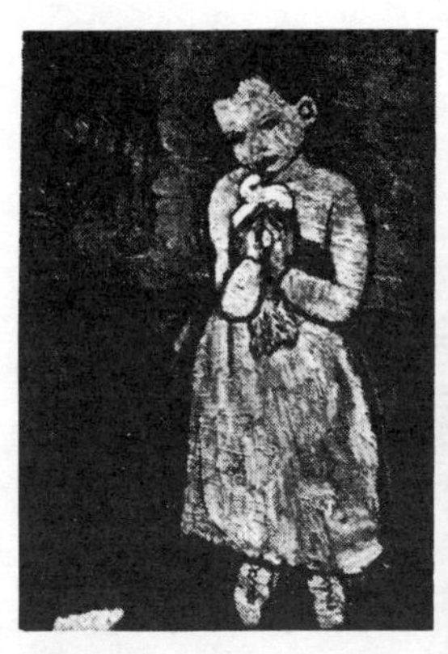
圖985 畢卡索　鴿與少年

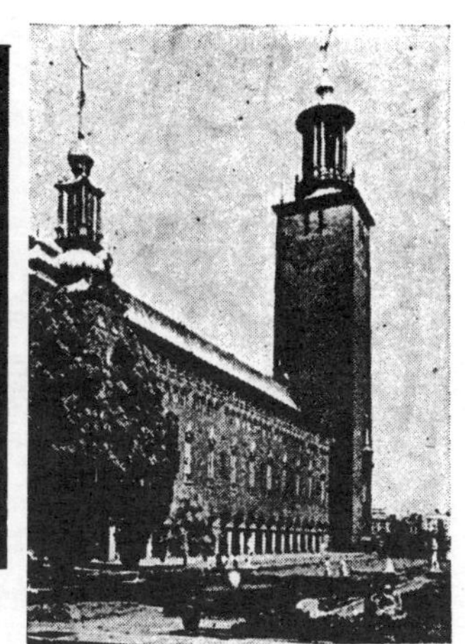
圖986 斯德哥爾摩市府大廈

同時20世紀藝術還有一個特色，即是澈底尊重人類的、個人的自由，及注重個性强調。在極度複雜的龐大文明機構中的個人宛如反抗似地高呼自我的確立及人性的恢復。這特別明顯地出現於繪畫的主觀表現，在不妨碍社會生活的範圍內，個人的自由不止精神方面、即行動方面亦追求得愈發强烈。

這種自由的精神才是飽經考驗的20世紀人所獲得的最大財產，亦爲現代美術創造的原動力。

第1節　建築、工藝

建築、工藝活動在19世紀後半以後，巧妙地採入鐵、玻璃、混凝土等近代工業的成果，預告了異乎往昔的新型式之創造，然一進入本世紀便逐漸脫離實驗與摸索的階段，進入實際生活空間的構成。在前世紀末，歐洲各地興起的新藝術運動有以梵・德・威爾第 (Henry van de Velde 1863～1926)（註1）爲主的「新藝術」(Art Nouveau)（註2）、有與起於維也納的分離派（註3），及與它有關的馬金特修 (Charles Renie Mackintosh 1868～1928) 等在格拉斯哥的運動，這

註1　梵・德・威爾第（比）生於安特衞普受莫里斯工藝運動之影響，致力於打破傳統及現代感的表現。

註2　名稱之起源來自關懷梵・德・威爾第等的畫商賓格在巴黎開設的傢俱店「Art Nouveau」。

註3　Sezession（德），Secession（英），從過去的一切藝術「分離」，從事新藝術的創造，接著維也納而風行於德奧諸都市。

註4　馬金特修（英），出身於格拉斯哥，代表作有當地美術學校校舍及蘇格蘭所謂的「山丘之家」。給大陸分離派運動以極大的影響。

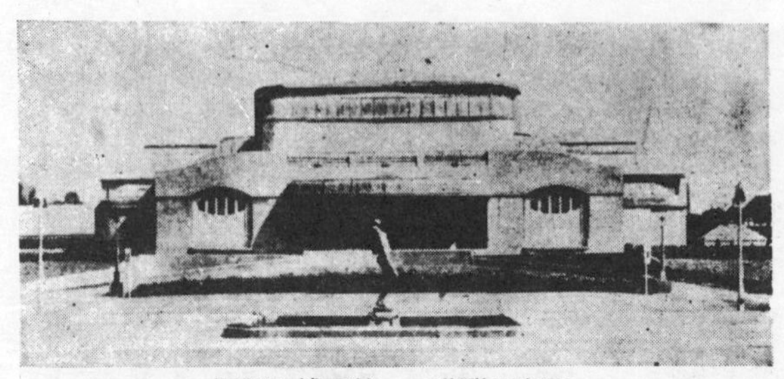

圖987 威爾第　工藝聯盟劇場

些在本世紀初頭達於頂點。他們一概否定過去的歷史樣式，由創造自己的新藝術意志去推進，在建築、工藝上獲致許多具體的成果。

「新藝術」運動隨着梵・德・威爾第應邀羅馬，將其樣式擴展於全歐（在德國稱爲「年青樣式」(Jugendstil)（註5）。主要將植物等有機曲線的流動作爲結構的基本主題，未必選用基於機能或合理性的必然形態，這點亦被視爲當時文學上浪漫主義傾向的反映，選取一種幻想之美。其代表者有在建築、工藝上表現突出的奧爾塔（Victor Hrota 1861～1947）（註6）、梵・德・威爾第等的建築，提法尼(Louis Confort Tiffany 1848～1933)(註7)，加列（Emilk Gallé 1846～1904）（註8）等的玻璃器具，基瑪（Hector Guimard 1867～1942)(註9)的傢俱等。這個運動雖短命而

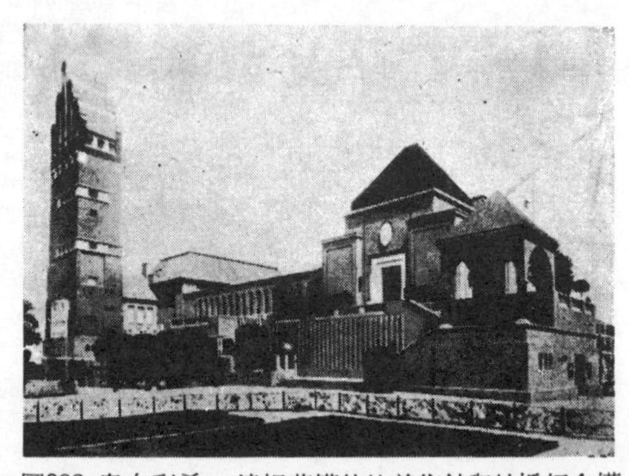

圖988 奧布利希　達姆蘇塔特的美術館與結婚紀念塔

註5　名稱來自雜誌「Jugend」，梵・德・威爾第等的新工藝運動被介紹到德勒斯登的工藝展成了「新藝術」流行於德奧之開端，然在此之前，亦有慕尼黑的畫家奧圖・艾克曼等以曲線的主題來裝飾傢俱等物。

註6　奧爾塔（瑞一比）近代建築的先驅者之一。1893年「杜林街之家」特別是其樓梯間以表現「新美術」樣式的最初典型而馳名一時。

註7　提法尼（美）1878年左右發明製作翡綠色玻璃的方法，名之爲「法布利爾」，他從古代玻璃之銀化而得到靈感，故製作很多華麗的採用植物的自然形態之玻璃器具。

註8　加列（法），製作許多花瓶，特徵在器形全體如被壓碎一般，主要在蘭西一地製作。

註9　基瑪（法）代表作有巴黎的美特羅停車場。此外，在傢俱上亦極活躍，長於使用流線形的左右不均衡之結構。

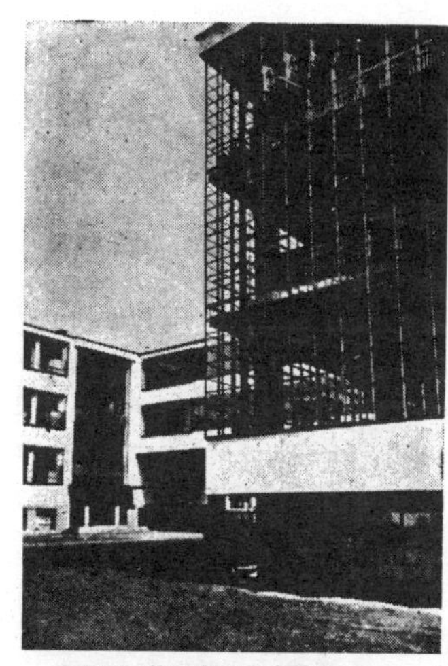

圖989 葛羅培斯、麥雅德騷的包浩斯校舍

終，然在它刺激之下，建築家與設計家便從傳統走出來，開始懂得清新自由的魅力。

分離派運動在維也納時，在瓦格納 (Otto Wagner 1841～1918)（註10）的強烈影響之下，由霍夫曼 (Josef Hoffman 1870～1956)（註11）、奧布利希 (Josef Maria Olbrich 1867～1908)(註12) 等人所推展。在赫森大公盧德維希庇護下所興建的達姆斯塔特藝術家村（註13）乃是維也納分離派的總表現，爲形成德國工藝聯盟 (D. W. D)（註14）、包浩斯 (Bauhaus)（註15）之第一步。事實上，以「新藝術」爲伊始的初期近代建築運動，其第一目的即在與過去絕緣，其形狀並非產生於結構上的必然性，以是往往忽視了機能，終止於表面的裝飾樣式之變化中。

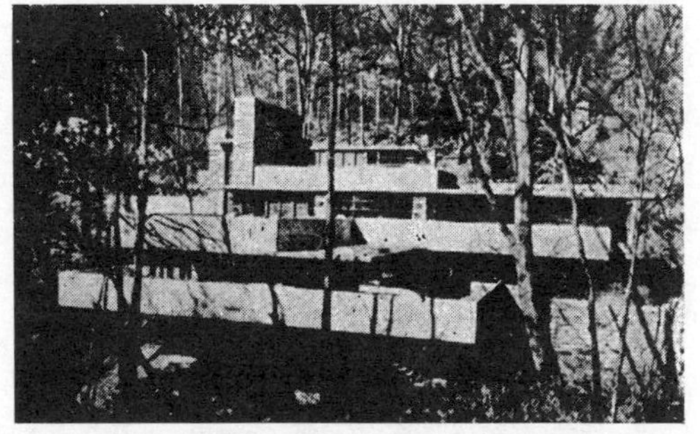

圖990 萊特 飛瀑莊 全景

與此相反的，有依據新材

註10 瓦格納 生於維也納，從1894年起在該地的美術學校執教，把建築的基礎置於「目的•構造•詩」之中，倡導嶄新的建築。

註11 霍夫曼 爲瓦格納的高足，1903年設立維也納製作室，其布魯塞爾的史特克列特邸（1908）乃是近代住宅建築的一個初期典型。

註12 奧布利希(奧) 爲瓦格納的學生，畢業於維也納美術學校，代表作有維也納分離派館、達姆斯塔特地方諸建築，特以結婚紀念館爲著。

註13 在新藝術的保護者路德維希主持下，奧布利希被邀往達姆斯修塔特，是爲事業之肇始，其計劃除製作室群之外，尚包括停車場（未完成）、廣場、美術館、結婚紀念塔，其企圖作爲集合體的有機統一之點是劃時代的。

註14 Deutscher Werkbund，在赫爾曼•姆特吉斯的倡導下創立於1907年。爲著機械化的大量產品之品質改良，欲圖設計師與工商業者的合作而加以組織。

註15 見428頁。

料與技術，創立更合於近代社會要求的建築運動，例如繼承沙利文 (Louis Henri Sulivan 1856～1924)(註16) 芝加哥高層建築羣的合理主義系統之萊特 (Frank Lloyd Wright 1869～1959) (註17)，如在合理化及單純化之中把鋼筋混凝土的特性與美感發揮到極限的加尼埃 (Tony Garnier 1869～1948) (註18)、佩列兄弟 (註19) 、梅雅爾 (Rebert Maillart 1872～1940) (註20) ，以及運用鋼筋與玻璃且重視適應於機能的設計與材料的貝廉斯 (Peter Behrens 1868～1940)(註 21) 等是。這種被稱為「構造合理主義」(Structural Rationalism)

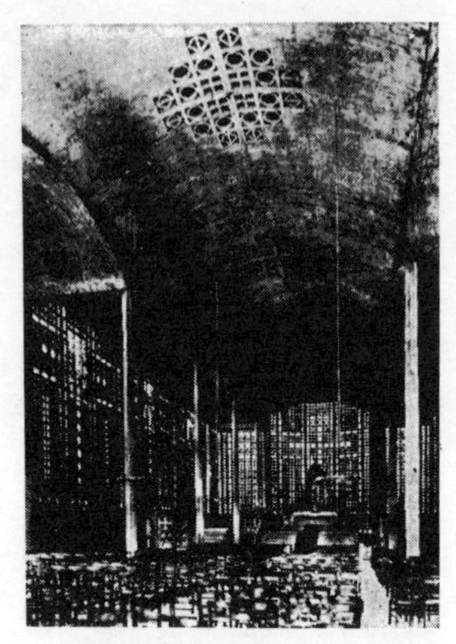

圖991 佩列兄弟
蘭西的聖母院內部

(註22)的建築概念皆將「構造」重於「意匠」、「機能」重於「裝飾」，可謂具有現代建築的先驅使命。作品有加尼埃「里昂市都市計劃」，佩列兄弟「弗蘭克林公寓，巴黎」(1903)、「香榭麗榭劇場」(1911～13)、「蘭西的聖母院」(1923)

註16 沙利文 (美) 在歐美各地遊學之後定居芝加哥，在1893年的芝加哥萬國博覽會中對抗古典主義的傾向，以機械主義的設計而為美國近代建築的先驅，初期代作有芝加哥萬國博覽會的交通館，聖路易的文萊特大厦等。

註17 萊特 (美) 美國的代表建築家，最反對殖民地的折衷主義，倡導有機建築，貫串二次大戰前後不斷有多彩多姿的活動。

註18 加尼埃 (法) 來自里昂，1900年以「工業都市」的計劃獲法蘭西學院的羅馬獎，為里昂市建立基於鋼筋混凝土的綜合計劃，完成屠宰場、醫院等。

註19 佩列兄弟 Auguste Perret (法) 1874-1954, ，Custave Perret 1876生，Claude Perret 1880 生於布魯塞爾，經常兄弟合作，推薦鋼簽混凝土的構造，為構成派的主倡者，長兄最為有名。

註20 梅雅爾 (瑞) ，生於柏恩，蘇黎世大學畢業後，成為構造技師，1908年採用無樑版構造方式而確立獨特的架橋方式，以後在瑞士活躍於構樑、工廠的設置，1939年蘇黎世博覽會的水泥館曾引起國際性的反應。

註21 貝廉斯 (德) 生於漢堡，求學於慕尼黑，後在達姆斯塔特藝術家村設計自己的寓所，以後以建築家而活躍，渦輪工廠之外以鋼骨、玻璃、混凝土等素材而實現機能的近代建築形態。

註22 亦稱構成派，以前世紀末的鐵、玻璃、混凝土而為科學的合理的建築構造，此派乃是這種主張的建築家群之總稱，並非特別明確形成流派者。

(圖991)，梅雅爾「瑞士各地的橋樑、特別是修宛多巴哈橋」，貝廉斯「A. E. G. 渦輪工廠」(1906年以來）（圖992)弗萊西尼「奧爾列飛機庫」等。

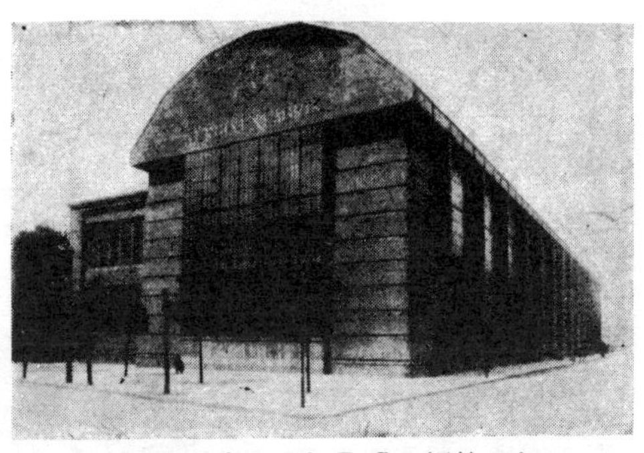

圖992 貝廉斯 A. E. G. 渦輪工廠

這些作品大多獲致過去技術所不可能的巨大空間，不久便在美國產生所謂「摩天大樓」之羣，一改近代都市的相貌。

一方面，1907年在姆特西斯 (Hermann Muthesius 1861～1927)（註23）的指導下，設立德意志工藝聯盟 (D. W. B.)，不但建築，卽如傢具、器具及其他工藝皆有組織地達到一般的合理構成，這可以說是產業工藝上優良設計理念的最初表現，接着於1910年代在奧國、瑞士、瑞典等地亦見同樣的工藝團體之成立。

第一次世界大戰亦給予建築、工藝以極大的衝擊與影響，由於劇烈的社會變動與混亂，使得到目前爲止推動建築發展的經濟基礎趨於崩潰，建築家解脫了顧客的拘束而獲致自主性，運用新材料及構造技術，漠視過去的一切建築概念，嘗試大膽的表現。在德國，由道特 (Bruno Taut 1880～1938)（註24）、孟德爾松 (Erich Mendelsohn 1887～1953)（註25)、佩爾基 (Hans Poelzig 1869～1936)（註26）等人嘗試所謂「表現主義」建築，企圖積極表現主觀的內容，而當時的新繪畫觀念，像達達主義、絕對主義、新造形主義、純粹主義又給予建築、工藝以

註23 姆特西斯（德） 以柏林商務部的委員而視察英國的工藝運動，有志於將美麗的工廠產品提供大給衆，提倡德國的工藝改革。

註24 道特（德） 生於克尼希斯堡，1914年科隆博覽會中以玻璃大廈受注意，其後爲柏林工大教授，爲表現主義建築的代表者，到過日本，對日本建築、藝術表示深刻的理解與讚賞，著有「日本」書等。

註25 孟德爾松（德一美） 在慕尼黑從特奧多·菲夏學，參加表現主義運動，昂修臺因塔爲其代表作，晚年得美國公民權，留下赫爾斯中心及其他許多作品與著作。

註26 佩爾基（德） 生於柏林，1911年以後，在工學的處理及浪漫主義的情緒表現下作過許多優異的作品，與道特同爲表現主義的建築家。

極大的影響，特別是蒙得里安(Piet Mondrian 1872～1944)（註27）、李特非爾特（Gerrit Rietveld 1888～ ）（註28）、達斯柏（Thés van Doesburg 1883～1931）（註29)等人的「風格派」運動主張建築構成的純粹化，排斥裝飾性，與當時的繪畫運動如出一轍，給予包浩斯、特別是羅埃（Ludwig

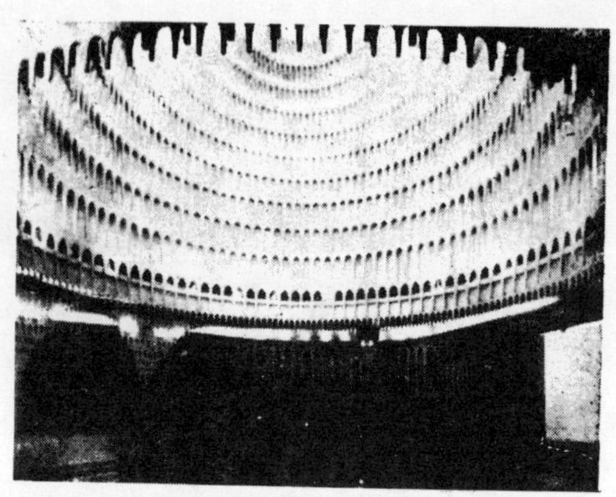

圖993 佩爾基　柏林大劇院

Mies van der Rohe 1886～ ）（註30）的建築影響極大。革命後的蘇俄有利希兹基（El Lissitzky 1890～1947)（註31）、馬列維基（Kagimir Severinovich Malevich 1878～1935)（註32）等人的「構成派」，德國魏瑪則由葛羅培斯(Walter Gropius 1883～)（註33），莫霍里・那基（Ladislaus Moholy—Nagy 1895～1946)（註34）、克利（Paul Klee 1879～1940)（註35）等人創立了一切製作技術的綜合造形學校——包浩斯(1919)。

註27　蒙得里安（荷）　生於阿姆斯特丹，將立體主義更加推進，一生探求基於垂直、水平線的純粹造形美，給予風格派、包浩斯以極大影響。

註28　李特非爾特（荷）　與達斯柏同爲「風格派」的直線構成樣式之代表藝術家，特別是塗以鮮麗原色的木製椅子表現其明快的傾向（紐約近代美術館藏）。

註29　達斯柏（荷）　「風格派」的代表者，其住宅計劃爲其結構理論的典型表現，到處旅行，曾執教於包浩斯。

註30　羅埃（德—美）　與葛羅培斯同爲貝廉斯之學生，第一次世界大戰剛完時發表「基於鋼材的高層建築」案，至今已製作很多極度利用鐵與玻璃的作品。

註31　利西兹基（俄）　抽象畫家，亦爲極優秀的平面設計家。不止俄國，即對全歐的平面設計藝術亦貢獻極大。

註32　馬列維基（俄）　雖由印象主義開始，其後轉入非具象的表現，1913年提倡絕對主義

註33　葛羅培斯（德—美）在柏林及慕尼黑修建築學，1908年爲貝廉斯之助手，1919年創立魏瑪包浩斯，致力於建築事業的近代化，確立了「國際建築」。

註34　莫霍里・那基（匈—美）以純粹抽象的構成而在攝影、版畫、空間構成上開闢獨特的境界。

註35　克利（瑞士）　雖爲抽象畫家然非純粹抽象，把內心的活動如實地作純眞的表現，其作品具有抒情之美，予人感動良深。

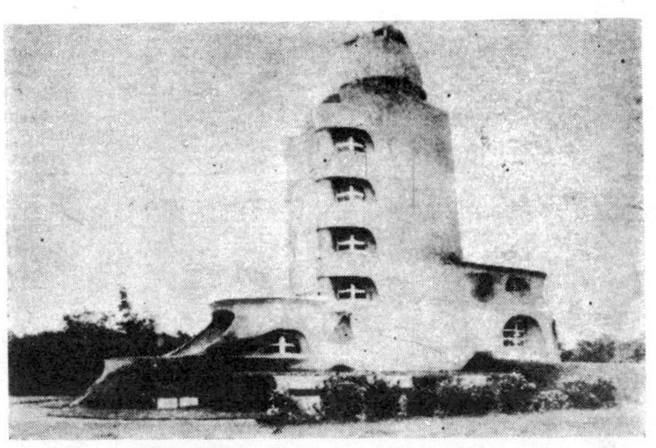

圖994 孟德爾松 昂修台因塔

表現主義作品的範例有孟德爾松的「昂修臺因塔」(1921)(圖994),佩爾基的「柏林大劇場」(1912)(圖993),道特的「玻璃之家」(1914)等。「風格派」的作品有達斯柏、梵・耶斯特廉的住宅色彩計劃,李特菲爾特的椅子、電燈等。

魏瑪的包浩斯在1525年解散,接着再現於德騷市,大戰後的混亂告一段落,隨着社會及經濟安定的恢復,社會的必要性及技術的合理性當然左右着建築。德騷包浩斯把工業生產與藝術活動用新的觀念來加以融合,在此高度的理想下,擁有葛羅培斯、布洛雅(Marcel Breuer 1902～)(註36)、羅埃、麥雅(Hannes Meyer 1889～)(註37)等優秀的指導者而活躍一時。葛羅培斯設計的包浩斯校舍(圖989),該校教授住宅(1925～26)及在其製作室產生的各種設計——機械生產的原型——乃其理想的具體化,而爲這個時代進步的設計之指標,葛羅培斯倡導的「建築的汎世界性」產生所謂「國際建築」的理念,形成現代建築的主流。

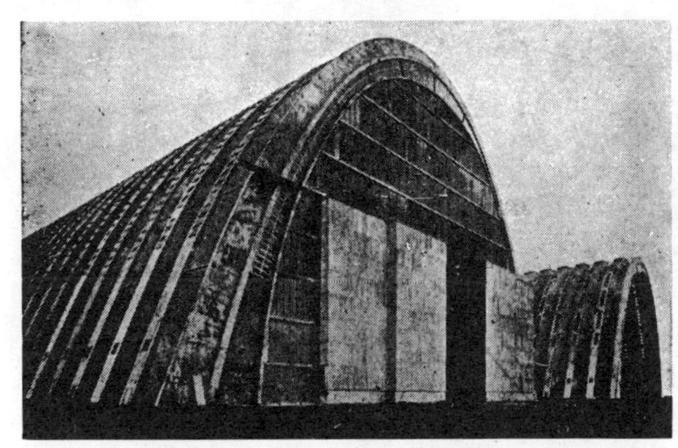

圖995 弗列西內 奧爾列的飛機庫 巴黎

一方面在法國有盧

註36 布洛雅(美) 在包浩斯求學,1925年因發表金屬管的椅子而被重視,1937年渡美以來,專心於設計巴黎 UNESCO 本部。

註37 麥雅(德) 在德、奧、英求學,1927年爲巴浩斯教授,1930年辭後被邀往俄國,長於建築設計的機能上之解決。

・柯比瑞 (Le Corbusier 1887～1965)(註38) 把貝廉斯的構造合理主義之主張推展得更爲澈底，「住宅是居住的機械」，基於支柱 (Pilotti) (註39)、自由平面、長窗、屋頂花園而屢次發表具有特色的個人住宅及公共建築。

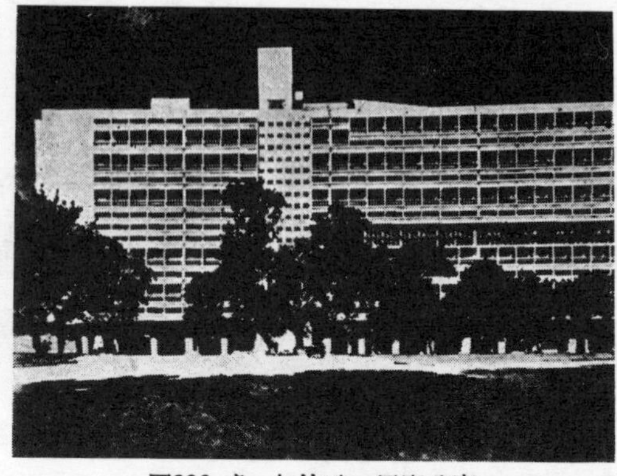

圖996 盧・柯比瑞　馬賽公寓

特別是巴黎市區改革案（瓦桑計劃，1925）、日內瓦聯合國正樓（1927年設計）乃其機能主義的明快具體化，爲近代設計的古典作品。

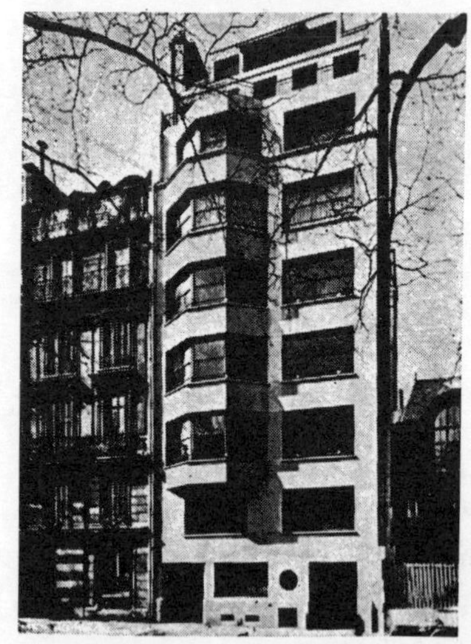

圖997 巴　黎　住　宅

1927年在德國工藝聯盟主辦之下，舉行懷森霍甫的公寓展覽、葛羅培斯、羅埃、盧・柯比瑞、道特等當時新建築的指導者皆有作品發表，在此更有一種共同的性格，即活用以動線爲主的機能設計及鐵、玻璃、混凝土等之明快結構，排除無關構造的裝飾等的共同特徵。此種建築的國際傾向更成造1928年的國際新建築會議 (C I. A. M.)，在1930年代普及於世界各國。

這種國際建築的主張雖爲現代建築的主流，但隨着在各地的强烈普及亦引起了反動，特別是相對於國際普遍性的地方特

註38　盧・柯比瑞（法）　現代法國的代表建築家。自1916年活躍於巴黎，與歐桑凡同倡純粹主義，發行雜誌「L'Esprit Nouveau」，在一次大戰前後常提出問題討論。

註39　建築用語　本來有柱的意思，建築上一層房子只作爲柱，支撐兩層以上的情況則稱爲「支柱」，由於「支柱」的使用，大建築亦能矗立地面，機能上亦有新的意義。盧・柯比瑞將之作爲現代建築的一個要素而加以提倡。

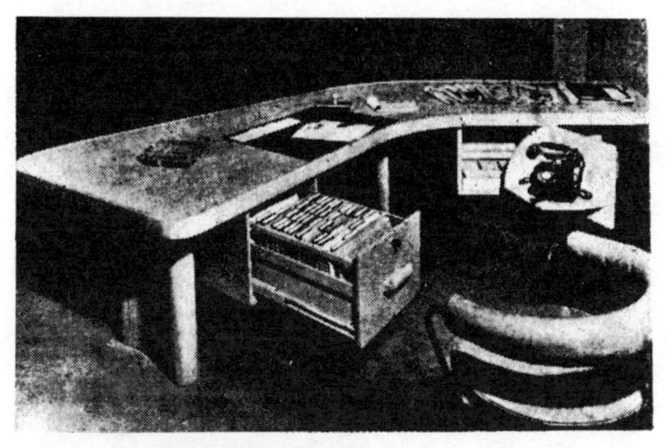

圖998 佩里安 辦 公 桌

殊性問題，一種對工業主義、形式主義的反動及對民族主義、古典主義的執着而提出複雜問題的情況亦很多。殊如納粹德國從優秀民族的國家立場給予新建築運動以最激烈的反擊，包浩斯遂被封鎖(1933)，葛羅培斯、孟德爾松、羅埃等人相繼遠走美國。再如蘇俄亦斥以遊離所謂勞工生活的資本主義之現代主義而加以排斥，北歐諸國之中亦取一種地方優先主義而有排斥國際主義的傾向。萊特對國際建築更備加批評，主張建築構造的內外空間交流——生活空間的擴充，基於所謂「有機建築」而對抗工業生產的非人性化，產生「詹森製臘公司」(1937)「考夫曼邸——飛瀑莊」(1938)(圖990))等傑作。

工業設計方面亦在包浩斯關閉以後，可見其優秀的設計家之遷徙，特別是移往美國，在歐洲一度完成的機能主義運動之眞正的繼承者遂須求諸新大陸。

第2節 彫 刻

進入本世紀，形形色色的新美術運動相繼勃興，然大多以繪畫居於領導地位，彫刻幾乎不曾爲時代的先導，且在初期由於羅丹留下的影響甚強，本世紀的彫刻把他否定也好，肯定也好，開始都非得在他的影響下發端不可，當時歐洲的許多藝術家之中，屬於本世紀最初30年之代表者有布德爾 (Emile Antonine Bourdelle 1861～

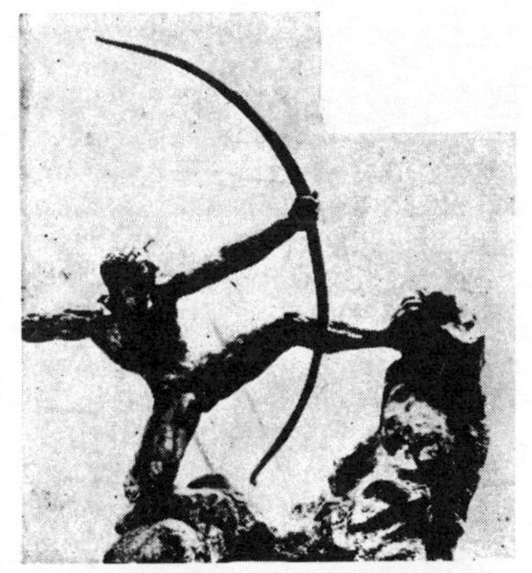

圖999 布德爾 射箭的赫克力士

1929)（註 1）、德士比奧 (Charles Despiau 1874～1946)(註 2)及馬約爾 (Aristide Maillol)（註 3）三人。

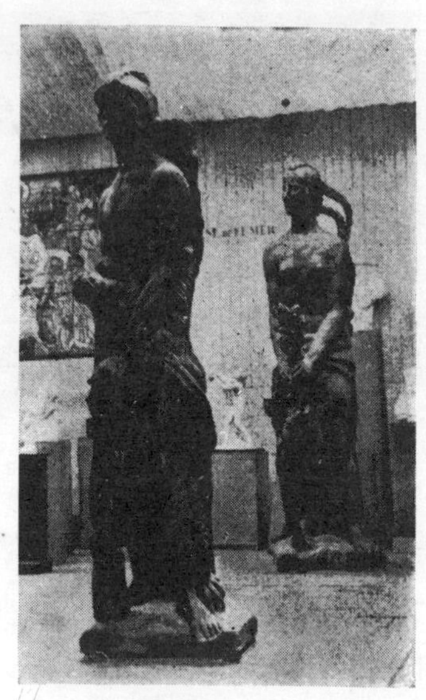

圖1000　布德爾
阿瓦爾將軍紀念碑的彫像

布德爾與羅丹的富於激烈感情相反，他由更純粹的構築表現而回到不朽的造形傳統。從「1870年戰士紀念碑」(1920)開始，「射箭的赫克力士」(1910)（圖999)、「阿瓦爾將軍紀念碑」(1913～23)（圖1000）、「亞爾薩斯的聖母子」等一連串的作品皆爲一貫的哥德式的嚴格形態之追求，名實上堪稱爲本世紀初頭的紀念碑之作。

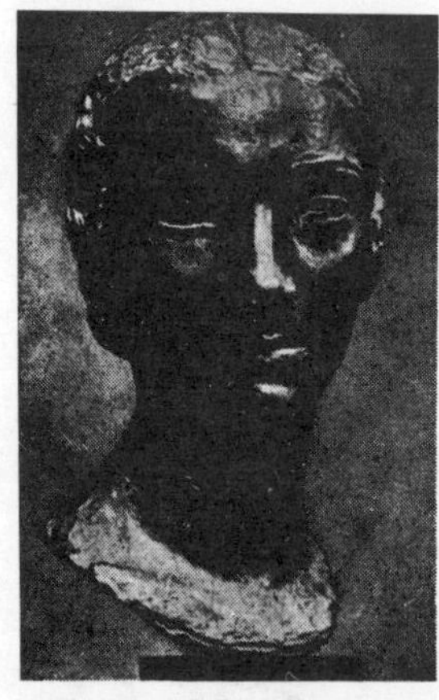

圖1001　德士比奧
比安吉尼小姐像

另一方面德士比奧（圖10001)在羅丹的影響下，走向更純化的形態，一種古典的抒情性使其作品趨向靜態化。

馬約爾與布德爾的嚴峻構築性不同，他把歐洲故鄉地中海的香氣强烈地貫入作品中，可謂達到眞實意義的人性恢復。「地中海」（約1901）、「易爾・得・法蘭西」（約1910）、「塞尙紀念像」(1912～25)等以其代表作聞名，這些女性彫像是現代中的永恒希臘之復活，恐怕是機械文明不能再度出現的東西。

註 1　布德爾（法）　生於細木器匠之家，讀過達魯斯美術學校，並以公費生進巴黎美術學校就讀，其後成爲羅丹的助手。脫開羅丹的影響，開闢具有建築結構與樣式的獨特風格。

註 2　德士比奧（法）　求學於巴黎工藝學校，隨後入美術學校，在1907年沙龍展出的作品爲羅丹所賞識，其後成爲羅丹的助手，簡樸之中深含抒情性的頭像佳作甚多。

註 3　馬約爾（法）　籍貫爲法國南端的比列尼・奧利安達爾縣，求學於巴黎美術學校。熱中於壁飾的製作。40步左右走入彫刻家的生涯。

除此 3 人之外，有繼承布德爾的紀念碑的構築系統的賈尼奧 (Alfred Janniot 1889～　)（代表作「巴黎近代美術館正面大浮彫」1917)（註 4），有以簡單的形態而專攻動物彫刻的彭碰 (François Pompon 1855～1933)（註 5）、有具備甘美的裝飾表現的貝納爾 (Joseph Bernard 1866～1931)（註 6）等皆爲這個時期的作表者。

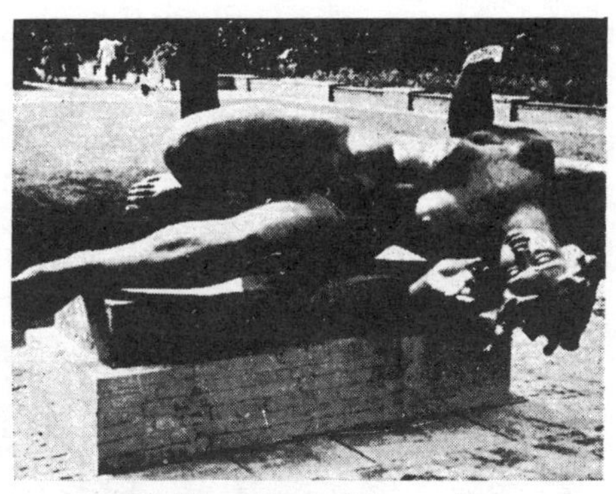
圖1002　馬約爾　河　流

以上只列擧法國作者，德國並沒有希德布蘭特 (Adolf von Hidebrand 1847～1921)(註 7)的繼承者，只不過有林布路克 (Wilhelm Lehmbruck 1881～1919)(註 8)、巴拉赫 (Ernst Barlach 1870～1938)（註 9），英國有埃普斯坦 (Jacob

---

註 4　賈尼奧（法）　生於巴黎，雖不是布德爾直接授業的學生，然深受其激勵，走入裝飾的紀念彫刻之途。

註 5　彭碰（法）　籍貫爲柯特・多奧爾縣，以大理石匠半工半讀入巴黎工藝學校。66歲（1921年）在秋季沙龍爲貝納爾所識。

註 6　貝納爾（法）　在石匠的父親影響下，自幼親近石彫，其後不滿意美術學校的教育，以羅丹的彫刻工人而工作，以直接彫刻留下許多優秀的作品。

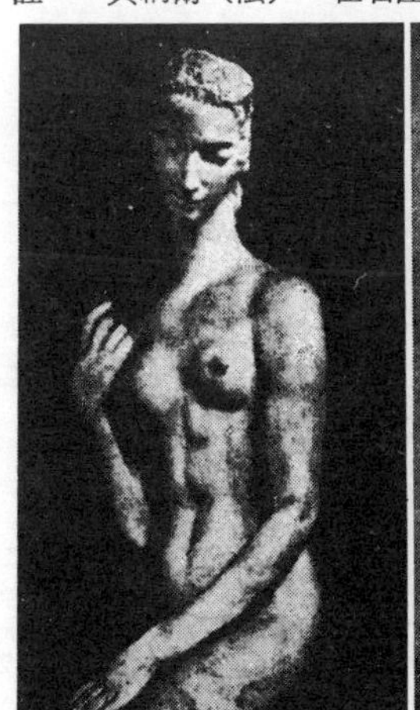
圖1003 林布路克　裸女跪像

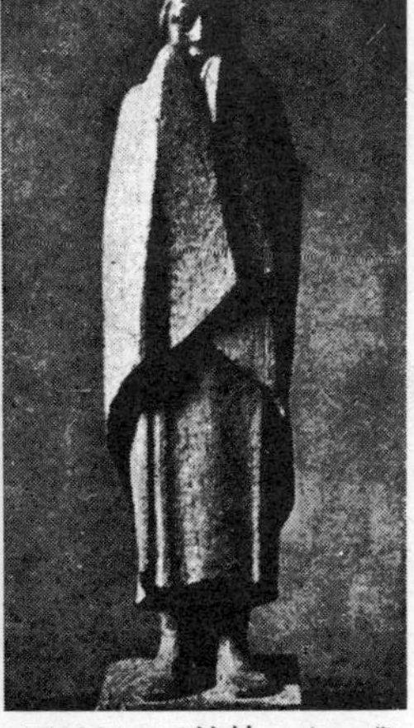
圖1004　巴拉赫　哆　嗦

註 7　希德布蘭特　參閱 434 頁

註 8　林布路克（德）　求學於杜塞多夫美術學校，其後遍訪義大利、荷蘭乃至巴黎，深受馬約爾的影響，以獨特的變形作簡潔的表現。

註 9　巴拉赫（德）　表現主義彫刻家，木彫作品甚多，脫離傳統的拘束，作品帶有激烈的生活感情，與林布路克同具有廣泛的影響力。

Epstein 1880～1945)（註10），再如南斯拉夫有梅士特羅維契（Ivan Mestrovic 1883～　　）（註11）寥寥數人。時代劇轉，作爲不脫人體約制的視覺藝術之對極，抽象主義的巨大浪潮亦逐漸明顯地出現於彫刻之中。

第3節　繪　　畫

經印象派而近代化了的繪畫以印象派的發展爲中心，自19世紀末到20世紀初，有許多優秀的奇特畫家陸續出現。例如前章所學的羅特列克卽爲其中之一，再如稅吏畫家、星期日畫家的盧梭(Henri Rousseau 1844～1910)（註１）(圖984, 1005)亦爲其中之一。自20世紀初至第一次世界大戰前的大約15年間，在歐洲各地乃是代表現代多彩多姿的造形理念之各種藝術運動不斷出現的時期。他們各依自己的主義主張而顯出複雜的發展，其中最重要的是法國的野獸主義（註２）及立體主義（註３）。

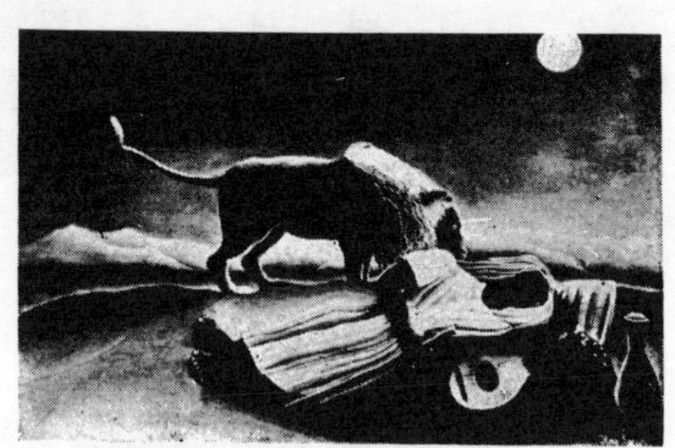

圖1005　盧梭「熟睡的吉普賽人

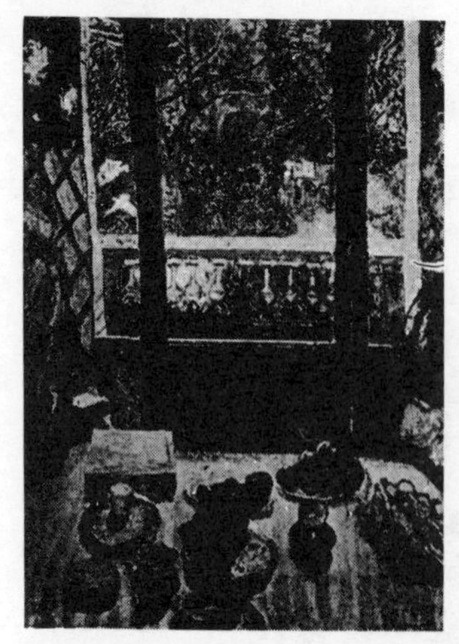

圖1006 波納爾　早　　餐

註10　埃普斯坦（英）　生於紐約，渡法，其後入英國籍，其激烈而强靱的構築表現可以感到古代東方彫刻的影響，保有孤高的特性。

註11　梅士特羅維契（南斯拉夫）　自石匠學徒而改習彫刻，以雄壯的紀念碑作風而有南斯拉夫的米開蘭基羅之稱，由强烈誇張的歪曲形相而獲致情熱的表現。

註１　盧梭　生於法國的拉瓦爾縣，歿於巴黎。以純樸而極富獨創性的風格而被尊爲所謂原始藝術之父，評價極高。長年服務於巴黎的入市稅關，利用禮拜天及假日作畫。不止都市，卽若原始森林、沙漠的幻想等亦在其詩情豐富的畫面上出現。

註２　Fauvisme 參閱本文。

註３　Cubisme 參閱本文。

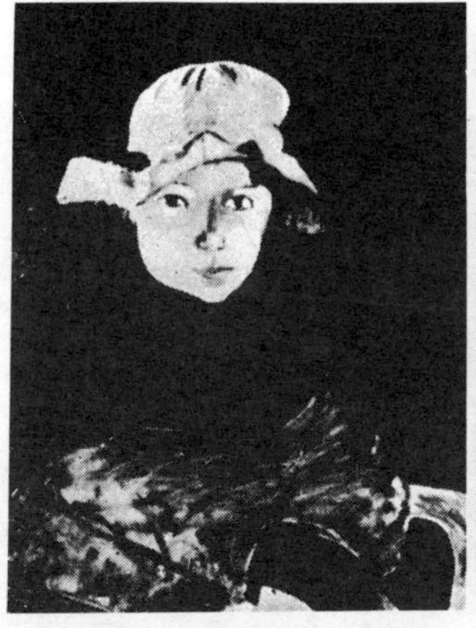

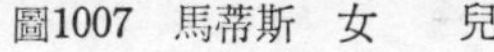

圖1007 馬蒂斯 女 兒

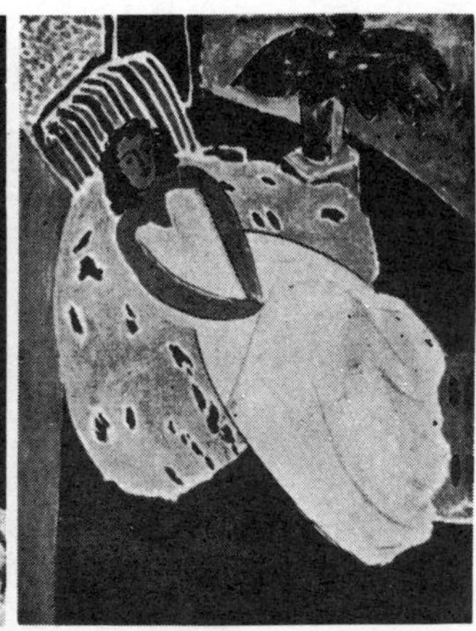

圖1008 馬蒂斯 毛衣少女

這對立的主張對爾後的前衛繪畫運動具有極大的影響力，且在他們形成之際，又密切關連地造成強烈的刺激。

前世紀印象派、後期印象派的輝煌成果雖一度爲所謂先知派（Nabis）（註4）的畫家們所繼承，然與此稍顯溫和的折衷主義相反的，在1905年的秋季沙龍有一批年青的畫家表現了爆炸式的反抗。他們堅強地主張繪畫2次元的造形性之確立及淸新感情的傳達，把强烈的原色直接擲向畫布，野獸主義便由此誕生，這個靑畫家羣的中心人物是馬蒂斯（Henri Matisse 1869～1954）（卷首圖81，圖983, 1007, 1008）（註5），參加者有馬爾魁（Pierre-Albert Marquet 1875～1947）（註6）、盧奧（Georges Rouault 1871～1958）（圖1009, 1010）（註7）弗拉芒克（Maurice de Vlaminck

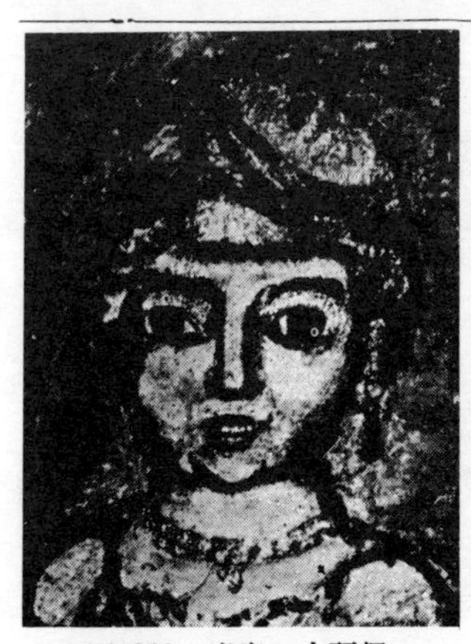

圖1009 盧奧 大玩偶

註4 先知派 前世紀末的約10年間，由德尼、維雅爾、波納爾等人所推展的運動。Nabis 爲預言者之意，概作溫和的裝飾效果之表現。其中波納爾（Pierre Bonnard 1867-1947）以其特有的明朗豐富之色彩而與馬蒂斯、畢卡索同爲20世紀前半的代表畫家。

註5 馬蒂斯（法） 生於諾爾縣，初學法律，後轉美術學校，以明快、鮮麗、簡潔的色面結構。開拓知性的及裝飾的新感覺。

註6 馬爾魁（法） 生於波爾多，與馬蒂斯交情甚篤，加入野獸運動，風景作品甚多，在伴有溫和的調和之簡潔畫面中表現優美的光線效果。

註7 盧奧（法） 以彩色玻璃學徒而有志爲畫家，曾受G・摩洛的教導。連同宗教尙題材有一連串的小丑、娼妓等强烈而嚴肅的作品。

1876～1958)（圖1012)（註8）、德朗 (André Derain 1880～1954)（圖1011)（註9）、杜菲 (Raoul Dufy 1877～1953)（圖1013)（註10）。

他們深受梵谷、哥更的作品特別是其質感、色面構成的刺激，再如從中世繪畫、埃及或日本的浮世繪上亦得到暗示，努力於激烈感情的表現，企圖脫離自然主義的描寫。因此這個轉變成功以後，便隨着各自的個性去表現，但作爲一個有系統的藝術主張則在1912～13年左右宣告破滅。

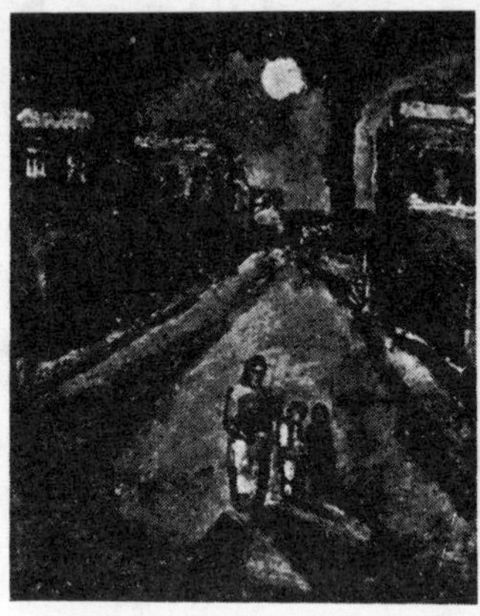
圖1010　盧奧　郊外的基督

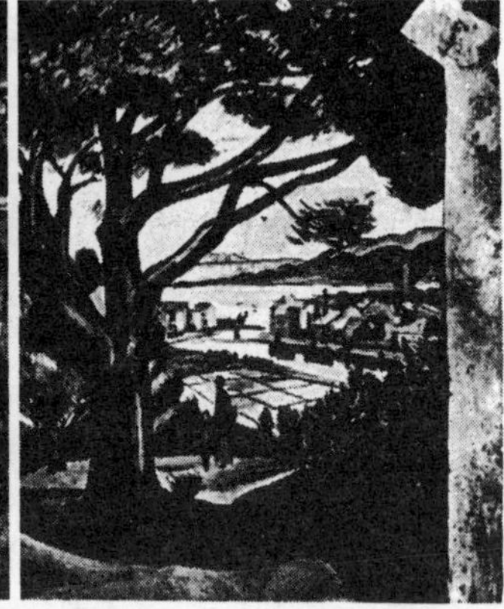
圖1011　德朗　馬提的鹽田

註8　弗拉芒克（法）　生於巴黎，與德朗交情很好，共組畫室，受梵谷、塞尙的影響之後，以厚重趣味發展出一種野生的畫面。

註9　德朗（法）　與馬蒂斯、馬爾魁、弗拉芒克共同發起野獸主義，其後傾服塞尙而關注立體主義。各個時期皆可見其嚴整而理智的性格。

註10　杜菲　生於盧阿弗爾，從野獸主義轉入立體主義，其後以裝飾圖案家而發展其才能，其作品自由地運用明朗輕快的色彩。

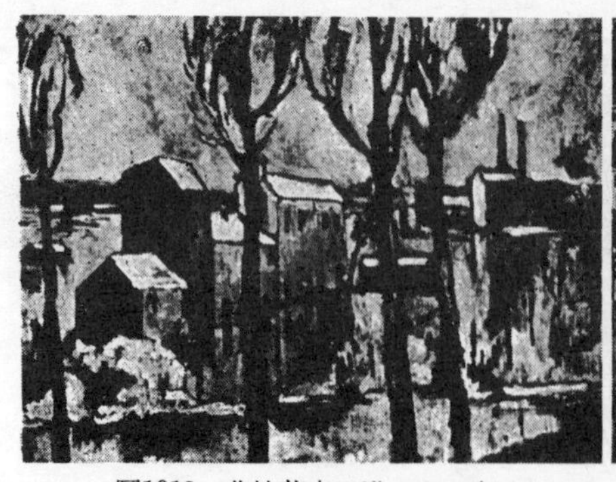
圖1012　弗拉芒克　洪　水

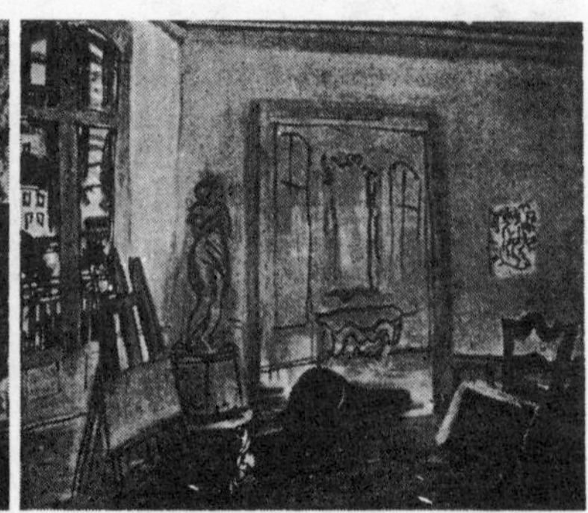
圖1013　杜菲　畫　室

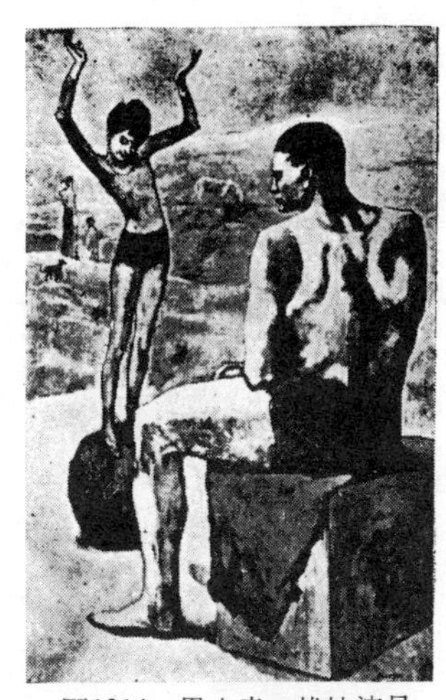
圖1014　畢卡索　雜技演員

1910年前後在巴黎畫壇代之而起的是立體主義，其領導者爲畢卡索 (Pablo Ruiz Picasso 1881～　　) (卷首圖82，圖985,1014,1015) (註11)與布拉克 (Georges Braque 11882～1963) (圖1016) (註12)，參加者有梅尙哲 (Jean Metzinger 1883～1956) (註13)、勒澤 (Fernand Léger 1881～1956) (圖1038) (註14)、德洛尼 (Robert Delaunay 1882～1941) (註15)、葛里斯 (Juan Gris 1887～1927) (註16) 等人，詩人阿波里那爾 (Guilaume Apollinaire 1880～1918) (註17) 亦從理論的立場予以支持。與野獸主義從感覺的立場而主情地行動者相反的，立體主義以理知的態度，致力於對象分析

註11　畢卡索　生於西班牙的馬拉加，經過所謂「藍色時代」(1901–5左右)，並受黑人彫刻的强烈影響而致力於對象的分析與綜合，不久進入立體主義。其後相繼有「古典主義時代」「超現實主義時代」的更替，又30年代以後明顯地反法西斯主義之作品亦很多。

註12　布拉克 (法)　經過野獸主義與畢卡索共同進入立體主義，完成先驅者的業績。

註13　梅尙哲 (法)　立體主義代表者之一，服役於畫家、理論家、指導者的廣大領域。

註14　勒澤 (法)　生於阿江塔，參加立體派運動，自第一次大戰中服役於砲兵以來，引入機械之美，製作以機械爲主題的動力作品，人體亦具金屬的感覺，追求形體而完成獨特的風格。

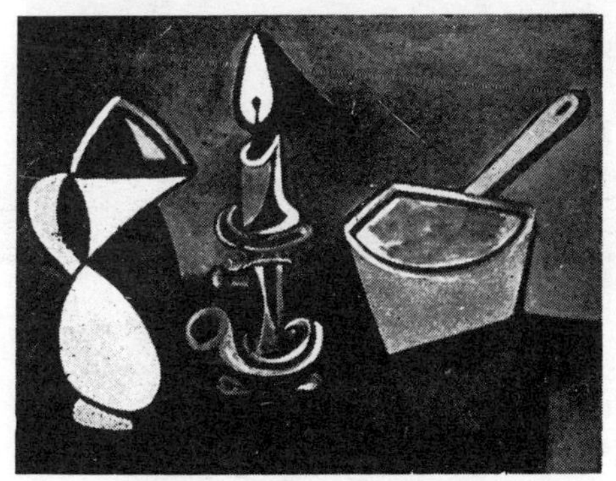
圖1015　畢卡索　有鍋子的靜物

註15　德洛尼 (法)　生於巴黎，創奧爾菲主義，以色彩的優異才能經常使用圓形創造機械之美，故被稱爲「圓筒畫家」。

註16　葛里斯 (西)　生於馬德里，熱愛哲學與數學，製作上亦出現其知的冷峻，對立體主義的發展貢獻極大，可惜早死。

註17　阿波里那爾 (法)　法國的前衛詩人，爲畢卡索、布拉克的支持者，予立體主義的推進以極大的力量，與美術有關的著作有「立體主義的畫家們」。

與再構成，熱中於新美感之創造。同時他們亦努力於探討製作的根據，形成新的繪畫理論，塞尙的「把自然的形態用球、圓錐、圓筒來把握」之名言成爲其理論的巨大支柱。他們重視形態，專注於永恒存在的表現，故把色彩、陰影等的表面要素盡力排除，將對象從許多的視點去表現，並由此作完全的把握，這是他們所認爲的寫實主義，對歐洲的繪畫傳統而言，誠爲革命性的觀念。

立體派的影響遍及一切領域，特別是對象的分析與再構成曾發展爲介入心理要素的超現實主義〔達利（註18）、米羅（註19）等〕及基於純粹的線與面之構成的抽象繪畫。

一方面義大利在 1909 年有詩人馬利內提 (Filippo Tommaso Marinetti 1876～1944)（註20）發表「未來主義宣言」、波裘尼 (Umberto Boccioni 1882～1916)（註21）、卡爾拉 (Carlo

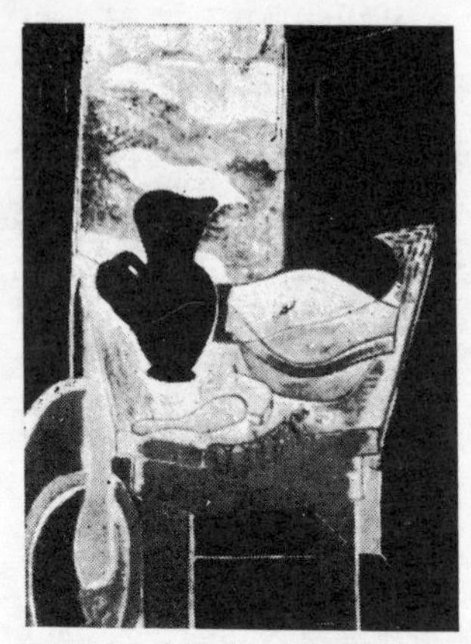
圖1016　布拉克　窗邊（綠）

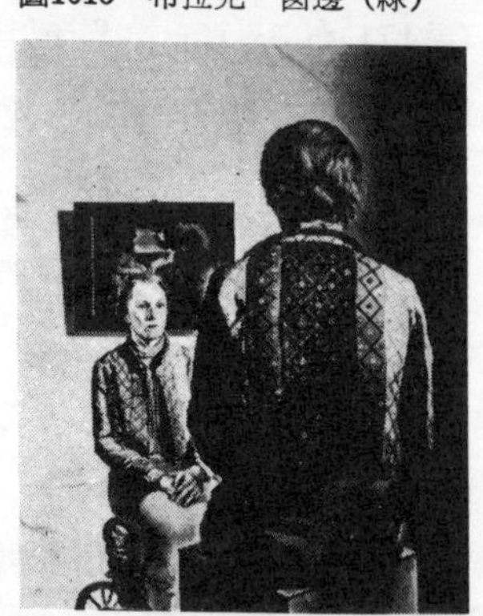
圖1017　達利　加拉像

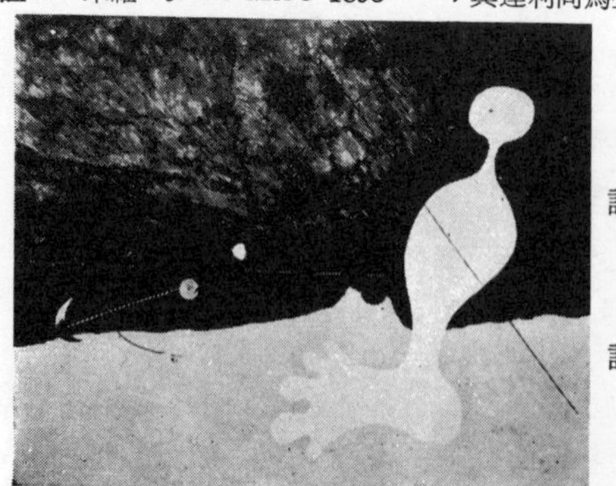
圖1018　米羅　對鳥投石者

註18　達利　Salvador Dali (1904-)

註19　米羅　Joan Miro 1893-　，與達利同爲生於西班牙的畫家，爲超現實主義的代表者。

註20　馬利內提（義）　未來派詩人，發表「未來派宣言」(1909) 於非加洛報上，在美術界中組織波裘尼、卡爾拉等被稱爲未來派的畫家。

註21　波裘尼（義）　在繪畫與彫刻上積極策進未來主義，把激烈的運動形態融入二次元或三次元的空間，創造獨特的形式，1912年發表「關於未來派彫刻技術的宣言」。

Carrà 1881～　）（註22）塞維里尼（Gino Severini 1883～　）（註23）等人立起響應，强調動力的感覺，主張在繪畫中採入時間的要素。在同時期的俄國，有馬列維基（24）、羅多千克（Alexandr Rodchenko 1891～　）（註25）的絕對主義(Suprematisme)（註26）、塔特林（Vladimir E. Tatlin 1886～1956)（註27）、佩弗斯納（Antoine Pevsner 1884～1962)（註28）、卡波（Naum Cabo 1889～　）（註29）等的構成主義產生，無一不强調繪畫上的主觀性，否定從來的自然描寫。

德國於 1903 年有克希納（Ernst Rudwig Kirchner 1880～1938)（註30）赫

註22　卡爾拉（義）　1915年從未來派轉入形而上派，與契里科同爲中心人物。

註23　塞維里尼（義）　因與巴黎的立體派畫家交往，故作品重視秩序與體系的嚴格構成，其後風格亦走入新古典主義，被稱爲新文藝復興樣式。

註24　馬列維基 Kazimir Severinovich Malevich。

註25　羅多千克（俄）　生於聖彼得堡，加入構成主義運動，另倡非具象主義。對俄國近代主義繪畫有積極的貢獻，後轉入應用美術。

註26　自造形藝術中把文學等的要素完全排斥，徹底主張純粹的構成，由馬列維基所倡導，爲塔特林所繼承，影響了俄國的構成派、及荷蘭的新造形主義。

註27　塔特林（俄）　與馬列維基同倡絕對主義，基於其主張而製作「第三國際紀念塔」（1919)。這個運動不久被批評爲所謂游離於勞動者的觀念，被迫離國他去。

註28　佩弗斯納（法）　生於俄國的奧流爾，一再旅行於巴黎，注意到立體主義、未來主義，其後在莫斯科從事創作，然爲除去政治壓力而遷往巴黎，長於抽象的空間構成。

註29　卡波（俄一美）構成主義彫刻家，佩弗斯納之弟，第一次世界大戰中在奧斯陸製作立體派彫刻。其後，遷柏林、巴黎、英國再遷美國，對抽象彫刻的發展占有重要地位。

註30　克希納（德）　獻身於德國表現主義，「橋」派的領導者之一，參加第一次世界大戰而罹神經麻痺症。隱居瑞士繼續創作，後以納粹的壓力及健康的失調而自殺。

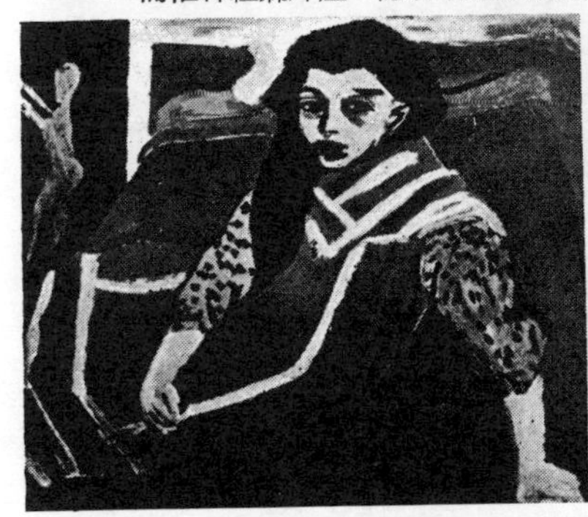

圖1019　克希納　坐在藍色椅上的少女

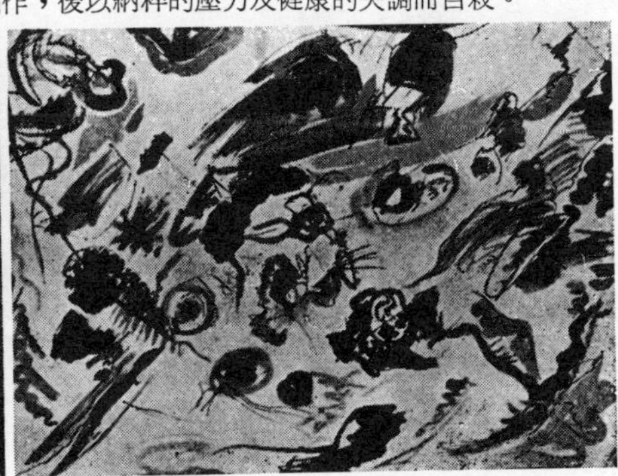

圖1020　康丁斯基　抽象構圖

克爾 (Erich Heckel 1883～　　)（註31）等人在新的藝術觀念下產生「橋」 Die Brücke 的組織，不久至1911年，康丁斯基 (Wassily Kandinsky 1866～1944)(圖1020)（註 32）、諾爾德 Emil Nolde 1867～1956)（註33）克利（圖1021)亦加入，誕生了「藍騎士」，在第 1 次世界大戰前後展開活躍的藝術活動。他們全被概括在表現主義的名稱之下，樣式上擁有野獸主義至純抽象的廣大領域，亦有很多如柯克西卡 (Oskar Kokoschka 1886～　　)（圖1022)（註34）、葛洛斯 (George Grosz 1893～　　)（註35）等敏感地反映社會變動的畫家。

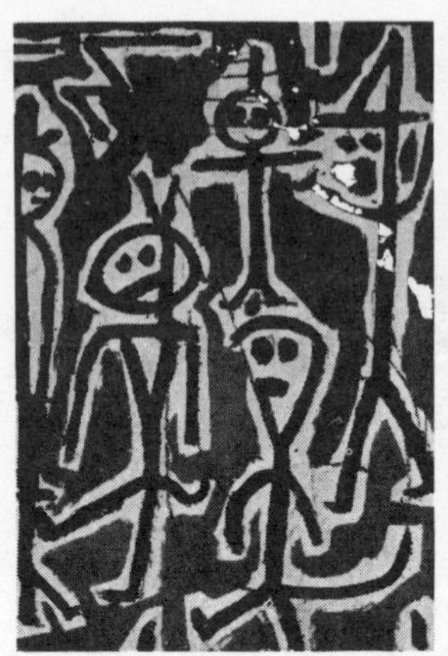

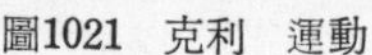

圖1021　克利　運動

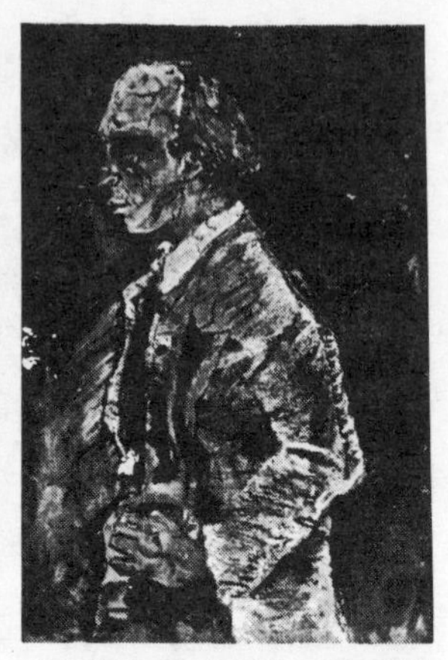

圖1022　柯克西卡　瓦爾登像

註31　赫克爾（德），有志於建築，後轉繪畫，與克希納同為美術團體「橋」的創立者，對德國抽象主義的發展貢獻極大。

註32　康丁斯基（俄）生於莫斯科，1912年與德國表現派的馬爾克等組織「藍騎士」，製作純粹的抽象繪畫，有志於透過抽象形態與色彩的調和而創造絕對之美。

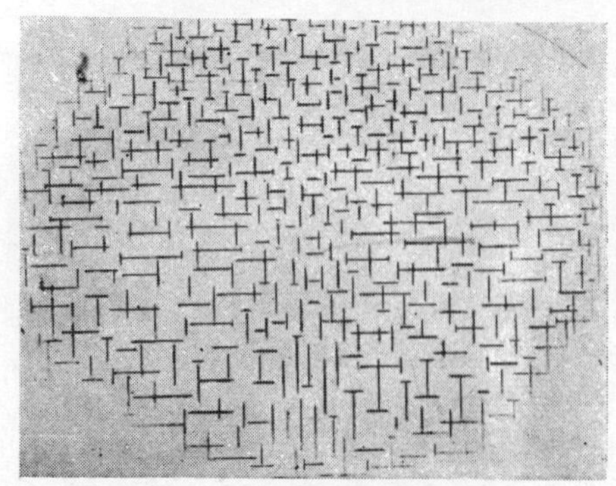

圖1023　蒙得里安　構圖No. 10

註33　諾爾德　雖為「橋」的會員，然不久便離群他去，以「最後的晚餐」「聖靈降臨節」等宗教主題發展獨特的畫風。

註34　柯克西卡（奧）　奧國表現主義畫家，早年以其有力的筆現觸表其異常的才華，留有卓越的作品，現居英國。

註35　葛洛斯（德一美）　德國表現主義的領導者之一，把第 1 次世界大戰後德國黑暗的社會面目毫無假借地表現出來，其後亦參加政治的鬪爭，然迫於法西斯主義，不得已而亡命國外。

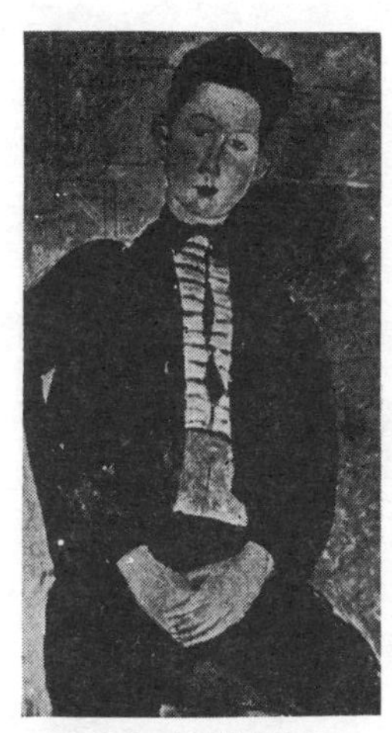
圖1024 莫蒂里阿尼
紅衣少年

此表現主義之中最須注意的是康丁斯基的抽象繪畫，他與蒙得里安(圖1023)（註36）共同創造新造形主義，再發展下去，現代繪畫進而貫串現代美術的全部，帶來抽象作品的全盛時期。

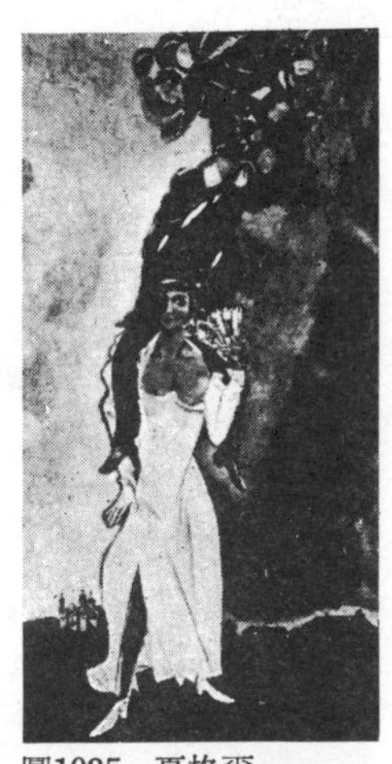
圖1025 夏格爾
持酒杯的自畫像

繪畫上主觀性的强調一方面如第一次世界大戰後的達達主義〔杜象 (Marcel Duchamp 1887～1966)（註37）、畢卡比亞 (Francis Picabia)（註38）、阿爾普 (Hans Arp 1887～)(註39)、埃侖斯特 (Max Ernst 1891～)（註40）〕變成否定傳統的行動，他方面有孤立於繪畫運動的畫家羣如盧奧、莫蒂里安尼 (Amedeo Modigliani 1884～1920) (圖1024)（註41）、史丁 (Charm Soutine 1894～1943)(註42) 等作深刻的人性表現，再有如契里柯 (Girorgio de

---

註36 蒙得里安 見前，本世紀代表性抽象畫家，其基於幾何學的明快單純線條之構成影響其後的抽象繪畫極大。

註37 杜象（法） 達達主義的領導畫家，其具有同時性表現的「下樓梯的裸婦」在紐約發表時極爲聳人聽聞。

註38 畢卡比亞（法） 生於巴黎，作品可以看到從印象主義、到立體主義、達達主義、超現實主義的連續轉變，常對新藝術燃起激烈的熱情，本質上則達達的色彩極强。

註39 阿爾普（法） 參加德國的「藍騎士」，其後在瑞士發起達達運動，作爲超現實主義者更有先驅性的創作活動。

註40 埃侖斯特（德一法一美） 超現實主義的代表畫家，最初協助達達運動，創剪貼技法，更推展拓印技法，促進初期超現實主義的發展。

註41 莫蒂里安尼（義） 生於義大利的里維諾，初期有優秀的彫刻作品發表，其後轉入繪畫，其義大利風格使人想起威尼斯派的大師們，用獨特而變形的簡潔技法表現肖像與人體。

註42 史丁（法） 生於里特阿尼亞，1913年到巴黎，不斷以激動不安的色調描寫瘋女、猪肉與兎子，爲法國表現主義的代表畫家。

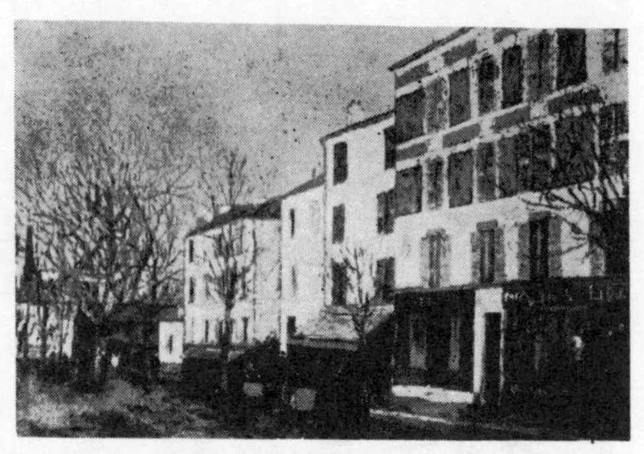

圖1026　尤特里羅　巴黎郊外

Chirico 1888～　　)(註43)、夏格爾 (Marc Chargall 1887～　　)(註44) 等所作的幻想繪畫亦屬之。同時野獸主義以來的前述的各畫家亦在1910年代後半各自表露了個性的獨特發展，特別是由多數畫家羣集的巴黎更呈現20世紀繪畫的世界市場之貌，而這些畫家也一概被稱爲巴黎派，被列入巴黎派的20世紀前半之代表畫家之中除上述者外，尚有尤特里羅 (Maicrice Utrillo 1883～1955)(圖1026)(註45)、羅蘭姍 (Marie Laurencin 1885～1956)(圖1027)(註46)、藤田嗣治(註47)等亦不可忽略。

第2章　第2次世界大戰後的美術界

戰後特別值得注意的現象乃是美術思潮衝擊美術的一切領域，過去的主義主

註43　契里柯(義)　義大利形而上繪畫的領導者與代表畫家，因主觀的意象產生神秘的幻想，與卡爾拉合力形成反自然主義形而上派的新觀念。

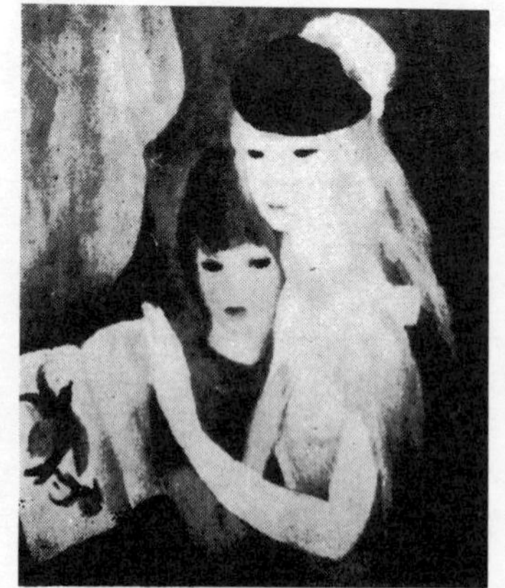

圖1027　羅蘭姍　二少女

註44　夏格爾(俄－法)　生於維特布斯克，1912年到巴黎接觸到立體派運動，埋首於獨特的意象而製作幻想畫，好作現實與非現實融合的世界，自己採取一種稱爲心理的「形態主義」之表現主義形態。

註45　尤特里羅(法)　以女畫家西姍娜•瓦拉東之子而生於巴黎。一生爲酒精中毒所困，其描寫巴黎近郊的哀愁之作品洋溢著獨特的詩情。

註46　羅蘭姍(法)　生於巴黎的女畫家，最初接近立體主義，再逐漸以女性的優雅色彩與幻想的畫面結構繪製裝飾有蝴蝶、小鳥、馬的女性像

註47　藤田嗣治(日－法)　美術學校畢業後到巴黎，以其獨特的敏銳線條而爲巴黎派的代表者之一。回國後爲藝術院會員，1948年經美國回巴黎，遂取得法國籍，現仍在活躍之中。

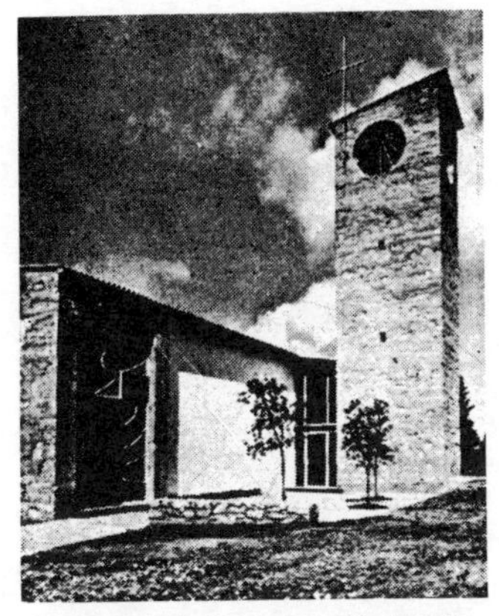

圖1028　慕尼黑的柏倫赫克教堂

張重被回顧重被批判，一種綜合與折衷成爲今後發展的立足點。地域上言，歐洲的絕對優勢崩潰，面目一新地擴展至美國、南美乃至中近東，分別展開蓬勃的美術活動。

特別是美國較少直接遭到戰禍，戰爭中更以歐洲文化的避難所而收容許多卓越的藝術家，許多印象派以後的名作亦被買進，

建築上機能與合理性的尊重依然成爲戰後的基本前提，現在更重要的課題是如何給「居住的機械」帶入人性與表現性，把合理主義建築視爲非人性之反動傾向在戰前早已見諸萊特等人的傾向，戰後則此等傾向更加調强，不止建築，卽工藝設計上亦積極地作此主張。

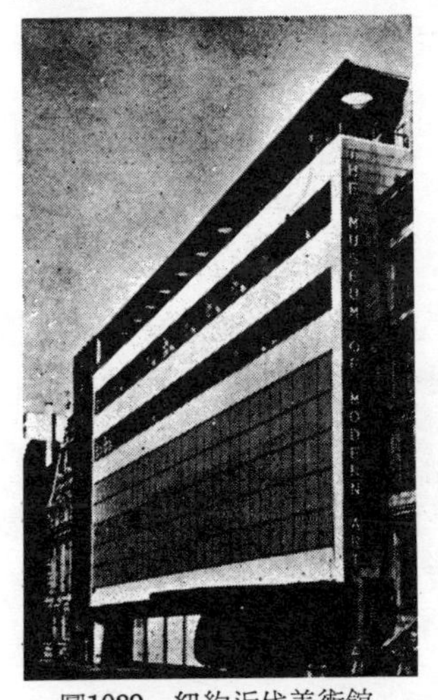

圖1029　紐約近代美術館

在戰中戰後這段期間，科學技術已達到顯著的發展，建築與工藝亦全然出現新的材料與技術，鐵、混凝土及玻璃大概是本世紀後半的最大變動。現狀是各種高分子化合物已代替木材與玻璃而在建築與工藝中占有新地位。

逃離納粹壓迫而到美國的葛羅培斯、布洛雅、羅埃、阿爾特 (Alvar Aalto 1897～1949)(註1) 把他們在歐洲成立的「國際建築」借美國的高度工業水準與資本之力而開花結果。阿爾特的「麻省理工學院宿舍」(1948)，羅埃的「列克修阿德萊弗公寓」(1951)等卽其一例，然美國合理主義的直接表現之建築作品則可見諸史基多摩爾 (Louis Skidmore 1897～　　)(註2) 等共同設

註1　阿爾特（芬）　執教於美國的麻省理工學院，他的設計由於緩和了工業生產的冷漠，故經常須有深刻的思考。

註2　史基多摩爾（美）　生於印度，求學於麻省理工學院，1939年與 N. A. Qwings及 J. O. Merill 同開建築事所務。第二次世界大戰後益發活躍，有奧克里西的「原子力的都市」之計劃等作品。

計的「里瓦大厦」(1952)。與此相對的是盧・柯比瑞等的「聯合國大厦」(1950～53)(圖1030)、「馬賽公寓」(1945～53)等亦爲戰後的代表建築，至於萊特則特別强調建築的有機表現，「詹森製臘公司研究所」等爲其奇特的中心構想之實現。

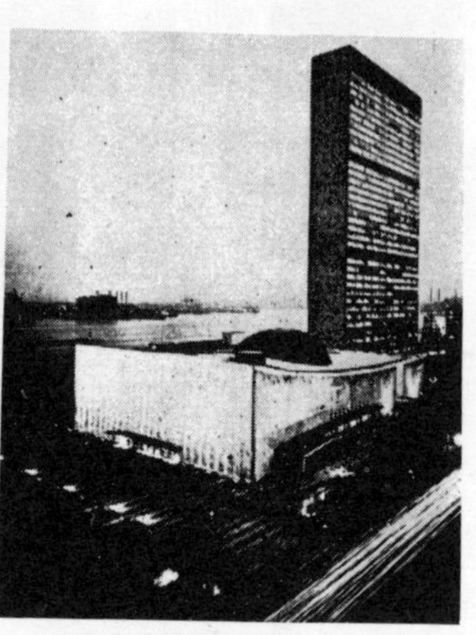

圖1030　聯合國大厦　紐約

他如歐洲各國與南美亦一直產生具有地方特色的近代建築，特別是沒有傳統的巴西與墨西哥，例如墨西哥大學都市的建築(1953)乃是許多建築家（百數十名）合作創造的理想化近代都市，屬生活與藝術之媒體的建築當然亦離不開都市計劃，其有機的結合才是今後的重要課題。

戰後彫刻大體上自然主義的寫實性已經沒落，傾向於把團塊與空間依照作者的意志加以結合與構成的主觀主義。

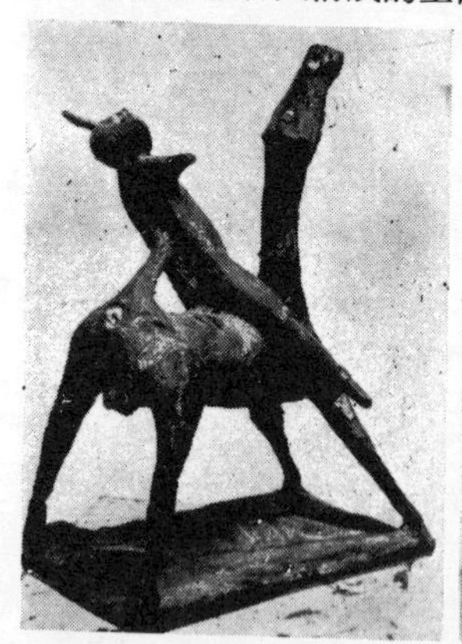

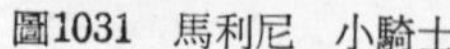

圖1031　馬利尼　小騎士

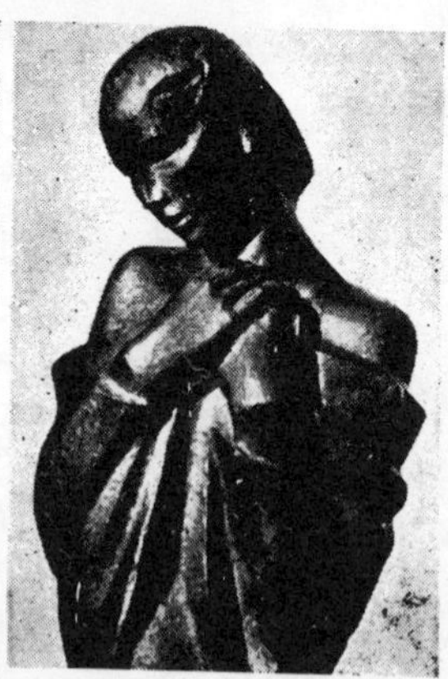

圖1032　柯爾貝　慢　板

若將彫刻家的此種傾向個別加以概觀，則有代表現代較具象傾向的馬利尼 (Marino Marini 1901～　)（圖1031）（註3），法兹尼 (Pericle Fazzini 1913～　)（註4）、曼兹 (Giacomo Mauzu 1908～　)（註5）等的義

註3　馬利尼（義）　現代義大利的代表彫刻家，將馬或騎馬像用近於半具象的形態作强力的表現，有艾特魯斯克的影響。

註4　法兹尼（義）　生於格羅塔馬列，爲第二次世界大戰後驟然引人注意的彫刻家，作品在具象的形態中帶有激烈的動勢。

註5　曼兹（義）　生於貝加蒙，1938年開個展於羅馬，漸露頭角。抒情的主題很多，在聖

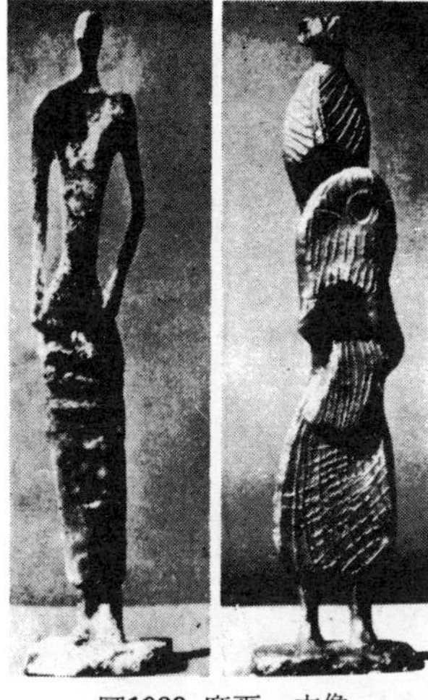

圖1033 摩爾　立像

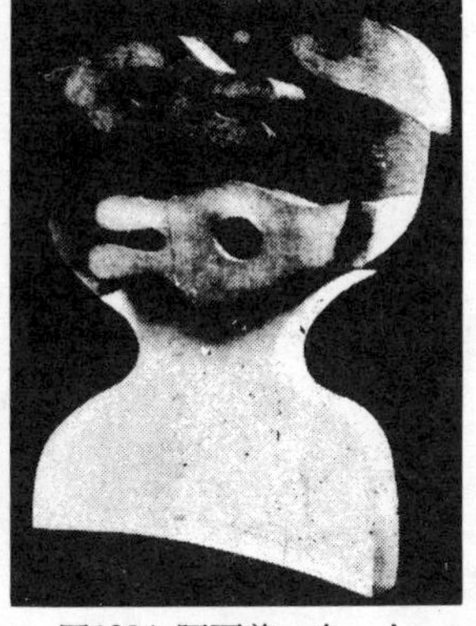

圖1034 阿爾普　鳥　人

大利彫刻家，有把人類感情埋進半抽象團塊之結合的摩爾（Henry Moore 1898～　）(圖1033)（註6）、薩金（Osspi Zadkine 1890～1967）（圖1035）（註7），再有如在超現實主義與抽象主義的融合中追求有機構成的阿爾普（圖1034）、維亞尼（Alberts Viani 1906～　）（註8）、赫同（Karl Hartung 1908～　）（註9）、赫普沃絲（Barbara Hepworth

---

職者像中表露寫實的風格，1948年在威尼斯双年展中獲得大獎。

註6　摩爾（英）　生於約克西亞，出身寒微，因得留學生的資格而赴法、義求學，約1930年以後逐漸變爲抽象的風格，期望彫刻品置於自然之中甚於建築物之內，產生了紀念碑要素甚强的作品。

註7　薩金（俄一法）　深受立體派的影響，初期作品裝飾的結構相當明顯，1953年鹿特丹戰爭紀念像（圖1035）爲具有强烈的人類震撼力之紀念碑式傑作。

註8　維亞尼（義）　把阿爾普的有機抽象形式之感覺面更加以純化，故其作品在抽象之中具有清純的溫暖之感。

註9　赫同（德）　與維亞尼及摩爾相同，很多作品在單純的團塊之中具有人類的感情，受布朗庫西的影響甚大。

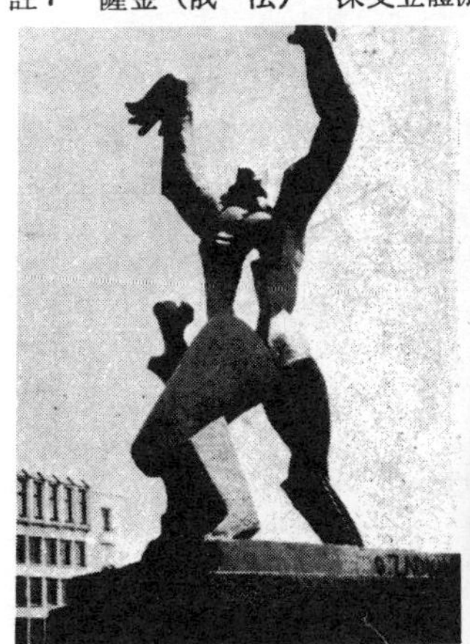

圖1035　薩金　無心臟的都市（紀念像）

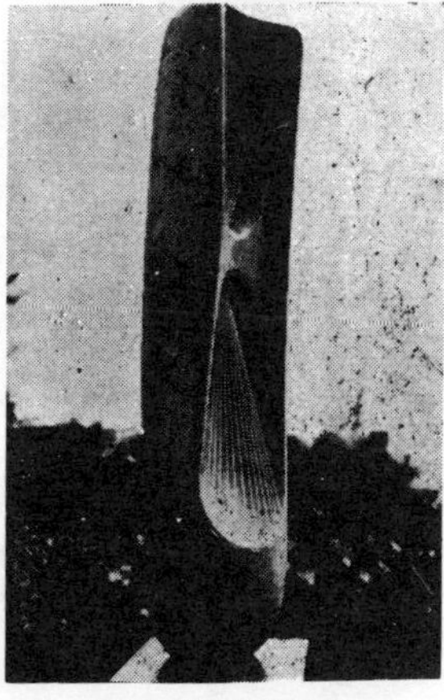

圖1036　赫普沃絲　孤獨者

1903～　　)(圖1036)(註10)等是。至於純粹地追求抽象之形，專門使用金屬、塑膠以嘗試空間構成者有卡波、佩弗斯納、里波得 (Richard Lippord 1915～　　)(註11)、畢爾 (Max Bill 1808～　　)(註12) 等，他如意識到室內空間而構成奇特平面的柏特亞 (Harry Bertoia) (註13)，以自動裝置而獲致4次元表現的卡爾達 (Alexander Calder 1898～　　)(註14)、查得維克 (Lynn Chardwick 1914～　　)(註15) 等則爲奇特的彫刻家。

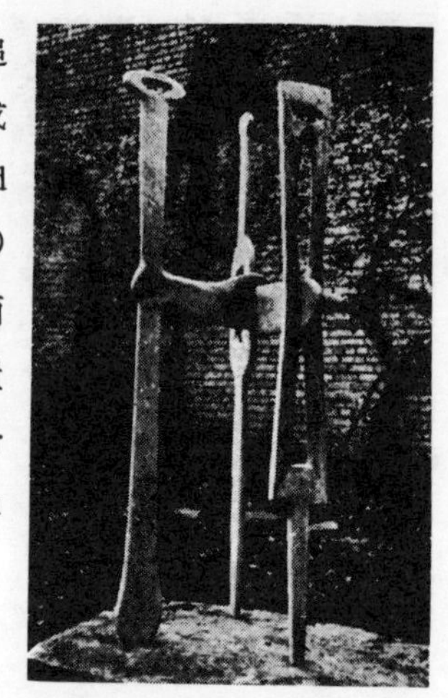
圖1037　伊沙姆・諾格吉　作品

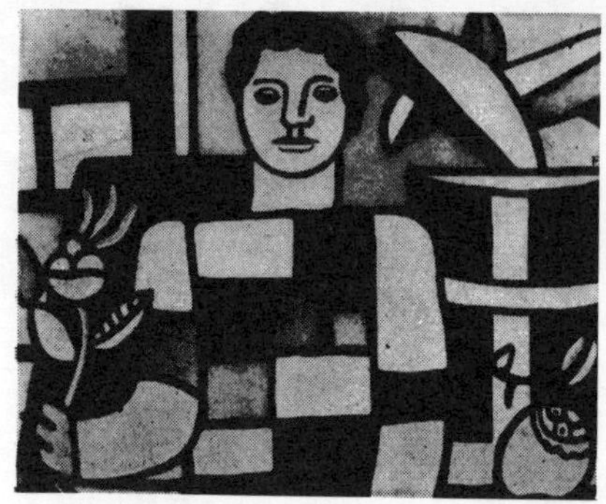
圖1038　勒澤　花 與 人

繪畫方面如前所述，時行着橫亙印象派以後半個世紀的藝術理念之綜合與折衷，包括寫實主義到抽象主義的一切傾向，各個畫家都在努力確立個人的樣式。

戰後值得注意的一個傾向乃是繪畫與建築或工藝發生密切關係，不止

註10　赫普沃絲（英）　屬於摩爾及阿爾普系統的女彫刻家，常以直接彫刻而在簡潔的形態中鑲入沈靜的感情。

註11　里波得（美）　美國構成主義的代表者，以金屬板、細線造成特殊的效果，代表作有「滿月」（1949–50　紐約近代美術館藏）等。

註12　畢爾（瑞）　運用金屬及混凝土，長於空間構成，初期亦參加包浩斯運動，爲構成主義的代表者。

註13　柏特亞（美）　作爲設計家亦極有名，特別是採用金屬方格的輕快椅子頗具代表性，長於運用金屬焊接的抽象空間構成。

註14　卡爾達（美）　以最初的活動彫刻家出名，1930年左右認識蒙得里安，受其理論的啓蒙而開始製作抽象彫刻。

註15　查得維克（英）　與摩爾同爲現代英國的代表彫刻家，用金屬板製作大規模的抽象彫刻。在1956年威尼斯双年展中展出許多稍具象的作品，其緊密而有力的風格引起多方面的共鳴。

繪畫，即壁面裝飾、染織、陶瓷等亦朝氣蓬勃、版畫的問世亦盛，曾開過無數次的國際展。

在戰後的美術界，如畢卡索、馬蒂斯、布拉克、波那爾、勒澤（圖1018）等已成名的大畫家雖亦從各人的個性與藝術觀而產生獨特的作品，然代表戰後的美術活動仍不如推舉較年青一代的畫家們。

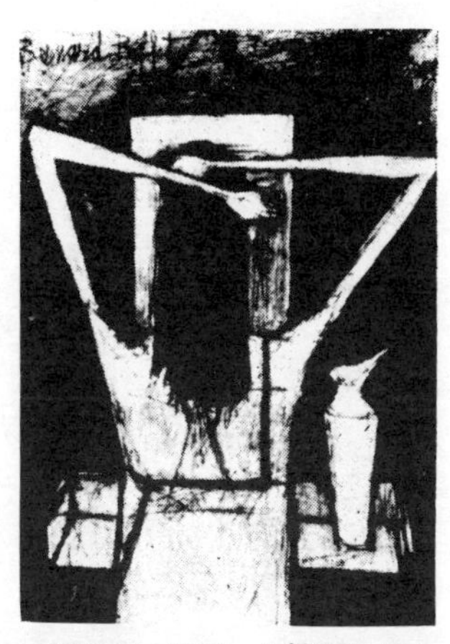

圖1039　畢非　化粧的女人

法國畫壇在戰後的混亂之中，亦把反抗所集聚的力量完全結晶於美術活動，走向歐洲傳統的復活及新美術的創造。1945年以來的五月沙龍包含了抽象主義、超現實主義及「法蘭西傳統青年畫家」（註16），顯示戰後畫壇的典型相貌，他們即使主義主張各異，亦皆活躍一時，其中有米諾 (André Minaux 1923～　)（註17）、畢非 (Bernard Buffet 1928～　)（註18）、味蒂埃 (Maurice Verdier 1919～　)（註19）等的稍暗淡的寫實主義，馬爾象 (André Marchand 1907～　)（註20）、奥强 (Jean Aujame 1905～　)21）（註21）、克拉威 (Antoni Clavé 1913～)（註22）等的追求某種心理效果

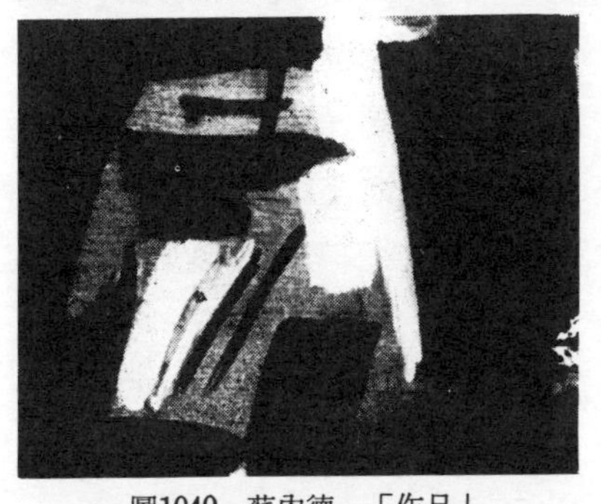

圖1040　蘇內德　「作品」

註16　Les Jeunes Peintres de Trapition française，在第二次世界大戰中由巴塞奴 (Jean Bazaine 1904-　) 組成，其精神的支柱在於中世藝術、特別是羅馬彫刻、繪畫，欲求振興衰退了的法國畫壇，亦爲今日「五月沙龍」的前身。

註17、18、19　三者皆爲現代法國最年青的畫家之一群，對於純粹抽象的人物表現之要求使他們採取傳統的寫實主義及最尖端的近代主義間之折衷形式，只强調造形的近代繪畫之變遷在這一世代呈現有趣味的相貌。

註20　馬爾象（法）　居於五月沙龍的中心地位，長於相當的裝飾中之抽象化人物與靜物。

註21　奥强（法）　生於奥比森，秋季沙龍及五月沙龍會員，其基於寫實主義的繽紛色調使人想起野獸主義，亦活躍於裝飾美術。

註22　克拉威（西）　生於巴塞隆那，强烈的色調中有種原始的穩靜感情，亦製作舞台裝置與挿畫。

之現代主義，及採取亦可稱爲東洋個性的抽象之哈同（Hans Haltung 1904～ ）（註23）、蘇內德（Gérard Schneider 1898～ ）(圖1040)（註24）等之非具象傾向

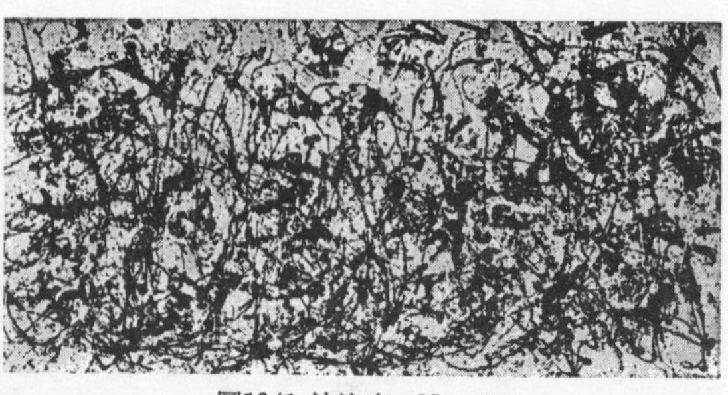

圖1041 波洛克 No. 30

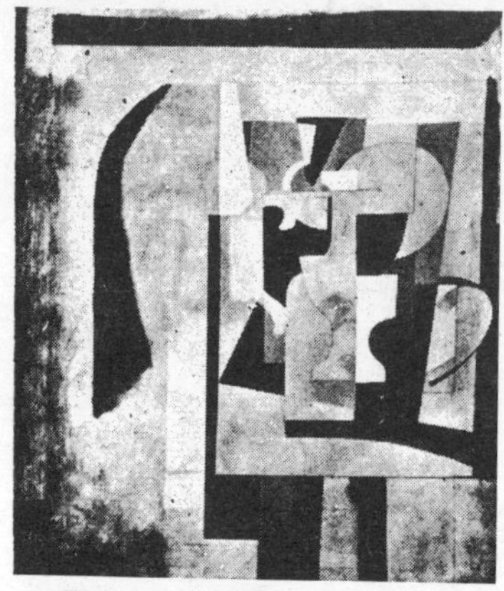

圖1042 尼可爾松 靜 物

，更有從對社會的主張上把寫實的樣式加以擴大的羅爾久（Bernard Lorjou 1908～)(註25）弗哲龍（André Fougeron 1913～ ）（註26）等。

另方面美國在1920～30年間曾培植過現代藝術運動，帶來戰後抽象繪畫的全盛時代，紐約近代美術館正居其領導地位，再如古今漢美術館等亦完成極大的使命。

畫家有波洛克（圖1041）（註27）、羅斯克（註28）、特畢（註29）、國吉康雄）註30）等的顯著活動，對東洋的注意之增大如葛萊弗斯（註31），脫離西歐的現

註23 哈同（德一法） 在德勒斯登大學攻美術史，其間亦製作繪畫，因厭棄納粹而遷往巴黎，他一開始就嘗試抽象繪畫，其畫面的澄澈感情最受注目。

註24 蘇內德（瑞一法） 生於沙克羅亞，經過野獸主義、立體主義而確立自己的風格，他在五月沙龍中的抽象繪畫極受重視。

註25 羅爾久（法） 爲第二次世界大戰後的新進，以1959年「原子時代」一作受注意，其有力的寫實手法從農民或家庭的情景到壁畫的大構圖皆有活躍的表現。

註26 弗哲龍（法） 1942年成爲秋季沙龍的會員，第2次世界大戰後轉入社會主義的寫實主義，1951年以「煤礦地帶」諸作引起注意。

註27 波洛克 Jackon Pollock（美）1912-56。

註28 羅斯克 Mark Rothko（美） 1908- 。

註29 特畢 Mark Tobey（美）1890

註30 國吉康雄（日一美）1893-1953。

註31 葛萊弗斯 Morris Craves（美）1910— 以上皆爲美國的代表畫家，波洛克使顏料

代主義，成功了宗教情感的表現，今後此種東洋象徵主義所具的影響力亦復不小。

在英國有納許（Paul Nash 1889～1946)(註32)、尼可爾松（Ben Nicholson 1894～　）(註33)、薩索朗（Graham Sutherland 1903～)(註34）等打破孤立主義的傳統，步入近代繪畫之道，特別是貝根（Francis Bacon 1910～　)35)（註35）以超現實主義的技法作奇特的人物表現極受注意。

再如戰後顯得特別活躍的墨西哥畫壇亦不能忽略（圖1044）。

不管怎樣，由於近年各國畫壇交流的激增，逐漸超越國境的界限，且以世界性與民族性的二大指標爲基礎而大幅度地發展下去。

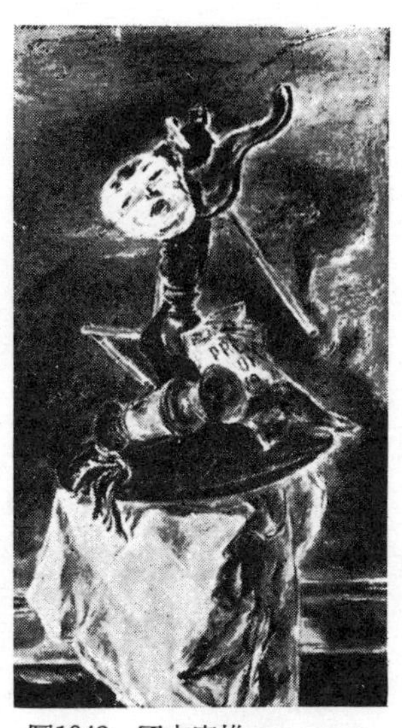

圖1043　國吉康雄
倒過來的桌子與面具

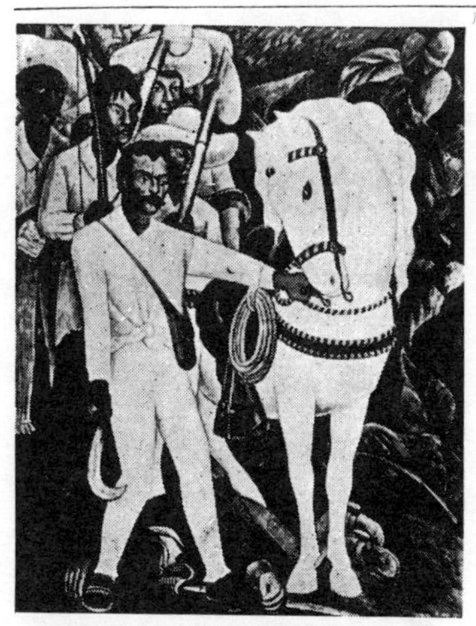

圖1044　里維拉（墨西哥）
率領農民的沙帕塔

直接滴到畫布上，用點、線等創出網狀的形態，特畢曾影響過葛萊弗斯，波洛克與羅斯克亦被歸納爲生理狀態的表現派。

註32　納許（英）　呈現靜謐的感情表現之風景畫家之奇特色彩，後再以軍中畫家赴前線，其間優美的紀錄性作品亦加入幻想的要素，爲英國超現實主義的領導者之一。

註33　尼可爾松（英）　在巴黎求學受蒙得里安的影響，然過了純幾何學的抽象時期以後，便出現了可謂爲具象與抽象混合獨特的畫面構成。

註34　薩索朗（英）　生於倫敦，從自然觀察出發，澈底追求形態，再組織成一種象徵性的氣氛，影響到今日英國的超現實主義運動。

註35　貝根（英）第二次世界大戰後新進的奇特畫家，製作超現實主義的作品，出現可怖的震撼力。

主要参考文献

概説　理論　辭典

Michel, A.　Histoire de l'art 8 vols, Paris, 1905–1929.

Springer, A.　Handbuch der Kunstgeschichte, Leipzig, 1922.

Propyläen Kunstgeschichte, 10 Bde, Berlin, 1924–1935.

Wörmann, K.　Geschichte der Kunst, 6 Bde, Berlin, 1922.

Weigert, H.　Geschichte der europäischen Kunst, 2 Bde, 1951.

Faure, E.　Histoire de l'art, 4 vols. 1939.

Read, H.　Meaning of Art, London, 1950.

Thiem, U. und Becker, F.　Allgemeine Lexikon der bildenden Künstler. 37 Bde, Leipzig, 1907–1953.

Vollmar, H.　Künstler Lexikon, 5 Bde, Leipzig, 1953–.

Jahn, J.　Wörterbuch der Kunst. Stuttgart, 1950.

Benezit, E.　Dictionnaire des peintres, sculpteurs, dessinateurs et graveurs, 8 vols, 1951.

Focillon, H.　Vie des formes, Paris, 1934.

Wöllflin, H.　Kunstgeschichtliche Grundbegriffe, 1948.（新版）

Worringer, W.　Abstraktion und Einfühlung, 1948.（新版）

Frey, D.　Kunstwissenschaftliche Grundfragen, 1946.

Lassaigne, J.　La peinture flamands, Genève, Skira, 1957.

	世界美術全集	平凡社	
	世界名畫全集	河出書房	
	世界の名畫	美術出版社	
坂崎坦	西洋美術史概説	風間書房	昭和24年
村田數之亮編	西洋美術史	創元社	昭和30年
森口多里	美術史	東峰書房	昭和33年
兒島喜久雄	美術	角川書店	昭和29年
矢崎美盛	藝術學		
土方定一	美術	毎日ライブラリー	昭和33年
波多野その他編	藝術心理學講座	中山書店	昭和33年

ヴェルフリン，守屋譯	美術史の基礎概念	岩波書店	昭和31年
ヴォリンガー，草一譯	抽象と感情移入	岩波文庫	昭和31年
リーグル，長廣譯	美術様式論	座右寶	昭和17年
マンフォード，生田譯	藝術と技術	岩波新書	昭和29年
リード，宇佐見譯	イコンとイデア	みすず書房	昭和32年
リード，瀧口譯	藝術の意味	みすず書房	昭和33年
ウェイドレー，深瀬譯	藝術の運命	フォルミカ選書	昭和28年
バザン，柳，秋山譯	世界美術史	平凡社	昭和33年
ハゥザー，高橋譯	藝術の歴史	平凡社	昭和33年
	世界美術大辭典	河出書房	昭和31年
	現代美術辭典	白楊社	昭和27年
	美術用語の辭典	美術出版社	
德川義寛	獨歐の美術史家	座右寶	昭和19年
マルロー，小松譯	東西美術論	新潮社	昭和33年

原始美術

Brodrich, A. H. Prehistoric Painting, London, 1948.

Bataille, G. Lascaux, Genève, Skira, 1952.

Breuil, H. Quatre cents siècles d'art pariétal, Montignac, 1952.

Bandi, H. Maringer, J.: Kunst der Eiszeit, Basel, 1952.

Kühn, H. Auf den Spuren des Eiszeit-Menschen, Wiesbaden, 1956.

Kühn, H. Eiszeitmalerei, München, 1956.

Adam, L. Primitive art, Pelican Books, 1940.

埃及、美索不達米亞

Lange, K. & Hirmer, M. Egypt, London, Phaid on, 1957.

Davies, N. M. Egyptian Paintings, London, Penguin Books, 1954.

Mekhitarian, A. La peinture égyptienne, Genève, Skira, 1954.
Encyclopédie photographique de l'art. Tome I, III, Paris.

Frankfort, H. The art and architecture of the ancient Orient, London, Penguin, 1954.

Contenau, G. L'Asie antérieur, Paris, 1948.

Encyclopédie photographique de l'art, Tome I, II, Paris.

希臘、馬羅、伊突利亞

Evans, A. J. Palace of Minos at Knossos, London, 1921-36.

Bossert, H-th Altkreta, Berlin, 1923.

Pallottino, M. La peinture étrusque, Genève, Skira, 1952.

Schefold, K. Pompejanische Malerei, Sinn und Ideengeschichte, Basel 1952.

Wegner, M. Meisterwerke der Griechen, Basel, 1955.

Lullies, R. Greek Sculpture, London, München, 1957.

Lawrence, A. W. Greek Architecture, Londo, Penguin, 1957.

Maiuri, A. La peinture romaine, Genève, Skira, 1953.

コリニョン, 富永譯　パルテノン　岩波書店

ヴインケルマン, 澤柳譯　ギリシア藝術模倣論　座右寶

ローデンワルト, 山田譯　ギリシア・ローマの藝術　青木書店　昭和18年

フルトヴェングラー, 澤柳譯　ギリシア彫刻　岩波書店　昭和31年

シュリンーマン, 村田譯　先史世界への熱情—シュリーマン—, 自敍傳— 星野書店　昭和18年

谷口吉郎　村田潔編　ギリシアの文化　築地書店　昭和17年

富永惣一　ギリシアの彫刻　同文書院　昭和28年

澤木四方吉　西洋美術論攻　慶應出版社

中山公男　ギリシア・ローマ　みすず書房　昭和32年

村田潔　ギリシアの神殿　築地書店　昭和17年

中　世

Mâle, E. L'art religieux. Paris, 1946.

Strrygowski, J. Orient oder Rom, Leipzig, 1901.

Lemerrle, P. Le Style byzantin, Paris, 1943.

Focillon, H. Art d'Occident. Paris, 1938.

Dehio und Bezold Die kirchliche Baukunst des Abendlandes, Stuttgart, 1901.

Aubert, M. La sculpture français du moyen-âge et de la Renaissance, Paris, 1928.

Baltrusatiis, J. La stylistique ornementale dans la sculpture romane Paris, 1931.

Focillon, H. Peintures romanes des églises de France, Paris, 1938.
Bréhier, L. Le style roman, Paris, 1941.
Lambert, E. Le style gothique, Paris, 1943.
Let haby, W. R. Mediaeval Art. London, 1949.
Réan, L. L'art du moyen âge. Paris, 1935.
Grabar, A. La peinture Byzantin. Genève, Skira, 1953.
Grabar et Nordenfalk Peinture romane, Genève, Skira, 1958.
Grabar et Nordenfalk Le haut moyen-âge, Genève, Skira, 1957.
Dupont, J. et Gnudi, C. La peinture gothique, Genève, Skira, 1954.
ヴォリンガー，中野譯 ゴシック美術形式論 座 右 寶
ドヴォルシヤック，中村譯 精神史としての美術史 昭和21年
吉 川 逸 治 中 世 の 美 術 東 京 堂 昭和26年
吉 川 逸 治 ロマネスク・ゴシック みすず書房 昭和32年
柳 宗 玄 ビザンテイン繪畫 み す ず 書 房 昭和32年

ルネッサンス 文藝復興

Wölfflin, H. Die klassische Kunst, München, 1926.
Berenson, B. Italian painters of the Renaissance, London, 1954.
Venturi, L. La peinture italienne, Genève, 1950.
Venturi, L. Le XVIe sièecle, Genève 1956.
Lassaigne, J. et Argan, G. C. Le XVe siècle, Genève, Skira, 1955.
Friedländer, M. Die Altniederländische Malerei 14. Bd, Berlin, 1924-1927.
Lassaigne, J. La peinture espagnol, Des Fresques romanes au Greco ,1952
Blunt, A. The art and architecture in France 1500-1700, London, Penguin, 1953.
Friedländer, M. Von Van Eyck bis Bruegel, London, Köln, 1956.
ブルックハルト，村松譯 イタリア文藝復興期の文化 岩波書店 昭和22年
ブルックハルト著作集，嘉門外譯， 筑摩書房 昭和23年
ヴェルフリン，杉田譯 イタリアとドイツの形式感情 アトリヱ社
杉 浦 明 平 譯 レオナルド・ダヴィンチの手記 岩波文庫 昭和33年
兒 島 喜 久 雄 レオナルド研究 岩 波 書 店 昭和27年
澤 柳 大 五 郎 初期ルネッサンス み す ず 書 房 昭和32年
摩 壽 意 善 郎 ルネッサンス み す ず 書 房 昭和32年

三　輪　福　松　ヴェネツイア派　みすず書房　昭和32年
澤木四方吉　西洋美術論攻　慶應出版社　昭和17年
大　類　　伸　ルネッサンスの文化　三　省　堂　昭和13年
ベレンソン，茂串，管原譯　シエナ及びウムブリアの畫家　アトリエ社　昭和18年
ベレンソン，杉田，十條譯　フイレンツェ派の巨匠たち　アトリエ社　昭和17年

17, 18 世紀

Fry, R. French, Flemish and British art, London, 1951.
Bode, W. von Die Meister der holländischen und Vlämischen Malerschulen, 1921.
Venturi, L. La peinture italienne, Tome III, Genève, Skira, 1950.
Dupont, J. et Mathey, F. Le XVIIe siecle, Genève, Skira, 1951.
Fosca, F.: Le XVIIIe siecle, Genève, Skira, 1952.
Lassaigne, J. La peinture espagnol, De Velasquez à Picasso, Genève, Skira, 1952.
Leymerie, J. La deinture hollandaise, Genève, Skira, 1956.
嘉　門　安　雄　レンブラント　侑　秀　書　房　1947
ボーデ，關泰祐譯　オランダ派，フランドル派四大畫家論　岩波書店　1926
ヅンメル，大西譯　レンブラント　岩　波　書　店　1927
寺　田　　透　バロック藝術の精神　東大出版會　昭和27年
坂　崎　　坦　18世紀フランス繪畫の研究　岩波書店
嘉　門　安　雄　北方バロック　みすず書房　昭和32年
須田國太郎　南方バロック　みすず書房　昭和32年
山田智三郎　18世紀の繪畫　みすず書房　昭和32年

19 世 紀

Focillon, H. La peinture au XIXe et au XXe siècle, Paris, 1928.
Wilenski, R. Modern french Painters, New-York, 1940.
Venturi, L. Petre modernearis, 1941.
Duret, Th. Les peintres impressionistes, Paris, 1878.
Raynal, M. Le XIXe siècle, Genève, Skira, 1951.
ムーテル，木下譯　19世紀佛國繪畫史
福島繁太郎　印象派時代
富　永　惣　一　19世紀の繪畫　みすず書房　昭和32年

高田博厚　印象派 I　みすず書房　昭和32年
片山敏彦　印象派 II　みすず書房　昭和32年

現　代

Bar, A. H.　Masters of Modern Art, New-York, 1954.
Dorival, B.　Les étapes de la peinture française contemporaine, Paris, 1944.
Dorival, B.　Le XXe siècle, Tome I, II, Paris, Tisne, 1957.
Venturi, L.　Lapeinture Contemporaine, Milano, 1945.
Raynal, M. etc.　Histoire de la peinture moderne, Tome I, 9 II, III, Genève, Skira.
Knaus Lexikon moderner Kunst, München.
Knaus Lexikon abstrakter Malerei, München.
Ritchie, A. C.　Sculpture of the twentieth century, New York, 1952.
Apolinaire, G.　Les peintres cubistes, Paris, 1913.
ヴェントゥーリ，宇佐見譯　現代繪畫　みすず書房　昭和31年
リード，宇佐見，增野譯　モダン・アートの哲學　みすず書房　昭和31年
福島繁太郎　近代繪畫　岩波新書　昭和27年
バウア，森本譯　現代アメリカ美術の潮流　教育書林　昭和29年
福島繁太郎　エコール・ド・パリ　新潮社　昭和26年
現代世界美術全集　河出書房　昭和29年
柳　亮　近代繪畫の百年　美術出版社　昭和26年
瀧口，中山外　二十世紀美術　美術出版社　昭和33年
宮本三郎　フォーヴイスム　みすず書房　昭和32年
德大寺公英　キュービスム　みすず書房　昭和32年
田近憲三　エコール・ド・パリ　みすず書房　昭和32年
濱村順　抽象繪畫　みすず書房　昭和32年
瀨木愼一　表現主義　みすず書房　昭和32年
シュール・レアリスム　みすず書房　昭和32年
カンディンスキー，西田譯　抽象藝術論　美術出版社　昭和33年
ブルトン，エリュアール編，江原譯　シュールレアリスム辭典　ユリイカ
ゼードルマイル，石川譯　近代藝術　美術出版社　昭和32年
ラゴン，吉川，高階譯　抽象藝術の冒險　紀伊國屋書店　昭和32年
小林秀雄　近代繪畫論　新潮社　昭和33年

西洋美術史年表 （前60000～0年）

西元	歐洲	希臘	埃及	小亞細亞、西亞	中國
	原始：舊石器時代前期（前60000～前30000），舊石器時代後期（前30000～前10000）〔歐洲：奧利納克期（前30000～25000），索魯特列期（前25000～前20000），馬多列奴期（前20000～前10000）〕，中石器時代(前10000～前4000)，新石器時代（前4000～前2700）				
前4000			巴達利文化 前王朝時代		
前3500		黑色研磨土器 塞斯克羅‧底斯米尼土器		特洛依第1都市烏爾克王朝期	
前3000			王朝早期時代 第1，2王朝	詹姆德特‧納斯期 烏爾第1王朝	黃帝
前2500	青銅時代開始	初期赫蒂克	古王國時代第4王朝	蘇美初期王朝 特洛依第2都市	
前2000	瑞士：湖上居住	克里特：初期米諾亞	第1中間期中王國時代		夏朝
前1900			第12王朝		
前1800	西班牙：第1青銅器時代（阿卡列文化）	中期赫拉蒂克（中期米諾亞） 卡馬列斯陶器	小亞細亞： 古代 哈提的統治		
前1700			第2中間期	巴比倫第1王朝	
前1600		後期赫拉蒂克 前期邁錫尼	希克索斯時代 新王國時代（第18王朝）	特洛依第6、7都市	
前1500	西班牙：第2青銅時代（埃爾‧阿加爾文化）	中期邁錫尼			商朝

前1400					
前1300		後期米諾亞諾薩斯宮殿樣式 後期邁錫尼	安馬納樣式		
前1200		晚期邁錫尼		亞述統治巴比倫	
前1100		原幾何學紋樣期			周朝
前1000			晚期王朝時代	卡須人的第 2 王朝	
前 900	鐵器時代開始	前期幾何學紋樣	第22王朝		
前 800	舊哈爾蘇塔特期	古典期幾何學紋樣　後期幾何學紋樣			
前 700		科林斯式陶器 東方樣式 古拙美術		新巴倫帝國	
前 600	新哈爾蘇塔特期			波斯帝國：阿凱美尼斯期美術	
前 500	伊突利亞美術（義大利）	先古典時代	第26王朝（賽斯期）	居魯士時代 大流士時代 克塞爾克塞斯時代	
前 400	拉・提奴文明開始	前期古典時代 菲狄亞斯 後期古典時代 普拉克西特利 斯阿佩列斯			
前 300			普特列麥奧斯王朝時代	波斯：叙利亞。塞流科斯朝	秦朝
前 200	希臘化時代（義大利）	希臘化時代			漢朝
前 100	龐貝壁畫 羅馬時代	柏迦曼祭壇　勞孔	羅馬統治時代		

西洋美術史年表 (0～1900年代)

西元	北　歐	義　大　利	法國、西班牙	中　近　東	中國
0				帕爾提亞的藝術　杜拉・艾烏羅　波利斯的壁畫　(1～3世紀)	
100	羅馬屬地的地方藝術　馬賽克				
200		墓窟壁畫　石棺		薩桑朝波斯	
300	抄本藝術的誕生			埃及：埃及土人美術	
400		拜占庭美術　初期拜占庭樣式　拉溫納			
500					六朝
600	日耳曼的發展裝飾藝術		美羅文美術	伊斯蘭教的成立	唐朝
700		聖像論爭	阿拔斯・力卡夫王朝		
800	卡洛琳朝美術　抄本　壁畫		卡洛琳朝美術		
900					宋朝
1000	羅馬式　鄂圖朝抄本藝術				
1100	盛期羅馬式		羅馬式		
1200	德國哥德式	羅馬式	初期哥德式　盛期哥德式	波斯：塞爾朱克・土耳其的美術	
1300		哥德式		波斯陶器盛期	明朝
1400	弗蘭德爾寫實主義繪畫	初期文藝復興	後期哥德式		

1500	德國文藝復興	盛期文藝復興過渡樣式（後期文藝復興） 初期巴洛克	法國文藝復興	波斯：薩法威朝抄本藝術	
1600	德國過渡樣式	盛期巴洛克	路易13	薩法威朝 繪畫　工藝	清朝
1700	德國巴洛克 英國：哥德式復興洛可可 初期浪漫主義		路易15（洛可可）		
1800	古典主義 後期浪漫主義		新古典主義 浪漫主義 印象主義		
1900	年青樣式 橋派 騎藍士	印象主義	新藝術 野獸派 立體派 抽象藝術		

現代西洋美術史系統年表

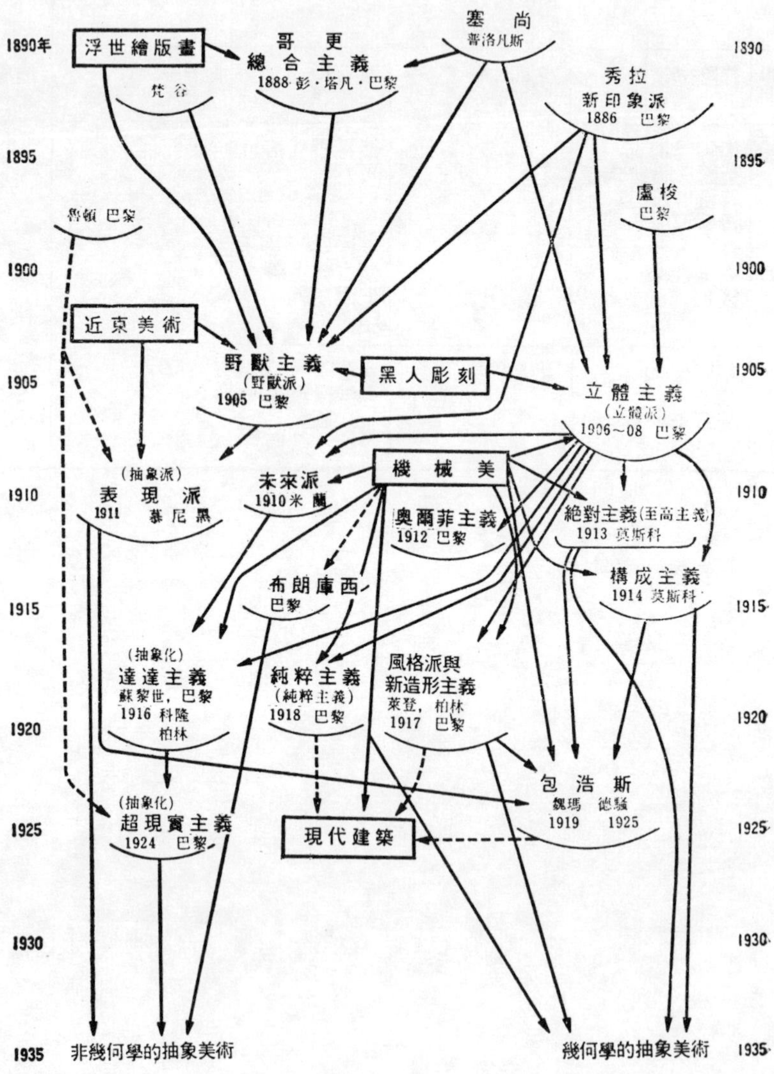

索　　引

二　　畫

三　　畫

四　　畫

五　　畫

六　　畫

七　畫

八　　畫

九　畫

十　畫

十一畫

十 二 畫

十 三 畫

十 四 畫

十 五 畫

十 六 畫

十 七 畫

十 八 畫

十 九 畫

二 十 畫

廿 一 畫

I、法國西南部原始洞窟分佈圖

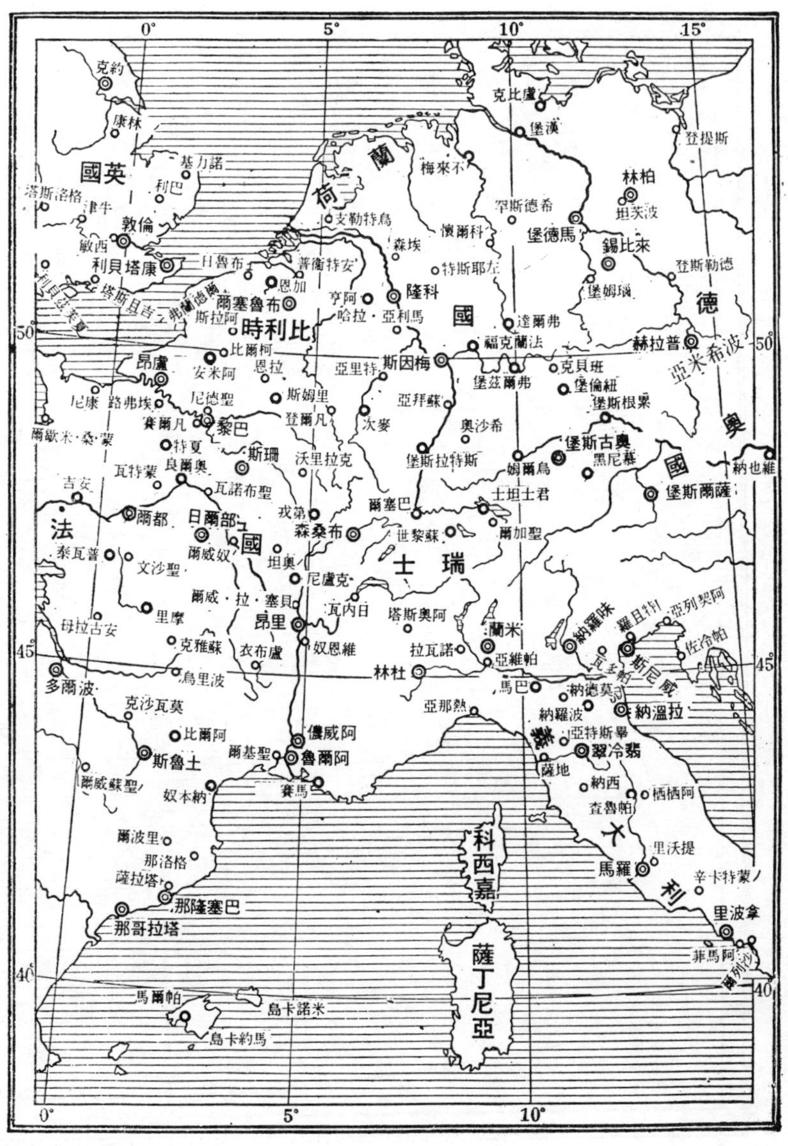
英國
荷蘭
比利時
法國
德國
瑞士
奧國
義大利
波希米亞
科西嘉
薩丁尼亞
約克
林康
諾力基
巴利
牛津
倫敦
西敏
康塔貝利
布魯日
安特衛普
布魯塞爾
巴黎
盧昂
里姆斯
奧爾良
都爾
第戎
克盧尼
昂里
日內瓦
里摩
波爾多
土魯斯
阿威儂
阿爾
馬賽
巴塞隆那
塔拉哥那
科隆
梅因斯
法蘭克福
斯特拉斯堡
巴塞爾
蘇黎世
馬德堡
柏林
漢堡
普拉赫
累根斯堡
奧古斯斯堡
維也納
薩爾斯堡
米蘭
杜林
帕維亞
熱那亞
威尼斯
帕多瓦
拉溫納
翡冷翠
羅馬
拿波里
0°
5°
10°
15°
50°
45°
40°

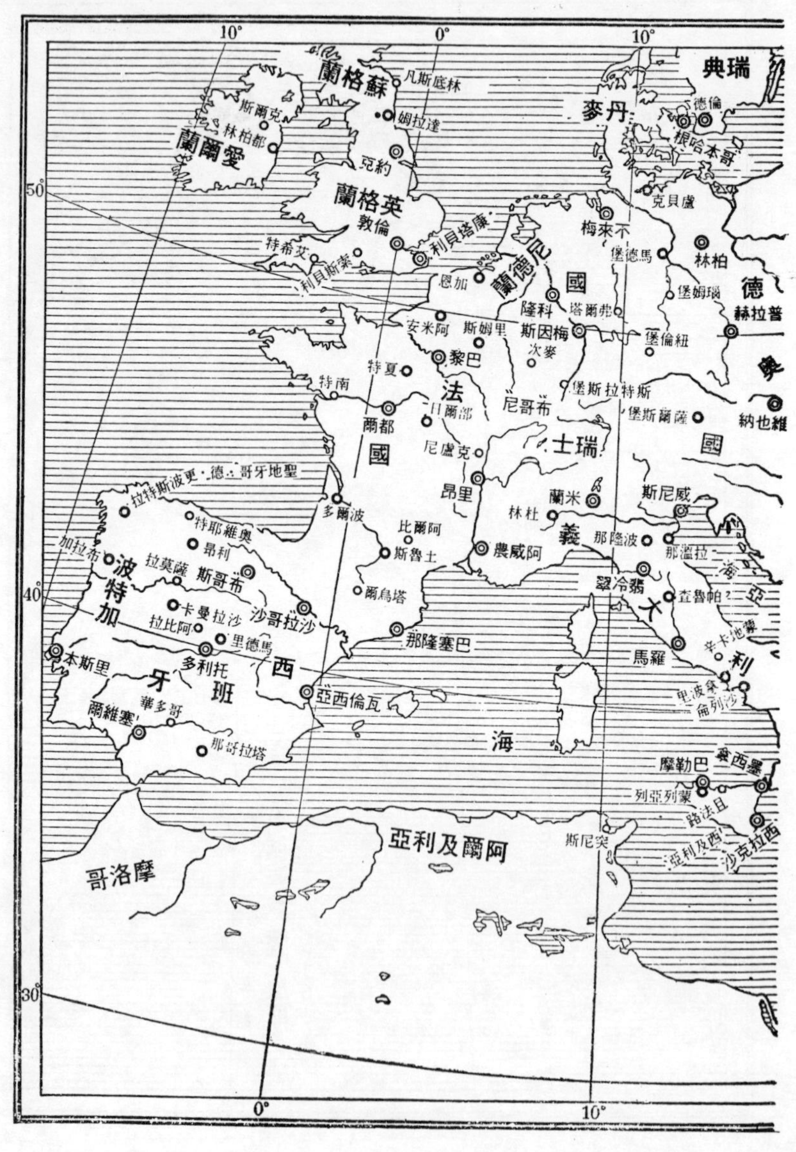
10°
0°
10°
50°
40°
30°
瑞典
丹麥
倫德
哥本哈根
蘇格蘭
林底斯凡
達拉姆
克蘭斯
都柏林
愛爾蘭
約克
英格蘭
倫敦
艾希特
索斯貝利
廉塔貝利
尼德蘭
國
不來梅
盧貝克
馬德堡
柏林
瑙姆堡
德
普拉赫
加恩
科隆
弗爾塔
梅因斯
紐倫堡
阿米安
里姆斯
巴黎
麥次
夏特
南特
法
斯特拉斯堡
布哥尼
部爾日
薩爾斯堡
都爾
國
奧
維也納
瑞士
國
克盧尼
里昂
米蘭
威尼斯
杜林
波隆那
拉溫那
義
大
利
阿威農
翡冷翠
帕魯查
卡辛諾
羅馬
沙列倫
巴勒摩
墨西拿
且法路
西拉克沙
西及利亞
突尼斯
聖地牙哥·德·更波斯特拉
奧維耶特
布哥斯
利昂
薩莫拉
沙拉哥沙
沙拉曼卡
阿比拉
馬德里
托利多
布拉加
波特加
西班牙
里斯本
哥多華
塞維爾
塔拉哥那
波爾多
阿爾比
土魯斯
塔烏爾
巴塞隆那
瓦倫西亞
海
阿爾及利亞
摩洛哥

2、中世以後歐洲美術史地圖

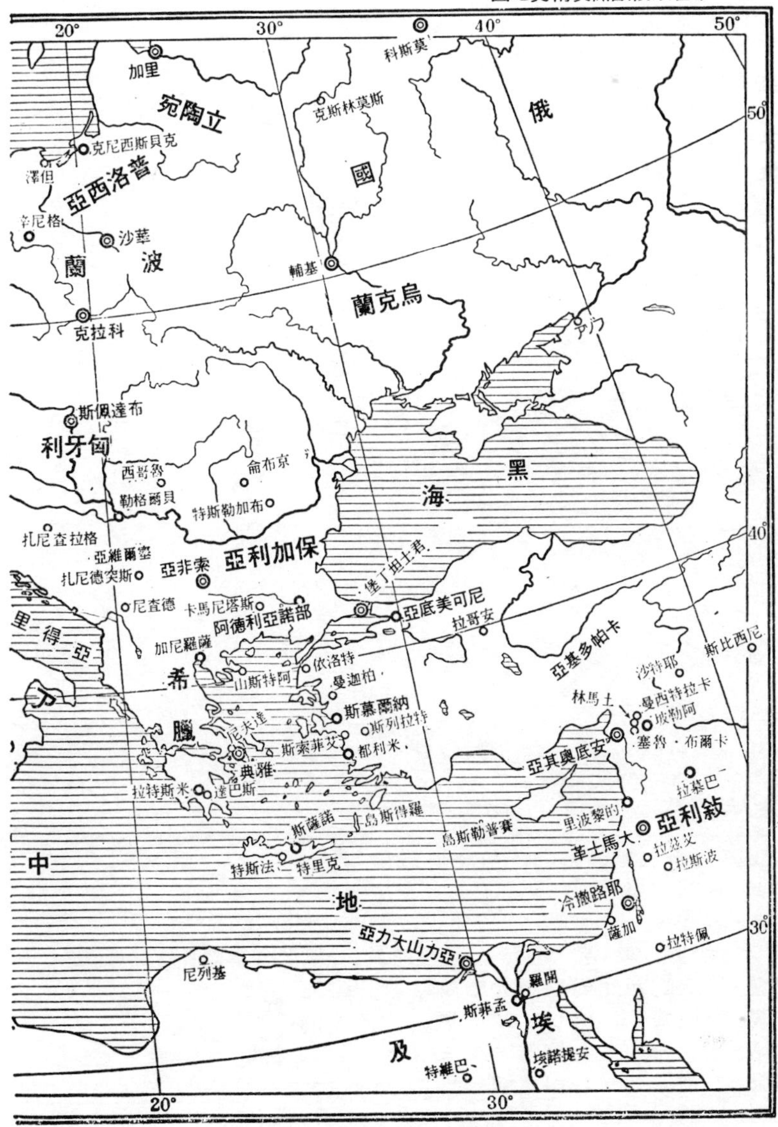

西洋美術史

中華民國九十二年九月二十日十五版發行
著　者　嘉門安雄
譯　者　呂清夫
發行所　大　陸　書　店　發行人　張勝鈞　台北市衡陽路七十九號
登記證　行政院新聞局局版北市業字第一〇三六號
郵　購　郵撥帳戶：0001548-5號　大陸書店帳戶
電　話　二三一一三九一四・二三三一〇七二三號
傳　眞　二三〇七一六六六號